# 北京经济技术开发区年鉴

BEIJING ECONOMIC-TECHNOLOGICAL DEVELOPMENT AREA YEARBOOK

（2015）

北京经济技术开发区年鉴编纂委员会 编

# 《北京经济技术开发区年鉴》
## 编纂委员会

# 《北京经济技术开发区年鉴》
## 编 辑 部

# 《北京经济技术开发区年鉴》
## 组　稿　人

（按姓氏笔画排序）

于金铭　于春影　万　莉　马　乐　马　华　马　杰
马　晶　马　焱　马　雷　马小桐　马苏墨　马苗苗
王　宁　王　欢　王　洁　王　娜　王　振　王　琴
王　琪　王　琳　王　超　王　晶　王　翠　王　慧
王　巍　王　矗　王玉姗　王冬温　王英建　王玲玲
王振权　王晓龙　王晓东　王海英　王瑞青　王德友
木　子　毛东颖　仇慧华　月梅兰　邓玉生　田　丹
白　玲　边　蕾　边淑清　巨德慧　匡　娜　邢　雷
邢雪欧　曲少霞　乔　晗　伏社宏　刘　欢　刘　𫓧
刘　静　刘丹青　刘园园　刘明明　刘晓薇　刘晓霞
刘颜雪　闫　炎　闫盼娜　安　娣　祁振民　孙　玲
孙　特　孙　辉　孙长宝　孙欣欣　孙继东　阳竞希
苏　欣　苏太山　杜　宇　李　华　李　岚　李　波
李　姗　李　秋　李　嵘　李　韬　李　璟　李小东
李文祥　李军辉　李艳平　李艳华　李晓静　李喜盈
李楠楠　杨　帆　杨　莹　杨　博　杨亚菲　杨健美
杨徐湖　杨晶晶　杨揾辉　杨路萍　连丽平　吴文雅
吴希瑶　吴明珠　何　珊　何　谊　佟俐颖　谷明华

（续）

| | | | | | |
|---|---|---|---|---|---|
| 冷琎 | 汪洋 | 沈剑 | 宋健 | 宋晓梅 | 宋雪苍 |
| 张一 | 张凡 | 张夺 | 张弛 | 张羽 | 张杨 |
| 张莉 | 张莹 | 张格 | 张凌 | 张然 | 张楚 |
| 张敏 | 张子一 | 张元璋 | 张中阳 | 张文芮 | 张玉力 |
| 张丽虹 | 张春红 | 张思思 | 张胜智 | 张海璐 | 张婉君 |
| 张雯雯 | 张媛媛 | 张鹏青 | 张蔚青 | 陈戈 | 陈林 |
| 陈晨 | 陈敏 | 陈小青 | 陈丛丛 | 陈乐央 | 陈志莉 |
| 陈君明 | 陈莉莉 | 陈浩林 | 苗瑞芬 | 范华薇 | 林京姬 |
| 罗媛群 | 周泉 | 周婷 | 周毓 | 周士琦 | 周会丽 |
| 周陈艳 | 周菁楠 | 庞露露 | 房帅 | 屈丽娜 | 屈洪博 |
| 孟雨 | 孟静静 | 赵昊 | 赵娜 | 赵新 | 赵玉立 |
| 赵春霖 | 赵超越 | 胡艳涛 | 侯萱 | 姜静 | 宫在晓 |
| 姚岫霞 | 耿萍 | 贾坤 | 贾燕 | 贾莉莉 | 夏源 |
| 徐博远 | 高冉 | 高峰 | 郭秋莲 | 陶素杰 | 黄文佳 |
| 黄秀敏 | 曹旭 | 常昊然 | 常勤学 | 寇红 | 彭立华 |
| 葛亮 | 葛晨辉 | 董凤荣 | 董佳琪 | 蒋兰 | 韩笑 |
| 韩燕 | 韩博静 | 程胜 | 程平 | 程芳 | 程砚春 |
| 程涓涵 | 靳洋 | 蒙乐 | 实森磊 | 蔺彷如 | 裴丽 |
| 谭艳 | 翟欣 | 翟志芳 | 黎军 | 薛红 | 霍晓蕊 |
| 穆贵林 | | | | | |

12 月 29 日，开发区 2014 年度工作会议召开　　田艳军 摄

6 月 5 日，新区召开科学技术奖励大会暨 2014 年新区科技工作会议　　新闻中心提供

10 月 23 日，德勤—亦庄高科技、高成长企业 20 强（2014）发布会召开 田艳军 摄

12 月 29 日，新区召开高层次人才座谈会暨第六届新区“博大贡献奖”表彰会

12 月 12 日，CVW2014 · 产业互联网大会举行　　田艳军 摄

田艳军 摄

10 月 30 日，开发区参展第十届北京国际金融博览会　　于宗艳　摄

5 月 13 日，新区参展第十七届科博会

吴健康 摄

12 月 23 日，开发区企业院士专家工作站成立　　田艳军 摄

1 月，新区获批北京电子商务中心区　　王丽华 摄

月 11 日，GE 航卫成为全市首家保
维修试点单位　　　　　　　　李洋 摄

6 月 28 日，开发区党群活动服务中心——北京市党员教育示范基地投入使用　　　　　单位提供

月 23 日，开发区建筑工程安全培训体验基地正式运营　　　　　　　　夏保 摄

11 月，开发区成为全市首个高污染燃料禁燃区

潘清泉 摄

5 月 16 日，集成电路先导技术研究院合作意向书签约　　田艳军 摄

6 月 27 日，中交兴路英特尔联合创新中心成立启动仪式　　中交兴路提供

3 月 14 日，中国智能云视听产业联盟成立　　北京经开提供

12 月 31 日，安诺优达获首批“高通量测序技术临床应用试点单位”资格 韩茂林 摄

3 月，开发区河西区的大族激光产业基地投入使用

12 月，北京瑞希罕见病基因治疗技术研究所在生物医药园成立　田艳军 摄

大族环球提供

6 月，京东方全球最大尺寸 98 英寸 8K 超高清显示屏研发成功

京东方提供

4 月 7 日，金风全新超低风速机型 GW115/200 首台样机实现并网

金风科创提供

9 月，北京奔驰研发中心投入使用　　岳政 摄

4 月，蓝鲸军民融合创新园投入使用　　潘清泉 摄

5 月 22 日，京东在美国纳斯达克成功上市　　京东提供

6 月 26 日，北京奔驰发动机产品纳入戴姆勒全球采购供应链体系　　岳政 摄

# 北京经济技术开发区项目示意图

图中信息
仅供参考

编制：北京市规划委员会经济技术开发区分局　北京经济技术开发区城市规划和环境设计研究中心　2014年06月

# 一 区 六 园 示 意 图

北京经济技术开发区
生产性服务业产业园
新媒体产业园
军民结合产业园
生物医药产业园
新能源汽车产业园
新空港产业园
一区：
北京经济技术开发区
六园：
生产性服务业产业园
新能源汽车产业园
生物医药产业园
军民结合产业园
新媒体产业园
新空港产业园

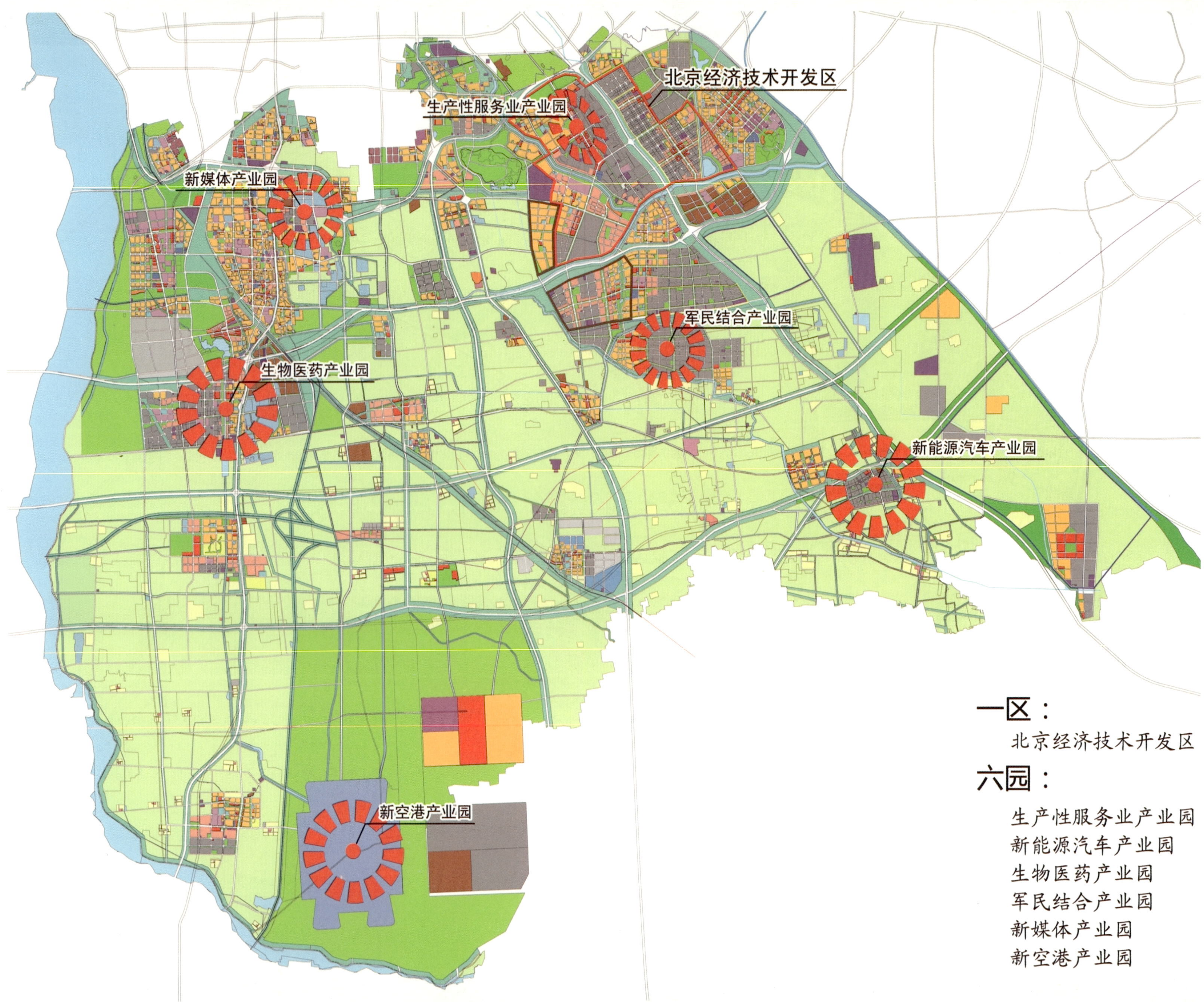

5 月 12 日，天地互连联手 ONF 开展全球首次 SDN 测试网络对接

天地互连提供

6 月 18 日，舒迪安自体免疫细胞制备实验室在开发区落成　汇龙森提供

6 月 27 日，京东成功开具中国首张对公司可报销电子发票　　京东提供

10 月，中金数据负责建设运营的“中关村创新云”项目启动上线 杨磊 摄

7 月 14 日，北汽李尔举行奔驰 V205 座椅项目投产启动仪式 北汽李尔提供

11 月 3 日，康明斯中国举行 2014 年度的第十万台产品下线仪式　　康明斯中国提供

10 月 15 日，中冶京诚首次生产出全球直弧形连铸机型的最大厚度铸坯

中冶京诚提供

和利时生产线
田艳军 摄

中芯国际 12 英寸集成电路生产线

中芯北京提供

8 月 1 日，开发区经海路消防中队成立　　消防支队提供

3 月 24 日，开发区检验检疫局入驻北京亦庄保税物流中心　　博大世通提供

10 月 9 日，开发区人才储备调剂中心签约仪式举行　　电科职院提供

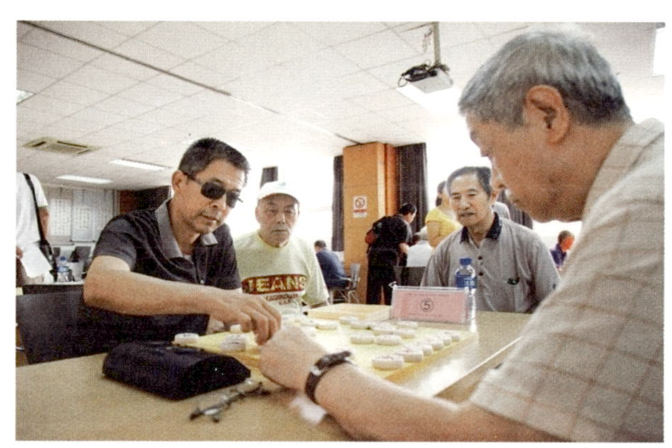

8 月 29 日，开发区首个老年之家成立　　新闻中心提供

11 月 20 日，荣华街道办事处挂牌　　田艳军 摄

12 月，开发区在全市率先将区域污水处理提高到地表Ⅳ类水体标准　　潘清泉 摄

12 月 26 日，北京爱育华妇儿医院投入使用

7 月 2 日，北京市大兴区金色天使双语幼儿园开园　　潘清泉 摄

单位提供

2月23日，开发区5路公交线开通　　田艳军 摄

8月4日，开发区东环北路实施改造　　田艳军 摄

6 月 26 日，开发区开通首批新能源接驳车　　田艳军　摄

月 19 日，开发区荣华路潮汐车道投入使用　　田艳军　摄

2 月 8 日，开发区城管分局扫雪铲冰　　李惠欣 摄

10 月 31 日，开发区环保局节前防辐射演练　　田艳军 摄

6 月 26 日，开发区职工艺术团成立　　田艳军 摄

9 月 28 日，开发区“博大杯”篮球赛　　田艳军 摄

6 月 25 日，开发区健步走活动　　田艳军 摄

# 编辑说明

一、《北京经济技术开发区年鉴》是一部记述北京经济技术开发区发展变化的综合性、年度性资料工具书。2012 年创刊，由北京经济技术开发区年鉴编纂委员会主持编纂。

二、本年鉴以邓小平理论、“三个代表”重要思想、科学发展观为指导，深入贯彻习近平总书记系列重要讲话精神，全面落实《国务院办公厅关于促进国家级经济技术开发区转型升级创新发展的若干意见》和市委十一届六次全会精神，坚持实事求是的原则，科学、客观地记述本地区经济社会发展情况。

三、本年鉴采用类目结构，以条目为主体，附之以文章，用规范的语体文、记述体，直陈其事，文字力求言简意赅。

四、本年鉴设有特载、文件选载、大事记、产业发展、科技、综合经济管理、规划·建设、区属国有资产经营、金融、社会保障与社会发展、公用事业、党建事务、综合行政事务、统计资料、附录共 15 个类目。

五、本年鉴记述 2014 年 1 月 1 日至 12 月 31 日期间情况（部分内容依据实际情况时限略有前后延伸），凡 2014 年事项，均直书月、日，不再另写年份。

六、本年鉴在记述时使用了一些简称，主要有：大兴区和北京经济技术开发区合称为“新区”，北京经济技术开发区简称为“开发区”，中共北京市委经济技术开发区工作委员会简称为“开发区工委”，北京经济技术开发区管理委员会简称为“开发区管委会”，北京经济技术投资开发总公司简称为“开发区总公司”。凡入编企业、事业单位在其条目或标题下出现的简称均为企业习惯简称。条目中出现的国家、北京市部分机构均使用简称。

七、本年鉴中一般采用标准计量单位，人民币直书“元”，外币直接标明币种。“12 平方公里”“16 平方公里”“26 平方公里”“46.8 平方公里”等为特殊专属名词。

八、入选本年鉴的文章和条目、图片，均由各单位（部门）专人撰写或提供，并经主要负责人审核。凡图片摄影者无具体署名的，均注“单位”或“企业”提供。全区经济社会统计资料统一由开发区统计局提供，业务部门统计数据由各主管部门提供。

九、本年鉴编纂出版工作得到了市地方志办公室的指导，得到开发区工委、管委会、总公司各部门、区内有关单位、入区企业的大力支持，其他年鉴编纂单位的同仁也给予了悉心帮助，全体编纂人员为年鉴的出版付出了辛勤劳动，在此谨致谢意。

十、由于编辑水平有限，年鉴中如有疏漏和差错，恳请广大读者批评指正。

# 目　录

CONTENTS

## 规划 · 建设

## 区属国有资产经营

## 社会保障与社会发展

# 综合行政事务

## 主题词索引

# 特载

# 在开发区年度工作会上的讲话

中共北京市大兴区委书记
中共北京市经济技术开发区工作委员会书记　李长友
（2014 年 12 月 29 日）

同志们：

刚才，梁胜主任的总结分析和工作部署安排，我都同意，大家要抓好落实。

今年以来，面对艰巨任务，在市委、市政府的坚强领导下，我们深入学习贯彻党的十八大、十八届三中四中全会和习近平总书记系列重要讲话精神，坚持稳中求快进，创新大发展，上下一心，真抓实干，改革创新，攻坚克难，各项工作迈出了新步伐，取得了新成绩。一年来，我们主动有为，坚持在转型中谋发展。围绕落实总书记视察北京重要讲话精神，立足首都“四个中心”战略定位，主动适应新常态，坚持创新驱动，积极调整思路、调整政策、调整结构、调整功能，着力打造“4+4”高精尖产业格局，产业转型升级实现新突破。主要经济指标实现较快增长，经济发展保持良好态势。我们锐意进取，坚持在创新中促改革。围绕一体发展，不断完善新区主要领导议事会、AB 角制度，深化“九个一体”，新区上下思想高度统一、步调高度一致，形成强大合力。建立健全深化改革领导体制和工作机制，确定重点领域改革任务，行政审批、土地利用、投融资等改革深入推进，进一步释放了发展活力。我们勇于担当，坚持在攻坚中求突破。不计得失、不分你我，全力推进综配区建设，城业互促、产城融合的格局正在形成。争取支持、细化方案，精心编制起步区规划，园区整体转型升级迈出新步伐。紧跟形势、主动出击，积极引进国家集成电路产业基金、东方雨虹、小米等一批重大项目，为新区产业发展注入强大动力。我们心系群众，坚持在实干中转作风。高标准、严要求，深入开展教育实践活动，集中整治“四风”，加大反腐倡廉力度，着力解决群众反映强烈的突出问题，建立完善联系服务群众长效机制，进一步改进了作风、激发了干劲、树立了形象、凝聚了力量。

应该说，这些成绩的取得，得益于市委、市政府的正确领导，得益于市相关部门和社会各界的大力帮助与支持，也承载着新区广大企业和群众的信任与支持，饱含着各级班子和广大干部的心血与汗水。在此，我代表新区领导班子，对所有关心支持新区建设发展的同志们、朋友们，表示衷心的感谢！

下面，围绕明年工作，我再讲几点意见：

## 一、坚定不移推进新区一体发展

五年来一体发展的成绩，有目共睹。实践充分证明，市委、市政府做出的两区行政资源整合的重大决策是完全正确的。没有两区整合、一体发展，就没有两区资源要素的综合统筹和优势互补，就没有推动开发区创新发展的强大支撑和蓬勃活力，就没有新区相关镇街城市化进程的加快推进，就没有实现新区跨越发展的重大机遇和坚强保障，就没有广大干部更大的干事创业舞台和成长进步空间。

我们必须坚定一体发展的信心和决心。心合意同，谋成事兴。我们每一位领导、每一个部门、每一名干部，都要倍加珍惜团结和谐的良好氛围、倍加珍惜干事创业的大好环境、倍加珍惜千载难逢的大好机遇，自觉维护来之不易的大好局面。我们必须高举国家级开发区这面旗帜，这是全市人民共有的旗帜，是新区干部群众的重要职责。我们坚信，只要始终坚持“开发区就是大兴区、大兴区就是开发区”，始终坚持一个音、一个影、一条心、一股劲，就能不辱使命、不负众望，就能建成全国最高水平的开发区。

我们必须提升一体发展的能力和水平。无论综配区建设、城乡接合部改造、产业转型升级，还是创新中心主阵地打造、北京大兴国际机场建设、“十三五”规划编制，都是推动高水平一体发展的重大机遇、重大任务，更是检验高水平一体发展的重要载体、重要舞台。各单位、各部门都要敢担当，主动出击，找准发力点，作出新贡献。总公司作为一体发展的排头兵，要当先锋、打头阵，在一体发展的生动实践中贡献力量、展现风采、建功立业；作为国有企业的领头羊，要瞄准全市国企第一方阵，聚合新区国企资源，走出北京、面向全国，抢占更大市场，创造更大效益；作为新区发展的助力器，要坚持多元经营，做大主业，做强辅业，做优结构，不断提升核心竞争力，成为区域发展的强有力支撑。每位领导、每个部门都要认识到，总公司多年来得到了长足发展，也为我们承担了很多、付出了很多，为开发区发展做出了很大贡献，我们要把支持总公司发展作为己任、作为职责，共同推动总公司做大做强。

我们必须破解制约一体发展的矛盾和问题。当前，一体发展到了一个崭新阶段，一些深层次的矛盾和问题逐步显现，产业融合发展问题需要破解，财税体制问题需要破解，行政审批问题需要破解，执法监督问题需要破解，社会管理问题需要破解。所有这些问题，我们都必须以更大的勇气、更大的智慧去探索、去创新、去突破。

## 二、坚持不懈推动产业转型升级

转型发展是必然选择、是根本方向。我们必须主动适应新常态，处理好舍与得，坚持“瘦身健体”，聚焦高精尖，主动调结构、转方式，加快形成创新驱动、高端引领、内涵增长、绿色低碳的产业发展模式。

要靠政策引导加快转型。抓好政策顶层设计，完善“1+N”体系，统筹科技、人才、金融、产业扶持等各项政策，充分发挥政策导向效应，推动产业转型发展。

要靠科技创新加快转型。紧紧抓住北京打造“全国科技创新中心”的有利契机，深入研究，主动对接，把政策用好用足，抢占科技创新制高点，加快科技创新主阵地建设。积极营造更好的科技创新氛围和创新环境，强化企业技术创新主体地位，大力推动科技研发、技术创新和科技成果转化，切实发挥科技创新对产业转型升级的强大助推功能。

要靠项目建设加快转型。作为北京市唯一的国家级开发区，稳增长、保增速、做贡献是我们义不容辞的责任，我们必须保持一定的经济增速。必须把招商作为重中之重，大力推进“四个一批”项目建设，用“北京 · 亦庄”品牌去招商，用产业联盟去招商，用产业链条去招商，争取高精尖项目源源不断涌入新区。明年重点之一是荣华大街，要聚集政策、聚集资源、聚集项目，打造成一条科技创新大道、高端产业大道、开发区形象大道。必须严格项目准入，首先要考虑是否符合高精尖要求，其次考虑对人口资源环境的影响，然后再考虑近期 GDP、产值、财税等方面的贡献。

要靠结构调整加快转型。“4+4”格局，是我们既定的产业发展方向，必须持之以恒地坚持下去。要瞄准集约度高、附加值高、科技含量高、资金密集型的产业链和价值链高端环节，做大做强四大主导产业，加快培育高端服务、文化创意、临空经济、节能环保四大新兴产业，大力推进二、三产业融合发展。要瞄准市级示范区的目标，集中力量推进起步区整体转型升级，引领六个专业园区提升发展水平。各项工作明年都要有实质性突破。

要靠功能疏解加快转型。研究制定退出机制和实施计划，积极调整退出非首都核心功能的产业。充分发挥“北京 · 亦庄”的品牌、招商、科技、人才等优势，加强与周边省市合作，加快“亦庄 · 永清”产业园建设，探索实施跨区域、全产业链协同发展模式，打造京津冀协同发展示范区。

## 三、精益求精优化区域发展环境

环境好，则事业兴，环境是开发区发展的生命线。环境包括生态环境、政务环境、人文环境、人才环境，包括方方面面。这里，我重点讲讲法治、服务和生活环境。

要营造公正的法治环境。深入贯彻全面推进依法治国重大部署，党员干部要带头学法，自觉用法治思维和法治方式想问题、做决策、办事情。要严格执法，有法必依、执法必严，加强专利保护、技术保护、知识产权保护，着力解决城市管理、环境治理等方面的问题。要全民普法，深入开展法治宣传教育，引导企业、群众自觉守法、遇事找法、解决问题靠法，形成崇尚法律、遵守法律、维护法律的良好风尚。

要打造优质的服务环境。切实增强服务意识，把服务当成信念，把服务当成责任，把服务当成境界，对企业、对群众充满感情，站在他们的角度看问题、想问题、解决问题，切实为他们排忧解难。提升社会治理水平，荣华、博兴街道要尽快打开工作局面，发挥积极作用。切实提高服务能力，各级领导、每名党员干部都要“官升两级思考谋划，官降两级指导落实”，深入基层、深入企业、深入群众，以优质的服务，促进企业更好更快发展，让群众享受更多改革发展成果。

要创造美好的生活环境。狠抓大气治理、环境整治和生态建设，大力实施城市绿化、美化、亮化工程，不断完善体育休闲、文化娱乐设施建设，让开发区人民生活更有品质。加强道路改造，优化公交线路，切实改善交通出行。实施河西区商业综合体、凉水河商业带等重点项目，推进优质农产品、特色商品、餐饮服务进企业、进社区，构建综合商业体和便民服务点相结合、传统商业和电子商务相结合的商业服务体系。加快十一学校实验中学、同仁医院二期等项目建设，不断提升公共服务能力，让开发区人民生活更加便捷。坚决维护社会稳定，严格安全生产监管，强化矛盾纠纷化解，加强社会面防控，让开发区人民生活更加放心。

## 四、严字当头全面加强党的建设

党要管党、从严治党，是各级党组织、各级党员领导干部的职责所在、使命所在。我们要坚决落实从严治党要求，把抓好党建作为最大的政绩，摆在突出位置，和中心工作一起谋划、一起部署、一起推动、一起考核。

大力加强思想政治建设。各级党员干部要讲政治、顾大局，始终与中央、市委市政府、区委工委保持高度一致。要坚持和发扬批评与自我批评等优良传统，提高党内政治生活的政治性、原则性、战斗性。培育践行社会主义核心价值观，深入开展“中国梦”宣传教育活动，宣传共产党好、伟大祖国好、社会主义好、改革开放好、人民群众好、新区发展好，营造好氛围，凝聚正能量。

大力加强干部队伍建设。从严治党，重在从严管理干部。选优配强各级领导班子，强化抓班子带队伍能力，不断增强班子的凝聚力、战斗力。坚持正确的选人用人导向，把党性强、品行正、作风硬、业务精、口碑好、纪律严的优秀干部选出来、用起来。加强干部培养锻炼，选派优秀年轻干部到招商一线、拆迁一线、建设一线，砥砺品行、锤炼作风、增长才干。坚持党管人才，放宽视野，完善机制，创造环境，让各类优秀人才争着来、愿意留、干得好、贡献大，加快建成领军人才示范区。

大力加强基层组织建设。党的工作重心在基层，执政基础在基层，活力源泉在基层。突出开发区特色，以非公党建为重点，采取单独组建、区域联建、行业统建新方式，探索党、工、团、社会“四站合一”新模式，不断加强阵地建设，不断扩大组织和工作覆盖面，不断完善党群一体化工作格局，不断增强基层党组织凝聚力和战斗力。

大力加强党风廉政建设。廉政是品牌、是形象、是效益、是一个地区的核心竞争力。严格执行党风廉政责任制，坚决落实党委主体责任和纪委监督责任，一级抓一级，层层抓落实，做到守土有责、守土尽责。各级领导干部要始终牢记“手莫伸，伸手必被捉”“100-1=0”这些深刻的道理，主动接受纪律约束，不触红线、不越雷池。要切实履行“一岗双责”，管好自己、管好亲属、管好身边人员、管好分管部门，当好廉洁自律的表率。要认真落实“决策留痕、结果查究”等机制，切实做到用制度管权、管事、管人。要保持反腐高压态势，坚持有案必查、“一案双查”，对腐败问题绝不姑息，绝不手软，绝不让腐败问题损害新区干部形象，绝不让腐败问题影响新区事业发展。

明年的艰巨任务，是对我们作风的更大考验。教育实践活动取得了阶段性成果，但作风建设永远在路上，作风建设没有休止符，必须持之以恒抓下去、巩固住、拓展好。我们要更加注重担当。逆境看胸怀，难事看担当。推动全面深化改革、全面加强法治建设、落实从严治党要求、功能定位调整、开发区创新发展、机场规划建设，综配区建设等，任务非常繁重、非常艰巨。我们必须以我为主、用我必胜，迎难而上不退缩，挺身而出不逃避，全力以赴不懈怠，在攻坚克难中推动工作、创造业绩、提升能力。我们要更加注重团结。单丝不成线，独木不成林。我们要有海纳百川的胸怀，虚怀若谷，互相理解包容、互相补台补位，始终大方、大气、大度。要有襟怀坦荡的心态，光明磊落，不造谣、不信谣、不传谣，不利于团结的话坚决不讲，不利于团结的事坚决不做。要有真诚待人的品质，与人为善，甘于推功揽过，乐于为人分忧，善于成人之美。我们要更加注重创新。创新是能力，创新是境界，创新是领导干部基本的党性原则。现在方方面面都需要创新，产业发展需要创新、城市管理需要创新、社会治理需要创新、法治建设需要创新、基层党建需要创新、反腐倡廉需要创新。每个部门、每名干部都要树立强烈的创新意识，争当创新的先锋，在新区形成处处都是创新之地，天天都是创新之时，个个都是创新之人的生动局面。

最后，再强调一下年终岁末的工作。一是提前思考谋划。今年春节一过就是 3 月份，各项工作等不起、慢不得，各部门都要早思考、早着手、早推进。二是走访慰问。要统筹安排好老干部、老党员、困难群众、一线员工的走访慰问，把组织的温暖和关爱送到党员群众的心坎上。三是抓好安全稳定。切实加强安全生产、消防安全、治安安全、食品安全、交通安全等工作，确保新区和谐稳定。四是保持清正廉洁。领导干部要带头执行廉洁从政各项规定，坚决杜绝公款吃喝、公款送礼、公车私用、收受礼品、奢侈浪费、参与赌博等行为，始终做到讲廉洁、守纪律、树正气。

同志们，明年是充满希望的一年，是攻坚克难的一年，更是大有作为的一年。让我们紧密团结在以习近平同志为总书记的党中央周围，在市委、市政府坚强领导下，以更加坚定的信心、更加昂扬的斗志、更加务实的作风，凝心聚力、勇于担当、开拓创新、攻坚克难，加快推动新区一体化、高端化、国际化发展，为建设国际一流和谐宜居之都做出积极贡献！

在新年到来之际，我代表新区领导班子，祝大家身体健康、工作顺利、阖家幸福、万事如意！谢谢大家！

# 在开发区年度工作会上的报告

中共北京市大兴区委副书记
中共北京市经济技术开发区工作委员会副书记
大兴区副区长　北京经济技术开发区管委会主任　梁胜
（2014 年 12 月 29 日）

同志们：

今天的会议非常重要，既是开发区年度工作会议，又是党的十八大、十八届三中四中全会、中央经济工作会议、习近平总书记系列重要讲话精神的贯彻落实会议，更是学习市委十一届六次全会精神、推进开发区转型升级的动员部署会议。一会儿，长友书记还要作重要讲话，大家要深刻领会，抓好落实。下面，我受区委、工委和管委会委托，总结开发区 2014 年工作，部署 2015 年工作任务。

## 一、2014 年工作情况

2014 年是不平凡的一年，是开发区主动应对国内外经济环境变化，调整功能定位，转型升级、提质增效的重要一年。在大家的努力下，各项工作取得了新的成绩。总的看，全年工作呈现六个特征。

### （一）经济运行进入新常态

今年，开发区经济运行总体平稳，质量效益突出。预计全年新区地区生产总值完成 1455 亿元，其中开发区完成 987 亿元，增长 8%。开发区规模以上工业总产值完成 2330 亿元，增长 2%；全社会固定资产投资完成 388 亿元，其中综配区政府性投资完成 100 亿元以上；公共预算财政收入完成 120 亿元，增长 19.6%；社会消费品零售额 325 亿元，增长 13%；电商收入 765 亿元，增长 13%，占全市 46%。

今年以来，面对复杂多变的经济形势，开发区高度重视经济运行工作，成立稳增长领导小组及常设办公室，领导带头深入北京奔驰、四达时代等企业，解决实际问题，紧扣经济运行提质增效这条主线，统筹调度各部门重点工作，新区上下一盘棋、一条心、一股劲，经济运行的质量和效益持续提升。主要体现在四个方面：

一是价值链高端集聚。整合产业链资源，帮助中芯国际对接兆易存储器等上游芯片设计企业，促进京东方与冠捷、小米等下游企业合作，有效降低综合商务成本，相互扩大市场，提高增加值率。引导企业向产业链高端延伸，支持京东方建立“母子工厂”模式，亦庄母工厂向其他区域子工厂输出专利；鼓励航天长征公司系统集成服务模式，为客户提供“交钥匙”工程，形成新的商业模式和新的增长点。发展总部类企业，引进美国领英（LinkedIn）大中华区总部、腾讯华北总部、国开新能源、聚信京津冀产城融合基金等项目，形成总部集聚新优势。

二是高科技企业引领作用显著。新增国家级高新技术企业 70 家，总数达到 485 家。规模以上高新技术企业产值完成 2100 亿元，占规模以上工业产值比例达到 90% 以上，连续九年保持国家级开发区领先水平。企业科技研发能力不断增强，中芯国际 28 纳米工艺量产，实现我国集成电路制造工艺新突破；支持赛诺菲拓展高附加值制剂生产和灌装环节，实现产品首次出口发达国家；2014 年，全国进入临床试验的 Ⅰ 类生物新药共有 11 个，其中 5 个来自开发区的神州细胞、百泰生物等企业。

三是“六园”发展更具专业特色。按照品牌、政策、招商、布局、服务、基础设施“六个统一”发展思路，安排财政专项资金，重点支持六园产业基础设施建设，提高项目承载能力。1 月至 11 月，生物医药产业园，民海二期等 8 个项目签约落地，同仁堂科技集团等 5 个项目开工建设，协和药厂等 5 个项目投产见效，园区实现总收入 135 亿元，增长 21%，税收增长 38%；新媒体产业园，中国搜索等 3 个项目签约，文创基金产业园项目开工建设，园区实现总收入 206 亿元，增长 15%，税收增长 20%；新能源汽车产业园，以北京新能源汽车公司为龙头，全年整车生产约 5000 台，北京市场占有率 70% 以上，园区实现收入 53 亿元，增长 25%；军民结合产业园，蓝鲸军民融合创新平台建成使用，大型高速滚装渡轮、国遥新天地等项目注册入园；生产性服务业产业园，荣华路沿线 160 万平方米商业楼宇投入使用，吸引入驻企业 1700 多家，其中世界 500 强项目 5 个，兴华大街地铁沿线宜家等重点项目全面运营；新空港产业园，主动对接国家临空经济区规划，编制新区临空产业规划，同步储备项目已达 99 个。

四是产业绿色发展水平进一步提升。开发区万元 GDP 能耗 0.17 吨标准煤，同比下降 6.3%，超额完成市政府下达的任务指标。万元 GDP 新水耗 2.8 立方米，污水处理率保持 100%，工业高品质再生水使用量 3.1 万吨每天，居全国领先水平。

（二）科技创新中心建设开创新局面

着力打造具有全球影响力的科技创新中心，在体现科技创新中心的五大特征——创新要素汇聚、创新服务完备、创新能力突出、创新氛围浓厚、创新成果不断涌现方面，取得阶段性成果。

一是坚持规划引领。围绕产业联盟、研究院、专利池、技术交易平台、基金、特色产业园等关键环节，高标准编制科技创新服务体系规划。

二是聚集科技资源。完善投融资体系，引导成立电子信息、生物医药等各类产业基金 105 支，资金规模达 3000 亿元，成功争取国家集成电路产业投资基金和北京市集成电路产业基金入区，为新区高精尖产业培育发展注入强劲动力。推进人才强区战略，落实建设高端产业领军人才示范区实施意见，新增中央“千人计划”入选者 5 人，累计达 50 人；新增北京市“海聚工程”入选者 12 人，累计达 90 人；新认定新区海外高层次人才 36 人，累计达 247 人，产业领军人才数量、水平保持国家级开发区前列。

三是提升创新能力。重点打造一批具备国际竞争力的科技型企业，“小巨人”重点培育企业新增 24 家，总数 104 家；北京市专利示范企业新增 5 家，总数 12 家；北京市专利试点企业新增 24 家，总数 266 家；评选德勤—亦庄高科技、高成长企业 20 家；企业建设的国家、北京市各类重点实验室、研发机构新增 18 家，总数 180 家，企业研发创新能力有效提升。

四是完善平台支撑。以创新联盟为载体，促进产学研用紧密结合，创新联盟新增 3 家，总数 14 家；引导科技资源开放共享，公共技术服务平台新增 8 家，总数 24 家；推动创新创业孵化体系建设，科技企业孵化器新增 2 家，总数 12 家；加快科技服务业发展，科技服务机构新增 11 家，总数 26 家；加强国际知识产权保护，在波士顿、东京成立知识产权海外工作站。已初步形成涵盖检验检测、中试服务、核心技术验证、技术交易、知识产权服务等较为完备的公共服务平台支撑体系。

五是营造创新氛围。积极对接市科委、市工商联和高校资源，成功举办“北大创业训练营”“清华校友会创业亦庄行”等活动，筛选储备创新类项目 280 个。组织实施联盟“走进亦庄”系列活动，建立了“联盟活动企业家信息资源库”。完善科技创新政策，加大对自主创新、成果转化和公共服务能力建设的支持力度。与全球知名猎头机构联合启动“高端人才合作计划”，筹办首席技师研修班，成立开发区知识产权战略咨询中心。成功参与科博会、京交会、金博会，组织召开北京微电子国际研讨会、产业互联网大会及首都非公经济金融服务、生物医药发展等高端创新论坛。

六是取得一批创新成果。1 月至 11 月，开发区专利申请量 3035 件，同比增长 10.4%，授权量 2275 件，同比增长 16.1%；万人专利拥有量 240 件，万名工程师发明专利拥有量 1248 件，位居全市领先水平。依托国家知识产权试点城市和试点园区建设，提升知识产权创造、运用、保护、管理水平，强化重点产业知识产权布局，成立全市首家专利审查员实践基地。获得中国专利金奖 2 项、优秀奖 3 项。新区已成为国家和北京市重点科技项目主要承接地。

（三）转型升级取得新进展

今年以来，坚持深化产业研究，明确产业方向，引导企业加大科技创新投入力度，严把新增项目质量关，提高落地项目效益，提升跨区域产业协同发展水平，开创了新局面。

一是做好产业规划。依据国家和北京市对开发区新的功能定位，开展了产业发展总体规划编制工作，着力将开发区打造成为与中关村南北呼应、两翼联动的科技创新中心。编制了北京集成电路产业、开发区高端服务业等 13 个专项规划，明确各产业链中的“高精尖”环节和重点发展方向。通过第三次经济普查，摸清起步区、荣华路等产业情况，依托现有产业优势，开展起步区转型升级规划研究。

二是明确转型方向。由高端制造业向科技创新型产业转型，由传统服务业向二三产融合互促的高端新兴服务业转型，由布局单个企业向跨区域全产业链布局集群发展转型，由重点服务单个企业到全面提升区域创新创业环境转型。在产业选择方面，着力打造“4+4”产业发展格局，即做强电子信息、生物医药、装备产业、汽车产业的科技研发、系统集成、总部运营等高端业态，同时培育扶持高端服务业、文化创意、节能环保、临空经济等四大新兴产业。在产业集聚发展方面，围绕集成电路、互联网等高端产业，以研发中心和运营总部为主，盘活现有资源，参照生物医药创新园“研发＋中试”模式，形成一批特色产业园。在创新招商模式方面，积极调动联盟、协会、业主、龙头企业的积极性，开展合作招商活动。

三是强化项目支撑。推进“四个一批”高精尖项目建设，德为显示等 20 个项目投产，新增产值 44 亿元；义翘神州等 20 个项目开工，其中过半数为研发和总部类企业；小米互联网产业园、翟氏文创园等 31 个项目签约，80% 为总部、研发和服务类项目；

IPV6、东方晶源、中交兴路车联网等新兴业态项目注册入区。新增世界 500 强项目 2 个。全年引资 105 亿美元，创历史新高。北京奔驰二期、中芯国际二期投资超过 90 亿元。

四是开展区域合作。落实京津冀协同发展战略部署，积极参与区域合作，不断探索合作路径，成立市场化运作平台，积极推动“亦庄 · 永清”园区建设，初步形成了“政府引导、协会主导、企业主体、市场运作、多方共赢”的合作模式。发挥开发区优势，输出人才、资金、项目和管理，充分利用合作区比较优势，实现跨区域全产业链布局，落实了可落地项目 5 个。

（四）城市功能和环境得到新提升

一是综配区建设取得重大进展。综配区建设是新区一体发展的重大工程和重点体现，是完善亦庄新城功能、推进城乡接合部改造的重要举措，意义重大、群众瞩目。机制建设方面，抽调专人组成综配区办公室，统筹调度建设项目。规划布局方面，按照重点新城标准，开展综配区空间、产业、生态等 8 个专项规划前期研究。重点项目方面，集中人力、物力、财力，实施南海子产业用地开发、旧宫镇集贤地区开发、瀛海镇腾退还绿等一批有战略意义的基础设施、环境整治项目，实现新的突破。

二是城市管理服务进一步完善。优化交通路网体系方面，完成了东环北路、西环北路、荣京东街等主干路改造，试点荣华路潮汐车道，优化调整 10 余条公交线路，通行能力进一步改善。提升教育医疗水平方面，调整教育空间规划，启动十一学校实验中学、二中亦庄学校扩建和保华国际教育园建设，推进旧宫中学升级改造；同仁医院二期开工，社会资本投资的爱育华妇儿医院顺利开业，博大医院主体结构封顶。完善商务服务方面，开展了荣华路商业规划编制工作，开发区首家高端综合商业体——力宝广场开业运营，新区特色农产品、旅游商品和餐饮服务通过对接活动和电商渠道，走进开发区企业和社区，商业服务氛围更加浓厚。

三是强化城市综合治理。加大环境整治力度，完成日上基地、旺兴湖周边、上海沙龙、科创九街等重点区域环境整治。夯实基层基础工作，成立荣华、博兴街道办事处，设立经海路、博兴路消防中队，理顺路东区公安管辖范围，建立农民工工资保险保障制度。强化安全责任，贯彻落实安全生产“一岗双责、党政同责”，开展地下管网隐患排查，试点危化品统一配送，建成开发区建筑工程安全培训体验基地，加强食品药品安全监管，圆满完成国庆 65 周年、APEC 会议服务保障工作。

（五）绿色发展收获新成果

落实中央和北京市部署，积极应对人口资源环境问题，高起点、高标准建设国家生态工业示范园区。

加强大气污染治理和污水处理。落实清洁空气行动计划，加快实施区域“去煤化”治理工作，投入 2.5 亿元完成三座燃煤供热厂清洁能源改造，率先建成全市首个高污染燃料禁燃区，预计每年减少燃煤 3.8 万吨。提升治污能力，完成金源经开、路东区两个污水厂提级改造，在全市率先将区域污水处理提高到地表Ⅳ类水体标准。综合预计，全年挥发性有机物（VOCs）减排 1200 吨，二氧化硫、氮氧化物、化学需氧量、氨氮等四项污染物排放量不高于 2010 年水平，完成市政府下达的指标任务。

强化节能减排管理引导机制。推进企业实施清洁生产、能源审计和能源管理体系认证，深入挖掘节能潜力。发挥亿元环保专项资金杠杆作用，扶持新区项目 35 个，带动企业配套投资 1.7 亿元，实现挥发性有机物（VOCs）等主要污染物大幅削减；借助国家循环化改造试点契机，通过政策引导，推进一批企业实施循环化改造项目；全面实施绿色施工管理制度，大力推广使用扬尘防治技术，有效降低施工扬尘的源头污染。

大力推广新能源汽车。建立全国首家电动汽车分时租赁示范区，集中建设一批充电桩，为区域电动汽车普及运行提供基础保障。采取市场化手段，引导富士康产业转型，为区内企业和居民提供新能源汽车租赁服务。鼓励北工大软件园等专业园区开展电动车接驳服务试点。引进新能源环卫车辆，实现区域环卫机械作业零排放。

（六）依法行政迈出新步伐

加强制度建设。一是按照国家和北京市有关文件精神，完成土地、税收等相关政策清理工作。二是完善管委会集体决策程序，重点对“三重一大”（重大问题决策、重要干部任免、重大项目投资决策、大额资金使用）事项、项目入区流程作进一步明确。三是系统梳理现有产业政策，加强政策创新和集成，初步形成新区统一的产业政策体系方案。四是健全和完善非住宅项目建设管理规定，有效遏制了“工改住”和“商改住”。五是依法妥善处理企业兼并、收购过程中职工分流及再就业问题。

加强督查督办。设立督查机构，健全工作机制，全力抓好折子工程、拟办实事、重点工作、重大决策的督促落实，切实做到每月有进度、每季有成效。丰富督查手段，采取实地检查、应用督查绩效管理系统等方式，确保各项工作落到实处。

加强权力监督。巩固党的群众路线教育实践活动成果，改进政府自身建设，认真落实“决策留痕、结果查究”监督机制，加大跟踪审计力度，实现对财政资金、国有资产的审计监督全覆盖。

同志们，一年来，我们坚决贯彻落实总书记 2 月 26 日讲话要求，紧紧围绕首都功能定位，坚持推动转型发展，构建高精尖经济结构，发展的质量和效益得到进一步提高。成绩的取得，离不开市委市政府、区委工委的坚强领导，离不开广大企业员工的创新进取，更离不开新区干部群众的无私奉献。在此，我代表开发区工委、管委会，向引领开发区发展的区内企业，向奋战在一线的驻区职能局、专业公司，向新区广大干部群众，向各行各业、各条战线的建设者们，致以崇高的敬意和衷心的感谢！

同时，我们必须清醒地看到，建设具有全球影响力的科技创新中心，当前还面临着不少问题和挑战：一是现有的政策对高端人才的针对性不强、吸引力不够。二是土地资源成本偏高，制约了科技创新中心的核心要素聚集。三是工业用地容积率偏低，企业转型升级动力不足。四是城市功能还不能有效满足入区企业人才的品质化生活需求。在自身建设方面，我们也还存在不少差距，主要表现在：推动转型升级的创新性思维不强、市场化手段不多；对产业的研究和理解还不够深入，对新兴产业的关注不够及时；改革创新的氛围不够浓厚；干部队伍作风建设还需加强，个别部门、个别人员还缺少“钉钉子”的劲头。大家要切实增强责任感、使命感，以踏石留印、抓铁有痕的精神，认真做好每一项工作，积小胜为大胜，积大胜为全胜，实现新区新的历史跨越。

## 二、2015 年工作安排

2015 年是全面深化改革、推进依法治国的重要之年，是“十二五”规划收官、“十三五”规划编制的重要之年，是实施创新驱动战略、加快产业转型升级的重要之年，是京津冀协同发展深入推进、北京大兴国际机场建设的重要之年，做好全年工作意义重大。

全年工作的总体思路是：深入贯彻党的十八大、十八届三中四中全会和习近平总书记系列重要讲话精神，坚决落实市委市政府、区委工委决策部署，坚持稳中求快进、创新大发展的总基调，紧抓历史机遇，科学谋划蓝图，加快转型发展，推动改革创新，建设科技创新中心主阵地、京津冀协同发展桥头堡、转型升级绿色发展示范区、宜居宜业和谐新城，向新区一体化、高端化、国际化发展目标迈进。

综合各方面情况，经认真研究，2015 年开发区主要经济预期指标为：地区生产总值增长 8%，规模以上工业产值增长 5%，全社会固定资产投资完成 420 亿元，公共预算财政收入增长 12%。

### 年度主要工作任务是：

（一）立足长远，科学谋划，高标准编制好“十三五”规划

建设具有全球影响力的科技创新中心是我们的大目标。在这个大目标之下，阶段性

目标和具体的任务、措施，需要“十三五”规划研究确定。根据北京市和新区“十三五”规划编制工作方案，各部门、各单位要迅速行动起来，扎实开展规划编制工作。一要按照任务分工，在新区经济社会发展总体规划的统领下，开发区重点编制好新区产业发展规划和相关专项规划，为新区产业腾飞描绘科学蓝图。二要开门编规划，切实采取“政府组织、部门协作、专家咨询、公众参与、综合衔接、分级发布”的工作方式，重点发挥好行业龙头企业、产业联盟组织和业内专家的作用。三要突出首都战略定位和开发区功能定位，把握好“舍”与“得”的关系，处理好政府与市场的关系，平衡好“稳增长”与“调结构”的关系。四要实现规划一体，在新区一本规划的前提下，实现经济社会发展规划、产业规划、城乡规划、土地利用规划和生态环境规划等多规合一，同时要与上位规划沟通衔接，在上位规划中尽可能多地体现新区元素。

（二）紧紧围绕首都城市核心功能定位，建设科技创新中心主阵地

要认真学习贯彻国务院办公厅《关于促进国家级经济技术开发区转型升级创新发展的若干意见》，突出转方式、调结构，从“转、调、升、合”4个方面，改革创新，做好建设科技创新中心的大文章。

转：就是从高技术制造业聚集区，转向科技创新中心主阵地。大家要进一步统一认识，我们在发展动力上，要从以自然资源为主要投入要素，转向以智力要素投入为主的创新驱动；在实现途径上，要从以服务工厂的资源要素组合，转向以服务创新的资源要素全球化组织；在产业促进上，要从减免、补贴、奖励等财政模式，转向降低融资成本、分担金融风险等市场化模式和现代金融手段，要从紧盯政策，转向注重服务，树立优质的服务才是最好的政策这一理念。

调：核心是价值引领，从低端调整为高端、从低增加值调整为高增加值，从不符合首都功能定位调整为符合首都功能定位，调出发展的质量和效益。要有取有舍，必须剖析产业链、瞄准价值链，取高端环节、舍其他环节。要敢取敢舍，对于集成电路、生物医药、互联网等产业领域的“菜心”项目要果断出击、全力争取；必须摸清家底、做好经济运行监测，对低效、无前景、已不符合功能定位的项目要坚决退出，实现转型升级。要会取会舍，必须胸中有数。

升：就是全面提升品质。要突出产业品质，始终聚焦高端，保持主导产业国内领先、国际先进水平，要培育一批原创技术、首创业态和引领市场的商业模式，要壮大一批代表“北京·亦庄”的名片企业。要牢固树立“品质亦庄”和以人为本理念，按照宜居宜业和谐之都的首善标准，瞄准科技创新中心人才需求，加快完善城市功能，提高城市服务管理水平，重点要在住房、教育、医疗、商业、交通、通信、景观绿化等短板领域取

得突破。

合：是要整合资源，形成合力。深化新区行政资源整合，继续探索产业一体发展体制机制，加强“一区六园”统筹调度、特色发展、整体提高。加强与中关村的对接合作，交流信息、取长补短，实现南北呼应、两翼联动的发展格局。在京津冀一体化协同发展中，探索全产业链跨区域布局模式，建设“亦庄·永清”等产业园。按照构建开放型经济体系的思路，积极拓展国际合作。

实现“转调升合”，明年要落实五个方面工作：

首先是产业项目。打造科技创新中心，项目是着力点，是开展其他工作的基础。一要找准定位，有所为有所不为。电子信息、生物医药、装备产业和汽车产业四大主导产业要瞄准研发设计、系统集成、总部运营等高端业态，做精自动化程度高、集约度高、附加值高、科技含量高、资金密集型的产业中枢环节。电子信息重点发展集成电路、新型显示、新一代移动通信、智能终端四大优势产业，培育产业互联网，带动形成下一代互联网、物联网、云计算和大数据的集群发展。生物医药重点壮大生物制药、生物医疗、智能医疗器械三大创新集群，夯实研发外包、技术转化、优势医药产品的医药研发产业，培育医药电商、医联网、药联网、可穿戴设备带动的大健康服务集群。装备产业重点做强智能装备、智能设备和精密设备产业，发展系统集成、设计、试验检测等核心环节，打造智能化、精密化的研发总部集群。汽车产业重点巩固提升汽车总装集成环节，发展汽车电子、新能源汽车、汽车服务三大新兴产业，打造创新设计服务集群。新兴产业重点培育电子商务、文化创意、设计、金融、节能服务和临空产业。二要创新招商方式，以商招商，运用市场化手段，与协会、商会、联盟一起招商、与龙头企业一起招商、与基金一起招商、与业主一起招商，通过专业活动招商，依托特色园吸附力招商。三要坚持项目数量和质量并重。“四个一批”项目要确保投产 20 个、开工 20 个和签约 20 个以上，同时要按照产业分类，每类储备 100 个以上、总数 500 个以上优质项目。做好中芯国际三期、中船等项目前期工作，加快北京奔驰二期、泰德健康产业园等项目建设，确保全市重点项目顺利推进。

其次是投融资。投融资是建设科技创新中心的关键要素。开发区要在产业金融创新方面大胆探索，形成对产业发展的有力支撑。一要坚持以投资体系建设为重点，建立健全天使投资、风险投资、股权投资、并购投资全流程基金体系，与社会资本、专业机构开放合作，提高基金管理运作水平。二要积极发展新型金融机构，重点引进具有交易平台性质的金融或准金融机构，培育互联网金融等新兴业态，举办好互联网金融千人会等专业活动。三要配套完善政策体系，继续探索财政资金引导放大使用方式，促进担保、信用体系建设，建立有效降低融资成本、合理分担金融风险的政府与市场联动机制。

第三是空间布局。统筹“一区六园”产业空间布局，搭建好各具特色、功能多样的创新创业活动平台。一要推进开发区中心区转型升级。起步区转型升级，要借鉴综配区经验，加强组织保障，积极争取市规划等部门政策支持，对低效、闲置土地分类处置，在整体规划的基础上，明年启动先行示范项目。荣华路沿线商务楼宇，要规范引导并行，支持企业结合自身特点，建设特色楼宇。南海子商务区，要充分体现“绿色、科技、文化”，高水准规划、建设、招商和服务，着眼新区产业发展的强烈需求，规划建设面向企业、行业的科技会展中心。二要支持开发区专业园特色发展。继续加大对“六园”基础设施投入，持续改善园区产业条件。继续加大对“六园”招商的统筹力度，持续提高项目质量水平。生物医药产业园要聚焦主业，着力培育大健康产业，推动业态升级；新媒体产业园要盘活存量资源，提高产业聚集度；新能源汽车产业园，要关注新能源领域国家政策和商业创新，尤其是制造与服务、产业与互联网融合等创新领域；生产性服务业产业园，要利用好兴华大街、荣华路沿线便利条件，聚焦高端服务业，加强招商统筹，打造特色楼宇经济；临空产业园要超前谋划，积极对接上位规划和政策，扩大项目储备，有条件的项目要尽快落地，体现新区利益最大化；军民结合产业园，要推进蓝鲸园、集成电路园建设，尽快形成新的产业增长点。

第四是人才。人才是第一资源，是创新创业活动的主体。一要坚定不移地实施人才强区战略，按照产业选择，发现、引进和培养人才，以人才为中心，制定专项政策，提升服务保障水平，让人才引得进、留得住、用得好、干得舒心、住得舒适。二要贯彻落实高端产业领军人才示范区建设意见，出台实施细则，切实把意见的每一条措施责任到人、落实到位。三要成立人才创业基金，引导社会资本，支持领军人才在高精尖领域创新创业。四要主动适应并完善人员流动机制，探索建立企业和政府人才双向流动机制。五要不断完善服务保障机制，采取有效措施，引导鼓励市场主体，为领军人才提供定制化、个性化的高端服务，重点解决好住房、教育、医疗、休闲、交通、家政服务等生活配套。

第五是创新服务体系。大家要充分认识到，我们具有高端产业集聚的雄厚基础，最具有创新成果产业化所必需的工艺验证、产品中试等资源优势。要紧紧围绕“产业联盟＋研究院＋专利池＋技术交易平台＋基金＋特色产业园”六位一体的科技创新服务体系，打造高舒适度的科技创新生态圈。一要组建、引进一批行业标准、产学研用、二三产融合、先导技术上下游合作等创新联盟，筹建联盟智库，鼓励联盟间加强合作。二要以研究院为龙头，带动盘活科技创新服务体系相关资源，重点在集成电路、数字显示、生物医药、互联网等领域，建设产业研究院、创新中心。三要支持一批龙头企业、重点联盟组建专业性、开放式专利池，加快形成具备规模影响力和行业竞争力的专利池，通过共享、交叉许可和授权，减少创新壁垒，降低创新成本，提高创新效率。四要建设一批技术交易平台，集合一批技术交易中介服务机构，力争引进国家级专利共享平台。五要采用母子基金模式，通过政府财政资金引导放大，吸引社会资本，投资科技成果产业化项目。六要借鉴生物医药创新园试点经验，围绕荣华路创新大道，建设一批工业设计、集成电路、软件、互联网等特色产业园。此外，还要加强国际合作，着力建设好生物医药海外创新园、知识产权海外工作站，加强驻美办事处职能，加快欧洲办事处建设，夯实国际合作基础。

（三）找准功能定位和自身优势，建设京津冀协同发展桥头堡

京津冀协同发展是国家重大发展战略，新区作为北京的东南门户，直面天津、河北腹地，京津塘高速经济走廊连接廊坊、直通天津港，三地交通联系紧密，区域合作具有天然的区位优势和强大的辐射能力。打造成京津冀协同发展桥头堡，既是产业转型升级的历史机遇，也是服务首都产业转移、有序溢出的现实挑战。对于打开产业链、统一布局、协同发展，具有重要的现实意义。

我们要按照中央和市委市政府要求，找准开发区在京津冀协同发展中的功能定位和自身优势，打好产业牌，当好桥头堡。重点开展好以下工作：一要发挥“政府＋协会＋企业”的机制优势，坚持政府引导，输出品牌、标准、管理和服务；协会主导，组织调动市场资源；企业主体，具体实施园区开发建设工作。完善市场化手段，形成体系完备、便于操作的合作模式。二要加强规划，做好“亦庄 · 永清”园区建设，加快推进一期 30 平方公里土地开发、基础设施建设、产业发展规划等重点工作。三要增加项目储备，确保明年首批产业项目和相应配套工程开工建设。四要发挥桥头堡作用，聚合三地资源，发起建设面向京津冀的中小企业服务平台，鼓励和扶持三地中小企业发展。

（四）加快新区一体、产城融合发展，建设宜居宜业和谐新城

按照建设科技创新中心的内在要求，注重以人为本、建管并重，健全城市功能，丰富城市内涵，提高城市运行管理水平，打造“品质亦庄”名片，让每一个人都为在这里工作生活而感到自豪。

继续加强综配区建设。一要大胆探索新区一体发展的体制机制，尽快完善综配区办公室建设，确保人员到位、权责清晰、分工合理、任务明确。二要高标准编制综配区规划，做到与亦庄新城一本规划、一张蓝图，科学指导投资建设、管理运行、产业发展。三要保持综配区投资强度，力争完成政府性投资 100 亿元以上，带动社会投资 200 亿元以上。四要统筹调度，确保重点项目建设取得突破。五要统筹招商，明年是综配区产业招商启动年，要明确产业定位、准入条件，加快建立项目储备库，打响“美丽南海子、绿色商务区”品牌。

加快完善公共服务体系。一要优化教育资源，采取名校办分校、委托办学等方式，继续引进优质教育资源到开发区办学，提升教育教学水平。加快十一学校实验中学建设，开展路东区、河西区规划中小学和幼儿园建设前期工作，加快保华国际教育园建设，满足高端人才子女的国际教育需求。二要完善医疗体系，全力配合同仁医院二期按计划进度建设，确保博大医院达到开业条件，引导亦庄医院、红星医院与生物医药企业开展合作，实现特色、共赢发展。三要加强住房保障，区别高端人才、企业中层骨干、一般技术人员不同的居住需求，完善多层次住房供应体系。四要提升商业服务，完善商业服务体系，启动实施荣华路景观提升和商业改造、河西区商业综合体、凉水河商业带等重点项目，确保路东区高端商业综合体——城乡世纪广场如期开业，继续通过农企对接、电商销售等途径，将新区更多的优质农产品、特色商品和餐饮服务送进开发区企业、社区。五要丰富群众文化体育生活，举办好新区“一区六园”第十届运动会、开发区第八届文化艺术节等群众性品牌活动，促进群众文化体育活动在基层广泛开展。完善政策支撑，加大政府投入力度，加强公共文化体育设施建设，引导鼓励企事业单位投资建设和开放内部场地、设施、培训等资源，为高端人才、企业职工和社区居民提供多元化的文化体育产品与服务。

提升城市治理能力。一要建设平安亦庄，全面落实各级安全生产主体责任，建设安全生产信息化平台，发挥一线安全员作用，形成“预防为主、防治结合”的全方位安全生产保障体系。强化对涉稳问题的研判和预警，加强人员密集场所等关键部位管控，积极化解劳资纠纷、社区纠纷等社会矛盾，强化食品药品安全全程监管，大力整治火灾隐患，组建最小防灭火作战单元，维护社会和谐稳定。明确相关部门与街道办事处职能划分，充分发挥街道办事处一线管理作用。二要建设畅通亦庄，积极争取市级支持，推动京沪高速开发区段、旧忠桥改造等项目，畅通跨区交通联络。加强停车管理，实施停车诱导系统，畅通区内交通微循环。三要建设智慧亦庄，提升信息化水平，推动电子政务深度应用，实施全区域智能电网改造、污染源在线监测二期、能源在线监测和安全生产监管服务平台，整合优化电信基础设施，实现开发区 4G 网络高质量、全覆盖。

（五）不断提升生态园区发展水平，建设绿色发展示范区

提升园区生态品牌。一要全面深化国家生态工业示范园区、国家循环化改造示范园区建设，重点加强与中央部委、市级主管部门上下联动，启动中芬北京生态创新园建设。二要出台新型生态示范园区发展规划和未来三年行动计划，研究制定国际领先、具有开发区特色的绿色低碳评价指标体系，明确生态红线，提高产业环保准入标准。三要借鉴先进经验，依托产业联盟、市场主体，采取政府购买服务方式，建立低碳发展中心，促进区域绿色低碳循环发展。积极争取国家级、市级专项资金，实施一批有示范性的节能

环保重点项目，培育一批节能环保企业，形成绿色低碳发展环境。引导区内楼宇、企业开展节能环保建设，创建一批绿色、低碳、循环示范楼宇、社区、园区。

强化环境污染治理。一要以实施清洁空气行动计划为抓手，落实各项减排工程，完成年度减排任务。二要抓好路东区污水处理厂扩建和用水单位自行处理体系建设，探索市场化模式，加快再生水管网体系建设，降低用水成本，提高污水处理及再利用率。三要以在线监控平台为基础，逐步实现环保管理信息化，推广实行排污许可证制度，试点排污权交易。四要继续发挥亿元环保资金的撬动作用，引导企业主动减排，实现政府治污与企业减排良性互动。

（六）加强政府自身建设，提升依法执政和为民服务水平

巩固党的群众路线教育实践活动成果，推进服务型、创新型、法治型和阳光型政府建设，进一步提高政府管理和服务水平。

强化为民意识，建设服务型政府。紧紧抓住转型发展这一主题，坚定发展信心，强化为民理念，狠抓工作落实。认真落实新区深化改革的各项任务措施，加强对年度重点工作的督查督办和绩效考核。把民生工作放在更加突出的位置，真正做到问政于民、问需于民、问计于民，使政府的工作思路、决策部署、方法措施更加符合民意。

强化改革意识，建设创新型政府。认真学习贯彻党的十八届三中全会关于全面深化改革的重大决策部署，发挥市场决定性作用，按照国家级经济技术开发区转型升级创新发展要求，创新行政管理体制，探索政府购买社会服务机制，推进总公司纯竞争性行业市场化改革。

强化规则意识，建设法治型政府。落实《中共中央关于全面推进依法治国若干重大问题的决定》，推进法治政府建设，继续开展行政审批权限梳理，落实好行政审批权限的取消和承接工作，加强对重大行政决策和重要文件的合法性审查，完善管委会“三重一大”等决策程序。更加重视制度建设，增强运用法治思维和法治方式解决经济社会发展突出问题、化解矛盾纠纷的能力，为改革发展提供坚强的法制保障。

强化廉政意识，建设阳光型政府。坚持政务公开制度，加强民主监督，筑牢拒腐防线。加强行政监察和审计监督，严格贯彻落实“决策留痕、结果查究”制度，完善公共资源配置、交易和管理的监督制约机制，坚决纠正损害群众利益的不正之风。坚持“一岗双责”，加强廉政风险防控体系建设，完善政务公开，真正把权力关进制度的笼子。

同志们，新区正处在发展的黄金期和机遇期，我们实实在在担起了建设科技创新中心的历史使命，开发区升级版将在我们手中铸就。让我们紧密团结在以习近平同志为总

书记的党中央周围，在市委市政府的坚强领导下，按照区委工委的决策部署，振奋精神、同心协力、勇于担当、开拓创新，加快推动新区一体化、高端化、国际化发展，为建设国际一流和谐宜居之都、实现伟大“中国梦”而不懈努力！

# 新区（大兴—开发区）2014 年<br>国民经济和社会发展统计公报（摘要）

2014 年是北京经济技术开发区全面深化改革的起步之年，是实施“十二五”规划的攻坚之年。开发区在市委、市政府的领导下，深入贯彻落实党的十八大和十八届三中、四中全会精神，坚持以习近平总书记系列重要讲话精神为指引，落实中央和北京市关于“稳增长、促改革、调结构、惠民生”各项政策措施，坚持“稳中求快进、创新大发展”的总基调，带领全区人民，攻坚克难、扎实工作，保障全区经济持续健康发展，社会和谐稳定。

## 一、人口和环境

开发区常住人口 11.2 万人，同比增长 31.3%。其中，常住流动人口 8.5 万人，同比增长 32.2%。

开发区落实清洁空气行动计划，加快实施区域“去煤化”治理工作，投入 2.5 亿元完成三座燃煤供热厂清洁能源改造，率先建成全市首个高污染燃料禁燃区。

开发区完成金源经开、路东区两个污水厂提级改造，在全市率先将区域污水处理提高到地表Ⅳ类水体标准。

## 二、综合经济

开发区生产总值实现 997.4 亿元，比 2013 年增长 9.2%。从产业结构看，二三产业比重由 2013 年的 65.2∶34.8 调整为 64.1∶35.9。

开发区完成地方公共财政预算收入 120 亿元，比 2013 年增长 19.7%。其中，增值税、企业所得税分别实现财政收入 27.2 亿元和 37.5 亿元，分别比 2013 年增长 12.3% 和 43.6%，营业税实现财政收入 15.4 亿元，比 2013 年下降 2.4%。地方公共财政预算支出 112.1 亿元，比 2013 年增长 9.9%。

开发区金融机构本外币存款余额 750.6 亿元，比 2013 年增长 1.4%；金融机构本外币贷款余额 507.1 亿元，比 2013 年增长 4.6%。

中关村示范区亦庄科技园实现总收入 3833.8 亿元，比 2013 年增长 6.9%。

## 三、行业发展

开发区规模以上工业总产值完成 2421 亿元，比 2013 年增长 5.6%。规模以上工业中，开发区现代制造业实现产值 1900.4 亿元，比 2013 年增长 2.5%。开发区规模以上四大主导产业实现产值 2147.6 亿元，比 2013 年增长 4.3%。其中电子信息产业完成产值 798.4 亿元，比 2013 年下降 7.7%；装备制造产业完成产值 458.1 亿元，比 2013 年下降 1.8%；生物工程和医药产业完成产值 282.6 亿元，比 2013 年增长 20.5%；汽车及交通设备产业完成产值 608.4 亿元，比 2013 年增长 23.5%。

开发区建筑业总产值 240.8 亿元，比 2013 年增长 2.9%。开发区 2014 年新签合同额 246.3 亿元，比 2013 年增长 48.8%。

开发区服务业收入实现 2790.0 亿元，比 2013 年增长 34.5%。开发区生产性服务业实现收入 1782.4 亿元，比 2013 年增长 56%。开发区文化创意产业实现收入 595.8 亿元，比 2013 年增长 18.4%；实现利润总额 8.5 亿元，比 2013 年下降 16.5%。开发区社会消费品零售额实现 325.1 亿元，比 2013 年增长 13.4%。

## 四、固定资产投资与房地产开发

开发区全社会固定资产投资完成 391 亿元，比 2013 年增长 4.2%。

开发区房地产开发投资 152.7 亿元，比 2013 年增长 7.6%。开发区商品房屋销售面积 39.3 万平方米，比 2013 年下降 5.8%。

## 五、对外经济

开发区新批企业 2736 个，比 2013 年增长 93.5%，其中新批三资企业 44 个，比 2013 年增长 25.7%。开发区实际利用外资 6.4 亿美元，比 2013 年增长 1.5%。截至 2014 年底，开发区累计入区企业 9350 家（不含分支机构），累计投资总额 611.5 亿美元。

开发区全年进出口总额 190.0 亿美元，比 2013 年下降 9.9%。其中，开发区进口总额 101.4 亿美元；出口总额 88.6 亿美元，比 2013 年下降 19.0%。全年机电产品出口额 85.1 亿美元，比 2013 年下降 19.6%，占开发区出口总额的 96.1%。出口前五位的国家或地区为美国、香港、越南、印度、匈牙利，出口额达 32.4 亿美元，占开发区出口总额的 36.6%。

## 六、交通运输和邮电

开发区优化交通路网体系，完成东环路、西环路、荣京东街等主干路改造，试点荣华路潮汐车道，优化调整 10 余条公交线路。完善城乡绿色公共出行体系。全年新增 1000 辆公租自行车，接驳车 16 辆，接驳车运营线路 3 条，低碳绿色理念融入市民生活。

开发区邮政业务总量 1236 万元，邮政业务收入 1940 万元，累计订销报刊 4.8 万份，订销报刊流转额 534 万元。

## 七、城市建设和安全生产

开发区全社会用水量 2874.31 万立方米。其中，居民家庭用水 602.43 万立方米，公共服务用水 375.02 万立方米，生产运营用水 1896.86 万立方米。开发区全社会用电量 41.7 亿千瓦时，比 2013 年增长 7.1%。开发区期末用热户数 296 户，比 2013 年增长 1.7%；供应能力 448 兆瓦，与 2013 年持平；期末管线长度 360.2 千米，比 2013 年增长 5.3%；年末采暖面积 1170.5 万平方米，比 2013 年增长 3.5%。

开发区全年发生生产安全事故 1 起，比 2013 年减少 1 起；死亡人数 1 人，比 2013 年减少 1 人，未发生较大及以上生产安全事故。

## 八、就业和社会保障

开发区吸纳新区劳动力就业 4743 人，通过公共就业服务机构推荐 852 名市其他区县劳动力、7527 名外省市劳动力进入开发区工作，受益企业 1000 余家。共组织各类培训 55843 人次，5147 人取得了国家职业资格证。各类企业劳动合同签订率达到 98% 以上。

开发区参加全市劳动保障部门城镇职工基本养老保险的人数达到 36.6 万人，比 2013 年增长 11.2%；参加城镇职工基本医疗保险人数达 34.9 万人，比 2013 年增长 12.7%；参加失业保险职工人数达 29.1 万人，比 2013 年增长 3.9%；参加工伤保险职工人数达 27 万人，比 2013 年增长 3.4%；参加生育保险职工人数达 24.9 万人，比 2013 年增长 3.9%。

## 九、社会事业

开发区专利申请量与专利授权量分别为 3524 件和 2527 件， 同比增长分别是 10.75% 和 21.72%。其中，发明专利申请量和授权量分别为 1507 件和 559 件，授权量同比增长 38.71%；实用新型专利申请量和授权量分别为 1810 件和 1797 件，授权量同比增长 19.8%；外观设计专利申请量和授权量分别为 207 件和 171 件，授权量比 2013 年略有下降。

开发区新增中央“千人计划”入选者 5 人，累计达 50 人；新增北京市“海聚工程”入选者 12 人，累计达 90 人；新认定的新区海外高层次人才 36 人，累计达 247 人；新增“博大贡献奖”4 人，累计达 35 人。

北京亦庄实验中学、保华国际教育园开工建设，北京市大兴区金色天使双语幼儿园开园。学位新增 450 个，学前教育资源持续扩大。开发区拥有基础教育学校 3 所，其中 12 年一贯制学校 1 所、9 年一贯制学校 1 所、小学 1 所；幼儿园 9 所、中等职业学校 1 所、高等职业学校 1 所。在校学生 17902 人、教职工 2233 人、专任教师 1509 人。初中毕业率 100%，高中毕业率 100%。

开发区基层文化设施实现共建共享，与高校图书馆实现馆际互通、资源共享，建立企业书屋、机关书屋和亦庄书屋等；与市级院团、工会、妇联等单位深度合作，实现公共文化资源有效整合。截至 2014 年底，开发区共有文化活动中心 1 个、社区文化室 9 个、“北京 · 亦庄”文体基地 8 个。拥有公共图书馆 1 个，总藏书量 1.8 万册，总流通人次达 1 万人次。在企业和社区放映电影 240 余场，举办各类讲座 60 场，送演出 12 场，参与人员近 3 万人次。

开发区公共医疗体系和基层医疗服务得到进一步完善，同仁医院二期工程奠基；爱育华妇儿医院开业；河西区 X83C1 地块医院主体结构封顶，拟与北京中医药大学东方医院合作办医，建设东方医院南院区；林肯社区卫生站首设中医门诊。开发区现有卫生机构 45 个，其中医院 5 个。卫生机构实有床位数 1050 张，比 2013 年增加 200 张。

开发区全面完善群众文化体育活动场所，新建、更新健身设施 6 件套，体育事业投入 170 万元。开发区内体育场地 148 个，其中室内体育场地 47 个、室外体育场地 101 个。

**说明：**

1. 本文摘自《新区（大兴—开发区）2014 年国民经济和社会发展统计公报》。

2. 财政、税收、金融、进出口、招商引资等数据来源于相关职能部门。

3. 开发区生产总值绝对数按现价计算，增长速度为现价增速。

4. “规模以上工业”指年主营业务收入 2000 万元及以上工业法人单位；固定资产

投资项目统计起点是计划总投资额为 500 万元及以上的项目。

5.“服务业”包括批发和零售业、交通运输仓储和邮政业、住宿和餐饮业、信息传输软件和信息技术服务业、金融业、房地产业、租赁和商务服务业、科学研究和技术服务业、水利环境和公共设施管理业、居民服务修理和其他服务业、教育、卫生和社会工作、文化 体育和娱乐业。

6. 公报中部分数据合计数或相对数由于计量单位取舍不同而产生的计算误差，均未作机械调整。

7. 表中“…”符号表示数字小不够位数。

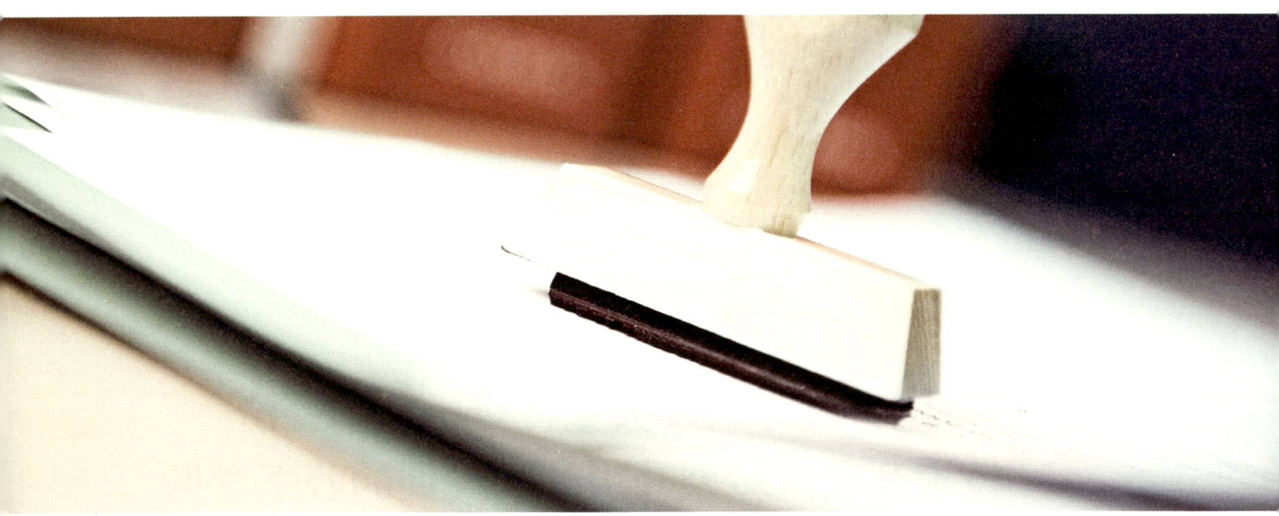

# 文件选载

北京经济技术开发区年鉴 2015
BEIJING ECONOMIC-TECHNOLOGICAL DEVELOPMENT
AREA YEARBOOK

# 国务院办公厅关于促进国家级经济技术开发区转型升级创新发展的若干意见

国办发〔2014〕54 号
（2014 年 10 月 30 日）

各省、自治区、直辖市人民政府，国务院各部委、各直属机构：

为适应新的形势和任务，进一步发挥国家级经济技术开发区（简称国家级经开区）作为改革试验田和开放排头兵的作用，促进国家级经开区转型升级、创新发展，经国务院同意，现提出如下意见。

## 一、明确新形势下的发展定位

（一）明确发展定位。以邓小平理论、“三个代表”重要思想、科学发展观为指导，贯彻落实党的十八大和十八届三中、四中全会精神，按照党中央、国务院有关决策部署，努力把国家级经开区建设成为带动地区经济发展和实施区域发展战略的重要载体，成为构建开放型经济新体制和培育吸引外资新优势的排头兵，成为科技创新驱动和绿色集约发展的示范区。

（二）转变发展方式。国家级经开区要在发展理念、兴办模式、管理方式等方面加快转型，努力实现由追求速度向追求质量转变，由政府主导向市场主导转变，由同质化竞争向差异化发展转变，由硬环境见长向软环境取胜转变。

（三）实施分类指导。东部地区国家级经开区要率先实现转型发展，继续提升开放水平，在更高层次参与国际经济合作和竞争，提高在全球价值链及国际分工中的地位。中西部地区国家级经开区要依托本地区比较优势，着力打造特色和优势主导产业，提高承接产业转移的能力，防止低水平重复建设，促进现代化产业集群健康发展。

（四）探索动态管理。各地区、各有关部门要加强指导和规范管理，进一步强化约束和倒逼机制，细化监督评估工作。支持经济综合实力强、产业特色明显、发展质量高等符合条件的省级开发区按程序升级为国家级经开区。对土地等资源利用效率低、环保不达标、发展长期滞后的国家级经开区，予以警告、通报、限期整改、退出等处罚，逐步做到既有升级也有退出的动态管理。

（五）完善考核体系。进一步完善《国家级经济技术开发区综合发展水平评价办法》，把创新能力、品牌建设、规划实施、生态环境、知识产权保护、投资环境、行政效能、新增债务、安全生产等作为考核的主要内容，引导国家级经开区走质量效益型发展之路。对申请升级的省级开发区实施与国家级经开区同样的综合评价标准。

## 二、推进体制机制创新

（六）坚持体制机制创新。各省、自治区、直辖市应根据新形势要求，因地制宜出台或修订本地区国家级经开区的地方性法规、规章，探索有条件的国家级经开区与行政区融合发展的体制机制，推动国家级经开区依法规范发展。鼓励国家级经开区创新行政管理体制，简政放权，科学设置职能机构。国家级经开区管理机构要提高行政效率和透明度，完善决策、执行和监督机制，加强事中事后监管，强化安全生产监管，健全财政管理制度，严控债务风险。

（七）推进行政管理体制改革。进一步下放审批权限，支持国家级经开区开展外商投资等管理体制改革试点，大力推进工商登记制度改革。鼓励国家级经开区试行工商营业执照、组织机构代码证、税务登记证“三证合一”等模式。鼓励在符合条件的国家级经开区开展人民币资本项目可兑换、人民币跨境使用、外汇管理改革等方面试点。

## 三、促进开放型经济发展

（八）提高投资质量和水平。稳步推进部分服务业领域开放，提升产业国际化水平。推动国家级经开区“走出去”参与境外经贸合作区建设，引导有条件的区内企业“走出去”。国家级经开区要充分利用外资的技术溢出和综合带动效应，积极吸引先进制造业投资，努力培育战略性新兴产业，大力发展生产性服务业。

（九）带动区域协调发展。鼓励国家级经开区按照国家区域和产业发展战略共建跨区域合作园区或合作联盟。建立国家级经开区产业发展信息平台，引导企业向中西部地区有序转移。研究支持中西部地区国家级经开区承接产业转移的金融、土地、人才政策，继续对中西部地区国家级经开区基础设施建设项目贷款予以贴息。支持符合条件的国家级经开区按程序申报设立海关特殊监管区域。

## 四、推动产业转型升级

（十）优化产业结构和布局。国家级经开区要按照新型工业化的要求，以提质增效升级为核心，协调发展先进制造业和现代服务业。大力推进科技研发、物流、服务外包、金融保险等服务业发展，增强产业集聚效应。在培育战略性新兴产业的同时，要因地制宜确定重点领域，避免同质竞争。

（十一）增强科技创新驱动能力。国家级经开区要坚持经济与技术并重，把保护知识产权和提高创新能力摆在更加突出的位置。鼓励条件成熟的国家级经开区建设各种形式的协同创新平台，形成产业创新集群。支持国家级经开区创建知识产权试点示范园区，推动建立严格有效的知识产权运用和保护机制。探索建立国际合作创新园，不断深化经贸领域科技创新国际合作。

（十二）加快人才体系建设。加快发展现代职业教育，提升发展保障水平，深化产教融合、校企合作，鼓励中外合作培养技术技能型人才。支持国家级经开区通过设立创业投资引导基金、创业投资贴息资金、知识产权作价入股等方式，搭建科技人才与产业对接平台。鼓励国家级经开区加大高端人才引进力度，形成有利于人才创新创业的分配、激励和保障机制。

（十三）创新投融资体制。继续鼓励政策性银行和开发性金融机构对符合条件的国家级经开区基础设施项目、公用事业项目及产业转型升级发展等方面给予信贷支持。允许符合条件的国家级经开区开发、运营企业依照国家有关规定上市和发行中期票据、短期融资券等债券产品筹集资金。支持国家级经开区同投资机构、保险公司、担保机构及商业银行合作，探索建立投保贷序时融资安排模式。鼓励有条件的国家级经开区探索同社会资本共办“区中园”。

（十四）提高信息化水平。支持国家级经开区发展软件和信息服务、物联网、云计算等产业，吸引和培育信息技术重点领域领军企业，利用信息科技手段拓展传统产业链、提升产业增值水平。积极推进国家级经开区统计信息系统应用拓展和功能提升。国家级经开区要保证信息基础设施和其他基础设施同步规划、同步建设。

## 五、坚持绿色集约发展

（十五）鼓励绿色低碳循环发展。支持国家级经开区创建生态工业示范园区、循环化改造示范试点园区等绿色园区，开展经贸领域节能环保国际合作，制订和完善工作指南和指标体系，加快推进国际合作生态园建设。国家级经开区要严格控制资源节约和环境准入门槛，大力发展节能环保产业，提高能源资源利用效率，减少污染物排放，防控环境风险。

（十六）坚持规划引领。制订国家级经开区中长期发展规划、重点产业投资促进规划。严格依据土地利用总体规划和城市总体规划开发建设，坚持科学、高效、有序开发，严禁擅自调整规划。国家级经开区内控制性详细规划应经依法批准并实现全覆盖，重点地区可开展城市设计并纳入控制性详细规划。应依法开展规划的环境影响评价。

（十七）强化土地节约集约利用。国家级经开区必须严格土地管理，严控增量，盘活存量，坚持合理、节约、集约、高效开发利用土地。加强土地开发利用动态监管，加大对闲置、低效用地的处置力度，探索存量建设用地二次开发机制。省级人民政府要建立健全土地集约利用评价、考核与奖惩制度，可在本级建设用地指标中对国家级经开区予以单列。允许符合条件且确有必要的国家级经开区按程序申报扩区或调整区位。

## 六、优化营商环境

（十八）规范招商引资。国家级经开区要节俭务实开展招商引资活动，提倡以产业规划为指导的专业化招商、产业链招商。加强出国（境）招商引资团组管理，加大对违规招商的巡查和处罚力度。严格执行国家财税政策和土地政策，禁止侵占被拆迁居民和被征地农民的合法利益。不得违法下放农用地转用、土地征收和供地审批权，不得以任何形式违规减免或返还土地出让金。

（十九）完善综合投资环境。国家级经开区要健全政企沟通机制，以投资者满意度为中心，完善基础设施建设，着力打造法治化、国际化的营商环境。鼓励国家级经开区依法依规开办各种要素市场，促进商品和要素自由流动、平等交换。国务院商务主管部门要发布国家级经开区投资环境建设指南，建立国家级经开区投资环境评价体系。

各地区、各有关部门要进一步深化对促进国家级经开区转型升级、创新发展工作重要意义的认识，切实加强组织领导和协调配合，明确任务分工，落实工作责任，尽快制定具体实施方案和配套政策措施，确保工作取得实效。

# 新区环境保护资金管理暂行办法

京技管〔2014〕25号
（2014年2月24日）

## 第一章 总 则

第一条 为贯彻落实科学发展观，推进生态文明建设，推动清洁空气行动计划落实和污染减排，保障区域环境质量的持续改善，实现新区经济、社会、环境的协调发展，根据《中华人民共和国环境保护法》，参照《北京市节能减排及环境保护专项资金管理办法》（京财经一［2013］1950号）等有关规定，结合新区实际，制定本办法。

第二条 新区设立“新区环境保护资金”（简称环保资金），用于支持对保护和改善环境有促进作用的项目。资金额度为每年1亿元人民币，资金来源为开发区财政拨款、国际组织援助和社会捐款等。

第三条 本办法涉及的支持、奖励等各类资金均在环保资金中列支。环保资金的管理与使用，应遵照国家有关法律、法规规定，符合国家、北京市及新区环境保护工作的要求；遵循诚实申请、科学评估、公正透明、择优支持、专款专用和科学监管的原则，确保资金规范、安全和高效使用。

第四条 新区成立“环保资金管理工作领导小组”（简称领导小组），对环保资金进行统筹管理，确定资金使用方向、方案和额度，协调解决资金运作中的重大问题。成员单位包括大兴区环保局、发改委、经信委、财政局、审计局、监察局，以及开发区环保局、发改局、投促局、企业局、财政局、审计局和监察局；领导小组办公室设在开发区环保局。

## 第二章 支持条件、内容和方式

第五条 申报环保资金的项目单位必须符合下列条件：

1. 符合新区产业定位和产业规划，在新区依法进行工商注册登记、国税登记、地税登记、统计登记，具有独立法人资格的企事业单位；

2. 按时完成排污申报登记、交纳排污费，资金申请年度内未发生排放超标等环境违法行为，申报项目依法办理环评审批、验收等环保手续。

第六条 支持范围和方式

环保资金将优先用于支持现阶段国家及北京市重点控制的化学需氧量、氨氮、二氧化硫、氮氧化物和挥发性有机物五项主要污染物减排项目。

1. 支持非政府投资重大环保基础设施建设类项目，包含集中式污水处理厂建设、高品质再生水厂建设、燃煤锅炉清洁能源改造工程、清洁能源集中供热设施建设和改造工程等。支持额度按照投资情况以及减排效果综合考量确定。

2. 支持污染防治类及转产搬迁腾退类项目，包括环保型原材料替代、污染治理设施升级、落后生产设备及工艺淘汰和改造、关停污染生产线等项目，以及转产、搬迁、腾退类项目，支持额度按照减排效果确定。

3. 支持环保基础设施的运行维护类项目，包含区域集中式污水处理厂、高品质再生水厂、垃圾处理厂等运行维护费用，以及年度环保设施运行维护费用不低于 500 万元的工业企业环保设施运行维护类项目。支持额度为运行维护成本的 30%，每个项目的支持金额原则上不超过 200 万元。

4. 支持环保科研成果应用，鼓励企事业单位积极开展环境保护技术研究等课题，包括污染防治新技术、新工艺的研究开发。项目在新区推广应用并取得实际减排效果的，将根据研究成果以及研究经费情况给予支持，每个项目的支持金额原则上不超过 100 万元。

5. 其他有利于减少区域污染，改善环境质量，在新区生态环境建设中起到示范带头作用的项目，也将根据实际情况给予支持。

第七条 同时符合本办法支持条件和国家或北京市相应鼓励政策的各企事业单位，应当优先申请国家或北京市的相应鼓励政策支持；如国家或北京市支持额度高于本办法支持额度的，将不予支持；如国家或北京市相应鼓励政策的支持额度低于本办法支持额度的，将按照本办法对两者之间的差额进行补充。

第八条 新区将根据区内产业发展状况、环保技术进步和环境保护要求，不定期发布《新区环境保护重点鼓励和支持项目名录》（简称《名录》）。

## 第三章　申报与审批程序

第九条 企事业单位按要求提交相关申报材料，申报期为每年的 8 月 1 日—31 日；所申报项目的实施时间原则上为申报日期上一年的 8 月 1 日至当年的 7 月 31 日。

第十条 申报项目的审批程序如下：

1. 新区环保部门受理申报材料并进行初审。其中，开发区范围内企业申报的项目，由开发区环保局负责受理；新区内其他企业所申报的项目，由大兴区环保局负责受理。

2. 初审意见报领导小组进行评审。评审的内容主要包括项目实施的真实性、投资预算的合理性、污染减排环境绩效情况等。由领导小组办公室组织评审会，重大项目或者评审会有异议的项目可通过召开专家论证会或委托专业机构进行评价的方式进行评审。

3. 评审通过后，由新区环保部门分别在大兴区人民政府网站和开发区管委会网站予以公示。

4. 公示期满后无异议的项目，由开发区财政局拨付款项。

## 第四章　使用和监督管理

第十一条 新区环保部门按所管辖区域对第六条中第 1、2、4、5 类项目开展绩效评估。

开发区财政局负责环保资金的预算管理及拨付管理，并会同大兴区财政局参与对环保资金使用情况进行监督管理；

新区审计部门按所管辖区域定期对项目资金管理和使用情况进行审计；

新区监察部门负责对各相关部门及其工作人员对本办法的执行情况进行监督检查。

第十二条 对于获得本办法支持的企事业单位，应严格执行国家、北京市和新区的相关规定，保证专款专用；对于审计或绩效评估结果不合格的项目，责令其限期整改，情节严重的，领导小组有权追回已拨付资金，将其行为记入企业诚信档案并进行通报，3 年之内不得享受新区所有鼓励优惠政策。

## 第五章　附 则

第十三条 本办法由开发区管理委员会负责解释。办法中的新区指大兴区和北京经济技术开发区。

第十四条 本办法自发布之日起 30 日后实施。《北京经济技术开发区环境发展资金管理暂行办法》（京技管〔2002〕45 号）同时废止。

# 北京经济技术开发区建设高端产业领军人才发展示范区的实施意见

京开党〔2014〕10号

为深入贯彻党的十八届三中全会、市委系列重要会议精神，落实中央对首都城市战略定位和产业发展的要求，深入实施《首都中长期人才发展规划纲要（2010—2020年）》，促进城乡人才资源优化配置，推动北京率先形成科技创新、文化创新“双轮驱动”发展格局和城乡一体化发展新格局，北京市人才工作领导小组、北京经济技术开发区、大兴区决定建设高端产业领军人才发展示范区（简称领军人才示范区），现提出以下实施意见。

## 一、建设领军人才示范区具有重大意义

当前，北京正处于全面深化改革的新时期。立足于首都城市发展战略定位，着眼于加快打造创新驱动发展格局，迫切需要加大全市产业结构优化升级力度。以北京经济技术开发区为代表的高端产业功能区在强化创新驱动、引领区域发展方面具有独特优势。

北京经济技术开发区自1992年建设以来，经过20多年的发展，工业产值年均增长53%，财政收入年均增长61%，高新技术产业产值占工业总产值比重处于全国领先水平，在发展高端产业方面具备坚实基础。目前，区域内产业人才总量超过5万人，其中高端人才近9000人，在聚集人才方面形成独特优势。作为中关村“一区十六园”的重要组成部分，开发区承担着承接中关村重大科技成果转化和辐射、发展实体经济和战略性新兴产业的责任，也拥有特殊政策先行先试的有利条件。

在北京经济技术开发区建设领军人才示范区，有利于进一步推进人才发展体制机制改革和政策创新，充分激发人才创新创业活力；有利于发挥人才作为最活跃先进生产力的作用，推动高端产业加速发展，增强北京经济技术开发区的产业竞争力；有利于进一步推进大兴区、北京经济技术开发区行政与空间资源整合，带动南部地区联动发展，整体推进首都经济社会又好又快发展。

## 二、建设领军人才示范区的总体目标

到2020年，把北京经济技术开发区建设成为“领军人才高度集聚、创新创业高度活跃、

高技术产业高度发达”的领军人才示范区，在北京建设世界高端人才聚集之都和科技创新中心的进程中发挥示范带动作用。

——领军人才高度集聚。培养一支数量充足、结构合理、能够引领自主创新和产业发展的人才队伍。到 2020 年，区域内产业人才总量达到 10 万人，其中领军人才达到 1000 人。

——创新创业高度活跃。形成相对完善的人才、科技、产业协同发展的政策体系，人才发展环境进一步优化。到 2020 年，专利申请量超过 5000 件，其中发明专利占专利申请总量的比例达到 60%，技术成交额达到 260 亿元；高新技术企业总数超过 1000 家，新创办高新技术企业数量年均增速达到 8.5%。

——高技术产业高度发达。产业结构进一步优化，高新技术产业增加值大幅提高。到 2020 年，高新技术产业增加值占开发区工业增加值比重达到 95%，占全市高新技术产业增加值比重达到 40%，产值上亿元级的高新技术企业达到 300 家。

## 三、建设领军人才示范区的实施步骤

第一阶段：全面建设期（2014—2015 年）

促进中关村国家自主创新示范区和领军人才示范区优势互补，积极争取市有关部门的政策支持，完善人才发展政策体系，以政策创新带动体制机制创新，形成有利于人才创新创业的制度环境。加快聚集高端领军人才、高端研发机构和创新企业，搭建科技成果转化平台，提升区域自主创新能力，推动高端产业快速发展。深入实施科技强区、人才强区战略，深化大兴区、北京经济技术开发区行政与空间资源整合，推动区域城乡一体化发展。

第二阶段：初步建成期（2016—2020 年）

人才发展政策体系相对完善，高端创新要素高度集聚，人才发展和服务环境达到国际水平。领军人才成为区域经济发展的核心动力，人才活力全面激发，创新创业高度活跃，产业布局进一步优化，经济发展方式转变成效显著，区域综合实力显著增强，创新驱动格局基本形成。领军人才示范区成为首都引领一体化、高端化、国际化发展的实体经济主阵地，对外开放的重要窗口和城乡一体宜居宜业发展典范。

## 四、建设领军人才示范区的主要任务

（一）完善人才资源开发体系

大力引进高端领军人才。统筹开发国际国内两种人才资源，认真落实中央“千人计划”“万人计划”，北京“海聚工程”“高创计划”和中关村“高聚工程”，启动实施高层次创新创业人才引领工程（简称新创工程），在高端产业领域，大力引进一批国内外一流的科学家、工程师和各类高端领军人才及其创新团队。支持区域内的企业与在京高校、科研院所和国有企业深化合作，通过科研指导、项目共建、技术研发等多种形式，“柔性”引进一批“两院”院士、长江学者、政府特贴专家等高层次人才智力资源。

加快引进急需紧缺人才。根据领军人才示范区重点产业领域的发展需要，整合有关部门和用人单位力量，每年年初调研、汇总区域内企业对急需紧缺人才的需求，制定和发布年度引进急需紧缺人才专项计划，动态调控引才数量、结构和层次。重点在电子信息、生物医药、装备制造、汽车制造等主导产业和数字电视、节能环保、云计算等优势产业领域，引进一批高级经营管理人才、专业技术人才、高技能人才等急需紧缺人才，加快聚集一批拥有硕士或博士学位的优秀中青年人才。

培养造就实用型人才。结合全市推进实施专业技术人才知识更新工程，支持区域内企业与北京劳动保障职业学院等一批国家级专业技术人员继续教育基地合作，重点面向骨干专业技术人才开展继续教育活动，促进专业技术人才提升能力、更新知识，带动企业技术创新、管理创新和商业模式创新。深化高技能人才培养，推行首席技师制度，支持高技能人才建立工作室，开展技术革新和“传帮带”，鼓励企业与相关高校、职业院校共建技能人才培养基地，探索“订单式”人才联合培养机制，强化技能人才培养与使用的衔接。

（二）搭建人才事业发展平台

建设人才创新平台。争取一批国家和市级科技重大专项、重大科技基础设施、战略性新兴产业工程和项目优先在领军人才示范区布局，完善人才与项目对接服务机制。支持区域内企业与高校、科研院所和国有企业共建联合实验室、技术研发中心、博士后工作站、院士工作站及新型产业技术研究院等科研平台，合作开展核心技术研发与科技成果转化，推动产学研用一体化发展。激励人才围绕主导产业和优势产业开展科技攻关，支持人才从事重大原始创新项目和具有重大市场前景的应用项目研究，形成一批先导性创新技术和成果。

打造人才创业平台。支持以汇龙森企业孵化器、大兴创业园为代表的一批留学人员创业园和孵化器发展，借鉴国外孵化器建设的先进经验，建立健全以市场需求为导向、以政府投资为引导、广泛吸引社会资本和国际风险资本投入的市场化运行机制，完善创业项目孵化机制和优秀初创企业发掘机制。推广云基地、车库咖啡、创新工场、联想之星等新型孵化模式，培育一批新型创业孵化载体，探索构建“人才 + 项目 + 创投”的创业扶持体系，提高企业孵化水平。建设一批高端人才创业基地，依托中关村高端人才创业基地支持资金，为入驻企业提供租金补贴等支持。

创建人才国际化发展平台。鼓励规模以上企业与跨国公司研发中心、国际知名研究机构合作建立国际一流的实验室或创新中心，开展国际科技重大项目合作，承接国际技术转移和促进自主创新技术海外推广。支持企业与全球有影响力的科技园区、行业组织、知名智库建立长期战略合作关系，通过联合共建境内外人才培养基地、开展 EMBA 培训项目、组织学术交流与经贸洽谈等多种形式，建立跨境合作机制，深化国际化人才培养。充分发挥国际化人才的作用，引导企业积极开拓海外新兴市场。

（三）推动高端产业发展

支持领军人才创办企业。对初创企业，做好企业选址、工商、税务、商检和人才团队组建、市场拓展、政策咨询、投融资等服务，为领军人才初创企业提供银行贷款担保和贴息。依托全市重大项目转化和产业化统筹资金、开发区人才发展专项资金，优化资金支持方式，引导社会资金支持开展原始创新研究、拥有自主知识产权的企业发展。

支持企业发展壮大。发挥北京亦庄国际投资发展有限公司等投融资机构的带动作用，引导社会资本支持领军人才创建的企业做大做强，培育一批具有较强国际影响力和行业影响力的优秀品牌。支持领军人才创办的企业开展跨地区兼并重组，加大对相关领域先进技术的整合力度，为企业进行海外并购和扩张提供支持。依托开发区产业发展专项资金，加大领军人才企业上市的工作推进力度，在培育期、辅导期、上市发行期分阶段给予政策扶持。

支持高端产业发展。通过建设一批国家重点实验室，承担一批国家重大科技专项，开发一批国际领先水平的产品，引进一批领军人才和核心团队，打造区域辐射能力强的产业发展新格局，重点发展电子信息、生物医药、装备产业、汽车产业等四大高端制造业的核心环节，着力培育生产性服务业、文化创意产业、临空服务业、节能环保四大服务业，推动形成“总部 + 研发”的发展模式。发挥领军人才及其团队的支撑引领作用，重点打造 3 个以上千亿元级和 6 个以上五百亿元级具有自主创新能力和国际影响力的产业集群。推动领军人才建立各类产业技术联盟，整合技术创新资源，开展协同创新，创制技术标准，抢占产业价值链条高端。发挥领军人才示范区辐射带动作用，提升南部产业带技术层级与产业规模，大力推动京津冀一体化区域合作，推动相关产业向天津、河北转移，促进京津冀地区协同发展。

（四）促进人才管理服务创新

完善人才流动配置机制。依托全市各类人才市场，充分发挥市场配置人才资源的决定性作用。整合人才公共服务资源，吸引聚集一批国内外知名的人才中介机构，健全专业化、国际化的人才市场服务体系，提高人才资源流动配置效率。进一步畅通领军人才示范区与在京中央单位及京津冀地区间的人才流通渠道，实现人才资源共建共享、优化配置。

完善人才评价激励机制。积极探索适合区域发展特点的人才评价机制，深化中关村高端领军人才职称评审“直通车”试点。建立健全有利于人才创新创业的分配制度和激励机制，探索实行领军人才协议工资制和项目工资制等多种分配形式，完善股权、期权、分红等综合激励措施。整合北京经济技术开发区内各类人才奖励资源，根据产业特色设置人才奖励项目，鼓励各类人才为领军人才示范区发展做贡献。

完善人才服务机制。充分发挥北京海外学人中心开发区分中心作用，建立人才服务需求沟通反馈机制，为每名领军人才配备服务专员，在住房、医疗、子女入学等方面提供“一站式”服务。优化人才服务模式，开辟领军人才创业服务“绿色通道”，采用“一事一议”的方法，提高服务效率和实效。

## 五、支持领军人才示范区建设的政策

为支持领军人才示范区建设，深入落实中关村“1+6”先行先试政策、“新四条”政策、13 项特殊政策，结合领军人才示范区工作实际，集成特色政策。面向入选中央“千人计划”“万人计划”，北京“海聚工程”“高创计划”，中关村“高聚工程”以及开发区“新创工程”的领军人才，实行以下政策。

（一）深化落实和集成创新中关村国家自主创新示范区相关政策

1. 落实重大项目布局政策。依托全市重大项目转化和产业化统筹资金，引导社会资金重点发展前瞻性、原始性重大创新项目和首都经济社会发展急需的应用技术创新项目。

2. 落实科技经费使用政策。提高市级财政性资金设立的科技项目经费列支间接经费比例，最高不超过该项目直接费用扣除设备购置费后的 20%。

3. 落实进口税收政策。区域内符合现行政策规定的学校与科研机构，以科学研究和教学为目的，在合理数量范围内进口境内不能生产或性能不能满足需要的科研、教学物品，免征进口关税和进口环节增值税、消费税。高层次留学人员和海外科技专家来华工作，进境合理数量的生活自用物品，比照引进海外高层次人才的现行政策执行，由市人力社保局出具证明函件办理。

4. 落实股权激励政策。区域内领军人才所创办的企业，在转化科研成果过程中以股份或出资比例等股权形式给予本企业相关技术人员的奖励，对符合中关村国家自主创新示范区有关股权奖励个人所得税试点政策规定条件的，可按股权奖励个人所得税试点政策执行。

5. 落实落户政策。区域内具有中国国籍的高层次人才，符合我市人才引进政策的，可向企业注册地区人力社保局提出申请，按规定程序办理人才引进。对于愿意放弃外国国籍、申请加入或恢复中国国籍的高层次人才，由公安机关根据《中华人民共和国国籍法》的有关规定优先办理入籍手续。面向区域内企业急需紧缺人才，适当简化工作程序、加快办理手续，满足企业的人才需求。

6. 落实居留和出入境政策。为符合条件的外籍高层次人才及随迁外籍配偶和未满 18 周岁未婚子女申办“外国人永久居留证”。对于尚未获得“外国人永久居留证”的人才及随迁配偶和未满 18 周岁子女，凭市人力社保局出具的外籍高层次人才确认证明或工作许可，为其办理 2 至 5 年有效的多次往返签证或外国人工作居留许可。

7. 落实医疗政策。为区域内高层次人才提供便利就医和年度体检服务。

8. 落实配偶安置政策。面向区域内有就业需求的人才随迁配偶，进一步做好相关就业岗位的协调和推荐工作。

（二）结合领军人才示范区发展实际实施特殊支持政策

1. 奖励。依托开发区人才发展专项资金，对新入选开发区“新创工程”的领军人才，给予 50 万元人民币的一次性奖励。

2. 设立创新创业扶持专项资金。依托北京亦庄国际投资发展有限公司等投融资平台，在 1 亿元人才发展专项资金基础上，新设立 1 亿元创新创业扶持专项资金，引导社会资本和国际风险资本聚集，支持创新能力强、成长性好的中小企业发展。

3. 培育新型创业孵化机构。以政府股权投资带动社会投资方式，支持民间资本、国际风险资本在领军人才示范区投资兴办科技孵化机构，新建孵化机构的股权结构按照 50% 由发明人或创业者持有、20% 由提供配套资金的社会投资者持有、20% 由科技孵化机构的运营企业持有、10% 由企业重要雇员持有的比例进行股权分割。新建孵化机构，通过区级审批验收的，给予 50 万元资金支持；通过市级审批验收的，给予 100 万元资金支持；通过国家级审批验收的，给予 200 万元资金支持。

4. 推进企业上市。以开发区产业发展专项资金为引导，吸引风险投资、股权投资机构投资领军人才创办企业。鼓励企业在境内外多层次资本市场上市发展，对上市各阶段的直接成本给予一定数额的资金支持，对上市募集资金投资区内新项目的，给予配套政策支持。

5. 开展校企合作。支持区域内的企业与高校、科研院所共同设立人才联合培养基地，对于经认定的、工作成效突出的人才培养基地，每年可提供不超过 50 万元的经费支持，经费从开发区人才发展专项资金中列支。

6. 拓展职称评审绿色通道。根据《关于进一步加快推进北京经济技术开发区发展的意见》（京发〔2012〕18 号），市人力社保局等有关部门在领军人才示范区建立专业技术人才和技能人才职称评审绿色通道，进一步发挥开发区人力资源服务职能。

7. 住房。为区域内无住房的领军人才，优先提供人才公共租赁住房以及专业化物业服务。

## 六、健全领军人才示范区建设的领导体系

在市人才工作领导小组的指导下，由市委组织部、市发展改革委、市教委、市科委、市经济信息化委、市公安局、市财政局、市人力社保局、市卫生计生委、市地税局、市工商局、市金融工作局、北京海关、中关村管委会、大兴区、开发区等单位组建领军人才示范区建设工作联席会，负责相关建设工作的组织领导和统筹协调。联席会办公室设在开发区，负责各项具体建设任务的推进落实。

# 大事记

## 1月

1 日，生物试剂出入境公共服务平台——中关村国际生物试剂物流中心在亦庄生物医药园投入使用，提供前置性审批、外贸通关、检疫查验、后续监管和仓储物流等生物试剂专业进出口“一站式”服务。

8 日，以北京天云融创科技有限公司天云软件云管理平台 SkyForm 为云基础支撑平台的北京网络广播电视台 BRTN 正式开播。

23 日，开发区总公司与北京市援疆和田指挥部、和田市京和投资开发有限公司签署了《关于援建和田市北京工业园区标准厂房合作协议》，开发区总公司向受援地区援赠 2000 万元。

26 日，中国杂技团有限公司选派的《协奏·黑白狂想——男子技巧》节目，获第 35 届法国明日国际杂技艺术节金奖。

30 日，开发区首届网络春节联欢晚会上线，15 个节目及选手拜年视频和企业年会花絮在开发区官网上发布。

是月，北京大基康明医疗设备有限公司自主研发的正电子发射断层扫描(PET)核医学装备系统获 2013 年度国家科学技术进步奖二等奖。

是月，新区被市商务委、市经济信息化委、市发展改革委、市工商局等 4 部门联合授予“北京电子商务中心区”(简称 CED) 称号。

是月，北京北方微电子基地设备工艺研究中心有限责任公司 65-45nm PVD 设备研发成功。

是月，京东集团与北京百度网讯科技有限公司签署战略合作协议，共同发起创建“创新硬件开放平台”。

## 2月

13 日，新区召开党的群众路线教育实践活动启动大会。新区党的群众路线教育实践活动历时 8 个月，共成立 5 个督导组，对 31 家处级单位、277 个基层党组织的活动进行督导。通过活动，共计征求到 611 条意见建议，制定并完善 33 项制度。

是日，京东集团上线公测“京东白条”业务，这是互联网金融首款面向个人用户的信用支付产品。京东在线实时评估客户信用，白条用户最高可获得 15000 元信用额度，并可选择最长 30 天延期付款，或 3 ~ 12 个月分期付款两种付款方式。

17 日，由人民日报社、新华通讯社等 7 家股东共同出资设立，由即刻搜索与盘古搜索合并重组的国家级搜索引擎——“中国搜索”入驻国家新媒体产业基地。公司注册资金 1 亿元。

18 日，小米互联网电子产业园项目签约仪式举行。产业园项目主要业务为智能电视、智能机顶盒，以及智能家庭终端的生产，同时还将投资小米金融支付、小米软件、智能家居公司，开展互联网金融、软件设计、智能家居等方面业务。

20日，由北京博大经开置业有限公司承担的“亦庄生物医药园工业物业服务标准化试点”项目入选国家级服务标准试点项目。

22日，5家公司联合发起成立开发区企业协会区域合作分会。区域合作分会的主要职能是负责组织发展会员，组织会员单位参加区域合作各项活动；协调政府和会员之间、各会员之间的关系；定期收集各会员单位拥有的项目信息，进行加工整理、编排制作，以电子版的形式在共享平台上 发布，使各会员单位之间达到信息共享、增强合作的目的；研究制定分会的发展规划、项目的布局规划、产业的规划；针对目标区域进行经济规划、产业规划、园区规划、园区策划及其他事项的组织；为会员提供法律帮助，合作各方发生矛盾纠纷后组织各会员单位维权；协调与拟合作区域的对接，并进行前期调研、开展与当地相关政府部门的沟通与合作。

27日，开发区安监局在生物医药园召集园区企业开展危险化学品统一配送动员会，标志着建立起工业园区危化品统一配送体系。

是月，北京百奥赛图基因生物技术有限公司宣布利用其自主研发的EGE系统在世界上首次实现在大鼠上进行大片段双基因敲入，基因敲进修饰应用范围突破了物种限制。

是月，京东集团联合工业和信息化部电信研究院、中关村互联网金融协会、数海科技等单位和企业，牵头成立了中关村大数据交易产业联盟。

## 3月

5日，北京天地互连信息技术有限公司通过市科委评定，成为下一代互联网北京市国际科技合作基地。

12日，北京博大万泰国际投资咨询有限公司承建并运营的开发区中小企业公共服务平台升级为市级平台。

13日，开发区房地局印发《2014年度保障性安居工程用地供应计划》，在新增供应量中安排3公顷公租房用地。

14日，北京经开投资开发股份有限公司和中国电子视像行业协会联合主办的“中国智能云视听产业联盟成立暨4K超高清终端显示标准发布会”在京举行。

18日，北京电子科技职业学院与中国劳动保障科学研究院签署共建中国劳动保障科学研究院科研创新实践基地协议。

19日，北京市委决定，梁胜任开发区工委副书记。25日，北京市人民政府第35次常务会议决定，梁胜任开发区管委会主任。

20日，北京泰豪智能科技有限公司和清华大学联合申报的“智慧城市关键技术北京市国际合作基地”通过市科协认定，成为北京市国际科技合作基地之一。

24 日，开发区检验检疫局正式入驻北京亦庄保税物流中心，办理检验检疫相关业务。

25 日，市委、市政府举行“2013 年度北京市科学技术奖励大会”，开发区内北京泰德制药股份有限公司、北京北方微电子基地设备工艺研究中心有限责任公司、北京金风科创风电设备有限公司、北京义翘神州生物技术有限公司 4 家企业获奖，二等奖和三等奖分别 2 项。

是月，京东方科技集团股份有限公司加入美国麻省理工学院全球产业联盟，成为中国大陆首家显示领域高科技企业会员。

是月，中关村现代医药生产力促进中心在亦庄生物医药园挂牌成立。

是月，位于开发区河西区的大族激光产业基地启用。

是月，北京金风科创风电设备有限公司举办“微电网控制与运行技术条件”国际标准讨论会，20 名专家参加会议。

## 4月

3 日，经全国博士后管理委员会批准，北京亦庄国际生物医药投资管理有限公司、易美芯光（北京）科技有限公司、北京安邦世纪国际咨询有限公司 3 家企业设立博士后科研工作站分站。

7 日，北京金风科创风电设备有限公司金风全新超低风速机型 GW115/2000 首台样机实现并网。该机型是全球同功率级别风机中单位千瓦扫风面积最大、超低风速区域发电能力最强的机型。

8 日，亦庄保税物流中心完成首票 B2B 模式跨境电商货物出口手续。中建材国际贸易有限公司、北京燕文物流有限公司、尚品网等 3 家电商企业开展跨境电子商务业务，总金额约 27 万美元。

10 日，市科委等 4 部门主办的“北京生物医药产业跨越发展工程（G20 工程）二期工程 G20 企业发布会”召开。北京智飞绿竹生物制药有限公司和北京凯因科技股份有限公司两家区内企业入选。

16 日，经市人力社保局批准，北京五加和分子医学研究所有限公司设立博士后（青年英才）创新实践基地工作站。

21 日，市总工会、市人力社保局联合表彰在国家重大科研项目研究方面有突出贡献的企业。北京北方微电子基地设备工艺研究中心有限责任公司被授予“首都劳动奖状”。

30 日，北京旷博生物技术有限公司宣布由其承担的艾滋病 CD4 检测试剂盒专项取得食品药品监管总局颁发的医疗器械注册证，成为第一家获得该类产品注册的中国企业。

是月，开发区地税分局将房地产一体化服务窗口整体迁移至开发区行政服务中心大厅。

是月，北京经济技术开发区邮政支局由原北京市南区邮政局划转到大兴区邮政局所属。

是月，蓝鲸军民融合创新园投入使用，

同时成立军民融合创新平台。

是月，大兴区国资委对北京新航城控股有限公司增资15亿元，公司注册资本金由原来的8000万元增至15.8亿元。

是月，在国家邮政局发起的“寻找最美快递员”活动中，中外运－敦豪国际航空快件有限公司派送员郭伟聪入选中国“最美派送员”全国十强。

## 5月

4日，开发区共青团纪念五四运动95周年暨2013年度表彰大会举行。大会表彰了在2013年度“达标创优”竞赛活动中获奖的先进集体31个和先进个人138人，并发布和启动青年成长计划的首批项目。

12日—19日，北京天地互连信息技术有限公司联手开放网络基金会（ONF）共同开展春季PlugFest测试活动，这是全球首次SDN测试网络对接。

14日，京微雅格（北京）科技有限公司召开了低功耗FPGA暨HR（黄河）系列新品发布会，推出国内首款低功耗FPGA产品——CME-HR。

16日，中芯国际集成电路制造有限公司与武汉新芯集成电路制造有限公司、清华大学等签订合作意向书，共同成立致力于整合国内IC产业链研发资源的集成电路先导技术研究院。

是日，北京苍穹数码测绘有限公司承担的全国土地登记信息动态监管查询系统设计与开发项目通过中国土地勘测规划院验收。

18日，“2014年度北京（中关村）首家知识产权审查员实践基地暨亦庄实践园揭牌仪式”举行。

20日，北京云端时代公司对外发布CTVI3.0、CTVA2.0及全系列云端软硬件一体产品，这是中国企业首次发布具有自主知识产权的桌面云软硬件系列产品。

20日—21日，由北京天地互连信息技术有限公司承办的“2014全球SDN技术大会”在京召开。

22日，京东集团在美国纳斯达克成功上市，这是中国第一家在美国上市的中国电子商务公司。

23日，北京博大水务有限公司水处理技术研发中心成立。

27日，北京苍穹数码测绘有限公司承担的全国宗地统一代码电子文件管理信息系统试点工程项目通过竣工验收。

是月，北京金风科创风电设备有限公司“智能微网”成功实现上网售电，成为北京地区首家实现自发自用剩余电量上网的企业。

是月，开发区信息办启动开发区公共地理空间基础数据库和共享服务平台建设。

## 6月

5日，新区召开“科学技术奖励大会

暨 2014 年新区科技工作会议”，对 2013 年度科学技术先进单位和个人进行表彰。新区有 30 家企业获得“科技成果科学技术奖”技术进步奖，其中 5 家为开发区企业；新区有 30 家企业获得“科技成果科学技术奖”软科学奖，其中 1 家为开发区企业。

6 日，国家眼科诊断工程中心落户开发区，开始远程糖尿病视网膜病变筛查模式。

11 日，开发区海关完成全市首家保税维修试点业务首份手册备案工作，备案进口金额 123.5 万美元、出口 150.6 万美元。GE 航卫通用电气医疗系统有限公司成为北京市唯一的保税维修试点单位。

13 日，北京亦庄国际投资发展有限公司等 6 家机构联合成立北京亦庄区域合作投资有限公司，注册资本 1900 万元。

是日，刚果（布）总统萨苏到访开发区，参观北京四达时代通讯网络技术有限公司。

16 日，3D 打印创新实验室在北京市第二中学亦庄学校建成。该实验室属于国务院及相关部门批准立项的“3D 创新教育播种”计划项目。

18 日，北京中交兴路信息科技有限公司与 IBM 共建的车联网联合创新中心成立。

是日，亚洲顶尖的自体免疫细胞制备实验室——舒迪安中国实验室在开发区落成。

19 日，京微雅格（北京）科技有限公司召开 CME-M7（华山）系列新品发布会，推出国内首颗嵌入 ARM Cotex-M3 的高性能 SoC FPGA。

23 日，北京市第一家建筑工程综合性安全教育基地——开发区建筑工程安全培训体验基地运营。

26 日，开发区职工艺术团成立，首批成员 350 名，来自于区内 35 家企业。

是日，北京奔驰汽车有限公司发动机零件出口启动仪式举行。标志着北京奔驰发动机产品质量已完全达到戴姆勒全球的统一标准，并正式纳入戴姆勒全球采购供应链体系。

27 日，京东集团开具国内首张对公司报销电子发票。

是日，北京中交兴路信息科技有限公司与英特尔宣布正式组建联合创新中心。

28 日，开发区工委举行党群活动服务中心“北京市党员教育示范基地”揭牌仪式。

29 日，开发区 7 家企业入围工业和信息化部发布的“2013 年度中国医药工业百强榜”。

是月，北京爱生科技发展有限公司再获市卫生计生委颁发的大型净水设备产品卫生许可批件，是北京地区唯一获得大型直饮水设备卫生批件的企业。

是月，开发区开通首批新能源接驳车。

是月，北京博大光通国际半导体技术有限公司推出了“CWSN 无线云传感网通讯系统公共技术服务平台”，有效提升城市管理的精细化、可视化和智能化水平。

是月，京东方科技集团股份有限公司

自主研发的全球最大尺寸98英寸8K超高清显示屏获2014，SID显示周“Best in Show”奖。

## 7月

2日，开发区管委会、大兴区政府联合市级14家单位印发《关于北京经济技术开发区建设高端产业领军人才发展示范区的实施意见》。

是日，北京市大兴区金色天使双语幼儿园开园。该园位于大兴区亦庄镇泰河园一里三区1号楼，占地面积5500平方米，建筑面积4824平方米，所设计班制15班，可容纳幼儿450人入园。

4日，“中国医学科学院药物研究院成果转化中心—企业转化基地”合作共建协议签约仪式举行，悦康药业集团有限公司成为其科研成果产业化基地。

7日，北京苍穹数码测绘有限公司与安徽农业大学经济技术学院签订《安徽农业大学经济技术学院与北京苍穹数码测绘有限公司共建实践教学基地协议书》。双方将开展校企合作，苍穹数码为3S人才提供发展平台。

14日，北京北汽李尔汽车系统有限公司举行“奔驰V205座椅项目投产启动仪式”。

21日，市科协召开北京市院士专家工作站工作会议，开发区院士专家服务中心和云基地院士专家工作站获得市级优秀称号。

25日，“十二五”传染病科技重大专项“结核分枝杆菌效应T细胞检测试剂盒”成果发布会在开发区召开。北京旷博生物技术有限公司等单位研制、生产的结核快速诊断试剂盒获得医疗器械注册证书，已投产并开始临床应用。

31日，北京市燃气集团有限责任公司第四分公司完成区域内管网分区计量分界阀门关断工作，实现用气单独计量。

是日，科技部火炬中心公布了2013年度国家级科技企业孵化器考核评价结果，汇龙森国际企业孵化（北京）有限公司被评为优秀（A类）单位。

是月，安川首钢机器人有限公司成功开发出MOTOMAN机器人圆弧摆动打磨功能。

是月，中华文化促进会文化创意中心揭牌仪式在北工大软件园举行，开发区14家企业被授予“中华文化促进会创意文化中心委员单位”。

## 8月

1日，开发区地税分局成立针对重点税源、重点行业服务的东区税务所（即大企业管理所）。

是日，开发区经海路消防中队成立并投入执勤备防。至此，开发区消防支队所属备防中队增至3个。

4日，开发区东环北路改造工程开工。

该工程在东环北路西侧新增一条全长 2.1 千米、宽 4.5 米上下行非机动车道，于 9 月 8 日竣工。

6 日，北京奔驰汽车有限公司质量管理部质量工程中心 / 梅赛德斯 – 奔驰销售服务公司保修零件检测中心启用仪式在开发区举行，标志着质量工程中心和保修零件检测中心硬件条件达到戴姆勒全球标准。

是日，北京天地互连信息技术有限公司完成全球首份针对 Open Flow1.3 一次性测试工具的 Cross Check 测试报告，并递交 ONF 测试工作组进入反馈流程。

8 日，“首届中国集成电路产业创新发展千人论坛”在开发区召开。

29 日，开发区首个老年之家在社区服务中心揭牌。

是月，北京中电华大电子设计有限责任公司推出全国首颗 55 纳米智能卡芯片。该芯片采用中芯国际集成电路制造有限公司 55 纳米低功耗（LL）嵌入式闪存（eFlash）平台。

是月，京东方科技集团股份有限公司加入工业和信息化部等部委指导成立的车载信息联盟（TIAA）。

是月，国网北京市电力公司亦庄供电公司被北京市电力公司确定为配电网建设改造暨营配调数据深化应用唯一试点单位。

## 9月

2 日，北京亦庄实验小学由于在全国倡导“全课程”教育实验，被教育部基础教育课程教材中心列为“全国课程改革骨干教师研修基地”。

9 日，由北京天地互连信息技术有限公司主导的两项发明专利“基于 IEEE 1888 标准的工业检测系统”和“基于 IEEE 1888 标准协议的社区节能管控系统”获知识产权局批准授权。

15 日，北京市集成电路制造和装备子基金公司（合伙企业）落户开发区。首次募集封闭目标金额 20.1 亿元，主要用于中芯国际二期项目投资。

18 日，北京医疗器械与生物技术产业创新联盟召开换届大会，联盟范围从单纯的医疗器械扩大到医疗器械与生物医药领域。

23 日，北京中交兴路信息科技有限公司推出的全国商用车车联网综合服务平台——“车旺 95155 云服务平台”（www.95155.com）启动上线，标志着中国商用车车联网 O2O 服务模式全面落地。

26 日，在工业和信息化部主办的“全国工业品牌培育工作座谈会”上，开发区成为全国首批 22 家产业集群区域品牌试点单位之一。

29 日，北京电子科技职业学院与开发区人力资源中心、北京海外学人中心开发区分中心签署《信息资源共享共建战略合作协议》。

是月，首期规模 1297 亿元的国家集

成电路产业投资基金和总规模为300亿元的北京集成电路产业基金落户开发区。

是月，北京百普赛斯生物科技有限公司研发团队采用哺乳动物细胞表达体系成功获得全球第一个动物细胞来源全长PD1蛋白。

是月，北京奔驰汽车有限公司研发中心投入使用，成为戴姆勒合资企业中最大的并唯一拥有原型车试制车间的研发中心。

是月，中芯国际集成电路制造（北京）有限公司吴汉明获“全国杰出专业技术人才”称号。

## 10月

9日，由开发区与北京电子科技职业学院共建、共管、共享、共用的“北京经济技术开发区人才储备调剂中心”启用。

15日，由中冶京诚工程技术有限公司总承包的江阴兴澄特板厂450毫米厚板连铸坯改造项目一次性热负荷试车成功，首次生产出世界上直弧形连铸机型的最大厚度铸坯。

16日，北京北方微电子基地设备工艺研究中心有限责任公司获批成为“中关村知识产权领军重点示范企业”称号。

17日，加多宝集团获由国务院扶贫开发小组授予的“全国社会扶贫先进集体”荣誉奖项。

18日，北京锤子数码科技有限公司的4G版Smartisan T1手机开始在线上、线下进行销售。

23日，开发区基层劳动争议调解委员会成立并挂牌运行，首批成员企业共115家。

是日，经过教育部、财政部的网络教育数字化学习资源中心建设项目办公室批准，国家数字化学习资源中心北京电子科技职业学院分中心挂牌成立。

是日，开发区管委会与德勤企业咨询有限公司共同发布“德勤—亦庄高科技、高成长企业20强（2014）”名单。

28日，首都科技条件平台开发区工作站北京电子科技职业学院分平台暨科技创新与成果转化服务中心成立。

是月，北京亦庄国际投资发展有限公司、国开金融有限责任公司、北京紫光通信科技集团有限公司等企业发起成立国家集成电路产业投资基金股份有限公司，首期注册资本58.318亿元。

是月，由中金数据系统有限公司负责具体建设运营的北京中关村现代服务业试点重点支持项目和北京“祥云工程”重点项目——中关村创新云启动上线。

## 11月

3日，康明斯排放处理系统（中国）有限公司举行“2014年度的第十万台产品下线庆祝仪式”。这十万台设备将为社会每年减少数十吨氮氧化物及颗粒物的排放。

4 日，北京苍穹数码测绘有限公司与华中农业大学校企合作签约，成立国家 211 工程大学华中农业大学实习基地。

5 日，开发区首家产业工会联合会——生物医药产业工会联合会成立大会召开。

11 日，中冶京诚工程技术有限公司总承包的国内首条全国产化厚板彩涂生产线投产。

16 日—21 日，京东方科技集团股份有限公司在“第十六届中国国际高新技术成果交易会”上首发全球最大尺寸 OGS 显示屏。

17 日，北京市第二中学亦庄学校建成新区首家几何机器人 MSEA 课程研发基地。

20 日，大兴区荣华街道办事处、博兴街道办事处在开发区内挂牌。

20 日—21 日，“第一届北京亦庄生物医药产业大会暨 2014 年第六期北京亦庄生物医药产业创新与发展论坛”召开，来自 200 多家单位的 600 余人参会。

28 日，北京奔驰汽车有限公司生产的第 50 万辆梅赛德斯 - 奔驰轿车在 MRA I 总装车间下线。

29 日，北京电子科技职业学院启动开发区首席技师研修项目。

是月，开发区完成 3 家共计 175 兆瓦燃煤锅炉的清洁能源改造工程，率先建成全市首个高污染燃料禁燃区。

是月，开拓热力工业蒸汽价格由 313 元每吨上调至政府指导价不低于 450 元每吨，销售方式采用市场议价，完成热价市场化改革工作。

是月，北京天地互连信息技术有限公司与中能兴科（北京）节能技术股份有限公司合作，建立覆盖北京城六区的供热综合能源管理平台。

是月，北京京东方光电科技有限公司的发明专利“移位寄存器单元、显示器用栅极驱动装置及液晶显示器”获中国专利奖的最高荣誉——中国专利奖金奖。

是月，航天长征火箭技术有限公司在“嫦娥五号”任务中参与研制的 35 米和 18 米深空测控站作为深空测控任务的关键设备，执行了再入返回飞行器月球探测任务。

## 12 月

12 日，由开发区管委会、亚信联创集团股份有限公司、北京云基地联合举办的全球首个聚焦产业互联网发展的大型会议——“2014 CVW · 产业互联网大会”在开发区召开。

15 日，中芯国际集成电路制造（北京）有限公司吴汉明和北京百奥赛图基因生物技术有限公司沈月雷获“全国优秀科技工作者”称号，吴汉明当选“十佳全国优秀科技工作者”。

16 日，国家发展改革委下发《关于北京新机场工程可行性研究报告的批复》，同意建设大兴国际机场。

17 日，开发区企业协会建筑业分会成立。第一批会员单位 36 个。

23 日，开发区第四批“企业院士专家工作站”授牌仪式暨院士专家工作站座谈会举行。开发区“企业院士专家工作站”累计达到 11 家。

24 日，工业和信息化部发布由北京同益中特种纤维技术开发有限公司主持起草的行业标准《超高分子量聚乙烯长丝耐磨性试验方法》（FZ/T 50025-2014）。

26 日，开发区新增设的民办妇儿医院——北京爱育华妇儿医院投入运行。

29 日，开发区 2014 年度工作会议召开。大会贯彻落实党的十八大，十八届三中、四中全会和习近平总书记系列重要讲话精神；总结开发区 2014 年工作，部署 2015 年工作任务。

是日，新区高层次人才座谈会暨第六届新区“博大贡献奖”表彰会召开，北京奔驰汽车有限公司郎家伟、中芯国际集成电路制造（北京）有限公司赵海军、蓝星（北京）化工机械有限公司康建忠、大兴区第一中学吕小英 4 人获“博大贡献奖”。

30 日，北京东港嘉华安全信息技术有限公司旗下瑞宏网助力中国人寿保险股份有限公司，开出中国金融保险行业的首张电子发票。

是日，北京亦庄生物医药园 4 条符合国家 GMP 标准的生产线竣工并投入试运营。

31 日，质检总局和国家标准委共同发布北京同益中特种纤维技术开发有限公司参与制定的国家标准《超高分子量聚乙烯纤维 8 股、12 股编绳和复编绳索》（GB/T 30668-2014）。

是日，安诺优达基因科技（北京）有限公司获得市卫生计生委首批“高通量测序技术临床应用试点单位”资格，成为北京市具有试点资质的 3 家临检所之一。

是月，开发区建发局经市编办批准，加设北京经济技术开发区民防局，承担区域民防职能。

是月，北京瑞希罕见病基因治疗技术研究所在生物医药园成立。

是月，中芯国际集成电路制造（北京）有限公司和北京兆易创新科技股份有限公司联合开发的“超大规模集成电路先进闪存存储器成套工艺与产品技术研发及产业化”项目获北京市科学技术奖一等奖。

是月，北京中交兴路信息科技有限公司开发的“全国道路货运公共监管与服务平台关键技术及应用”项目获市科学技术奖三等奖。

是月，开发区金源经开污水处理厂和东区污水处理厂 1 期、2 期提级改造项目通过开发区环保局批复并投入商业运行，在全市率先将区域污水处理提高到地表Ⅳ类水体标准。

是月，开发区荣华路潮汐车道投入使用。

截至年底，天地互连—全球 IPv6 测

试中心认证数量 596 个，占全球总量的 31%，连续两年居第一位。

年内，开发区行政服务中心网上服务大厅建设完成。

年内，开发区英文版网站（www.bdainvest.org）建成。

年内，中冶京诚工程技术有限公司主编的国家标准《钢铁企业能源计量和监测工程技术规范》（GB/T 51050-2014）经住房和城乡建设部批准发布，自 2015 年 8 月 1 日起实施。

年内，中冶京诚工程技术有限公司主编的国家建筑标准设计图集 13J602-3《不锈钢门窗》正式出版发行。

年内，开发区共优化调整 8 条公交线路，开通 3 条微循环公交接驳临线。

# 产业发展

# 综述

2014年，开发区按照“高端化、服务化、集聚化、融合化、低碳化”发展要求，创新发展模式，积极推进产业研究，制定产业规划，构建高精尖产业结构，推动产业实现跨区域全产业链布局。

年内，新批内、外资企业投资总额（含增资）折合119.5亿美元，同比增长27.4%，完成全年任务的162%。其中，外资项目投资总额11.4亿美元（新设企业投资5亿美元，原有企业增资6.4亿美元）。内资企业注册资本503亿元（折合79.8亿美元）。产业化项目固定资产投资累计完成162亿元。合同利用外资5亿美元，实际利用外资6.4亿美元。内资项目备案金额93.7亿元。新增世界500强企业1家，新增500强项目2个。

新区创新招商模式，优化“四个一批”机制，20个项目投产，新增产值44亿元；20个项目开工，其中50%以上为研发和总部类项目；31个项目签约，80%为总部、研发和服务类项目；IPV6、东方晶源、中交兴路车联网等新兴业态项目注册入区。北京奔驰二期、中芯国际二期投资超过90亿元。国家集成电路产业投资基金、北京市集成电路产业发展股权投资基金等基金项目落户开发区，涉及资金3000多亿元。新区“六园”持续快速发展。生物医药基地签约落地8个项目；同仁堂科技等5个项目开工；实现产值37亿元，同比增长12%。新媒体基地完成技工贸总收入238.7亿元，同比增长16.1%；工业总产值46.8亿元，同比增长1.6%；税收7.3亿元，同比增长24.5%；财政收入9782万元，同比增长37.4%。

全区新增注册企业200多家，其中千万元以上企业45家，亿元以上企业8家。新能源汽车产业园实现工业总产值65.4亿元，同比增长28%；缴纳税收1.57亿元，同比增长35%。军民结合产业园蓝鲸园项目已建设完成“蓝鲸”军民融合创新平台。大型高速三体客货滚装渡轮项目成功签约，北京国遥新天地信息技术有限公司注册入区。北京奔驰、拜耳医药保健、京东方、京东等龙头企业发展迅猛，高端引领作用明显。“北京·亦庄”品牌效应持续扩大，“北京·亦庄·云世界大会”成为国际互联网新名片。

（韩芳侠）

引领作用显著。

（韩芳侠）

# 产业促进

## 概况

2014年，北京经济技术开发区投资促进局（简称开发区投促局）完成新区招商工作，新批内、外资企业投资总额（含增资）折合119.5亿美元。完成签约项目31个，总投资785亿元，实现全年30个重大项目签约既定目标。开工项目20个，总投资81亿元，总建筑面积84万平方米，包括天坛生物、利德曼等。促投产项目20个，总投资116亿元，达产产值420亿元，包括通用电气医疗园、九城软件等重大项目。跟踪储备项目总计161个。开发区整合产业链资源，帮助中芯国际对接兆易存储器等上游芯片设计企业，促进京东方与冠捷、小米等下游企业合作。引导企业向产业链高端延伸，支持京东方建立“母子工厂”模式，亦庄母工厂向其他区域子工厂输出专利；鼓励航天长征公司系统集成服务模式，为客户提供“交钥匙”工程，形成新商业模式和新增长点。引进美国领英（LinkedIn）大中华区总部、腾讯华北总部、国开新能源、聚信京津冀产城融合基金等项目，形成总部集聚新优势。支持赛诺菲拓展高附加值制剂生产和灌装环节，实现产品首次出口发达国家。年内，开发区新增国家高新技术企业70家，总数达485家，高科技企业

# 产经活动

## 新区获批成为北京电子商务中心区

1月，经市商务委、市经济信息化委、市发展改革委、市工商局等4部门联合批准，新区成为北京电子商务中心区（简称北京CED）。北京CED以“一区六园”为基础，谋划“一区、两线、三园、多点”的CED电子商务发展空间布局，全面搭建全产业链承载平台，助力经济转型升级。

（王丽华）

## 开发区企业协会成立两个分会

开发区企业协会区域合作分会成立　　王硕　摄

2月22日，由瑞云云计算研发设计有限公司、北京亦庄国际投资发展有限公司、北京嘉捷美锦科技发展有限公司、北京春光世纪投资有限公司、坤鼎投资管理集团有限公司5家公司联合发起成立开发区企业协会区域合作分会。区域合作分会的主要职能是负责组织发展会员，组织会员单位参加区域合作各项活动；协调政府和会员之间、各会员之间的关系；定期收集各会员单位拥有的项目信息，进行加工整理、

编排制作，以电子版的形式在共享平台上发布，使各会员单位之间达到信息共享、增强合作的目的；研究制定分会的发展规划、项目的布局规划、产业的规划；针对目标区域进行经济规划、产业规划、园区规划、园区策划及其他事项的组织；为会员提供法律帮助，合作各方发生矛盾纠纷后组织各会员单位维权；协调与拟合作区域的对接，并进行前期调研、开展与当地相关政府部门的沟通与合作。3 月 26 日，区域合作分会第一届第一次会员代表大会召开，任命张宏林为会长，王启春为常务副会长，王晓波、李佰龙、邱明、任彤为副会长，首批 42 家企业入会。6 月 13 日，由 5 家发起公司联合成立北京亦庄区域合作投资有限公司，工商注册完毕。区域合作分会下设北京亦庄区域合作投资有限公司、秘书处和专业委员会 3 个部门。12 月 17 日，开发区企业协会建筑业分会召开第一届会员大会，标志着建筑业分会正式成立。第一批会员单位 36 个，会上审议并通过了《北京经济技术开发区建筑企业协会管理办法》，选举了分会负责人、会长、副会长等。

（杜大维）

## 举办开发区首届物流高峰论坛

北京·亦庄首届物流高峰论坛举办　　高鹏 摄

2 月 26 日，“北京·亦庄首届物流高峰论坛”在博大大厦召开，论坛由开发区企业协会主办、北京亦庄保税物流中心承办。开发区管委会、中国物流与采购联合会、市商务委、市物流协会、北京新航城控股有限公司、北京金泰港物流有限公司、亦庄保税物流中心等单位领导和北京亦庄及其他区域的生产制造、物流及供应链服务等近百家企业负责人共 100 多人共同探讨了物流热点问题。中国物流与采购联合会中国物流信息中心副主任何辉作题为“从 PMI 和物流景气指数看当前经济走势”的报告；北京新航城控股有限公司副总经理王伦茂作题为“北京大兴国际机场发展机遇”的报告；博大世通国际物流（北京）有限公司副总经理刘志刚作题为“保税物流中心助力跨境物流新发展”的报告；博世力士乐（北京）液压有限公司物流总监何京卫作题为“制造业企业物流网络需求与挑战”的报告；同仁堂健康药业供应链总监陈哲作题为“医药物流供应链探讨”的报告；京东集团大物流规划负责人刁文龙作题为“京东 O2O 之路”的报告。

（王矗 赵慧娟）

## 智能云视听产业联盟成立

3 月 14 日，在工业和信息化部、开发区管委会支持下，由北京经开投资开发股份有限公司和中国电子视像行业协会联合主办的“中国智能云视听产业联盟成立暨 4K 超高清终端显示标准发布会”在北京举行。会上，北京经开、京东方、冠捷等 40 多家企业、院校等自愿联合发起成立“中国智能云视听产业联盟”，中国电子视像行业协会副会长郝亚斌任首届理事长，北京经开总裁周世义当选常务副理事长。联盟覆盖数字内容制作、云平台、网络传输、智能终端、人机交互设备、应用软件及增值服务、操作系统及芯片、新型显示器件、电子商务等上下游厂商，通过联合创新机制加快技术进步，共同建立行业标准，提高用户体验和满意度，促进生态系统的快速健康生长。联盟的成立，将推动开发区数字电视产业链建设，通过政、产、学、研、经、贸、媒的融合，为智能云视听产业的发展注入新的活力。中国电子视像行业协会发布的《4K 超高清终端显示技术规范》明确界定了适用范围、规范性引用文件、专业术语和定义、技术要求、测量条件和方法，从终端设备的外观、接口、显示技术等方面都做出了相应的标准，为企业 4K 电视机的研发、生产提供了明确的技术参考依据，为消费者选购提供了统一参考标准。

（孙玲）

## 在第十七届科博会上签约 19 亿元

新区组织参加第十七届科博会　　吴健康 摄

5 月 13 日—18 日，“第十七届中国北京国际科技产业博览会”在中国国际展览中心举行。开发区组织设立新区展位面积 588 平方米，共有 41 家区内高新技术企业 50 余类展品参展，集中展示了新区“4+4”产业，即电子信息产业、生物医药产业、汽车产业、装备产业与生产性服务业、文化创意业、节能环保服务业、临空服务业的创新成果，多角度立体化呈现了新区融合发展成就和优势。在 5 月 15 日科博会科技合作项目签约活动中，开发区管委会签下 2 个项目，项目金额共计 19 亿元。其中，开发区管委会与深圳市朵唯志远科技有限公司就“朵唯移动通信产业基地项目”正式签约，投资金额 7 亿元。该项目主要从事手机、可穿戴设备等手持终端产品的研发与生产，移动互联网运营产业链的建设与完善，建成华北区销售与服务总部。朵唯公司是国产移动终端行业的领军企业之一，该项目入驻标志着开发区在移动终端硬件制造领域技术、市场以及移动通信产业链的又一次提升和完善。开发区管委会签约东方百泰项目，拟投资 12 亿元，建设生物药研发及产业化基地。

（高洁 马宁）

## 中关村产业技术联盟走进亦庄

5 月 14 日，开发区投促局组织开展中关村产业技术联盟走进亦庄第一期活动，下一代互联网产业联盟、物联网产业联盟携各自核心成员单位华为、中兴、普天信息近 30 家企业，考察开发区投资环境，召开座谈会，企业高管与开发区建立直接联系，建成“联盟活动企业家信息资源库”。开发区管委会领导梁胜、绳立成、陈小男参加活动并与来访企业进行深入交流。

（韩芳侠）

## 新区在第三届京交会上签约 215.4 亿元

5月28日至6月1日，“第三届中国( 北京）国际服务贸易交易会”在国家会议中心举办。新区北京电子商务中心区（CED）携京东商城、中科电商谷、本来生活网、全网数商、小笨鸟等众多电商企业亮相，向公众展示电子商务示范基地发展成果。在第三届京交会北京主题日上，新区共签约 8 个项目，签约总额 215.4 亿元。分别为腾讯电子商务华北运营总部项目、葛洲坝能源系统项目、中船海洋装备科技创新基地项目、国寿星牌健康管理中心项目、金融谷项目、移动终端项目、中芯北京二期项目、京东方 TFT-LCD 面板合作项目。其中，电子商务板块签约 10 亿元，跨境电商在线成交额 2 亿元。

新区组织参展第三届京交会　　田艳军 摄

（王丽华 张蕾 刘夏阳）

## 举办移动互联网知识产权高端对话

6 月 5 日，“移动互联网知识产权高端对话”在开发区京东方举行。此次会议由工业和信息化部电信研究院主办，开发区管委会、京东方承办。开发区管委会副主任绳立成出席会议。鹏博士、云基地、锤子手机、北京电信、金风科技等知名企业代表参会。工业和信息化部电信研究院规划所所长胡坚波讲解了移动互联网产业的发展现状和趋势；华为、京东方、中芯国际等公司负责人分别介绍了企业在知识产权方面的发展情况；美国布鲁克斯律师事务所负责人介绍了移动互联网企业专利管理经验。会议对移动互联网发展趋势的解析、对知识产权保护的解读、对开发区产业发展和政府协助知识产权保护等工作将产生积极的影响。

（韩芳侠）

## 开发区成为首批产业集群品牌试点单位

9 月 26 日，由工业和信息化部主办的“全国工业品牌培育工作座谈会”在上海召开。开发区成为全国首批 22 家产业集群区域品牌试点单位之一。2014 年 3 月起，工业和信息化部决定组织开展产业集群区域品牌建设试点示范工作，计划到 2015 年，在全国建设 50 个区域品牌示范区。开发区凭借其在数字显示产业自主品牌优势明显、产业链条完整、技术水平领先、创新能力强、产业延伸性好、成长潜力大等特点，成功获批成为在全国率先开展产业集群区域品牌建设试点单位。

（崔春雷）

## 举办 2014 年北京微电子国际研讨会

10 月 23 日—24 日，由北京半导体行业协会等主办的“2014 年北京微电子国际研讨会”在开发区举办。研讨会以“聚集创新要素，助推产业升级”为主题，围绕产业发展与资本运作、创新创业环境营造、原始技术创新等高端要素的整合，重点针对网络经济背景下智能终端、智慧医疗、大数据、物联网等应用需求，集成电路设计技术、制程工艺和先进封装测试的关键技术，重大装备和材料的国产化等内容，邀请国内外集成电路产业重点企业代表、专家学者、政府官员、行业领袖和知名投资人进行交流。工业和信息化部电子司司长丁文武、市经济信息化委副主任王学军、开发区管委会主任梁胜等出席会议。开发区管委会副主任高言杰、绳立成在会上分别就开发区产业发展环境与政策、集成电路产业发展思路作推介。“北京微电子国际研讨会”每年定期在北京市举办一次，已成功举办 14 届。通过活动，开发区广泛对接国内外集成电路行业领先企业和代表性人物，为招商和渠道拓展工作奠定基础。

（张双江 崔春雷）

## 第一届北京亦庄生物医药产业大会召开

11 月 20 日—21 日，由开发区投促局、科技局和企业发展服务局、开发区医药行业协会、企业协会共同主办的“第一届北京亦庄生物医药产业大会暨 2014 年第六期北京亦庄生物医药产业创新与发展论坛”在开发区生物医药园召开。大会以“助推生物医药产业，展京津冀企业风采”为主题，是一次以新区为主、覆盖京津冀地区生物医药企业的展示会，旨在为新区行业内企事业单位共同展示发展成果提供机会，为汇集新区医药产业发展资源提供平台，为产业升级蓄力提供支点。大会共分为主论坛、新品发布会、投融资论坛、医疗器械和体外诊断试剂论坛和制药企业及行业服务论坛，展览划分为化药及中药、生物制药和生物技术、医疗器械及设备制造、临床试验业务和医疗检验、投资机构、产业链配套多个板块，源德生物、以岭药业等 160 家新区及京津冀地区生物医药企业和投融资机构参展，200 多家单位 600 余人参会。

（易骁骁 周敏）

## 举办 2014 产业互联网大会

2014 产业互联网大会　　捷菲 摄

12 月 12 日，由开发区管委会、亚信集团、云基地联合主办的“2014 产业互联网大会”在开发区举办。2700 名参会人员，103 名演讲、论坛对话嘉宾和 67 家网络、平面、电视媒体参与大会。大会由多个主题论坛和分论坛组成。其中，亦庄主题论坛包括“产业互联网 @ 硅谷”“产业互联网 @ 三人谈”“产业互联网 @ 变革”三个环节，杨致远、张明正、田溯宁、丁健、金亚东等业界人士发表对产业互联网的见解。此外，还设立了包括“产业互联网 @ 全球论坛”“制造 @ 互联网”“电信 @ 互联网”“金融 @ 互联网”“云平台 @ 互联网”“网络安全 @ 互联网”“创投 @ 互联网”等在内的 20 多个主题板块与论坛，几乎涵盖了所有的传统行业。现场 50 多家企业及创新团队展示了其产品与思想，包括汽车、地产、银行、电信、制造、航空、金融等行业代表，以及 AWS、特斯拉、IBM 等国际巨头代表，中国联通、中国移动、中国电信三大运营商代表，阿里、腾讯、小米、奇虎 360、海尔等国内企业代表。

参会人员共同畅谈互联网与各产业的相互改造与升级，以及新的产业模式对于消费者生活方式的改变。

（捷菲）

# 服务企业

## 组建开发区企业发展服务局

年初，北京经济技术开发区企业发展服务局（简称开发区企业发展服务局）根据 2013 年 11 月 28 日京开党〔2013〕30 号文件组建，为开发区管委会职能部门。开发区企业发展服务局以“立足服务，着眼发展”的企业发展服务工作思路，构建起产业政策和企业发展促进、企业运行监测和相关问题研究、产业转型升级和企业综合服务三大工作体系。建立起日常走访、信息汇总分析、相关部门协调联动等工作机制，构建基础数据库、企业联络和企业交流培训等工作平台。

（池宇）

## 建立企业基础信息数据库

年内，开发区企业发展服务局通过与开发区统计局、财政局、房地局、规划分局、信息办等相关部门以及工商、国税、地税等职能局建立协同工作机制，将处于分散状态的企业基本信息资源进行整合，逐步形成较为完善的开发区企业基础信息资源库。资源库根据企业产业及其特点、上下游产业链构成、企业性质与规模等对企业进行合理分类，在全面建立企业基础信息数据库基础上，不断充实完善企业产品与服务信息，开展产业链对接试点工作。年内，完成开发区 268 家规模以上工业企业基本信息核实统计。

（蔡腾飞）

## 加强企业经济运行动态监测

年内，按照开发区“建设网格化基础经济信息监测平台，加强区域范围内经济运行及企业经营状况监测预警”的要求，开发区企业发展服务局重点开展了区域整体经济运行情况监测和企业经济运行指标异常情况监控工作，积极促进区域经济稳定增长和各项经济指标顺利完成；与开发区统计局建立工作联动机制，动态监测企业经济运行情况，针对统计数据反映出的经济指标异常企业，共同深入企业调研并研究提出对策建议；召开重点企业经济运行调度会，全面开展企业调研走访，掌握企业发展需求、行业动态和企业运营等一手资料，了解企业生产经营过程中遇到的问题与困难，制定针对性政策与措施，促进产业和企业发展；共同开展经济数据深入挖掘与经济运用监测工作，全面把握开发区经济运行动向，为开发区实现稳定增长提供数据支持。此外，开发区企业发展服务局还与市经济信息化委和中关村管委会相关部门对接，认真学习借鉴经济运行监测工作经验，全方位开展合作。

（李刚）

## 开展产业研究

年内，开发区企业发展服务局从不同角度开展产业研究工作，开展 5 项产业研究重点课题，包括开展“区内中小微企业基本情况调查和发展思路研究”，对区内 4864 家中小微企业行业结构、空间布局、创新能力、吸纳就业、经济贡献、存在问题等，进行系统分析并提出相应政策建议；开展“区内数字显示产业集群研究”，并完成工业和信息化部“产业集群区域品牌建设试点”申报工作；针对微软收购诺基亚案例，专题分析了该案例背景、原因、过程，对区内诺基亚公司影响，提出应对之策；开展“GE 公司反向创新战略研究”；完成《亦庄生物医药产业研究报告》等。

（李刚）

### 完成《起步区企业情况调研及分析报告》

年内，开发区企业发展服务局集中力量全面完成《起步区企业情况调研及分析报告》。调研过程中，对起步区内各类相关政务数据汇总分析，进行重点企业走访、座谈等。报告系统梳理起步区 178 公顷内 105 个地块用地类别、企业情况、产出效益等；完成全部用地项目调研、分析，并结合转型升级意愿和高污染物排放用地、低效用地等企业发展情况，初步拟定起步区转型第一阶段目标地块 64 个。该报告为开发区制定产业升级目标和相关政策提供决策参考。

（孔祥龙）

### 建设开发区企业管理与发展系统

年内，开发区企业发展服务局按照“整体规划、分步实施”的原则，着手开发、建设“北京经济技术开发区企业管理与发展系统”。该系统主要以基础数据为依托，是集企业信息查询、经济数据监测、企业交流联络、载体资源管理、统计分析等功能于一体的综合管理系统。截至年底，完成系统一期开发，系统平台和数据架构已基本建立。

（蔡腾飞）

# 主导产业

## 电子信息

### 小米互联网电子产业园项目落户开发区

2 月 18 日，小米互联网电子产业园项目《入区协议》签约仪式在开发区举行。开发区管委会主要领导以及小米公司副总裁祁燕出席仪式，开发区投促局主管领导及相关工作人员参会。小米互联网电子产业园项目主要业务为智能电视、智能机顶盒，以及智能家庭终端的生产，同时还将投资小米金融支付、小米软件、智能家居公司，开展互联网金融、软件设计、智能家居等方面业务。至此，小米公司已将除手机外的全部业务落户开发区。

（张楠）

### 天地互连成为下一代互联网科技合作基地

3 月 20 日，市科委公布“2014 年北京市国际科技合作基地”名单，北京天地互连信息技术有限公司通过评定正式成为电子信息领域“下一代互联网北京市国际科技合作基地”。

（周悦）

### 国富瑞数据参与数据中心产业发展建设

3 月 21 日，国富瑞数据系统有限公司与参加“数据中心产业生态圈建设研讨会”的专家就数据中心合作模式创新、数据中心运营、数据中心市场细分等议题进行深入探讨，为促进数据中心行业可持续健康发展出谋划策。5月7日—9日，国富瑞数据提出的“数据中心运营管理之道”，从数据中心面临的风险入手分析了提高数据中心可用性的解决方案，并与参加2014年中国数据中心高峰论坛的加拿大、日本、德国等16个国家和地区的代表进行交流。

（申娜）

## 天地互连承办全球IPv6下一代互联网峰会

全球IPv6下一代互联网高峰会议召开　周悦 摄

4月17日—18日，“全球IPv6下一代互联网高峰会议”在北京举行。该峰会由全球IPv6论坛、下一代互联网关键技术与评测北京市工程中心、北京天地互连信息技术有限公司共同承办，来自全球的100多位演讲嘉宾在峰会现场分享IPv6产业升级、建设、商用等最新产品及解决方案，展示国内外运营商、设备厂商等联网商用部署案例，就IPv6发展现状、更新导向、产业链和过渡解决方案、行业应用和测试、IPv6网络环境安全及下一代互联网示范城市建设等议题发表演讲。

（周悦）

## 天地互连接手IPv6 Ready Logo认证项目

4月18日，在全球IPv6论坛上，全球IPv6论坛主席Latif Ladid正式宣布天地互连全球IPv6测试中心主任李震任IPv6 Ready Logo认证项目运营负责人。至此，中国团队将肩负起全球IPv6 Ready Logo认证项目的运营和维护重任。

（周悦）

## 北方微电子获首都劳动奖状

4月21日，市总工会、市人力社保局联合表彰在国家重大科研项目研究方面有突出贡献企业，北京北方微电子基地设备工艺研究中心有限责任公司等69家单位被授予“首都劳动奖状”殊荣。北方微电子部分产品良率和电学性能指标超越国际主流机台，代表着国产微电子工艺设备最高水平。

（杨帆）

## 国富瑞数据运维外包业务进军华南市场

国富瑞数据外包服务项目签约仪式　贾静 摄

4月24日，国富瑞数据系统有限公司与国富瑞（福建）信息技术产业园有限公司就中国国际信息技术（福建）产业园数据中心基础设施运维管理外包服务项目举行签约仪式。合同签署为国富瑞数据运维外包业务进军华南市场夯实了基础。

（申娜）

## 天地互连举办2次PlugFest测试活动

5月12日—19日，北京天地互连信息技术有限公司联手开放网络基金会（ONF）共同开展春季PlugFest测试活动。这是全球首次SDN测试网络对接，第一次在测试活动中真正体现出 SDN 开放与自定制的技术内涵，无论从 SDN 测试层面还是商业部署方面均实现历史首创。11 月 3 日—7 日，天地互连全球 SDN 测试认证中心联手开放网络基金会（ONF）举办秋季 PlugFest 互通性测试活动。

天地互连 ONF 春季 PlugFest 测试活动现场　周悦 摄

（周悦）

## 中芯国际成立集成电路先导技术研究院

5 月 16 日，中芯国际集成电路制造有限公司宣布与武汉新芯集成电路制造有限公司、北京大学、清华大学、复旦大学、中科院微电子研究所合作成立集成电路先导技术研究院。该研究院将致力于整合国内 IC 产业链研发资源，打造联动设备厂商、材料供货商、代工厂、设计企业和科研机构的公共平台，成为国内最先进的集成电路工艺技术研发机构。

（马焱）

## 天地互连承办“全球 SDN 技术大会”

天地互连“2014 全球 SDN 技术大会”会议现场　周悦 摄

5 月 20 日—21 日，由北京天地互连信息技术有限公司承办的“2014 全球 SDN 技术大会”在北京召开。会议焦点集中在 SDN“技术 + 测试 + 应用”，以技术为轴解读全球 SDN 发展现状、以测试为轴聚焦 SDN 产业推动、以应用为轴共论 SDN 未来发展趋势。来自 ONF、OpenDaylight、IETF 三大国际组织重要代表莅临现场，国内外众多专家现场解读与交流 SDN 全球技术发展。

（周悦）

## 北方微电子承办封装产业协同创新论坛

5 月 29 日，由 SEMI China 主办、北京北方微电子基地设备工艺研究中心有限责任公司承办的“先进封装产业协同创新论坛暨 SEMI 封测委员会第六次会议”在北方微电子召开。来自长电科技等先进封装测试企业、华为等半导体装备及材料企业，清华大学、PRISMARK 等科研机构的近百名嘉宾参加会议。论坛聚焦“先进封装产业协同创新”，探讨了诸如可穿戴产品的发展对封装市场带来的机遇、IC 封装晶圆工艺制程的机遇和挑战、先进封装专利现状和思考等国内封测企业遇到的核心问题，研讨先进封装产业链在设计、封装、测试、设备、材料企业的共同发展。

（杨帆）

## 锤子科技及软件公司落户开发区

5 月和 6 月，北京锤子数码科技有限公司、锤子软件（北京）有限公司在开发区注册成立，8 月与开发区管委会签署《入区协议》，标志着锤子手机硬件制造、软件研发业务全部落户开发区。该手机自主研发基于安卓深度定制“Stmartisan OS”操作系统，是选取全球顶级零部件供应商的高端智能手机。锤子项目的入驻不仅提升开发区在移动终端研发领域的主导地位，也将同小米一道完善移动互联网营销新模式。

（马宁）

## 中交兴路与 IBM 共建车联网联合创新中心

中交兴路与 IBM 共建的车联网联合创新中心揭牌 企业提供

6 月 18 日，北京中交兴路信息科技有限公司与 IBM 共建的车联网联合创新中心正式成立。该中心的成立标志着中交兴路将凭借自有技术及在行业中积累的丰富经验，结合 IBM 提供的移动互联等先进技术，加快车联网服务与应用平台建设，最终形成全面服务支撑能力，培育完善的车联网产业链，建立开放式的车联网应用服务平台架构。中交兴路与 IBM 联合创新中心的成立，将进一步推动双方在车联网技术和产品上的协同创新，大幅提升中国车联网行业创新能力和整体竞争力，从而对车联网产业的发展产生推动作用。

（蒋兰）

## 中交兴路与英特尔共建联合创新中心

6 月 27 日，北京中交兴路信息科技有限公司与英特尔宣布正式组建联合创新中心，将就智能车载终端技术、车联网云平台、行业大数据解决方案以及业务模式创新等方面开展深入合作。根据合作协议，双方将结合实际应用情境，在大数据、云计算、数据中心、移动终端技术等方面展开合作，并逐步过渡至开发促进交通运输发展的各种创新业务模型，推动产业链升级。

（李玢）

## 天地互连承办互联网基础技术相关研讨会

8 月 28 日，由北京天地互连信息技术有限公司承办的“互联网未来基础技术发展研讨会”在北京举办。来自全球的顶级互联网专家，如互联网名人堂入选人 Paul Vixie 及 Stephen Kent、前 IETF pier 工作组主席 William Manning、互联网基础资源领域知名专家 Marc Blanchet、DNS64 协议发明人 Andrew Sullivan 等，分享其在互联网的设计缺陷及对策、互联网码号资源认证体系（RPKI）、基于客户端的命名和寻址系统、互联网的僵化及其对策，以及互联网架构的演进等互联网基础技术领域的研究动态。国内众多互联网技术专家如院士何德全、胡启恒、蔡吉人、于全等参加研讨会。中外专家就事关互联网未来发展的一系列技术问题交换意见。

互联网未来基础技术发展研讨会 周悦 摄

（周悦）

## 京东方进军车载显示市场

8月，京东方科技集团股份有限公司加入工业和信息化部等部委指导成立的车载信息联盟（简称车联，TIAA），进军车载显示市场，推进车用智能显示标准制定，布局即将到来的车联网时代。京东方已推出车载显示用全新双视、条屏等多款创新产品，并已获得多家知名客户合作意向和订单。

（阳竞希）

## 国富瑞数据承办网络信息安全高峰论坛

国富瑞数据总裁主持网络信息安全高峰论坛　　吴建华 摄

9月3日，由中国国际电子商务中心主办，国富瑞数据系统有限公司承办的“中国网络信息安全高峰论坛”在开发区举办。各位嘉宾就网络信息安全当前的形势和重点、新一代网络信息安全体系构建、网络信息安全应对新思路以及网络信息安全标准建设等方面进行了深入探讨。

（申娜）

## 国家集成电路产业投资基金落户开发区

9月24日，由工业和信息化部牵头设计，总规模3000亿元的国家集成电路产业投资基金落户开发区。该基金由国开金融有限责任公司、中国烟草总公司、北京亦庄国际投资发展有限公司、中国移动通信集团公司、上海国盛（集团）有限公司、中国电子科技集团公司、北京紫光通信科技集团有限公司、华芯投资管理有限责任公司等8家企业共同发起设立。该基金采取公司制形式，8家发起企业吸引大型企业、金融机构以及社会资金，共同投资设立国家集成电路产业投资基金股份有限公司。基金将采取股权投资等多种形式，重点投资集成电路芯片制造业，兼顾芯片设计、封装测试、设备和材料等产业，推动企业提升产能水平和实行兼并重组、规范企业治理，形成良性自我发展能力。基金实施市场化运作、专业化管理。主要扶持集成电路制造、封测、设备、设计等环节，首期募集资金规模超过1300亿元。基金的落户为开发区进一步完善金融配套环境，促进集成电路产业跨越式发展起到重要作用。

（胡彬）

## 中金数据承担“北京金融云”项目

9月，中金数据系统有限公司受市金融局委托，规划、建设、运营“北京金融云”重点项目。北京金融云建设内容包括互联网金融云平台、互联网金融实验室等，是北京市金融信息化服务和重大公共基础设施建设的重点项目，是中国互联网金融安全体系的重要组成部分。北京金融云项目旨在加速互联网金融、云计算、大数据等“高精尖”技术的应用与推广，监控非法集资及诈骗等公共金融安全事件，提高金融风险防控能力及运营质量，推动互联网金融新经济、新业态健康发展。北京金融云项目重点服务于民生，降低P2P、网贷、担保等中小金融机构的运营成本，为实体经济健康发展提供强有力金融服务保障。

（宫在晓）

## 中交兴路车旺物流系统落地山西

10月16日，北京中交兴路信息科技有限公司（山西）全国货运平台对接暨车旺平台物流系统落地启动仪式在山西太原举行，来自交通运输部、山西省交通运输管理局、北京中交兴路车联网科技有限公司、山西中交兴路信息科技有限公司及下属分子公司、合作伙伴、北斗终端设备厂家等单位近200人参加。宣布山西中交兴路信息科技有限公司成为山西省唯一一家与全国货运平台对接的平台运营商，也标志着中交兴路车联网在全国范围内推出的车旺物流平台正式落地山西，为山西的货运企业及车主提供“一站式”的物流服务。

（蒋兰）

## 国富瑞数据与太平洋电信战略合作

国富瑞数据与太平洋电信（深圳）战略合作签约　杨敏 摄

10月28日，国富瑞数据系统有限公司与太平洋电信（深圳）有限公司就太平洋电信天津数据中心合作事宜达成一致，共同签署战略合作协议。双方将发挥各自优势，凭借天津数据中心优越的地理位置、创新性的SDN功能，以及一流的供电、安全、环保和网络连接等优势，实现北京天津两地数据中心场地、带宽的灵活配置与扩展能力，为政府、金融、民航、电力、石化、跨国外企、大型制造企业等重要客户提供高品质的专业化外包服务。数据中心坐落于天津市武清区京津高村科技创新园，能够承载2000架机柜，可通过业界首个利用软件定义网络技术的Pacnet Enabled Network（PEN），连接到国富瑞数据的北京数据中心，使客户自行灵活配置及扩展带宽服务。

（申娜）

## 京东方升级品牌标识

京东方升级后的品牌标识　企业提供

10月31日，京东方科技集团股份有限公司宣布自11月1日起全面升级公司品牌标识，升级后的标识沿用了英文缩写BOE，在新的发展阶段，被喻为Best On Earth，代表着京东方立志成为全球伟大企业的极高志向。标识下方的横线，代表着京东方人在一个共同愿望、一个共同信念以及一个共同文化的指引下，团结一心，以科技服务人类，让世界变得更美好；另一方面，这个横线代表坚实的地平线，寓意京东方源于地球，立于地球，立志成为地球上最受人尊敬的伟大企业。

（阳竞希）

## 小米公司与优酷土豆集团战略合作

11月12日，小米科技有限责任公司与优酷土豆集团达成资本和业务方面的战略合作。合作内容包括两个方面：双方将在互联网视频领域开展内容和技术的深度合作，共同研发视频移动端播放等技术；小米公司将向优酷土豆投资并在自制内容及联合制作、出品和发行方面紧密合作。

（葛亮）

## 天地互连供暖管理平台覆盖城六区

11 月，为确保供热稳定并最大限度减少能耗、降低环境污染和运维成本，北京天地互连信息技术有限公司与中能兴科（北京）节能技术股份有限公司合作，采用基于由天地互连主导的 ISO/IEC/IEEE 18880 国际标准协议的统一化区域管理平台和信息化管理技术，对耗电量、耗水量、耗气量、锅炉供水压力、回水压力、供水温度、回水温度等指标进行信息监测，建立了覆盖北京城六区的供热综合能源管理平台，助力北京冬季供暖监测。

（周悦）

## 天地互连与未来网络创新研究院合作

天地互连与江苏省未来网络创新研究院签约　　周悦 摄

12 月 8 日，北京天地互连信息技术有限公司与江苏省未来网络创新研究院（FNII）签署战略合作协议。双方将在 SDN 等未来网络领域展开深度对接，包括在技术研究、平台搭建、市场推广、国际合作、产业联盟等多方面，完善产业链。8 日—9 日，双方共同承办“中国未来网络发展与创新论坛暨全球 SDN 开放网络高峰会议”。

（周悦）

## 天地互连成立开放 SDN 推广中心

12 月 8 日，北京天地互连信息技术有限公司与致力于加速发展 SDN（软件定义网络）技术的非营利组织——开放网络基金会（ONF）在中国联合成立“开放 SDN 推广中心（Open SDN Promotion Center，OSPC）”。开放 SDN 推广中心将致力于建立全面的开放 SDN 生态系统、促进开源项目发展、推广 Open Flow 标准的广泛应用，全面推动 ONF 在中文地区的发展。

（周悦）

## 国富瑞数据举办首届产品顾问专家论坛

12 月 9 日，国富瑞数据系统有限公司首届产品顾问专家论坛举办。论坛邀请了数据中心、云计算、IT 领域的多位专家学者代表，就数据中心安全、云计算、大数据等方面的内容进行了沟通交流，分享成功经验，为国富瑞数据的业务发展、产品规划献计献策。

（景云）

## 天地互连 IPv6 测试中心认证数全球居首

截至年底，北京天地互连信息技术有限公司—全球 IPv6 测试中心认证数量 596 个，占全球 IPv6 Ready 认证数量 1939 个的 31%，连续两年居全球第一。全球 IPv6 测试中心成立于 2008 年，隶属于天地互连公司，先后得到市政府和中关村管委会正式授权挂牌。自成立以来一直专注于 IPv6 产业推广，已为国内外 1500 多家知名企业提供 IPv6 测试或咨询相关服务，是全球三大 IPv6 测试中心之一。

（周悦）

### 京东方推进车载、医疗等领域商用化进程

年内，京东方科技集团股份有限公司在公交、地铁、高速铁路等车载显示屏领域成为重要供货商，其全国市场占有率分别达到 40%、40%、60%，且进入意大利都灵、马来西亚、印度孟买、土耳其安卡拉、伊斯坦布尔等海外市场，与欧洲顶尖车载系统企业达成合作意向。携手一家世界领先的航空专业电子高科技集团，为全球领先的客机制造公司提供显示屏和技术支持。在医疗显示领域，京东方供货世界知名医疗器械公司 27 英寸医用显示屏，应用于手术台和医生病例分析等医疗显示领域。在金融应用领域，京东方与平安银行携手打造智能旗舰店，提供“防偷窥”、远程银行等创新显示产品。

（阳竞希）

## 部分企业

### 京东方科技集团股份有限公司

京东方科技集团股份有限公司（简称京东方）2014 年注册资本 352.90 亿元，归属于上市公司股东净资产 761.55 亿元，总资产 1362.40 亿元，实现营业收入 368.2 亿元，同比增长 9.01%，其中归属于上市公司股东净利润 25.6 亿元，同比增长 8.87%。

年内，京东方各产线持续进行调整和产品结构优化，其中合肥 8.5 代线产能已突破 100K / 月，通过自主技术提升大幅度超出设计产能 90K / 月，产线实现当年投产，当年满产，当年盈利。京东方已拥有北京第 5 代和第 8.5 代 TFT-LCD 生产线、成都第 4.5 代 TFT-LCD 生产线、合肥第 6 代 TFT-LCD 生产线和第 8.5 代 TFT-LCD 生产线、鄂尔多斯第 5.5 代 AMOLED 生产线，以及重庆第 8.5 代 TFT-LCD 生产线等 7 条半导体显示生产线，是中国唯一能够自主研发、生产和制造 1.5 英寸 ~110 英寸全系列半导体显示产品的企业。

2014 年，京东方全球首发产品覆盖率 38%，智能手机和平板电脑 LCD 显示屏市场占有率位居全球第一；年新增专利申请量 5116 件，累计可使用专利超过 30000 件，位居全球业内前列。京东方各类高端新品迭出，全球首款最大尺寸最高分辨率 110 英寸 8K 超高清显示屏亮相 CES2015；全球首款 98 英寸 8K 超高清显示屏斩获美国 SID 2014 显示周“Best in Show”奖和“2014 IFA 产品技术创新大奖 · 显示技术金奖”。推出全球首款最大尺寸 65 英寸超高清 OGS 触控显示屏，国内首款最大尺寸 55 英寸超高清 AMOLED 显示屏，全球首款最高分辨率 538PPI、0.7mm 边框 5.5 英寸 QHD 显示屏，“智能镜子”等高附加值产品。

自 11 月 1 日起，京东方全面升级公司品牌标识，升级后的标识沿用了英文缩写 BOE，在新的发展阶段，被喻为 Best On Earth，代表着京东方立志成为全球伟大企业的极高志向。年内，京东方先后获得 2013—2014 年度中国消费电子产业领先品牌 TOP10、CES 年度显示技术创新大奖、2014 CITE 创新产品与应用奖、2013 年度中国十大创新型企业、2014 全球竞争力品牌——最具未来竞争力品牌和中国 TOP10、“金圆桌”奖——最佳董事会、中国专利奖金奖、2014 中国信息产业年度影响力企业等多项荣誉，董事长王东升获

评“2014 中国信息产业年度领袖人物”。

京东方是一家半导体显示技术、产品与服务提供商，产品广泛应用于手机、平板电脑、笔记本电脑、显示器、电视、车载、数字信息显示等各类领域。京东方在北京、合肥、成都、鄂尔多斯、重庆、固安、苏州、厦门等地拥有多个研发制造基地，营销和服务体系覆盖欧、美、亚等全球主要地区。

（阳竞希）

京东方科技集团股份有限公司

董事长 王东升

副董事长兼总裁 陈炎顺

## 中芯国际集成电路制造（北京）有限公司

中芯北京外景 企业提供

中芯国际集成电路制造（北京）有限公司（简称中芯北京）2014 年销售收入 40 亿元，实现利润 7.3 亿元，纳税 1.44 亿元，拥有员工人数 2100 人。中芯北京是中芯国际集成电路制造有限公司（简称中芯国际）的全资子公司。中芯国际产能折合 8 英寸达到每月 25 万片晶圆，技术能力覆盖 0.35/0.25/0.18/0.13 微米、90/65/55/45/40 纳米多个技术代。12 月 15 日，中芯北京技术研发副总裁吴汉明被评为“十佳全国优秀科技工作者”。12 月，中芯国际参与的“超大规模集成电路先进闪存存储器成套工艺与产品技术研发及产业化”项目获 2014 年市科学技术奖一等奖。

中芯北京建有中国大陆第一条月产能达 3.5 万片、技术先进的 12 英寸集成电路生产线。2006 年实现 90 纳米工艺量产，标志着中国集成电路制造工艺进入纳米级；2009 年实现 65 纳米工艺量产，成为中国科技成果产业化亮点；2011 年实现 55 纳米工艺量产；2013 年成立合资公司——中芯北方集成电路制造（北京）有限公司，专注于 45 纳米及更精细集成电路量产。

（马焱）

中芯国际集成电路制造（北京）有限公司

董事长 张文义

首席执行官 邱慈云

## 揖斐电电子（北京）有限公司

揖斐电电子（北京）有限公司（简称北京揖斐电）2014 年拥有员工约 2100 人，生产电路板约 36 万平方米，投资 10 亿日元进行设备更新换代，进一步提高产能和成品率。北京揖斐电获得主力客户颁发的金奖，在维护原有客户基础上，积极拓展国内新客户，取得了国内大品牌制造厂商认可并为其产品提供优质服务。在生产方面，实现设备故障为零、合格率 98% 的目标。北京揖斐电通过 JIPM 协会 TPM 活动优秀持续奖认证并获奖。致力于 PM2.5 改善，以新工艺手段改造锅炉，削减氮氧化物排放 50%，获得开发区专项奖励。技术上不断创新，节能减排，冬季使用自由板代替冷冻机运行，利用外界低温对工序工艺冷水进行热交换，全年节电 40.4 万千瓦时，节约天然气 174 万立方米。

北京揖斐电于 2000 年 12 月在开发区成立，专门从事移动终端用多层高密度印制电路板的生产制造、销售。

（李小冬）

揖斐电电子（北京）有限公司

总经理 远藤本镇

## 富智康精密组件（北京）有限公司

富智康精密组件（北京）有限公司（简称北京富智康）2014 年拥有员工 6000 余人，营业额 92466 万元。与清华大学、北京大学等高等学府合作办学，并与政府机构合办“企业大学校”，搭建不同层次培训体系，培养骨干人才。北京富智康拥有强大研发设计队伍，高水平模具研发制造和世界先进的冲压、成型、表面处理、SMT、系统组装和测试生产线，能为世界顶级手机制造商提供整体服务方案并拥有快速量产能力，及时满足客户需求。2013 年，北京富智康荣获北京电子商会“北京市诚信创建企业”荣誉称号。

北京富智康原名为富士康精密组件（北京）有限公司，成立于 2001 年，隶属于世界 500 强鸿海集团，是集团 WLBG 事业群在华北地区的重要无线通信设备制造厂，主要业务是手机零组件的研发及加工制造，服务于诺基亚、黑莓、小米等知名手机厂商。

（曲少霞）

富智康精密组件（北京）有限公司

总裁 郭台铭

## 北京三箭和众鼎电子有限公司

北京三箭和众鼎电子有限公司（简称三箭和众鼎）2014 年销售总额 2153 万元，比 2013 年减少 2460 万元；出货总数量 13790 千片，比 2013 年减少 43.5%；拥有职工总数 360 人；一期、二期厂房占地共 4.93 万平方米。8 月，三箭和众鼎通过 ISO 9001、ISO 14001、TS 16949 和 QC 080000 系统监督审查。年内，三箭和众鼎成功拓宽了产品领域，如音响橡胶圈、钓鱼竿塑胶部件以及球杆橡胶底座等，并试做了智能手环、腕带、手机保护套以及医疗配件等产品。三箭和众鼎工会建立了“爱心妈咪屋”。化学实验室通过 CNAS 复评审，并获得“开发区五一巾帼标兵岗”称号。为配合产线工艺，将闲置覆膜机从单面覆膜改造为双面覆膜，完成印刷字稿立体效果实验。

三箭和众鼎成立于 2001 年 1 月，由香港三箭和众鼎电子有限公司投资，注册资金 2600 万美元，投资资金 4300 万美元。公司位于开发区星网工业园区内，主要为知名大厂生产专属配套手机按键。

（周陈艳）

北京三箭和众鼎电子有限公司

董事长兼总经理 高瑞三

## 北京北方微电子基地设备工艺研究中心有限责任公司

北京北方微电子基地设备工艺研究中心有限责任公司（简称北方微电子）2014 年获得首都劳动奖状、中关村知识产权领军重点示范企业、OFweek·最佳 LED 设备技术创新奖，成功举办先进封装产业协同创新论坛暨 SEMI 封测委员会第六次会议。市领导郭金龙、王安顺、张工分别到北方微电子调研指导工作。3 月，北方微电子承担的“十一五”国家科技重大专项

“65-45nm PVD 设备研发”项目获得市科学技术奖二等奖。

北方微电子位于开发区，占地 10 万平方米，其中超净厂房 1.3 万平方米，设置了专业集成电路工艺开发和检测实验室以及微电子装备生产组装车间，拥有国内领先的各类研发实验室和全套检测设备。作为国内领先的高端半导体装备制造企业，所开发的刻蚀设备（ETCH）、化学气相沉积设备（CVD）、物理气相沉积设备（PVD）等核心产品已广泛应用于集成电路（Semiconductor）、半导体照明（LED）、微机电系统（MEMS）、功率半导体（Power IC）、先进封装（Advanced Packaging）、光通信（Optical Communication）及化合物半导体（Compound Semi）等尖端领域。北方微电子已经获得法国 BVQi 认证公司 ISO 9001 质量管理体系、ISO 14001 环境管理体系和 OHSAS 18001 健康安全管理体系认证。通过全面实施 SAP-ERP 企业信息化系统，为客户提供快捷、准确的产品全生命周期管理和技术服务。

（杨帆）

北京北方微电子基地设备工艺研究中心有限责任公司

董事长 王 岩

总经理 赵晋荣

## 中金数据系统有限公司

中金数据系统有限公司（简称中金数据）2014 年员工总数 680 余人，新签合同总额 4.9 亿元。中金北京园区是北京市规模最大的高等级数据中心服务园区，机房 IT 设备区总面积达到 2.2 万平方米，可容纳机架数达到 9000 个。10 月，经市发展改革委审核批准的“面向金融行业的大数据处理平台北京市工程实验室”落户中金数据。年内，中金数据开始建设运营“首都金融云”重点项目和“中关村创新云”项目。中金数据在北京、烟台和苏州共规划建设 64.5 万平方米高可用性、高安全等级数据中心。截至年底，已有 28.3 万平方米建设投产，全部为自主投资、自主建设、自主管理、自主运营。

中金数据成立于 2005 年，是国家高新技术企业，总部设于亦庄，在苏州、烟台设有子公司，注册资本金 4.5 亿元。10 年来，中金数据以数据中心为基础，以符合国际和国家规范标准的运行管理体系和专业的服务团队为支撑，以面向行业的整体解决方案为价值体现，以云计算、大数据、移动互联网的应用为增值服务，发展成为业界领先的数据中心外包服务及 IT 应用综合提供商，客户主要覆盖政府、金融、央企、跨国公司等领域。

（宫在晓）

中金数据系统有限公司

董事长 杨 洁

## 中企动力科技股份有限公司

中企动力的数码庄园工作区　　企业提供

中企动力科技股份有限公司（简称中企动力）2014 年实现销售收入 6.5 亿元，并入选中关村“十百千工程”重点培育企业名录，荣获“2014 年度中国行业信息化值得信赖品牌奖”“2014 年度中国行业信息化最佳产品奖”等荣誉。全年持续推进移动战略，推出企业移动营销平台 Vone、企业互联网整合营销平台大把推，取得良好市场效果。中企动力已在全国设立 80 余家直属分支机构，员工总数逾 8000 人，拥有研发及运营工程师 1200 余人。9 月 16 日，中企动力成立 15 周年，邀约客户、员工、合作伙伴在国家奥体中心举办群星演唱会。

中企动力成立于 1999 年，是香港联合交易所上市公司中国数码信息有限公司旗下的一家大型股份制高新技术企业，是中国领先的企业电子商务服务运营商，已经成功为 30 多万家中小企业提供互联网电子商务服务。国际权威机构 IDC 报告显示，中企动力已连续多年被评为中小企业网站建设推荐示范平台；在服务中小企业的 16 年间，多次获评“企业信用评价 AAA 级信用企业”“诚信经营企业”。

（郭秋莲）

中企动力科技股份有限公司

董事长 陈　丹

总经理 陈鸣飞

## 北京天地互连信息技术有限公司

北京天地互连信息技术有限公司（简称天地互连）2014 年全部产品线进展顺利，销售收入近 5000 万元，拥有员工 120 人。3 月 5 日，天地互连成为下一代互联网北京市国际科技合作基地。年内，天地互连承办全球 IPv6 下一代互联网峰会、ONF 春季 PlugFest 测试活动、全球 SDN 技术大会、互联网未来基础技术发展研讨会、秋季 PlugFest 互通性测试活动、未来网络与 SDN 峰会，接手 IPv6 Ready Logo 认证项目运营维护，推出全球首份 OpenFlow 1.3 测试工具报告，IEEE 1888 标准专利获批，使用 ISO/IEC/IEEE 18880 国际标准协议协助节能服务公司建立覆盖北京城六区的供热综合能源管理平台，与江苏省未来网络创新研究院（FNII）签署战略合作协议，与开放网络基金会（ONF）在中国联合成立“开放 SDN 推广中心”，全球 IPv6 测试中心认证数量达到 596 个，占全球总量的 31%。

天地互连以“领航下一代互联网，让互联网惠及每个人”为企业愿景，长期坚持以技术研发为核心，测试服务为基础，国际化、市场化为导向，是专注于互联网域名系统（DNS）、下一代互联网（IPv6）、软件定义网络（SDN）、能源互联网（Internet of Energy）等领域的互联网基础技术公共服务平台。

2007 年，天地互连被科技部、中科院、北京市人民政府联合评为首批“创新型试点企业”。天地互连曾获信息产业部科学技术一等奖、科技奥运先进集体等 10 多项国家级和省部级奖励，牵头制定了 IPv6、能源互联网等 17 项国际、国家和行业标准，并拥有核心发明专利近百项。

互联网域名系统（DNS）方面，天地互连依托下属下一代互联网工程中心，建成 IPv6 根服务器实验验证平台，并且开展实验项目。IPv6 下一代互联网方面，IPv4/IPv6 网站迁移方案、IPv4/IPv6 过渡与互通方案已经在电信运营商规模部署；基于 IPv6 和物联网的行业应用解决方案已经在石化、农业、建筑等重点行业部署应用；天地互连还承建了下一代互联网 IPv6 认证测试服务北京市工程实验室，建成 IPv6 测试中心，作为核心成员承担建设中国下一代互联网（CNGI）评测体系。SDN软件定义网络方面，天地互连承建了SDN测试认证中心，成为国际OpenFlow认证实验室，开展SDN测试认证服务；由天地互连和开放网络基金会（ONF）联合主办的PlugFest测试活动已连续举办多届。能源互联网方面，由天地互连主导的ISO/IEC/IEEE 18880标准是由中国发起并获得国际认可的绿色ICT标准；天地互连主导的“能源互联网云平台”在14个省市构建能源互联网地方分平台，旨在构建基于互联网基础架构的能源管理模式，实现能源互联网全国布局。

（张旭东）

北京天地互连信息技术有限公司

董事长兼总经理 刘 东

## 北京太时芯光科技有限公司

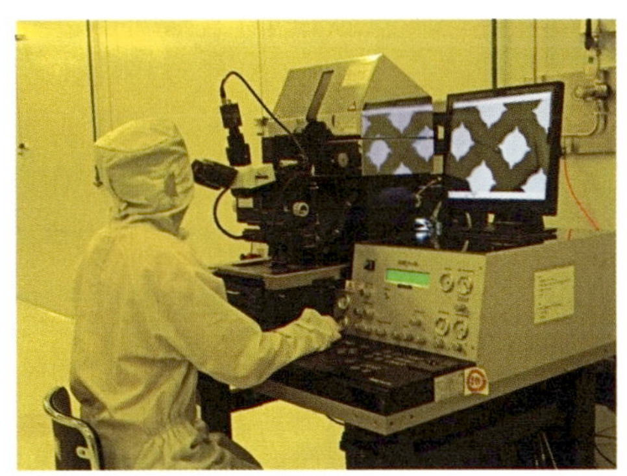

太时芯光技术员操作SUSS光刻机设备 祁振民 摄

北京太时芯光科技有限公司（简称太时芯光）2014年生产外延片17.5万片、芯片139.9亿颗，销售额5144.87万元；拥有员工305人，其中博士2人、硕士9人、本科67人。3月，太时芯光与中科院半导体研究所及北京工业大学共同启动研发自主知识产权垂直结构高压高效率红黄光发光二极管芯片项目。年底，公司马鞍山厂红黄光LED芯片产线正式建成并投产，预计年产芯片1000亿粒。太时芯光为高新技术企业，成立于2008年7月，一期注册资本3000万美元，产品以高亮度和超高亮度红黄光LED外延片和芯片为主。

（祁振民）

北京太时芯光科技有限公司

董事长 沈光地

总经理 廉 鹏

## 信维创科通信技术（北京）有限公司

信维创科通信技术（北京）有限公司（简称信维创科）2014年营业收入3.2亿元，利润3115万元，职工总人数192人。公司是国家高新技术企业，先后通过了ISO 9000、ISO 14001、OHSAS 18001等国际标准认证。

信维创科隶属于深圳市信维通信股份有限公司（简称信维通信），前身是2001年8月在开发区成立的阿尔贡电信设备（北京）有限公司。该公司由瑞典阿尔贡移动通信公司投资兴建，专门从事手机天线设计与制造。2002年11月，美国圣韵公司收购瑞典阿尔贡移动通信公司，公司更名为阿莫斯圣韵无线通信（北京）有限公司。2004年，莱尔德公司收购了阿莫斯圣韵无线通信（北京）有限公司，公司于2006年更名为英资莱尔德无线通信技术（北京）有限公司。2011年6月，莱尔德集团宣布退出手机天线业务后，信维通信全资收购了莱尔德无线通信技术（北京）有限公司的产权。

信维通信成立于2006年，获首批国家高新技术企业认证，2010年11月成功登陆创业版（股票代码300136）。信维通信致力于成为全球领先的射频技术、零、部件供应商，产品包括：天线、音射频、连接器、整机射频解决方案，应用领域包括消费电子、汽车、工业、军事及移动终端测试服务等。公司客户群包括微软、索尼移动、摩托罗拉、华为、OPPO、RIM和其他北美国际知名企业。除北京、上海、深圳，信维通信在美国、瑞典、韩国和中国台北设立了前沿研发或分支机构。信维通信的核心竞争力在于拥有雄厚的研发实力、领先的测试能力、优质的客户资源和卓越的运营管理，核心价值观是始终坚持以大客户需求为中心，通过优质的产品、快速的反应和周到的服务，从天线、连接器、射频隔离器件和音频等产品角度切入，维系和发展优质大客户。

（杜敏 王雷 刘静）

信维创科通信技术（北京）有限公司

董事长 彭 浩

执行副总裁 吴会林

## 北京利达华信电子有限公司

利达华信外景 企业提供

北京利达华信电子有限公司（简称利达华信）2014 年全年销售额达 6.14 亿元，较 2013 年增长 0.7 亿元。被中国消防协会授予“企业信用评价 AAA 级信用企业”，连续第 6 年蝉联消防行业“十大知名报警企业”称号。

利达华信前身为北京利达防火保安设备有限公司，是 1990 年 1 月 18 日被工商总局批准成立的以生产火灾自动报警控制系统为主导产品的高新技术合资企业。利达华信主要产品有：火灾自动报警控制系统，消防广播、电话及联动系统，电气火灾监测预警系统，城市消防联网系统，工业用高抗干扰火灾自动报警系统，石油化工等行业所用的防爆火灾报警控制系统和应急疏散系统。利达华信产品行销国内外 20 多个国家和地区，并设有 100 多个分销公司及售后服务机构。

（木子）

北京利达华信电子有限公司

董事长 涂燕平

## 国富瑞数据系统有限公司

国富瑞数据系统有限公司（简称国富瑞数据）2014 年完成营业额 1.49 亿元，拥有员工约 100 人，享有国务院特殊津贴专家 2 人，公司 80% 以上的管理者和技术人员为获得 CCIE、H3CNE、OCP、BCFP、ITIL、MBCI 等专业认证证书的高技术人才。国富瑞数据运营管理的多地数据中心占地面积累计约 10 万平方米以上。年内，国富瑞数据签约中国国际信息技术（福建）产业园数据中心运维服务项目；与太平洋电信（深圳）有限公司签署战略合作协议。国富瑞数据举办中国（北京）网络信息安全高峰论坛和首届国富瑞产品顾问专家论坛，参加数据中心产业生态圈建设研讨会、2014 中国数据中心产业发展大会、2014

中国数据中心高峰论坛、第四届中国数据中心产业发展大会暨IDC产品展示与资源洽谈交易大会。作为国内唯一具有国家部委背景的数据中心外包服务提供商，国富瑞数据是唯一同时获得ISO 9001质量管理体系认证、ISO 20000 IT服务管理体系认证、ISO 27001信息安全管理体系认证三大国际认证的国有机构，并获取了IDC/ISP增值电信业务经营许可证、高新技术企业认证、信息安全服务（灾难恢复类一级）资质认证，连续4年荣获中国数据中心产业发展联盟颁发的“数据中心优秀运营服务单位”等多项荣誉称号，总裁张念录荣膺“2013—2014年度数据中心风云人物”。

国富瑞数据是商务部直属中国国际电子商务中心（公司）旗下控股子公司，是2008年成立于北京的高新技术企业，注册资本1.98亿元，是专注于数据中心外包和云计算服务的专业化公司。公司在北京、广州、上海、贵阳、福建等地运营管理着11个高等级数据中心，为政府、金融、民航、电力、石化、跨国公司等重要客户提供专业化外包服务。

（申娜）

国富瑞数据系统有限公司

董事长 付　诚

总　裁 张念录

## 北京东港嘉华安全信息技术有限公司

北京东港嘉华安全信息技术有限公司（简称东港嘉华）2014年收入1.02亿元，利润880.19万元，纳税730.67万元，职工人数121人。2014年建成了国家等保三级机房，并成功搭建了全国第一个电子发票第三方综合服务平台“瑞宏网”，开创了国内电子发票全新发展模式。6月，人民财产股份有限公司通过“瑞宏网”成功接收了国内第一张可入账报销的电子发票。截至年底，已有京东、国美、小米科技、央广购物、锤子科技、中国人寿、中国电信等大批电子发票系统的使用客户，累计开具电子发票4100余万份。电子发票的应用，累计为企业节约发票综合成本1200余万元，节约发票用纸近30吨。此次电子发票应用扩围后，预计北京一年可节约发票综合成本9000万元。

东港嘉华是由东港股份有限公司和欣泉有限公司共同投资，于2007年2月注册成立，公司投资总额2亿元，位于开发区经海四路139号，拥有超过33000平方米的综合研发生产大楼。公司主要业务范围涵盖开发、生产电子发票应用软件，为电商等企业及税务部门提供电子发票技术支持、技术服务及软硬件系统集成，先后通过ISO 9001质量管理体系、ISO 14001环境管理体系、GB/T 28001职业健康安全管理体系、ISO 27001信息安全管理体系认证。公司拥有中关村高新技术企业、国家高新技术企业、北京市级科技研究开发机构、开发区企业创新中心等荣誉称号。

“瑞宏网”服务平台数据中心　　韩士华 摄

（韩士华）

北京东港嘉华安全信息技术有限公司

总经理 刘　宏

## 北京云狐时代科技有限公司

北京云狐时代科技有限公司（简称云狐时代）2014 年全面进入移动运动领域，以“移动智能和户外运动”为出发点，聚焦于智能运动。云狐时代已经成功推出全球首款超级六防运动手机、智能运动手表和运动摄像机等酷炫智能硬件产品。另有“点点运动”等移动应用，实现软硬件结合服务智能运动领域。公司硬件产品开发团队共 500 人，其中北京 100 人、上海 100 人、沈阳 300 人；点点平台运营团队 100 人，北京地区营销团队 50 人，其他 50 人。年内，云狐时代参加第七届中国警用装备博览会、应邀参加由上海市科委组织的可穿戴产业技术创新战略联盟成立大会。点点运动获得 2014 年度中国百强好应用、联想十佳产品等荣誉。

云狐时代成立于 2010 年 6 月，是中国最大的互联网运动平台和智能运动装备发展商；运动生态链由点点运动平台和点点智能运动装备组成。总部位于开发区，在上海、深圳、杭州和美国、日本、韩国等城市和国家设有分支机构。已通过 ISO 9001、IOS 14001、OHSAS 18001 认证。

（岳红梅）

北京云狐时代科技有限公司

董事长 董德福

## 北京中交兴路信息科技有限公司

北京中交兴路信息科技有限公司（简称中交兴路）自主开发承建的交通运输部“全国道路货运车辆公共监管与服务平台关键技术及应用”获 2014 年北京市科学技术奖三等奖。该平台广泛应用于部、省、市各级运管部门，截至年底，平台已完成 28 省货运车辆接入总数突破 100 万辆，成为全国性在营货运车辆车联网服务平台，且入网车辆数每天以 3000 辆左右递增。此外，中交兴路还推出全国商用车车联网综合服务平台——“车旺 95155 云服务平台”（www.95155.com），并与 IBM 和英特尔分别合作创立了“车联网创新中心”和“车联网联合创新中心”。年内，公司被市发展改革委认定为“商用车联网北京市工程实验室”，被评为“国家高新区先锋榜（2013）百新企业”“中国智能交通三十强企业”“中国卫星导航与位置服务十佳运营商”“2014 德勤—亦庄高科技、高成长 20 强企业”，获得市发展改革委认定的“商用车联网北京市工程实验室”资质，其产品被评为“最受全国先进物流企业欢迎的物流信息化产品”“最受全国先进物流企业欢迎的解决方案”。

中交兴路成立于 2004 年 6 月，是以营运车辆监控管理和运营服务为基础，以建立集车辆动态监管、智能导航、交通信息、行业信息、数据采集与综合信息发布等多种服务于一体的综合服务提供商，是国家高新技术企业、中关村高新技术企业。公司取得多项国家级、市级认证的专业性资质，拥有互联网地图测绘甲级资质证书、全国增值电信业务经营许可证、电信与信息服务业经营许可证、道路运输经营许可证、信息安全等级保护三级证书、ISO 9001 质量管理体系认证证书、北京市交通运输经营备案证、交通运输部合标系统平台认证等。甘肃省运管局、交通运输部、国家开发银行、中石化相关部门领导，中国工程院徐匡迪、邬贺铨等院士，先后来到中交兴路参观指导。

公司先后获得 8 项国家及省部级奖项，

参与制定4项国家及行业标准，承担和参与8项国家及省部级重大科技专项，拥有76项专利，其中98%为发明专利，并被评为北京市专利试点企业。公司作为交通运输部指定技术合作企业，2009年开始负责全国重点营运车辆联网联控平台的标准编制、技术开发、服务体系建设和卫星定位车载终端推广应用，通过承担国家级货运车辆管理平台的建设、维护和服务开发工作，拥有大数据处理平台的知识产权。搭建了中国首个跨地域、跨车厂、跨平台、联网车辆数量最大的车联网应用平台“全国重点营运车辆联网联控平台”，入网车辆数突破68万辆。2013年公司负责承担了交通运输部智能交通技术与设备交通运输行业研发中心的北斗终端及车联网方向的技术创新能力提升以及相关研发工作。

中交兴路公司前台　　企业提供

（李玢　蒋兰）

北京中交兴路信息科技有限公司

董事长兼总经理　夏曙东

## 北京华兴长泰物联网技术研究院有限责任公司

北京华兴长泰物联网技术研究院有限责任公司（简称华兴长泰）2014年生产总值1879.43万元，年销售额1824.09万元，净利润151.83万元，职工有50人左右。5月15日，“首都医科大学临床药学系·华兴药品安全管控和药房自动化联合研究中心”授牌。6月，华兴长泰获得北京市科委中小企业技术创新基金支持。9月，华兴长泰的“药品大数据管控个性化医疗系统”获中关村医疗器械产业联盟重大应用示范项目立项。截至年底，华兴长泰已拥有20家左右三甲级医院用户，包括解放军301医院、北京大学第一医院、北京大学人民医院、北京大学国际医院、首都医科大学附属宣武医院、北京佑安医院、北京友谊医院等。

华兴长泰是一家自主创新型的高科技公司，拥有国家级双软、ISO 9001及高新技术企业认证，授权专利22项，其中11项为发明专利，并拥有全部知识产权。公司2011年落户开发区。2012年7月14日，华兴长泰在北京国家会议中心召开产品发布会，正式把产品推向市场。华兴长泰产品系列主要包括：智能药车、智能药柜、智能毒麻药品管理柜、智能冷藏柜、智能耗材管理柜及智能标识系统，为医院手术室、病区、药房、ICU和门急诊等提供整体解决方案。

（仇慧华）

北京华兴长泰物联网技术研究院有限责任公司

董事长　王　旻

总经理　靳春亮

## 北京锤子数码科技有限公司

北京锤子数码科技有限公司（简称锤子数码）2014年5月20日发布首款产品Smartisan T1 3G版手机，并于7月8日启动线上销售。10月18日，4G版Smartisan T1手机开始在线上和线下进行销售。Smartisan手机获得“Good Design Award设计奖”与“星火国际工业设计奖”银奖。锤子数码成立于 2014 年 6 月 3 日，位于开发区永昌北路永昌 8 号科技广场。主要业务涵盖研制并销售 Smartisan 智能手机及手机附件产品，提供售后检测与维修、客服等服务。锤子数码构建了以线上电子商务平台与线下实体体验店为核心的综合性销售渠道。

锤子数码员工接待 Smartisan T1 用户　　高远 摄

（窦森磊）

北京锤子数码科技有限公司

首席执行官　罗永浩

### 小米科技有限责任公司

小米科技有限责任公司（简称小米公司）2014 年销售手机 6112 万台，同比增长 227%；全年含税销售额 743 亿元，同比增长 135%。2014 年第二、第三季度小米手机在国内市场出货量超过三星、苹果，排名首位。国际调研机构 IDC 和 Strategy Analytics 全球智能手机市场调研报告披露，2014 年第三季度小米手机出货量及市场份额均排名全球第三位，紧随三星与苹果之后。7 月，小米公司开始进军印度市场。11 月，“双十一”活动中，小米公司在天猫平台上销售手机 116 万台，销售额 15.6 亿元，约占天猫当天总额的 3%，成功卫冕单店第一。与优酷土豆集团达成战略合作协议。12 月，小米公司与美的集团签署战略合作协议，以 12.7 亿元入股美的集团。年内，小米公司完成新一轮融资，估值 450 亿美元，总融资额 11 亿美元。

小米公司是一家专注于移动互联网行业的创新型科技企业，成立于 2010 年 4 月。2012 年，小米公司全年含税销售额达到 126.5 亿元。2013 年销售手机 1870 万台，含税销售额 316 亿元，全年纳税总额约 42 亿元。

MIUI 作为国内最好用的安卓定制系统，移动操作系统用户数量在 1 亿个以上，正升级为一个互联网服务平台。自 2010 年 8 月 MIUI 发布至 2014 年，经过 200 周以上迭代更新，小米公司已建立起一套自己的生态系统。2012 年，小米公司开始进军电子书阅读市场、互联网电视终端产品及智能家居产品。2012 年年底发布小米盒子，2013 年 9 月发布小米电视，2013 年 11 月发布小米路由器。围绕着小米手机，小米智能硬件生态链不断完善，推出小米活塞耳机、小米移动电源、小米手环等诸多穿戴式明星产品。

（葛亮）

## 生物医药

### 拜尔医药保健与北大签署合作协议

1 月 8 日，拜耳医药保健有限公司和北京大学正式签署全面战略合作协议，开展为期 3 年的新药研发和转化合作。根据该协议，合作双方将在北京大学建立“拜耳医药保健—北京大学新药研发和转化研究中心”。合作重点在于将心血管、肿瘤、血液病和妇科治疗领域内的基础研究成果向新药研发转化，以及在药物开发价值链上的技术研究。拜耳医药保健—北京大学新药研发和转化研究中心将成为一个平台，来自北京大学生命科学学院与分子医学研究所、化学生物与生物技术学院及其他附属机构的学者与来自拜耳全球药物研发的科学家们一起在该平台合作。拜耳医药保健将为合作研发项目提供资助，还将赞助“拜耳讲席教授”和设立“拜耳学者奖”。

（崔春雷）

## 悦康药业集团与中国医科院药物所合作

1 月 16 日，“悦康药业集团—中国医科院药物所产学研战略合作协议签约仪式”在悦康药业集团有限公司举行。此次合作将整合悦康平台优势和药物所人才科研优势，通过共建技术平台、共设研发基金、开展技术创新、推进成果转化及人才培养等多领域、多渠道、多层次交流与合作。7 月 4 日，双方签约共建“中国医学科学院药物研究院成果转化中心—企业转化基地”。

（何铖）

## 悦康药业集团与法签订植物提取物协议

悦康药业与法国意迪那公司签约　　陈晨　摄

3 月，悦康药业集团有限公司作为中法生物医药领域合作代表，随国家主席习近平出访法国。在商务部副部长高燕和法国外贸部部长布里克共同见证下，集团董事长于伟仕与法国意迪那公司代表签署中法植物提取物合作开发项目框架协议。双方将发挥各自优势，在植物提取物产业化及下游药品、保健品、化妆品等产品开发方面进行全方位合作。

（何铖）

## 中关村现代医药生产力促进中心挂牌

3 月，“中关村现代医药生产力促进中心在亦庄生物医药园”挂牌成立。该中心由市食品药品监管局原有关负责人发起创立，主要致力于国际医药政策法规研究和国际技术标准研制、国际知识产权和注册认证高科技的渠道建立、提供国际医药信息、开展国际交流与合作等。

（刘青）

## 百奥赛图项目进驻大兴生物医药基地

4 月 3 日，百奥赛图项目入驻大兴生物医药基地，百奥赛图公司拟在新区建设模式动物产业化平台项目，主要内容为基因敲除模式动物研发及高盈利应用业务（分析、检测、新药开发服务等）。项目计划用地 1.34 万平方米，建成达产后预计项目可实现年销售额 2 亿元。

（孙超）

## 行有恒总部基地入区

4 月，行有恒总部基地项目入驻开发区。该项目拟申请用地 2 万平方米，投资 2.85 亿元，建设特需药品及器械调配、医药药房托管平台系统开发、跨区域商业分销为主营业务的总部基地。

（牛旭晖）

## 旷博生物诊断试剂产业化基地项目入区

4 月，北京旷博生物技术股份有限公司诊断试剂产业化基地项目入驻开发区。

项目方计划投资 1.5 亿元，申请用地 1 万平方米，总建筑面积约 1.5 万平方米，建设用于诊断试剂研发和生产产业化基地。预计达产后可实现年销售收入约 5 亿元，实现年纳税额约 5000 万元。

（常川）

## 召开克林顿健康拓展行动研讨会

5 月 14 日，由开发区科技局（知识产权局）主办、开发区诊断产品创新联盟承办的“亦庄 · 科技与国际化—克林顿健康卫生拓展行动研讨会”在北京亦庄生物医药园召开。此次会议旨在探索在新形势下如何更好地开展国际化的协同创新工作，给国产诊断产品提供走向国际舞台的机会。共 150 余家生物医药企业参加了此次会议。中国疾病预防控制中心副主任、中科院院士高福，克林顿基金会健康拓展行动项目专家分别阐述中国传染性疾病的防控现状及中国制药企业国际化的机遇。研讨会上，基金会重点与开发区内的艾滋病、结核病等疾病检测、治疗及药品生产企业建立联系与对接。北京利德曼生化股份有限公司作为开发区诊断产品创新联盟理事单位，承担了此次会议的主持、策划、组织、协调等工作。

（牛巨辉 杨路萍 崔春雷）

## 舒迪安中国实验室落成

6 月 18 日，舒迪安中国实验室在汇龙森 30 号楼正式落成，该实验室是亚洲最顶尖的自体免疫细胞制备实验室，投入使用后将用于研究开发更多肿瘤疗法。舒迪安生产工艺是将从肿瘤细胞中提取出来的多种抗原和来自患者自身血液的树突状细胞放在一起培养。在培养过程中，树突状细胞被激活从而使其能够识别出患者自身癌细胞中的抗原。一旦分化成熟，树突状细胞将通过皮下注射方式作为抗癌治疗剂重新导入患者体内，提升肿瘤治疗效果。该实验室占地面积超过 3500 平方米。其中，洁净区面积超过 1000 平方米，包括 B 级洁净区、C 级洁净区和 D 级洁净区；非洁净区面积超过 2500 平方米，包括培训实验室、仪器室、QC 实验室、冷库、仓库等。

（崔春雷）

## 拜耳医药保健扩建北京工厂

拜耳医药保健北京工厂扩建项目奠基　　企业提供

8 月 18 日，拜耳医药保健有限公司北京工厂综合扩建项目奠基仪式举行。拜耳医药计划投资约 1 亿欧元用于大规模提升北京工厂生产能力，旨在保证高质量产品的稳定供应，以满足中国市场对于拜耳医药保健治疗心血管疾病及糖尿病等产品的需求。此扩建项目包括全自动物料处理的物流后勤区域、分析实验室和高速包装生产线。

（李璟）

## 健能隆公司的产业化基地落户亦庄

9 月 4 日，北京龙兴生物医药有限公司（简称龙兴生物）在开发区成立。龙兴生物是健能隆医药技术有限公司（简称健能隆公司）的产业化基地，将着力于一批创新型重组蛋白药物的产业化。健能隆公司已开发具有自主知识产权的 Di-Kine 新药核心技术，并成功推出一系列处于临床和临床前阶段的创新型生物药。龙兴生物是经北京市重大科技成果产业化项目审批设立的产业化载体，承担着“创新型基因重组生物药的国际化开发”项目的成果转化工作，是为健能隆国际、国内三期临床研究的临床用药生产、未来商业化运营生产和发行抗体类蛋白新药的产业化载体。

（崔春雷）

## 利德曼收购德国德赛部分股权

利德曼与德国德赛公司签约　　田艳军 摄

9 月 12 日，北京利德曼生化股份有限公司以 1.76 亿元收购德国德赛诊断系统有限公司的控股子公司德赛诊断系统（上海）有限公司（简称德赛系统）25%的股权，以 1891 万元收购德国德赛诊断系统有限公司全资子公司德赛诊断产品（上海）有限公司（简称德赛产品）31%的股权。

（牛巨辉 杨路萍）

## 大基医疗受邀参加美国放射肿瘤年会

9 月 14 日—17 日，北京大基康明医疗设备有限公司受邀参加在美国旧金山莫斯康展览中心举办的美国放射肿瘤年会（ASTRO）。大基医疗重点展示了独家生产的肿瘤治疗设备电子加速器 -A45，同时展示了核医学诊断设备 PET-CT 和 PET-MR，特别是大基医疗独家研发的皮摩尔诊断和 A45 癌症治疗全球颠覆性新技术。

（马杰）

## 利德曼联手 Enigma 进军分子诊断行业

利德曼与 Enigma 合作设立合资公司签约仪式　　田艳军 摄

10 月 22 日，北京利德曼生化股份有限公司与英国 ENIGMA DIAGNOSTICS LIMITED（简称 Enigma）合作共同设立合资公司，在 Enigma ML 设备系统、Enigma 的其他诊断设备产品线及若干相关诊断检测产品的商业化方面实现合作。Enigma ML 系统提供了将现有分子诊断的前处理、PCR 检测、数据处理和分析、数据传输合为一体的全自动化解决方案，结合了实时荧光 PCR 反应的高灵敏度和 POCT 类产品检测的特点，Enigma ML 系统带来了全新理念，代表着分子诊断产品发展趋势和方向。合资公司的成立，代表着利德曼正式进军分子诊断领域。

（牛巨辉 杨路萍）

## 陆道培干细胞公司入驻开发区

11 月，陆道培干细胞生物技术有限公司签约入驻开发区同济南路 22 号。4 月 2

日，中国工程院院士、著名血液病学家和造血干细胞移植专家陆道培，北京道培干细胞生物技术有限公司董事长陆文昭，首席执行官高峰等一行 6 人在振国集团董事长王振国陪同下，访问北京振国中西医结合肿瘤医院，洽谈有关合作事宜。

（颜敏 孟凡辉）

### 安诺优达助中山大学建立首个 lncRNA 库

12 月 3 日，中山大学生命科学学院和中山大学孙逸仙纪念医院携手，借助安诺优达基因科技（北京）有限公司高通量测序平台，通过高通量测序和分析，在水稻中发现了大量有性生殖相关的 lncRNA。该研究结果在 *Genome Biology* 上发表。

（赵春霖）

### 天坛生物总部迁入亦庄新址

天坛生物亦庄新址外景　　于金铭 摄

12 月 16 日，北京天坛生物制品股份有限公司总部职能部门全部迁入新址办公，天坛生物步入新的发展阶段。年底，天坛生物组织总包单位、设计单位、监理单位对新址 101 号（菌苗）车间、102 号（天花）车间、103 号（分包装）车间、105 号（麻腮风）车间、107 号（OPV）车间等 13 个建筑及围墙、室外工程等进行四方验收；完成了 107 楼 OPV 车间、105 楼麻腮风车间、104 楼糖丸车间和 103 分包装楼近 8 亿元（其中房建工程 5 亿元、工艺设备近 3 亿元）、4.9 万平方米、900 项固定资产的预转固工作。

（于金铭）

### 安诺优达获批高通量测序临床试点单位

12 月，安诺优达基因科技（北京）有限公司获得国家卫计委首批“高通量测序技术临床应用试点单位”资格，是北京市具有该试点资质的 3 家临检所之一。安诺优达是中国最早进入无创产前检测领域的企业之一，在业内具有先发优势。得益于大量的研发投入、广泛的临床验证，安诺优达无创产前 DNA 检测在技术稳定性、临床可靠性等方面具有明显优势。

（肖飞 赵春霖）

### 珐博进生物合成角膜项目落地开发区

年内，珐博进（中国）医药技术开发有限公司的 III 类创新医疗器械生物合成角膜（FG-5200）项目在开发区落地。珐博进已拥有成熟的生物合成角膜（FG-5200）生产技术，以高纯度重组 III 型人胶原蛋白为材料，制造光学透明的生物合成角膜。珐博进已完成生物合成角膜（FG-5200）无菌中试车间的设计规划，并就该产品向食品药品监管总局提交了注册申请。

（陈君明）

### 同仁堂科技集团子公司拓展产品领域

年内，北京同仁堂科技发展集团各产品型子公司不断开发新品种，进一步拓展了公司产品领域。同仁堂麦尔海公司口腔护理系列等55个新产品上市；同仁堂通科公司新推出阿胶酥糖等产品；同仁堂唐山营养保健品公司“同仁老酒”上市。

（刘欣 刘慧）

### 拜耳医药保健收购滇虹药业和美国默克

拜耳集团完成对滇虹药业集团公司的收购　　企业提供

年内，拜耳医药保健有限公司完成了对滇虹药业集团公司及美国默克公司保健消费品业务的收购，其在云南昆明及上海的生产基地也被纳入到拜耳医药保健在中国的供应和生产网络之中。这些收购加强了拜耳保健消费品业务，显著地拓展了拜耳医药保健在中国这一全球增长最快非处方药市场的业务范围，使拜耳医药保健在中国非处方药领域中成为领先的跨国企业。

（李璟）

## 部分企业

### 拜耳医药保健有限公司

拜耳医药保健有限公司（简称拜耳医药保健）2014年主营业务收入约140亿元，实现工业总产值123亿元，是北京市唯一一家连续三年实现产值过百亿的生物医药企业，其生产的拜唐苹、拜新同、拜阿司匹灵和拜复乐的产值突破了亿元大关。10月，拜耳医药保健国际研发中心（北京）举办成立5周年庆祝活动。

拜耳医药保健是拜耳集团的子公司，于1995年8月25日正式在开发区注册成立，在中国有超过7000名员工，主要业务部门包括拜耳处方药、保健消费品，以及动物保健。拜耳医药保健启动了“走进西部”“走进基层”、中国社区健康促进项目、“社区健康小屋”和“药品生产监督管理人员培训”等许多重要的社会公益项目。公司是全国首家获得新版GMP证书的企业、基本药物生产和电子监管实施的示范生产基地、北京市生物医药G20优秀企业之一，连续两届被商务部评为信用等级AAA级企业。

（李璟）

拜耳医药保健有限公司

总裁　江　维

### 通用电气医疗北京工业园

通用电气医疗北京工业园（简称GE工业园）由通用电气旗下航卫通用电气医疗系统有限公司（简称GE航卫）和北京通用电气华伦医疗设备有限公司（简称GE华伦）组成。GE航卫是由美国通用电气医疗系统亚洲公司与中国科学器材公司于1991年合资成立，是美国通用电气公司在中国第一个合资公司。GE航卫是通用医疗集团中国公司的第一家制造公司，注册资金250万美元，主要生产CT、核磁等设备。GE华伦是通用医疗集团的全资子公司，1995年在开发区成立，注册资金3800万美元，生产X光机、手术机、核医学设备、血管机等。GE医疗工业园占地面积7万平方米，是通用医疗集团全球最大的生产和研发基地之一。8月5日云南昭通鲁甸县发生6.5级地震后，GE医疗（GE航卫和GE华伦）成立地震救援小组，并向地震灾区捐赠价值 300 万元医疗设备。

（俞航）

航卫通用电气医疗系统有限公司

董事长兼总经理 陈和强

北京通用电气华伦医疗设备有限公司

总经理 陈和强

## 北京同仁堂科技发展集团

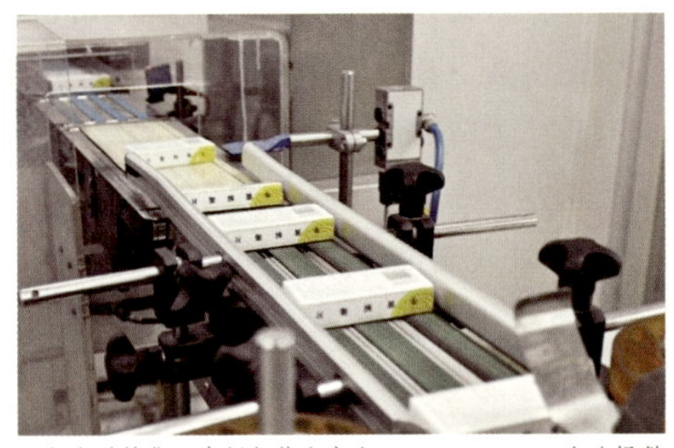

同仁堂科技集团片剂包装生产线　　企业提供

北京同仁堂科技发展集团（简称同仁堂科技集团）2014 年各重点经济指标持续保持两位数增长。同仁堂科技集团“国药同仁堂 · 助力中国梦，立足本岗位 · 圆梦同仁堂”系列主题活动内容不断丰富，在全国 9 个区域举办了 41 场推广活动。15 个剂型、22 条生产线通过国内新版 GMP 认证现场检查。各产品型子公司不断开发新品种，推出口腔护理系列、阿胶酥糖、“同仁老酒”等新产品上市。

同仁堂科技集团为北京同仁堂集团旗下的六大二级集团之一，是一家集产、供、销为一体的高科技现代化中药企业。公司于2003 年通过ISO 9001质量体系认证，所有生产车间均严格按照GMP标准设计、改造和运行，所有生产线均通过国家 GMP 认证，同时还拥有多条通过澳大利亚 TGA 认证、日本厚生省认证的生产线。

同仁堂科技集团的产品涉及 20 多个剂型 200 多个品种，有丰富的已开发新产品和在开发新产品储备。根据市场需求和变化，公司注重二次科研，采用无糖制作、全提取浓缩丸技术和片剂薄膜包衣、大孔树脂吸收、喷雾干燥、流化床造粒、全提取浓缩、超微粉碎等新工艺新技术，推出无糖感冒清热颗粒、六味地黄浓缩丸，多种薄膜包衣片、片剂、软胶囊剂型等新产品，拥有先进的片剂、软胶囊、浓缩丸、蜜丸、颗粒生产线，以满足患者的不同需求。

（刘欣 刘慧）

北京同仁堂科技发展集团

董事长 梅　群

总经理 高振坤

## 北京泰德制药股份有限公司

北京泰德制药股份有限公司（简称泰德制药）2014 年拥有员工 2019 人，实现销售收入 23.30 亿元；净利润 6.93 亿元。泰德制药主导产品前列地尔注射液（凯时 ®）全年销售收入达 15.24 亿元，继续保持同品种国内市场占有率第一，并获得 2014 年中国化学制药行业其他心脑血管类优秀产品品牌；氟比洛芬酯注射液（凯纷 ®）全年销售收入达 8.95 亿元，“脂微球载体靶向镇痛药物氟比洛芬酯注射液临床及产业化技术研究成果”获得 2013 年度市科学技术奖二等奖。5 月，泰德制药第三条注射剂生产线首批通过国家 2010 版 GMP 认证。6 月，泰德制药获得由工业和信息化部颁发的 2013 年度中国医药工业企业百强及 2014 年度中国医药工业最具投资价值企业证书。11 月，泰德制药获得中国化学制药工业协会颁发的企业信用评价 AAA 信用等级企业证书，中国医药工业信息中心颁发的 2014 年度中国医药企业卓越创新奖、中国化学制药行业工业企业综合实力百强证书。泰德制药被评为“2013年度北京市诚信创建企业”，董事长郑翔玲被评为“2014中国（医药行业）品牌女性”。

（贾琳）

北京泰德制药股份有限公司

董事长 郑翔玲

总 裁 孔 泰

## 悦康药业集团有限公司

悦康药业集团有限公司（简称悦康药业）2014年主营业务收入51亿元，拥有员工5000余人，其中科研人员200人，是北京市市级科研机构、企业技术中心、工程实验室。2014年位列工业和信息化部“中国制药工业百强”第40名，被评为中国医药研发产品线最佳工业企业、中国医药工业制剂国际化先导企业、医药高端制剂北京市科技国际合作基地。1月28日，工商总局认定“悦康药业 YOUCARE及图”商标在第5类“各种针剂、片剂、水剂、生化药品”商品上为“中国驰名商标”。年内，悦康药业与中国医科院药物所签订产学研战略合作协议，与中国医学科学院药物研究院成果转化中心共建成果转化基地；与中国医科院药物所合作建立“头孢药物晶型研究工程实验室”，被市发展改革委批准为北京市工程实验室。悦康药业与法国意迪那签署中法植物提取物合作开发项目框架协议，召开活心丸上市后再评价临床试验中期协调会，并购美国洛杉矶沃森阿特维斯制药厂。

悦康药业是一家集新药研发、药品制造、流通销售于一体的医药企业集团。集团在中国内地建立了从医药原料到制剂生产的全产业链医药工业体系。集团在研一类新药有8个，三类仿制新药达百余个，其中两个1.1类新药已完成三期临床研究。新药发明授权专利42项，其中国内专利21项、国际专利21项。

（何铖）

悦康药业集团有限公司

董事长 于伟仕

总经理 于圣臣

## 北京大基康明医疗设备有限公司

北京大基康明医疗设备有限公司（简称大基医疗）2014年利润总额1113.8万元，纳税总额1570.3万元，员工200多人。1月，核医学装备系统荣获国家科学技术进步奖二等奖。12月18日，大基医疗生产的医用电子加速器，取得了食品药品监管总局颁发的医疗器械注册证。

大基医疗的主要业务是为人类征服癌症、心脑血管等顽症，提供高端医疗设备、临床解决方案、互联网+医疗技术和健康服务，特别是在分子影像检测亚健康，A45治疗癌症、心血管病、糖尿病、各种感染性疾病医疗新技术领域填补国际空白；公司独家拥有A45治疗、皮摩尔检测和轰击原子核中子所生产的同位素等国际专利和世界独有技术，拥有国际一流的专家队伍和专有技术人才，在瑞典、美国等国家设有公司、研发中心和工厂。大基康明通过多年自主研发，产品技术已达国际先进水平，打破国外产品垄断，曾先后获国家重点新产品、国家科技惠民计划等称号。

公司成立以来，先后被认定为国家高新技术企业、G20企业，中关村“十百千工程”企业，承担或参与完成国家支撑计划、“863计划”工程、国家高性能医学诊疗设备专项等国家重大科技项目，获得国家科技进步二等奖和多项省级科技奖。2013年年底，大基医疗与美国费城国际癌症中心医院签署了协议，销售核医学诊断设备PET-CT、PET-MRI和治疗设备电子加速器-A45。

（马杰）

北京大基康明医疗设备有限公司

董事长 孙启银

## 北京智飞绿竹生物制药有限公司

北京智飞绿竹生物制药有限公司（简称智飞绿竹生物）2014年总资产达到10.68亿元，营业收入2.04亿元，利润总额1.32亿元，上缴税收3451万元。年内，公司通过了国家高新技术企业重新认定，同时获得了“北京市G20工程企业”“北京市企业技术中心”认定；公司2个品种（“AC群脑膜炎球菌（结合）b型流感嗜血杆菌（结合）联合疫苗”“伤寒Vi多糖疫苗”）获得了食品药品监管总局药品注册批件；2个品种（“AC群脑膜炎球菌（结合）b型流感嗜血杆菌（结合）联合疫苗”“A群C群脑膜炎球菌多糖结合疫苗”）通过了新版GMP认证，获得了药品GMP证书；1个品种（“A、C、Y、$W_{135}$群脑膜炎球菌多糖结合疫苗”）获得了临床试验批件；1个品种（“A、C、Y、$W_{135}$群脑膜炎球菌（结合）b型流感嗜血杆菌（结合）联合疫苗”）提交了临床试验申请并获得受理通知书；1个品种（“A、C、Y、$W_{135}$群脑膜炎球菌多糖疫苗”）获得了印度尼西亚药监局的注册证书；“AC群脑膜炎球菌（结合）b型流感嗜血杆菌（结合）联合疫苗”产业化项目获得了2014年蛋白类生物药和疫苗发展专项资金资助；申请了“志贺氏菌多价结合疫苗”“b型流感嗜血杆菌结合疫苗的制备方法”“预防儿童脑膜炎的联合疫苗及其制备方法”3项发明专利，获得国家知识产权局受理；获得了商标“优威康（PneumoCon）”的注册证。

智飞绿竹生物成立于2003年10月（原名北京绿竹生物制药有限公司），是集疫苗科研开发、生产制造及市场营销于一体的国家高新技术企业。相继获得“北京市专利试点企业”、中关村“瞪羚计划”重点培育企业、中关村“十百千工程”企业、“北京科技研究开发机构”“北京市细菌性疫苗工程技术研究中心”等荣誉和资质认定。

（李楠楠）

北京智飞绿竹生物制药有限公司

执行董事 杜琳

## 北京京精医疗设备有限公司

北京京精医疗设备有限公司（简称京精公司）2014年员工总人数358人，拥有一支光、机、电、信息、医学等学科较齐全的科技队伍，大专以上学历科技人员131人，占36.5%，研究开发人员54人，占15%。年内，京精公司获得北京市安全生产标准化二级企业等称号。

京精公司成立于2000年6月，是从事血液回收系统、血液净化、血液治疗及血液储存技术的研究、生产、推广、销售、服务、培训为一体的国家高新技术企业。血液回收机系列产品是主打产品，3000H型血液回收治疗机属国内首创引入血浆置换、血液治疗功能，H5-9000加温输液泵及备战用BX-A冰冻红细胞洗涤机具有快速加温输液功能。产品被全国上千家大中型医院使用，年均血液回收 10 余万例，回收失血近 100 吨。2001 年，公司通过国际 ISO 9001 质量体系认证。公司先后获得国家重点新产品证书、国家科技进步奖二等奖、北京市科学技术进步奖一等奖、北京市高新技术企业证书、北京十大优秀专利实施项目、北京市重大科技成果推广计划等荣誉。

（高光普）

北京京精医疗设备有限公司

董事长 鲁天龙

首席执行官 黄　帆

## 北京四环生物制药有限公司

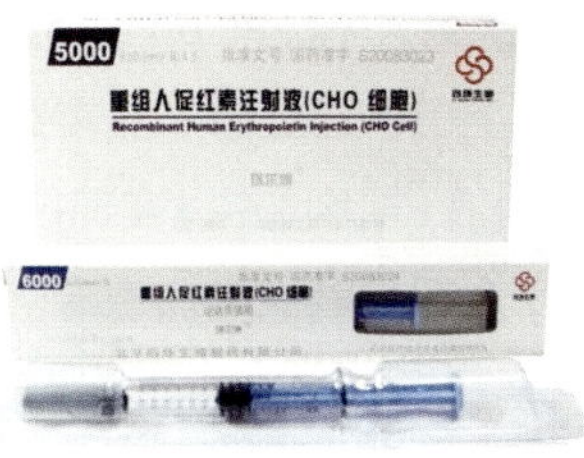


四环生物上市产品环尔博　　企业提供

北京四环生物制药有限公司（简称四环生物）2014 年实现产值 1.6 亿元，同比增长 74%；完成销售额 1.59 亿元，同比增长 74.98%；纳税额 1763 万元，同比增长 104%。4 月，公司投资 300 万元引进了一批新节能水泵和药品生产设备。四环生物参加了 9 月 13 日—14 日在上海举行的第八届国际血液透析大会和 9 月 18 日—20 日在厦门举行的第十七届全国临床肿瘤大会，在会上展示了公司主要产品，进一步推动国内外临床肿瘤学领域的学术交流和科技合作。

四环生物作为中国首家集基因工程药物研发、生产和销售为一体的高新技术企业，是中国拥有生物制药品种最多的企业之一，拥有 4 种上市产品。新生物制品第一类抗癌药物德路生®（注射用重组人白介素 -2）是国家“八五”重点课题，“863 计划”高技术研究开发项目——基因工程人白细胞介素 -2 的研制、中试、生产及临床应用的科研成果；新德路生®（重组人白介素 -2 注射液）是公司自行研制，在国际上首家上市的白介素 -2 水针剂新药；环尔博®（重组人促红素）是抗贫血新生物制品第二类新药；欣粒生®（重组人粒细胞刺激因子）是促进中性粒细胞增加的新生物制品第二类新药。

（朱丽芳 邢雪欧）

北京四环生物制药有限公司

总经理 程度胜

## 康龙化成（北京）新药技术有限公司

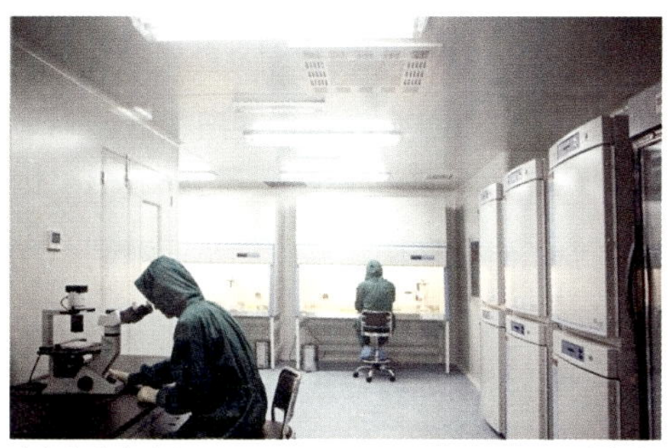

康龙化成实验室　　滕劼 摄

康龙化成（北京）新药技术有限公司（简称康龙化成）2014 年总资产 5.77 亿元，销售收入 6.28 亿元，净利润 3088.8 万元，缴税总额 2100 万元，直接研发投入 4.93 亿元，出口总额 9660 万美元。员工总人数 2343 名，向客户提供外包服务的科研人员占 82%，博士学历科研人员占 10%，硕士学历科研人员占 40%。有 50

多位归国科学家，2 人入选中组部“千人计划”，13 人入选北京市“海聚工程”，23 人入选开发区“海外高层次人才”。6 月，获得新区科技创新专项资金、开发区高层次人才企业人才扶持及奖励基金。9 月，康龙化成学院完成三期招生，举办康龙化成学术研讨会，充实和丰富了在职培训体系，康龙化成获得了北京市博士后（青年英才）创新实践基地青年英才进站补助。11 月，获得中关村双百企业称号。年内，被商务部评选为“中国服务外包成长型企业”，获得市商务委 2014 年度支持承接国际服务外包业务发展资金和北京市服务外包配套资金，获得市商务委、市财政局、北京海关、市国税局联合审核的进口设备退税资金。

康龙化成由康龙化成股份有限公司于 2004 年 7 月投资设立，投资额 1.5 亿元。主营业务涉及新药研发临床前的全流程，包括化学、生物、药物代谢及药代动力学、药理、毒理等各个领域，客户包括国际十大制药公司中的 8 家企业在内的共约 40 家企业和研究机构，与欧美及亚洲制药巨头保持合作伙伴关系。公司拥有约 10 万平方米符合国际药物研发标准的实验楼，建有完整的化合物合成、分离、分析检测、生物活性筛选、DMPK、药物安全性评估等一整套药物临床前研究体系，自行研发“网上新药研发数据管理信息系统”，拥有多项专利核心技术，通过了高新技术企业资格认定。

（楼小强）

康龙化成（北京）新药技术有限公司

董事长　楼柏良

总经理　楼小强

## 北京凯因科技股份有限公司

凯因科技厂房外景　　刘迪　摄

北京凯因科技股份有限公司（简称凯因科技）2014 年实现销售收入 2.5 亿元，被认定为“北京市 G20 工程企业”“北京市企业技术中心”“北京市专利示范单位”。年内，凯因科技两个国家一类新药申报临床并获得药品注册申请受理通知书；自主研发的重组人干扰素 α2b 阴道泡腾片（金舒喜）上市；已上市产品重组人干扰素 α2b 注射液（凯因益生）实现技术升级，采用新型安全保护剂并增加患者舒适度的更细针头，已替换原有产品上市。截至年底，公司共申请发明专利 60 多项，授权专利 27 项，其中发明专利授权 24 项。

凯因科技成立于 2008 年 8 月，注册资本 9700 万元，是国家高新技术企业、北京市重组蛋白药物工程技术研究中心。凯因科技是集研发、生产、销售于一体的生物制药公司，专注于肝病领域，形成了包括抗病毒、免疫调节、保肝护肝、纤维化、肿瘤系列产品格局。核心技术为重组蛋白药物的开发，包括重组蛋白工艺开发、大分子蛋白药物制剂技术、固定化酶催化技术等。凯因科技的研发中心由海归和本土博士、硕士近 40 人组成，专业涵盖生物分子学、药理、工艺开发、质控及制剂等领域，其中包括国家“千人计划”1 人，北京市“海聚工程”2

人，中关村“高聚工程”3人，科技部“创新人才推进计划”1人。

（李嵘）

北京凯因科技股份有限公司

总经理 周德胜

## 北京昭衍新药研究中心股份有限公司

北京昭衍新药研究中心股份有限公司（简称昭衍）2014年实现营业收入1亿元，利润总额2056万元，纳税额282万元，拥有员工245人，其中研发人员187人。全年完成125个药物的临床前评价，其中生物药77个、化药43个、中药5个。年内，昭衍被评为北京市国际科技合作基地、2014中国制药行业品牌服务商（CRO类），承担的国家“十二五”重大新药创制项目“国际化创新药物安全性评价技术平台建设”通过任务验收，国家蛋白质药物专项“动物实验公共服务平台”等项目取得阶段性成果，“神经系统药物等临床前新药评价关键技术研究”项目成功申报北京市科技实施计划G20项目。

昭衍是专业从事新药研发外包服务的高新技术企业，拥有全面的国际化行业资质，是中国首家通过美国FDA的GLP现场检查、获得国际AAALAC认证和中国CFDA GLP资质认证的专业化药物临床前研究机构。公司建有符合国际标准的动物饲养管理设施和现代化功能实验室约1.3万平方米，配备先进仪器设备500余台（套），具备包括致癌试验、吸入毒理、眼科药物评价技术、心血管系统评价技术、生物安全试验等在内的一系列创新服务能力，服务内容涵盖从药物发现到新药注册全过程。昭衍先后为国内外300余家制药企业和科研院所提供了系统的药物临床前评价服务，其试验设施规模、开展临床前试验数量、评价一类新药数量居全国前列。

（赵昊）

北京昭衍新药研究中心股份有限公司

董事长 冯宇霞

总经理 左从林

## 北京永瀚星港生物科技股份有限公司

北京永瀚星港生物科技股份有限公司（简称永瀚星港）2014年销售额为556.12万元，利润为56.83万元，纳税额为27.24万元，拥有员工17人。年内，提纯一个新高灵敏血清肿瘤标志物抗原并研制成其特异结合体，“肿瘤筛查进社区”项目获北京市市级社会建设专项资金支持；用于监测萎缩性胃炎、胃癌癌前病变直到胃癌全过程的体外诊断产品入选国家重点新产品计划，获大兴区科学技术奖；承办开发区总工会组织的肿瘤检测活动。

永瀚星港成立于2006年，致力于癌症、心脑血管病和代谢性疾病的早期诊断、预防和治疗，是新三板挂牌企业中唯一的“自体孵化型高新技术生物企业”。公司致力于肿瘤、心脑血管疾病以及代谢性疾病等重大恶性疾病的早期预防和逆转，业务包括研究先进诊疗方法、诊疗器械和提供相关医疗服务，产品有抗体、适配体、诊断试剂、医疗服务软件、精密快速诊断仪器等。

永瀚星港是国家高新技术企业、中关村高新技术企业、国家重点新产品计划企业、科技部重点项目承办单位，曾承担科技部重点项目，获国家重点新计划、科技部中小企业技术创新基金项目、中关村科技园区小企业创新资金项目和开发区科技创新项目立项，所有诊断类产品均荣获北京市自主创新产品称号，拥有发明专利 6 项，实用新型专利 2 项，软件著作权 1 项。

（季海清 李婧）

北京永瀚星港生物科技股份有限公司

董事长 范飞舟

总经理 尹 星

## 北京亚宝生物药业有限公司

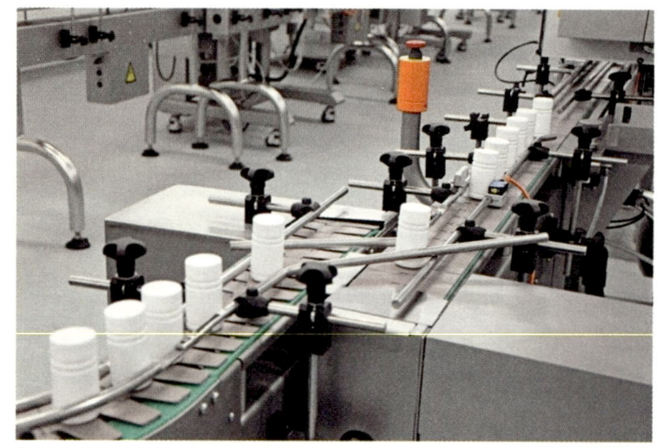

亚宝生物固体制剂车间　刘海鹏 摄

北京亚宝生物药业有限公司（简称亚宝生物）2014 年固体制剂车间产量达 10 亿片，营业收入超过 1 亿元，年产量同比增长 450%，拥有 2 个美国产品的 ANDA 批件，国内产品有硝苯地平缓释片、维生素 C 泡腾片、奥美拉唑肠溶片等，年生产能力可达 100 亿片。

亚宝集团集药品研发、生产、销售及相关业务于一体，是国家高新技术企业，2014 年被评为中国化学制药工业百强企业和制剂国际化先导企业。亚宝生物是亚宝集团的全资子公司，成立于 2007 年，是一家以生产缓控释制剂为主体的现代外向型制药企业。拥有国际一流的固体制剂生产设备和实验设施，按照 FDA 法规要求建立了六大质量管理体系，各项技术指标和产品质量符合美国 cGMP 要求。亚宝生物于 2011 年通过 GMP 认证，成为国内首批通过新版 GMP 认证企业；2012 年被评为北京市药品质量管理示范企业；2013 年通过了美国 FDA 的 cGMP 现场检查。

（马长莉）

北京亚宝生物药业有限公司

总经理 解静萍

## 北京天坛生物制品股份有限公司

北京天坛生物制品股份有限公司（简称天坛生物）2014 年拥有职工 2634 人，大专以上 1855 人；企业总资产 60.15 亿元，注册资本总额逾 5.15 亿元，销售收入 18.27 亿元，利润总额 3.04 亿元。12 月 16 日，公司总部职能部门全部迁入新址开发区博兴二路 6 号办公。截至年底，公司总部所承担和参与的“十一五”115 个国家课题全部结题，并通过验收。年内，天坛生物通过高新技术企业复审，入选市科委“G20 工程”二期企业名单，获得 2014 中国化学制药行业工业企业综合实力百强，完成了北京市重大新药创制专项“黄热减毒活疫苗技术升级及产业化项目”课题，顺利通过验收。进入“十二五”，天坛生物积极开展项目申报工作，申报“组分百日咳”、MMRV 等 8 项国家重大新药创制课题，新型天花、乙肝疫苗等 3 项“重大传染病专项”课题，参与 1 项国家“863 计划”、1 项国家反恐项目（新型天花疫苗）、1 项国家应急项目（H7N9 流感疫苗）和 1 项国家后补助课题（OPV 疫苗关键技术升级换代），其中“脊髓灰质炎减毒活疫苗国际预认证”申报了国际预认证课题。天坛生物的麻腮风三联疫苗（MMR、细胞工厂）获得生产文号；同时获得8个临床研究批件（OPV、IPV和ACYW135脑膜炎球菌多糖疫苗），“脊髓灰质炎灭活疫苗及其生产方法”申报1项发明。

天坛生物是一家从事疫苗、血液制剂、诊断用品等生物制品的研究、生产和经营一体化的国有控股高科技上市公司，主导产品有重组乙型肝炎疫苗（酵母）、麻腮风联合减毒活疫苗、麻疹风疹联合减毒活疫苗、吸附无细胞百白破联合疫苗、脊髓灰质炎减毒活疫苗糖丸（人二倍体细胞）、乙型脑炎灭活疫苗（Vero细胞）、冻干水痘减毒活疫苗、流感病毒裂解疫苗、人血白蛋白、静脉注射用人免疫球蛋白（pH4）、人免疫球蛋白等。天坛生物是国家免疫规划疫苗品种和数量最多的企业，拥有成都蓉生药业有限责任公司、长春祈健生物制品有限公司、单采血浆公司等数家控股子公司。

（于金铭）

北京天坛生物制品股份有限公司

董事长 魏宝康

总经理 曾令冰

## 北京旷博生物技术股份有限公司

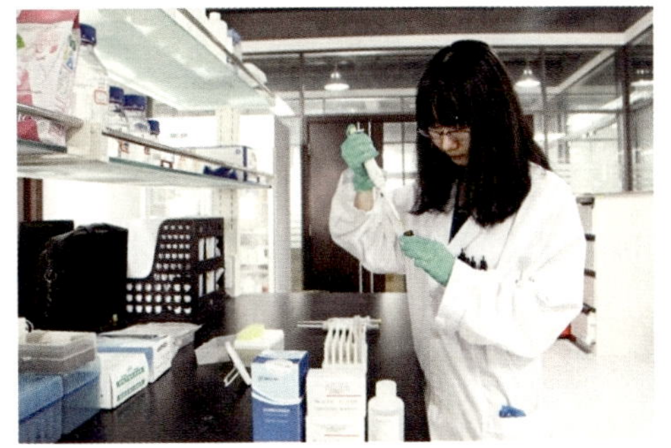

旷博生物实验室　　田艳军 摄

北京旷博生物技术股份有限公司（简称旷博生物）2014年总资产1.17亿元，营业收入3014.20万元，利润总额402.44万元；公司总人数98人，其中有3名北京市“海聚工程”人才、5名开发区海外高层次人才，10人拥有博士学位，有5位专家来自海外。12月底，公司成功实现股份制改革，正式更名为“北京旷博生物技术股份有限公司”。年内，旷博生物获得“安全生产标准化三级企业”“2014中关村高成长企业TOP100”“2014年中关村瞪羚企业”等称号；并取得一期3个流式产品的注册证，成为第一个国产流式试剂。旷博生物为“北京先进医疗设备产业创新联盟”第三届理事长单位。旷博生物主持和参与了“十一五”“十二五”国家科技重大专项，卫生行业科研专项等多个各级政府的科研开发课题，已拥有11项国家发明专利、1项计算机软件著作权、3个注册商标。

旷博生物以开发生产临床诊断试剂和科研试剂产品为方向，已建立了分子诊断、分子免疫、细胞免疫、蛋白免疫、发光生化五大技术平台，拥有化学发光试剂、荧光标记抗体、结核ELISpot酶联免疫试剂、四聚体特异性T细胞检测试剂、Aimplex流式高通量多因子检测试剂、重组蛋白等多个产品线，提供microRNA表达谱分析和功能研究及基于microRNA表达谱的诊断试剂等系列产品和服务。公司临床产品主要包括化学发光系列产品（肿标类、性腺类、心肌类、甲功类等）、流式产品、分子诊断产品和蛋白免疫产品，主要用于肿瘤的临床早期诊断、临床免疫功能评价、白血病免疫分型和重大传染病防控。2013年，旷博生物获得“中关村新锐企业十强”“德勤一亦庄高科技、高成长企业 20 强”“德勤高科技、高成长中国 50 强”等荣誉称号。

（杨碾零）

北京旷博生物技术股份有限公司

董事长 兰宝石

总经理 贾冼钊

## 北京赛升药业股份有限公司

北京赛升药业股份有限公司（简称赛升药业）及子公司在 2014 年实现销售收入 5.90 亿元，完成年度目标 5.76 亿元的 102.36%；实现净利润 2 亿元，完成年度目标 1.93 亿元的 104.94%，扣除非经常性损益净利润为 2 亿元。销售收入和净利润分别同比增长 22.83% 和 25.93%；交纳所得税 3608.22 万元。其中，核心产品薄芝糖肽注射液完成收入 1.19 亿元，脱氧核苷酸钠完成收入 1.92 亿元，GM-1 完成收入 1.52 亿元，纤溶酶注射剂完成收入 7768.11 万元，注射用胸腺肽完成收入 1666.20 万元，其他产品完成销售收入 3254.22 万元。主要核心产品的销售收入所占比重为 94.48%。赛升药业在开发区河西区的医药生产基地办理开工前手续。年内，赛升药业取得发明专利授权 2 项，提交专利申请 1 项，获政府资金支持 364.79 万元。赛升药业被评为中关村 AAzc- 信用企业和百家最具影响力信用企业、国家高新技术企业，入选“2014 德勤一亦庄高科技、高成长企业 20 强”，研发中心被评为北京市级企业科技研究开发机构、北京市企业技术中心。

赛升药业原名北京赛生药业有限公司，成立于 1999 年，于 2011 年 7 月 28 日整体变更为股份制企业，位于开发区兴盛街 8 号，注册资金 9000 万元，是一家专注于生物化学医药产品（包括活性蛋白、活性蛋白酶、活性多肽、活性多糖、两性脂类等生物大分子）的研发、生产和销售的高新技术企业，其药品涉及心脑血管、免疫调节和神经损伤三大领域。

（梁冬娜）

北京赛升药业股份有限公司

董事长兼总经理 马 骉

## 北京康乐卫士生物技术股份有限公司

北京康乐卫士生物技术股份有限公司（简称康乐卫士）2014 年拥有员工 70 余人，其中专家教授 5 人、博士 6 人。承担过多项卫生部、市科委及开发区重大科技计划项目，先后申请了国内、国际专利共计 22 项（授权 3 项）。康乐卫士建成了国内外领先的重组蛋白药物设计平台、重组蛋白表达及工程技术平台、病毒样颗粒制备技术平台、新型疫苗佐剂研发与评价技术平台、重组蛋白药物质量评价及“假病毒”中和抗体检测技术平台，以及重组蛋白药物 GMP 中试开发平台，成功开发了预防宫颈癌的重组 HPV 三价疫苗并正式申报临床审批，正在开发重组 HPV 九价疫苗和重组 EV71/ CoX A16 疫苗、重组幽门螺杆菌疫苗等。康乐卫士先后被认定为北京市专利引擎试点单位、中关村高新技术企业、开发区企业创新中心、北京市科技开发研究机构、国家高新技术企业，以及开发区海外高层次人才创办企业等。

康乐卫士创建于 2008 年 4 月，公司注册地为开发区，注册资本 6450 万元，是一家从事新型疫苗研究、开发和产业化的创新驱动型生物制药企业，在新型重组疫苗研发方面具有国内外领先的核心技术与研发能力。

（李艳华）

北京康乐卫士生物技术股份有限公司

董事长 陈小江

## 北京利德曼生化股份有限公司

利德曼新生产基地 企业提供

北京利德曼生化股份有限公司（简称利德曼）2014年实现营业收入5.37亿元，同比增长56.26%；利润总额1.68亿元，同比增长30.83%；总资产达16.16亿元，同比增长29.92%；归属于上市公司所有者权益合计9.65亿元，同比增长13.32%；归属于上市公司股东的净利润1.28亿元，同比增长16.54%。年内，公司实施限制性股票激励计划，注册资本由1.54亿元增至1.58亿元。5月，利德曼主持“亦庄·科技与国际化——克林顿健康卫生拓展行动研讨会”。6月20日，由食品药品监管总局指导、中国医药报刊协会主办的“医疗器械质量万里行活动”走进利德曼。7月，公司自主研发的全自动化学发光免疫分析仪CI1000上市销售。9月，利德曼收购德赛诊断系统（上海）有限公司25%股权和德赛诊断产品（上海）有限公司31%股权。10月，利德曼与ENIGMA DIAGNOSTICS LIMITED共同投资设立合资公司。

利德曼创始于1997年11月，主营业务包括诊断试剂、诊断仪器以及生物化学原料三大领域，已获得117项体外生化诊断试剂产品注册证书、31项化学发光诊断试剂注册证书和3项仪器注册证书，完成17种诊断酶的产业化，是一家集研发、生产和销售于一体的高新技术企业。

（牛巨辉 杨路萍）

北京利德曼生化股份有限公司

董事长兼总裁 沈广仟

## 北京协和建昊医药技术开发有限责任公司

北京协和建昊医药技术开发有限责任公司（简称协和建昊）2014年完成56个药物临床前评价，实现收入3015万元，实现利润262万元，上缴税金144万元（不含代扣代缴个税）。年内，协和建昊通过了食品药品监管总局药物GLP再认证、国家认证认可监督管理委员会化学品GLP再认证、ISO 9001质量管理体系UKAS再认证、CNAS实验室再认证、美国AAALAC再认证、国家高新技术企业重新认定、GB/T 19001-2008/ISO 9001:2008标准质量管理体系再认证、环境保护部新化学物质生态毒理GLP认证，并荣获2014年中国产学研合作创新成果奖。

协和建昊是食品药品监管总局GLP认证和国际AAALAC（实验动物福利国际认证机构）认证的临床前药物安全性评价

专业机构。

（苏太山）

北京协和建昊医药技术开发有限责任公司

董事长 庾石山

总经理 王爱平

## 舒泰神（北京）生物制药股份有限公司

舒泰神外景 吴文雅 摄

舒泰神（北京）生物制药股份有限公司（简称舒泰神，股票代码 300204）2013 年实现营业收入 8.93 万元，同比增长 60.5%，净利润 1.1 亿元。公司研发投入 4855.2 万元，同比增长 67.9%，投入额占净利润的 44.3%、占营业收入的 5.4%。2 月，舒泰神（加州）生物科技有限公司成立。3 月，舒泰神参股的湖南嘉泰实验动物有限公司成立，注册资本 700 万元。5 月和 7 月，舒泰清和苏肽生两产品分获新版 GMP 证书。11 月，舒泰神注射用鼠神经生长因子转化项目提交认定申请书，并通过市发展改革委验收。2013 年，公司获得北京科技研究开发机构证书。公司及子公司昭衍博纳、三诺佳邑共取得食品药品监管总局颁发的 11 个药品注册批件，拥有 6 个新药证书、11 项国家发明专利，被受理 2 项国内发明专利和 2 项国际发明专利；共取得 25 项注册商标，申请注册 4 项商标。

2014 年，舒泰神实现营业收入 10.93 亿元，利润总额 2.33 亿元，纳税总额 1.07 亿元。6 月，公司获批成立北京市蛋白药物工程技术研究中心。12 月，完成舒泰神医药产业基地项目验收，通过国家高新技术企业重新认定。

舒泰神于 2002 年 8 月 16 日成立，是以研发、生产和销售生物制品为主的制药企业。公司主要产品为苏肽生（注射用鼠神经生长因子）和舒泰清（聚乙二醇电解质散剂）。公司还生产阿司匹林肠溶片和格列奇特片。公司有数个具有自主知识产权的国家 I 类新药处于临床前安全性评价和临床研究等不同研究与开发阶段，包括治疗乙肝的小核酸基因药物，治疗视网膜色素变性的基因药物，治疗艾滋病的小核酸基因药物、凝血因子 X 激活剂等。2008 年 12 月，公司被认定为国家高新技术企业。2009 年 12 月，被科技部、北京市政府和中国科学院联合命名为中关村国家自主创新示范区创新性企业，承担多项国家级、市级科技创新及产业化项目；多项课题入围国家重大新药创制项目并获得滚动支持。产品被认定为国家火炬计划产品、北京市高新技术成果转化项目、国家生物医药高技术产业化示范工程项目及北京市自主创新产品，获得北京市科学技术奖三等奖。

（吴文雅）

舒泰神（北京）生物制药股份有限公司

董事长 周志文

总经理 张荣秦

## 北京迈劲医药科技有限公司

北京迈劲医药科技有限公司（简称迈劲医药）2014 年总资产 2833 万元，主营业务收入（技术转让、技术开发及技术服务）635 万元，有员工 30 人。公司占地 700

余平方米，拥有独立配套、先进完整的研发设施，设有药物合成室、药物制剂及分析室、临床室、药理室、药品注册部和医学情报网络部，已形成内部完整的新药项目研发体系，建立有新药项目情报搜集、立项、研发、申报的流程管理系统。

迈劲医药专业从事新药基础研究和应用开发，已取得 16 项新药证书、48 件临床批件、20 件仿制药的生产批件。

（李喜盈）

北京迈劲医药科技有限公司

总经理　马　超

## 北京生物制品研究所有限责任公司

国药中生生物技术研究院有限公司成立　　杨浩　摄

北京生物制品研究所有限责任公司（简称国药中生北京公司）2014 年研发投入逾 1 亿元。完成 1 项 Ⅰ 类新药 Ⅲ 期临床研究，申报新药证书和生产文号，正处于待审批阶段；2 项 Ⅰ 类新药分别处于 Ⅲ B 期和 Ⅱ A 期临床试验阶段；2 项新药临床前研究已申报临床批件，正处于评审和审批阶段。1 月 16 日，由国药中生北京公司组建的北京微谷生物医药有限公司更名为国药中生生物技术研究院有限公司（简称国药中生研究院）。年内，公司承担国家重大传染病专项、“863 计划”、重大新药创制、留学人员科技项目择优资助项目、市科委项目 21 项，授权发明专利 1 件。

国药中生北京公司（国药中生研究院）主要从事新型疫苗、抗体、新型佐剂、治疗类生物制剂及基因与蛋白质诊断试剂等生物制品的研究和中试工艺的开发，主持或参与完成了手足口病疫苗、宫颈癌疫苗、艾滋病疫苗、治疗性乙肝疫苗、脊髓灰质炎灭活疫苗、北京株水痘减毒活疫苗等国家重点研发项目，并与日本国立感染症研究所、日本 DNAVEC 公司、美国帕斯适宜卫生科技组织（PATH）、加拿大国家研究院理事会（NRC）、荷兰 CRUCELL HOLLAND B.V 等开展了一系列国际合作研究。国药中生研究院承担了国家重点项目“新型疫苗国家工程研究中心”的建设工作。

（祖立航 张万欣）

北京生物制品研究所有限责任公司

总经理　王玉琳

## 北京同为时代生物技术有限公司

北京同为时代生物技术有限公司（简称同为时代）2014 年和北京友谊医院、北京大学肿瘤医院联合申报并启动 2 项国家自然科学基金项目，通过国家高新技术企业复审和北京市级企业科技研究开发机构复核工作。

同为时代成立于 2005 年，是一家从事治疗性抗体药物研发的生物高新技术企业。注册资本 5950 万元，拥有独立的 1200 多平方米的抗体药物研发基地。同为时代与中国科学院、中国医学科学院、军事医学科学院、北京大学等建立人才培养、技术合作和科学顾问机制，以研发和生产治疗恶性肿瘤、自身免疫性疾病及传染性疾病的基因工程抗体为主营方向，承担并参加“重大新药创制”科技专项“十二五”实施计划。

（张凌）

北京同为时代生物技术有限公司

总经理 唐艳旻

## 安诺优达基因科技（北京）有限公司

安诺优达外景 韩茂林 摄

安诺优达基因科技（北京）有限公司（简称安诺优达）2014 年全年营业额 1 亿元，同比增长 162.49%；纳税额 157 万元，同比增长 419.13%。截至年底，安诺优达共有员工约 350 人，其中硕士、博士 100 余人。在医学健康领域，已与全国超过 500 家医疗机构开展合作；科技服务领域与国内外近 200 家高校院所和科研机构建立合作关系，成果相继在 BMC Plant Biology、Genome Biology 等国际知名期刊上发表。在生命科学研究领域，安诺优达科研团队携手海南大学在椰果发育内在分子机制上取得突破性进展，协助中山大学建立全球首个水稻有性生殖 lncRNA 库，并应邀出席“中国优生科学协会妇儿临床分会、生殖道疾病诊治分会成立大会”。年内，安诺优达被认定为国家高新技术企业，当选“中国优生科学协会第六届理事会员单位”，获得卫计委首批“高通量测序技术临床应用试点单位”资格，自主研发的“染色体数目异常快速检测技术”获得发明专利授权，总裁陈重建当选北京市“海聚人才”和“北京市特聘专家”。

安诺优达成立于 2012 年 4 月 28 日，总部位于开发区，专注于新一代基因组学技术在人类医学健康和生命科学研究两大领域的产业化应用，先后获得“临床细胞分子遗传学医疗检测机构”“北京科技研究开发机构”“中关村高新技术企业”“中关村十大创新成果”等认证和荣誉，以及多项专利和软件著作权。其强大的 Bio-IT 基础和产业化服务能力、全面的高通量测序平台、领先的生物信息分析平台、高性能计算平台，以及自动化样本处理平台在国内外均处于领先地位。安诺优达已在生育生殖、肿瘤诊治、单基因病和基因体检四大方向形成了优秀的产品体系和品牌效应。在基因组学、转录组学和表观遗传学等方面与国内外高校院所和研发机构广泛开展科研合作，且在基因表达分析、单细胞技术、染色体 Hi-C 技术等领域形成特色优势，为生命科学研究提供技术解决方案。

（肖飞 赵春霖）

安诺优达基因科技（北京）有限公司

首席执行官 梁峻彬

## 北京悦康科创医药科技有限公司

北京悦康科创医药科技有限公司（简称悦康科创）2014 年营业收入 1071.79

万元，其中技术性收入1014.03万元，占总收入的94.6%，研究开发费用646.07万元，占销售收入的60.3%。在职员工总数72人，其中研发人员占76%，本科以上学历职工人数占69.4%，研究生以上学历职工人数占15.3%。2014年，悦康科创通过国家高新技术企业复审；获市专利试点单位证书、市企业创新奖、新区重点科技服务机构；授权1件国家新药发明专利；获“国家重大新药创制”专项基金支持。

悦康科创成立于2009年4月，是一家从事医药产品技术开发、咨询、转让和技术服务的高新技术企业，与沈阳药科大学、北京理工大学、北京石油化工学院等学校建立了广泛学术交流和长期合作关系。

（张胜智）

北京悦康科创医药科技有限公司

总裁 于圣臣

## 本元正阳基因技术有限公司

本元正阳中试车间　　何新舟 摄

本元正阳基因技术有限公司（简称本元正阳）2014年研发投入1034万元，Ⅰ类新药“重组SeV-hFGF2/dF注射液”获食品药品监管总局一期临床批文，1个Ⅰ类新药项目通过专家上会答辩，2个Ⅰ类新药项目处于临床报批准备阶段。

本元正阳于2000年10月成立，注册资金1.11亿元，是一家从事生物医药研发和生产的生物技术企业。公司立足于病毒载体平台研发、生产、服务以及抗体类药物开发，是国家“863计划”生物领域病毒基因载体研发基地和国内唯一一家具备多品种病毒载体开发和规模生产能力的高科技企业。公司建立腺相关病毒、腺病毒、仙台病毒（同日本DNAVEC公司合作）、慢病毒和质粒DNA等多种基因载体的生产、纯化与检定技术平台和中试工艺，可大规模生产高质量基因载体制品，用于基因治疗药物、载体疫苗的临床前研究和早期临床，产品线涵盖世界上90%以上用于基因治疗的载体种类。自主研发或合作研发的基因治疗药物主要针对临床重大疑难病症，如恶性肿瘤、先天性遗传病、老年性痴呆、重症下肢缺血、视网膜疾病、类风湿性关节炎等，将向抗体领域进军。

（何新舟）

本元正阳基因技术有限公司

董事长 贺　旋

总经理 许允立

## 珐博进（中国）医药技术开发有限公司

珐博进（中国）医药技术开发有限公司（简称珐博进）2014年总资产约1.22亿元，员工总数62人。珐博进投资8400万元对位于亦庄生物医药园A2楼的中试研发基地进行升级改造，于年内竣工并获得“药品生产许可证”。10月，北京珐博进医药技术开发有限公司更名为珐博进（中国）医药技术开发有限公司。

珐博进主要在人体主要脏器如肝、肺、肾及心脏等的损伤及纤维化病变，严重贫血，肾脏保护（预防急性肾衰损伤），细胞保护（阻止细胞死亡和中风、慢性神经退化引起的细胞损坏）等研究领域开展创新性研究并形成若干开创性技术平台：研发出全球首创的高纯度、极其接近人体组织的重组人胶原蛋白等，已取得3项成果，即用于治疗肾性贫血的1.1类新药（可博美FG-4592胶囊剂）、用于动员造血干细胞的1.1类新药（FG-6874）、III类医疗器械生物合成角膜（FG-5200），其中可博美FG-4592胶囊剂已完成I期和II期临床试验。2014年，珐博进将III类创新医疗器械生物合成角膜（FG-5200）引入开发区，并完成了无菌中试车间的设计规划，向食品药品监管总局提交了注册申请。施工建设将于2015年启动。

珐博进是一家于2011年11月在开发区成立的外资企业，于2012年12月正式入驻亦庄生物医药园，致力于创新型药品和医疗器械研发，先后被评为“中关村高新技术企业”“北京市企业科技研究开发机构”。

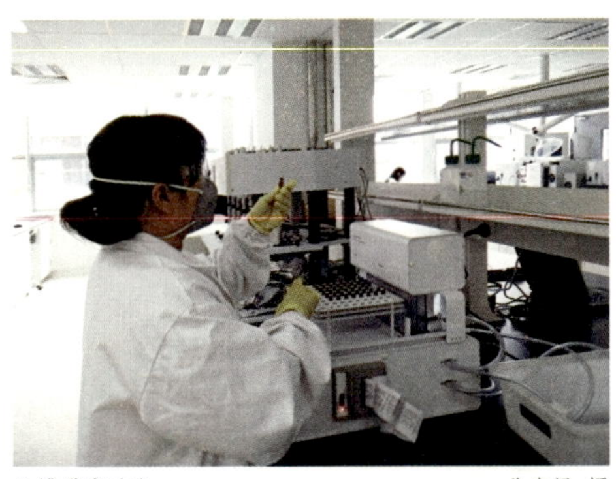

珐博进实验室　　曲忠凤 摄

（陈君明）

珐博进（中国）医药技术开发有限公司

董事长 Tom Neff

执行总裁 钟黎蕴华

## 第一三共制药（北京）有限公司

第一三共制药（北京）有限公司（简称第一三共制药）2014年完成营业额4.69亿元，同比增长19%；纳税额7795万元，同比增长13%；利润额1.09亿元；拥有硕士3人，本科生59人。3月，产品硬胶囊剂、注射剂、片剂均达到《药品生产质量管理规范（2010年修订）》要求，通过认证并获得药品GMP证书。4月，投资2000万美元于2012年8月开始建设的软袋生产线暨管理栋（含试验室）工程完成主体建设。6月，完成主要生产设备的安装和验证等有关工作，预计2016年运行生产。年内，完成注射剂瓶装生产线设备增产改造项目，使瓶装注射剂由年产260万瓶增至430万瓶，协助完成第一三共（中国）投资有限公司第一届北京爱心助学捐赠活动。第一三共（中国）投资有限公司工会成立，第一三共制药全体员工均可享受工会会员的各项福利。

第一三共制药是由第一三共株式会社及第一三共（中国）投资有限公司出资在开发区建立的外商合资企业，投资总额已达2.51亿美元。公司原名称第一制药（北京）有限公司，是由日本第一制药株式会社投资，于1998年5月19日正式设立。2007年因日本总部事业统合，公司更名为第一三共制药（北京）有限公司，2012年第一三共株式会社调整在华事业，在上海成立了第一三共（中国）投资有限公司，并作为在华总部统一管理在华业务，第一三共制药（北京）有限公司作为生产基地。公司主要生产品种有泰利必妥®片剂、可乐必妥®片剂、可乐必妥®注射剂、优利福®硬胶囊剂。

第一三共制药厂区外景　　王若茜 摄

（尚红欣 董佳琪 杨峰）

第一三共制药（北京）有限公司

工厂长 孔 雁

# 装备制造

## 华德液压工程研究中心建设通过验收

1月16日，华德液压机械工业液压传动与控制工程研究中心通过验收。中国机械工业联合会组织有关行业专家听取北京华德液压工业集团有限责任公司液压传动与控制工程研究中心的建设情况汇报，审查有关验收材料，现场考察工程中心建设完成情况。经讨论和质询，专家组认为，该工程技术研究中心具备了较完备的工程化研究条件和较强技术开发能力，一致同意通过验收。

（岳高丽）

## 华德液压通过国家“十二五”课题验收

3月4日，由华德集团等单位承担的“十二五”国家科技支撑计划课题“先导式大流量电液比例阀关键技术研究与应用”在北京召开验收会。该项目以北京华德液压工业集团有限责任公司为产品实现的企业主体，与浙江大学、北京航空航天大学、燕山大学、北京机械自动化所4家单位合作形成的产学研相结合的开发模式，能够充分发挥上、下游作用，具有“产、学、研”三位一体的产业化开发体制和从研究、开发、中试到批量生产的技术及管理保证体系，从机制上为先导式大流量电液比例阀的研制及生产推广提供了可靠的体系保障。专家组一致认为，该课题围绕工业装备和工程机械所需的先导式大流量电液比例阀，开展了比例电磁铁、先导阀与主阀的关键结构优化设计及其特性匹配、数字式高性能比例放大器、阀体及阀芯高精度加工工艺、比例阀静动态测试方法及其装备、比例阀寿命试验及环境试验等关键技术研究；完成了NG10 ~ 35共5种规格带位置反馈先导式大流量电液比例阀的研发、生产，开发了新系列直动式和先导式比例换向阀，共5个品种、8个规格的产品，形成了比例阀系列，产品技术指标达到国际同类产品水平，一致同意通过验收。

（岳高丽）

## 葛洲坝能源实现年销售1.74亿元

5月，中国葛洲坝集团机械船舶有限公司（占股51%）和北京兰创盈科技有限公司（占股49%）共同出资成立葛洲坝能源重工有限公司（简称葛洲坝能源），注册在开发区，注册资本金1亿元。项目方5月在京交会上签署了投资意向协议。项目计划总投资6.25亿元，主要从事分布式能源系统、海洋工程、机电设备的研究、开发、委托生产，提供技术咨询、技术服务、技术转让、技术培训等服务，达产后年销售额可达 100 亿元，年上缴税金 2.3 亿元。截至年底，葛洲坝能源实现销售收入 1.74 亿元，签约 14 亿元，纳税 615 万元，利润 1010 万元。

（张平）

## 中冶赛迪入选电力需求侧管理服务机构

6 月下旬，中冶赛迪电气技术有限公司通过工业和信息化部组织的专家评审，入选全国工业领域电力需求侧管理服务机构（第二批）。电力需求侧管理是指为提高电力资源利用效率，改进用电方式，实现科学用电、节约用电、有序用电所开展的相关活动。

（罗媛群）

## 中冶赛迪电气热轧控制技术实现新突破

中冶赛迪电气亦庄生产车间　　单位提供

7 月 2 日，由中冶赛迪电气技术有限公司总承包建设的济钢 1700 毫米热轧技术改造工程经过近 1 年生产和改进，实现了冷轧基料 SPHC 极薄规格 1.8 毫米产品的批量轧制，完成了一个辊期内连续 20 块以上极薄规格产品的轧制直到下一个辊期，标志着中冶赛迪电气在热轧自动化控制领域实现了技术新突破。

（罗媛群）

## 华德液压产业化项目通过验收

华德液压召开项目验收会议　　张凤源 摄

7 月 9 日，市经济信息化委组织专家在北京华德液压工业集团有限责任公司召开了“华德液压工程机械关、主液压件产业化项目验收会”。会议通过听取汇报、查阅资料、现场考察、交流与质疑等多个环节，审核该项目完成情况。专家组认为项目管理规范，验收资料齐全，按照项目批复完成投资，效果显著。验收组一致同意通过验收。该项目于 2009 年被正式批准，并在华德液压密云和卢沟桥生产基地启动实施。项目总投资 3.6 亿元，是以工程阀和通轴泵为代表的工程机械关键、主要液压元件的产业化建设，主要建设内容是实施技术升级，更新生产线，通过购置先进的生产设备、空间布局调整等，加快工程阀、通轴泵产品研发、批产步伐。

（岳高丽）

## 中航国际与委内瑞拉签署水泥生产线项目

7 月 21 日，在中国国家主席习近平和委内瑞拉总统马杜罗共同见证下，中国航空技术北京有限公司与委内瑞拉政府签署了水泥 EPC 总承包项目。这是中航国际北京公司在委内瑞拉签署的第三个水泥 EPC 总承包项目，包括水泥生产线、自备电站、余热发电和水泥技术工业园 4 个部分。

中航国际与委内瑞拉政府签约水泥项目　　王金成 摄

（江玮）

## 东旭光电半导体装备研发生产基地签约

7 月 30 日，东旭集团与大兴区政府签署了入区协议。该项目总投资 11.26 亿元，占地面积约 5 万平方米，拟在大兴生物医药产业基地建设集光电半导体装备研发、中试、系统集成、销售结算及经营管理于一体的综合型产业基地。项目达产后，预计实现年营业收入 28 亿元，年缴纳税收约 4.5 亿元。

（闫继东）

## 赤那思电气中标总变电站隐患改造项目

7 月，北京赤那思电气技术有限公司中标中国石油天然气股份有限公司哈尔滨石化分公司总变电站隐患改造项目。赤那思电气通过对现场环境及主要负荷进行勘测，选用 CETBB 积木式智能型高压自动无功补偿装置，实时跟踪变化负荷的快速变化，保证功率因数保持在 0.95 以上，有效限制了合闸涌流及抑制谐波放大。

（于春影）

## 华德液压助力第三届全国吊装技能竞赛

9 月 1 日—2 日，作为年度 23 个国家级技能竞赛之一的“徐工杯”第三届全国吊装技能竞赛在江苏徐州举行，来自全国各地的 25 支参赛队 125 名选手参加竞赛。赛事选择了专业吊装工程较为常见的徐工 XGC260 型 260t 履带式起重机作为参赛车辆，起重机上所用主阀和马达均由北京华德液压工业集团有限责任公司提供，分别为 1 台 HD- 兆瓦 VL36-1X/Y 多路阀、2 台 A6VM200HD1D 变量马达、2 台 A2FE125W61A11 新结构定量马达和 1 台 A2F63W2Z2 常规结构定量马达。竞赛过程中华德液压主阀和马达性能良好。

（岳高丽）

## 集成电路制造和装备子基金公司落户

9 月 15 日，北京市集成电路制造和装备子基金公司（合伙企业）在开发区取得工商营业执照，其经营业务为：股权投资以及相关投资管理、投资咨询服务等。该合伙企业首次募集封闭目标金额 20.1 亿元，主要用于中芯国际二期项目投资。

（韩芳侠）

## 华德液压工业技术应用实验室落成

10 月 21 日，燕山大学—华德液压合作交流会暨液压工业技术应用实验室落成仪式在燕山大学举行。交流会回顾了两年来双方在产学研互动平台、资源共享、技术创新、人才培养各层面的合作。2012 年 8 月，北京华德液压工业集团有限责任公司与燕山大学就人才培养、交流合作等签署战略合作协议，2013 年 10 月液压工业技术应用实验室项目签约。

（岳高丽）

## 赤那思电气低压补偿装置降低能耗

11 月，北京赤那思电气技术有限公司在中国石油长庆油田公司第一采油厂杏河作业区变压器侧无功补偿项目中，共计提供 107 套 CEX-0.4 低压智能型补偿装置，目的是提高负载功率因数，降低线路损耗及变压器损耗，增大变压器有效能量释放率，改善线路末端电压。装置安装后杏河作业区年节约电量 237.22 x104 千瓦时，节约能量 792.31 吨标准煤，补偿后功率因数达 0.95 以上。

（于春影）

## 中冶京诚总承包的广西百靖高速建成通车

12 月 16 日，由中冶京诚工程技术有限公司总承包的百色至靖西高速公路正式建成通车。百靖高速公路通车后，百色到靖西的行车时间将由原来的 3.5 小时缩短至 1.5 小时。百靖高速公路是广西高速公路网规划“四纵六横三支线”中苍梧至龙邦高速公路的重要组成部分，也是国家公路网干线银川至百色的重要部分，起于百色市田阳县那坡镇，终到靖西县新靖镇，主线全长 97.1 千米，路基宽 26 米，设计行车速度每小时 100 千米。全线共有 72 座桥梁、22 处隧道、6 处互通式立交，设有 2 处服务区和 3 处停车区。该项目于 2010 年 11 月 11 日签订总承包合同，同年 12 月 20 日开工建设，成为中冶京诚在广西市场上的第一个品牌项目。

（程芳）

## ABB 低压新增开关与插座自制两条生产线

年内，北京 ABB 低压电器有限公司在已实现断路器自动化生产基础上，随着 EWA 产品业务增加和日趋成熟，新增开关和插座两条自动化生产线，在开关和插座核心模块的生产中实现自动化，由 RFAD 系统监控质量，电子标签系统记录托盘，以实现内部 EWA 自动化生产。完整信息流、快速自动化制造、工序质量在线识别、产品重要数据可追溯性是 ABB 低压自动化生产线的主要优势。

（李家赓）

## SMC 教育基金会继续开展公益活动

SMC 公司组织希望小学北京游学夏令营活动　　企业提供

年内，北京 SMC 教育基金会本着“产学结合、育教于人，为中国教育事业发展尽微薄之力”的宗旨，继续开展公益活动。向清华大学、哈尔滨工业大学、北京理工大学等 16 所院校提供奖学金，开展学术交流、研究活动；资助贫困地区教育事业，继续援建希望小学，改善校园环境。8 月，组织山东、四川希望小学北京游学夏令营。10 月，2014 年 SMC 中国大学技术中心学术交流会在大连海事大学举行。

（杨柏东）

## 宏达日新中标多个项目

年内，北京宏达日新电机有限公司多个项目中标。在中国南方电网公司招标中，110 千伏变电站组合电器开关（GIS）中标 34 个间隔，220 千伏变电站组合电器（GIS）中标 57 个间隔。在国家电网公司招标中，110千伏变电站组合电器开关（GIS）中标5个间隔。在海外市场招标中，110千伏变电站GIS中标28个间隔。民需110千伏变电站GIS中标2个间隔。年底，宏达日新特有的三次回路专用开关LBS设备在国家电网公司重点建设的特高压交流项目淮南—南京—上海项目苏州站中标8个间隔，在国家电网公司锡盟—山东1000千伏高压交流输变电工程一次设备招标中中标7个间隔，LBS设备市场占有率达到同类招标设备50%以上。

（王凝）

## 中冶京诚主编完成国家标准

年内，住房和城乡建设部批准发布了中冶京诚工程技术有限公司主编的国家标准《钢铁企业能源计量和监测工程技术规范》（GB/T 51050–2014），自2015年8月1日起实施。该《规范》的出台对规范钢铁企业能源计量和监测设计，加强钢铁企业能源计量和监测管理，提升钢铁企业能源管理系统应用水平发挥重要作用，对钢铁企业在节约能源、降低生产成本、提高节能和环保指标以提高竞争力上产生深远影响。

（程芳）

## 中冶京诚主编完成国家建筑标准设计图集

年内，中冶京诚工程技术有限公司主编的国家建筑标准设计图集13J602–3《不锈钢门窗》正式出版发行。该国标图集适用于民用和工业建筑的门窗设计选用与施工，包括不锈钢平开门、地弹簧门、推拉门、折叠门、卷帘门、连窗门、伸缩门等7种门型，以及不锈钢平开窗、固定窗、推拉窗、节能窗等4种窗型的选用表、构造图和安装节点详图，可供建筑设计人员、管理人员、施工及监理人员参考使用。

（程芳）

## 和利时中标多个项目

年内，和利时集团中标阳煤集团深州化工有限公司22万吨煤制乙二醇项目；中标322套列控系统车载设备，包括时速每小时250千米动车组CTCS–2级列控系统车载设备采购项目及时速每小时350千米动车组CTCS–3级列控系统车载设备采购项目；中标东营利源环保科技有限公司每年650万吨炼油联合装置项目；签订吉图珲客运专线列控系统地面设备采购合同；签订青荣城际铁路列控系统地面设备采购合同；中标新加坡地铁汤申线SCADA项目；签订贵广铁路贵州段、贵阳枢纽白云至龙里北列控系统地面设备供货合同；中标全国最高等级火电站——广东粤电博贺燃煤发电有限公司2×1000兆瓦机组现场总线DCS系统；签约中国平煤神马集团25万吨己二酸、20万吨己内酰胺大型化工联合装置自控系统主供货商(MAV)项目；中标新疆恒联五彩湾电厂2×660兆瓦大型火电机组DCS系统。

（张蔚青）

## 和利时助力多条高铁、客运专线开通运营

年内，和利时集团负责提供列控系统核心设备的新建大同至西安客运专线太原南至西安北段、新建兰州至乌鲁木齐客运专线乌鲁木齐至哈密段、贵广高铁贵阳至从江段、新建兰州至乌鲁木齐客运专线均开通运营。和利时是上述客运专线、高铁列控地面系统的核心设备供应商，负责提供LKD–HS型客运专线列控中

心、LEU-H 型列控系统地面电子单元、TSRS-HS 型临时限速服务器以及信号安全数据网等产品。

（张蔚青）

## 部分企业

### SMC（中国）有限公司

SMC 公司第二工厂外景　　企业提供

SMC（中国）有限公司（简称 SMC）2014 年员工人数 3148 人，平均年龄 29 岁，具有研究生、本科、大专学历的技术人员占职工总数的 60%，出口额达到 1998 年的 53 倍、国内销售额达到 1998 年的 69 倍。SMC 生产的气动控制与执行元件占有率在世界同行业中排名第一位。实用新型专利“短行程夹紧缸”、外观设计专利“气缸”获国家授权证书。

（杨柏东）

SMC（中国）有限公司
总经理 赵 彤

### 经纬纺织机械股份有限公司

经纬纺织机械股份有限公司（简称经纬纺机）2014 年总资产 213.15 亿元，净资产 120.19 亿元，营业总收入 100.13 亿元，年利润总额 27.9 亿元。经纬纺机在全国拥有 80 多家分、子公司，员工 12447 人，技术研发队伍 1891 人，技术中心被认定为国家级技术中心，主要企业技术中心均通过省级认定，拥有纺织机械专利技术 758 项。

经纬纺机是中国恒天集团有限公司旗下的以纺织机械为主业，兼营非纺机械、金融及股权投资业务的（A+H）上市公司，是国内唯一的全流程棉纺织成套设备供应商。经纬纺机已构建“三大板块”（纺织机械、非纺机械、金融信托）和“六大单元”（棉纺机械、织造机械、纺机专件、捻线机械、经编机械、染整机械）的多元化业务格局。经纬纺机注册地在开发区，为国家高新技术企业。经纬纺机拥有完善的国内外市场营销和技术服务体系，建有全国统一的备件物流中心，保障了备件供应，并将售后服务延伸到客户车间设备的日常维护保养。通过中国纺织机械和技术进出口公司（CTMTC）专业化的渠道，经纬纺机建立了覆盖全球的产品营销和技术服务体系，产品出口世界 40 多个国家和地区，在国际上有重要影响。

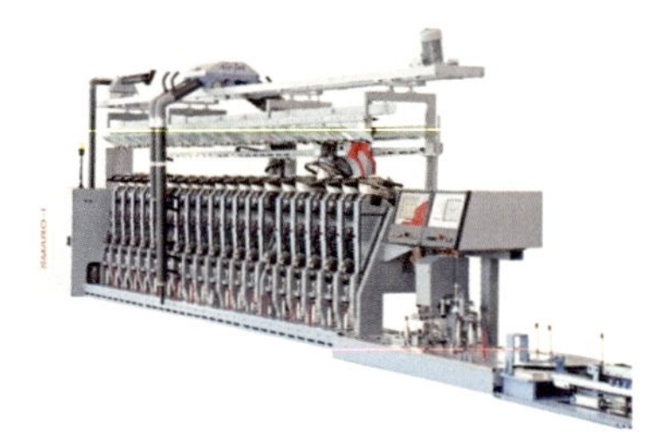

经纬纺机细络联机器设备　　企业提供

（白玲）

经纬纺织机械股份有限公司
董事长 叶茂新
总经理 姚育明

### 蓝星（北京）化工机械有限公司

蓝星（北京）化工机械有限公司（简称蓝星北化机）2014 年资产总额 12.24

亿元，年营业收入 5.20 亿元，利润总额 3700 万元，实际上缴税款 4279 万元。职工总人数 805 人。公司拥有科技人员 321 人、研发人员 123 人，高级职称以上 42 人，博士 2 人、硕士 32 人。拥有有效专利 95 项，其中发明专利 45 项。1 月，蓝星北化机与旭化成就台塑电解槽升级换代项目合作事宜正式签订合同。6 月，“氧阴极低槽电压离子膜电解制烧碱技术”项目通过中国石油和化学工业联合会组织的审查验收。10 月，蓝星北化机与俄罗斯 Novomoskorskiy Chloride 公司正式签订离子膜项目合同，成功打开俄罗斯氯碱市场。

蓝星北化机为中国化工集团旗下中国蓝星（集团）股份有限公司全资子公司，是国内唯一拥有自主知识产权，能够自行设计、制造离子膜电解槽，并提供成套离子膜烧碱装置和电解工艺技术与服务的专业工程公司。蓝星北化机具有年产 300 万吨烧碱装置和 500 万吨电极生产能力，其中电解槽生产能力现居世界第一。蓝星北化机已承揽制造离子膜电解槽装置累计 1600 万吨，其中膜极距电解槽达 810 万吨，产品遍布海外 9 个国家、国内 130 多个厂家。

蓝星北化机具有一、二、三类压力容器设计制造许可证，并拥有美国机械工程师学会 ASME 证书、U 和 U2 标志钢印，获得欧洲 CE 认证，是世界四大离子膜电解槽制造厂之一；蓝星北化机先后成为中国氯碱协会常任理事单位，欧洲氯碱协会、俄罗斯氯碱协会和北美氯碱协会会员。蓝星北化机可从事工程项目管理、工程总承包、工程咨询、工程设计、工程监理、工程招投标和环境污染防治工程等业务。蓝星北化机还可为用户提供精制盐水、电解、脱氯等工序的模块安装、调试以及技术和操作人员培训、开车指导，正常运行管理和技术咨询服务，并开展对各类电解槽的修理和节能改造等服务。“北化机”牌电解槽已进入中国名牌产品评价目录，被中国石油和化学工业联合会评为中国“知名品牌”。

（陈斌）

蓝星（北京）化工机械有限公司

总经理 康建忠

## 施耐德（北京）中低压电器有限公司

施耐德中低压外景　　徐长明 摄

施耐德（北京）中低压电器有限公司（简称施耐德中低压）2014 年产值为 30.72 亿元，纳税总额为 4.82 亿元。年内，施耐德中低压被评为“北京市安全生产标准化二级企业”“开发区十大功勋企业”，其维修部门被评选为“北京经济技术开发区安全生产月活动优秀班组”，生产线员工被评选为“优秀安全员”。施耐德中低压在全国 16 个城市有 130 位专业售后服务人员，建有 4 个设施齐全的区域检测和维修中心，均有配套备件中心。施耐德中低压员工参与施耐德电气全球 Luli 捐助计划，2014 年通过义卖和实物捐助希望小学和福利院。

施耐德中低压于 2009 年正式组建（前身为施耐德（北京）低压电器有限公司和施耐德（北京）中压电器有限公司，1997 年成立），注册资本 1100 万美元，总投资 1750 万美元，建筑面积 3.125 万平方米，土地面积 5 万平方米。主要生产产品为制造低压 MCCB 和中压二次产品。公司拥有 ISO 9001 、ISO 14001、CCC 、船级社 Marine Certificate 等认证。硬件设备有 3D 测量仪、机械寿命测试机、盐雾试验箱、质量控制实验室、恒温恒湿试验机、弹簧试验机、自动弹簧试验机、精密数控 3D 图像测量仪、投影仪、三坐标测量机、荧光光谱仪等。

（王洁）

施耐德（北京）中低压电器有限公司

工厂总经理 胡仲海

## 北京华德液压工业集团有限责任公司

北京华德液压工业集团有限责任公司（简称华德液压）2014 年液压传动与控制工程研究中心通过验收，承担的“十二五”国家科技支撑计划课题“先导式大流量电液比例阀关键技术研究与应用”“工程机械关、主液压件产业化建设”项目通过验收。9 月，“徐工杯”第三届全国吊装技能竞赛参赛起重机均使用华德液压主阀和马达。10 月，举办燕山大学—华德液压合作交流会，液压工业技术应用实验室在燕山大学落成。年内，华德液压获“全国五一劳动奖状”，被诚信长城杯评审委员会、北京企业评价协会、北京机电行业协会授予“诚信长城杯企业”称号，“叶荣科创新工作室”获北京市“百家职工创新工作室”荣誉称号。

华德液压成立于 1979 年，历经 30 年发展，已成为国内同行业产品种类最全、最具规模的液压基础元件及系统集成供应商，以高压液压阀、高压柱塞液压泵 / 马达、液压成套设备三大支柱产业为核心，辅以密封件等产品，具有自主知识产权的液压基础件专业企业。“十一五”“十二五”期间，华德液压多次承担国家级项目开发，积极参与了工业和信息化部正在实施的“强基工程”。华德液压为国家高新技术企业，所属分公司均通过 ISO 9001 质量管理体系、ISO 14001 环境管理体系、OHSAS 18001 职业健康安全管理三大体系认证。主导产品通过中机诚业产品质量认证、德国莱茵 CE 认证、中国船级社 CCS 认证、美国 FM 认证、节能产品认证，液压泵 / 马达、液压阀规模和质量居行业前列，部分高端产品在国防等重大装备列装。华德液压产品广泛用于工程机械、冶金、机床、军工、环保、船舶、航天、石油石化等领域，曾获得北京名牌产品、北京市著名商标、中国液压行业最具影响力产品等多项荣誉称号。2013 年，华德液压成功入选工业和信息化部品牌培育企业、工程机械高端液压件协同平台。

（岳高丽）

北京华德液压工业集团有限责任公司

董事长 杜旭东

总经理 廖昱胜

## 北京 ABB 低压电器有限公司

北京 ABB 低压电器有限公司（简称 ABB 低压）2014 年新增开关和插座两条自动化生产线。ABB 低压于 1994 年 11 月成立，由 ABB（中国）有限公司与北京敬业电工集团共同投资创建，隶属于 ABB 中国低压产品部，是 ABB 在华 4 家低压产品制造基地之一。ABB 低压主要生产终端配电保护产品和建筑电器附件产品，产品核心技术来源于 ABB 德国、ABB 意大利等公司，广泛应用于城乡建筑、工业及公共事业等领域。终端配电保护产品包括微型断路器、电磁式及电子式剩余电流断路器、隔离开关及其他模数化终端配电；建筑电器附件产品包括机械开关、插座、信息插座、酒店功能控制、附件等。

（李家赓）

北京 ABB 低压电器有限公司

总经理 杨文广

## 北京北开电气股份有限公司

北开电气国产综合保护装置直流开关柜　　陈瞰 摄

北京北开电气股份有限公司（简称北开电气）2014 年资产总额 10.51 亿元，从业人员 963 人。4 月，北开电气太阳能移动变电站成功投运，发电容量 2.4 兆瓦，变电站的设计应用了智能移动变电站技术方案，建设周期缩短至少 1 个月； 9 月，通过中国新时代认证中心装备质量管理体系初次审核；10 月，成功研制国产化直流开关柜，是国内第一家采用国产综合保护装置、具有自主知识产权的产品，打破了综保装置国外品牌一贯垄断的局面；12 月，完成军品装备承制单位资格审查。北开电气全年共承接国家重点工程十余项，顺利完成怀柔北 220 千伏输变电工程，为 2014 年 APEC 会议送电、保电工作提供保障；参建四川巴塘 500 千伏变电站新建工程，完成四川九江变电站工程、青海湖 110 千伏输变电工程等重点工程的送电、保电工作。

北开电气前身是北京开关厂，具有 63 年开关电器制造经验，1999 年 12 月组建成为股份制企业，2003 年迁至开发区，占地面积 14 万平方米，注册资本 26998 万元。北开电气致力于高、中、低压开关控制设备，超导和机电一体化开关控制设备技术的研究、管理、销售、制造及安装维修服务，主营智能化组合电器、SF6 组合电器、SF6 断路器、真空断路器及真空接触器、充气柜、智能变电站、低压陆用（船用）空气断路器、高低压成套配电装置及军工产品等，作为国家电网公司和南方电网公司主要设备供应商，产品广泛应用于电网、电厂、电气化铁路、地铁、轻轨等市场。

（李韬）

北京北开电气股份有限公司

董事长 冯纪华

总经理 何　伟

## 北京供电福斯特开关设备有限公司

北京供电福斯特开关设备有限公司（简称福斯特）2014 年拥有员工近 400 人，实现销售额近 6 亿元，纳税 961 万元。

福斯特是原机械工业部和电力工业部定点的高低压开关设备生产厂家。2002 年进驻开发区，园区占地面积 2.7 万平方米，公司下设 4 大部，包括 7 个部门、3 个车间，有大中小型设备 16 台套，装备了从日本进口的 58 工位数控冲模回转头压力机、数控剪板机、数控折弯机等。福斯特主要产品为高低压开关设备，共5大类20多个品种，主要生产KYN28A-12等高压成套设备、MNS等低压成套设备。福斯特产品广泛应用于石油化工、发电、输变电、配电等行业。福斯特已通过ISO 9001:2000、ISO 14001:2004、OHSAS 18001:2007体系认证。

（陈林）

北京供电福斯特开关设备有限公司
董事长兼总经理 赵学明

## 安川首钢机器人有限公司

广州本田整装待发的点焊机器人生产线 刘剑盟 摄

安川首钢机器人有限公司（简称安川首钢）2014年实现销售收入同比增长30%，剔除汇兑收益及政府补贴因素后，经营利润同比增长46.7%。2014年中国市场工业机器人销售持续迅速增加，安川首钢整体经营情况一直保持稳中有升发展态势。年内，安川首钢完成ISO 9001质量管理体系复审、股比变更、上海分公司场地变更及工厂扩建等工作，常州新工厂基建工作基本完成，生产经营规模进一步扩大。通过加强售后服务业务，安川首钢开拓了新营利模式，成绩显著。在技术创新方面，安川首钢完成了机器人特殊摆动功能和自动检具控制程序的开发，以及后桥3D视觉定位等36个软件与机器人智能应用有关的项目实施。安川首钢新研发的圆弧摆动打磨体系在手机打磨领域具有良好的市场空间，设计、加工的国内第一条四轮摩托车架机器人焊接线投入使用，自行设计的上海汇众TiguanNF副车架自动化焊接系统启动，通过测试得出常见焊接材料的最佳焊接波形和参数设置，机器人打磨去毛刺工艺进一步提升。此外，“浮动夹紧机构”“一种机器人”“定位夹紧机构”3项新技术获得国家实用新型专利授权，“一种工件打磨装置及打磨方法”“一种工件焊接装置及焊接方法”两项发明专利进入实质审查阶段。

（葛晨辉）

安川首钢机器人有限公司
总经理 富田也寸史

## 北京龙源冷却技术有限公司

北京龙源冷却技术有限公司（简称龙源冷却）2014年总资产6亿元，生产总值6.09亿元，纳税4890万元；职工500余人，本科以上学历占95%以上；国际、国内空冷机组合同总装机容量超过28500兆瓦，市场占有率居业内领先。截至年底，年产可满足近12台600兆瓦直冷机组和12台600兆瓦间冷机组散热器的设备供应。龙源冷却具备1000兆瓦及以下直接空冷和间接空冷系统总承包能力，取得了ISO 9001、环境ISO 14001和职业健康安全GB/T 28001“三标一体化”管理体系认证证书及英国UKS国际质量体系认证证书。龙源冷却产品获得欧盟CE认证、美国ASME认证和电力行业产品认证，安全生产管理体系获得了北京安全生产标准化认证。设有独立的空冷技术研究分公司，获授权专利 27 项，掌握核心产品专利 13 项。

龙源冷却是中国国电集团所属国电科技环保集团股份有限公司的控股子公司，主营业务是发电厂空气冷却系统（空冷）设计、空冷系统核心设备制造、成套设备供货、施工安装服务，是具有大型机组空冷系统总承包能力的专业化空冷高科技企业。2011 年在美国成立益美高龙源冷却空冷公司（EVAPCO-BLCT DRY COOLING,INC），标志着龙源冷却可在世界范围内开发和销售空冷式凝汽器。

（马雷）

北京龙源冷却技术有限公司

董事长 贵 智

总经理 丁 力

## 北京华东电气股份有限公司

ZF38-126 型 SF6 气体绝缘金属封闭开关设备　王建军 摄

北京华东电气股份有限公司（简称华东电气）2014 年实现销售收入 1.25 亿元，实现利润 1165 万元，纳税 1043 万元，资产总额 3.68 亿元。有职工 255 人，其中高级技术职称 15 人、中级技术职称 34 人、初级技术职称 35 人。3 月，公司通过了国家强制性产品认证年度监督审核。7 月，通过了核工业集团公司合格供应商年度监审。8 月，通过了武器装备科研生产三级保密资格认证。11 月，通过了国家高新技术企业认定。12 月，3 个产品通过了欧盟 CE 认证。年内，公司申请 8 项发明专利，研发中心被市科委认定为北京市科技研究开发机构。

华东电气成立于 1985 年，注册资金 1 亿元，是国家高新技术企业，是中关村示范区高新技术企业、瞪羚企业，是武器装备科研生产许可单位和武器装备承制资格单位。华东电气主要从事高、中、低压开关成套设备研发、生产、销售和服务，产品广泛应用于核电站、城乡电网、发电厂、变电站、石油、化工、冶金、造船、电气化铁路、地铁、城市轻轨、港口、国防、垃圾电站及环保等行业。先后为北斗一号卫星、铁道部调度指挥中心、北京钓鱼台国宾馆、广电总局无线电台管理局、海南昌江核电站及海军航母和舰艇等国家重点工程、电网建设与改造项目提供了大批优质产品，产品还远销法国、印尼、马来西亚、缅甸、孟加拉、苏丹、乌干达等欧洲、亚非国家和地区。

（彭立华）

北京华东电气股份有限公司

董事长 王怀新

总经理 王钰洲

## 北京宏达日新电机有限公司

北京宏达日新电机有限公司（简称宏达日新）2014 年资产总额 3.50 亿元，纳税 236 万元，投资收益 206 万元。共有从业人员 147 名，其中在岗职工 131 名，专业技术人员 43 人，中方派驻高级管理人员 1 名，日方派驻高级管理人员 3 名。11 月，宏达日新 110 千伏 GIS 断路器、隔离开关、接地开关 10000 次机械寿命试验在中国机械工业电器质量检测中心（沈阳）获得通过。

宏达日新于 2001 年 9 月 29 日成立，前身是北京北开日新高压开关设备有限公司，为中日合资有限责任公司，注册资本 6500 万元。主要从事设计、生产气体绝缘开关及配套设备、零部件；销售自产产品；提供自产产品安装、调试、维修、技术咨询、技术服务（售前及售后服务）。主要技术和产品从日新电机株式会社引进或自主开发，主导产品包括 126 千伏 GIS、252 千伏 GIS、72.5-168 千伏无功补偿专用开关（LBS）等。

（徐博远）

北京宏达日新电机有限公司

董事长 青木务

总经理 绘内康晴

## 和利时集团

和利时生产车间 SMT A 线 B 线 C 线俯视图　　企业提供

和利时集团（简称和利时）2014 年营业额 35 亿元，员工 4000 余人。年内，和利时中标新加坡地铁汤申线 SCADA 项目等一系列项目，负责提供列控系统核心设备的新建大同至西安、太原南至西安北段等多条高铁、客运专线开通运营。

和利时是一家从事自主设计、制造与应用自动化控制系统平台和行业解决方案的高科技企业集团。主要业务包括过程自动化（DCS）、工厂自动化（PLC 及驱动）、核电站数字化仪控系统、高速铁路、城市轨道交通自动化等；提供自主技术、高品质自动化平台及解决方案，在国内率先成功应用于核电站、大型火电机组、铁路提速和城市轨道交通等多种关键装备及重要工程；自主开发制造的信号系统和综合自动化系统在高速铁路和城市轨道交通方面获得广泛应用；核心产品 DCS 及 PLC 在核电、火电、石化等行业的实施工程项目超过 1 万项，PLC 与驱动产品相继获得 CE、UL 认证。

（张蔚青）

和利时集团

董事长 贺剑锋

## 中冶京诚工程技术有限公司

中冶京诚工程技术有限公司（简称中冶京诚）2014 年销售额 87.79 亿元，纳税额 5.67 亿元，利润 2.62 亿元，社会贡献率 10.51%，被中央精神文明建设指导委员会评为“全国文明单位”。公司员工总人数 3979 人，有国家工程设计大师 1 人，享受政府特殊津贴专家 8 人，全国冶金高级管理专家 2 人，全国冶金高级技术专家 15 人，中冶集团首席专家 4 人，中冶集团工程技术院院士 4 人，具有国际认证资格 11 人，持有国家注册证书人员 822 人；教授级高级工程师 372 人，高级工程师 755 人，工程师 1226 人；博士 52 人。

年内，中冶京诚荣获“全国勘察设计

行业创新型优秀企业”奖，荣获2014年度北京市优秀工程咨询成果奖5项、2014年度冶金科学技术奖2项、全国冶金行业优秀工程总承包项目奖6项、2014年度全国冶金建设行业优秀工程设计及软件奖19项。开发的“新型顶管机组”“高炉煤气一塔式多级除氯工艺及装备”通过鉴定，达到国际领先水平。由中冶京诚总承包的江阴兴澄特板厂450毫米厚板连铸坯改造项目一次性热负荷试车成功，首次生产出世界上直弧形连铸机型的最大厚度铸坯；总承包的国内首条全国产化厚板彩涂生产线投产成功；总承包的百色至靖西高速公路正式建成通车。中冶京诚拥有自主知识产权的“塑烧板除尘器”“高温烟气除尘系统烟气冷却器”“火花捕集器”“高炉煤气喷碱除氯装置”“转炉煤气干法净化回收设施”等被收录到科技部等有关部门编制的《京津冀大气污染防治技术产品推荐目录》中。

中冶京诚主编的国家建筑标准设计图集13J602-3《不锈钢门窗》正式出版发行；主编修订国家标准《钢铁工业环境保护设计规范》《钢铁工业资源综合利用设计规范》；主编国家标准《钢铁企业能源计量和监测工程技术规范》被批准发布。中冶京诚全资子公司北京赛瑞斯国际工程咨询有限公司在2013年度全国6820个具有资质的建设工程监理企业中，荣获全国工程监理企业排名第11名；获“2012—2013年度优秀监理企业” 称号，这是该公司自1999年起连续15年被北京市建设监理协会评为优秀监理企业。

中冶京诚前身为成立于1951年的北京钢铁设计研究总院，系中国第一家国家级的冶金设计单位，于2003年11月28日改制为国际化工程技术公司，隶属于世界500强企业中国冶金科工集团公司。

中冶京诚先后为国内外500余家客户提供了近5000项工程技术服务。2007年起公司经营收入连续多年超过100亿元。2007年、2008年两年位列全国勘察设计企业营业收入排名百强之首。

中冶京诚被认定为“北京市企业技术中心”，2010年由人力资源和社会保障部批准建设中冶京诚博士后科研工作站，公司形成了研究、设计、制造、中试、工程、产业一体化的创新模式。公司曾完成多项国家重点工程设计和科研课题，荣获国家技术发明奖、国家和省部级科技进步奖、国家和省部级优秀工程设计奖等500余项，拥有职务专利713项，其中发明职务专利150项。公司主、参编了280余项国家和行业标准。

（程芳）

中冶京诚工程技术有限公司
董事长兼党委书记 施 设
总裁 刘 波

## 北京京诚瑞达电气工程技术有限公司

北京京诚瑞达电气工程技术有限公司（简称瑞达公司）2014年有员工400余名，其中硕士、博士140余人，具有中高级及以上技术职称260余人，注册电气工程师、注册自动化系统工程师、冶金建设高级技术人员等50余人，参加国家各项专业技术学会、协会的专家10余人。1999—2014年，累计合同总额超过50亿元。高速起停式倍尺飞剪控制系统和棒材（每秒18米）生产线自动化控制系统产品稳居国内市场首位。2004—2014年，原料输送、连铸机液压振动、棒材、飞剪、无缝钢管等多项控制系统成果获得冶金科学技术奖一、二、三等奖，原料、冶炼、轧钢等领域的 30 项软件成果获得版权局授予的软件著作权。

瑞达公司 1998 年 4 月成立，是中冶京诚工程技术有限公司的全资子公司。2012 年 12 月根据中冶京诚工程技术有限公司安排，原京诚公司自动控制所、信号与通讯所并入瑞达公司，瑞达公司融入了自动化与信号通讯专业。瑞达公司业务范围包括工程咨询、工程设计、项目管理服务、系统集成、设备成套供货等。主要是面向冶金企业电气控制系统，原料配送、炼铁、炼钢、连铸、轧钢、金属加工等生产过程的技术支持，面向港口、市政、发电、可再生能源等非冶金类市场发展。

（张楚）

北京京诚瑞达电气工程技术有限公司

总经理 李 铁

## 中冶赛迪电气技术有限公司

中冶赛迪公司外景　　单位提供

中冶赛迪电气技术有限公司（简称中冶赛迪电气）2014 年完成新签合同额 8.23 亿元，营业收入 6.41 亿元。截至年底，中冶赛迪电气有享受政府特殊津贴专家 4 人，全国冶金高级技术专家 2 人，百千万人才工程北京市级人选 1 人，国家注册电气工程师 40 余人；硕士及以上学历占工程技术人员 46%，其中博士 13 名、硕士 168 名，本科以上学历占工程技术人员 54%。

2014 年，中冶赛迪电气获中国电子信息企业百强、国际 CMMI3（能力成熟度模型集成）认证、北京市安全生产标准化二级企业、电力行业工程设计丙级资质、中国节能协会常务委员单位等多项荣誉称号和认证；承担的沙钢转炉、宁钢 1780 毫米热轧、越南 Ton Dong A 公司连续热镀锌机组等多项三电设计、成套和总包工程顺利投产；入选全国工业领域电力需求侧管理服务机构；参与起草的国家标准《调速电气传动系统第 701 部分：电气传动系统的通用接口和使用规范接口定义》获中关村技术标准资助资金支持；依托中冶赛迪电气组建的中冶自动化设备工程技术中心获评中冶集团技术中心；总承包建设的济钢 1700 毫米热轧技术改造工程实现技术突破。

中冶赛迪电气前身是 1992 年由民间出资成立的北京新融友联技术有限公司，是世界 500 强企业中冶集团（MCC）旗下中冶赛迪集团（CISDI）的全资子公司，是集工程咨询、设计、工程总承包、设备成套、软件开发、生产技术服务、电气及自动化产品的设计开发、制造、集成和商业贸易等为一体的国家高新技术企业。公司服务领域覆盖冶金、电力、市政、化工、轨道交通、矿山、节能环保等，业务范围涵盖发输变电、供配电、电气传动及自动化、仪表、计算机、铁路信号等专业的工程设计、软件开发及咨询服务，并提供电力电子、电气自动化系统的产品设计、制造与成套等服务。

（罗媛群）

中冶赛迪电气技术有限公司

法人代表兼董事长 熊 兵

## 北京华安远大智能电气有限公司

华安远大动态无功补偿全容量实验设备 马彦华 摄

北京华安远大智能电气有限公司（简称华安远大）2014年拥有员工200余名，其中博士5名、硕士30名，大专以上学历占80%以上。年内，共申请专利6项，软件著作权2项；获得外观设计授权专利2项，实用型新专利2项，软件著作权2项。5月，通过中小企业发展专项资金项目专家验收；6月，获得园区科技创新资金支持36万元；10月，公司与电力公司合作开发的大型故障限流器科技项目顺利投运，填补了行业空白；11月，通过了国家高新技术企业复审。截至年底，公司共实现销售收入1.5亿元。公司2012年入驻开发区，注册资金1亿元，占地面积近7万平方米，主要从事智能电气设备研发、设计、生产和销售业务，是国家高新技术企业、中关村高新技术企业。

（张传青）

北京华安远大智能电气有限公司

总经理 陈宜军

## 北京赤那思电气技术有限公司

北京赤那思电气技术有限公司（简称赤那思电气）2014年收入总额1100万元，纳税总额50万元，在职员工人数100人。年内，赤那思电气完成了中国移动“呼和浩特数据中心一期工程项目”、中国石油天然气股份有限公司长庆油田分公司“第一采油厂杏河作业区变压器侧无功补偿”、中国石油天然气股份有限公司哈尔滨石化分公司“总变电站隐患改造”等项目；获得了“承装（修、试）电力设施许可证”；通过市科委等4部门联合认证，获得国家级高新技术企业证书。

赤那思电气主要致力于无功补偿、谐波治理及电能质量优化等领域技术研究，产品已经在电力、汽车制造、船舶、钢铁、冶金、煤炭、石油化工、水泥等国内外各个领域得到了广泛应用。赤那思电气自主研发20多个核心技术，通过国家高新技术企业认证、ISO 9001:2000认证、ISO 14001:2004认证、GB/T 28001:2001质量、环境、安全管理体系认证，CCC国家强制性产品认证，获得了全国优秀企业家创业奖章和市科委科技成果转化扶植基金，被评为国家科技创新型中小企业100强。公司是中国电工技术学会电力电容器专业委员会会员单位，能源行业无功补偿和谐波治理装置标准化技术委员会委员，是《高压电力滤波装置设计与应用导则》《高压并联电容器装置的通用技术要求》国家标准起草委员会成员，《高压静止同步补偿装置》《低压静止无功补偿发生装置》《磁控电抗器型高压静止无功补偿装置》能源行业标准起草委员会成员。公司产品入选 2009 年第二批准自主创新产品目录，是市政府采购首选产品，也是中石油、国家电网合格供应商。

（于春影）

北京赤那思电气技术有限公司

总经理 战子英

## 中国航空技术北京有限公司

中国航空技术北京有限公司（简称中航国际北京公司）2014 年实现销售收入 47 亿元，利润总额 1.8 亿元。公司与委内瑞拉政府签署了水泥 EPC 总承包项目。

中航国际北京公司成立于 1992 年，是中国航空工业集团公司成员单位，中国航空技术国际控股有限公司全资子公司，注册资本 8 亿元。中航国际北京公司主营以水泥建材工程为主的机电工程总包业务，具有机电工程设计、设备供应、土建安装、设备调试、运营管理等整体解决能力，在全球十余个国家和地区设立了投资企业和机构，是德国洪堡公司控股股东。

（江玮）

中国航空技术北京有限公司

总经理 邹康宁

## 北京牡丹联友环保科技股份有限公司

北京牡丹联友环保科技股份有限公司（简称牡丹联友）2014 年销售额 7751 万元，总资产 1.57 亿元，纳税总额 684 万元，净利润 1507 万元。10 月，公司通过国家高新技术企业复审。年内，为进一步开拓代理的美国超声波烟气流量监测仪的中国市场，公司取得了由质监总局颁发的计量器具批准证书，并获得 3 笔销售订单。

牡丹联友主要从事环保领域污染源在线监测设备的研发、生产、销售和后期运营服务，所生产设备已在北京、天津、上海、广东、广西等 20 多个省、直辖市、自治区投入运行，建立长期稳固售后服务站 10 个。

牡丹联友设备安装现场　　王齐鸣 摄

（孟雨）

北京牡丹联友环保科技股份有限公司

董事长 杨 森

总经理 王东民

## 北京利达科信环境安全技术有限公司

北京利达科信环境安全技术有限公司（简称利达科信）2014 年拥有员工 72 人，年产值 2900 万元，纳税额 235 万元。年内，利达科信成功研发油烟在线监测设备、IC 卡总量控制系统、污染源工况在线监测系统、污染源在线监测（监控）数据采集传输仪、水质总磷在线监测仪等产品；通过 3 项中国环境保护产品认证；通过国家高新技术企业复审；中标昌平区环境保护局水质污染源在线监测站房建设项目。年底，利达科信搬迁至开发区凉水河二街 8 号院 6 栋四层。利达科信在线监测设备应用在北京城市排水集团，如内蒙古自治区污染源监控设备联网一期、二期工程，河北省重点污染源在线监测设备联网一期、二期工程等。

利达科信成立于 2002 年 7 月，注册资金 1500 万元，是一家集研发、生产、销售环保在线监测设备的高新技术企业。利达科信先后被认定为国家高新技术企业、中关村国家自主创新示范区创新型试点企业、北京科技研究开发机构、中关村“瞪羚”重点培育企业，已通过 ISO 9001 质量管理体系认证、ISO 14001 环境管理体系认证、环境污染治理设施运营认证。

（王欣 陶素杰）

北京利达科信环境安全技术有限公司

董事长 涂燕平

总经理 王 欣

## 汽车制造

### 北京奔驰 2014 新 E 级轿车（V212）投产

5 月 30 日，北京奔驰汽车有限公司 2014 新 E 级车（V212）在 MRA I 总装工厂投产。本次 E 级车换型中，共有 1800 多个零件发生变化，发动机动力性能大幅增加，进一步提升了北京奔驰在豪华行政座驾细分市场的产品竞争力。

（壬酉）

### 北京奔驰发动机零件出口德国

6 月 26 日，北京奔驰汽车有限公司“北京奔驰发动机零件出口启动仪式”在发动机工厂举行。由此，北京奔驰发动机工厂生产的缸体、缸盖、曲轴三大发动机核心部件开始陆续出口德国，用于戴姆勒德国发动机工厂的整机装配，产品质量已达戴姆勒全球统一标准，北京奔驰正式被纳入戴姆勒全球采购供应链体系。

（壬酉）

### 北汽李尔 V205 座椅项目投产

7 月 14 日，北京北汽李尔汽车系统有限公司举行量产 6 周年纪念暨 V205 座椅项目投产启动仪式。北汽李尔成立 6 年来销售收入年平均增速 53.4%，在量产当年实现营利，累计为股东创造了 26 倍投资分红回报。V205 座椅是奔驰新 C 级轿车专用座椅，新增腿托等人性化设计，是基于老款 C-class 平台升级的全新车型，也是北汽李尔第一个实现全球同步量产项目，顺利通过北京奔驰量产审核。

（贾燕）

### 梅赛德斯 – 奔驰长轴距 C 级车正式下线

梅赛德斯 – 奔驰长轴距 C 级车正式下线　　岳政 摄

7 月 25 日，北京奔驰汽车有限公司生产的全新梅赛德斯 – 奔驰长轴距 C 级车正式下线。这一专为中国用户打造的中、高级豪华轿车，凝聚了戴姆勒诸多世界尖端制造工艺，在动力性能、车身安全、质量管控等多个层面将豪华轿车的本地化生产提升到新高度，为细分市场树立了标杆。

（壬酉）

### 北京奔驰 GLK200（4×2）下线

8 月 25 日，北京奔驰汽车有限公司为满足市场需求推出的 GLK 200（4×2）在 MRA Ⅰ工厂总装车间下线。该新产品在秉承戴姆勒全球统一技术与质量标准同时，完善了 GLK 车型序列阵容，满足了不同消费者使用需求。

（壬酉）

### 北京奔驰研发中心正式投入使用

9 月，北京奔驰汽车有限公司研发中心正式投入使用。这是戴姆勒合资企业最大的、也是唯一拥有原型车试制车间的研发中心，由包括气候腐蚀、整车排放、发动机和振动噪声在内的 7 个先进实验室，以及研发试制车间和测试跑道等三大核心板块构成，可与梅赛德斯－奔驰乘用车中国研发中心以及德国本土研发中心共同提供技术解决方案，为梅赛德斯－奔驰国产车型研发、生产提供重要技术支撑。

（壬酉）

### 北京奔驰国产 GLA 首辆 ET 试装车下线

北京奔驰国产 GLA 首辆 ET 试装车下线　　岳政 摄

10 月 17 日，北京奔驰汽车有限公司 NGCC 总装车间 ET 试装顺利结束。国产 GLA SUV 的首辆 ET 试装车成功实现一次点火着车，说明了 NGCC 项目新生产线的设备、工艺和产品在工厂建成之时就已达到戴姆勒最高标准。

（壬酉）

### 康明斯中国年度第十万台后处理产品下线

11 月 3 日，康明斯排放处理系统（中国）有限公司举行 2014 年度第十万台后处理产品下线庆祝仪式。2014 年，康明斯中国取得的成绩超过之前所有年份总和，这十万台设备将为社会每年减少数十吨氮氧化物及颗粒物排放。

（赵超越）

### 北京奔驰启动人才蓝海计划

北京奔驰人才蓝海计划启动　　岳政 摄

11 月 27 日，北京奔驰汽车有限公司举行“BBAC 人才蓝海计划启动暨中外师徒结对仪式”。北京奔驰启动人才蓝海计划，旨在通过建立外专与本地员工导师制度，制定有针对性的本地员工培养发展计划，最终实现本地人才发展，适应北京奔驰快速、可持续发展需要，为中国汽车制造业腾飞输出更多人才。

（壬酉）

### 第 50 万辆梅赛德斯－奔驰轿车下线

11 月 28 日，北京奔驰汽车有限公司生产的第 50 万辆梅赛德斯－奔驰乘用车在 MRA Ⅰ总装车间驶下生产线。标志着北京奔驰通过大规模工厂技术改造和新项目建设，不断引进世界最先进制造、检测设备，以及实行最先进管理体系流程，呈现出世界级汽车制造企业的规模和实力。

北京奔驰第 50 万辆梅赛德斯－奔驰轿车下线　岳政 摄

（壬酉）

## 部分企业

### 北京奔驰汽车有限公司

北京奔驰汽车有限公司（简称北京奔驰）2014 年完成整车销售 14.55 万辆，同比增长约 25.4%，约占梅赛德斯－奔驰品牌在中国总销量 54.5%；实现收入 439.37 亿元，同比增长 32%，净利率达 6%。年内，北京汽车集团有限公司与戴姆勒股份公司就进一步扩大双方合资公司——北京奔驰的产能签订合作协议；北京奔驰发动机工厂生产的缸体、缸盖、曲轴三大发动机核心部件实现出口；北京海关认定北京奔驰为 AA 类企业。同时，MRA Ⅰ 项目全面完成冲压、焊装车间改扩建、涂装车间改建以及新总装车间建设；研发中心正式投入使用；NGCC 和 MRA Ⅱ 两个战略重点项目也取得阶段性成果，新产品试装质量达到戴姆勒全球统一质量放行标准；2014 新 E 级轿车（V212）投产；全新梅赛德斯－奔驰长轴距 C 级车、GLK200（4×2）、GLA SUV 首辆 ET 试装车、第 50 万辆梅赛德斯－奔驰轿车下线。此外，北京奔驰完成了全新 C 级车和国产发动机质量放行、TS16949 年审等主要工作，C 级、E 级和 GLK 级三个量产车型的整车客户评审都达到了考核目标要求。7 月 7 日，北京奔驰举行了以“蓄势待发”为主题的 2014 供应商大会。8 月 6 日，北京奔驰质量管理部质量工程中心 / 梅赛德斯－奔驰销售服务公司保修零件检测中心启用仪式在北京奔驰 191 厂房举行。9 月，北京奔驰连续第 8 年助力中国网球公开赛。同月，北京奔驰总裁兼首席执行官戴斯荣获中国政府“友谊奖”殊荣。10 月，北京奔驰团队代表中国出征 2014 叉车世界锦标赛并获团体亚军。11 月 27 日，北京奔驰启动人才蓝海计划。

（周泉）

北京奔驰汽车有限公司
总裁兼首席执行官　戴　斯
党委书记兼高级执行副总裁　陈宏良

### 北京北汽李尔汽车系统有限公司

北京北汽李尔汽车系统有限公司（简称北汽李尔）2014 年职工人数 446 人，销售收入 10.12 亿元，蝉联北京汽车 2014 年度优秀供应商荣誉称号。

继取得北京奔驰 W204、X204 和北汽股份 C70、C50 项目后，北汽李尔在 2014 年一季度取得北京奔驰 X253（新 GLK）及 V213（新 E-Class）座椅业务。7 月，奔驰 V205 座椅项目正式投产。V205 座椅是奔驰新 C 级轿车专用座椅，是北汽李尔第一个实现全球同步量产项目，顺利通过北京奔驰量产审核。

北汽李尔是由北京汽车投资有限公司与李尔（毛里求斯）投资有限公司共同出

资组建的中外合资企业。公司成立于 2007 年 4 月，中外方各持有 50% 股权。2012 年 6 月，北京汽车投资有限公司所持有的公司 50% 股权转让至北京海纳川汽车部件股份有限公司。

（贾燕）

北京北汽李尔汽车系统有限公司

董事长 许小江

总经理 孙 琦

## 北京德尔福万源发动机管理系统有限公司

德尔福万源外景　　刘蜀燕 摄

北京德尔福万源发动机管理系统有限公司（简称德尔福万源）2014 年销售收入 26 亿元。公司拥有 20 余条生产线，国产化项目产品主要为电喷系统零部件产品，包括喷油系统、燃油输送系统、供气调节系统、传感器类、排放检测传感器、点火线圈等，均能满足世界公认排放法规标准。ITMS-6F、MT20、MT20U、MT20U2、MT22U、MT34、MT60、MT80、MT22.1 等系列产品不断推出，德尔福万源已成为国内汽车市场发动机管理系统第二大供应商，市场占有率 15%。

德尔福万源是由美国德尔福公司与中国运载火箭技术研究院共同投资组建的合资企业，于 2000 年正式投产，主要开发和生产汽车发动机管理系统（电子燃油喷射系统）。新厂总投资 3.6 亿元，占地近 3 万平方米，建有生产基地和研发中心，主要从事汽车发动机电子控制系统生产和发动机管理系统及变速箱控制系统研发。搬入新址后，增加了供给北京奔驰和中国大众的两条新点火线圈生产线。

（邢贵中 裴丽）

北京德尔福万源发动机管理系统有限公司

董事长 白美璋

总经理 王 晖

## 康明斯排放处理系统（中国）有限公司

康明斯排放处理系统（中国）有限公司（简称康明斯中国）2014 年产能达 40 万套，开发生产欧四、欧五、欧六和国四、国五及以上排放标准的排放处理系统，是集排放处理系统产品开发、生产和销售为一体的在华独资企业。11 月 3 日，康明斯排放处理系统在华年产第十万台排放处理产品成功下线。康明斯中国荣获福田汽车年度优秀供应商“科技创新奖”、东风康明斯排放处理系统“2014 年度最佳供应商”。康明斯中国曾获福田汽车“同步开发优秀供应商”“科技创新贡献奖”“优秀供应商”、日野汽车“最优秀供应商”等奖项和称号。

康明斯中国成立于 2007 年，2009 年 9 月正式批量生产，为轻型、中型、重型和大马力商用车发动机开发和生产各种排放解决方案与系统产品。康明斯中国可生产与集成氧化催化器、壁流式和半壁流式颗粒过滤器、选择性催化还原器等排放控制系统，以及碳氢喷射系统、尿素喷射系统、发动机与后处理控制模块、超低排放系统分解反应器等核心后处理子系统，为中国和全球客户提供完备后处理排放控制系统集成解决方案。针对特定市场，康明斯中国还开发出 EcoFitTM 系列后处理产品，应用于从 2.8 升～120 升的各种发动机平台，装配在汽车、工程机械、船机、火车及发电机组上，适应不同市场应用及需求。

（赵超越）

康明斯排放处理系统（中国）有限公司
总经理 苟 明

### 北京中瑞蓝科电动汽车技术有限公司

北京中瑞蓝科电动汽车技术有限公司（简称中瑞蓝科）是全球唯一电池产业链垂直整合的实联长宜中国控股有限公司的绝对控股子公司，是一家专注于纯电驱动新能源汽车动力电源总成、电驱动总成、智能化整车控制总成和关键零部件的开发商、制造商、技术服务商。

中瑞蓝科起步于 2003 年在欧洲建立的电动汽车实验室，以汽车电动化为目标，在纯电驱动汽车动力电源系统、驱动电机系统和整车控制系统三大技术领域组织研发。通过"资源整合""自主创新"两大举措，现已形成以荷兰 DURACAR 新能源汽车科技公司为重点的海外研发基地，以北京中瑞蓝科中央研究院为核心的科技研发基地，以动力电源工厂、电子工厂、电机工厂为基础的核心产品制造基地，以北京中恒瑞弛科技有限公司、北京中瑞北方商用车有限公司为主体的专业制造基地，以江苏尼欧凯汽车有限公司、江苏海安电动汽车及三电总成批量制造工厂为新能源汽车产业基地。

自 2011 年开始，中瑞蓝科已为国内数十家整车厂提供了纯电驱动汽车全面解决方案和数千台套动力电源总成、电驱动总成和整车控制总成产品。中瑞蓝科提供的技术、产品和服务覆盖了纯电动客车、商用车、城市多功能物流车、乘用车、专用车以及特种车辆等全部新能源汽车产业。

中瑞蓝科厂区外景　　企业提供

（张莉）

北京中瑞蓝科电动汽车技术有限公司
董事长 林伯实

# 新兴产业

## 新能源和新材料

### 京运通收购宁夏盛宇建设 30 兆瓦光伏电站

1 月 15 日，北京京运通科技股份有限公司收购宁夏盛宇太阳能电力有限公司，通过宁夏盛宇在宁夏回族自治区中卫市沙坡头区投资建设 30 兆瓦并网光伏电站项目，总投资为 2.49 亿元。8 月上旬，该项目成功实现并网发电。

（王琪）

### 中国五矿集团项目入区

2 月 18 日，中国五矿集团与大兴区政府签署合作协议，在新区打造首都实体经济总部基地。该项目总投资 100 亿元，占地约 20 万平方米，项目达产后，预计实现年营业收入 350 亿元，年缴纳税收 50 亿元。五矿集团将旗下黑色金属国际贸易板块、金融板块、国际物流板块逐步迁入新区，并整合资源，通过多园驱动，引进新能源、新材料、节能环保、金融等总部类企业入驻。

（闫继东）

### 中物大宗商品交易中心项目落地

3 月 10 日，富远国际投资控股有限公司在新区注册成立物联商品交易中心有限公司、中物联合矿产品交易有限公司、易成市场管理有限公司等 3 家子公司，主要从事矿产品、黑色金属及贵金属等大宗商品交易服务及市场管理业务。其中，物联商品交易中心有限公司预计 2016 年所服务的市场总额可达到 300 亿元，将为新区引进上海、天津、河北等地多家专业化大宗商品现货交易平台服务商；中物联合矿产品交易有限公司主要合作的港口有天津港、秦皇岛港、曹妃甸港等。

（闫继东）

### 世能中晶环保项目落地

3 月 16 日，北京世能中晶能源科技有限公司入驻开发区，年营业收入约 15 亿元，纳税约 6000 万元。世能中晶主营烟气治理、废气循环利用及工业系统节能改造业务。公司创新合同能源管理业务模式，依靠政策补贴及附加产品再利用实现利润，不需要客户承担节能改造及环境处理费用，开创了环境治理新模式。世能中晶是发展改革委第一批备案、工业和信息化部第一批推荐的节能环保企业，其自主知识产权的“镁法脱硫”烟气循环治理技术及“光电一地热一体化可再生能源建筑系统”技术均为全国首创。

（闫继东）

### 富思特获房地产开发首选供应商称号

3 月 19 日，富思特新材料科技发展股份有限公司凭借强劲实力连续 4 年获中国房地产开发企业 500 强首选供应商品牌称号。富思特已与地产开发企业 10 强中前 7 家、100 强中的 49 家达成战略合作，包括万科、恒大、保利、世茂、中海、远洋、龙湖、碧桂园等。

（程平）

### 金风科创举办国际标准讨论会

3 月，北京金风科创风电设备有限公司举办微电网控制与运行技术条件国际标准讨论会，20 名专家参加会议。会议讨论了“微电网运行与控制技术条件”和“微电网规划与设计导则”两项国际标准框架及内容，提出了标准进度计划及下一步工作安排。

（陈戈）

### 金风科创超低风速机型首台样机实现并网

4 月，北京金风科创风电设备有限公司全新超低风速机型 GW115/2000 首台样机实现并网。该机型在全球同功率级别风机中单位千瓦扫风面积最大、超低风速区域发电能力最强，可使年平均风速 5.2 米每秒的超低风速区域具备开发价值，是继 GW93/1500 低风速机组之后，为客户深度拓展超低风速市场的又一力作。

（陈戈）

### 富思特建筑涂料频道正式上线

5 月，富思特新材料科技发展股份有限

限公司联合地产产业链第一传媒新浪地产共同打造的建筑涂料频道正式上线。此次与新浪地产行业频道的合作共建，旨在整合建筑行业信息资源，通过垂直频道下行业要闻、专家声音、政策法规和行业热门产品介绍等几大板块的设定，使得相关从业者能够更直接、精准获取建筑涂料资讯。

（程平）

### 京运通建成全国最大脱硝催化剂生产基地

7月31日，北京京运通科技股份有限公司节能环保事业部——山东天璨环保科技有限公司举行“新型高效无毒脱硝催化剂二期扩建项目投产仪式”。山东天璨为国内外唯一一家可生产高效、无害、可再生脱硝催化剂的企业，建成全国最大的新型脱硝催化剂生产基地，年产能5万立方米。

（王琪）

### 京运通天能铸锭产量首次突破340吨

8月，北京京运通科技股份有限公司新材料事业部——北京天能运通晶体技术有限公司运用京运通自主研发生产的多晶硅铸锭炉铸锭，其产量首次突破340吨大关，实际产量达到344.84吨，创历史新高。

（王琪）

## 部分企业

### 北京金风科创风电设备有限公司

北京金风科创风电设备有限公司（简称金风科创）2014年实现产值31亿元，纳税近1亿元；拥有员工1086人，其中具有大专以上学历人数占比93.4%，本科及以上学历人数占比68.84%，研究开发人员人数占比22.1%。年内，金风科创举办“微电网控制与运行技术条件”国际标准讨论会；全新超低风速机型GW115/2000首台样机实现并网；“智能微网”成功上网售电。

金风科创成立于2006年2月，注册资金9.9亿元，是上市企业新疆金风科技股份有限公司（金风科技）全资子公司。主营业务包括大型风力发电机组生产与销售、风力发电机组技术的引进与应用、风力发电机零部件的生产与销售、风电场建设运营业务的技术咨询服务、中试型风力发电场的建设与运营。

金风科创“智能微网”成功实现上网售电　　单位提供

（陈戈）

北京金风科创风电设备有限公司

总经理　曹志刚

### 北京京运通科技股份有限公司

北京京运通科技股份有限公司（简称京运通）2014年总资产达54亿元，净资产达37.76亿元，实现营业收入6.95亿元，实现净利润1.18亿元。京运通共有员工1154人，其中大专以上学历人员达35%。京运通拥有20家全资子公司、1

家控股子公司和 1 家孙公司。3 月，京运通参加 SEMICON China 2014 国际半导体设备、材料、制造和服务展览暨研讨会。10 月，京运通通过国家高新技术企业重新认定。年内，京运通节能环保事业部——山东天璨环保科技有限公司建成全国最大新型脱销催化剂生产基地，年产能 5 万立方米，被评为淄博高新区 2013 年度“科技型高成长工业企业 30 强”；新型高效无毒脱硝催化剂二期扩建项目投产；参加生态山东建设高层论坛暨第六届绿色产业国际博览会和第十五届中国国际电力设备及技术展览会。京运通新材料事业部——北京天能运通晶体技术有限公司区熔车间在 2 月全自动首次拉制出完整 6 英寸单晶；8 月铸锭产量首次突破 340 吨大关；12 月 6 英寸气掺单晶试验成功。京运通光伏发电事业部 1 月收购宁夏盛宇太阳能电力有限公司，其投资建设的 30 兆瓦光伏电站项目在 8 月实现并网发电；宁夏振阳新能源有限公司中卫 100 兆瓦光伏电站 5 月通过并网安全性评价；海宁京运通新能源有限公司在浙江省嘉兴海宁市投资建设的 50 兆瓦分布式光伏电站项目 12 月全部实现并网发电。

京运通成立于 2002 年 8 月 8 日，注册资本为 8.6 亿元，是一家以高端装备制造、光伏发电、新材料和节能环保四大产业综合发展的集团化企业，主导产品包括单晶硅生长炉、多晶硅铸锭炉、区熔单晶炉等光伏及半导体设备，硅棒、硅锭和硅片等光伏产品，光伏发电及稀土无毒脱硝催化剂。

（王琪）

北京京运通科技股份有限公司

董事长兼总经理 冯焕培

## 北京云电英纳超导电力技术有限公司

北京云电英纳超导电力技术有限公司（简称云电英纳）2014 年实现高新技术服务收入 460 万元。公司研究人员中有博士 3 名，占 10%；硕士 11 名，占 36%。公开发表论文 1 篇，申报发明专利 3 项，授权专利 6 项。公司名称由北京云电英纳超导电缆有限公司变更为北京云电英纳超导电力技术有限公司。云电英纳实现 100 千焦超导储能装置和低温系统研究目标，继续完成 500 千伏超导限流器的研发工作。12 月，云电英纳启动 35 千伏（110 千伏）/2 千安培二代带材冷绝缘超导电缆研制和继电保护成套试验装置系统研究项目。

（漆素薇）

北京云电英纳超导电力技术有限公司

董事长 熊志全

总经理 李　明

## 博世力士乐（北京）液压有限公司

博世力士乐（北京）液压有限公司（简称博世力士乐）北京工厂 2014 年开展“安全生产标准化”活动，申请“北京市安全生产标准化企业”评审工作由基础管理、易燃易爆、机械设备、工业电气、作业环境与职业健康等 5 个专业组实施，历时 8 个月，经过现场咨询、自评自查、复评等阶段，共发现 270 余项问题点，截至年底已整改 200 余项。6 月 20 日，博世力士乐进行 Pk104 气站氨气泄漏应急演练。博世力士乐开展多项社会公益活动，如博世中国慈善中心启动北京市大兴区第一、第二职业技术学院“博世助 / 奖学金”，计划用 2 年时间资助 100 名家庭经济困难学生，资助金额总预算是 60 万元。博世力士乐在开发区共建有两大生产厂区，第一厂区主要生产行走、回转、卷扬减速机、液压泵和马达等产品，第二厂区主要生产2兆瓦风力发电变速箱。

（于红伟）

博世力士乐（北京）液压有限公司
副总裁兼商务总经理 Zens Michael
副总裁兼技术总经理 Czychy Uwe

## 北京通力盛达节能设备股份有限公司

通力盛达外景 企业提供

北京通力盛达节能设备股份有限公司（简称通力盛达）2014年被北京贝能达技术有限公司（简称贝能达公司）并购。贝能达公司是一家专业研制轨道交通装备制造的高新技术企业，主要围绕铁路通信和轨道交通乘客信息系统，承担了多项国内外重大项目建设，如北京北站、南站，京沪，京石武，沪杭，杭长，北京地铁7号、10号、14号线，南京地铁，长沙地铁，青岛地铁，大连地铁，重庆轻轨，深圳地铁7号、9号、11号线及阿根廷首都全线地铁建设。通力盛达与贝能达强强联手、共同发展，将贝能达公司的市场覆盖到通力盛达公司，广泛应用于轨道交通专网市场。

通力盛达成立于1993年，是中国最早开发、生产通信电源并起草行业技术标准的企业。公司产品先后通过了美国UL、FCC，德国TUV，欧盟CE及ROHS\REACH等国际认证，同时通过中国CQC认证及国家节能产品认证，拥有上百项自主知识产权。

（王辉 李波）

北京通力盛达节能设备股份有限公司
总经理 郑小勇

## 北京同益中特种纤维技术开发有限公司

北京同益中特种纤维技术开发有限公司（简称同益中）2014年工业生产总值1.49亿元，销售额1.75亿元，利润额1782万元，纳税额989万元。拥有员工402人，其中研发人员128人。全年申请专利10项，其中申请发明专利6项、实用新型4项；获得授权专利11项，其中发明专利5项、实用新型6项。

年内，同益中被市知识产权局认定为北京市专利示范单位；“一种超高分子量聚乙烯纤维纺丝溶液的制备方法”获2014年度第三届北京市发明专利二等奖和中国专利奖优秀奖；由中纺投资发展股份有限公司承担、北京同益中特种纤维技术开发有限公司负责实施的“新一代超高分子量聚乙烯纤维高技术产业化示范工程”项目通过验收；同益中主持起草的行业标准《超高分子量聚乙烯长丝耐磨性试验方法》（FZ/T 50025-2014）、参与制定的国家标准《超高分子量聚乙烯纤维8股、12股编绳和复编绳索》（GB/T 30668-2014）发布。

同益中于1999年注册于开发区，注册资本8000万元，隶属于国家开发投资公司，是专业从事超高分子量聚乙烯纤维及其下游产品研发、生产、销售的国家高新技术企业，产品远销世界各地。同益中与开发区企业成立“新材料科技创新产业联盟”，并设有院士专家工作站、超高分子量聚乙烯纤维及复合材料市级研发中心。

（刘晓薇）

北京同益中特种纤维技术开发有限公司

董事长 鲍勤飞

总经理 黄兴良

## 中科晶电信息材料（北京）有限公司

中科晶电信息材料（北京）有限公司（简称中科晶电）2014 年实现销售收入 3.59 亿元，同比增长 51%；上缴税金 799 万元。年内，中科晶电通过 ISO 14001:2004 环境管理体系及 OHSAS 18001:2007 职业健康安全管理体系认证；连续两年入选中关村“瞪羚”重点培育企业；获得“中关村国家自主创新示范区新技术新产品（服务）”认定、“安全生产标准化 2 级企业”认证、“国家火炬计划产业化示范项目”认证；获准加入中国半导体行业协会和开发区科学技术协会。

中科晶电所研发的核心技术和经改良的关键设备已达国际先进、国内领先水平，获得多项国家发明专利与实用新型专利授权；通过了 ISO 9001:2008、ISO/TS 16949:2009、俄罗斯 GOST 等管理体系认证以及符合欧盟《RoHS 指令》（2011/65/EU）和《REACH 法规》（1907/2006/EC）要求的产品检测认证；与国内外数十家外延片和芯片制造商开展合作，并与国内砷化镓衬底下游产业领军型知名上市公司建立战略合作伙伴关系。光电子领域用砷化镓衬底片国内市场占有率自 2008 年起始终位列前茅，累计销售 2 英寸 ~6 英寸光电子及微电子领域用砷化镓衬底片 1000 余万片（折算为 2 英寸砷化镓衬底片），营业收入合计超过 10 亿元，缴纳税金总计超过 6000 万元；获得多项国家级、省市级荣誉资质，包括国家高新技术企业、中关村高新技术企业、北京科技研究开发机构、中关村“瞪羚”重点培育企业、2012—2013 年中关村信用培育双百工程 100 家最具影响力信用企业、国家火炬计划产业化示范项目认证企业、北京中关村企业信用促进会 Azc+ 级信用单位、2013 年度北京市诚信创建企业、北京市信用企业、北京市专利试点企业、安全标准化 2 级企业等。

中科晶电是港澳台商合资企业，成立于 2004 年，注册资本 1595.74 万美元，拥有 342 名员工。中科晶电定位于高科技、高成长型砷化镓衬底材料综合供应商，服务于国内外各大半导体元器件用外延片和芯片制造商，旗下拥有 4 家全资子公司，分布在江苏扬州和张家港、山西运城以及香港地区，与北京总部一同承担着集团砷化镓衬底产品的研发、生产和销售职能。

（张元璋）

中科晶电信息材料（北京）有限公司

董事长 张 杰

## 嘉纳尔科技（北京）有限公司

嘉纳尔科技（北京）有限公司（简称嘉纳尔科技）2014 年拥有员工 35 人，其中高级工程师 6 人，博士 2 人，专业从事研发的科技人员 16 人。自 2006 年至 2014 年，公司完成营业收入 2851.63 万元。年内，嘉纳尔科技聚氨酯阻燃材料项目通过开发区科技专项资金验收，项目实施后可广泛用于建筑物屋顶、墙体、天花板、地板、门窗等系统的隔热保温。

嘉纳尔科技成立于2005年10月，主要从事航空、船舶维修用材料、高分子过滤材料和相关专业设备的设计制造、研发和推广，主导产品包括航空维修用化学品及配套设备、自熄型阻燃聚氨酯保温材料、PVF高分子过滤材料、垂直轴风电、电子传感器及数控大型工业微波设备等。2008—2014年，嘉纳尔科技通过ISO 9001：2008认证、中关村高新技术企业认证，是市知识产权局授予的专利试点单位、市科委等部门认定的北京市自主创新产品单位、北京质协质量评价中心评审的“质量信得过单位”；2006—2014年公司有7类商标获得认证，有8项研发技术和产品获得国家发明专利、实用新型专利授权；公司主导产品被编入《中国军工军需企业与产品物资采购目录》《中国军转民品物资采购手册》《中国民航商务指南》。

（程胜）

嘉纳尔科技（北京）有限公司
董事长兼总经理　金　鑫

## 富思特新材料科技发展股份有限公司

富思特安定工厂全景　　杜锴 摄

富思特新材料科技发展股份有限公司（简称富思特）2014年连续第四次获中国房地产开发企业500强首选供应商品牌、“十佳外墙涂料品牌”称号，成为绿地集团2014年度战略控购伙伴。4月18日，富思特投资120万元与首创置业携手援建的雅安“共和小学”正式竣工交付使用。5月，富思特联合新浪地产共同打造的建筑涂料频道正式上线。7月，携手设计群网共同承办“富思特杯”第三届中国梦绿色建筑设计大赛。向位于湖北黄冈英山县的伽蓝寺捐赠了特制金属漆产品，为该寺如来大佛再披金装。10月，富思特联合新华社发起首届“治霾在行动”系列活动。11月，携“建筑用净化大气自洁涂料产业化项目”亮相中国国际高新技术成果交易会。

富思特始创于1995年，是中国规模最大的集建筑涂料、保温、地坪保温装饰板的研发、生产、销售和施工为一体的大型现代化企业，累计施工面积达4亿平方米，获得各类荣誉300余项。作为国家高新技术企业、北京市企业技术中心，富思特建有先进的科研实验室，拥有115台世界领先的试验、检测设备，并设有博士后科研工作站，86人的技术科研团队。富思特作为国家建筑涂料标准副主编单位，参编国家和行业标准44项，主编行业职业技能培训教材5部，拥有发明专利45项。

（程平）

富思特新材料科技发展股份有限公司
董事长　郭祥恩

## 北京天诚同创电气有限公司

北京天诚同创电气有限公司（简称天诚同创）2014年收入25.38亿元，同比增长19.57%；利润额1.9亿元，同比增长42.75%；纳税额

1.69 亿元，同比增长 200%。拥有员工 1062 人，其中博士 9 人、硕士 130 人、本科生 273 人，技术研发序列人员 265 人，制造工人 635 人，专业结构合理。有制造基地建筑面积逾 4.2 万平方米。5 月，天诚同创自主研发的包含风力发电、光伏发电和储能系统在内的“智能微网示范项目”成功实现上网售电。年内，天诚同创取得中关村新技术新产品 2 项；参与 2 项国际标准、3 项国家标准、5 项行业标准制定；申请专利 31 项，已授权 16 项。截至年底，天诚同创申请专利共 135 项，已授权 63 项。

天诚同创成立于 2008 年 12 月，注册资金 1 亿元，是新疆金风科技股份有限公司的全资子公司。先后被认定为国家高新技术企业、中关村高新技术企业、北京市企业技术中心、北京市科技研发机构、中关村“十百千”重点培育企业、北京市专利试点企业，2013 年、2014 年连续被评为德勤—亦庄高科技、高成长企业 20 强，2013 年被评为德勤—亦庄高科技、高成长中国 50 强。天诚同创参与研究的“2.5 兆瓦直驱永磁风力发电机组”获得 2011 年度国家能源科技进步一等奖。2013 年，天诚同创“一种风力发电机”获得第十五届中国专利奖优秀奖。

天诚同创致力于新能源领域电控系统研发、制造、销售和服务。业务领域包括风力发电、光伏发电、伺服控制、电网质量及智能电网等。主要产品有 1.5 兆瓦～6.0 兆瓦直驱变流器、风机变桨产品、风机主控系统，100 千瓦～61000 千瓦光伏并网逆变器，分布式智能微网全套解决方案及产品，广泛应用于风力发电站、光伏电站、光伏建筑一体化等。其中，2011 年和 2012 年自主 1.5 兆瓦全功率变流器和 1.5 兆瓦变桨控制器国内市场占有率均达 38% 以上，分别排名国内同行业同产品第一。天诚同创自主研发的永磁直驱变流系统成功运行在全国 53 个项目中，并出口至美国、加拿大、埃塞俄比亚、泰国等国外市场。

（陈晓慧）

北京天诚同创电气有限公司

总经理 周云志

## 航天航空

### 中航光电收购西安富士达股权

4 月 24 日，中国航空科技工业股份有限公司附属中航光电科技股份有限公司与陕西省国有资产经营有限公司及其他相关方签订股权交易合同，以自筹资金再次收购西安富士达 10% 股权。股权转让完成后，中航光电将合计持有西安富士达 58.182% 股权。

（夏源）

### 长城测控公司锂离子电池电源箱通过评审

5 月 18 日—19 日，安标国家矿用产品安全标志中心评审组对北京瑞赛长城航空测控技术有限公司持证的监控系统、人员系统和制氮系统三大类共 62 个产品，以及新申办安标的产品锂离子电池电源箱进行了评审，同时对监控系统中交换机产品和风向风速传感器产品进行了抽样、封样，并要求在 7 日内发往指定检验中心进行监督检验。历时 2 天，顺利通过评审。

（张学明）

## 航天工程公司“三高煤”项目成功开车

9月，航天长征化学工程股份有限公司首个“三高煤”项目——晋煤集团天溪煤制油分公司造气工艺技术改造项目实现顺利开车并稳定运行。该项目是航天炉首次采用晋城本地“三高煤”（灰分高、硫分高、灰熔点高）投料点火。

（冷琎）

## 长城测控公司开展全数字化工业试验

10月15日，北京瑞赛长城航空测控技术有限公司赴河南平顶山市平煤集团，开展全数字化煤矿安全监控系统现场工业试验工作。该系统采用TCP/IP以太网+CAN总线+RS485现场总线分层结合方式，实现监控系统全面数字化和智能化。试验在平煤六矿展开，现场对上位机监控软件进行了升级改造，在1110采面安装了智能分站及电源、智能传感器、智能断电器、信号转换器和语音对讲等设备，完成多种智能设备配接、模拟传感器兼容改造和语音对讲等功能的调试，全数字化监控系统工业试验取得阶段性成果。

（郭磊）

## 长城测控公司中标燃料油系统项目

11月初，北京瑞赛长城航空测控技术有限公司石化部在中国石化燃料油系统无锡滨江油库自控集成项目招标中，获得了总额260余万元销售合同。 长城测控公司提供油库自控系统集成、安装、售后及验收等相关服务，包括SCADA自控系统、巡检系统、消防控制系统、火灾报警系统、扩音对讲系统的设备采购、软件开发、系统调试、验收及现场相关服务。这是长城测控公司继中国石化燃料油天津南疆油库自控集成项目之后取得的第二个燃料油系统合同。

（李秀学）

## 誉高航空项目落户开发区

11月，誉高航空项目落户开发区，项目注册资本1000万元，总投资15亿元。公司专注于航空设备贸易和航空科技服务领域，与许多国外航空制造企业保持广泛而良好合作关系，致力于引进国际先进技术和产品，并成为其中多家公司的中国区代理商，预计达产后可实现销售额15亿元。

（张平）

## 航天工程公司EPC总承包项目成功开车

11月，航天长征化学工程股份有限公司首个EPC总承包项目、世界首套一体化开工柴油烧嘴项目——亿鼎项目实现顺利开车并稳定运行。该烧嘴的技术突破，使航天工程公司由原来的点火—开工—工艺烧嘴进化为一体化开工烧嘴—工艺烧嘴，减少了阀门及管线的数量，精简了工艺流程，降低了投资，同时提高了开车运行安全系数和长周期运行稳定性。该项目的顺利运行，为航天粉煤加压气化技术未来适应更多劣质煤种、提升市场竞争力奠定基础。

（冷琎）

## 航天火箭公司执行“嫦娥五号”任务

11月，航天长征火箭技术有限公司在“嫦娥五号”任务中参与研制的35米和18米深空测控站作为深空测控任务的关键设备，成功执行再入返回飞行器月球探测任务。箭上产品、各检测站、移动站、固定站、海上测控站、海外测控站支撑了“嫦娥五号”再入返回飞行器的发射和安全返回。航天火箭公司研制的高码率遥测传输设备首次应用于运载火箭发射并获得圆满成功，标志着公司高码率遥测传输技术和产品已经成熟可靠，巩固了航天长征在遥测领域领先地位。

（吴希瑶）

### 航天拓扑发展民用产业

年内，北京航天拓扑高科技有限责任公司发挥航天企业优势，新成立了特种装备及设备管理两大事业部，完成了产业结构优化，将军工技术应用于民用产业，推进公司快速发展。特种装备及设备管理致力新产品研发、生产和经营。产品广泛应用于军工、石油、化工、钢铁、电力、铁路、烟草、供水等大、中型企业。

（尹飒）

## 部分企业

### 北京卓越航空工业有限公司

北京卓越航空工业有限公司（简称卓越航空）2014 年向美国卓越航空发动机公司出口发动机整机产品 23 台，其中 XP320 发动机 20 台和 Vantage 发动机 3 台；交付国产零部件 8 种，共计 1084 件；派遣工作人员两批，共计 8 人，工作时间每人 3 个月。年内，应中国民用航空局要求，卓越航空进行航空汽油开发工作，尝试与中航工业南京轻型航空动力有限公司联合生产产品。向中国民航飞行学院销售 335 瓶 TCP 燃油处理剂，并取得 ALCOR-TCP 公司中国区总代理授权。正式启动工程技术及适航管理软件 MQ1，为中国民航生产许可审查打下基础。

卓越航空专门从事航空发动机销售、零部件开发及委托加工。公司通过全资收购美国卓越航空发动机公司而将其生产技术及质量管理体系引进中国，在中国组装生产 XP（150-215 马力）和 Vantage（180 马力）系列活塞发动机。

（王晓龙）

北京卓越航空工业有限公司

董事长 成身棕

执行总经理 蒋　彬

### 航天长征火箭技术有限公司

航天长征火箭技术有限公司（简称航天火箭公司）2014 年实现销售收入 15.2 亿元，利润总额 1.29 亿元。缴纳税款超过 4000 万元。年内，航天火箭公司参与研制“嫦娥五号”任务中 35 米和 18 米深空测控站，高码率遥测传输设备首次应用在运载火箭发射任务中并获得成功。

航天火箭公司于 1999 年 12 月 15 日在开发区注册成立，注册资本为 29833.3 万元。连续多年被评为开发区纳税先进企业和纳税 50 强、纳税增长 50 强企业。2005—2009 年，航天火箭公司连续 5 年被评为“首都文明单位”“新区精神文明单位”；2008 年被评为“全国精神文明建设工作先进单位”，被全国总工会授予“全国五一劳动奖状”；2010 年获“全国模范职工之家”称号；2013 年被评为北京市“纳税信用 A 级企业”。

（吴希瑶）

航天长征火箭技术有限公司

总经理 李艳华

### 北京航天拓扑高科技有限责任公司

北京航天拓扑高科技有限责任公司（简称航天拓扑）2014 年实现营业收入 2.5 亿元，利润总额 2034 万元，注册资金5878万元。年内，新成立了两大事业部，完成了产业结构优化，现拥有员工近200人。公司新获得机电设备安装工程专业承包三级资质、安防工程企业资质三级证书，完成了高新企业及计算机信息系统集成二级资质年审，以及质量、职业健康安全管理体系、环境管理体系认证复审工作。公司在烟草行业及燃气热力能源领域采用先进自动化信息技术，自主开发应用软件，开展多项技术创新研发，丰富产品系列，提高产品技术性能及可靠性，并在工程项目中得到实施。2014年在燃气监控行业成功中标北京燃气集团千万元级重点项目，在烟草项目成功中标杭州、滕州及井冈山卷烟厂等3个3000万元级大型制丝线集控项目。采用最先进技术开发工具、结合公司在制丝线控制领域独特的控制思想，自主开发完成“制丝线控制管理平台系统TOPMES V3.0”。以北京市优秀人才培养资助项目为依托，进行了“基于物联网的燃气/热力运营服务平台研究”，为燃气/热力监控管理系统功能延伸进行了探索。

航天拓扑成立于2001年5月18日，是中国运载火箭技术研究院下属的民品公司，致力于烟机、燃气、热力、供水、配电、物流等领域的监控管理系统集成和军品配套的产品设计、开发、生产和服务。公司在烟草、燃气及军工等领域有20多年行业历史，先后承制了多项重点工程，多次获得部（集团公司）、院级科技进步奖。

（尹飒）

北京航天拓扑高科技有限责任公司

董事长 刘宏斌

总经理 孙晓波

## 中国航空科技工业股份有限公司

中国航空科技工业股份有限公司（简称中航科工）2014年实现收入257.10亿元，同比增长15.85%。公司权益持有人应占溢利为7.81亿元，同比增长9.54%。航空整机业务实现收入为112.75亿元，同比增长10.56%，占收入的比重为43.85%，同比下降2.1%。航空整机业务中，直升机业务同比增长5.70%，通用飞机业务同比增长61.90%，教练机业务同比增长68.32%。航空零部件业务实现收入为144.35亿元，同比增长20.34%，占收入的比重为56.15%，同比增长2.1%。4月，中航科工附属中航光电科技股份有限公司收购西安富士达10%股权。

中航科工成立于2003年，同年在香港联交所主板上市。中航科工连续两年获得《亚洲企业管治》杂志评选的企业管治大奖。空客集团（Airbus Group）是中航科工战略合作伙伴，持有中航科工5%股份。中航科工控股股东中国航空工业集团公司作为中国国有特大型企业、中国最大航空制造商，已连续6年进入世界500强。

中航科工旗下企业包括中直股份、洪都航空、中航电子和中航光电4家A股上市公司，及天津航空、中航传媒等多家航空制造业相关企业。中航科工是中国最具规模的直升机制造商，产品主要包括直-8、直-9、直-11、AC310、AC311、AC312、AC313和AC352等各系列直升机。中航科工是中国领先的教练机制造商，产品包括L-15高级教练机、K-8中级教练机和CJ-6初级教练机。中航科工是中国优秀的通用飞机制造商，产品包括Y-12系列运输机和N-5系列农林飞机，其中

Y-12 成功出口美国，成为首次进入发达国家市场的中国民用飞机。中航科工是中国最先进的航空零部件和航空电子产品制造商，产品涵盖机载电子产品、连接器产品和机电产品三大类，广泛应用于航空、航天、兵器、船舶、通讯、铁路、石油、医疗设备、电力、电子、轨道交通、新能源、通信网络和电子信息等领域。

（夏源）

中国航空科技工业股份有限公司

董事长 林左鸣

副董事长兼总经理 谭瑞松

## 北京瑞赛长城航空测控技术有限公司

北京瑞赛长城航空测控技术有限公司（简称长城测控公司）2014 年共实现销售收入 1.97 亿元，同比增长 2.8%，新签合同 1.55 亿元，同比增长 1.6%，回款 1.48 亿元，注册资本 1200 万元，职工人数 200 余人，包括高级工程师 26 人、研究员 6 人，具有博士学位工程技术人员 1 人、硕士学位工程技术人员 27 人。8 月 14 日—15 日，长城测控公司申办生产许可证的 37 个产品通过全国工业产品生产许可证审查中心现场评审。10 月，长城测控公司交付油库计量自动化信息集成系统软件，开展全数字化煤矿安全监控系统现场工业试验，通过 HSE 体系现场认证审核。11 月，长城测控公司提出的“车载式 LNG 加气机在线自动检定装置”通过中国石化集团公司科技发展部立项，承担的“油库自控系统集成核心技术开发”项目通过验收，中标中国石化燃料油系统项目合同。12 月，长城测控公司科研成果“基于煤矿安全监控系统的危险区域人员识别及报警系统的研究与应用”和“机载断电仪无线传输系统研究”通过中国煤炭工业协会鉴定。年内，长城测控公司通过安标国家矿用产品安全标志中心、《立式五轴转台设计方案》、HSE 体系现场认证评审，锂电控制箱进入送审阶段。

（李秀学）

北京瑞赛长城航空测控技术有限公司

董事长 张振伟

总经理 申燕双

## 赛维航电科技有限公司

赛维航电科技有限公司（简称中航工业赛维）2014 年员工人数约 100 人，营业收入为 3027.7 万元，利润 169 万元，上缴所得税 27 万元。7 月，中航工业赛维计算机测评中心通过中国合格评定国家认可委员会（CNAS）认可评审，证书号码：CNAS L7031。认可的能力范围包括软件产品的单元测试、部件测试、配置项测试、系统测试，可开展民用软件测试服务。年内，公司共承担国家重点型号测试任务 17 个，涉及约 100 项软件。其子公司北京中航赛维生物科技有限公司主要开展研发、生产、销售全自动系统磁微粒化学发光免疫分析仪等医疗设备，已完成 VI-180 型化学发光免疫分析仪 3 台样机组装调试、21 项试剂研发及试验，于 9 月 28 日通过市食品药品监管局针对 21 项试剂盒体系考核，完成试剂注册检验提交。

中航工业赛维于 2001 年 12 月成立，注册资金 8980 万元，是中国航空工业集团公司成员单位，隶属于中航工业航电股份公司，是中航工业计算机软件北京测评中心的挂靠单位。公司致力于军用软件测试和系统测试环境建立等相关工作，测试业务领域覆盖了海装、陆航、空装和总参二部、总参四部、二炮、科研院所和院校，参与了所有航空在研型号和老机改造型号等40多个国家重点型号500余项军用软件测试任务，已成为海装、陆航、空装软件工程化检查与管理的重点支撑单位，也是中国航空工业集团公司软件质量信息收集汇总和软件工程化管理推进依托单位。

（谢凌）

赛维航电科技有限公司

董事长兼总经理 郑育才

### 航天长征化学工程股份有限公司

航天长征化学工程股份有限公司（简称航天工程公司）2014年完成营业额12亿元，同比增长18.3%，纳税额1.53亿元，同比增长15.18%，利润额3.2亿元，同比增长19.66%。拥有员工607人，其中研究员18人，高级工程师92人，工程师304人，具有国家注册化工工程师、结构工程师、注册造价工程师等相关国家注册资格人员共110人。7月，航天工程公司与内蒙古伊泰集团签订内蒙古杭锦旗项目和新疆甘泉堡EPC项目，合同订单60亿元；8月，航天工程公司获评“北京市知识产权专利示范单位”；10月，航天工程公司获评“2014中国化工装备百强”企业，航天煤气化技术荣获第66届纽伦堡国际发明展览会金奖和国际创新专项奖；12月10日，航天工程公司无条件通过证监会发行审核委员会对公司首发上市审核。年内，航天工程公司首个“三高煤”项目和首个EPC总承包项目成功开车。截至年底，航天工程公司掌握了88项专利技术，拥有压力容器A1/A2/A3级设计资质、压力管道GB类/GC类/GD类设计资质、工程咨询单位资格证书等相关资质，可从事许可范围内的压力容器、压力管道设计工作，同时还拥有化工石化医药行业甲级工程设计资质，可从事资质证书许可范围内相应的建设工程总承包业务以及项目管理和相关技术与管理服务，是国家高新技术企业、北京市专利引擎试点企业和中关村高新技术企业。

航天工程公司位于开发区经海路141号，注册资本4.12亿元，是以航天粉煤加压气化技术为核心，专业从事煤气化技术及关键设备研发、工程设计、技术服务、设备成套供应及工程总承包的工程公司。

（冷琎）

航天长征化学工程股份有限公司

董事长 唐国宏

总经理 王明坤

## 文化创意

### 四达时代集团与歌华有线签署合作协议

1月20日，四达时代集团与北京歌华有线电视网络股份有限公司在北京共同签署了战略合作协议。双方将顺应三网融合发展趋势，拟在云游戏、IDC机房、新技术及资本等领域展开战略合作，依托NGB融合业务平台实验室开展技术研发合作。

（崔春雷）

### 中国杂技团获法国明日杂技艺术节金奖

1月26日，中国杂技团有限公司选派的《协奏·黑白狂想——男子技巧》节目，在参赛的18个国家、近30个精彩节目的激烈角逐中，凭借技艺、道具和包装综合创新的雄厚实力，问鼎第三十五届法国明日国际杂技艺术节金奖。

（匡娜）

## 中国杂技团获菲格拉斯国际马戏节金奖

中国杂技团曹凯获菲格拉斯国际马戏节金奖　　杨硕 摄

2月24日，中国杂技团有限公司选送《激踏·球技》获第三届菲格拉斯国际马戏节金奖，为中国杂技团赢得建团后的第59金。此次共有来自14个国家的24个节目参加最终比赛，《激踏·球技》的主演者曹凯凭借完美的发挥征服了评委及观众，一举夺魁。

（匡娜）

## 新华印刷完成两会印制任务

2月至3月，北京新华印刷有限公司承担了两会重要印件印制任务。在印前出版环节，新华印刷为两会印件生产专门提供了1套设计制作系统、1套先进CTP出版系统以及1套光敏CTP出版生产流程。在印刷环节，公司指定了两组单色平张印刷机组及1台双色印刷机组。在印后加工环节，公司安排两组骑马订生产线及1条最新引进的胶订线。公司在保密措施中加入了对网络和通信设备的泄密技术防范，引入两条保密性极高的点对点专线，用于电话沟通和网络数据传输，调度5辆专车，制作专用车牌，新配备1台200千瓦的发电车。

（王冬温）

## 翟氏文化创意项目落户开发区

4月17日，开发区管委会与翟氏投资有限公司就翟氏文化创意项目签署《入区协议》，标志该项目顺利落户开发区。该项目将凭借翟氏投资三十余年从业经验以及其与佳士得、苏富比战略捆绑关系，在开发区建设国内最大的艺术品交易拍卖大厅、古代艺术品博物馆、世界第三大艺术品存储中心以及国内最权威的修复鉴定中心。

（马宁）

## 中国杂技团被评为国家文化出口重点企业

6月1日，中国杂技团有限公司被商务部等5部委评为2013—2014年度国家文化出口重点企业，同时“中国杂技走出去”世界巡演项目被评为2013—2014年度国家文化出口重点项目。

（匡娜）

## 中国杂技团多节目参加高规格文艺演出

中国杂技团《俏花旦·集体空竹》演出　　徐有成 摄

7月8日，中国杂技团有限公司《俏花旦——集体空竹》《腾韵——顶碗》《邀月弄影——芭蕾对手顶》《协奏·黑白狂想——男子技巧》等经典节目随市委书记郭金龙一行赴非洲津巴布韦、埃塞俄比亚参加文化交流“北京之夜”文艺演出。8月20日，以“花开北京”为主题的“2014亚太经合组织第三次高官会文艺演出”活动在国家大剧院举行，《俏花旦——集体空竹》《揽梦擎天·摇摆高拐》再次参演。10月1日，《杂技魅影》晚会和李宁魔术师《闪电幻影》在园博园参加北京市政府庆祝国庆65周年游园文艺演出。10月21日至11月10日，《腾韵——顶碗》《俏花旦——集体空竹》《邀月弄影——芭蕾对手顶》等节目分别参加“APEC财长会议”演出、“ABAC会议”晚宴演出、“APEC工商之夜”北京市人民政府欢迎酒会暨文艺演出、“APEC会议”文艺演出。

（匡娜）

### 新华印刷重组签约仪式在京举行

新华印刷重组签约仪式　刘云 摄

7月30日，“北京新华印刷有限公司重组签约仪式”在北京举行，中国出版集团公司通过产权交易获得新华印刷51%控股权，原股东中国文化产业发展集团持股49%。新闻出版广电总局副局长阎晓宏，中宣部出版局副局长刘建生，中央文资办副主任董德刚，中国出版集团公司总裁谭跃、党组书记王涛、副总裁潘凯雄，中国国新控股有限责任公司总经理莫德旺，中国文化产业发展集团公司总经理罗钧、副总经理何春亮，以及中国出版集团公司和中国文化产业发展集团所属成员单位、相关部门的负责人，新华印刷的职工代表等100多人参加仪式。本次重组，助力集团打造完整产业链条，向产业上游发展。

（王冬温）

### 华联印刷参加全国职业技能大赛获佳绩

7月，北京华联印刷有限公司组织员工参加第十六届北京市印刷行业职业技能大赛和第四届全国印刷行业职业技能大赛。有18名不同工种优秀员工进入市职业技能大赛复赛；3人参加第四届全国职业技能大赛总决赛，张同正获第15名，谭国均获第20名，刘盛孙获第44名。通过大赛，还有17名员工获得职业技能等级认证，其中技师5人、高级技工4人、中级技工8人。公司获评2014年北京印刷职业技能大赛“优秀组织奖”。

（胡艳涛）

### 中国杂技团成为全资国有控股企业

10月8日，中国银泰投资有限公司与北京演艺集团有限责任公司签署股权转让协议，将其所持的中国杂技团有限公司全部股权转让给北京演艺集团有限责任公司。自此，中国杂技团成为全资国有控股企业。

（匡娜）

## 部分企业

### 北京华联印刷有限公司

北京华联印刷有限公司（简称华联印刷）2014年生产产值3.25亿元，销售总额3.3亿元，利润228万元，纳税123.86万元，从事工业生产制造人员平均人数 606 人。1 月，获北京质量协会“质量管理十佳企业”，多项印制作品获得美国金墨奖和美国印刷工业联合会美国印刷大奖。5 月，华联印刷荣获“ 2013—2014 年度国家文化出口重点企业”称号；7 月，被市委组织部、宣传部等多部门联合授予“北京高校青年教师社会实践基地”，文创中心获“北京市设计创新中心”称号；10 月，在开发区安全生产月活动中荣获“最佳实践活动奖”，华联印刷工会被授牌“职工之家”；11 月，被市新闻出版广电局、北京印刷协会评为“积极推进绿色印刷工程企业”。同月，在开发区开展的“市花进我家”主题实践活动中成功入围并获评“最美月季企业”。年内，华联印刷通过市发展改革委和市环保局开展的“清洁生产审核评估”；“华联印刷”和“云印象”两个微信公众号上线，实现了线上移动媒体宣传与营销模式的创新。

（胡艳涛）

北京华联印刷有限公司

董事长 文宏武

总经理 朱 敏

## 北京新华印刷有限公司

新华印刷展厅　　单位提供

北京新华印刷有限公司（简称新华印刷）2014 年累计实现营业收入 2.07 亿元，比 2013 年增加 727 万元，拥有员工 550 名。7 月，加入中国出版集团。新华印刷整合北京百花彩印有限公司、人民美术印刷厂和北京新华印刷厂的人员、设备、技术等资源优势，聘请印刷界优秀人才，已通过 ISO 9001 质量管理体系、ISO 14001 环保管理体系、OHSAS 18001 职业健康管理三项认证，是首批通过绿色印刷环境标志产品认证企业，年生产规模可达彩色印刷 800 万色令、单色印刷 80 万令、装订 200 万令。

新华印刷位于开发区凉水河一街 8 号，总占地 3 万平方米，总建筑面积 5.4 万平方米，固定资产 5 亿元。新华印刷是由中国出版集团和中国文化产业发展集团公司共同组建的国有大型综合性印刷企业，可提供各种经典书籍、精美画册、期刊、商业广告、包装、证件等的制版、印刷、装订一站式服务，产品涉及书刊印刷、期刊印刷、商业印刷、包装印刷、数码印刷等众多领域。

（王冬温）

北京新华印刷有限公司

党委书记兼总经理 李 军

## 北京金辰西维科安全印务有限公司

北京金辰西维科安全印务有限公司（简称金西公司）2014 年申请了绿色印刷资质，并顺利取得中国环境标志产品认证证书。公司年生产能力可达 2000 万本本式防伪证件。

金西公司成立于 1995 年，是专门从事国家级出入境高安全防伪证件、证卡、IC 卡、票据、证券、防伪商标、书刊、内部资料印制企业。金西公司通过了 ISO 9001 质量管理体系认证、ISO 14001 环境管理体系认证、GB/T 28001 职业健康安全管理体系认证、ISO 27001 信息安全管理体系认证，先后取得了国家秘密载体复制许可证、中央国家机关印刷政府采购定点单位、北京市市级政府采购印刷定点单位、防伪票证防伪技术评审证书、防伪标识防伪技术评审证书、全国质量信得过单位、重质量守信用企业等资格。

（程砚春）

北京金辰西维科安全印务有限公司

总经理 王永捷

## 北京东港安全印刷有限公司

北京东港印刷车间　　马华 摄

北京东港安全印刷有限公司（简称北京东港）2014 年销售收入 2.97 亿元，工业总产值 1.4 亿元，纳税 2894.45 万元，职工人数 191 人。获得了 2014 年度优秀基层服务性党组织、北京印刷质量先进企业、积极推动绿色印刷工程印刷企业、开发区职工之家等多项荣誉。

北京东港是由东港股份有限公司和欣泉有限公司共同投资，于 2004 年 8 月 25 日注册成立，主要从事商业防伪票据印刷、数字印刷、数据处理及邮发封装等业务，专注于高新技术研发与推广，先后被授予中关村高新技术企业、国家高新技术企业等称号。北京东港累计获得发明专利 3 项、实用新型专利 14 项，并对众多自主科技成果进行生产转化。

（马华）

北京东港安全印刷有限公司

董事长 史建中

总经理 李　翔

## 中国杂技团有限公司

中国杂技团有限公司（简称中国杂技团）2014 年共有员工 260 人，收入 6680 万元。5 月 4 日，中国杂技团著名魔术师、唯一一位获得“金魔棒”奖的亚裔魔术师李宁荣获第二十八届“北京青年五四奖章”。9 月 1 日，中国杂技团与北京市国际艺术学校举办“庆祝中国杂技团第一届学员班从艺 60 年暨北京市国际艺术学校开学典礼”活动，中国杂技团首届杂技学员班部分老艺术家共 16 人参加。年内，中国杂技团成为全资国有控股企业，获得第 35 届法国明日国际杂技艺术节金奖、第三届菲格拉斯国际马戏节金奖，被评为 2013—2014 年度国家文化出口重点企业，“中国杂技走出去”世界巡演项目被评为 2013—2014 年度国家文化出口重点项目。《俏花旦——集体空竹》《邀月弄影——芭蕾对手顶》等多个节目参加非洲文化交流 “北京之夜”文艺演出、2014 亚太经合组织第三次高官会文艺演出、市政府庆祝国庆 65 周年游园文艺演出、“APEC 会议”文艺演出。

中国杂技团前身系成立于 1950 年的中华杂技团，1953 年更名为中国杂技团。2006 年转企改制为中国杂技团有限公司，2009 年北京演艺集团成立，中国杂技团成为北京演艺集团旗下龙头企业，先后在国内和世界主要赛场上斩获 60 枚金奖、8 枚荣誉金奖。除商业演出外，中国杂技团还在国家和北京市对外文化交流活动中承担重要任务，足迹遍及中国各地并出访 124 个国家和地区。

中国杂技团第一届学员班从艺 60 年合影　　单位提供

（匡娜）

中国杂技团有限公司

董事长　康　伟

总经理　张　红

# 支撑产业

## 生产性服务业

### 生物试剂出入境公共服务平台正式开通

1 月 1 日，生物试剂出入境公共服务平台——中关村国际生物试剂物流中心在亦庄生物医药园开通。中心是在众多科学家的倡议下，由行业联盟、监管部门和政府多方合作共建的第三方公共服务平台。平台对接检验检疫、海关、卫生等监管部门，打造一条专业生物试剂进出口绿色通道，建立生物试剂进出口创新监管模式，建设专门用于生物试剂低温储存监管冷库和远程查验系统，开发生物试剂出入境全程追溯软件系统，集成行业服务功能，优化生物试剂流通各个环节，与外贸公司、报关公司、快递公司、冷链运输企业等广泛合作，提供前置性审批、外贸通关、检疫查验、后续监管和仓储物流等生物试剂专业进出口“一站式”服务。北京国检局从 2014 年初调整卫生检疫流程，所有从北京口岸进口的高风险特殊物品均在开发区国检局报检，并经中关村国际生物试剂物流中心监管库查验。新流程使货物通关时间从以前平均 3.5 天缩短到 1.5 天（报检一检疫放行一送达客户），最快仅需 6.5 小时，医用特殊物品审批时间从之前的 2 ~ 3 个月，缩短至 1 ~ 3 周，生物试剂通关效率明显提升。中关村国际生物试剂物流中心生物试剂出入境第三方公共服务平台被《北京日报》《科技日报》《人民日报》等誉为生物试剂采购的“高速路”。该一站通关服务模式属全国首例。

（李艳平　王洪平　孙懿男）

### 中外运敦豪安全运送中国大熊猫

2 月，中外运敦豪国际航空快件有限公司成功运送两只中国大熊猫“好好”和“星徽”，从成都双流机场出发，前往比利时布鲁塞尔天堂动物园，开启了中国一比利时为期 15 年的大熊猫国际科研合作之旅。

（国微　王瑞青）

### 阿尔特（宜兴）汽车创意研发产业园签约

年初，阿尔特汽车技术股份有限公司与江苏省宜兴经济技术开发区就“阿尔特（宜兴）汽车创意研发产业园”项目正式签约。阿尔特汽车公司将在宜兴打造一家集汽车创意及工程设计、产品展示、评审、研发技术咨询、行业交流培训、总部办公于一体的最新型汽车造型设计园区。

（杨博）

## 中外运敦豪派送员入选中国最美派送员

4 月，在邮政总局发起的“寻找最美快递员”活动中，中外运－敦豪国际航空快件有限公司一线快递员派送员郭伟聪入选中国“最美派送员”全国十强。全国十强经中国快递协会、中央媒体、电商、消费者和社会监督员等各方代表组成的评审委员会评选产生。郭伟聪秉承“迅速、准确、安全、方便”的服务理念，“想客户所想，急客户所急”。他 3 年收派快件 5 万票，零差错率的成绩得到了评委和网友的认可和肯定。

（国微 王瑞青）

## 中外运敦豪“加油计划”落地雅安

5 月，中外运－敦豪国际航空快件有限公司联手中国扶贫基金会共同开发的“加油计划”正式启动。中外运敦豪捐款 200 万元，在四川雅安地震灾区 20 所学校捐建“中外运敦豪 · 未来空间”，超过 3000 名学生将从中受益。“加油计划”项目通过“未来空间”硬件和“加油课程”软件的建设和推进，为学校打造一个充满现代感和活跃气氛的“未来空间”，并通过开展“加油课程”，对学生进行防灾安全教育以保障生命安全，提供拓展课程以开拓孩子们的视野，将认知发展学习和社会情感培养相结合以促进学生的成长，并给予学生更多机会、更大空间去探索和发展。

（国微 王瑞青）

## 中外运敦豪签约中超联赛成官方合作伙伴

中外运敦豪成为中超联赛官方合作伙伴　　单位提供

7 月，中外运－敦豪国际航空快件有限公司和中超联赛有限责任公司在京举行签约仪式，宣布中外运敦豪成为中超联赛官方合作伙伴，合作周期为 2014—2017 年。中外运敦豪力求通过赞助中超联赛这种新的市场活动创造与中国客户和员工之间更亲密的交流互动机会。

（国微 王瑞青）

## 中铁十九局参展第四届中国亚欧博览会

中铁十九局参展第四届中国亚欧博览会　　曹琛 摄

9 月 1 日—6 日，以“开放合作，共建丝绸之路经济带”为主题的第四届中国亚欧博览会在新疆乌鲁木齐举行。中铁十九局集团有限公司代表股份公司工程施工企业参展。此次博览会共设 4 大展区，8 个展馆，各类展台（品）达千余个，来自亚、欧等五大洲60多个国家(地区)的2.5万名国内外客商参展。

（张莹）

### 中外运敦豪运送电动方程式世锦赛赛车

电动方程式世锦赛北京揭幕战赛车交付仪式　　单位提供

9月，中外运－敦豪国际航空快件有限公司作为电动方程式赛车世界锦标赛官方物流合作伙伴兼创始合作伙伴，完成首届电动方程式世界锦标赛北京揭幕战赛车运送。同时，中外运敦豪在本次车辆交付仪式上宣布启动蓝天运输设计大赛，以鼓励运输行业可持续性发展。

（国徽 王瑞青）

### 华北高速投资光伏领域

华北高速科左光伏电站实景　　孟宪岭 摄

年内，华北高速公路股份有限公司完成内蒙古科左、新疆共计6个光伏电站收购工作。自2013年与招商新能源联合收购江苏徐州丰县23.8兆瓦光伏电站以来，2014年初收购了内蒙古科左一期40兆瓦光伏电站项目88.89%股权；11月21日，以华祺投资作为收购主体收购新疆110兆瓦5个光伏电站项目100%股权，项目总投资为10.22亿元；12月18日，董事会审核通过了华祺投资收购宁夏中利腾晖新能源有限公司100%股权议案。截至年底，华北高速已拥有275兆瓦光伏电站运营规模，累计完成投资额23亿元。

（翟欣）

## 部分企业

### 阿尔特汽车技术股份有限公司

阿尔特汽车技术股份有限公司（简称阿尔特汽车）2014年销售收入3.27亿元，净利润4074.98万元。共承接开发项目108个，合同金额5.8亿元。获授权专利94项。荣获国家高新技术企业、北京市企业技术中心、北京科技研究开发机构、北京市设计创新中心、ISO 9001体系认证、信用双百企业、信用AAA级企业、中关村新锐企业十强等30多项荣誉资质称号。阿尔特汽车拥有员工1007人，其中国外专家73人、国内专家68人、高级工程师176人、一级工程师243人、二级工程师447人，研究生学历员工占14.1%、本科学历员工占83%。2月11日，阿尔特汽车聘请意大利资深造型专家Luciano D'Ambrosio担任造型总监。年初，“阿尔特（宜兴）汽车创意研发产业园”项目正式签约。

阿尔特汽车成立于2002年，已发展成为全方位汽车设计开发与工程服务公司。先后在长春、上海、成都、宁波、武汉、宜兴、柳州等地开设分公司，在海外开办阿尔特（日本）有限公司、北美技术中心和欧洲办事处，逐渐形成以北京为总部，跨越国内外重要汽车产业聚集区的设计、研发和销售中心。

意大利专家担任阿尔特汽车造型总监　　王超 摄

（杨博）

阿尔特汽车技术股份有限公司

董事长　宣奇武

总经理　张立强

## 华北高速公路股份有限公司

华北高速公路股份有限公司（简称华北高速）2014 年总资产 62.62 亿元，营业收入 7.09 亿元，营业利润 3.08 亿元，净利润 2.46 亿元。华北高速已连续 9 年位列开发区纳税 50 强企业。4 月，华北高速组建华北高速公路股份有限公司京津塘运营分公司，融合收费和养护分公司、公司运营管理中心、信息技术部系统维护和华正公司服务区等管理资源，将运行 11 年的“一路三专业公司”运营模式调整为“一路一公司”运营模式。9 月 4 日，改版后的华北高速网站正式上线，丰富了“高速服务”栏目内容，重新定制了“实时路况地图”，系统响应速度大幅提升。12 月 5 日，华北高速微信平台“华北京津塘”正式启动，旨在为客户提供更优质的服务。年内，公司确立了“双轮驱动”的发展战略，除继续运营好高速公路产业外，还在光伏领域迈出了实质性的发展步伐。

华北高速成立于 1999 年 7 月 20 日，是经交通部等部门批准成立的、以京津塘高速公路为主营资产的股份制上市公司，主营业务为投资开发、建设、经营收费公路，注册资本 10.9 亿元。华北高速股票于同年 9 月在深圳证券交易所挂牌交易，股票代码为 000916。

（翟欣）

华北高速公路股份有限公司

董事长　郑海军

总经理　杨利军

## 中节能（北京）节能环保工程有限公司

中节能（北京）节能环保工程有限公司（简称中节能公司）2014 年增加注册资本至 6000 万元。公司在推进主营业务的同时开拓其他业务领域，合同能源管理初见成效，全年签约通信站点共计 1300 多个，项目投资费用约 1100 万元，承建项目遍布吉林、山东、安徽、江西、福建、河北等八大省市。年内，公司通过质量管理体系 ISO 9001:2008（含 GB/T 50430/2007）、环境管理体系 ISO 14001:2004 和职业健康安全管理体系 GB/T 28001-2011 认证，同时取得三标体系 IQNet(国际认证联盟)认证证书，认证范围包括机电安装工程、环保工程施工和通信行业合同能源管理服务；举办系统安全培训 4 次，培训 31 人次，1 人通过注册安全工程师考试，21 人取得安全员 C 证，2 人取得安全员 A 证。

（李朝晖）

中节能（北京）节能环保工程有限公司

总经理　李朝辉

## 欧必翼门控科技（北京）有限公司

欧必翼门控总部基地幕墙施工完毕　　陈亮 摄

欧必翼门控科技（北京）有限公司（简称欧必翼门控）2014 年总产值 1.67 亿元，利润额 2587 万元。公司在全国设立 17 个直销分支机构，3 个海外办事机处。年内，欧必翼门控参加了中国国际建筑装饰展览会、中国国际社会公共安全博览会。公司研发生产营销总部基地在开发区 B6M4 地块建设，幕墙整体施工完毕。

欧必翼门控是中美合资公司，致力于为政府办公楼、酒店、写字楼、机场等大型建筑提供豪华、安全、舒适的旋转门、速通门、地铁屏蔽门、五金等门控、安防产品，为全球用户提供门区设计、生产、安装、售后于一体的专业化服务。

（王娜）

欧必翼门控科技（北京）有限公司

总裁 张建新

## 奥码拓（北京）科技有限公司

奥码拓（北京）科技有限公司（简称奥码拓）2014 年科研经费投入 149 万元。奥码拓成立于 2010 年 5 月，注册资本 100 万元，资产总额超 500 万元，是一家集研发、生产、销售、技术服务、技术咨询于一体的专业从事材料检测设备的高新技术企业。奥码拓研发中心面向高等院校、科研院所以及企业技术中心，为其提供材料学、摩擦磨损学等前沿技术和一站式解决方案。

（张一）

奥码拓（北京）科技有限公司

董事长 Wolfgang P · Weinhold

首席执行官 王杨

## 中铁十九局集团有限公司

中铁十九局集团有限公司（简称中铁十九局）2014 年全集团新签合同 202 项，总额 466 亿元，其中集团母公司新签合同 61 项，总额 283.13 亿元；实现营业总收入 325.8 亿元，其中集团母公司 103.2 亿元；实现利润 5.2 亿元，其中集团母公司 3.2 亿元。工程质量分项工程一次检查合格率 100%，单位工程合格率 100%。

年内，中铁十九局施工工程获得中国建筑工程鲁班奖 1 项、中国土木工程詹天佑奖 3 项、国家优质工程金奖 1 项、国家优质工程银奖 1 项、省部级优质工程 5 项、省部级科学技术奖 10 项，科研立项 2 项，工法 18 项，73 项专利获得国家知识产权局授权。中铁十九局通过国家级技术中心认定，以工程施工企业身份参展第四届中国亚欧博览会。

中铁十九局归属国资委管理，2009 年 7 月集团总部从辽宁省辽阳市搬迁至开发区荣华南路 19 号。公司是具有铁路工程施工总承包特级，铁道行业工程设计甲Ⅱ级，公路、矿山、市政公用、水利水电、房屋建筑工程施工总承包一级，公路路基、桥梁、隧道、铁路铺轨架梁工程专业承包一级，城市轨道交通工程专业承包资质和地质灾害治理工程施工甲级资质企业。同时拥有承装（修、试）电力设施许可和爆破作业单位许可证（营业性）A 级，同时拥有境外工程承包资质和对外经营权。中铁十九局通过国家高新技术企业认定，被中国施工企业管理协会评为“科技创新优秀企业”，集团公司技术中心通过北京市认证。公司先后被授予“全国优秀施工企业”“全国先进建筑企业”“全国质量管理先进单位”“全国工程建设管理先进单位”“全国守合同重信用企业”“全国建设施工企业设备管理优秀单位”“全国思想政治工作优秀企业”“全国精神文明建设工作先进单位”“全国企业文化建设优秀单位”“全国文明单位”等荣誉称号。所建工程先后荣获“古斯塔夫斯－林德恩斯”国际桥梁大奖1项，中国建筑工程鲁班奖12项、中国土木工程詹天佑奖13项、国家优质工程金奖8项、国家优质工程银奖26项、省部级优质工程164项。

（张莹）

中铁十九局集团有限公司

董事长、党委书记 葛永利

总经理 王学忠

## 龙创信恒（北京）科技有限公司

龙创科技大篷车进社区 杨延东 摄

龙创信恒（北京）科技有限公司（简称龙创科技）2014年销售收入3672万元，同比增长10.7%；纳税额达37.25万元，同比增长9.8%。职工总人数162人，多项工程项目进展顺利。4月，龙创科技中标对外经济贸易大学体育馆照明节能改造工程，节能效果不低于20%。5月，河南龙宇煤化工节能改造项目验收合格，达到预期节能效果，5年内将为龙宇集团节省电量5000万千瓦时，约合2000万元。7月，山西长治县市政路灯节能与监控项目竣工。9月，龙创科技北京总部迁至开发区地盛北街1号北工大软件园15号楼。10月，市发展改革委主办，龙创科技与北京节能环保促进会承办的可再生能源展会在龙创科技北京总部开幕，举办10次论坛，5000余人参加。12月，市发展改革委主办、龙创科技与北京节能环保促进会承办的节能大篷车进社区活动在海淀区二里庄社区启动。

龙创科技于2005年1月成立，是一家集研发、生产、销售、技术服务于一体的专业从事电力节能、电网净化及能源管理的高新技术企业，是发展改革委、财政部首批备案，工业和信息化部重点推荐的节能服务公司，现承担1项国家火炬计划项目（市政路灯节电器）。

（穆耀威）

龙创信恒（北京）科技有限公司

总经理 高向武

## 金鹰国际货运代理有限公司

金鹰国际货运代理有限公司（简称金鹰国际）2014年业务总收入10.87亿元，纳税983万元，在华北区有员工645人，拥有具备高标准医药仓储条件和符合安全质量标准的冷链运输系统，运营站点增加至12个，仓储面积扩至21.6万平方米。与德国宝马公司，美国霍尼韦尔公司、苹果公司、玛氏公司等知名企业签约，为其提供全方位仓储、运输及保税物流服务。年内，金鹰国际落实支教和绿色环保行动，为农民工子弟学校学生组织活动，给10名学生颁发绿色奖学金，向甘孜贫困地区捐赠物资。

金鹰国际成立于1996年9月，隶属于DHL品牌，为德国邮政集团全资子公司。2002年，金鹰国际作为第三物流服务和解决方案企业入驻开发区。

（蔺仿如）

金鹰国际货运代理有限公司

中国区董事兼总经理 邹 胤

## 中外运－敦豪国际航空快件有限公司

中外运敦豪雅安留守儿童主题画展　　单位提供

中外运－敦豪国际航空快件有限公司（简称中外运敦豪）2014年收入利润位居DHL快递200多个国家榜首。建成中国最大的国际快递服务网络，遍及中国95%人口聚集区和经济中心城市，拥有超过6300名精通国际快递业务、熟悉本地情况的员工。服务覆盖全国390个城市，有超过100家分公司和近200处办公设施。国际快递服务可直达其中131个主要城市，每周使用超过500架次商业航班和专机。2月，中外运敦豪运送两只中国大熊猫前往比利时。4月，中外运敦豪派送员郭伟聪入选中国“最美派送员”全国十强。年内，中外运敦豪携手中国足球超级联赛、电动方程式等体育赛事，为客户展现多元化品牌特质和强大物流专业能力。同时，号召和鼓励全员参与企业社会责任活动。2014年，中外运敦豪在环境保护、灾害管理和教育发展方面开展了众多项目，共有近6000名志愿者累计参与志愿服务17000多小时。年内，旨在支持灾区儿童心理建设的“加油计划”落地雅安。与中国扶贫基金会共同发起的“我有一个梦想”四川雅安留守儿童主题画展在北京国贸商城举办。

中外运敦豪创建于1986年，由德国邮政敦豪和中国对外贸易运输集团总公司各注资50%成立，专注发展国际限时快递服务、全球范围文件和包裹快递。

（国微 王瑞青）

中外运－敦豪国际航空快件有限公司

董事总经理 吴东明

## 北京中纺化工股份有限公司

北京中纺化工股份有限公司（简称中纺化工）2014年实现销售收入1.68亿元，利润650万元，拥有员工96人。年内，中纺化工承担的“液状溴靛蓝染料专用多功能助剂的开发及应用技术研究”项目，荣获中国纺织工业协会科技进步三等奖，同时列入了2014年纺织行业新技术（成果）推广项目目录和纺织印染协会2014年第八批“中国印染行业节能减排先进技术推荐项目”；承担的“有机氟拒水拒油剂的开发及应用技术研究”项目取得阶段性成果，开发出的新产品已生产 20 吨。中纺化工申报了中国通用技术集团自主创新专项资金项目 1 项、开发区科技创新专项资金项目 2 项，申报中央本级重大增减支项目——“中草药天然染料的开发与应用”已获支持。“一种涤纶含浆织物一浴法退浆染色方法及其专用助剂”（申请号 201410393321.2）、“一种复合功能面料及其制备方法”（申请号 201410599275.1）2 项目申请了发明专利。“一种热敏变色材料微胶囊及其制备方法”（授权号 ZL201010572467.5）、“一种汽车用复合功能涤纶布及其制备方法”（授权号 ZL201110355262.6）2 项目获发明专利。获批市专利保险试点单位，申报市专利示范单位。

中纺化工为中国纺织科学研究院控股高新技术企业，专业从事纺织化学品和生物酶制剂研发、生产和销售，同时进行特种纺织品研发并提供技术服务。

（周毓）

北京中纺化工股份有限公司

董事长 李庆峰

总经理 朱清峰

## 北京亦庄国际生物试剂物流中心有限公司

中关村国际生物试剂物流中心外景　　亓川 摄

北京亦庄国际生物试剂物流中心有限公司（简称亦庄生物试剂物流中心）拥有北京国检局指定的生物材料和制品监管库，专业服务人员 15 人，2014 年 1 月正式运行，全年服务企业 130 多家，服务收入 106 万元。中心是由行业联盟、监管部门和政府多方合作共建的第三方公共服务平台。平台对接检验检疫、海关、卫生等监管部门，专门提供生物试剂出入境公共服务。2014 年 1 月，中关村管委会正式将该平台命名为“中关村国际生物试剂物流中心”。

亦庄生物试剂物流中心于 2012 年 7 月在亦庄生物医药园成立，经营范围为货物和技术进出口、代理和仓储服务，货物运输代理，销售化学和生物试剂、化工产品，以及技术咨询、技术服务等，能提供生物试剂快速通关“一站式”服务，包括生物试剂进出口许可审批、报关报检、检疫检验、物流仓储等。

（李艳平 王洪平）

北京亦庄国际生物试剂物流中心有限公司

董事长 兰宝石

总经理 龚 翔

# 科技创新服务业

## 新能源联盟成为北京市国际科技合作基地

3 月 20 日，节能与新能源产业技术战略联盟理事长单位北京泰豪智能科技有限公司和常务理事长单位清华大学联合申报的“智慧城市关键技术北京市国际合作基地”，通过市科委正式认定，成为北京市国际科技合作基地之一。

（胡雯）

## 嘉捷美锦“嘉捷学堂”成立

3 月，北京嘉捷美锦科技发展有限公

司“嘉捷学堂”启动，旨在聚合驻区优秀企业家和管理者，形成最前沿的管理理念和企业管理需求的互动。“嘉捷学堂”全年成功举办“把握趋势撬动未来”的电子商务助力企业转型与发展研讨会等各种活动 46 期，参加人员达 2000 人次。“嘉捷学堂”立足新区人力资源管理领域，为企业管理层和人力资源（HR）同行提供一个增长新知识，开拓新思路，研究和实践经济发展中的 HR 新课题的一个服务和交流平台，以提升自身的专业价值，打造企业的人才战略与核心竞争力。目的是紧紧围绕企业生产经营需要，通过举办企业关注、员工需求的内容，努力提升员工业务技能和管理能力，实现企业发展强大的目标。

（李军辉）

## 苍穹数码土地登记信息监管项目通过验收

5 月 16 日，北京苍穹数码测绘有限公司承担的全国土地登记信息动态监管查询系统设计与开发项目顺利通过中国土地勘测规划院验收。项目开发的土地登记数据动态获取系统，通过国家、省、市、县四级互联互通国土资源业务网，实现了动态获取市、县级国土资源部门土地登记数据；通过构建国家级土地登记数据库及其管理系统，实现对获取土地登记数据进行规范处理、科学组织、集中管理；针对收集土地登记数据，系统提供了多层次展现与应用服务，深入发挥数据价值，贯彻土地垂直监管制度。该项目解决了土地登记信息割据、属地管理的局限及土地登记不规范等问题，为全国地籍总归户、规范土地登记行为、提升土地监管能力提供了有力的保障，为跨省的土地登记信息查询共享、保障权利人的利益，起到了有力的推动作用。

（李雅琳 郭冉）

## 嘉捷企业汇物业公司实现数据化管理

5 月，嘉捷企业汇物业公司结合实际情况，制定了数据化管理方案，实现了经营管理、人事管理以及客户服务的完全数据化。在经营方面，财务部每月将预算以及执行的收支情况通报各项目，人事部将人员的离、入职情况进行分析，辅助项目做好内部管理并有效地控制成本；在内部管理方面，月度报告已经成为各项目有序工作的重要依据，包含对客户的服务情况以及各项数据统计、工作完成情况、工作计划等，随时掌握统计数据，随时进行调整。

（丁艳霞）

## 北京泰豪与德国 AGN 集团签署合作协议

6 月 16 日，北京泰豪智能科技有限公司与德国著名建筑设计公司 AGN 正式签署合作协议，就推进双方建筑领域合作达成共识。双方计划在包括政府、高校和体育等在内的绿色建筑设计领域和机场、铁路等交通设施领域，以及物流、生产制造和能源等工业领域开展相互交流合作，并意向通过设立合资公司进一步深化合作。

（毛东颖）

## 苍穹数码开展校企合作

7 月 7 日，北京苍穹数码测绘有限公司与安徽农业大学经济技术学院签订《安徽农业大学经济技术学院与北京苍穹数码测绘有限公司共建实践教学基地协议书》，双方共建实践教学基地，开展校企合作，苍穹数码为 3S 人才提供发展平台。11 月 4 日，苍穹数码与华中农业大学签署校企协议，共建华中农业大学实习基地。

（李雅琳 郭冉）

## 汇龙森文创园首次与艺术家联合办展会

8月13日，汇龙森文创园、首都博物馆和北京收藏家协会共同主办的“新写实剪纸艺术展”在首都博物馆三层圆展厅开幕。这次展览共展出李闽新写实剪纸艺术工作室创作的45幅汇龙森文创园作品。开幕式当天，吸引了来自工艺美术界专家、学者，以及剪纸爱好者百余人参观。汇龙森国际企业孵化（北京）有限公司开始进军文化创意孵化领域。

（李文祥）

## 北京泰豪与民航大学科技产业战略合作

北京泰豪与中国民航大学签约仪式　　单位提供

8月19日，北京泰豪智能科技有限公司与中国民航大学科技产业战略合作签约仪式举行，双方将就通航产业未来业务发展、产品研发、机场业务、无人机合作等，建立长期发展战略合作。双方还共同成立了天津通航恒达科技有限公司，公司成立伊始即取得青岛机场智慧机场规划设计项目。

（付周露）

## 北京泰豪助力武汉智慧城市建设

9月12日，由湖北省联合发展投资集团有限公司、北京泰豪智能科技有限公司、武汉力龙信息科技股份有限公司共同出资的合资公司——湖北智慧新城产业开发有限公司第一次股东会议召开。三方联手打造“湖北智城”项目，可实现政策转化、资源整合和项目运作协同效应，达成规划设计、项目渠道、项目实施及项目长期运营维护的完整配合，为智慧新城提供全方位解决方案。

（毛东颖）

## 苍穹数码参加中国地理信息产业大会

9月25日，2014年中国地理信息产业大会在成都开幕。大会首次举办中国地理信息产业百强企业评选活动，北京苍穹数码测绘有限公司成功入选并获表彰。由苍穹数码承接建设的资阳市国土资源“一张图”及综合管理平台项目、河南省营造林管理系统项目、济宁市土地利用管理系统项目分别荣获2014年地理信息产业优秀工程银奖。苍穹数码承担的省级土地利用数据库更新技术和方法的研究项目荣获2014年中国地理信息科技进步奖三等奖。会上，苍穹数码重点展示了苍穹国土资源“一张图”及多级电子政务平台、苍穹林业综合管理系统、智能RTK M8、GIS数据采集器K8、加固型GNSS工业平板N8、轻便型三防工业平板N8S、北斗定位终端L8等多款产品与解决方案。26日，苍穹数码主办了主题为“创造一流产品质量与服务品质，引领政府空间信息化潮流”的政府信息化分论坛，公司各领域技术负责人分别对“苍穹数码基于“云物移大智”的行业应用探索”“苍穹国土资源“一张图”及多级电子政务平台”“苍穹省市县农村土地承包管理解决方案”“苍穹GNSS产品介绍”“苍穹基于多源遥感一体化数据处理系统”进行解读。苍穹数码全新推出了智能RTK M8、GIS数据采集器K8、加固型GNSS工业平板N8、轻便型三防工业平板 N8S、北斗定位终端 L8 等多款 GNSS 产品。

（李雅琳 郭冉）

### 北京创新医疗器械产业发展论坛举办

10 月 16 日，由汇龙森国际企业孵化（北京）有限公司与北京医药行业协会联合主办，北京医疗器械和生物技术产业创新联盟协办的“2014 北京创新医疗器械产业发展论坛”在汇龙森举办。国内医疗器械企业代表、专家共计 400 余人，围绕医疗器械产业发展新法规、新政策、新趋势、新热点进行广泛交流和深度讨论。

（李文祥）

### 北京泰豪项目获国家重点新产品计划立项

10 月 24 日，科技部发布《关于下达 2014 年度有关国家科技计划项目的通知》，正式对外公布科技部 2014 年度国家星火计划、火炬计划、重点新产品计划和软科学研究计划的项目清单。北京泰豪智能工程有限公司“泰豪建筑机电设备全生命周期管理系统 V1.0（THBEMS V1.0）”成功入选2014年度国家重点新产品计划。该项目以建筑物能耗状况调研为依据，以整体设计为核心，以能量监测和管理为手段，提供完善的楼宇维护及电气节能改造方案；通过子系统传递的数据进行能耗分析、诊断，然后建立相应的能耗模型，实现节能，降低楼宇运行成本。系统可降低建筑机电设备全生命周期各阶段运行风险，最大限度延长机电设备服役周期，并在服役期间创造最大价值。

（魏玉倩）

### 中荷孵化器国际合作会议在汇龙森召开

11 月 28 日，中国技术创业协会孵化联盟与荷兰孵化器代表团联合在汇龙森国际企业孵化（北京）有限公司召开中荷孵化器国际合作会议。双方签署中荷孵化器国际合作备忘协议，就各自孵化器运营模式、人才引进、项目融资以及如何充分利用各自资源，努力推动创新创业项目双向孵化等事项达成合作意向。

（李文祥）

### 集翔多维参与“863 计划”项目通过验收

年内，北京集翔多维信息技术有限公司参与承担的国家高技术研究发展计划“863 计划”项目“高端微创外科手术机器人系统”通过验收。项目总投入 869 万元，由上海交通大学附属胸科医院等 7 家单位共同承担，集翔多维获得专项资金 115.4 万元。此项目的总体目标是结合国内的医疗需求、经济条件及血管微创手术的现有技术手段，开展介入手术定位、导航及手术机器人控制等方面核心技术的研究，开发借助手术导航系统用于微创血管介入手术的手术机器人系统，即对血管内超声 (IVUS) 图像数据、血管造影（DSA）图像数据及多排 CT（MSCT）图像数据的分析，重建虚拟的三维血管内、外图像，并通过建立空间坐标系的数学模型，实现系统各空间坐标系的转换与配准，由此构建在导航系统引导下的血管微创手术智能机器人，从而达到安全、精细完成微创血管介入手术的目的。集翔多维在该课题中的主要分工是手术导航的主要研究，包括血管图像获取设备及定位设备的选取与配准；完成各空间参考坐标系的建立与配准；血管内外形态及其介入器械的三维虚拟现实显示；介入器械的实时跟踪定位；基于对血管交叉口、弯道、弹性、斑块特性分析的介入器械操作方式选取；机器人控制信息、控制指令的实时反馈与处理；人机交互信息处理；介入操作的安全预警、实时中断保护及可靠人工干预。

（王玉珊）

### 北京华测成为北京技师学院实习基地

年内，北京华测北方检测技术有限公司积极开展校企合作，与北京技师学院签订协议成为该校的实习基地。截至年底，共接收技师学院环境和食品专业实习生60多名，部分实习生已经转正为公司正式员工。

（谢琴）

## 部分企业

### 北京国富安电子商务安全认证有限公司

北京国富安电子商务安全认证有限公司（简称国富安）2014年以项目需求带动产品研发，按需发展产品线，形成了电子认证应用、安全移动应用、网络安全传输为主的三大产品体系。同时关注移动应用领域安全，以移动电子认证服务、移动电子签名应用为基础，预研相关技术，形成“安信签”产品雏形。6月，国富安通过国家密码管理局密码使用专项审查，以及与国家SM2根证书互联互通鉴定；9月，成功入围政府类“央采网”协议供货商；11月，国富安提出的“安全无纸化”解决方案中标京东项目，并获2014年电子商务集成创新奖。12月，获得新区“小巨人”重点培育企业、北京市诚信创建企业荣誉称号。年内，国富安成功申报“十二五”国家密码发展基金密码理论课题，研究在云计算虚拟化技术中应用商密算法，并制定标准规范。

（田丹）

北京国富安电子商务安全认证有限公司

总经理 唐清文

### 汇龙森国际企业孵化（北京）有限公司

汇龙森国际企业孵化（北京）有限公司（简称汇龙森）2014年被科技部评定为“优秀（A级）国家级科技企业孵化器”，被科技部科技型中小企业股权投资联盟推选为副理事长单位，被工业和信息化部评定为国家中小企业公共服务示范平台，被首都精神文明建设委员会评选为2012—2014年度首都文明创建工作先进单位。8月，汇龙森文创园、首都博物馆和北京收藏家协会共同主办“新写实剪纸艺术展”，汇龙森开始进军文化创意孵化领域。9月，北京大学创业训练营亦庄基地正式落户汇龙森科技园。10月，“2014北京创新医疗器械产业发展论坛”和“中荷孵化器国际合作会议”在汇龙森召开。截至年底，园区共有国家“千人计划”15人，北京市“海聚工程”36人，中关村“高聚工程”29人，开发区海外高层次人才63人。

汇龙森成立于2002年4月26日，注册资金6000万元，是一家专业从事科技园区建设与管理、科技企业服务和科技投资业务的集团公司。

（李文祥）

汇龙森国际企业孵化（北京）有限公司

董事长 刘泳

### 北京嘉捷美锦科技发展有限公司

北京嘉捷美锦科技发展有限公司（简称嘉捷美锦）2014年销售额126.03万元，纳税1471.73万元，职工60余人。3月，嘉捷学堂启动，全年举办各种公开培训课及沙龙活动 46 期，参加人员达 2000 人次。7 月 1 日，微信订阅号“嘉捷企业汇基础服务平台”正式上线。8 月 8 日，嘉捷科技园成立 10 周年。12 月，嘉捷美锦（嘉捷学堂）举办电子商务助力企业转型与发展研讨会，成立电商人才俱乐部。年内，嘉捷企业汇物业公司落实数据化管理。

嘉捷美锦成立于 2005 年，由北京嘉捷集团、山西美锦集团共同投资建立，是以科技园区建设和运营为主营业务的民营企业。2011 年，嘉捷企业汇提出“满足政府招商条件，以创新型企业为主要客户的企业园运营商”的业务发展新定位。进入嘉捷企业汇企业超过 120 家，包括中国移动、中航惠腾等大型国有企业集团分支机构，和以“同为时代生物”“天申集团”“伟奥软件”“嘉捷恒信”等为代表的民营高新技术企业。嘉捷美锦开发及运营的项目包括嘉捷科技园（含“嘉捷双子座”）、BDA 企业汇、BOX 企业汇等，现统称为“嘉捷企业汇”。“嘉捷企业汇”融区位优势、产业优势、政策优势、环境优势、交通优势于一身，入园企业拥有生态办公、景观办公的优越环境，享受国家级开发区及中关村科技园区的双重优惠政策，高品质的物业管理及一流的商务配套服务。

（田琳）

北京嘉捷美锦科技发展有限公司

董事长 李佰龙

总经理 任 彤

## 北京苍穹数码测绘有限公司

北京苍穹数码测绘有限公司（简称苍穹数码）2014 年度销售收入逾 2 亿元，利润 1000 万元，纳税 1700 多万元。苍穹数码固定资产超过 2 亿元，拥有各类专业人才 1100 余人。苍穹数码在开发区投资 1.2 亿元、总面积约 1.4 万平方米的苍穹数码大厦已竣工入驻。公司是市企业技术中心，具有国家高新技术企业、甲级测绘资质、双软认证、计算机系统集成、质量管理（ISO 9001）、信息安全管理（ISO 27001）、 CMMI3 级认证、国家二级保密等 10 余种资质。

年内，苍穹数码正式入驻西部地理信息科技产业园。苍穹数码承建的四川省资阳市国土资源“一张图”及综合管理平台项目、湖北省林业厅行政审批系统项目、全国土地登记信息动态监管查询系统设计与开发项目、全国宗地统一代码电子文件管理信息系统试点工程均通过验收。苍穹数码通过湖北省农村土地承包经营权确权登记颁证工作办公室资格审查，承建的江西省数字林业总体设计与建设标准通过评审，承建的内蒙古自治区第一次全国水利普查成果查询与服务系统项目通过初验。苍穹数码应邀出席 2014 年第七届中国国际军民两用技术博览会、第五届中国卫星导航学术年会、内蒙古自治区国土资源所标准化建设现场经验交流会、2014 年中国地理信息产业大会、第四届全国测绘地理信息技术装备展览会、2014 年欧洲导航会议、伊斯坦布尔 INTERGEO EURASIA 2014 展会、2014 年 FIG 测量仪器全球展会、国际大地测量学和地球信息技术展等近 10 次国际、国内展会。

苍穹数码作为国土资源部第二次全国土地调查统一试点底图生产单位、二次全国土地调查国家级核查单位，在此过程中，苍穹国土信息化管理软件在全国 25 个省、

1000 多个市县中得到广泛应用，并在此基础上形成了满足“一张图”项目建设需求的完整产品体系和人才队伍。苍穹数码自 2010 年开始承接“一张图”项目，已承担建设的地区有：江苏省、辽宁省、内蒙古自治区、青海西宁市、河南开封市、河南固始县、甘肃临夏州、安徽泾县、安徽安庆市、江苏泰兴市、四川遂宁市、四川乐山市、四川资阳市、新疆喀什市、内蒙古呼和浩特市等。项目建设以来，苍穹数码获多项荣誉，得到专家的肯定。其中，新疆喀什国土资源综合信息管理平台，荣获 2013 中国地理信息产业优秀工程金奖，内蒙古呼和浩特国土资源“一张图”及综合监管平台建设（一期）荣获 2013 中国地理信息产业优秀工程铜奖。

苍穹数码致力于遥感、地理信息、卫星导航等核心技术和产品开发，业务范围涉及数据获取与加工、GIS 平台研发、遥感平台研发、卫星导航软硬件产品研制与生产、政企与国防信息化解决方案、大众应用与服务等。苍穹数码拥有自己的一大批核心技术，开发出具有自主知识产权的苍穹桌面 GIS 平台、苍穹服务 GIS 平台、苍穹移动 GIS 平台、基于多源遥感数据一体化处理系统、高精度多频多星 RTK 野外成图系统等多款基础软硬件平台产品，并以此为基础，开发了集门户、工作流、企业服务总线、统筹 GIS 服务、数据交换于一体的业务协同平台，形成了以空间信息为基础，涵盖数据采集、数据处理、数据管理、专业应用等近百种全面成熟的空间信息化解决方案，并广泛应用于政府、企业、国防、大众服务等领域。苍穹数码非常重视与教育机构的交流，已与多所高校开展校企合作，如中国农业大学、中国地质大学、中国矿业大学、滁州学院、河南农大、华中农业大学、安徽农业大学等。公司通过与高校共建联合实验室、“苍穹实验班”、组织“GIS 设计大赛”等方式，实现科研与实际应用的紧密结合，助力高校快速培养适应社会发展的 3S 人才。苍穹数码 2009 年软件销售超过 1 亿元，综合产值以 30% 增长率逐年攀升。公司自成立以来，主持和参与多项联合国开发计划署、发展改革委、科技部、国土资源部、总参测绘局、北京市科委等重大科研项目，承担大量全国、全省性的涉及国土、林业、水利、农业、数字城市、国防、测绘、环保、电力等领域大型项目，获得省部级科技进步、优秀工程等各类表彰超过 50 项。

（李雅琳 郭冉）

北京苍穹数码测绘有限公司

董事长兼总经理 徐文中

## 北京集翔多维信息技术有限公司

北京集翔多维信息技术有限公司（简称集翔多维）2014 年共有员工 8 人，其中研发人员 5 人。全年除承担国家课题研发以外，取得营业收入 112.62 万元，是 2013 年的近 6 倍，取得净利润 24.96 万元。年内，集翔多维参与承担国家科技支撑计划课题“CT 引导微波消融微创治疗设备的集成研发与示范”通过阶段性审核，参与承担的“863 计划”项目“高端微创外科手术机器人系统”通过验收。

集翔多维创立于 2004 年 2 月，是一家专业从事医学图像引导手术导航系统研发的高新技术企业。集翔多维利用自主开发的多项图像识别技术、实时图像处理技术，开发了CTO手术导航系统、GANZ截骨导航系统、肝肿瘤手术导航系统、支气管镜下活检导航系统、光学相干断层成像图像分析系统、冠脉造影分析系统、血管内超声图像管理系统等产品，通过与山东大学齐鲁医院等多家医院合作完成了上述医疗产品测试，投入临床试用。

（王玉珊）

北京集翔多维信息技术有限公司

董事长兼总经理 易 新

## 美德创新（北京）科技有限公司

美德创新研发的智能凯格尔球　　杨帆 摄

美德创新（北京）科技有限公司（简称美德创新）2014年生产产值302.2万元，其中销售额204.5万元，职工人数16人。年内，美德创新先后为海尔集团设计母婴款空气净化器，为北京慕格医疗科技有限公司设计慕格医用推车，为鹊桥连酷科技有限公司设计女性用品“智能凯格尔球”“传统凯格尔球”，为时云医疗科技（上海）有限公司设计“云律血压节律仪”，为北京微芒科技有限公司设计“智能花盆”，为联想集团设计“爱娃摄像头”等产品。

美德创新成立于2010年10月18日，致力于与国际型企业合作，提供全球领先工业设计、结构设计、机械电气设计到样机制作、产品供应一站式服务。其团队由来自中国、美国、丹麦、墨西哥、波兰等不同国家的设计师组成，提供基于中国本土市场的国际化设计服务。

（张敬雷）

美德创新（北京）科技有限公司

总经理 张敬雷

## 锋创科技发展（北京）有限公司

锋创科技发展（北京）有限公司（简称锋创科技）2014年生产总值2亿元左右，销售收入7000万元，职工人数40人。锋创科技是国内从事产业园区综合开发、管理和运营的专业服务商。拥有在中关村科技园区10年的产业开发及运营服务经验，在开发区投资建设“锋创科技园区”（FTP）。

锋创科技园于2014年10月正式竣工开业，投资8亿元。截至年底，有近300家企业入驻锋创科技园，主要集中在电子商务、移动互联网、生物医药、节能环保类行业。锋创科技园位于开发区路东区F3F1、F3M1地块，东临凯工及市政用地F3U-1地块，西至经海路，南邻科创十四街，北至科创十三街。F3M1地块用地性质为工业用地，F3F1为多功能用地，使用年限均为50年，总用地面积70718.257平方米。地上规划建筑面积13.7万平方米，总建筑面积16.5万平方米。园区提供了丰富的研发、办公业态，有小精装办公室用于孵化和小微企业办公，有中型办公空间为整层办公，还有独栋办公。园区建成同时还配有配套设施和周到细致的相关服务。包括：近3000平方米餐厅2个，超市，咖啡厅，健身房，篮球场，用于新产品展示和交流的多功能厅，室外草坪广场，提供基础服务、运营服务、成长服务。

（张寒燕）

锋创科技发展（北京）有限公司

董事长 张寒燕

## 北京泰豪智能科技有限公司

北京泰豪外景　　毛东颖 摄

北京泰豪智能科技有限公司（简称北京泰豪）2014 年实现年产值约 13 亿元，总资产约 21 亿元。公司承接的“故宫用电安全监控管理项目”获智慧北京大赛“优秀示范应用奖”，“城市能源与环境综合检测管理平台”获节能创新奖“技术发明奖”，中国海关博物馆智能化工程被评为“2014 年度建筑长城杯金质奖工程”，完美国际大厦数据中心项目获评“北京市安装优质工程”，“城市能耗监测平台”获“节能减排技术发明奖”三等奖，北京泰豪荣获“2014 年度优秀智慧城市解决方案供应商”“2014 年度中国市场十大系统集成商品牌奖”“节能减排企业贡献奖”。北京泰豪为天津滨海新区节能监控及改造设计能源审计第三方平台，正在作为一种模式向全国国家级经济开发区推广。与清华大学联合申报的“智慧城市关键技术北京市国际合作基地”成为市国际科技合作基地之一，自主研发的泰豪“城市氧吧”智慧洁净空气系统成功启用，与德国著名建筑设计公司 AGN、中国民航大学正式签署合作协议，与湖北省联合发展投资集团有限公司、武汉力龙信息科技股份有限公司共同出资的合资公司——湖北智慧新城产业开发有限公司打造“湖北智城”，“泰豪建筑机电设备全生命周期管理系统 V1.0（THBEMS V1.0）”成功入选 2014 年度国家重点新产品计划，“智慧新余”建设成果亮相深圳高交会智慧城市专馆，智慧博物馆解决方案亮相中国博协第六届会员代表大会暨 2014 博物馆及相关产品与技术博览会。

北京泰豪拥有住房城乡建设部建筑智能化工程专业承包、设计、安全技术防范等一级专项资质，并通过 ISO 9001 质量管理等体系认证。公司已承接包括故宫博物院、国家博物馆、上海世博中心、国家会议中心、深圳机场 T3 航站楼等重大工程，并荣获“智能建筑行业十大品牌企业”“优秀智慧城市解决方案供应商”“节能中国先进单位”等多项称号。

北京泰豪确立“科技兴企”发展战略，已形成总部—核算单位二级 140 余人研发队伍，下设物联网应用、云计算应用、大数据应用、智慧能源、智慧园区、智慧机场、智慧水务、智慧博物馆、平安城市、绿色机房等多个研究室。北京泰豪研发中心与清华大学、中科院等科研院所、高校保持深入广泛科研技术交流与合作。与日本三井物产株式会社签署战略合作协议，与松下电器株式会社、西班牙 kronomav 安防公司、德国 AGN 绿色建筑设计公司等组织开展国际研发合作和科技成果转化。

北京泰豪共拥有 62 项自主知识产权，其中授权发明专利、实用新型专利共 10 项，计算机软件著作权 52 项。承担泰豪建筑电气节能管理系统、泰豪 IBMS 建筑电气节能系统技术项目成果转化、泰豪建筑机电设备全生命周期管理系统V1.0（THBEMS V1.0）、区域分布式建筑光伏系统集成技术研究与示范、新型智能采暖能耗分栋热计量与热分摊技术研发项目等多项国家及省部级重点科技项目，并承接新余市能源与环境监测管理中心、石家庄市工业节能减排监测管理平台等多项国家节能减排财政政策综合示范城市建设典型示范项目。

北京泰豪成立于1997年，是国内最早从事智能建筑和建筑节能产品研发、生产，智能化工程设计、系统集成，技术顾问、咨询等服务的高新技术企业，主要业务为智慧城市顶层规划，智慧能源、智慧园区、智慧机场、光伏电站和智慧水务等领域的投资、建设和运营，已在全国25个省市设立了分支机构。

（马益荣 毛东颖）

北京泰豪智能科技有限公司

董事长 李春生

总经理 邹卫明

## 北京蓝新特科技股份公司

蓝新特办公大楼 刘文周 摄

北京蓝新特科技股份公司（简称蓝新特）2014年总资产4437万元，营业收入514万元，纳税总额37万元，员工人数40人。7月，启动了新三板挂牌工作，新蓝特夹具技术有限公司更名为北京蓝新特科技股份公司。年内，蓝新特组合夹具进入教育部高等职业院校采购目录。

新蓝特成立于2002年7月18日，位于开发区双羊路7号，注册资金4000万元，是专业从事工装夹具技术研发生产的高新技术企业、北京市科技研究开发机构，其蓝系数控工装组合夹具集成创新平台将工装夹具的制造时间从1～2个月缩短到1个小时。拥有发明专利、实用新型专利10余项，并成功孵化2项专利。为空军装备部研发的柔性航电试验台获2008年军队科技进步二等奖。夹具技术入选国防科技工业局“先进工艺技术推广项目”、人力资源社会保障部“国家653科技人才继续教育工程”、教育部“中国职业教育校企合作项目”“中国职业教育实训实验器材配置标准”。组合夹具技术被“全国数控技能大赛”“全国职工数控技能大赛”“全国职业教育数控技能大赛”指定为唯一夹具比赛器材。

（张凡）

北京蓝新特科技股份公司

董事长 王 军

总经理 张勇毅

## 北京华测北方检测技术有限公司

北京华测北方检测技术有限公司（简称北京华测）2014年营业收入4736万元，同比增长23.1%；利润总额848万元，同比增长72.3%；上缴税金138万元。截至年底，北京华测总资产7098万元，仪器设备约900台，价值约2500万元；共有员工235人，其中本科及以上学历所占比例为48.9%。年内，北京华测先后为8000多家企业提供检测技术服务，出具报告1万多份；被市商务委认定为北京市外贸公共服务平台；被开发区认定为新区公共服务平台；获评市水利建设市场主体信用 AAA 级检测单位；成为中国环境修复网首批推荐的两家污染场地调查评估修复从业单位之一；通过国家高新技术企业复审；被开发区科技局认定为新区公共检测技术服务平台，获得开发区“安全生产标准化岗位达标”称号；与北京技师学院签订协议成为该校的实习基地。

北京华测成立于 2007 年 5 月，注册资金 3000 万元，属于深圳市华测检测技术股份有限公司（已更名为华测检测认证集团股份有限公司）的全资子公司。华测检测是国内最大民营第三方检测认证机构之一，获有 CNAS、CMA、CMA-f、职业卫生安全等专业资质证书；拥有发明专利 2 项、实用新型专利 5 项、软件著作权 5 项；获得中关村高新技术企业、中关村高成长 TOP100、首都科技条件平台检测与认证领域中心优秀成员单位、“德勤一亦庄高科技、高成长企业 20 强”等称号。北京华测致力于为企业提供环境、食品、电子电器、有害物质等专业的第三方检测技术服务。

北京华测外景　　谢琴 摄

（谢琴）

北京华测北方检测技术有限公司
总经理　吕小兵

# 都市产业

## 京东西北大区正式启动运营

1 月 6 日，京东集团西北大区正式启动运营。京东西北大区总部设在西安国际港务区，辐射陕西、宁夏、青海、新疆、甘肃等省区。截至年底，西北大区总仓库面积达到 13 万余平方米，拥有配送站点 200 多个。除西安之外还有兰州大家电，乌鲁木齐大家电、FDC 仓，银川大家电等。

（王晓东）

## 京东家电三保服务获“金手掌”奖

1 月 8 日，中国互联网产业年会“金手掌”奖评选结果揭晓，京东集团家电三保“30·30·180 服务”获“2013 中国互联网十大价值产品”。“30·30·180 服务”，即 30 天价格保护、30 天包退、180 天包换，远高于国家法定 7 日内可退货、15 日内可换货的“三包规定”。

（王晓东）

## 京东牵头成立中关村大数据交易产业联盟

2 月，作为大数据领域领先企业代表，京东集团联合工业和信息化部电信研究院、中关村互联网金融协会、数海科技等企业、协会，牵头成立了中关村大数据交易产业联盟。该联盟是国内首个面向数字交易的产业组织，以推动数据资源开放、流通、应用为宗旨，广泛聚集大数据提供方、数据开发者、大数据交互平台、大数据使用方及数据投资者，构建覆盖全国的大数据产业链。工业和信息化部电信研究院副院长刘多任联盟首届理事长。

（王晓东）

## 亨特建筑签约多个项目

2月，亨特建筑产品（北京）有限公司签约中海油芍药居办公楼工程，项目采用亨特接团乐思龙品牌铝单板、12毫米蜂窝板，使用面积7600平方米。5月，亨特建筑签约河北保定长城汽车新技术中心工程，项目采用亨特接团乐思龙品牌75毫米厚矿棉夹心板，使用面积1.39万平方米。8月，亨特建筑签约天津武清影剧院工程，项目采用亨特乐思龙品牌25毫米蜂窝板外墙产品，使用面积1.23万平方米。8月，亨特建筑签约天津渤海银行工程，项目采用亨特乐思龙品牌6毫米瓦楞板吊顶和铝单板吊顶蜂窝板外墙产品，使用面积1.1万平方米。10月，亨特建筑签约北京雁栖湖国际会展中心工程，项目采用亨特集团乐思龙品牌内墙及外墙单板，使用面积5000平方米。

（李旭）

## 京东与腾讯建立战略合作关系

3月10日，京东集团与腾讯控股有限公司宣布建立战略合作伙伴关系，旨在向中国互联网和移动互联网用户提供卓越的电子商务服务。本次合作中，京东将收购腾讯B2C平台QQ网购和C2C平台拍拍网100%权益、物流人员和资产，以及易迅网少数股权，购买易迅网剩余股权。

（王晓东）

## 京东将首发联通4G产品

3月18日，在广东深圳举办的2014中国联通合作伙伴大会上，京东集团与中国联通签署了深度战略合作协议，京东将全面销售中国联通定制手机、3G/4G合约产品。会上，京东集团被中国联通授予“优秀合作渠道奖”，这标志着京东在电商领域的卓越成绩再次得到了合作伙伴的认可。

（王晓东）

## “酒仙网”入驻E12数字工场园区

3月，酒仙网电子商务股份有限公司与北京经开投资开发股份有限公司签订E12数字工场园区8号、10号楼租赁合同，租赁面积2.39万平方米，租期5年。4月中旬，启动8号楼装修工作。年底，酒仙网公司800余名工作人员正式进驻8号楼办公。

（姜昧茗）

## 北京可口可乐开展社会公益活动

北京可口可乐净水大课堂走进朝阳区学校　张进红 摄

3月至4月，北京可口可乐饮料有限公司开展“中和排放 拥抱蓝天”环保许愿树、植物环保瓶募捐、义务植树3次环保活动，致力于将绿色环保理念推广给更多消费者。6月15日，北京可口可乐全程协助、支持中华全国体育总会组织开展“发展体育运动，增强人民体质，同心共筑中国梦”全民健身系列活动。6 月 24 日，北京可口可乐作为“首都职工健步走”第二站——北京大兴南海子公园活动的支持单位荣誉出席。12 月 6 日，北京可口可乐参与 2014“花开丰台”——“六一”儿童联欢会暨端午游园会，走进朝阳区安民学校东八间房校区，通过净水器演示、学习洗手操、观看公益短片等环节为打工子弟学生们普及健康饮水知识，宣传保护水资源的重要性。

（茶铭）

## 京东在美国纳斯达克上市

5 月 22 日，京东集团在纳斯达克证券交易所挂牌交易，股票代码为“JD”。开盘价 21.75 美元，较发行价 19 美元上涨 14%，募集 17.8 亿美元，超额完成 IPO。京东是中国第一家在美国纳斯达克上市的大型综合电子商务公司，且是市值最高的中国电子商务公司。京东商城过去几年销售额增速超过业界平均速度 3 倍以上，2013 年已达 1255 亿元。拥有超过 1 亿个注册用户、上万家供应商。

（王晓东 朱珊珊）

## 嘉康利中国继续推广“全民健身万里行”

5 月至 11 月，嘉康利（中国）日用品有限公司作为由体育总局批准，体育总局人力资源开发中心主办的“嘉康利中国全民健身万里行”大型公益活动连续 3 年的官方合作伙伴，继续在全国推广“嘉康利中国全民健身万里行”活动。活动自 2013 年起已陆续在青岛等 10 个城市共举办 14 场主题站活动，有 20 余位中国奥运冠军亲临活动现场助阵。

（张丽虹）

## 北京爱生科技园建设项目开工奠基

北京爱生科技园奠基仪式　　庞博 摄

6 月 6 日，北京爱生科技园建设项目破土动工。爱生科技园规划总用地面积 1.63 万平方米，总建筑面积 2.11 万平方米，由 6 栋单体建筑组成。建成后将成为爱生斑马鱼试验系统和爱生大型净水处理系统以及周边延伸产业的技术研发和产品制造基地。项目分两期建设，一期工程预计于 2015 年 12 月竣工并投入使用。

（周菁楠）

## 京东开具中国首张对公司报销电子发票

6 月 27 日，京东集团与市国税局电子发票服务平台、中国人民财产保险股份有限公司（简称人保财险）正式对接，在成功开具中国电商领域首张电子发票一周年之际成功开具中国首张对公司报销电子发票，并以电子化方式入账。购买物品为 1 支数字录音笔，价值 1199 元，购买单位为人保财险。

（王晓东）

## 新奥财务公司入驻国际企业大道Ⅲ

7 月 4 日，新奥财务有限责任公司与北京经开光谷置业有限公司正式签约入驻国际企业大道Ⅲ。新奥财务是经银监会批准设立，为新奥集团成员单位提供财务管理服务的非银行金融机构。该公司的入驻有效提升了北京经开公司的整体招商水平，为园区其他企业提供了新的融资平台。

（姜昧茗）

## 加多宝成为 APEC 会议特别赞助商

8 月，加多宝（中国）饮料有限公司与 2014 年亚太经合组织峰会北京市筹备工作领导小组办公室签订合作协议，成为 2014 年 APEC 会议特别赞助商，并摘得 2014 年 APEC 会议官方指定饮品殊荣。昆仑山雪山矿泉水获得“特别赞助单位”荣誉称号。

（王晓静）

## 资生堂丽源欧珀莱品牌诞生 20 周年庆典

资生堂丽源欧珀莱 20 周年 VIP 合影　　企业提供

9 月 2 日，资生堂丽源化妆品有限公司 AUPRES 欧珀莱品牌 20 周年庆典暨恒久美肌焕能精华露上市发布会在北京举行。欧珀莱是专为中国女性研发的化妆品品牌，在全国 1115 个柜台拥有近 300 万名会员。AUPRES 欧珀莱在法语中寓意是“伴你左右”，于 1994 年诞生。在这 20 年的时间里，AUPRES 欧珀莱依托资生堂集团最先进科学技术，以中国女性肌肤护理需求为出发点，充分考虑中国女性所处的气候特征和所处环境，研制护肤产品。

（姚岫霞）

## 爱生科技赞助第二届全国斑马鱼 PI 大会

10 月 10 日—13 日，“斑马鱼 1 号染色体全基因敲除计划结题会暨第二届全国斑马鱼 PI 大会”召开。北京爱生科技发展有限公司作为此次会议主要赞助商参加了结题会。该计划启动于 2013 年 2 月，由院士朱作言、孟安明等人发起，中科院等单位牵头，联合全国 38 家实验室 150 名专家共同参与。历时 1 年半，中国科学家基本敲除了斑马鱼 1 号染色体上的 1333 个基因，这是世界上科学家首次完成斑马鱼 1 号染色体全基因敲除计划，为研究人类疾病演化及治疗奠下科学基石。爱生科技作为国内第一家研发制造斑马鱼试验系统专业公司，为国内 80% 斑马鱼实验室提供了高品质实验装备，爱生斑马鱼试验系统完全适应了不同科研领域对斑马鱼研究的最新要求。

（周菁楠）

## 加多宝获评“全国社会扶贫先进集体”

10 月，由国务院扶贫开发小组主办的“全国社会扶贫工作电视电话会议”在人民大会堂举行，将每年的 10 月 17 日设立为“扶贫日”，国务院副总理汪洋出席，并为在扶贫领域做出突出贡献的企业和个人代表颁发奖牌。加多宝（中国）饮料有限公司凭借长期以来在扶贫中的突出表现，荣获由国务院扶贫开发小组授予的“全国社会扶贫先进集体”荣誉奖项。

（王晓静）

## 京东与中国国际电子商务中心合作

10 月，京东集团与商务部直属机构中国国际电子商务中心签订协议。双方将整合线上、线下数据，共同开展消费市场研究合作，为政府主管部门宏观决策提供数据支持。这是国家商务主管部门第一次引入电商合作和数据，也是京东大数据首度服务国家宏观经济决策。

（王晓东）

## 特斯拉项目落户开发区

10月，特斯拉汽车香港有限公司在开发区设立了一家独立法人、独立纳税公司——特斯拉汽车销售服务（北京）有限公司。该公司作为拓速乐（TESLA）汽车销售（北京）有限公司进口拓速乐的品牌经销商，从事上述品牌汽车销售。

（张平）

## 京东“双十一”单日订单量超1400万单

11月1日，京东集团“双十一”大促销开始，共持续12天。11月11日当天，京东商城和拍拍网共售出3518.67万件实物商品。京东集团旗下各平台全天订单量超过1400万单，其中京东商城订单量是2013年同期2.2倍，拍拍网订单量是2013年同期2.4倍。京东全天下单交易额是2013年2倍以上。移动端方面，京东移动客户端、微信购物、手机QQ购物等平台全线发力，移动端下单量占比超过40%，下单量是2013年同期8倍。其中，京东微信购物入口和手机QQ购物入口销售火爆，达到10月份日均水平20倍。拍拍微店上线仅1个多月，增长迅速，下单金额超过10月日均增长3倍，占拍拍网整体近4成。

（王晓东）

## 百花蜂业廊坊厂区完成勘察及工程招投标

11月17日，北京百花蜂业科技发展股份公司廊坊厂区建设勘察及建筑工程招投标工作相继在廊坊经济技术开发区项目中心进行。廊坊市安达岩土工程有限公司中标建设勘察项目，弘宇建筑设计有限公司中标建筑项目。

（李玉东）

## 京东携格莱珉进军农村金融

京东与格莱珉中国签署战略合作协议　　企业提供

12月17日，京东集团与格莱珉银行宣布，双方在农村金融领域达成战略合作意向。借助京东互联网渠道和供应链资源，结合格莱珉在农村金融服务领域经验，携手开拓中国广大农村金融市场。

（王晓东）

## 京东发布微信购物发展白皮书

12月25日，京东集团联合易观智库发布《2014年微信购物发展白皮书》，以一手数据首次呈现京东微信购物的用户特征、移动社交购物创新玩法等。白皮书数据显示，微信购物在用户结构方面，呈现出较为明显的精英化特征。从受教育程度分布来看，微信购物用户学历水平明显高于移动购物用户整体平均水平，70%以上用户接受过高等教育；从职业分布看，微信用户的职业以普通职员和企业管理者等居多，超过移动购物用户中此类用户近18个百分点。此外，调研显示，用户选择微信购物平台的前三大原因分别是支付方便、信任京东和信任微信；超过五成已购买用户每周都会浏览京东微信购物平台，这说明微信购物平台的用户黏性较高且稳定，用户购物习惯正在养成。

（王晓东）

### 酒仙网持续占据酒水 B2C 行业领先地位

年内，作为中国最大的酒类电子商务综合服务公司，酒仙网在持续占据酒水 B2C 行业领先地位同时，启动了 O20 酒快到项目，服务范围已经覆盖全国 27 个省会城市，同时启动了 C2B 私人定制业务板块和 B2B 中酿酒团购业务板块。多种运营模式陆续实施，实现了酒仙网在电子商务主流运营模式全面覆盖。

（王丽华）

### 葆婴公司协办全国医生营养继续教育项目

年内，葆婴有限公司作为中华预防医学会发起的 NDP——“营养与疾病预防”全国医生营养继续教育项目唯一协办单位，携手国家疾病预防控制中心先后在石家庄、成都、大连、青岛、南京 5 个城市对临床医护人员进行面对面继续教育培训。同时，项目联合国内顶级营养及临床方面专家完成了 30 余万字《NDP 医护专业读本》初稿。

（韩燕）

## 部分企业

### 资生堂丽源化妆品有限公司

资生堂丽源化妆品有限公司（简称资生堂丽源）2014 年销售收入 20.2 亿元，工业总产值 24.6 亿元，纳税额 3.7 亿元，员工人数 4231 人。2014 年是欧珀莱品牌诞生 20 周年，有全新臻白多效系列产品、恒久美肌焕能精华露上市，且推出全新护肤理念—— Smart Solution 智能护肤。8 月 14 日，资生堂丽源向中国红十字会总会捐款 30 万元支援云南省昭通市鲁甸县地震灾区。9 月 30 日，为榆垡一小捐赠爱心图书共计 500 余册，价值约 1 万元。12 月 5 日，为榆垡镇举办护肤美容义务讲座。资生堂集团连续 7 年组织甘肃兰州罗汉山植树活动，累计植树 46.7 万公顷，树苗 8.5 万余株，成活率到达 92% 。

资生堂丽源成立于 1991 年 12 月 9 日，是日本资生堂与北京丽源有限公司的合资企业，隶属于北京一轻集团有限责任公司，国家二级企业，中国最早生产、经营化妆品企业之一，中国轻工业总会定点生产化妆品骨干企业。公司是以生产化妆品为主，集工业、科研、贸易、服务为一体多种经营的大型企业，是全国轻工系统 200 家最大工业企业之一。

（堀利理）

资生堂丽源化妆品有限公司

总经理 堀利理

### 加多宝（中国）饮料有限公司

加多宝（中国）饮料有限公司（简称加多宝）出品的罐装凉茶市场销售额在罐装凉茶行业高达 62.1%，销量再次第一，该凉茶行业 2014 年市场数据由全球权威调研机构尼尔森公布。8 月，加多宝与 2014 年亚太经合组织峰会签订合作协议，成为 2014 年 APEC 会议特别赞助商，并摘得 2014 年 APEC 会议官方指定饮品殊荣。昆仑山雪山矿泉水获得“特别赞助单位”荣誉称号。同月，昆仑山雪山矿泉水水源被中国矿业联合会天然矿泉水专业委员会评议组评定为“中国优质矿泉水源”。10 月，加多宝荣获国家最高公益奖项“全国社会扶贫先进集体”，荣膺中国扶贫基金会颁发的“上善奖”，被第一财经日报授予“食品行业最高奖项——年度企业社会责任奖”。同月，在第十一届中国人力资本管理大会上，加多宝荣获“2014 广州日报最佳雇主综合奖”，成为获奖的唯一一家饮品企业。年内，加多宝被评为“凉茶行业第一品牌”。

加多宝创立于 1995 年，是一家集原材料种植、饮料生产及销售于一体的大型企业，1996 年首创并推出第一罐罐装凉茶。1998 年，加多宝在广东省东莞市长安镇建立首个生产基地。加多宝所有工厂均按照 GMP 标准建造，引进欧美先进的全自动饮料生产线，产品质量管理体系覆盖本草植物原料种植、采购、生产制造到市场流通销售全过程，全面保障产品质量。加多宝旗下生产工厂先后通过 ISO 9001、GMP、HACCP、ISO 22000、ISO 14001 等多种管理体系认证、国家出口食品卫生注册。旗下产品包括罐装、瓶装、盒装“加多宝凉茶”和“昆仑山雪山矿泉水”。2006 年，罐装凉茶进入首批国家级非物质文化遗产名录，2010 年获得“全球食品工业奖”，成为中国首家获此殊荣的凉茶饮料民族品牌。2008 年和 2011 年，加多宝两次获民政部颁发的“中华慈善奖”。2012 年正式启用“加多宝”品牌。昆仑山雪山矿泉水是中国雪山矿泉水品类开创者，水源地来自青藏高原昆仑雪山，生产基地海拔 4115 米，是世界海拔最高的矿泉水生产工厂之一。2012 年，昆仑山雪山矿泉水以完美品质代表中国高端水问鼎“伯克利世界品水大赛好水金奖”。2011 年，加多宝董事长陈鸿道获得广东省省级非物质文化遗产项目凉茶的代表性传承人资格。

（王晓静）

加多宝（中国）饮料有限公司

董事长 陈鸿道

执行总裁 阳爱星

## 和路雪（中国）有限公司

和路雪（中国）有限公司（简称和路雪）2014 年进行了氨系统维护与改善；在质量检查方面加大投入，多条生产线加装 X 光机监测产品状况；加大对设备改善投入，对多条生产线封箱机、包装机等进行升级换代，改造蛋卷皮等生产区域环境。和路雪的冰激凌品牌有可爱多、梦龙、奇彩旋等，2014 年新增了麦酷狮 bobo 产品，销售范围遍及中国大陆、澳大利亚、南非等国家和地区。

（常昊然）

和路雪（中国）有限公司

厂长 张家磊

## 宝健（中国）有限公司

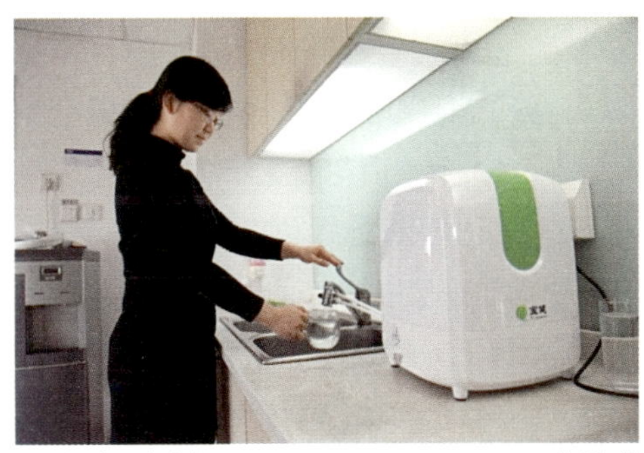

宝健新产品净水机　　田艳军 摄

宝健（中国）有限公司（简称宝健）2014 年产值和销售额较 2013 年增长 20% 以上。12 月 5 日，宝健（中国）日用品有限公司正式更名为宝健（中国）有限公司。年内，宝健捐建了 12 所希望小学，至此，宝健在全国各地捐建及资助的学校达 91 所。

宝健于 1996 年正式开始运营，是首都第一家直销企业、国家高新技术企业、北京市著名商标，是专业从事健康理念传播及健康产品研发、生产、销售的大型港资高科技健康企业。作为“自主健康”理念倡导者，宝健通过提供多元化产品与服务为国民提供全方位健康呵护，满足国人对健康的全面需求。宝健现已拥有营养保健、美容护肤、日用护理、健康家居四大系列近百种产品。

（林京姬）

宝健（中国）有限公司

总裁 李 道

## 北京百花蜂业科技发展股份公司

北京百花蜂业科技发展股份公司（简称百花蜂业）2014 年完成销售收入 2.21 亿，同比增长 10.37%。5 月，百花蜂业成功收购廊坊地产。6 月，百花蜂业代表参加农业部组织的食品企业诚信宣誓活动。8 月，参加全国蜂产品标准化工作组换届工作会，公司总经理连任委员。10 月，百花蜂业获“2014 中国蜂产品电子商务十佳品牌”。11 月，百花蜂业廊坊厂区建设勘察及建筑工程招投标顺利完成。

百花蜂业是中华老字号企业，集科研、生产、经营于一体的蜂产品高新技术企业。经营范围包括蜂蜜、蜂花粉、蜂王浆、蜂胶、日化、蜂产品制品等六大类 140 多个产品，其中蜂蜜类产品销往全国 23 个省市。销售模式包括专卖店、商超和电子商务。百花蜂业作为中国蜂产品协会副会长单位及蜂蜜专业委员会主任单位，先后参与制定《蜂蜜》《蜂王浆》《蜂胶》《蜂花粉》国家标准。

（王悦）

北京百花蜂业科技发展股份公司

总经理 郭利军

## 北京可口可乐饮料有限公司

北京可口可乐饮料有限公司（简称北京可口可乐）2014 年荣获“2014 中国饮料行业节能优秀企业”“2014 中国饮料行业节水优秀企业”、2013 年度“北京市青年文明号”、2013 年度北京市工商行政管理局消费争议快速解决绿色通道示范单位，被开发区安监局授予“2013 年度国家安全人民防线建设工作先进集体”荣誉称号。北京可口可乐组织开展了多项社会公益、体育艺术等活动。

北京可口可乐是可口可乐在北京地区唯一授权装瓶厂，产品销售范围为北京市行政区域。主要产品包括：可口可乐、雪碧、芬达、健怡可口可乐、零度可口可乐、醒目、美之源果汁系列、果粒奶优、酷儿、冰露矿物质水、酷乐仕维他命水、水动乐、怡泉 +C、乔雅咖啡等。

（茶铭）

北京可口可乐饮料有限公司

总经理 庆立军

## 北京大宝化妆品有限公司

大宝化妆品公司产品　　企业提供

北京大宝化妆品有限公司（简称大宝化妆品公司）2014 年职工总数近 600 人，生产产值 84296.89 万元，销售额 84915.08 万元，纳税 17323.84 万元。大宝化妆品公司秉承强生信条，致力于为消费者提供高质量服务，年内进行品牌形象升级。8 月，完成了全线产品全新包装升级上市项目。10 月 16 日，与开发区的职业院校密切合作，启动了新一期“操作技术员培养项目”。10月，大宝SOD蜜新上市全新包装获得“2014中国可持续发展包装榜样大奖”。凭借此次全线升级，大宝化妆品公司还推出了全新水凝保湿精华系列。11月，召开工会第一届会员代表大会。12月，顺利通过国家清洁生产审核，同时实现节能、降耗、减污、增效，安全环保事故为“零”的目标。

（周婷）

北京大宝化妆品有限公司

厂长 杨京宜

## 大族环球科技股份有限公司

大族企业湾东侧 单位提供

大族环球科技股份有限公司（简称大族环球）2014年拥有员工52人，在开发区建设和运营的主要有大族企业湾和大族环广场项目，累计投入22.6亿元，实现资产总额20.16亿元，同比增长34%。截至年底，大族企业湾签约进驻企业35家，以生物医药、汽车行业、电商、激光行业企业客户为主，包括戴姆勒卡客车（中国）有限公司、控创（北京）科技有限公司、DT集团、滨特尔流体控制（北京）有限公司、路特利举升机（海门）有限公司等多家世界500强和知名跨国企业。大族广场位于开发区核心区，总建筑面积31.7万平方米，由6栋呈舰队式排列的AAAAA甲级写字楼及6.5万平方米溢彩城购物中心组成。截至年底，大族广场土建工程基本完成，安装工程也已达到调试阶段。完成所有幕墙立面安装工作，电梯全部调试完成，室外部分完成热力工程。大族环球隶属于大族控股集团，于2007年12月17日在北京成立，注册资本4亿元。

（张羽）

大族环球科技股份有限公司

董事长 高云峰

总经理 盛英泰

## 乐天（中国）食品有限公司

乐天（中国）食品有限公司（简称乐天食品）2014年拥有员工近260人，产值1.33亿元，实际销售收入1.76亿元，上缴税收1286.2万元，注册资本9206万美元，占地面积7.6万平方米。

乐天食品1994年建厂，1995年投产，是最早入驻开发区企业之一，也是乐天集团投资在华成立最早的一家工厂。生产出了中国第一瓶木糖醇口香糖，还生产派、小熊饼干、巧克力棒等系列休闲食品。产品远销韩国、中东、东南亚、澳洲、俄罗斯、巴西及欧盟等国家和地区。

（屈洪博）

乐天（中国）食品有限公司

董事长 金龙洙

总经理 金容佑

## 章光101控股集团有限公司

章光101控股集团有限公司（简称章光101集团）下属的北京章光101科技股份有限公司2014年营业收入6827万元，利润总额366万元，纳税总额1117

万元。1月，章光101集团董事长赵章光应邀参加哈佛全球领袖峰会，与诺贝尔得主、哈佛大学终身教授埃里克·马斯金(Eric Stark Maskin)探讨互联网时代经济发展及企业发展模式。5月，章光101集团在大连全新推出首家集养发、护发、生发为一体的高端养发旗舰店——101再度养发馆。6月，章光101集团赞助的“骑丝绸之路，拓生命宽度”的丝路骑行活动在北京启动；2014年是章光101诞生40周年，推出了“感恩40周年，发友千岛湖归岛养生游”“40年章光传奇 感恩有你”等顾客回馈活动。8月26日，章光101集团养生产业快速发展，被授予全国数字养生产品研发基地称号。10月10日，章光101集团红豆杉缓释颗粒被科技部高科技产业研究会确认为科学技术成果；在“第四届国际碳金奖盛典”上，章光101集团荣获2014“中国绿效企业绿色责任奖”。11月，章光101集团被评选为2014年中国质量评价协会科技创新奖——科技创新企业优秀奖，集团董事长获得科技创新人物卓越领导者奖。12月28日，章光101集团与瑞典卡罗林斯卡医学院(诺贝尔生理学和医学奖评审颁奖机构)正式签约，联合开展科学研究。12月，章光101集团在全国实施用户满意工程活动，育发系列产品被评为用户满意产品。

章光101集团以赵章光发明的章光101生发、护肤系列产品为主导，涉及制药、房地产、园林工程等多种行业，是一家拥有10多亿元固定资产，1.4万余名员工，2000多家101生发专业连锁咨询服务机构的外向型经济实体。产品包括生发、养发、防脱发和护肤4个系列的20多个品种，除“章光101”系列之外，还开发了以养发为主的子品牌，满足不同层次、不同类型头发亚健康人士需求。“章光101”被认定为中国驰名商标，拥有北京、乐清、郑州3个生产基地，产品行销世界65个国家和地区，在海外设有16个分支机构。

（章芳 郑伟涛）

章光101控股集团有限公司

董事长 赵章光

总　裁 赵旭良

## 北京金蓝人力资源服务有限公司

北京金蓝人力资源服务有限公司(简称金蓝人力)2014年实现人力资源传统业务方式向互联网方式转换，推出手机APP服务，运用互联网高效传播，使公司服务人次、业务收入和企业利润同比增长均达200%。2月，由金蓝人力投资开发的国内首家手机社保代缴服务平台“亲亲小保”筹建，7月上线后可以通过手机、平板电脑、PC等多种方式为全国范围内的用户办理社保、公积金、个税代缴以及工资代发等多种人事业务。2月至12月，金蓝人力定期为开发区企业员工提供公益职业技能培训，每月举办两期开发区招聘会。

金蓝人力成立于2000年，是一家服务范围覆盖全国主要省市的人力资源机构，旗下直属分公司遍布中国10多个省份100多个主要城市，为上万家客户提供全方位人力资源服务。金蓝人力的主要业务包括劳务派遣、人事代理、业务外包、企业培训、技能培训、求职推荐、短工服务、招聘服务、家政保洁等。金蓝人力引入国际先进的标准职位体系、人力资源能力成熟度模型(PCMM)和服务外包管理模型，结合中国企业管理和劳动力资源的现状，建立起了一套员工招聘测评体系、培训开发体系和绩效管理体系，为客户企业综合提升人力资源效益提供保障。金蓝人力北京、西藏等分支机构多次获评为优秀劳务派遣单位、先进职业介绍单位等。

（屈丽娜）

北京金蓝人力资源服务有限公司

总经理 兰 珍

## 亨特建筑产品（北京）有限公司

亨特建筑外景　　庄京萍 摄

亨特建筑产品（北京）有限公司（简称亨特建筑）2014 年实现营业收入 3700 余万元，纳税 200 余万元；拥有员工 17 人，均为大专及以上学历。年内，亨特建筑签约中海油芍药居办公楼、河北保定长城汽车新技术中心、天津武清影剧院、天津渤海银行、北京雁栖湖国际会展中心等多个项目，为京津冀区域内客户提供产品介绍、项目配合、方案建议、客户服务、项目履约等服务。

亨特建筑为荷兰亨特集团（THE HUNTER DOUGLAS GROUP）全资子公司。亨特集团 1994 年在北京设立办事处，为北京、吉林、辽宁、黑龙江、天津、河北等北方区域客户提供产品和服务。2000 年 1 月，办事处正式升级为亨特建材（北京）有限公司。2010 年，集团将亨特建筑分拆为亨特建筑产品（北京）有限公司和亨特窗饰产品（北京）有限公司。亨特建筑专注于在北京、天津、河北经营亨特旗下的乐思龙金属吊顶及外墙、建筑遮阳产品。

（沈剑）

亨特建筑产品（北京）有限公司

董事长 李 东

董事兼总经理 钱自力

## 葆婴有限公司

葆婴有限公司（简称葆婴公司）2014 年销售额 15 亿元，连续 4 年获得“食品安全示范单位”荣誉称号，并获得“企业社会责任突出贡献奖”。年内，葆婴公司协办 NDP——“营养与疾病预防”全国医生营养继续教育项目，推广健康理念。

葆婴公司 1999 年在北京成立，是美国独资公司，十几年来，葆婴公司在 24 个大中城市设立了分支机构，在开发区投资 2.5 亿元建设符合 GMP 规范、总建筑面积超过 3 万平方米的生产基地，致力于为家庭提供纯净安全的营养保健食品和科学营养资讯服务。2009 年，葆婴公司获得直销许可证。2010 年，美国上市公司 USANA Health Sciences 控股葆婴海外母公司。

（韩燕）

葆婴有限公司

总裁 杨立基

## 北京 DOLE 食品有限公司

北京 DOLE 食品有限公司（简称北京 DOLE）2014 年拥有员工近 200 人。北京 DOLE 水果及蔬菜加工基地二期项目于 2013 年 12 月正式启动，2014 年 12 月竣工。二期项目安建工程投资近 2800 万元，厂房用于加工水果蔬菜等产品。总建筑面积达 7519 平方米，冷库可安放 50 个集装箱，储存货品约 1000 吨。

北京 DOLE 成立于 2004 年，现代化的生产厂房及加工设备位于开发区内，经营品项主要为国产时令果蔬，产品主要来自 DOLE 位于世界各地的农场和国内指定合作农场。

（范华薇）

北京 DOLE 食品有限公司

总经理 陈永康

## 北京爱生科技发展有限公司

北京爱生科技发展有限公司（简称爱生科技）2014 年实现销售收入 1610 万元。3 月，爱生科技成为中国民族卫生协会健康饮水专业委员会理事会员；4 月，爱生科技与该委员会共同签署了《战略合作伙伴合作协议书》。6 月，爱生科技园建设项目开工奠基，一期工程预计于 2015 年 12 月竣工并投入使用；再次获得市卫计委颁发的大型净水设备产品卫生许可批件，成为北京地区唯一获得大型直饮水设备卫生批件企业；加入京津冀及周边地区节能低碳环保产业联盟，作为环保企业代表入选专家委员会。10 月，爱生科技赞助斑马鱼 1 号染色体全基因敲除计划结题会暨第二届全国斑马鱼 PI 大会。11 月，爱生科技被评定为 2014 年度全国科技创新型企业和北京市信用企业。同月，获得 2014 年度中国净水行业品牌盛会十大“公共饮水设备优质供应商”称号。

爱生科技是集研发、设计、生产、销售、安装为一体的大型管道直饮水系统、实验超纯水系统和斑马鱼及水生模式生物实验系统等专业设备的国家高新技术企业，是市专利试点单位和市科技研发机构。“爱生”被市工商局评定为“北京市著名商标”。

（周菁楠）

北京爱生科技发展有限公司

董事长兼总经理 张 琼

## 北京兴联顺达商业管理有限公司

北京华联力宝购物中心内部实景　　常勤学 摄

北京兴联顺达商业管理有限公司（简称兴联顺达）在开发区内运营项目为 BHG MALL 北京华联力宝购物中心，2014 年 7 月 31 日正式对外试营业。兴联顺达主要从事该商业项目的租赁管理及广告经营。购物中心项目建筑面积 8 万平方米，内容涵盖生活超市、影院、餐饮、儿童、时尚消费品及生活服务。

兴联顺达成立于 2011 年 7 月，是北京华联商厦股份有限公司的控股子公司，主营业务为与商业零售相关的商业地产投资、开发、租售及购物中心运营和管理。

（常勤学）

北京兴联顺达商业管理有限公司

总经理 关晓燕

## 京东集团

京东集团（简称京东）2014 年在中国自营式电商市场占有率为 49%。京东旗下设有京东商城、京东金融、拍拍、京东智能、京东到家及海外事业部。京东全年交易总额2602亿元，同比增长107%，达到行业平均增速2倍多。其中，线上自营与第三方平台交易总额分别为1593亿元和1009亿元，分别同比增长70%和217%。京东活跃用户数由2013年的4740万个增至2014年的9660万个，全年净收入1150亿元，同比增长66%。截至年底，京东在全国拥有7大物流中心，在40座城市运营123个大型仓库，拥有3210个配送站和自提点，覆盖全国1862个区县。京东致力于为消费者提供愉悦的在线购物体验，通过内容丰富、人性化的网站（www.jd.com）和移动客户端，提供灵活多样支付方式。京东还为第三方卖家提供在线销售平台和物流等一系列增值服务。京东提供丰富优质的商品，品类包括：计算机、手机及其他数码产品、家电、汽车配件、服装与鞋类、奢侈品（如手提包、手表与珠宝）、家居与家庭用品、化妆品与其他个人护理用品、食品与营养品、书籍、电子图书、音乐、电影与其他媒体产品、母婴用品与玩具、体育与健身器材以及虚拟商品（如国内机票、酒店预订等）。京东拥有中国电商行业最大的仓储设施。京东专业配送队伍可为消费者提供一系列专业服务，如211限时达、次日达、夜间配和3小时极速达，GIS包裹实时追踪、售后100分、快速退换货以及家电上门安装等，移动客户端推出“配送员主页”新功能，向3C领域全面铺开“售后到家”服务，承诺“杜绝假冒伪劣、真实让利回馈消费者、全程优质服务”，设立“1000万元保证金”，避免商家拖延满足消费者合理退换货需求，及时为消费者支付退货款，解除消费者网购后顾之忧。

1月，京东西北大区正式启动运营。中国互联网产业年会“金手掌”奖评选结果揭晓，京东集团家电三保“30·30·180服务”荣获“2013中国互联网十大价值产品”。京东正式上线品牌特卖频道——京东闪购“红”推全网最低折扣。百度与京东签署战略合作协议，共同发起创建“创新硬件开放平台”。2月，京东上线公测“京东白条”业务。京东入围中关村首个大数据交易平台。3月10日，京东与腾讯建立战略合作关系共同打造中国电商行业全新格局。3月18日，京东与中国联通签署深度战略合作协议，京东全面销售中国联通定制手机、3G/4G合约产品。京东北京大屯站、京东内控合规部、京东探路者网店被共青团中央授予电子商务领域青年文明号示范创建单位。4月1日，京东集团创始人兼首席执行官刘强东位列《财富》（中文版）2014年中国最具影响力的50位商界领袖名单第七名。5月，京东在美国纳斯达克证券交易所正式挂牌上市，股票代码为“JD”，是中国第一个成功赴美上市的大型综合型电商平台，跻身全球前十大互联网公司排行榜。6月6日，京东获“金蜜蜂企业社会责任·中国榜”领袖型企业奖。6月27日，京东成功开具中国首张对公司报销电子发票。7月14日，京东以693.4亿元营业收入首次上榜《财富》中国500强名单，位居第七十九名。7月25日，京东集团与中欧国际工商学院正式签署战略合作协议，双方将在高管和高潜人才培养、企业人才梯队建设、内部管理人才培育及学术研究领域展开战略合作。8月8日，京东在手机QQ的一级购物入口——“京东手机QQ购物”正式上线。8月15日，京东发布 2014 财年第二季度业绩。8 月 18 日，京东首家智能生活馆正式登陆上海。9 月，京东云获“2013—2014 年度最佳云计算服务商”。10 月，京东牵手中国国际电子商务中心服务宏观决策。10 月 16 日，京东与宏碁等 40 余家电脑、手机厂商达成服务战略合作，升级“售后到家”服务。11 月 1 日，京东“双十一”大促销售创纪录，单日订单量超 1400 万单 。11 月 20 日，京东集团全国首家大家电“京东帮服务店”在河北省赵县正式开业。12 月 17 日，京东携格莱珉进军农村金融。12 月 25 日，京东联合易观智库发布《2014 年微信购物发展白皮书》。12 月 31 日，京东与美的签订 2015 年 100 亿元销售协议。

（王晓东）

京东集团

首席执行官 刘强东

## 嘉康利（中国）日用品有限公司

美国加州嘉康利公司总部　　企业提供

嘉康利（中国）日用品有限公司（简称嘉康利中国）2014 年营业额 28.03 亿元，纳税近 10 亿元。公司拥有员工 654 人，正式员工劳动合同签订率 100%，管理层中女性员工占比 54%。3 月，嘉康利中国荣获“全国质量和服务诚信承诺优秀示范企业”证书。4 月，嘉康利中国荣获由大兴区政府颁发的“2013 年度开发区纳税 50 强企业和纳税增长 50 强企业”称号。5 月至 11 月，继续推广“嘉康利中国全民健身万里行”。年内，嘉康利中国已连续 3 年每年向北京青少年发展基金会捐款 100 万元，用于发展儿童教育事业。获得中国质量检验协会颁发的“全国质量和服务诚信承诺优秀示范企业”证书、2014 年度第三届中国财经峰会组委会颁发的“2014 年最佳绿色典范”称号、2014 直销高峰论坛颁发的“最佳创业平台”称号。嘉康利中国新产品优芙安荣获 2014 直销高峰论坛颁发的“年度最佳创新产品奖”、第六届中国自主创业大会颁发的 2014 年度创新产品“金犁奖”。诺贝尔生理学和医学奖获得者、博士伊丽莎白成为嘉康利科学咨询委员会成员。

2005 年 11 月，嘉康利中国在开发区注册并设立工厂，注册资本 8000 万元，投资总额逾 1.6 亿元，经营期限 50 年。2007 年 3 月 19 日，嘉康利中国获得商务部颁发的“中华人民共和国直销经营许可证”。2008 年 3 月 12 日，嘉康利中国完成了商务部对企业服务网点的核查备案。

（张丽虹）

嘉康利（中国）日用品有限公司

董事长 保莱福特 · 李察生

大中华区总裁 黄海涛

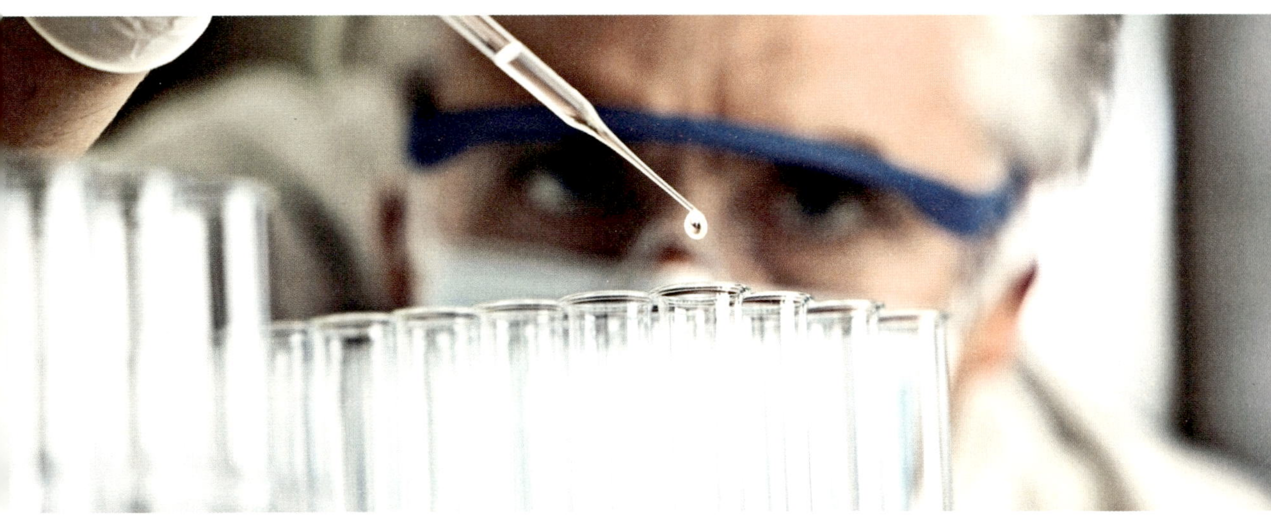

# 科技

# 综述

2014年，开发区着力打造具有全球影响力的科技创新中心，体现出创新要素汇聚、创新服务完备、创新能力突出、创新氛围浓厚、创新成果不断涌现等五大特征，并取得了阶段性成果。年内，开发区专利申请3524件，专利授权2527件；万人专利拥有量240件，万名工程师发明专利拥有量1248件，位居全市领先水平。获得中国专利奖金奖1项、优秀奖3项。亦庄科技园总收入3833.8亿元。规模以上高新技术企业产值完成2100亿元，占规模以上工业产值比例达到90%以上，连续9年保持国家级开发区领先水平。依托国家知识产权试点城市和试点园区建设，提升知识产权创造、运用、保护、管理水平，强化重点产业知识产权布局，开发区成立北京市首家专利审查员实践基地。新区已成为国家和北京市重点科技项目主要承接地。

开发区围绕产业联盟、研究院、专利池、技术交易平台、基金、特色产业园等关键环节，高标准编制科技创新服务体系规划。

完善投融资体系，引导成立电子信息、生物医药等各类产业基金105只，资金规模达3000亿元，成功争取国家集成电路产业投资基金和北京市集成电路产业基金入区，为新区高精尖产业培育发展注入强劲动力。

重点打造一批具备国际竞争力的科技型企业，国家高新技术企业达485家，中关村高新技术企业达666家；“小巨人”重点培育企业104家；北京市专利示范企业12家；北京市专利试点企业266家；企业建设的国家、北京市各类重点实验室、研发机构180家，企业研发创新能力有效提升。

以创新联盟为载体，促进产学研用紧密结合，创新联盟14家、公共技术服务平台24家、科技企业孵化器12家、科技服务机构26家；加强国际知识产权保护，在波士顿、东京成立知识产权海外工作站。初步形成涵盖检验检测、中试服务、核心技术验证、技术交易、知识产权服务等较为完备的公共服务平台支撑体系。

开发区对接市科委、市工商联和高校资源，成功举办“北大创业训练营”“清华校友会创业亦庄行”等活动。建立了“联盟活动企业家信息资源库”。与全球知名猎头机构联合启动“高端人才合作计划”，筹办首席技师研修班，成立开发区知识产权战略咨询中心。

（李宏）

# 综合管理

## 概况

开发区科技局、知识产权局坚持规划引领，不断聚焦科技资源、营造创新氛围。成功争取国家集成电路产业投资基金和北京市集成电路产业基金入区。年内，引导成立电子信息、生物医药等各类产业基金105只，资金规模达3000亿元。积极对接市科委、市工商联和高校资源，成功举办“北大创业训练营”“清华校友会创业亦庄行”等活动，筛选储备创新类项目280个。组织实施联盟“走进亦庄”系列活动，建立了“联盟活动企业家信息资源库”。开发区完善科技创新政策，加大对自主创新、成果转化和公共服务能力建设的支持力度，与全球知名猎头机构联合启动“高端人才合作计划”，筹办首席技师研修班，成立开发区知识产权战略咨询中心。参与科博会、京交会、金博会，组织召开北京微电子国际研讨会、产业互联网大会及首都非公经济金融服务、生物医药发展等高端创新论坛。

（李宏）

## 召开2014年开发区创新战略联盟工作会

2月20日，开发区知识产权局组织区内12家创新战略联盟召开“2014年开发区创新战略联盟工作会”，共同探讨新一年联盟发展规划，并就联盟评估方案征询各联盟意见，完善开发区联盟扶持政策。

（崔春雷）

## 组织国家标准专题培训

2月27日，开发区知识产权局组织《企业知识产权管理规范》国家标准专题培训，来自区内近百家企业的知识产权工作人员参会。培训班主要围绕知识产权管理规范国家标准、国标出台背景及具体内容、国标文件编写和内审管评等专题展开。培训对国家《企业知识产权管理规范》进行全面解读，对考核内容逐条分解，对企业内审进行详细介绍。

（崔春雷）

## 烧碱行业专家技术交流会举行

4月26日，中国氯碱工业协会在开发区组织召开烧碱行业专家技术交流会，全国32个用户企业60人参加。蓝星（北京）化工机械有限公司代表在会上介绍了“未来新型电解装备设计技术”“盐水处理工艺优化技术”“电解系统智能化控制技术”和“氯碱离子膜性能评价系统”等成果。

（崔春雷）

## 知识产权审查员亦庄实践园揭牌

5月18日，开发区知识产权局主办的“2014年北京（中关村）知识产权审查员实践基地启动会暨亦庄实践园揭牌仪式”在博大大厦举行，开发区成为2014年度首家知识产权审查员实践园区。国家知识产权专利局人事教育部副部长朱仁秀出席会议，市知识产权局副局长周砚与开发区管委会副主任绳立成共同为审查员实践基地亦庄实践园揭牌。

（崔春雷）

## 国外投资项目考察团对接活动走进开发区

5月30日，国外投资项目考察团北京

站对接活动走进开发区，来自英国、法国、立陶宛、保加利亚等国家的 20 余名设计协会、知名企业负责人寻求项目合作契机。此次对接活动共有8个项目达成合作意向，涉及绿色能源、文化创意和工业设计等八大产业领域。

（崔春雷）

## 新区召开科学技术奖励大会

6 月 5 日，大兴区、开发区召开“2013 年科学技术奖励大会暨 2014 年新区科技工作会议”，对 2013 年度科学技术先进单位和个人进行表彰，部署 2014 年科技工作重点。市科委委员张虹，新区领导梁胜、喻华锋为企业代表颁奖，开发区管委会副主任绳立成主持会议。会议听取 2013 年度新区科技工作报告，宣读《关于 2013 年度新区科学技术奖励的决定》。授予“火力发电厂燃料智能在线监控系统”等 30 项“科技成果科学技术奖”技术进步奖，授予“大兴区企业安全风险评定和宏观预警研究”等 30 项“科技成果科学技术奖”软科学奖，新区领导还分别与北京义翘神州生物技术有限公司、中科晶电信息材料（北京）有限公司、北方微电子基地设备工艺研究中心有限责任公司的企业代表签订了科技创新专项奖金协议书。来自开发区的北京冶联科技有限公司的“火力发电厂燃料智能在线监控系统”、悦康药业集团有限公司的“奥美拉唑肠溶微粒的产业化反应”、北京国富安电子商务安全认证有限公司的“企业云集桌面安全交付的研发及产业化”、北京瑞赛长城航空测控技术有限公司的“机载油液污染在线检测传感器”、北京永瀚星港生物科技股份有限公司的“血清胃蛋白酶原Ⅰ、胃蛋白酶原Ⅱ酶标试剂盒的产业化应用”获得“科技成果科学技术奖”技术进步奖，北京国富安电子商务安全认证有限公司的“一种身份门限签密方案在云存储中的应用”获得“科技成果科学技术奖”软科学奖。驻区中央市属单位，区直各委办局、各镇、街道办事处主要负责人及区重点企业代表 200 余人参加会议。

（崔春雷）

## 院士专家服务中心和工作站获市级表彰

7 月 21 日，市科协召开了北京市院士专家工作站工作会议，总结北京市院士专家工作站建设 5 年来的成绩和经验。会上公布了 3 个北京市优秀院士专家服务中心和 20 个优秀院士专家工作站名单，北京经济技术开发区院士专家服务中心和北京云基地企业管理有限公司院士专家工作站均名列其中。

（崔春雷）

## 举办亦庄生物医药产业创新发展论坛

7 月 29 日—30 日，“2014 年北京亦庄生物医药产业创新与发展论坛”在生物医药园举办。本次论坛以“靶向药物的研发和产业化”为主题，来自区内外生物医药相关企业、研究院所的 200 余人参加。中国食品药品检定研究院副院长王军志、市食品药品监管局药品注册处副调研员杨小雷、贝达药业总裁王印祥等相关领域专家学者分别从生物技术药物研发现状及监管科学研究进展、药品注册内容及相关要求、靶向抗癌药的未来发展趋势等方面介绍了靶向药物的研发和产业化进程。

（崔春雷）

## 首届集成电路产业千人论坛召开

8 月 8 日，“首届中国集成电路产业

创新发展千人论坛”在开发区举办。来自集成电路产业的近 40 位“千人计划”专家齐聚一堂，分享经验体会，为中国集成电路产业发展建言献策。国家重大专项电子信息板块咨询组组长马俊如出席会议，开发区管委会主任梁胜主持论坛、副主任陈小男介绍开发区情况。亦庄重点企业中芯北京等承担国家 02 专项的企业占全国企业牵头承担该项目总数的 20%。本届论坛由国家 02 重大专项实施管理办公室主办，开发区管委会、集成电路材料产业技术创新战略联盟、集成电路封测产业链技术创新战略联盟承办。

（崔春雷）

## 电子科技委员会年会在开发区召开

8 月 19 日，“工业和信息化部电子科学技术委员会 2014 年年会”在开发区召开，开发区管委会副主任陈小男出席会议并向与会人员介绍开发区电子信息产业发展情况。委员们集中展示和检阅了课题研究成果，研究落实下一年度电子科技委及本专业组工作，为电子信息科学技术和产业发展献计献策。

电子科技委员会 2014 年年会在开发区召开　　田艳军 摄

（崔春雷）

## 医疗器械与生物技术产业创新联盟换届

9 月 18 日，开发区科技局组织召开“北京医疗器械与生物技术产业创新联盟换届大会”。开发区管委会副主任绳立成讲话。会上，联盟与中原信达知识产权代理有限责任公司和汇龙森签署共建协议；选举产生北京旷博生物技术有限公司董事长兰宝石为理事长的第三届联盟理事会，7 位企业家担任副理事长。开发区是北京地区最大的医疗器械与生物技术服务企业聚集区，相关企业已达 400 余家，形成了一个技术先进、配套完整、上下游链接的产业集群，并培育了一批以“千人计划”“海聚工程”和“海外人才”为代表的、具有自主核心技术的领军企业。

（崔春雷）

## 北京大学创业训练营亦庄特训班开班

汇龙森承办北京大学创业训练营亦庄特训班　　单位提供

9 月 26 日，“北京大学创业训练营亦庄特训班开班仪式”举行，开发区工委委员、管委会副主任绳立成，北京大学校友办主任、校友总会秘书长李宇宁出席仪式并致辞。此次亦庄特训班由开发区科技局联合北京大学创业训练营举办，汇龙森孵化器提供场地等相关服务支撑。北京大学创业训练营是北大校友会主办的全公益创业实战课程项目，其中亦庄特训班的主要目标是利用北大丰富的创业服务资源和汇龙森完善的孵化服务体系，在开发区科技局的指导下，结合园区产业特点，推动建设符合开发区产业特点的创业生态环境，提升开发区创业者的综合能力。

（崔春雷 宓世民）

## 发布德勤—亦庄高科技、高成长企业20强

德勤—亦庄高科技、高成长企业20强发布会　　宋丹 摄

10月23日，开发区管委会与德勤企业咨询有限公司共同发布“德勤—亦庄高科技、高成长企业20强（2014）”，北京京东方显示技术有限公司、易美芯光（北京）科技有限公司、北京京杰锐思技术开发有限公司分获前3名。新区领导喻华锋、绳立成为获奖企业代表颁奖。本次评选与2013年相比，评选范围扩大，涵盖了大兴区和开发区；同时在考核指标上，除了考察企业3年收入增长率外，还加入了评价企业的科技创新指标体系，是对企业综合能力的一次考察。针对遴选出的20强企业，新区将进行持续关注和重点支持，并提供包括强化科技政策支持、对接科技金融渠道、加强企业发展培育、促进产学研紧密结合等方面的“一揽子”服务，逐步将获评企业打造成北京亦庄构建“高精尖”经济结构、建设首都科技创新中心主阵地的生力军。

（崔春雷）

## 召开2014首都非公经济金融服务推进会

10月23日，由市工商联主办，市金融局、开发区管委会支持的“2014首都非公经济金融服务推进会”在开发区举行。25家银行、股权投资机构与400余家企业开展了投融资洽谈。会上，市工商联与开发区、中关村创业投资和股权投资基金协会、北京股权交易中心分别签署了战略合作协议，共同为促进民营企业发展搭建孵化平台。全国中小企业股份转让系统等7家机构向与会中小企业介绍了“新三板”“四板”及互联网金融的相关业务情况。副市长、市工商联主席程红出席会议并见证了签字仪式。

（崔春雷）

## 举办北京亦庄母基金业务体系情况说明会

北京亦庄母基金业务体系情况说明会　　于宗艳 摄

10月29日，北京亦庄国际投资发展有限公司、北京股权投资基金协会在博大大厦共同举办北京亦庄母基金业务体系情况说明会，开发区工委委员、管委会副主任高言杰及相关领导出席会议，金融领域、产业领域近30名行业代表参加会议。亦庄国投重点对以北京亦庄战略新兴产业基金为引领的母基金业务体系进行了综合介绍。北京亦庄战略新兴产业基金成立于2013年，计划形成天使基金、VC基金、PE基金、并购基金、债权基金、海外基金六大体系，运用政府引导基金、产业支持基金两大基金形式，通过积极引入一批基金、参与引导一批基金、投资设立一批基金，集中服务于集成电路、生物医药、现代服务业等

开发区“高精尖”产业领域以及新区基础设施建设。以国家集成电路产业投资基金、航天产业投资基金为重点，已发展成熟了10只基金，预计未来母基金体系旗下基金数量将达到30只以上，基金总规模扩展到2400亿元以上。

（崔春雷 武春雷 杨莹）

### 召开第一届产业创新联盟理事长联席会

11月17日，“2014年北京经济技术开发区第一届产业创新联盟理事长联席会”召开。为加强互助合作和联合创新，开发区制定了产业创新联盟联席会制度，探索联盟发展新方向。截至年底，开发区已建立产业创新联盟14家。

（崔春雷）

### 举办首都创新驱动发展展示交流活动

12月9日，由市科协、开发区管委会联合主办的“2014年首都创新驱动发展展示交流活动”在博大大厦举办。本届活动以“大数据时代的智能交通”为主题，邀请智能交通领域专家、学者和企业高管共聚一堂，交流前沿研究成果、预测行业趋势走向、展示最新发展理念。市科协副主席周立军、开发区总工会主席张凤民出席会议并讲话。

（崔春雷）

### 开发区第四批企业院士专家工作站授牌

12月23日，由开发区科协主办的"开发区第四批企业院士专家工作站授牌仪式暨院士专家工作站座谈会"举行。市科协副主席周立军、开发区管委会副主任绳立成分别为北京经纬纺机新技术有限公司和中奥汇成科技有限公司“院士专家工作站”授牌。至此，开发区“企业院士专家工作站”达到11家，入站服务院士58名。

开发区企业院士专家工作站授牌　　田艳军　摄

（崔春雷）

### 举办清华校友创业行·亦庄站活动

12月25日，"2014年清华校友创业行·亦庄站活动"在嘉捷企业汇举行。100多位清华海外校友带着70多个项目归国创业。此次活动共计路演16个项目，涵盖生物医药、TMT、智能电力等新兴产业，嘉捷企业汇与清华校友会总会建立长期战略合作关系，共同打造开发区创新创业基地。

（崔春雷）

## 技术研发

### 概况

2014年，开发区科技局、知识产权局完善平台支撑，不断提升企业创新能力，重点打造一批具备国际竞争力的科技型企业。区内“小巨人”重点培育企业新增24家，总数104家；市专利示范企业新增5家，总数12家；市专利试点企业新增24家，总数266家；评选德勤—亦庄高科技、高成长企业20家。

（李宏）

### 创建“创新硬件开放平台”

1月，北京百度网讯科技有限公司与京东集团签署战略合作协议，共同发起创建“创新硬件开放平台”。双方将结合各自优势在创新硬件方面展开深入合作，打造高品质创新硬件产业生态链，帮助硬件厂商“掘金”智能设备。基于此次战略合作，百度和京东将在产品孵化、推广等方面集合彼此的优势资源和能力，为加入“创新硬件开放平台”的合作伙伴提供技术、产品、渠道、营销、数据等支持，通过该平台孵化的智能硬件产品将标注有“Baidu Inside”和京东“JD+”品牌标识。

（王晓东）

### 智飞绿竹生物“盟喜康”申报临床

2月26日，北京智飞绿竹生物制药有限公司向市食品药品监管局提交了“A、C、Y、$W_{135}$ 群脑膜炎球菌（结合）b型流感嗜血杆菌（结合）联合疫苗”（盟喜康）的临床试验申请并获得受理通知书。该疫苗可同时预防A、C、Y、$W_{135}$ 血清型的脑膜炎球菌及b型流感嗜血杆菌引起的感染性疾病。项目实施后，接种对象为3月龄以上的婴幼儿及儿童，基础免疫3次，可逐渐取代流脑及b型流感嗜血杆菌单价及多价（多糖或结合）疫苗，并做到一针多防。

（李楠楠）

### 京运通2项区熔6英寸单晶试验成功

2月26日，北京京运通科技股份有限公司新材料事业部——北京天能运通晶体技术有限公司6英寸自动放肩试验首次拉制出完整单晶，全程无手动干预。12月1日，京运通6英寸气掺单晶试验成功。此单晶采用京运通公司自产区熔单晶炉，在惰性气体环境下利用悬浮区熔技术在悬浮区熔法对半导体级多晶硅棒料进行融化并生成高纯度单晶硅棒，所生成的晶体无污染、电阻率高、寿命高、杂质含量低。

（王琪）

### 泰德制药获得4项发明专利

2月26日，北京泰德制药股份有限公司“一种丁酸氯维地平液态脂质体制剂”获得国家知识产权局授予的发明专利证书（专利号：ZL201110297088.4）。6月18日，泰德制药“一种测定金属蛋白中金属离子含量的方法”获得国家知识产权局颁发的发明专利证书（专利号：ZL201110264240.9）。8月13日，泰德制药“一种测定脂质体药物包封率的办法”获得国家知识产权局颁发的发明专利证书（专利号：ZL201110263566.X）。10月22日，泰德制药“一种PGAI的脂质乳剂及其制备方法”获得国家知识产权局颁发的发明专利证书（专利号：ZL201210518528.9）。

（贾琳）

### 百奥赛图研发出世界首个基因敲入大鼠

2月，北京百奥赛图基因生物技术有限公司利用其自主开发的EGE系统首次在大鼠上进行大片段双基因敲入，实现了世界上基因敲除领域一次里程碑性的技术革命。利用大鼠双基因敲进项目验证了EGE系统实现基因敲入和条件性基因敲除的技术成功，使基因敲进修饰应用范围突破了物种限制。百奥赛图利用EGE系统构建一系列大小鼠的cre工具鼠，解决工具鼠带来的科研限制问题。

（崔春雷 易骁骁）

## 太时芯光研发红黄光发光二极管芯片

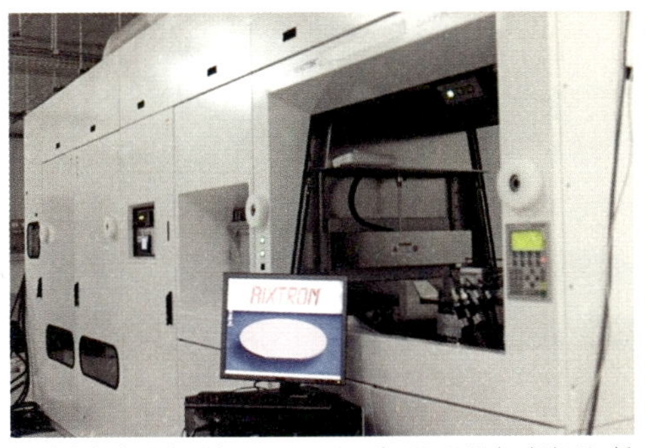


太时芯光购置德国产 AIXTRON G3 型 MOCVD 设备 祁振民 摄

3月，北京太时芯光科技有限公司与中科院半导体研究所及北京工业大学共同启动研发自主知识产权垂直结构高压高效率红黄光发光二极管芯片项目。该项目的技术核心问题是外延层结构的设计与生长。根据项目需求，公司购置德国爱思强公司的 AIXTRON G3 型 MOCVD 设备，3月中旬设备进厂并进行调试，截至年底，项目进入中试阶段。

（祁振民）

## 京东方研制出“智能镜子”

京东方新研制出的智能镜子 企业提供

3月，京东方科技集团股份有限公司推出一款“智能镜子”。点击镜子后出现显示界面，可查看穿衣搭配效果、查找各类领带打法，并可获取天气信息、浏览热点新闻、查看血压和心率等健康指数。屏幕表面的半透半反结构，使反射率达60%，色域高达72%，均居业内领先水平，镜子功能及显示功能达到完美融合。“智能镜子”应用京东方独有的 ADSDS 超硬屏技术，上下左右均可达 178 度超宽视角；其多触点的纳米触控功能和 WiFi 功能，可轻松实现智能交互、网络浏览、通讯应用等多人多点互动。

（张纯）

## 中金数据建设运营“中关村创新云”项目

年初，中金数据系统有限公司承接并负责具体建设运营“中关村创新云”项目。中关村创新云是中关村现代服务业试点重点支持项目，也是北京“祥云工程”重点项目，得到了市发展改革委、中关村管委会等单位大力支持。该项目依托中金数据高等级数据中心基础设施和北京“祥云后台”技术能力，建设中关村创新云平台，帮助中关村一区十六园的孵化器、在孵企业和创新型中小企业提高企业创新效率、降低创新成本。中关村创新云平台向企业提供集约化、高品质的资源，以及相关金融、政务等服务，以“大（数据）、云（计算）、数（据中心）、平（台服务）、移（动互联网服务）”为主要方式，服务于创新型企业，并通过平台的建设运营带动上下游企业的共同发展。

（宫在晓）

## 安川首钢“浮动夹紧机构”获国家专利

6月，安川首钢机器人有限公司自主研发的“浮动夹紧机构”获得国家实用新型专利授权。该专利解决了后副车架上 U 形支架焊接时定位和夹紧的问题，通过一个气缸实现双向夹紧，确保 U 型支架准确夹紧和定位，且工件不受夹具损害，提高了工件焊接效率和夹具设计水平。

（胡婷）

## 长城测控公司立式五轴转台设计通过评审

7 月 8 日，北京瑞赛长城航空测控技术有限公司与总装第三十二试验训练基地在北京组织召开了“立式五轴转台设计方案评审会”。评审组认真审阅《立式五轴转台设计方案报告》，查阅立式五轴转台设计图纸。评审组认为，立式五轴转台设计方案合理可行，主要功能性能满足合同和技术协议要求；设计方案采用自研开发的测速板卡，可确保系统低速运行的平稳性；机械结构设计紧凑，负载安装便利，可满足多型号仿真任务需求；设计方案采用三级限位保护措施，可确保系统安全、可靠运行。

（张白梅）

## 长城测控公司锂电控制箱进入送审阶段

7 月，北京瑞赛长城航空测控技术有限公司新开发的锂电控制箱取得实质性进展，进入送审阶段。该新型锂电池箱将长城测控公司产品备用电源使用时间由 2 小时延长到 8 小时，解决了用户担心的系统掉电续航时间短的问题。随着 GB 3836-2000 的实施，锂离子蓄电池将逐步代替原有的密封铅酸蓄电池，矿用隔爆兼本安型锂离子蓄电池电源箱也成为长城测控公司主推的电源产品。

（孙立红）

## 安川首钢“一种机器人”获国家专利

8 月，安川首钢机器人有限公司自主研发的“一种机器人”获得国家实用新型专利授权。该专利是一种应用于激光纤缆、液压油管等线缆在机器人臂上的悬挂固定机构，由支架线缆滑套、线缆固定块、悬挂摆臂等组成。机器人正常工作时，该机构可减少线缆受力；当工作异常，线缆位移增大时，线缆固定块、悬挂摆臂能够对线缆进行可靠的限制，保护线缆安全。

（胡婷）

## 天地互连 IEEE 1888 标准专利获批

9 月 9 日，由北京天地互连信息技术有限公司主导的两项发明专利“基于 IEEE 1888 标准的工业检测系统”（专利号：201210540156.X）及“基于 IEEE 1888 标准协议的社区节能管控系统”（专利号：201210540620.5）由国家知识产权局批准授权。这两项专利作为中国新一代信息技术与传统行业深度融合实现节能减排的典范，填补了中国绿色能源管理领域空白。

（周悦）

## 安诺优达染色体数目异常快速检测获专利

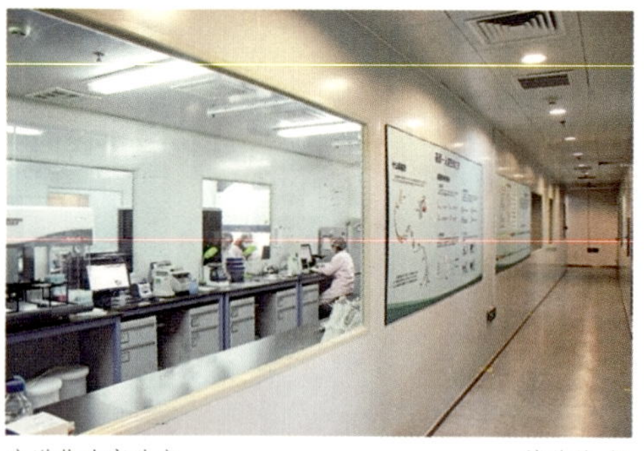

安诺优达实验室　　韩茂林 摄

9 月，安诺优达基因科技（北京）有限公司自主研发的“染色体数目异常快速检测技术”获得知识产权局授予的发明专利权。该技术是二代测序技术的优化升级，使染色体数目异常检测的精度更高、速度更快、成本更低；涉及的引物、试剂盒和检测方法均受国家知识产权局专利保护。该技术是根据染色体上广泛分布的多拷贝元件设计开发而成，在大范围染色体数目异常检测方面有着明显优势。在操作中，将传统的染色体数目异常检测的文库构建分成两步完成，先找到基因组大量存在的重复性片段，将其扩增出来；再针对扩增产物，设计特异性引物进行二次PCR扩增，完成文库构建。通过后续的测序和生物信息学分析，检测出其染色体水平的数目异常。这种方法相当于为每条染色体选择“代表”，通过对“代表”的分析，检测出其所在染色体的数目异常。由于是检测部分基因组信息，故而在相同测序量下，对目的区域可以有更深的测序深度，无论是对个体DNA而言还是对孕妇外周血中游离DNA而言，都可以更精确、更简便地检测染色体异常。

（赵春霖）

## 三箭和众鼎完成印刷字稿立体效果试验

9月，北京三箭和众鼎电子有限公司进行了新技术试验，即利用印刷工艺使印刷出来的字稿有立体感。经过多次试验，三箭和众鼎生产技术部门通过改变印刷方式，使字稿成功达到了立体效果。

（周陈艳）

## 智飞绿竹生物“盟卫康”获得临床批件

10月13日，北京智飞绿竹生物制药有限公司“A、C、Y、$W_{135}$群脑膜炎球菌多糖结合疫苗”（盟卫康）获得食品药品监管总局批准的临床试验批件。该疫苗可同时预防A、C、Y、$W_{135}$血清型的脑膜炎球菌引起的感染性疾病。

（李楠楠）

## 长城测控公司车载式LNG加气机项目立项

11月初，北京瑞赛长城航空测控技术有限公司石化部与中国石化北京石油分公司联合提出的“车载式LNG加气机在线自动检定装置”通过中国石化集团公司科技发展部立项。该项目总投资600万元，周期两年，致力于研制一种安装于专用车辆上能够对液化天然气（LNG）加气机进行自动在线检定的高技术装备。

（李秀学）

## 长城测控公司承担的市科委课题通过验收

11月初，北京瑞赛长城航空测控技术有限公司石化部承担的市科委“工程技术服务促进专项”课题“油库自控系统集成核心技术开发”项目通过答辩并顺利实现验收。该课题自2013年初开始启动，获得市科委“工程技术服务促进专项”50万元资金支持，开发出一种新型定量装车控制器和自动发油管理软件及开票软件，在单位内搭建了一套自动发油系统的开发试验平台，通过试验找出发油量精确控制方式和控制策略，总结出优化控制参数。

（李秀学）

## 中冶京诚新型顶管机组的研制与应用

11月20日，中国冶金科工集团公司组织对中冶京诚工程技术有限公司自主开发完成的“新型顶管机组的研制与应用”项目进行科技成果鉴定。鉴定意见指出“新型顶管机组的研制与应用”项目用于小规格无缝钢管生产，可部分取代穿孔+冷轧（冷拔）工艺，可解决小口径无缝钢管生产中的“以冷代热”问题，114新型顶管机组成品最小规格达到了外径26.7毫米×3毫米，外径31.8毫米×2.6毫米，实际成品外径 73.0 毫米×5.51 毫米精度达到±5%，达到国际领先水平。

（程芳）

## 长城测控公司科研成果通过鉴定

12 月 8 日，北京瑞赛长城航空测控技术有限公司安测部与阳泉煤业股份（集团）有限公司合作项目“基于煤矿安全监控系统的危险区域人员识别及报警系统的研究与应用”“机载断电仪无线传输系统研究”，在北京通过了中国煤炭工业协会组织的成果鉴定。其中，“基于煤矿安全监控系统的危险区域人员识别及报警系统”是根据煤矿现场实际需要和井下危险区域的特殊工况特点，在传统监控系统的架构下，通过研发新型设备，实现人员安全监控与环境安全监测监控的联动，自动判别危险区域并进行语音报警，提高了井下安全避险的效率；“机载断电仪无线传输系统”针对井下采煤所处的复杂环境，通过无线传输和有线传输的有效结合，解决了井下采煤面区域布线困难的问题，有效地将采煤面纳入实时监测，提高了采掘工作面的安全水平。

（邢素堂）

## 中冶京诚高炉煤气研究项目通过鉴定

12 月 9 日，中国金属学会组织召开科技成果鉴定会，对中冶京诚工程技术有限公司自主完成的“高炉煤气——塔式多级除氯工艺及装备的研究与应用”项目进行成果鉴定。专家认为，该成果的开发及应用，使得大中型高炉项目在采用全干式布袋除尘系统后，解决了煤气管道及后续设备的腐蚀以及因事故检修造成的不必要损失；减少了烟气排入到大气中的酸性介质，降低了对大气臭氧层的破坏作用。该项目已成功应用于韩国浦项钢铁公司 6000 立方米高炉、邯郸钢铁公司 3200 立方米高炉等多个项目中效果显著，专家组认为成果均达到国际先进水平。

（程芳）

## 云电英纳研制二代带材冷绝缘超导电缆

12 月 23 日，北京云电英纳超导电力技术有限公司启动 35 千伏 (110 千伏 )/2 千安培二代带材冷绝缘超导电缆研制项目。35 千伏 (110 千伏 )/2 千安培二代带材冷绝缘超导电缆研制在国内尚属首次。该项目对国内外超导电缆研究现状进行调研，进行 35 千伏（110 千伏）/2 千安培二代带材冷绝缘超导电缆系统设计与仿真，包括电缆本体、终端、制冷系统、监控保护系统设计与仿真以及故障下暂态稳定性分析，并试制单相试验端头及提供制冷测试条件系统。

（漆素薇）

## 云电英纳启动继电保护测试装置研究

12 月 23 日，北京云电英纳超导电力技术有限公司启动继电保护成套试验装置系统研究项目。该项目是应用最新技术成果不断推出新型高性能继电保护整体测试装置，形成整体测试系统的技术规范与测试实施措施规范，保证测试装置系统的功能实现。

（漆素薇）

## 凯因科技两个 1 类新药申报临床

年内，北京凯因科技股份有限公司完成 2 个 1 类新药的临床前研究，包括治疗转移性肿瘤的生物制品 1 类新药 KW-007、治疗丙肝的化学 1 类新药 KW-

136，已申报临床，并获得《药品注册申请受理通知书》。

（王云露）

## 安川首钢对打磨去毛刺工艺开展研究

安川首钢研制的机器人打磨系统　　刘剑盟 摄

年内，安川首钢机器人有限公司在机器人打磨去毛刺领域展开研究。在充分了解气动刀具、电动主轴和力传感器、力调节器等应用市场的基础上，进行发动机缸体打磨、金属件去毛刺、卫浴产品抛光、有机玻璃切削等一系列研究实验，进一步提升了为自动化工厂提供机器人打磨应用解决方案的能力。

（姚鹏程）

## 安川首钢对焊接工艺参数进行测试

年内，安川首钢机器人有限公司针对RD350和RL350焊接电源与国内常见焊接材料相对应的熔解法进行了测试，通过调整波形和焊接参数，在大量实验基础上得到这些材料的最佳焊接波形和参数设置，对指导实际焊接工艺设置具有重要意义。

（姚鹏程）

## 博大水务一体化污水处理设备获得专利

年内，北京博大水务有限公司自主研发一体化（集装箱式）污水处理设备，可实现区域中小型排污企业污水循环再利用，获得国家实用新型专利授权。该一体化水处理设备占地面积小，实施周期短，处理工艺组合灵活、出水水质稳定、建设成本可控，适合企业生产生活废水内部处理（回用）使用。该产品已在开发区松下电气等多家企业的污水提标处理及回用项目广泛应用，效果良好。

（石晔）

## 安诺优达探究椰果发育内在分子机制

年内，安诺优达基因科技（北京）有限公司携手海南大学，在椰果转录组研究方向取得重大进展。相关研究结果发表在*BMC Plant Biology*上，以系统全面的数据，展示了不同发育阶段特异性表达的基因，填补了椰果发育过程中基因调控方面研究的空白。

（李珺）

## 永瀚星港提纯血清肿瘤标志物抗原

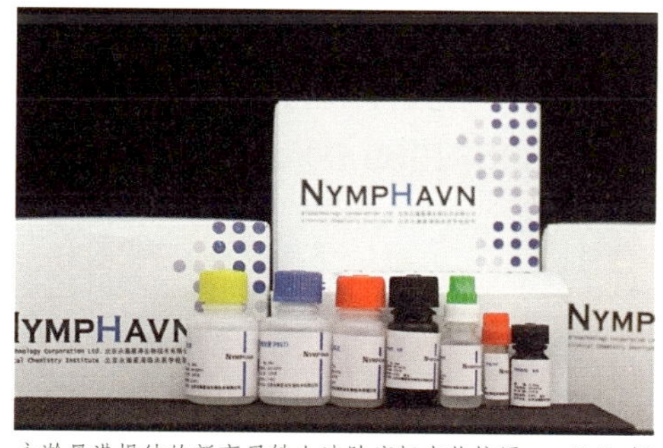


永瀚星港提纯的新高灵敏血清肿瘤标志物抗原　　尹星 摄

年内，北京永瀚星港生物科技股份有限公司提纯一个新高灵敏血清肿瘤标志物抗原并研制成它的特异结合体，已成功研制成诊断试剂在临床进行试验。临床试验表明，公司研发的新肿瘤标志物对很多肿瘤的检出率在90%以上，肿瘤特异性在95%以上。该产品适于在正常人群中做肿瘤早期普查。

（季海清 李婧）

### 安诺优达开发单细胞基因组测序技术

年内，“第一届北京亦庄生物医药产业大会暨 2014 年第六期北京亦庄生物医药产业创新与发展论坛”在北京亦庄生物医药园举办。安诺优达基因科技（北京）有限公司受邀参加发展成果展示会，并出席新品发布会，向现场 500 多位企事业代表介绍公司最新项目“胚胎植入前遗传学筛查（PGS）和单细胞基因组测序技术”，受到高度关注。

（李珺）

### 赛升药业申请授权专利 3 项

年内，北京赛升药业股份有限公司共获国家发明专利授权 2 项，提交实用新型专利申请 1 项。即：“脱端基纤维蛋白原及其制备方法和应用”（专利号 ZL201010192915.9）；“一种高黏度液体精密分装装置”（专利号 ZL201210126240.7）；“一种洁净服干燥设备”（申请号 2014208677059.0）。

（姜桂荣）

## 成果转化

### 京东上线闪购频道“红”

1 月 8 日，京东集团正式上线品牌特卖频道——京东闪购“红”。“红”在首页的导航有专属入口，并采用独立二级域名：red.jd.com。“红”是借助于其自身供应链优势为品牌商提供“一站式”服务平台，满足品牌商在京东平台上从上新到库存清仓的全面需求。每个参与“红”的品牌商品均预先通过严格的质量检测，展示时间长达 3 天，每天 10 点上新，并且全部采用京东自营仓储和配送服务。

（王晓东）

### 京东推出互联网金融首款信用支付产品

2 月 13 日，京东集团上线公测“京东白条”业务，这是互联网金融第一款面向个人用户的信用支付产品。京东在线实时评估客户信用，白条用户最高可获得 15000 元信用额度，并可选择最长 30 天延期付款，或 3 ～ 12 个月分期付款两种付款方式。京东白条可在 1 分钟内在线实时完成申请和授信过程。

（王晓东）

### 资生堂丽源全新欧珀莱系列产品上市

2 月 19 日，资生堂丽源化妆品有限公司欧珀莱品牌，在上海国际时尚中心举行全新臻白多效系列产品上市发布会，发布了 SMART SOLUTION ——智能护肤新体验全新欧珀莱臻白多效系列产品，全新添加精效美白成分 4MSK 凝血酸，更配以葡萄籽提取物，能有效抗击因氧化导致的皮肤暗沉和色斑。系列产品除了基础美白护理品之外，还包括淡斑精华露、眼部凝霜、BB 隔离霜等特别护理产品。

（姚岫霞）

### 苍穹数码承建资阳市“一张图”通过验收

2 月 24 日，北京苍穹数码测绘有限公司承建的四川省资阳市国土资源“一张图”及综合管理平台项目通过省级验收。该项目是在信息化建设框架下，以“三网一库”和“国土资源综合性数据库共享交换服务体系”为基础，建立一个具有高安全性、高可靠性的国土资源数据管理平台和国土资源信息化服务架构平台。该项目包括：电子政务审批平台、综合监管平台、数据中心管理平台、对外信息服务平台四大部分，基于苍穹数码自主研发的 KQ GIS 及 KQ Web GIS 平台，借助空间数据库、三维 GIS、网络等现代新技术手段及国土资源的集中管理和无纸化办公，实现“以图管地、以图管矿、以图防灾”，并带动国土资源管理的科学化、精细化的发展，完成市、县、国土所三级国土部门之间，以及各级国土部门与同级政府之间的联网和信息资源共享。该系统实现了图形辅助审批分析、辅助决策分析、在建项目查询、三维定位展示、业务查询图形化、业务流程间的信息互通等辅助办公功能，具备了专业的公文管理系统、业务科室综合管理系统、乡镇农房审批系统、会议管理系统以及“一张图”数据共享、各科室间的数据共享，从而极大地提高了办公人员的工作效率，降低了办公人员的工作难度，深化了对市、县、乡三级国土部门的管理和监管，实现了国土业务“批、供、用、补、查”的全覆盖，实现了在线申报、在线审批、在线监管等功能以及“指标监管、批前监管、批中监管、批后监管、执法监察”的全业务监管。平台以其领先的技术体系、科学的管理理念及其便捷的实际操作应用性，获得了资阳市国土资源局及相关部门的认可。

（李雅琳 郭冉）

## 智飞绿竹生物 2 个产品获得药品注册批件

4 月 2 日，北京智飞绿竹生物制药有限公司研制的“AC 群脑膜炎球菌（结合）b 型流感嗜血杆菌（结合）联合疫苗”（喜贝康）获得食品药品监管总局批准的药品注册批件和新药证书；6 月 6 日，“伤寒 Vi 多糖疫苗”获得了药品注册批件。其中“喜贝康”能同时预防 AC 群脑膜炎球菌、b 型流感嗜血杆菌引起的流脑、肺炎、中耳炎等疾病感染。

（李楠楠）

## 云端时代发布桌面云产品

5 月 20 日，在第六届云计算大会召开期间，北京云端时代公司召开桌面云产品发布会。该产品是中国企业首次发布具有自主知识产权的桌面云软硬件系列产品，是国产桌面云发展的里程碑。本次发布产品有 CTVI3.0、CTVA2.0 以及全系列云端软硬件一体产品，具有精美图形设计、高清视频、优化存储和复杂外设支持等重负载应用方面的卓越性和领先性。

（崔春雷）

## 锤子数码发布 Smartisan T1 智能手机

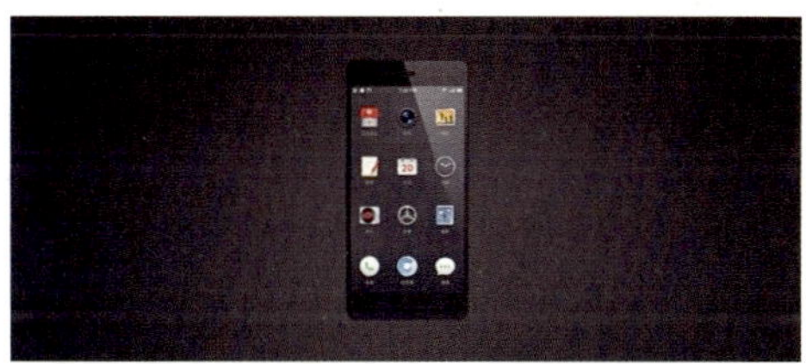

锤子数码发布首款产品 Smartisan T1 智能手机 企业提供

5 月 20 日，Smartisan T1 手机在国家会议中心正式发布，这是北京锤子数码科技有限公司发展过程中的一个重要里程碑。Smartisan T1 手机发布会的直播创造了中国科技类活动累计观看人数和在线观看直播人数的两项历史记录。7 月 8 日，Smartisan T1 手机正式开启线上销售，并于 8 月份开启线下销售。Smartisan T1 手机使用双面玻璃和全方位左右对称设计，操作系统采用九宫格 / 十六宫格桌面、多板块视图以及多种材质的系统主题，辅以人性化的系统操作。

（窦森磊）

## 苍穹数码推出多款 GNSS 产品

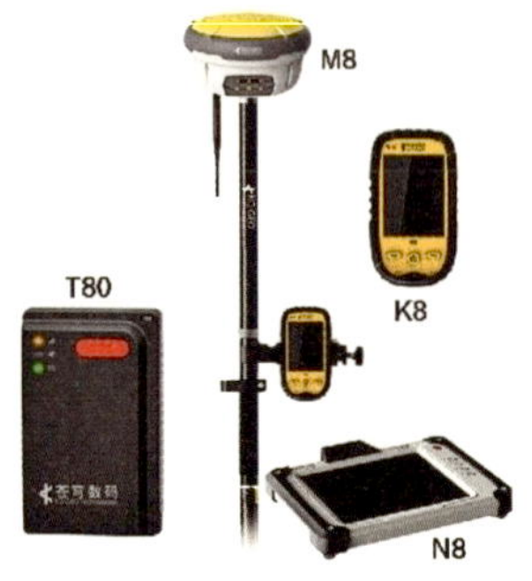


中国卫星导航学术年会苍穹数码展出产品　　企业提供

5 月 21 日，北京苍穹数码测绘有限公司多款新产品参展第五届中国卫星导航学术年会。包括了系列硬件产品：GNSS RTK 野外成图系统 M8、高精度移动 GIS 平台 N8、GIS 数据采集器 K8 和 BDS+GPS 追踪器 T80。GNSS RTK 野外成图系统 M8 支持多种 GNSS 系统，双电源加辅电池设计，拥有业界超大容量锂电池，支持热插拔不断电更换电池，可实现 GPRS 模式 RTK 作业时间长达连续 12 小时，且具有智能故障诊断、语音播报等功能。高精度移动 GIS 平台 N8 采用 8.4 寸反透式高强度触控屏和测量型 GNSS 模块、GNSS 天线，支持北斗定位测量，配有 windows7 操作系统，各类常用软件，N8 采用工业型设计，具有 IP65 等级的防尘防水性能。GIS 数据采集器 K8 内置高灵敏度抗干扰 GNSS 天线，支持 GPS L1 信号，兼容北斗信号，拥有 3.7 英寸专业级户外高亮彩色触摸屏和标配大容量锂电池以及采用灵活、多样化的无线通信技术，支持 GPRS/3G、蓝牙、WIFI、UART、USB 数据传输。T80 是一款专业型的北斗 +GPS 定位追踪器，融合了 GSM 无缝通信技术以及北斗和 GPS 系统定位技术，搭配全球定位服务平台，实现了车辆远程管理。

（李雅琳　郭冉）

## 苍穹数码承担试点工程竣工验收

5 月 27 日，北京苍穹数码测绘有限公司承担的全国宗地统一代码电子文件管理信息系统试点工程项目通过竣工验收。项目编制完成了《全国宗地统一代码电子文件汇交和应用数据指标体系》和电子文件归档、备案管理标准规范；实施了宗地统一代码电子文件制作与应用；实现了跨平台、跨行政级别，县、市、省、部四级联动数据交换更新；开发了国家级宗地统一代码电子文件管理示范信息系统和县级宗地统一代码电子文件归档与查询系统；完成了 6 个试点单位建设。通过项目实施，验证了国家电子文件管理相关标准的可行性与实用性，提供了专用电子文件（宗地统一代码电子文件）管理的成功范例，为进一步扩大国家电子文件管理范围起到引领与示范作用；通过宗地统一代码电子文件数据网络化四级联动传输，建立起了国家、省、市、县之间四级地籍数据体系，保障了数据的同数同源与现势性，发挥出地籍数据在各级管理部门的效用；建立起全国宗地统一代码电子文件数据库，为国家层面提供土地登记数据的多元化服务奠定了基础，丰富了第二次全国土地利用调查数据内容。

（李雅琳　郭冉）

## 天诚同创智能微网示范项目实现上网售电

5 月，由北京天诚同创电气有限公司

自主研发的包含风力发电、光伏发电和储能系统在内的“智能微网示范项目”成功实现上网售电。“智能微网示范项目”位于开发区内，其电源系统包括1台金风科技2.5兆瓦直驱永磁风力发电机组和500千瓦光伏及2台65千瓦微型燃气轮机；储能系统采用了锂电池、钒液流电池、超级电容等多种储能方式，负荷运用于金风科技办公楼和生产车间，并且通过部署公司自主研发的能量管理系统，实现对用户侧进行柔性电力管理；微网系统每年可为企业提供清洁电力约260万千瓦时，相当于每年可节约标准煤约1040吨，减少二氧化碳排放约2592吨，再造森林约1421立方米。

天诚同创智能微网示范项目实现上网售电　企业提供

（陈晓慧）

## JD+智能新品全面上线

6月13日，50余款JD+智能新品全面登陆京东JD+新版频道（http://jdj.jd.com/）。这些智能新品均是京东在推出“JD+计划”后，联合华为、百度、PICOOC等60余家企业，在4个月时间内成功孵化的产品。此次联合上线京东JD+新版频道，标志着京东“JD+计划”正式步入实践期。新上线的京东JD+新版频道设置了“JD+产品专区”，涵盖了包括PICOOC智能健康体脂仪、小度i耳目、木木健康血压计、百度无线音乐盒、联想看家宝等在内的50余款创新智能硬件产品；还设置了“抢先预售”“独家首发”“本周大牌”等栏目，满足广大尝鲜族和网购达人的不同诉求。在“京东智能云”服务专区，开辟了京东云助手免费下载、成功案例展示等内容，为JD+智能硬件产品提供了强大的云端连接与支持服务。京东JD+既是全兼容芯片级物联网平台，也是全维度个人健康聚合平台。该平台吸引了众多家电行业领导者、物联网芯片TOP厂家、健康领域明星创新团队以及服务提供商，并得到政府机构和行业协会的大力支持。

（崔春雷）

## 京微雅格发布CME-M7（华山）新品

6月19日，京微雅格（北京）科技有限公司召开CME-M7（华山）系列新品发布会，推出国内首颗嵌入ARM Cotex-M3的高性能SoC FPGA。CME-M7（华山）是一款集成了更高级MCU内核和高性能FPGA的智能型芯片，通过将FPGA、CPU、SRAM、ASIC、Flash以及模拟单元等功能模块集成在单一芯片上，能够满足不同应用场合的“可定制、可重构、可编程”设计需求，实现FPGA的SoC化。而且，高集成化的CME-M7 FPGA系列产品为客户在扩展处理器与数据存储器时不得不面临增加PCB面积与成本的风险之外，提供了另一种安全有效的解决方案，凭借先进的封装技术，CME-M7 将 12K 容量的可编写逻辑资源，以硬核形式整合的 ARM Cotex-M3 内核以及丰富的 IO 和内存等资源整合在一个封装内，实现了低成本、更高的 I/O 密度以及更便于拓展的设计便利性。

（崔春雷）

## 北京泰豪成功启用智慧洁净空气系统

6 月，由北京泰豪智能科技有限公司自主研发的泰豪“城市氧吧”智慧洁净空气系统在北京泰豪智能大厦成功启用。经检测，系统投入使用后，楼层内的颗粒物及气体污染物浓度明显下降，空气质量已达到国标一类标准。

（周屯）

## 安川首钢 AVT 摩托车架焊接线投产

6 月，安川首钢机器人有限公司为浙江春风动力股份有限公司设计、加工的国内第一条四轮摩托车架机器人自动焊接线顺利投入使用。浙江春风动力股份有限公司为政府国宾护卫摩托车指定供应商。产品的投产意味着国内车架生产技术及工艺已与国际接轨，促成了春风动力公司与奥地利 KTM 公司的深度合作。

（徐民）

## 旷博生物结核快速诊断试剂盒投产

7 月 25 日，“十二五”传染病科技重大专项“结核分歧杆菌效应 T 细胞检测试剂盒”成果发布会在博大大厦召开。由北京旷博生物技术有限公司与中国科学院微生物研究所、中国疾病预防控制中心传染病预防控制所共同研制，北京金豪制药有限公司生产的具有自主知识产权的产品——结核快速诊断试剂盒获得食药监管总局颁发的医疗器械注册证书，已正式投产并开始临床应用。结核分歧杆菌效应 T 细胞检测试剂盒（酶联免疫斑点法）主要用于结核病的辅助诊断，免疫低下患者、糖尿病等高危人群的结核感染筛查，以及流行病学调查等。与传统临床常规方法相比，该产品特异性好，无需使用带菌样本且安全快速，能在 24~48 小时内完成监测，对肺外结核及菌阴肺结核的诊断优势突出，可为有效降低结核病的新发感染率和病死率、提高人口健康水平提供高效有力的技术支撑。

结核分歧杆菌效应 T 细胞检测试剂盒发布会召开　企业提供

（崔春雷）

## 安川首钢研发手机外壳圆弧摆动打磨功能

7 月，安川首钢机器人有限公司成功开发出 MOTOMAN 机器人圆弧摆动打磨功能，填补了该领域的技术空白。客户只需要示教外壳一周的轨迹，再加上调用宏程序的指令就可以方便快捷地生成圆弧摆动打磨轨迹，完成机器人沿手机外壳侧面以圆弧摆动的方式环绕手机一周进行打磨作业。该功能在深圳比亚迪手机外壳打磨项目中首次应用。

（姚鹏程）

## 京东手机 QQ 购物一级入口上线

8 月 8 日，京东集团在手机 QQ 的一级购物入口——“京东手机 QQ 购物”正式上线。京东手机 QQ 购物一级入口名称为“购物”，位于手机 QQ“动态”中的“游戏”下方。利用手机 QQ 海量用户和流量导入，将为京东移动端带来更多新用户增长。手机 QQ 不仅全面覆盖国内一线、二线城市，同时还覆盖三到六线城市，有助于京东渠道下沉。手机 QQ 的社交属性以及讨论组、群、空间等多元社交场景，为京东尝试社交化电商带来机遇。京东由此形成包括手机客户端、微信购物、手机 QQ 购物在内的组合式移动端布局，全面发力移动电商。

（王晓东）

## 安川首钢启动副车架自动化焊接系统

8 月，安川首钢机器人有限公司启动了自行设计的上海汇众 TiguanNF 副车架自动化焊接系统。该系统是上海汇众配合上海大众 MQB 平台生产投入的柔性自动化焊接生产线，实现了抓举焊接与多工位搬运焊接在同一工位进行，自动线尾部加入补焊功能区，减小设备对场地需求，降低成本投入，提高生产线节拍和焊接品质。

（徐民）

## 安川首钢柔性化焊接生产线获客户认可

8 月，由安川首钢机器人有限公司自主设计集成的“柔性化焊接生产线”获得上海汇众定点认可。该柔性化焊接生产线覆盖 C1XX 副车架、控制臂、上摆臂、上控制臂，广汽 AG 前、后副车架，广汽 AL 前、后副车架，SGM358 副车架、控制臂，共计 10 种产品。方案采用夹具库及快速换装小车，满足客户小批量多产品焊接要求。

（徐民）

## 中交兴路车旺 95155 云服务平台上线

9 月 23 日，北京中交兴路信息科技有限公司推出的全国商用车车联网综合服务平台——“车旺 95155 云服务平台”（www.95155.com）正式启动上线。与此同时，首批提供车联网线下服务的 15 家车旺司机服务站开业，涵盖北京、上海、广州等国内一、二线核心城市。中交兴路线上线下联动服务体系同时双线启动，标志着中国商用车车联网 O2O 服务模式全面落地。中交兴路以“大物流、大金融、大服务”为业务发展战略，开放车联网行业加盟模式，努力构建一个开放的、可持续发展的商用车车联网服务平台——“车旺 95155 云服务平台”。该平台旨在为货运行业提供创新一站式服务，实现在传统运输服务领域打造全产业链生态圈的目标。该平台的推出是全新商用车车联网 O2O 模式的一次重要布局，通过线上、线下双轨道全面联动，形成闭环式的服务体系。此布局突破了货运信息的时间、地域、人群的限制，真正实现信息的自由交互流通，重塑人、车、路、货、网与工作、生活的融合方式。

（蒋兰）

## 智飞绿竹生物 2 产品获药品 GMP 证书

9 月 28 日，北京智飞绿竹生物制药有限公司研制的“AC 群脑膜炎球菌（结合）b 型流感嗜血杆菌（结合）联合疫苗”（喜贝康）和“A 群 C 群脑膜炎球菌多糖结合疫苗”（盟纳康）获得食品药品监管总局药品 GMP 证书。这意味着 2 个产品可实现规模化生产，取得中国食品药品检定研究院批签发证书后即可上市销售。

（李楠楠）

## 云狐时代发布全新手机产品云狐 A8 和 A6

云狐时代发布的全新手机产品云狐 A8　　企业提供

9 月，北京云狐时代科技有限公司发布全新手机产品——云狐 A8。云狐 A8 拥有独特超窄边框、12.5 毫米超薄军工级六防一耐机身，1.5GB 四核 CPU，16GB ROM+2GB RAM，1300 万像素自动对焦高清摄像头，以及 3500 毫安超大容量电池。云狐 A8 手机获 2014 年中国手机创新周中国手机创新大会天鹅奖“年度最佳手机科技奖”、2014 年影响力国产手机最佳工业奖、智能硬件组——光芒奖（光芒体验盛典——移动通信类）等奖项。12 月，云狐时代发布全新手机产品——云狐 A6。

（岳红梅）

## 中冶京诚热试成功世界直弧最大厚度铸坯

10 月 15 日，由中冶京诚工程技术有限公司总承包的江阴兴澄特板厂 450 毫米厚板连铸坯改造项目一次性热负荷试车成功，首次生产出了世界上直弧形连铸机型的最大厚度铸坯。热试中，该连铸机连续浇注 3 炉钢水，浇注钢种为 Q345B 钢，生产铸坯规格为 450 毫米 ×1900 毫米，定尺长度 6000 毫米，铸坯表面质量良好，主体设备运转正常。经取样分析，铸坯内部质量优异，达到了中心偏析 C0.5、中心疏松 0.5 的最好水平。当日，该连铸机又顺利完成了 450 毫米 ×1900 毫米模具钢 11 炉连浇的批量生产。在热试基础上，通过优化工艺和生产控制措施，使铸坯表面质量和坯形进一步提高，内部质量更加优异，完全满足客户要求。中冶京诚在该项目中采用具有完全自主知识产权的专业技术，在原设计 300 毫米 ×2600 毫米宽厚板坯连铸机上进行特厚板坯连铸改造。在热试中，由中冶京诚自主研发的连铸机配套液压振动系统、结晶器专家系统、动态二冷及动态轻压下技术也全部全程成功投用。该连铸机项目采用直弧形机型，优选 11 米基本弧半径，使用中冶京诚专有的辊列布置、连续弯曲和连续矫直方案、中冶京诚核心的动态二冷和动态轻压下模型、中冶京诚独特的铸坯导向段设计和控制等核心技术，首次成功生产出了世界上直弧形连铸机型的最大厚度铸坯。

中冶京诚全球直弧形连铸机型的最大厚度铸坯　　企业提供

（程芳）

## 长城测控公司交付油库计量自动化系统

10 月中旬，北京瑞赛长城航空测控技

术有限公司石化部为中国石化浙江石油分公司开发的“油库计量自动化信息集成系统”软件进入现场交付阶段。该软件是油库综合信息管理软件的典型应用，其开发成功标志着长城测控公司在成品油储运信息化建设领域跃上新台阶。

长城测控公司研制的储罐自动计量与管理系统 杨婷妹 摄

（李秀学）

## 中冶京诚总承包全国产化厚板彩涂线投产

11月11日，由中冶京诚工程技术有限公司总承包的山东冠洲股份有限公司年产14万吨彩涂生产线以零废品率一次试车成功，生产线完全国产化，产品主要出口国外市场，设计厚度为1.6毫米，在投产初期便完成厚度2.0毫米产品生产。生产线采用国内外广泛应用的二涂二烘工艺，机组配置了一台初涂机和两台精涂机，涂机配有压力数字传感器，具备手动涂层厚度控制功能，保证了带钢表面底漆和背漆的涂敷质量；可实现多种不同涂敷工艺和零时间面漆换色。在节能减排方面，机组既可实现高温全焚烧工艺，又可实现催化焚烧工艺，可根据生产产品需要切换。高温全焚烧工艺为抽取炉内富含涂料中有机挥发物质的热空气，送到焚烧炉内进行集中焚烧，处理后的VOC浓度小于10ppm，保证了废气排放环保要求，燃烧产生的大量热能经废气换热器后进入固化炉加热带钢，有效节约能耗。在达到机组设计产能时高温全焚烧工艺最低天然气耗量为4.4立方米每吨，催化焚烧工艺预期天然气耗量为2.7立方米每吨。

（程芳）

## 京东方首发全球65英寸OGS触控显示屏

11月，京东方科技集团股份有限公司在“十六届中国国际高新技术成果交易会”上首发全球最大尺寸OGS显示屏，首次突破了OGS拼接曝光技术难点，将OGS触控技术应用于65英寸4K×2K超高清显示屏，实现了大尺寸、4K超高清、OGS触控技术的完美融合。

京东方首发65英寸超高清OGS触控显示屏 企业提供

（张纯）

## 京运通海宁50兆瓦分布式电站并网发电

12月30日，北京京运通科技股份有限公司光伏发电事业部——海宁京运通新能源有限公司在浙江省嘉兴海宁市投资建设的50兆瓦分布式光伏电站项目实现并网发电。截至年底，京运通公司投资已并网的光伏电站累计装机容量达210兆瓦，其中地面电站160兆瓦，分布式电站50兆瓦。

（王琪）

## 瑞宏网开出金融保险行业首张电子发票

12月30日，北京东港嘉华安全信息

技术有限公司旗下瑞宏网助力中国人寿开出中国金融保险行业首张电子发票。突破了以往仅在电子商务企业开具电子发票的行业限制，应用领域拓展到线下交易，是电子发票从线上向线下一次深度探索和试验。该电子发票也是首次通过国税、地税协作共用平台实现的金融保险业电子发票。

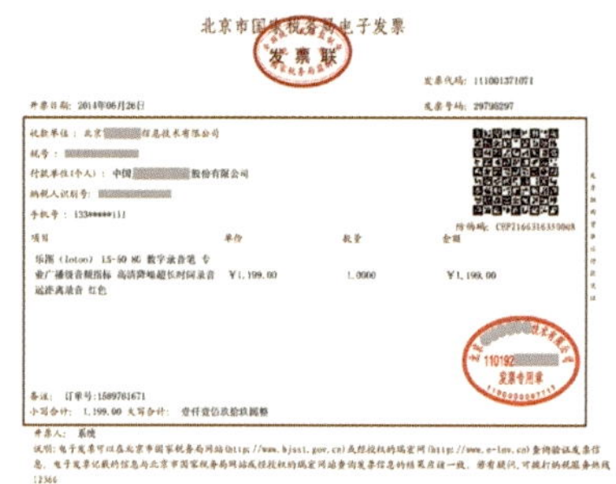
北京市国家税务局电子发票

发票联

发票代码：111001371071

开票日期：2014年06月26日

发票号码：29790297

收款单位：北京 信息技术有限公司

税号：

付款单位(个人)：中国 股份有限公司

纳税人识别号：

手机号：133*****111

| 项目 | 单价 | 数量 | 金额 |
|---|---|---|---|
| 乐图（lotoo）LS-50 8G 数字录音笔 专业广播级音频指标 高清降噪超长时间录音 远距离录音 红色 | ￥1,199.00 | 1.0000 | ￥1,199.00 |

备注：订单号：1589781671

小写合计：1,199.00 大写合计：壹仟壹佰玖拾玖圆整

开票人：系统

瑞宏网开出金融保险行业首张电子发票　　李奎涛 摄

（韩士华）

## 京东方小尺寸显示屏高端新品迭出

12 月，京东方科技集团股份有限公司在北京和深圳分别举行小尺寸面板产品品鉴会，推出具有最窄边框、最高 PPI、最薄模组等多项技术亮点的多款高端新产品，以创新技术赢得客户青睐。京东方 5.5 英寸 QHD 显示屏，采用 0.7 毫米全球业内最窄边框，同时具有业界最高水平的 538 PPI；京东方 5.5 英寸 HD 显示屏模组，厚度仅为 0.89 毫米，为全球业内最薄，堪称超薄之极致；京东方 5.5 英寸 FHD 显示屏，色域高达 100%NTSC；京东方 5.5 英寸 FHD LTPS Brain I 显示屏，采用京东方独有的薄锐（Brain）触控技术，具有集成度高、厚度薄、触控灵敏等优势。

（张纯）

## 苍穹数码建立“一张图”综合监管平台

年内，北京苍穹数码测绘有限公司在国土资源部第二次全国土地调查中建立的“一张图”系统采用集中共享数据信息方式，实现业务间互联互通，充分利用已有数据，避免大量数据重复录入。系统为了保证调用数据方便，通过业务流程唯一编码的方式，将所有审批及管理流程贯彻起来，各科室之间实现有机串联或并联，确保在各类审批管理过程中，随时可以调阅图形资料，辅助进行规划、批文、现状等内容的相关审查；同时，业务辅助审批系统与公文系统进行整合，在网上办公过程中，各种请示、报告、批复的数据可以直接调阅。在卫片执法图斑审核过程中，仅需将图斑导入系统，通过简单的操作，即可审核现状、权属，分析出是否符合规划、是否供地、是否有批文等结果。所有行政审批流程均可通过网络进行，通过设置严格的网上审批制度以及规范化、格式化的审批流程，严格界定操作的时限和权限，实时对各环节的审批意见和工作进度进行存档，并对业务办理效率进行绩效考核，有效地监控各类业务办公行为。苍穹数码“一张图”系统提供“一站式”服务，例如，土地业务的预审、审批、征收、供应、登记、变更、监察等，通过政务大厅对所有行政许可类和服务类业务进行统一受理，实行“一站式”服务，避免了一个业务多处奔波。“一张图”系统融合了档案管理系统，利用虚拟现实技术建立虚拟档案室，模拟真实的档案室环节，实现各类业务相关档案管理，通过输入相关查询条件，系统即可自动导航定位到此档案的具体位置，提高了档案提取效率。苍穹数码通过“一张图”项目的建设，全面、快速和准确地掌握国土资源土地、矿产等各类资源的数量、质量、结构和空间布局，准确记录资源开发利用生命周期中各个阶段的信息，做到资源状况“一览无余”，并实现全局系统的共享应用，达到省、市、县三级全覆盖模式。

（李雅琳 郭冉）

## 凯因科技重组人干扰素阴道泡腾片上市

年内，北京凯因科技股份有限公司自主研发的重组人干扰素 α2b 阴道泡腾片（金舒喜）上市，用于治疗由 HPV 病毒引起的宫颈糜烂，且可预防宫颈癌，属于独家剂型。2014 年实现收入超过 2000 万元。

（王云露）

# 表彰奖励

## 大基医疗获国家科学技术进步奖

1 月，北京大基康明医疗设备有限公司自主研发的“正电子发射断层扫描( PET )核医学装备系统的研制及产业化”荣获 2013 年度国家科学技术进步奖二等奖。PET 是最高级别的医疗影像诊断设备，用于癌症、心血管疾病、脑神经系统疾病 3 种重大疾病诊断。该产品是以大基医疗首席专家、主任医师孙启银领衔的科研项目。PET 是最高级别的医疗诊断设备，广泛应用于肿瘤、心脏、头部等全身性疾病和亚健康的检测诊断；并且也应用于癌症病灶精确定位、指导治疗、预后评估等，用于癌症、心血管疾病、脑神经系统疾病 3 种重大疾病的诊治。大基医疗研发的 PET 关键技术和 PET 系列产品，处于国际先进水平，市场占有率达到 25%，打破了国外产品的市场垄断。

（易骁骁）

## 赛升药业获得多项荣誉称号

3 月 19 日，北京赛升药业股份有限公司通过 2014 年度企业信用评级，信用等级为 AAzc-；10 月 23 日，入选 2014 年德勤—亦庄高科技、高成长企业 20 强第五名；10 月 30 日，通过国家高新技术企业复审；10 月，研发中心通过了市科委对市级企业科技研发机构复审，再次获得“北京市级企业科技研究开发机构”证书（2014—2017 年）；12 月 31 日，研发中心经市经济和信息化委认定为北京市企业技术中心；12 月，被评为 2013—2014 年度中关村信用培育双百工程“百家最具影响力信用企业”。

（翟志芳）

## 开发区 4 家企业获市科学技术奖

荣誉证书

北京市科学技术奖

为表彰在推动科学技术进步，对首都经济建设和社会发展作出贡献的集体和个人，特颁此证，以资鼓励。

获奖项目：磁控溅射设备研发及产业化

获奖等级：贰等奖

获奖单位：北京北方微电子基地设备工艺研究中心有限责任公司、中国科学院微电子研究所、清华大学、复旦大学

NO. 2013 制-2-001

北方微电子获市科学技术奖二等奖　　杨帆 摄

3 月 25 日，市委、市政府举行 2013 年度北京市科学技术奖励大会，233 项科技成果获得市科学技术奖，开发区 4 家企业获奖。二等奖 2 项，即北京泰德制药股份有限公司、北京大学完成的“脂微球载体靶向镇痛药物氟比洛芬酯注射液临床及

产业化技术的研究”。北京北方微电子基地设备工艺研究中心有限责任公司、中国科学院微电子研究所、清华大学、复旦大学完成的“磁控溅射设备（PVD）研发及产业化研究”。北方微电子承担“十一五”国家科技重大专项“65-45nm PVD 设备研发”项目，研发的 PVD 设备已应用于多家知名制造商，机台性能达到国际同类机型领先水平，获得了优秀的薄膜孔隙填充沉积工艺结果，实现了无孔洞铜电镀填充，各项工艺考核指标满足项目要求。PVD 项目的成功实施实现了中国高端 PVD 设备研制领域零的突破。该项目研究成果已拓展应用至 TSV PVD、LED ITO PVD 的工艺及设备领域。三等奖 2 项，即北京金风科创风电设备有限公司的“适用于高原风区的兆瓦级直驱永磁风电机组研发及产业化”和北京义翘神州生物技术有限公司的“重要靶点的蛋白及抗体产品关键技术研究”。

（崔春雷 杨帆）

## 嘉康利中国被评质量诚信承诺企业

3 月，嘉康利（中国）日用品有限公司积极参与中国质量检验协会开展的第 14 次“质量和服务诚信承诺”专题宣传活动，并获得由中国质量检验协会颁发的“全国质量和服务诚信承诺优秀示范企业证书”。嘉康利中国在全世界范围内寻找纯净的天然原料，用高科技检测设备对所选原料进行严格筛选后投入产品生产，产品检测标准符合许多国家的国家标准。嘉康利中国严格遵循《直销管理条例》，对消费者提供全面的退换货保障、优质的消费者服务，依法保护消费者个人信息。

（张丽虹）

## 京东方获 CITE 创新产品与应用奖项

京东方 6.0 英寸 LTPS 手机屏　企业提供

4 月 10 日，在“2014 CITE 创新之夜”颁奖活动上，京东方科技集团股份有限公司自主研发的 98 英寸 8K 超高清显示屏和 30 英寸氧化物 AMOLED 显示屏均获“2014 CITE 创新产品与应用金奖”。同时，京东方“智能镜子”和 6.0 英寸 LTPS 手机屏获得“2014 CITE 创新产品与应用奖”。

（张纯）

## 北京泰豪获全国智能建筑行业多项荣誉

4 月 23 日—25 日，中国建筑业协会智能建筑分会 2013 年年会在湖北武汉召开。在 2013 年行业先进表彰活动中，北京泰豪智能科技有限公司继续蝉联“全国智能建筑行业十大品牌企业”“全国智能建筑行业 60 强企业”等荣誉。

（毛东颖）

## 中冶京诚获评创新型优秀企业

5 月 15 日，第二届全国勘察设计行业管理创新大会召开，中冶京城工程技术有限公司获中国勘察设计协会授予的全国勘察设计行业“创新型优秀企业”称号，为此次评选活动三类奖项中的最高奖。

（崔春雷）

## 华联印刷被评北京市设计创新中心

北京市设计创新中心
Beijing Design Creative Center
(NO:0100)
北京华联印刷有限公司

华联印刷被评“北京市设计创新中心” 仲伟笑 摄

5月28日，面对数字网络技术的挑战、面对客户需求的不断变化，北京华联印刷有限公司致力于印刷技术的研发和应用，以不同方式向文化产业渗透，文创中心践行将文化创意与传统印刷相融合，得到市科协肯定，获得“北京市设计创新中心”称号，成为获此殊荣的60多家机构中唯一一家印刷公司，有效期3年。

（胡艳涛）

## 中交兴路入榜高新区先锋榜百新企业

5月，由中国高新技术产业导报、中国高新技术产业开发区协会和国家高新区研发中心共同主办的“国家高新区先锋榜（2013）”评选活动在北京举行。中关村示范区18家企业入选百新企业。北京中交兴路车联网科技有限公司车联网凭借其在“新技术、新产品、新模式”方面的发展成效以及在运营、管理、销售模式等方面的突出成绩，获得“国家高新区先锋榜（2013）百新企业”荣誉称号。

（蒋兰）

## 中冶赛迪电气主编国家标准获奖励

5月底，由中冶赛迪电气技术有限公司主导起草的国家标准《调速电气传动系统第701部分：电气传动系统的通用接口和使用规范接口定义》获2013年度中关村示范区技术标准资金资助。该标准为调整电气传动系统的使用提供了统一的规范，确定了使用传动功能的数据的方法，改变了国内相关领域没有统一标准的状态，对常规驱动、定位器等应用领域都确定了特定物理接口的规范。同时，表明中冶赛迪电气正从标准执行者逐步成长为标准制定者。

（罗媛群）

## 中交兴路获智能交通三十强称号

6月10日—12日，在由国家智能交通系统工程技术研究中心、中国卫星导航定位协会主办的“第三届深圳国际智能交通展览会暨卫星导航与车辆安全管理展览会”上，北京中交兴路信息科技有限公司获得“中国智能交通三十强企业”和“中国卫星导航与位置服务十佳运营商”2项荣誉称号。颁奖之后，举办了获奖单位产品展示会。国务院、公安部、交通部、中定协、中交协等多位领导亲临中交兴路展位参观指导。

（蒋兰）

## 京东方98英寸8K超高清显示屏获奖

6月，在美国圣迭戈举办的SID 2014显示周上，京东方科技集团股份有限公司自主研发的全球最大尺寸98英寸8K×4K超高清显示屏获由国际信息显示学会（Society for Information Display，简称SID）颁发的2014 SID颁发显示周“Best in Show”奖。9月6日，在全球最大的消费类电子产品展——柏林国际电子消费品展览会（IFA——Internationale Funkausstellung Berlin）上，该产品又获得德国工商会和美国国际数据集团颁发的“2014 IFA 产品技术创新大奖·显示技术金奖”。

（张纯）

## 富思特获十佳外墙涂料品牌称号

7月17日，由慧聪涂料网主办的2014年中国涂料品牌盛会——慧聪网2013年度第八届中国十佳涂料品牌评选颁奖典礼在北京召开。富思特新材料科技发展股份有限公司获慧聪涂料网颁发的“十佳外墙涂料品牌”称号。

（程平）

## 中冶京诚19项设计获奖

7月28日，中国冶金建设协会公布了2014年度冶金建设行业优秀工程勘察、设计、软件获奖项目名单，中冶京诚工程技术有限公司及所属企业的16项工程设计项目和3项软件项目榜上有名。其中，中冶京诚完成的“太原重工股份有限公司高速列车关键零部件国产化项目整体辗轧车轮工程设计”等5个项目获得优秀工程设计一等奖，“本溪北营钢铁（集团）股份有限公司节能减排、淘汰落后1号高炉改造工程设计 ”等8个项目获得优秀工程设计二等奖，“本钢北台厂区20万立方米煤气柜项目工程总承包设计”等3个项目获得优秀工程设计三等奖；“五矿营口中板有限责任公司钢后协同及中板MES系统”获得优秀软件一等奖，“南京南钢产业发展有限公司环境管理系统”“中冶矿机设计软件V1.0”获得优秀软件二等奖。

（程芳）

## 北京泰豪承建工程获建筑长城杯金质奖

8月，北京泰豪智能科技有限公司承建的中国海关博物馆智能化工程被评为“2014年度建筑长城杯金质奖工程”。海关博物馆位于东城区建内大街，是首都爱国主义教育重要基地，首都旅游观光新景观。该工程规模3.3万平方米。该工程通过对博物馆包括周界、监视区、防护区和禁区的纵深防护体系建设，由外到里、层层设防，体现了全方位、高层次、大纵深的立体化防范理念，实现全馆范围内的看、控、存、管、用、防等功能，通过多种预案管理，实现管理控制效率提升。通过计算机控制及集成技术，将博物馆内的楼宇自控系统、安防系统及其他子系统通过网络集成到一个统一的平台，提供语音、视频及通信和操作监控界面，对博物馆内的机电设备进行集散式管控，保证每个子系统都能独立控制的同时，在中央工作站上又能集中管理，建设成为了一个智能化、现代化、高水平的智慧博物馆。

（毛东颖）

## 华联印刷再夺美国金墨奖两项殊荣

华联印刷获得美国金墨奖优异奖和精品奖　　胡艳涛 摄

8月，全球瞩目的印制大奖——美国金墨奖（Gold Ink Awards）揭晓，北京华联印刷有限公司作品《长白山》《美丽中国》获得精品奖，《感恩册》荣获优异奖。美国金墨奖创办于 1987 年，每年评选一次，是美国最受瞩目的印刷奖项之一，由知名的出版、印刷及设计单位联合举办，经各地知名的设计师及印刷业专家组成的评审委员会，选出在印刷质量、技术及视觉效果各领域均表现卓越的作品。

（胡艳涛）

## 中冶京诚获 6 项优秀工程总承包项目奖

9 月 18 日，中国冶金建设协会公布了 2014 年度全国冶金行业优秀工程总承包项目评选结果，22 项工程获奖，中冶京诚工程技术有限公司的 6 项优秀工程总承包项目榜上有名。其中，“本钢集团有限公司（北台厂区）节能减排、淘汰落后高炉改造工程（一期）”获得一等奖，“广东韶钢松山股份有限公司高等级热轧钢筋生产线改建工程”等 4 个项目获得二等奖，“江西萍钢实业股份有限公司九江分公司 100 万吨棒材工程” 获得三等奖。

（程芳）

## 京东云获年度最佳云计算服务商

9 月 23 日—24 日，在 2014 第五届中国电子商务博览会上，2013—2014 年度中国电商创新成长奖榜单揭晓，京东集团子公司北京京东尚科信息技术有限公司（京东云）被中国电子商务协会、商务部国际商报社等授予“年度最佳云计算服务商”称号。同日，京东集团凭借在电商云业务方面的创新，还获评由《经济观察报》主办的“2014 中国最具创新企业”奖。

（王晓东）

## 中企动力获行业信息化值得信赖品牌奖

9 月，在由《中国计算机报》、中国计算机行业协会和中国信息化推进联盟联合举办的“2014 年度中国行业信息化奖项评选”活动中，中企动力科技股份有限公司凭借其全网营销型网站建站产品的突出表现及对中小企业信息化管理运营 15 年来的不懈支持，获“2014 年度中国行业信息化值得信赖品牌奖”和“2014 年度中国行业信息化最佳产品奖”两项殊荣。

（郭秋莲）

## 中交兴路获全国物流领域 2 项大奖

10 月 16 日，中国交通运输协会在北京召开“2014 年度全国先进物流企业表彰大会”，同时举办“2014 年中国物流百强暨最受全国先进物流企业欢迎的技术装备”颁奖晚宴及“创新 · 转型 · 智慧 · 绿色”论坛活动。北京中交兴路信息科技有限公司的“智能物流管理系统”及“甩挂运输智能调度系统”，凭借以创新方式提升物流智能信息化的优势特点，分别荣获“2014 最受全国先进物流企业欢迎的物流信息化产品”和“2014 最受全国先进物流企业欢迎的解决方案”2 项大奖。

（蒋兰）

## 赛升药业注射液入选国家重点新产品

10 月，北京赛升药业股份有限公司产品薄芝糖肽注射液 -2ml：5mg（多糖）：1mg（多肽）入选“国家重点新产品计划”，并获得由科技部等部门联合颁发的“国家重点新产品”证书（项目编号：2014GRA00013）。

（姜桂荣）

## 航天工程公司屡获殊荣

10 月，第六十六届纽伦堡国际发明展览会举办。航天长征化学工程股份有限公司的“一种燃料分配装置和燃烧器”“高效洁净含碳物质干粉加压气化装置及方法”项目获纽伦堡国际发明展览会授予的发明展金奖；“金属硬密封球阀”获俄罗斯科技协会颁发的国际创新专项奖。同月，航天工程公司被中国石油和化学工业联合会中小企业工作委员会评选为“2014 中国化工装备百强”企业，公司的“日处理煤量 3000 吨级航天粉煤加压气化技术研制项目”获中国化工行业“重大技术装备项目”。

（冷琎）

## 北方微电子获最佳 LED 设备技术创新奖

11 月 20 日，“OFweek 第十一届 LED 前瞻技术与市场发展高峰论坛（OFweek LED Summit 2014）”落幕。在同期举行的还有“2014LED 行业年度评选（OFweek LED Awards）”颁奖典礼上，北京北方微电子基地设备工艺研究中心有限责任公司凭借新产品 LED EPEE 550 PECVD 夺得“最佳 LED 设备技术创新奖”。

（杨帆）

## 京东方获 3 项中国专利奖

11 月，由国家知识产权局与世界知识产权组织联合举办的第十六届中国专利奖在北京揭晓。京东方科技集团股份有限公司的发明专利“移位寄存器单元、显示器用栅极驱动装置及液晶显示器”获得 2014 年中国专利奖金奖。这是京东方继 2012 年后，再次获得该项奖。京东方另有两项发明专利“阵列基板及其制造方法和液晶显示器”“参考电压补偿装置和方法”获得了中国专利奖优秀奖。

（张纯）

## 北京泰豪被评优秀智慧城市方案供应商

北京泰豪被评为优秀智慧城市解决方案供应商　单位提供

12 月 11 日，2014 年中国智能建筑品牌奖颁奖典礼在广州举行。北京泰豪智能科技有限公司获“2014 年度优秀智慧城市解决方案供应商”。该奖项由千家网旗下的千家品牌实验室设立，以全年品牌指数为核心依据，并综合市场调查、用户反馈和专家评议产生，根据评分进行奖项排名。

（毛东颖）

## 北京泰豪承建项目获得优秀示范应用奖

12 月 12 日，国际智慧城市跨界创新大会暨第三届智慧北京大赛颁奖大会在北京举行。北京泰豪智能科技有限公司承建的故宫博物院电力实时监测管理项目，获“第三届智慧北京大赛优秀示范运用奖”。第三届智慧北京大赛是在市经济信息化委、市委宣传部、市科委、中关村管委会、市信息化专家咨询委等单位的指导下，北京市相关产业联盟和行业协会等社会组织共同组织开展的。北京泰豪故宫博物院电力实时监测管理项目主要包括电力监测基础数据勘测、实时数据采集与传输系统建设、电力监测系统数据库建设和电力监测可视化应用软件系统建设。

（毛东颖）

## 北京泰豪获十大系统集成商品牌奖

12 月 18 日，由中国勘察设计协会工程智能设计分会主办的 2014 年中国智慧城市与智能建筑发展高峰论坛在北京航空航天大学举办。在此期间举办的第九届中国市场智能建筑十大品牌颁奖仪式上，北京泰豪智能科技有限公司获得“2014 年度中国市场十大系统集成商品牌奖”。评选由中国勘察设计协会工程智能设计分会和《智能建筑与城市信息》杂志社共同举办，采取公开报名、公众评选与专家评审相结合的方式，评选出综合布线、楼宇自控、安全防范、智能家居、电子会议、系统集成商六大系统和六个综合布线单项奖。

（毛东颖）

## 北京泰豪获 2 项节能减排奖

12 月 23 日—24 日，“2014 中国节能协会年会暨 2014 中国节能与低碳发展论坛”在京举办。北京泰豪智能科技有限公司荣获国家能源总局和中国节能协会颁发的“节能减排企业贡献奖”一等奖，城市能耗监测平台获“节能减排技术发明奖”三等奖。“节能减排企业贡献奖”共有技改项目、创新机制、节能减排技术、社会责任、经济效益等多项评价指标，要求参选企业不仅要在行业中规模具有代表性，更要求节能减排经验具有社会借鉴效应。北京泰豪“城市能耗监测平台”通过新一代信息技术，对城市能源使用、主要污染物排放和环境状况进行实时、动态监测，科学提高政府部门及相关单位的节能减排管理能力，并通过专家管理系统应用，进行数据整理、分析和诊断，从管理和技术层面不断挖掘节能减排潜力。

（毛东颖）

## 中冶京诚获 5 项市优秀工程咨询成果奖

12 月 30 日，中冶京诚工程技术有限公司 5 项成果获由北京市工程咨询协会授予的 2014 年度北京市优秀工程咨询成果奖。其中，“南京河西新城南部地区综合管廊工程可行性研究报告”获一等奖；“南京市河西新城区江东南路建设工程可行性研究报告”“钢铁行业清洁生产评价指标体系”获二等奖；“南京河西新城南部地区新梗雨水泵站建设工程可行性研究报告”“山东钢铁集团有限公司日照钢铁精品基地项目环境影响报告书”获三等奖。

（程芳）

## 中交兴路项目获市科学技术奖三等奖

12 月，北京中交兴路信息科技有限公司夏曙东、胡道生、刘建等完成的“全国道路货运公共监管与服务平台关键技术及应用”项目，荣获 2014 年度北京市科学技术奖三等奖。该项目通过结合新北斗卫星定位、车辆感知和车辆导航等技术，全方位、多角度获取车辆信息，开展综合公共安全监管与监控服务。项目对货运车辆安全监管与运营的关键技术进行了重点攻关，突破了对全国货运车辆行车安全的跨区域、跨部门、全方位动态监管的技术瓶颈，并以车辆行驶安全为出发点，设计了车辆违章提醒、轨迹查询、里程统计等服务。此外，该项目还结合了交通行业及其他行业的公益信息，为车主及司机提供免费的路况信息、在途天气等信息服务，是交通运输行业信息化的重要基础工程。

（李玢）

## 中芯国际项目获市科学技术奖一等奖

12 月，中芯国际集成电路制造有限公

司作为第二承担单位完成的“超大规模集成电路先进闪存存储器成套工艺与产品技术研发及产业化”项目获得 2014 年度北京市科学技术奖一等奖。项目主要研究产品开发和成套工艺开发。经数万次工艺实验，对数千工艺进行研发和集成创新、设计创新与工艺创新，研发出高性能、高速、高可靠性的 SPI NOR FLASH 芯片，最终采用中芯国际 90 纳米、65 纳米成熟工艺技术实现量产。

（马焱）

## 中铁十九局获得多项国家级和省部级大奖

中铁十九局参建的京沪高铁天津特大桥　邢丽杰 摄

年内，中铁十九局集团有限公司参建的施工工程获得中国建筑工程鲁班奖 1 项、中国土木工程詹天佑奖 3 项、国家优质工程金奖 1 项、国家优质工程银奖 1 项、省部级优质工程奖 5 项，分别为：山东华电莱州电厂“上大压小” 新建工程荣获 2013—2014 年度国家优质工程金质奖；云南新街至河口高速公路获中国土木工程詹天佑奖，曾于 2011 年获得了国家优质工程金质奖；青岛胶州湾海底隧道获中国建设工程鲁班奖和中国土木工程詹天佑奖；新建京沪高速铁路天津特大桥荣获 2013—2014 年度国家优质工程奖和中国土木工程詹天佑奖；华电莱州发电有限公司一期 2×1000 兆瓦工程获得电力优质工程；内蒙古蒙西鄂尔多斯铝业有限公司利用粉煤灰年产 40 万吨氧化铝一期工程获得建材优质工程；河北沿海高速秦皇岛至乐亭段高速公路获得河北省安济杯优质工程；北京地铁九号线工程 08 标郭公庄站机电安装工程获得中国安装优质工程。

（张莹）

## 云狐运动摄像机获 5 项奖

年内，云狐运动摄像机共获 5 项奖项：2014 年（第十二届）中国互联网经济年会暨“金 i 奖”颁发的“金 i 奖”，即 2014 年度最具价值智能硬件奖；2014 年十大优秀视频服务企业年终颁奖盛典上颁发的最佳智能摄像机创意设计奖；2014 年中国 IT、互联网行业年度总评榜评选的 2014 年度最轻薄数码相机奖；2014 年中国通信产业大会暨第九届中国通信技术年会金榜 2014 · 中国通信产业智能终端创新产品；《IT 时代周刊》评选的年度最佳移动终端设备。

（岳红梅）

## 天诚同创多项成果获国家奖

年内，北京天诚同创电气有限公司“2.5MW 风机直驱型高功率密度变流器”“500kW 并网型光伏逆变器”被认定为中关村新技术新产品；天诚同创参与 2 项国际标准（已立项）、3 项国家标准（已立项）、5 项行业标准（2 项已发布，3 项已立项）的制定；申请专利共 135 项，已授权 63 项。

（陈晓慧）

## 赛升药业部分科技项目获得政府资金支持

年内，北京赛升药业股份有限公司获得开发区、市人力社保局、市经济和信息化委、市科委和科技部资助科技项目经费共计 364.79 万元。其中，2 月 23 日，获得市经济信息化委 2014 年第一批中小企业发展专项资金 200 万元；4 月 22 日，获得市人力社保局博士后科研活动资助 4 万元；5 月 8 日，因承担国家“863 计划”生物和医药技术领域“药食同源生物资源挖掘关键技术与产品开发”项目下“针对肺癌、乳腺癌患者的临床营养产品开发与应用研究”课题的分解任务“针对肺癌、乳腺癌患者的临床营养产品开发”，获得科技部拨付课题经费补助款 10.79 万元；8 月 20 日，获得市科委拨付科技项目“高端非专利药物研发—单唾液酸四己糖神经节苷脂钠注射液”经费 100 万元；12 月 16 日，获得科技部拨付的“国家重点新产品”项目经费 50 万元。

（宋梦薇）

## 加多宝获凉茶行业第一品牌称号

加多宝获“凉茶行业第一品牌称号”　　企业提供

年内，由工业和信息化部下属权威机构主办的 2014 第三届中国品牌领袖峰会暨年度 C-BPI 第一品牌颁奖典礼在京举行，来自 178 个不同行业、8500 家企业参评的“年度第一品牌”产生。凭借在凉茶行业持续领先的市场优势及品牌影响力，加多宝（中国）饮料有限公司获“凉茶行业第一品牌”称号。

（王晓静）

## 中冶京诚 2 项目获冶金科学技术奖

年内，中冶京诚工程技术有限公司牵头完成的两项目获得 2014 年中国钢铁工业协会、中国金属学会冶金科学技术奖。其中，“中厚板生产线全流程自动化系统集成与创新”获得二等奖；“105m/s 高速线材终轧设备研发及应用”获得三等奖。该奖项每年评选一次，是冶金行业最具权威、最高级别科技类奖项。

（程芳）

# 重点工程

## 概况

2014 年，开发区内企业研发创新能力有效提升，区内企业建设的国家、北京市各类重点实验室、研发机构新增 18 家，总数 180 家。以创新联盟为载体，促进产学研用紧密结合，创新联盟新增 3 家，总数 14 家。引导科技资源开放共享，公共技术服务平台新增 8 家，总数 24 家；推动创新创业孵化体系建设，科技企业孵化器新增 2 家， 总数 12 家；加快科技服务业发展，科技服务机构新增 11 家，总数 26 家。

（李宏）

## 中小企业公共服务平台升级成市级平台

3 月 12 日，市经济信息化委在北京

理工大学召开第二批北京市中小企业公共服务平台和小企业创业基地工作会，授予40家单位“北京市中小企业公共服务平台”或“北京市小企业创业基地”称号。“北京经济技术开发区中小企业公共服务平台”由于公益性强、运作规范、示范作用突出，被市经济信息化委正式授牌“北京市中小企业公共服务平台”。该平台由北京博大万泰国际投资咨询有限公司受管委会委托承建并运营。开发区中小企业公共服务平台面向区域中小企业共性、重要需求，采取“服务桥”模式，整合政府政策，聚合新区内外优质服务资源，建设“全流程、多功能、高端业”的新区中小企业（科技创新）公共服务平台，共同为区域中小企业提供金融、科技、商务、政策类服务。

（马苏墨）

## 2 家企业入选市“G20 工程”企业

4 月 10 日，由市科委等四部门共同主办的“北京生物医药产业跨越发展工程（G20 工程）二期工程 G20 企业发布会”召开，北京智飞绿竹生物制药有限公司和北京凯因科技股份有限公司入选北京市生物医药产业跨越发展工程（G20 工程）企业，北京泰德制药股份有限公司主导品种凯时、凯纷被评为北京生物医药产业跨越发展工程（G20 工程）突出贡献大品种。“G20 工程”由北京市科委牵头，联合市经信委、中关村管委会、市投促局等部门成立 G20 工作组，合力推进北京生物医药产业跨越发展。“G20 工程”企业是北京生物医药产业的标志，立足北京在科技、人才、市场等方面的突出优势，建设一批“国际化、高水平、有规模”的公共服务平台，重点建设拥有核心技术、达到国际先进水平的“专、精、特”发展的生物医药“代工线”，为北京生物医药创新成果孵化和产品规模化生产等提供服务支撑。截至年底，开发区共有20家企业入选“G20工程”。

（李楠楠 王云露 贯琳）

## 汇龙森获评优秀国家级科技企业孵化器

7 月 17 日，科技部火炬中心公布了 2013 年度国家级科技企业孵化器评价结果，汇龙森国际企业孵化（北京）有限公司被评为优秀（A 类）。504 家国家级孵化器参评，73 家获“优秀（A 类）国家级孵化器称号”。

（李文祥）

## 凯因科技被评为北京市专利示范单位

8 月 20 日，北京凯因科技股份有限公司被北京市知识产权局授予“北京市第六批专利示范单位”。截至年底，凯因科技共申请发明专利 60 多项，授权专利 27 项，其中发明专利授权 24 项。开发区 5 家企业获北京市第六批专利示范单位认定，至 2014 年共有 12 家企业被认定为北京市专利示范单位。

（王云露）

## 北方微电子被评中关村知识产权领军企业

10 月 16 日，由北京知识产权局与中关村管委会主办，中关村知识产权促进局承办的“中关村知识产权领军企业与优秀知识产权服务机构培育工作会”召开。按照年度专利申请量、发明专利申请量及占比、企业知识产权管理制度、企业持续盈利能力等评估指标，北京北方微电子基地设备工艺研究中心有限责任公司入选首批中关村知识产权领军企业培育名单，属中关村知识产权重点示范企业。

（杨帆）

## 智飞绿竹生物“喜贝康”产业化获资助

10月28日，发展改革委等4部委联合下发《关于2014年蛋白类生物药和疫苗发展专项实施方案的通知》，北京智飞绿竹生物制药有限公司“AC群脑膜炎球菌（结合）b型流感嗜血杆菌（结合）联合疫苗（喜贝康）产业化项目”获得专项资金1600万元支持。该资金与智飞绿竹自筹资金配套使用，用于建设疫苗新产品产业化生产线，以实现喜贝康产业化和年生产规模3000万剂的目标。

（李楠楠）

## 开发区6家企业获市工程实验室认定

10月31日，市发展改革委发布2014年认定北京市工程实验室名单，开发区6家企业获市工程实验室认定，即：中金数据系统有限公司“面向金融行业的大数据处理平台北京市工程实验室”；北京四达时代软件技术股份有限公司“面向三网融合的超高清视频运营云平台关键技术北京市工程实验室”；京微雅格（北京）科技有限公司“基于FPGA的可配置应用平台芯片技术北京市工程实验室”；北京中交兴路信息科技有限公司“商用车联网技术北京市工程实验室”；北京大基康明医疗设备有限公司“核医学装备与技术北京市工程实验室”；悦康药业集团有限公司“头孢药物晶型研究北京市工程实验室”。中交兴路“商用车联网技术北京市工程实验室”将针对车辆安全、海量终端信息采集与处理、大数据分析与挖掘、信息安全等技术瓶颈进行重点技术攻关，以大幅提升道路运输行业的信息化建设，加强道路货运车辆管理、提升驾驶员安全意识、落实企业安全主体责任。中金数据“面向金融行业的大数据处理平台北京市工程实验室”主要面向银行、保险行业数据资源集中的特点及大数据应用的独特需求，开展大数据处理平台关键技术研发和应用系统设计，并形成语音、单据、日志等典型业务的展现和示范应用。其中的关键任务包括：大数据处理关键技术的突破，面向金融行业的适需的大数据应用产品开发；积极推动相关产业化合作和发展，形成的各类论文、标准、建议与原型等自主知识产权的成果，并通过内部培养、外部引进等方式，建设一支国内一流水平的研发团队。

（李玢 宫在晓）

## 中铁十九局通过国家级技术中心认定

12月26日，发展改革委、科技部等5部委发布2014年（第21批）国家认定企业技术中心名单。中铁十九局集团有限公司技术中心通过认定，晋升为国家级企业技术中心。中铁十九局技术中心将科研成果、市场需求和产业发展相结合，在中国工程建设特别是矿山工程、隧道工程、铁路工程、公路工程、节能环保用房屋工程等领域技术创新中，发挥着引领示范带动作用。该技术中心是国内首次在大型矿山施工中运用基于GPS的智能配矿系统远程调度管理系统。以胶州湾湾口海底隧道接线工程为依托，研究开发的“海底隧道陆域段穿越复杂建筑群的爆破施工及振动控制技术”，是国内采用钻爆法施工的规模最大的城市隧道，成功穿越包括33层钢筋混凝土框架结构建筑物在内的复杂建筑群。自主研发的“双块式无砟轨道的施工装备及施工工艺”和“桩网复合结构的路基及其构建方法”等技术成功解决了高速铁路路基沉降控制和无砟轨道安装高精度要求，提高了动车平稳性，形成多项专利。

（张莹）

### 开发区 7 家企业获市企业技术中心认定

证书

北京智飞绿竹生物制药有限公司：

你企业技术中心经评审合格，认定为北京市企业技术中心（京经信委发[2014]114号）。特发此证。

北京市经济和信息化委员会
二〇一四年十二月三十一日

此证通过年审有效

| 2014 年度（签章） | 2015年度（签章） | 2016 年度（签章） | 2017年度（签章） |
|---|---|---|---|

智飞绿竹生物获市企业技术中心认定　　企业提供

12 月 31 日，市经济信息化委公布了 2014 年（第十七批）北京市企业技术中心名单，北京北方微电子基地设备工艺研究中心有限责任公司、北京京杰锐思技术开发有限公司、北京利德曼生化股份有限公司、北京赛升药业股份有限公司、北京智飞绿竹生物制药有限公司、北京中石伟业科技股份有限公司、中冶交通工程技术有限公司等开发区 7 家企业被认定为北京市企业技术中心。

（李楠楠）

## 资质认证

### 电子标准化研究院获得 OID 注册证书

1 月 9 日，由国家 OID 注册中心主办的 OID 颁证和合作协议签署发布会在北京召开。中国电子标准化研究院标准信息网络服务中心获颁《1.2.156.20004、iso（1）member-body（2）cn（156）、SJ-Standards（20004）对象标识符注册证书》。

（崔春雷）

### 泰德制药注射剂三线通过新 GMP 认证

3 月 22 日—25 日，国家认证中心及市食药监管局开发区分局对北京泰德制药股份有限公司新建注射剂三线进行国家 2010 版 GMP 认证现场核查，经过 4 天文件审查及现场检查，注射剂三线顺利通过核查。5 月 23 日，获得 2010 版药品 GMP 证书。

（贾琳）

### 三箭和众鼎化学实验室通过 CNAS 复评审

4 月 26 日—27 日，北京三箭和众鼎电子有限公司化学实验室接受了中国合格评定国家认可委员会（CNAS）评审组为期两天的现场评审，于 7 月顺利通过复评审，获得新实验室认可证书（编号 CNAS L5141）。

（周陈艳）

### 智飞绿竹生物注册商标“优威康”获授权

5 月 14 日，北京智飞绿竹生物制药有限公司提交的注册商标——“优威康（PneumoCon）”获得了工商总局商标局授权，该商标用于产品 15 价肺炎球菌结合疫苗，与国外已有产品和国内研究产品相比，增加了国内相对较多的 2 型、12 型肺炎链球菌，可以有针对性地预防肺炎链球菌引起的感染性疾病。

（李楠楠）

## 三箭和众鼎通过 4 项系统监督审查

8 月，北京三箭和众鼎电子有限公司通过 ISO 9001、ISO 14001、TS 16949 和 QC 080000 系统监督审查。此次监督审查由上海 NQA 管理体系认证有限公司组织，经外审专家对体系文件和生产现场审核查看，证明三箭和众鼎品质和环境管理系统持续有效。

（周陈艳）

## 亚宝生物获得美国 ANDA 批件

9 月 9 日，北京亚宝生物药业有限公司“国际药品研发、生产、检验设备引进”项目通过市经济信息化委验收，分别于 11 月、12 月收到美国 FDA 对 ANDA 产品美洛昔康片的 PAS 和 CBE 批准，标志着企业已打开国际市场大门，生产产品将出口美国等国际主流医药市场。该申报项目自 2008 年启动，通过引入先进设备，提升了企业研发、生产及检验水平；同时也为企业通过国际化认证奠定了坚实基础。

（马长莉）

## 中科晶电通过 2 项管理体系认证

9 月，中科晶电信息材料（北京）有限公司通过了 ISO 14001 ：2004 环境管理体系认证。标志着公司产品生产及加工过程具有按既定环境保护标准和法规要求提供产品和服务的环境保护能力，进一步规范了公司经营所产生的环境行为，提高了环境管理水平，实现了从事后治理向事前预防与控制的环境优化。同月，中科晶电通过 OHSAS 18000 ：2007 职业健康安全管理体系认证。

（张元璋）

## 长城测控公司通过 HSE 体系现场认证

10 月 13 日，北京新世纪检验验证中心组织审核专家组到北京瑞赛长城航空测控技术有限公司进行 HSE 石油石化行业健康、安全、环境管理体系现场认证审核。专家组通过查阅各部门相关资料，与相关人员面谈等方式，对公司 HSE 体系运行情况进行审核，予以通过认证。

（霍小燕）

## 191 家企业获国家高新技术企业认定

年内，北京华测北方检测技术有限公司、北京旷博生物技术有限公司、北京神州腾耀通信技术有限公司等 38 家企业通过市科委、市财政局等 4 部门组织的国家高新技术企业复审，北京京运通科技股份有限公司、拜耳医药保健有限公司、中铁十九局集团电务工程有限公司、北京航天长征机械设备制造有限公司、德林义肢矫型器（北京）有限公司等 191 家企业获得国家高新技术企业认定。截至年底，开发区共有国家高新技术企业 485 家。根据“国科发火［2008］362 号”文件的规定，高新技术企业证书的有效期 3 年，取得高新技术企业资格的企业需进行 3 年复审、6 年重新认定。通过国家高新技术企业认定的企业享受国家相关优惠政策。

（李楠楠 李璟 王琪）

## 中科晶电获新技术新产品（服务）认证

11 月 17 日，根据《中关村国家自主创新示范区新技术新产品（服务）认定管理办法》规定，市科委、市发展改革委等部门公布 2014 年中关村国家自主创新示范区新技术新产品（服务）名单，中科晶电信息材料（北京）有限公司“高品质微电子工业领域用砷化镓单晶片”入选。本次认证是公司系列产品连续第二年获得该项殊荣。

（张元璋）

## 大基医疗医用电子加速器获注册证

12月18日，北京大基康明医疗设备有限公司生产的医用电子加速器，取得了食品药品监管总局颁发的“医疗器械注册证”，证书注册号：国械注准20143322061。医用电子加速器是大基医疗独家生产的放射治疗设备，除具有常规加速器的所有功能外，还可以利用A45肿瘤治疗癌症、恶性疾病和各种感染。

（马杰）

## 同仁堂科技集团通过 GMP 认证

同仁堂科技集团片剂瓶装生产线　　企业提供

年内，北京同仁堂科技发展集团共有15个剂型、22条生产线顺利通过食品药品监管总局国内新版GMP认证现场检查，生产线生产的产品有六味地黄丸、金匮肾气丸、生脉饮等。另有4条生产线通过了澳大利亚TGA的GMP认证，亦庄分厂片剂生产线进行了欧盟GMP认证预检查，以及日本厚生省 GMP 复验现场检查。

（刘欣 刘慧）

## 智飞绿竹生物“盟威克”获印尼注册证书

年内，北京智飞绿竹生物制药有限公司产品“A、C、Y、$W_{135}$群脑膜炎球菌多糖疫苗”（盟威克）通过了印度尼西亚药监局生产现场验厂，并获得注册证书。本次注册证书的取得代表着可进入印尼市场销售，加速了国际化进程。2013年，该产品获得了印尼清真证书。

（李楠楠）

## 永瀚星港获得国家重点新产品证书

年内，北京永瀚星港生物科技股份有限公司获得科技部颁发的国家重点新产品证书，其用于监测萎缩性胃炎、胃癌癌前病变直到胃癌全过程的体外诊断产品入选国家重点新产品计划。项目名称：血清胃蛋白酶原Ⅰ（PGI）测定试剂盒（酶免疫分析）；项目编号：2013GRA00040；有效期三年。这是国内首个从癌前就可监控癌症发展迹象并可进行有效阻断的产品。血清胃蛋白酶原Ⅰ（PGI）测定试剂盒（酶免疫分析）系公司主导产品之一，是国内首个用于监测萎缩性胃炎、胃癌癌前病变直到胃癌全过程的体外诊断产品，适合普通百姓进行胃部疾病尤其是胃癌癌前病变以及胃癌的筛查。

（季海清 李婧）

# 综合经济管理

# 综 述

2014 年，开发区工作呈现经济运行进入新常态、科技创新中心建设开创新局面、转型升级取得新进展、城市功能和环境得到新提升、绿色发展收获新成果、依法行政迈出新步伐等 6 个特征。开发区全年实现地区生产总值 997 亿元，同比增长 9.2%；完成规模以上工业总产值 2421 亿元，同比增长 5.6%。完成税收收入 342 亿元，同比增长 14.7 %；完成全社会固定资产投资 391 亿元，同比增长 4.2%；完成出口总额 88.6 亿美元，同比下降 19%。截至年底，开发区实有市场主体 10344 户，同比增长 37.90%。其中，内资企业 8719 户，同比增长 41.64 %，注册资本总额 2129.25 亿元，同比增长 41.45 %；外资企业 819 户，同比增长 8.05 %，注册资本总额 7.7625 亿元，同比增长 6.64 %；农民专业合作社 1 户；个体工商户 806 户，同比增长 20.84 %。

开发区国税局全年组织税收收入 235.2 亿元，同比增长 15.1%，完成市国税局下达收入任务的 104.7 %。其中，中央级税收完成 168.8 亿元，同比增长 10.9%；地方级税收完成 66.3 亿元，同比增长 27.5%。开发区地税分局累计完成各项税费收入 116.2 亿元，同比增收 15.8 亿元，增长 15.79%；完成地方公共财政预算收入 90.6 亿元，同比增收 11.3 亿元，增长 14.25%。

开发区海关全年共备案加工贸易合同 403 份，金额累计 58.45 亿美元，税收 21.6 亿元。开发区检验检疫局全年共检验检疫出入境法定检验货物 17808 批，货值 16.24 亿美元。探索实施“搭建预评估网络平台，构建以预评估为基础，事中事后监管为保障”的进口服装全链条检验监管新模式。

开发区统计局完成 1157 家单位，涉及工业、固定资产投资、商业、服务业、劳动工资、能源、科技、中关村等 5 万余张年定报报表的数据收审、评估、上报工作。

（李楠）

# 综合调控

## 概况

2014 年，开发区经济运行总体平稳，质量效益突出。全年实现地区生产总值 997 亿元，同比增长 9.2%；规模以上工业总产值完成 2421 亿元，同比增长 5.6%。全年完成地方公共财政预算收入 120 亿元，同比增长 19.7%。全社会固定资产投资完成 391 亿元，同比增长 4.2%，其中综配区政府性投资完成 100 亿元以上；社会消费品零售额 325 亿元，同比增长 13%；电商收入 765 亿元，同比增长 13%，占全市的 46%。

（刘春赠 李楠）

## 参加第八届中国北京国际节能环保展览会

第八届中国北京国际节能环保展览会　　田艳军 摄

6 月 8 日—11 日，开发区参加由市政府和国家发改委共同主办的“第八届中国北京国际节能环保展览会”，以特装展位形式，搭建 280 平方米展厅，区内 16 家重点节能环保类企业参展，重点展示了开发区清洁空气、循环经济、工业节能、建筑节能等方面的领先技术。北京龙源环保工程有限公司、北京世能中晶能源科技有限公司等公司的清洁空气技术引人关注，北京泰豪智能工程有限公司的“智慧城市”沙盘引起参展者围观和互动。北京日报、人民网、千龙网等多家媒体对开发区参展企业进行了专题报道。

（张真芳）

## 万元 GDP 能耗实现“十二五”新低

截至年底，开发区能源消费总量 160.83 万吨标准煤，万元 GDP 能耗是 0.1612 吨标准煤。“十二五”以来，万元 GDP 能耗首次出现下降趋势，并达到“十二五”期间的最低水平。

（张真芳）

## 编制开发区商业规划

年内，开发区发改局结合开发区的实际情况，从商业街、商业综合体、便利店、便民菜点等各种业态的布局出发，综合研究开发区商业配套现状，并针对存在的问题提出具体的规划方案。

（张蕾 刘夏阳）

## 开设便民菜点

年内，开发区发改局将便民菜点选址纳入开发区商业规划编制工作，开展便民菜点的店面升级改造工作。加强现有菜点从业人员培训，树立便民服务的理念，提升业务素质和管理水平。开发区与长子营镇、青云店镇签订合作协议，实现开发区便民菜点的规范管理，提升了开发区便民服务的整体水平。

（张蕾 刘夏阳）

## “城乡 118 生活汇”进驻亦庄

年内，由城乡集团开设的“城乡 118 生活汇”在瀛海名居、林肯公园小区内开业试运营，提供放心早餐、社区养老、城乡网上商城、家政服务、旅游咨询、金融服务 6 大服务功能；家政服务、送餐送水、洗衣、皮具护理、旅游咨询、代办票务、代收发快递、24 小时自动取款机水电气自助缴费、报刊销售等 16 项特色服务项目。社区便民综合店为开发区社区居民提供多层次、多元化的便民服务，真正实现了为社区居民打造一刻钟社区服务圈的目标要求。

“城乡 118 生活汇”林肯店开业　　田艳军　摄

（张蕾　刘夏阳）

## 开展出口政策宣讲会

年内，开发区发改局根据开发区 2014 年稳增长工作和为民办实事工程的总体部署和要求，牵头召开稳增长促出口政策宣讲会。邀请市商务委、开发区海关、开发区国税局、开发区检验检疫局等职能部门负责人，介绍进出口方面的最新政策；邀请中国国际电子商务中心、中国出口信用保险公司、小笨鸟公司、北京国际邮电局等企业，介绍增强企业进出口业务拓展手段和拓宽进出口物流的渠道。北京奔驰汽车有限公司等 70 多家开发区进出口重点企业的业务负责人参加宣讲会。通过宣讲，企业深入了解上海自贸试验区“14 项创新制度”的内涵、适用条件和京津冀一体化通关、简化的退税审核模式以及检验检疫京津冀一体化、特殊物品凭网上批号报检等最新政策。同时，企业还可以通过使用贸易数据分析平台、跨境电子商务平台和跨境物流服务促进进出口业务增长。

（张蕾　刘夏阳）

## 开发区设立“12358”物价举报平台

年内，开发区发改局共受理举报投诉约 50 起，处理约 40 起，处罚企业 1 家。市发展改革委物价检查所在开发区设立“12358”物价举报平台，将开发区的物价管理和执法工作纳入北京市的整体工作中，提高开发区物价管理和价格执法的规范化水平。

（张蕾　刘夏阳）

## 完成全社会固定资产投资 391 亿元

年内，开发区投资呈现“前低后高、平稳增速”发展态势，全社会固定资产投资完成 391 亿元。其中，按投资主体分，开发区管委会项目完成投资 19.4 亿元，约占 5%；开发区总公司完成投资 91.7 亿元，约占 23.5%；产业项目投资完成 171.8 亿元，约占 43.9%；房地产完成投资 108.1 亿元，约占 27.6%。

（姚翊）

## 开发区成立“稳增长”领导小组

年内，开发区成立“稳增长”领导小组及常设办公室。办公室深入北京奔驰汽车有限公司、四达时代软件技术股份有限公司等企业调研，解决企业实际问题，紧扣经济运行提质增效主线，统筹调度重点工作，新区经济运行质量效益持续提升。

（刘春赠　李楠）

## 42 家中小企业申报专项资金约 1.7 亿元

年内，开发区中小企业服务中心共组

织 12 批次 42 家企业申报国家、市级资金 17487 万元，涉及项目有：中小发展、服务平台补助、创新融资、蛋白类生物药和疫苗专项等，已获批的有 18 家企业，获批资金 3876 万元。完成对工业技改项目的检查工作，完成对金豪制药等 4 家企业的验收组织工作。

（刘春赠 李楠）

# 财 政

## 概况

2014 年，北京经济技术开发区财政局（简称开发区财政局）加强资金统筹、调度和管理，推进财税改革，保障重点支出，压缩三公经费支出，为开发区经济发展、产业转型、创新驱动、城市治理提供支持。在经济平稳运行的基础上，全年预算执行情况总体符合预期。开发区全年地方公共财政预算收入实现 120.01 亿元，同比增长 19.67%，完成年度预算的 106.85%；政府性基金预算收入实现 105.31 亿元，同比增长 52.05%，完成年度预算的 117.02%；实现属地内税收 342.38 亿元，同比增长 14.72%。公共预算支出累计完成 112.13 亿元，同比增长 9.95%，完成年度支出预算的 126.54%。其中，基本支出 1.39 亿元，同比增长 31.7%，完成年度支出预算的 84.36%；项目支出 107.62 亿元，同比增长 10.39%，完成年度支出预算的 123.88%，市级项目支出 3.12 亿元。政府性基金预算支出累计完成 82.12 亿元，同比增长 12.9%，完成年度支出预算的 86.83%。

（迟旭锋）

## 完成 74 个政府采购项目立项批复工作

截至年底，开发区财政局完成 74 个政府采购项目立项批复工作，累计批复采购预算资金 10175 万元。加强与采购单位沟通协作，完成一批重点政府采购项目工作，推动政府向社会购买公共服务。完善操作规程，确保政府采购公开、公平、公正。完成 2013 年及 2014 年部分政府采购项目结算工作，结算资金 3000 万元。

（迟旭锋）

## 加强预算制度建设

年内，开发区财政局制定《开发区党政机关事业单位会议费管理办法》和《开发区党政机关事业单位培训费管理办法》。确保开发区各单位会议费、培训费的规范、合理使用，加强行政经费管理，节约经费开支，以制度杜绝公务活动审批流程不完善、经费标准不细、报销审查不严等问题。修订《开发区部门预算机动经费使用管理暂行办法》，加强项目支出管理，出台《项目支出预算管理办法》，完成开发区 2013 年预算执行情况和2014 年预算草案报告。

（迟旭锋）

## 受理 7 户企业“营改增”扶持资金申请

年内，开发区财政局共受理 7 户企业“营改增”扶持资金申请，已预拨 146.12 万元，选取开发区市政局公交运营补贴项目为试点，聘请造价咨询机构及专家团队对项目支出绩效进行评价，并将评价结果反馈项目单位，应用于后续年度预算编制工作中。计划开展项目支出事前绩效评价试点改革工作，从源头规范项目支出预算的管理。

（迟旭锋）

## 拨付产业扶持资金 10.35 亿元

年内，开发区财政局实施积极的产业扶持政策，全年共拨付资金 10.35 亿元，其中“1+N”基础设施建设资金 3 亿元(“1”即产业金融服务体系，是通过政府的政策、服务和亦庄国投、兴展公司等区域金融服务实体的对接，为企业提供金融服务，“N”即北京 · 亦庄“一区六园”和区内众多的优质企业)，科技创新资金拨付 1.64 亿元，主要用于自主研发类项目、科技成果产业化的支持，以及对实验室、研发平台的奖励。重大科技统筹资金 4.49 亿元，海外高层次人才资金 0.57 亿元，重点扶持新区海外人才创业补贴。就业补贴资金 0.07 亿元，供热补贴 0.01 亿元，市级专项资金 0.57 亿元。完成新入区外商投资企业财政登记 37 家，外商投资企业财政登记变更 90 家。

（迟旭锋）

## 完成国资产权登记变动 63 次

年内，开发区财政局完成国资产权登记变动 63 次，办理资产评估核准、备案 15 项。做好区内国有企业评价，按月报送区一级国有企业资产及经营情况快报，全年合并资产总额 949.43 亿元，同比增长 40%；负债总额 575.65 亿元，同比增长 38%；所有者权益总额 373.79 亿元，同比增长 43%。推进国有资本经营预算收缴，上缴国有资本收益 2934.06 万元。编制 2015 年国有资本经营预算，办理好监管企业重大事项报备工作。统筹资金支持国有企业发展，全年共拨付国有企业资金 62.40 亿元。

（迟旭锋）

## 完成会计组考、培训、服务工作

年内，开发区财政局完成会计从业资格考试报名及组考工作。3 月和 11 月完成从业资格考试，组织会计从业资格考试 70 场，参加考试 3494 人。9 月和 10 月完成会计专业技术资格考试 2355 人的组考工作。截至年底，办理会计证调出调入 220 人，变更 38 人，补证 38 人，发放会计证 298 人。全年代理记账机构共计 15 家，新增代理记账机构 6 家。

（迟旭锋）

## 非税收入 1.57 亿元

年内，开发区财政局落实《北京市财政局关于实施预算单位公务卡强制结算目录的通知》规定，要求各部门严格按照相关规定使用公务卡。截至年底，公务卡发卡 351 张，累计报销金额 73.45 万元。预算执行动态监控系统使用情况良好，授权支付及实拨的所有资金全部在动态监控系统监控范围之内，确保财政资金安全、规范、有效使用。开展国库现金管理，制定开发区现金管理办法，完善非税收入收缴改革，全年开发区非税收入专户收入 15669 万元。

（迟旭锋）

## 偿还到期政府性债务本金 36.86 亿元

年内，开发区财政局安排偿还到期政府性债务本金 36.86 亿元，贷款利息 7.92 亿元。截至年底，开发区管委会政府性债务余额 220.07 亿元，其中管委会所属行政事业单位政府性债务余额 60.44 亿元，审计署审计认定2014年管委会政府性债务“12平方公里”项目余额159.63亿元。完成2013年固定资产投资决算、土地收支决算和投融资等决算报表的编制上报工作。

（迟旭锋）

### 推进会计信息和小金库专项检查

年内，开发区财政局结合防治“小金库”和反对“四风”长效机制建设，开展以医药和公共交通等行业为重点的多方面检查。7月至9月，开展财政会计信息专项检查工作，抽取6家企、事业单位的24个专项作为检查重点，检查涉及资金1.89亿元。专门抽取两家事业单位开展“小金库”专项治理工作，对查出的问题进行告知并限期整改。

（迟旭锋）

### 开展事业单位国有资产产权登记

年内，开发区财政局启动开发区事业单位国有资产产权登记，讲解产权登记工作报表和工作指南。与组织部确认事业单位范围，协调管委会办公室、财务结算中心协助各单位填报报表和撰写报告。聘请会计事务所对各单位的自查报告进行审计审核。向市财政局上报开发区国有资产产权登记报表和工作报告。

（迟旭锋）

### 审定财政性投资评审项目134项

年内，开发区财政局启动试点项目全过程跟踪评审，将评审工作延伸至项目招投标、施工、竣工决算整个建设周期，制定实施项目全过程跟踪评审办法。截至年底，接收各类财政性投资评审项目149项，总送审金额14.32亿元。审定新委托工程92项，送审金额6.59亿元，审定金额5.21亿元，审减率为21%；审定往年结转工程42项，送审金额7.65亿元，审定金额6.30亿元，审减率为18%。

（迟旭锋）

### 制定《政府购买服务预算管理办法》

年内，开发区财政局对区内预算单位进行业务培训，征集可以纳入政府购买服务的事项和目录建议。与组织部共同对事项的职责符合性进行逐项核查。制定《政府购买服务预算管理办法》和《开发区2015年政府购买服务指导性目录》，政府购买服务事项列入2015年项目预算申报。

（迟旭锋）

# 税务

## 国家税务

### 概况

2014年，北京经济技术开发区国家税务局（简称开发区国税局）组织税收收入235.2亿元，同比增加30.9亿元，增幅15.1%，完成市国税局下达收入任务的104.7%。组织地方级收入66.3亿元，同比增加14.3亿元，增幅27.5%，完成市国税局下达地方级收入计划任务的114.3%。累计税务登记纳税人共11449户，其中开业纳税人8227户，非正常416户，注销2425户，清算及待注销27户，临时纳税人350户，税务机构及人员4户。

（李晓静）

## 开展税收宣传

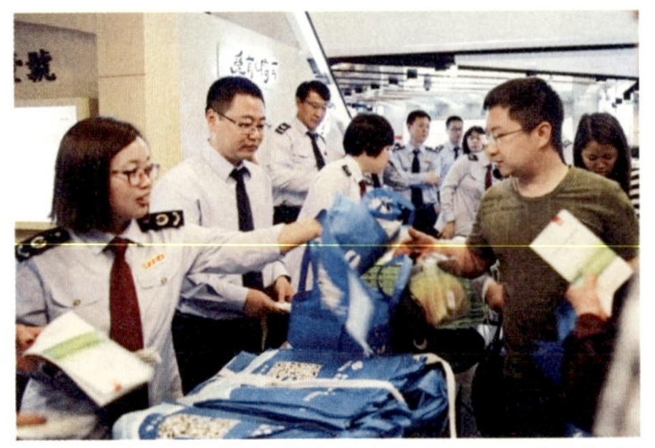

开发区国税局深入社区开展税收宣传　　李晓静 摄

4月，在全国第23个税收宣传月期间，开发区国税局领导带队走访拜耳医药、金鹰国际等企业；联合开发区地税分局开展“税法宣传进园区”“税收宣传进社区”活动；召开辖区内200户重点税源企业以“便民办税春风行动”为主题的政策辅导会；召开辖区内13家新入区重点企业税企座谈会并举办“换位大体验”活动。

（李晓静）

## 组织各项税收收入235.2亿元

年内，开发区国税局组织税收收入235.2亿元，同比增加30.9亿元，增幅15.1%。各税入库方面，增值税完成107.9亿元，同比增加10亿元，增幅10.2%；消费税完成29.4亿元，同比减少5.5亿元，减幅15.8%；企业所得税完成92.1亿元，同比增加26.2亿元，增幅39.7%；车辆购置税完成5.7亿元，同比增加2770万元，增幅5.1%；个人存款利息所得税入库4万元，同比减少11万元，减幅73.3%。

（李晓静）

## 四大主导产业累计纳税137.9亿元

年内，开发区四大主导产业（电子信息、生物医药、装备制造、汽车制造）共计入库税款137.9亿元，占全部税收比重为58.6%，同比增加6.7亿元，增幅5.1%。其中医药制造业同比增长8.8%，电子信息产业同比增长14.3%，汽车制造业同比增长3.9%，装备制造业整体税收同比增长0.4%。

（李晓静）

## 重点税源企业累计入库179.3亿元

年内，开发区166户重点税源企业累计入库179.3亿元，同比增收14.0亿元，增幅8.5%。其中，增值税入库84.1亿元，同比增收8.9亿元，增幅11.8%；消费税入库29.4亿元，同比减收5.5亿元，减幅15.8%；企业所得税入库55.7亿元，同比增收9.5亿元，增幅20.6%，代扣代缴预提所得税入库10.2亿元，同比增加1.3亿元，增幅14.6%。

（李晓静）

## 办理新增企业2596户

年内，开发区国税局办理新增企业2596户，其中新办登记2454户、外区迁入142户。减少企业125户，其中注销67户、注销迁出58户。按纳税情况，新增企业累计纳税9.9亿元。

（李晓静）

## 改征增值税累计入库5.79亿元

年内，开发区国税局改征增值税累计入库5.79亿元，同比增加17502万元。从纳税类型来看，试点一般纳税人入库5.35亿元，占比92.4%；小规模纳税人入库4404万元，占比约7.6%。从行业类型来看，改征增值税主要来源于研发和技术服务业，入库3.27亿元，占比56.5%，是改征增值税贡献最大的行业；信息技术服务业入库 1.18 亿元，占比 20.4%。其他行业纳税入库 1.34 亿元，占比 23.1%。

（李晓静）

## 办理出口退（免）税 47.76 亿元

年内，开发区国税局办理出口退（免）税认定的出口企业 452 户，审核办理出口退税 47.76 亿元。其中，办理生产企业退税 40.71 亿元，外贸企业退税 7.05 亿元，办理免抵调库 10.89 亿元。

（李晓静）

## 受理一般纳税人申请 650 户次

年内，开发区国税局加强实地核查及后续管理，完成增值税一般纳税人认定工作，全年共受理增值税一般纳税人认定申请 650 户次，其中批准不认定一般纳税人 82 户次，认定一般纳税人 568 户次。

（李晓静）

## 完成 2013 年度企业所得税汇算清缴

2013 年度汇算清缴政策培训会召开　　单位提供

年内，开发区国税局应汇算企业 3924 户，实际汇算企业 3923 户，申报率 99.97%。其中，查账征收企业应申报 3778 户，同比增加 919 户，增长 32.14%；核定征收企业应申报 146 户，同比减少 24 户，下降 14.12%。3924 户应汇算企业中，盈利企业 2227 户，占实际参加汇算清缴企业户数的 56.75%，盈利企业利润总额 343.39 亿元，实际应纳税额合计为 74.79 亿元。亏损企业 1697 户，占实际参加汇算清缴企业的 43.25%，亏损企业亏损额合计 40.18 亿元。2013 年度全部企业营业收入 4908.32 亿元，利润总额 343.39 亿元，实际应纳所得税额 74.79 亿元。

（李晓静）

## 全年平均申报率为 99.67%

年内，开发区国税局按照新征管五率进行考核，包括未按期申报催报率、未按期交纳税款催缴率、税务登记信息完整率、税务登记信息差错率、财务报表采集率。全年未按期申报催报率 99.32%，未按期交纳税款催缴率 94.44%，税务登记信息完整率 100%，税务登记信息差错率 0%，财务报表采集率 99.66%。全年平均申报率 99.67%，其中增值税申报率 99.76%、消费税平均申报率 100%、所得税申报平均申报率 100%。

（李晓静）

## 加强重点税源动态监控

年内，开发区国税局加大非居民税收第三方信息核查力度，组建跟踪管理小组实时跟踪诺基亚全球重组业务，加强税企双向沟通，并开通专项业务绿色通道，组织税款收入 9.7 亿元。

（李晓静）

## 享受中关村优惠政策减免税收 1.55 亿元

年内，开发区国税局共受理享受中关村政策申请 104 户次，其中享受研发费加计扣除 104 户次，加计扣除金额 10.34 亿元，同原政策相比加计扣除金额增加 3222

万元；享受职工教育经费扣除限额政策 0 户，同原政策相比多扣除职工教育经费 0 万元，两项政策使纳税人享受到税收减免 1.55 亿元。

（李晓静）

## 清缴入库新欠 628 户次

年内，开发区国税局清理欠税，杜绝新欠，实时更新欠税清册，加强以票控欠，期初陈欠 42.85 万元，陈欠欠税增减率为 0。全年共清缴入库新欠 628 户次，入库税款 2.11 亿元，新欠转为陈欠企业 0 户次。

（李晓静）

## 清理入区企业 17 户

年内，开发区国税局清理入区企业共计 17 户，其中注册资本 5000 万元以上的 3 户。全年合计入库税款 3898 万元，占 0.3 亿元新增税源任务的 123%。

（李晓静）

## 落实集成电路企业退税政策

年内，开发区国税局根据“财政部、国家税务总局关于退还集成电路企业采购设备增值税期末留抵税额的通知”的相关规定，退税金额 1.02 亿元。

（李晓静）

## 非居民所得税收入 20.71 亿元

年内，开发区国税局非居民所得税收入总额为 20.71 亿元，同比增加 10.38 亿元，增幅 100.55%。其中，源泉扣缴企业所得税收入 20.30 亿元，同比增加 10.37 亿元，增幅 104.35%；核定征收企业所得税收入 4108 万元，同比增加 178 万元，增幅 4.53%。

（李晓静）

## 专项核查组织税款收入 1700 万元

年内，开发区国税局建立跨境重组税源管理体系，并开展两期外部信息专项核查，对 2013 年度发生股权变更事项的外资企业进行重点审核，通过核查组织税款收入共计 1700 万元，加收滞纳金 100 万元。

（李晓静）

## 严格对外支付纳税判定

年内，开发区国税局加强集团管理服务、同一项目下劳务、享受协定待遇等企业常用避税手段的监管力度，依据政策将不予征税项目调整为征税项目，将减低税率项目调整为全额征税项目，共纠正企业错误判定 30 余户次，补缴所得税 1720 余万元。

（李晓静）

## 增值税减免税额 206.41 万元

年内，开发区国税局共办理审批、备案类增值税减免税 653 户次，增值税共计 1.39 亿元。享受小微企业免税新政的企业 5576 户次，减免税额 206.41 万元。

（李晓静）

## 调整应纳税所得额 4600.18 万元

年内，开发区国税局确定 781 户评估对象，共涉及 12 个评价项目，共调增盈利额 1103.67 万元，调减亏损额 3496.51 万元，合计调整应纳税所得额 4600.18 万元；补缴税款 160.29 万元，滞纳金 12.02 万元，补缴税款及滞纳金合计 172.31 万元。

（李晓静）

## 完成 2739 户次出口免抵退税申报

年内，开发区国税局审核完毕生产企业所属期 2013 年 12 月至 2014 年 11 月的2739户次出口免抵退税申报，审核免抵退税额累计62.8亿元。其中，应退税额累计43.28亿元，同比减少27.03%，免抵税额累计19.49亿元，同比减少31.17%。审核完毕外贸企业886户次出口退免税申报，审核应退增值税额累计7.34亿元，同比增加190.24%。

（李晓静）

### 快捷办理出口退税36.42亿元

年内，开发区国税局对11户享受快捷服务的出口企业采取简化事前审核、强化后续监控的分类管理方式。全年受理办理退税36.42亿元。其中，生产企业10户，应退税额为35.68亿元；外贸企业1户，应退税额为7466万元。

（李晓静）

### 发票发售457.91万份

年内，开发区国税局领购发票纳税人共2.02万户次，日平均84户次；发票发售457.91万份，同比增长29.56%。其中，发售增值税专用发票276.01万份，同比增长31.10%；发售普通发票175.92万份，同比增长28.26%；发售机动车销售统一发票5.37万份，同比增长1.56%；发售货物运输业发票6190份，同比增长31.84%。

（李晓静）

### 查补税款2194万元

年内，开发区国税局开展税收专项检查、专案检查和协查等工作。全年检查自查共计41户，查补税款总额为2194万元。其中，完成检查17户、查补入库合计1831万元，完成自查24户、查补入库363万元。稽查干部人均查补税款219万元。

（李晓静）

### 推行网上办税服务厅

年内，开发区国税局明确提高办税服务效率、推行首问责任制等4大类19项具体举措，推行“网上办税服务厅”，简化企业申请软件退税提交资料；逐项梳理《纳税服务规范》179项服务事项，其中涉及开发区国税局的155项，前移办税服务厅27项业务；推出“北京开发区国税”移动办税终端APP应用程序，开发大企业动态监控“税立方系统”正式上线运行。

（李晓静）

## 地方税务

### 概况

2014年，北京市地方税务局开发区分局（简称开发区地税分局）累计完成各项税费收入116.2亿元，同比增收15.8亿元，增长15.79%；完成地方公共财政预算收入90.6亿元，同比增收11.3亿元，增长14.25%，完成年度任务指标89亿元的102%。年内，开发区地税分局进行自行申报的共有34750人，完成任务数32792人的106%。

（安娣）

### 房地产一体化服务窗口进驻行政服务大厅

房地产一体化服务窗口进驻行政服务大厅　　李洋　摄

4月，开发区地税分局为落实市地税

局服务区域经济发展、服务纳税人、服务基层的要求，推行办税窗口整合，如期将房地产一体化服务窗口整体迁移至开发区行政服务大厅，使办理房地产涉税事项的纳税人切实享受到“一门式”服务，进一步方便纳税人办税。

（安娣）

## 推进征管改革

开发区地税局办税服务大厅　　李洋 摄

年内，开发区地税分局落实市地税局征管改革的总体部署和工作要求，从税收业务角度，分两批次对各税务所部分纳税人发起的事项进行了调整，将由纳税人发起的税收业务事项前移至办税服务大厅；从机构管理角度，积极探索税源专业化管理体系，于8月1日成立了针对重点税源、重点行业服务的东区税务所（即大企业管理所）。

（安娣）

## 开展工会经费、残保金代征工作

年内，开发区地税分局工会经费代收工作在全年收缴期内收入19821万元，同比增收6625万元，增长50%，共代征残保金9185万元。

（安娣）

## 查补税款4056万元

年内，开发区地税分局共计查补税款4056.63万元。其中，查补税款3367.51万元，查补滞纳金589.79万元，查补罚款99.33万元，完成年初计划的2.7倍，为2013年同期查补收入的2.33倍。共入库6152.78万元，其中入库税款4258.27万元、入库滞纳金949.67万元、入库罚款944.84万元。检查有问题率100%，检查入库率151.57%。

（安娣）

## 完成评估补税入库3560.30万元

年内，开发区地税分局选取房地产业的2户重点企业，探索性地开展“调研式评估”工作，共查补税款和滞纳金2607.45万元。全年累计完成评估补税入库3560.30万元。

（安娣）

## 推进大企业风险管理工作

年内，开发区地税分局根据市地税局“关于对大企业开展分事项管理风险评估工作的通知”要求，纳税评估科组织开展了辖区内3户企业的风险评估工作；根据税务总局定点联系企业涉及开发区地税分局的2户企业所存在的税收风险，针对5个共性问题进行组织落实整改工作；完成税务总局部署的对中国石油海洋工程公司等6户企业的全流程税收风险管理工作，通过全流程风险管理共查补税款和滞纳金64.96万元。

（安娣）

## 办理减免退税款2840万元

年内，开发区地税分局在减免退税各个审批环节严格把关，落实减免税优惠政策。全年共办理各税种退税事项251份，减免税事项 20 份，共办理减免退税款 2840 万元。

（安娣）

## 启用个人所得税完税证明自助服务终端

个人所得税完税证明自助服务终端启用　　李洋 摄

年内，开发区地税分局个人所得税完税证明自助服务终端调试成功，在第一税务所正式启用，并成功开具第一张个人所得税完税证明。自助办税终端操作便捷，方便纳税人个人所得税完税证明查询与打印，缩短开具时间，减轻税务所人员的压力，提升税务部门和纳税人的办税效率。

（安娣）

## 开展依法行政和税收执法督察工作

年内，开发区地税分局开展对税收规范性文件的清理，累计清理 385 件。梳理规范税务行政处罚文书，开展《税务行政处罚裁量权实施办法》的落实及裁量标准的施行工作，提升税务行政处罚整体工作水平。6 月至 8 月，开展 17 个具体项目的税收执法督察工作，规范税收执法行为。

（安娣）

## 开展国际税务管理工作

年内，开发区地税分局完成 622 份对外支付证明备案后续工作。组织完成 7 户重点企业外籍个人调查工作，并提出提高认识，建立健全外籍个人管理台账，与开发区国税局、公安分局等部门及时进行信息交换等 3 项建议。

（安娣）

## 办结安置房契税减免申请 4101 套

年内，开发区地税分局成立拆迁安置房项目契税减免专项工作组，协调人力物力加班加点做好南海家园、定海园及 X38 拆迁项目的安置房契税减免录机及审批工作。截至年底，共受理办结拆迁安置房项目契税减免申请 4101 套，其中南海家园项目 2525 套、定海园项目 1559 套、鹿海园项目 17 套。

（安娣）

# 审　计

## 概况

2014 年，北京经济技术开发区审计局（简称开发区审计局）重点关注国有资产经营收益和“三公”经费，加大绩效审计力度，促进政府部门提质增效，加大重大投资项目的跟踪审计力度，着力监督民生工程项目，开展“结果查究”工作，实现对公共资金、国有资产、国有企业的审计监督全覆盖。推进和完善多部门联动的审计组织方式，加强审计成果利用，提升审计实效性。开发区审计局在全年开展的 4 个专项审计和 6 个经济责任审计过程中，提出审理意见 18 条，全部被审计采纳，加强了对审计全过程的风险防控和监督制约，促进了审计项目质量的提高。

（张玉英）

## 监管企业入区协议执行、资金扶持情况

年内，开发区审计局牵头成立入区协议监管工作小组，制定《入区协议监管工作规则》和《2014 年入区协议监管工作安排》，梳理企业执行入区承诺情况。将梳理出的 205 份项目入区协议分为正常履约、无法履约、未按期迁址、未按期开工竣工或投产、经济指标未达到承诺、协议内容发生重大变更六大类，针对不同类型企业入区协议协调相关部门召开联席会，了解项目现状及未能履约原因，商讨后续处理措施。对 2013 年度接受开发区资金扶持的 383 家企业的税收、产值、收入、占地等数据进行分析，形成阶段性效益分析报告。联合开发区纪工委监察局、法制办，组织发改局、投促局、企业局等相关部门召开沟通会，提出《关于建立开发区政策监测评价机制的建议》。

（张玉英）

## 开展综合服务配套区项目跟踪审计

年内，开发区审计局制定《开发区综合服务配套区项目审计工作方案》，分类明确审计方式方法，指导具体项目审计实施。加强与综配区指挥部办公室的沟通协调，了解项目动态，提早研究跟踪审计工作，合理安排审计资源。开发区管委会固定资产投资计划中纳入综配区投资的 60 余个项目中，启动集贤地区一级开发拆迁、瀛海镇搬迁腾退还绿项目住宅拆迁等已进场实施的 25 个项目的跟踪审计，与大兴区审计局建立了两局协同工作机制和定期沟通机制，做到审计工作的无缝对接和结果相互充分利用的工作模式。加强与综配区指挥部办公室、项目实施单位及属地政府的联系协调，沟通推进工作。

（张玉英）

## 推进“12 平方公里”安置房结算审计工作

年内，开发区审计局在配合“12 平方公里”开发项目拆迁扫尾工作，做好在施工程跟踪审计的基础上，随着开发进程并结合项目不同阶段的工作重心调整审计资源配置，推进安置房结算审计工作。开发区审计局与建设单位建立结算例会沟通机制，沟通解决结算过程中遇到的实际问题；通过简化结算报审及审核程序，简化同类同质事项的重复审核过程；并在结算审计过程中注重技术规范与现场实际相结合、个性问题处理与总体平衡相结合、规范程序与简化流程相结合。通过“一会、二简、三结合”方式有效促进结算审核进程，实施安置房施工总承包结算初步审核及核对工作，其中 6 个地块 7 个总包结算初步审核结果已经发建设单位征求意见。

（张玉英）

## 推进保障房、搬迁房建设项目的跟踪审计

年内，开发区审计局组织审计力量实施 E8/E18 保障房建设项目的跟踪审计工作，在梳理项目基本建设程序履行情况的基础上重点对工程现场管理及资金支付情况进行跟踪审计，加强对投资资金的动态监控，进行风险提示。督促建设单位办理主体变更手续及相关土地、工程手续变更，推进公积金贷款手续的办理。启动 X38 号地搬迁房建设项目结算审计工作，在建设单位结算内部审核的基础上完成 9 个标段总包结算的初审工作。完成平原造林项目审计工作并出具审计报告；向实施主体发出博兴九路和凉水河二街西延规划范围内

实施腾退项目、奔驰二期项目用地开发项目审计通知书，启动跟踪审计工作。

（张玉英）

## 对项目绩效审计的后续整改情况开展审计

年内，开发区审计局对2012年度北京市重大科技成果转化和产业统筹开发区项目绩效审计的后续整改情况开展审计，审计金额5.6亿元。从建立健全统筹项目定期评价机制、加强资金管理风险防范等方面提出5条审计建议。核实已整改问题和审计建议落实的真实性和有效性，重点审查未整改问题和未落实审计建议部分，督促问题整改，促进审计成果的转化利用。

（张玉英）

## 审计73亿元财政预算执行情况

年内，开发区审计局以加强财政管理、完善预算体系、规范资金分配、提高资金使用效益为目标，对开发区2013年度财政预算执行和其他财政收支进行审计，审计金额73亿元。从加强区属国有企业监管等方面提出4条审计建议。首次将国有资本经营预算纳入审计范围，完善财政审计大格局，全面掌握财政资金管理和使用情况，并重点关注国有资产管理专项资金和“三公”经费，有步骤、有重点地实现对公共资金、国有资产的审计监督全覆盖。

（张玉英）

## 对7家科技孵化器企业进行现场延伸审计

年内，开发区审计局围绕孵化器的功能定位，首次对新区科技孵化器开展绩效审计，并对接受项目资金支持的7家孵化器进行现场延伸审计，审计金额992万元。从完善考核体系、提高孵化器专业化服务水平和管理能力、加强孵化器用地管理方面提出3条审计建议。

（张玉英）

## 开展污染源在线监控系统绩效审计

年内，开发区审计局关注环境保护，对污染源在线监控系统（一期）开展绩效审计，并对3家大气污染源在线监控点和11家废水污染源在线监控点进行现场延伸审计，审计金额1491万元。从加快验收进度、盘活存量资产、加强前期调研、加强对设备供应方监管方面提出4条审计建议。

（张玉英）

## 推进领导干部经济责任审计

年内，开发区审计局开展3位行政事业单位领导干部任中经济责任审计、1位行政单位领导干部离任经济责任审计以及2位国有企业负责人任中经济责任审计，涉及被审计单位6个，审计金额8.2亿元，共提出审计建议26条。

（张玉英）

## 配合审计署完成土地出让审计任务

年内，审计署土地出让收支和耕地保护审计组来开发区工作，开发区审计局积极协调房地局、投促局等13个部门提供所需资料，并实现每日上报制度，保证管委会领导及时了解审计情况，并为审计组完成任务提供保障。

（张玉英）

## 配合市审计局完成保障性住房延伸审计

年内，市审计局开展2013年城镇保障性安居工程审计工作，延伸审计到开发区，开发区审计局指派专人配合审计组工作，积极协调相关部门提供所需资料，陪同市审计局审计组到保障性住房现场进行延伸审计，协调相关部门召开沟通会议，探讨审计发现的问题，及时回复市审计局审计意见，为审计组按时完成任务提供保障。

（张玉英）

### 牵头梳理开发区政府投资项目情况

年内，开发区审计局与开发区发改局、财政局牵头，根据政府投资项目“回头看”工作专题会议要求，梳理 2010—2013 年政府投资项目情况，重点包括政府投资、政府采购、土地一级开发、财政大额专项、国有资产处置 5 大类项目，涉及管委会 11 个部门，总公司、亦庄国际建设等 3 家国有企业。在各单位自查的基础上，与其他牵头部门组织召开重点项目内部自查整改会，分析研究重点项目存在的 11 大类重点难点问题，提出 13 项后续整改措施及对策。

（张玉英）

### 探索集中查究工作新模式

年内，开发区审计局落实开发区工委关于建立实施“结果查究”机制的意见，配合开发区纪工委开展集中查究，探索集中查究新模式，制订实施方案，完成《集中查究结果报告》；根据审计局跟踪审计项目情况，分口查究 2 个涉及民生工程的项目，完成分口查究工作并对发现的问题进行整改。

（张玉英）

### 建立协审中介机构数据库

年内，开发区审计局通过政府采购公开招标方式，建立会计类和工程类共 20 家中介机构（联合体）协审中介机构库，对中介机构实行严格的准入制度。将廉政风险防控作为审前培训的重要内容之一。

（张玉英）

# 工商行政管理

### 概况

2014 年，北京市工商行政管理局经济技术开发区分局（简称开发区工商分局）主要负责开发区各类市场主体的登记注册服务、日常监管、消费者权益保护及案件办理等工作。设有办公室、登记科、管理科、消保科 4 个科室。截至年底，开发区实有市场主体 10345 户，同比增长 37.90 %。其中，内资企业 8719 户，同比增长 41.64 %，注册资本总额 2129.25 亿元，同比增长 41.45 %；外资企业 819 户，同比增长 8.05 %，注册资本总额 7.76 亿元，同比增长 6.64%；农民专业合作社 1 户；个体工商户 806 户，同比增长 20.84 %。2014 年，开发区工商分局采取多项措施服务经济发展，主动对辖区各类市场主体信息和数据进行季度归集、分析，编发《开发区经济主体信息分析报告》为开发区管委会决策提供参考；根据开发区“打造首都高技术制造业和战略性新兴产业聚集区”的目标，对于符合辖区定位的新兴产业和重点项目，采取提前介入、专人联系指导、全程跟踪服务，促成项目落地；针对企业需求，实施“一对一”个性服务，帮助北京小米软件技术有限公司、子午线（北京）国际养老服务有限公司、华芯投资管理有限责任公司等新兴产业和开发区重点项目顺利入驻开发区。

（王颉 杨晶晶）

## 辖区有形市场 1 个

截至年底，开发区工商分局有形市场只有 1 个，即博大经开社区菜市场。市场内共有经营主体 16 个、经营者 23 人、市场管理人员 3 人，2014 年无新建市场、无空壳市场。按市场类型分，开发区有农副产品市场 1 个，无服装鞋帽市场、建材家居市场、花鸟虫鱼市场、汽车配件市场、集期市场及其他市场。

（刘智勇）

## 驰名、著名商标总计 12 件

截至年底，开发区共有驰名、著名商标 12 件，其中驰名商标 3 件、著名商标 9 件。

（刘智勇）

## 新设市场主体 2702 户

年内，开发区工商分局新设市场主体 2702 户，同比增长 89.16%。其中，内资企业 2432 户，同比增长 102.84%，注册资本总额 195.57 亿元，同比减少 7.10 %；外资企业 71 户，同比增加 47.92 %，注册资本总额 25.56 亿元，同比减少 73.36 %；农民专业合作社 0 户；个体工商户 199 户，同比增长 11.80 %。

（杨晶晶）

## 流通领域商品质量不合格率 50% 以上

年内，开发区工商分局共抽样检验箱包、鞋、服装类商品共 62 组，发现不合格商品 38 组，不合格商品涉及不符合保障人体健康和人身、财产安全的风险主要集中在鞋、服装类商品，相关销售企业主要集中在电商类经营主体中。

（王晓峰）

## 接收消费者申诉 7780 件

年内，开发区工商分局共接收消费者申诉 7780 件、调解成功 5521 件，企业通过绿色通道网上工作平台与消费者自行和解 39124 件，共为消费者挽回经济损失 7736.2 万元。消费者申诉数量同比增长 46.39%，其中，商品类申诉 5836 件，同比增长 30.1%；服务类申诉 1944 件，同比增长 20.3%。受理消费者举报 1595 件；经查属实 353 件，立案处理 315 件、行政指导 38 件，罚没金额 165.85 万元。

（王晓峰）

## 完成企业初检巡查 2707 户

开发区工商分局依托社区强化监管　　闫大伟 摄

年内，开发区工商分局共完成企业初检巡查 2707 户，地址核查 730 户，网上巡查 1581 户，工商工作站走访 56 次，了解和处理问题 18 个；共排查高风险商业区 8 个，检查预付费主体 212 户，处理挂账无照商户 49 户，完成风险主体巡查 358 户次。

（刘智勇）

## 处理行政处罚案件 324 起

年内，开发区工商分局处理违反工商

行政管理各类法律法规的行政处罚案件共计 324 起，罚没款 180.65 万元。其中，涉及广告宣传的案件数大幅度增加。

（王晓峰）

### 服务企业融资 32 亿元

年内，开发区工商分局积极为企业融资发展提供有效服务，全年办理动产抵押登记 61 件，帮助企业融资 32.8 亿元，帮助 40 户私营企业及个体工商户实现贷款 12.68 亿元。

（刘智勇）

### 落实企业联系人和走访交流制度

年内，开发区工商分局结合“送法律、送服务”和开放日活动，登记注册及监督管理部门通过落实企业联系人制度、走访交流制度，对重点园区和重点企业进行有针对性的走访，了解企业需求，支持企业发展。全年与重点企业电话联系服务 860 余户次，上门服务 80 户次，解决有关问题 130 余项，服务重点项目 14 个。

（杨晶晶）

### 加强消保维权绿色通道建设

年内，开发区工商分局培育和发展绿色通道成员单位 5 家。截至年底，开发区共有 28 家绿色通道成员单位，企业绿色通道共自接消费投诉 2.56 万件，办结率达到 100%。开展绿色通道集中走访和专题培训 10 次，培训参加人数 1226 人次；组织参观示范单位及现场交流 1 次，通过不断的培训、交流和总结，指导企业建立和完善工作机制及措施，减少企业销售过程中同样问题反复发生的现象，提升企业经营水平和形象。

（王晓峰）

## 统　计

### 概况

2014 年，北京经济技术开发区统计局（简称开发区统计局）围绕年初确定的“一队伍、一平台、一任务、一方向、一机制”“五个一”重点工作，为开发区经济发展和结构转型提供优质高效的服务。年内，通过年报培训、制度讲解、工作组织和审核评估等工作，完成 1157 家涉及工业、固定资产投资、商业、服务业、劳动工资、能源、科技、中关村等单位 5 万余张年定报报表的数据收审、评估、上报工作。完成市局课题 1 项，分析 30 余篇，编印年鉴、公报等 4 种资料，对外提供数据 6.81 万笔。

（吕华斌）

### 完成年报督导检查工作

1 月至 6 月，开发区统计局按照市统计局的总体部署和相关要求，以执法组牵头、各专业组全程参与的方式，对 20 家企业进行年报督导检查，对 9 家企业送发催报文书。9 家企业的负责人和人员均到开发区统计局进行陈述申辩，并配合完成补报工作。

（吕华斌）

### 完成年度人口抽样调查工作

9 月至 11 月，开发区统计局完成人口抽样调查的宣传、组织、培训、摸底、入户、编码、数据评估和数据处理等各阶段任务。对 10 个调查小区的 1201 户进行登记，共登记人口 3323 人。

（吕华斌）

### 完成第三次全国经济普查工作

年内，开发区统计局多措并举，做好第三次全国经济普查工作。一是有序推进入户登记工作。根据单位核查情况采取先易后难的模式分阶段登记；业务骨干深入一线带队指导入户登记，及时解决问题难点掌握普查进度；与开发区工商、税务部门密切配合，全力查找遗漏单位，确保应登尽登。二是随登随审开展数据审核工作。及时进行表内审核、表间审核及库外审核，加强源头数据审核力度。三是通过普查小区组内自查、普查小区组间互查、经普办检查组抽查对普查数据进行全面细致的事后质量抽查。经查，2013 年年末，开发区共有从事第二产业和第三产业的法人单位 5099 个，比 2008 年末增加 3568 个，增长 2.3 倍。

（吕华斌）

### 研究微观层面运行监测机制

年内，开发区统计局与企业局合作，共同研究制订微观层面运行监测机制，通过建立重点企业联合调度机制和建立科技型中小微型企业监测机制，为构建服务体系、引进服务要素、激发企业活力提供数据、政策支持。

（吕华斌）

## 海 关

### 概况

2014 年，中华人民共和国北京经济技术开发区海关（简称开发区海关）管辖范围是开发区、大兴区、通州区。主要业务包括加工贸易和保税监管、企业管理、减免税审批、企业稽查等海关监管工作。设有办公室、通关科、加工贸易监管科、稽查科、保税物流监管科 5 个科室，共 55 人，人员平均年龄 34 岁。其中，35 岁以下关员 34 人；党员共 44 名，占全关总人数的 80%；科级以上领导干部 14 名，占全体关员的 25%。

开发区海关大楼　　李洋 摄

（韦江）

### 开展跨境电子商务试点业务

开发区海关开展跨境电子商务业务　　李洋 摄

4 月，开发区海关完成首票 B2B 模式跨境电商货物出口手续，共有中建材国际贸易有限公司、北京燕文物流有限公司、尚品网等 3 家电商企业通过亦庄保税物流中心开展跨境电子商务业务，涵盖 B2B 出口、B2B2C 出口、B2B 进口等业务模式，总金额约 27 万美元。宜美风尚（北京）公司、巴慕达科贸（北京）有限公司也与区内运营企业签订 B2B 进口模式的合作协议。

（庄璐宁 吴彤）

## 开展全市首家保税维修试点业务

6 月 11 日，开发区海关完成首份保税维修手册备案工作，备案进口金额 123.5 万美元，出口 150.6 万美元。GE 航卫通用电气医疗系统有限公司成为北京市唯一的保税维修试点单位。开发区海关成立关企联合技术攻关小组，建立周评议制度，设立“保税维修试点海关绿色通道”，通过采用正向分析与反向推理的方式，分析风险节点，制订监管方案。

（庄璐宁 吴彤）

## 亦庄保税物流中心快速验放大票报关单

7 月 15 日，亦庄保税物流中心验放由中国图书进出口上海公司申报的宜家宣传册 100 万本。该“一日游”报关单共绑定 34 辆货车，是中心运行以来一票绑定最多车的“一日游”业务。开发区海关高度重视，高效查验，指挥车辆有序进出，在 1 小时内完成从接单放行到 34 辆车全部出区的所有工作。

（庄璐宁 吴彤）

## 开发区海关征收税款 21.6 亿元

开发区海关全年共征收税款 21.6 亿元　　李洋 摄

年内，开发区海关共征收税款 21.6 亿元，同比下降 5.2%；审批报关单 43567 票，同比增长 21.6%；辖区海关注册企业达到 6326 家。做好内销征税工作，对 B 类及以上企业推广实施内销集中征税，为三洋能源（北京）有限公司、北京通用电气华伦医疗设备有限公司和航卫通用电气医疗系统有限公司等 17 家企业提供了月度补税的政策优惠。

（庄璐宁 吴彤）

## 开展“绿风”专项行动

开发区海关开展“绿风”专项行动　　李洋 摄

年内，开发区海关开展“绿风”专项行动，加强业务监控分析，排查监管风险点，对加工贸易进口料件的单耗管理情况进行重点监管，共承办案件 7 起，案值总计约合人民币 633.74 万元，已计核漏缴税款人民币 38.41 万元。

（庄璐宁 吴彤）

## 审批征免税证明 7085 份

年内，开发区海关支持开发区新型显示器件、集成电路产业发展，帮助京东方科技集团股份有限公司、中芯国际集成电路制造（北京）有限公司解决减免税原材料和设备配件的监管问题，推动中芯国际二期项目建设。共审批征免税证明 7085 份，同比下降 1.1%，审批总货值 4.7 亿美元，同比下降 37.7%，减免税款 4.4 亿元。

（庄璐宁 吴彤）

## 亦庄保税物流中心进出口货值 20.2 亿美元

亦庄保税物流中心进出口货值 20.2 亿美元　李洋 摄

年内，亦庄保税物流中心进出口货值 20.2 亿美元，同比增长 63.4%，货量 6.35 万吨，同比增长 52.4%，征收税款 6.4 亿元，同比增长 107.8%，在全国保税物流中心排名第 4 位。

（庄璐宁 吴彤）

## 参与京津冀区域通关一体化改革

年内，开发区海关派员参加北京海关京津冀通关一体化测试工作，并完成京津海关一体化改革下北京关区首票跨关区保税货物区间结转业务，简化运输车辆、施封、查验、监管本核注等环节。

（庄璐宁 吴彤）

## 开展无纸化通关业务

年内，开发区海关引导企业开通电子支付业务，推动企业开通无纸化通关作业和无纸化报关单集中代存模式，大大提高通关效率，节约企业成本。全年，无纸化报关单 38724 票，无纸化报关单比例达到 88.9%。

（庄璐宁 吴彤）

## 处理法院查封公司海关监管货物情事

年内，开发区海关妥善处理法院查封世元达公司海关监管货物情事，积极协调法院将世元达公司剩余保税料件拍卖款 95 万元上缴国库，有效保全国家税收。

（庄璐宁 吴彤）

## 优化亦庄保税物流中心预约通关模式

年内，开发区海关优化亦庄保税物流中心“7×24”小时预约通关模式，稳步扩大分送集报模式覆盖范围，中心业务量 90% 以上为“一日游”业务，来自京东方科技集团股份有限公司、冠捷显示科技（中国）有限公司、乐金化学显示器材料（北京）有限公司、康宁公司等辖区大型企业入区开展业务。

（庄璐宁 吴彤）

## 试点第三方国际物流配送业务

开发区海关强化保税加工与保税仓储联动　李洋 摄

年内，开发区海关以安讯（北京）金融设备系统有限公司为试点，开展第三方国际物流配送业务，给予企业原材料分送集报出区和成品分送集报入区双重资格，帮助企业构建“零库存”模式，大幅降低了经营成本，每年为试点企业节省物流成本 170 万元。

（庄璐宁 吴彤）

## 强化企业信用管理

年内，开发区海关学习研究《中华人民共和国海关报关单位注册登记管理规定》《中华人民共和国海关企业信用管理暂行办法》，加强政策宣传工作，开通关企一线通系统，积极帮助企业进行海关认证，享受政策优惠。

（庄璐宁 吴彤）

## 引入中介核查

开发区海关引入中介核查　　李洋 摄

年内，开发区海关对辖区重点企业京东方5代线、莱宝光学进行引入中介核查，充分利用社会化力量，发挥专业优势，丰富核查手段，提高保税监管有效性，有效防范执法风险。

（庄璐宁 吴彤）

## 加强后续监管工作

开发区海关推进企业自查自报　　李洋 摄

年内，开发区海关共开展企业稽查17家，开展核查作业175次，移交缉私部门案件2起，案值约合158.59万元。通过开展企业自查自报工作，帮助企业享受政策红利，同时着重加强对特许权使用费的补税工作，督促企业真实全面反映贸易实质。

（庄璐宁 吴彤）

# 检验检疫

## 概况

2014年，中华人民共和国北京经济技术开发区出入境检验检疫局（简称开发区检验检疫局）贯彻落实总书记习近平“三个转变”重要指示精神，应对质检改革发展形势，强化举措，突出重点，以服务外贸发展的新作为、便民惠企的新成效检验党的群众路线教育实践活动成果，推动各项工作顺利开展。

（张颖）

## 首次查获并销毁进境不明感染性物质

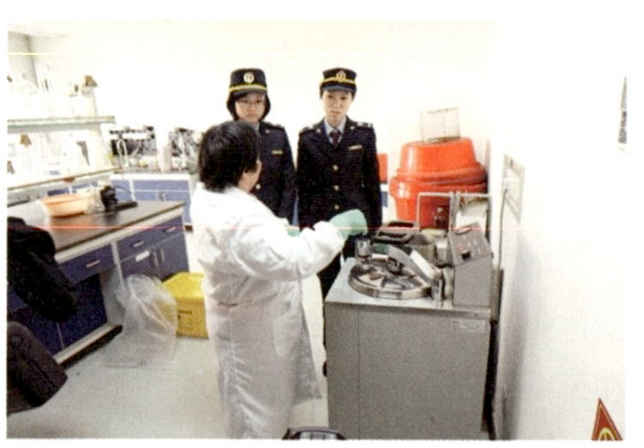

开发区检验检疫局销毁进境不明感染性物质　　单位提供

2月，开发区检验检疫局在对中国疾病预防控制中心申报从日本进口的流感病毒进行查验时，发现该批货物外包装箱上的货物名称与报检单及审批单不一致，仅在货物随附单据中标注为“virus”（病毒）字样，无法确定该批病毒为取得卫生检疫许可的流感病毒，依法对其做监督销毁处理。

（张颖）

## 亦庄保税物流中心国检工作启动

开发区检验检疫局入驻亦庄保税物流中心　　高鹏 摄

3月24日，开发区检验检疫局入驻亦庄保税物流中心。入园后做好对入区企业备案工作，完成协检人员招聘、培训，建立空白证单、业务档案、办公设备管理等内部管理制度。主动宣传检验检疫法律法规，与园区运营单位共同组织“检验检疫政策宣贯会”，50余家企业参加会议，受理企业咨询近百次。完成“特殊监管区域检验检疫监管系统”开发、调试和预验收工作。在北京检验检疫局通关处帮助下，解决了机构代码、人员权限、布控比例等问题，确保各业务系统正常运行。截至年底，亦庄保税物流中心累计报检总业务量达9252批次，开发区检验检疫局的入驻，使亦庄保税物流中心真正实现一站式通关服务。

（王矗 张颖 赵慧娟）

## 优化进口3C免办审批工作流程

年内，开发区检验检疫局通过建立3C监管工作培训、定期内部通报制度等加强3C监管工作（3C即中国国家强制性产品认证）。成立工作小组研究制定3C免办审批及后续监管工作流程，明确业务分工和系统权限设置，确保规范执法。逐步提升工作效率，审批流程缩短至3.5个工作日以内。

（张颖）

## 创新出入境特殊物品检验检疫监管模式

年内，开发区检验检疫局以中关村国际生物试剂物流中心监管库为平台，在通过企业调研、问卷调查、政策宣贯、企业座谈等形式广泛征求企业意见的基础上，探索提出打造出入境特殊物品电子化全流程监管工作模式。新模式以现有生物试剂监管平台为依托，运用二维码技术追溯产品的物流和使用信息，实现《特殊物品卫生检疫审批单》电子核查和电子化远程查验，在风险可控的前提下，实现全程留痕、有效追溯的监管目标，并最大限度简化流程、缩短了通关时间。

（张颖）

## 实行帮扶企业“一企一策”模式

年内，开发区检验检疫局着力形成助推大型重点企业发展的特色工作模式。立足于辖区企业进出口规模大、涉及业务种类多的特点，提出“全面对接，订制服务、阶梯推进”的工作原则。针对开发区内企业提出的涉及检验检疫业务的问题和需求进行全面梳理，制定工作措施、分阶段推进，这种帮扶企业的“一企一策”模式成为解决服务企业“最后一公里”问题的一大特色。

（张颖）

### 落实京津冀检验检检疫一体化工作要求

年内，开发区检验检疫局宣传推动出口直放、进口直通、无纸通关等京津冀检验检疫一体化新举措，简化报检手续，促进通关便捷。截至年底，辖区无纸通关率为 93.2%。同时，结合进口转辖区施检的工业品集中的特点，率先进行无纸化报检试点，辖区 20 多家企业享受到了新举措带来的便利，通关时间由一般传统报检方式的半天缩短至几分钟。

（张颖）

### 运用 CA 认证系统对进口工业品检验监管

开发区检验检疫局在检验中应用 CA 认证系统　单位提供

年内，开发区检验检疫局创新实施“边检验、边流通”的检验监管模式。在进口商品检验监管中运用 CA 认证系统实现监管全覆盖、质量可追溯。通过 CA 认证系统及在最终产品上加贴的 C 码防伪标签，可以在对进口商品检测的同时准许商品进入流通领域，通过 CA 系统监控其检验状态，最终用户通过设备扫描 C 码即可读取检验结果信息。在提升通关、物流速度的同时实现了对进口商品从进口商到最终用户的全程监控管理，带有防伪图层的标签成为质量追溯的唯一代码，成为打击假冒伪劣或非正规渠道进口销售产品、保障消费品安全的有效手段。

（张颖）

# 食品药品监管

### 概况

2014 年，北京市食品药品监督管理局经济技术开发区分局（简称市食药监管局开发区分局）按时完成案件办理、日常监管、专项整治、食药抽验、行政受理审批等各项任务。全年检查食品生产企业 22 家次、药品生产企业 84 家次、医疗器械生产企业 70 家次、保健食品生产企业 18 家次；化妆品生产企业 6 家次、食品流通企业 836 家次；检查餐饮单位 213 家次、药品经营企业 62 家次、器械经营企业 88 家次、保健食品经营企业 51 家次、化妆品经营企业 50 家次。接待咨询 11000 余人次，受理行政许可 859 件，共制证 569 个。开展专项整治 20 余次，开展 33 家次 9 个品种 661 个批次生物制品批签发。开展主题宣传活动 10 次。开展食品药品安全检查，对安全风险点责令整改，重点保证节假日食品药品安全。年内，市食药监管局开发区分局被授予“我的梦 · 中国梦”开发区百姓宣讲优秀组织单位，分局宣讲员杨天一被评为优秀宣讲员。

（杨天一）

### 组织开展餐饮服务单位食品安全法规培训

1 月 22 日，市食药监管局开发区分局组织辖区 30 余家大中型餐馆负责人和食品安全员共 50 余人进行食品安全和食品卫生知识培训。讲解《餐饮服务许可审查规范》《北京市餐饮服务许可管理办法（试行）》

《餐饮服务食品安全操作规范》，下发《致餐饮单位一封信》，并与餐饮单位签订《餐饮服务食品安全责任书》。

（马金波）

## 开展校园及周边食品安全监管整治

3月21日，市食药监管局开发区分局组织辖区内11所学校和托幼园所的食品安全员就食品安全应急预案及演练和餐饮服务操作管理规范等内容进行培训。培训后，各学校、托幼园所人员签署《学校食堂食品安全承诺书》。9月17日，市食药监管局开发区分局对北京市大兴区二十一世纪实验幼儿园等学校校园周边餐饮服务单位集中开展现场检查，对7家餐饮单位的22种食品及食盐、酱油等调料和餐饮具进行现场抽检，所抽样品送至谱尼检测中心检验均合格。针对被抽检食品重点检查供货商资质，产品合格证、采购记录，要求餐饮单位每次购进食品原料详细登记，严格执行采购索证索票和进货验收管理制度。10月24日前，市食药监管局开发区分局完成校园及周边食品和儿童食品安全检查工作。涉及辖区内8家校园及周边的食品经营者，均按要求提交自查报告。出动执法人员24人次，共检查食品经营者8家次，现场抽检食品33批次，监督抽检未发现不符合食品安全标准的食品。9月、10月、11月，市食药监局开发区分局对学校、幼儿园食堂及学校周边餐饮服务单位实施现场检查，检查结果表明，职业学校和中小学食堂管理相对比较规范，个别私立幼儿园存在问题较多。被检查的食品经营者均取得合法证照，能够提供进货票证和相关记录，能够保证合法进货渠道；现场检查未发现销售假冒伪劣、有毒有害和过期变质食品的情况。对个别经营者存在不严格按照规定要求储存、销售食品的情况，检查人员监督企业当即整改或限期整改，督促各食堂单位要严格执行《餐饮服务食品安全操作规范》，依照制定的各项管理制度开展经营活动，严格执行索证索票制度，防止假冒伪劣食品进入食堂。

（马金波）

## 完成58批次药品生产环节抽验

6月，市食药监管局开发区分局针对药品生产企业基本药物在产品种、通过新版GMP认证企业相应剂型品种、注射剂品种、未通过新版药品GMP的库存备货品种进行抽验。结合日常监督和药品GMP跟踪检查，根据发现的问题和风险情况进行抽验。截至6月30日，完成全年58批次药品生产环节的抽验任务，暂未出现不合格批次。

（苑林）

## 检查婴幼儿配方乳粉经营企业19家

7月22日，市食药监管局开发区分局开展婴幼儿配方乳粉经营企业质量安全专项检查。检查经营婴幼儿配方乳粉企业19家，未发现不合格产品。要求企业强化内部食品安全管理，配备专职食品安全管理人员，落实原料与产品进货查验、出厂检验、索证索票、购销台账记录、标签标识、企业食品安全事故报告、产品召回等各项管理制度，健全和落实质量安全管理体系。

（赵玥）

## 老年餐桌经营单位抽验合格

8月14日，市食药监管局开发区分局

针对老年餐桌经营单位开展监督抽验工作，检查人员重点查看原料及食品储存情况、添加剂使用台账、原料采购验收台账和进货票据、向供应商索取资质是否齐全有效等。对3家餐饮单位的25种食品原材料包括蔬菜、肉、调料、菌类、酒等进行现场抽验，所抽样品送至北京市理化中心检验均合格。

（刘施）

### 完成药品流通使用环节抽验药品60批次

截至9月底，市食药监管局开发区分局完成全年药品流通环节60批次抽验任务。出动48人次，从20家药品经营企业、4家药品使用单位抽取药品60批次。其中，完成监督抽验25批次，监测抽验35批次。

（刘伟毅）

### 完成保健食品化妆品经营企业摸底调查

年内，市食药监管局开发区分局通过对已取得“食品卫生许可证”的企业名录，统计出辖区内现有保健食品经营企业51家，其中药店兼营保健食品主体数量20家，经营保健食品的商场超市7家，通过互联网宣传销售保健食品的经营主体5家，直销保健食品经营企业18家，兼营食品及保健食品经营主体数量33家。通过实地普查方式，集中登记辖区内化妆品经营及化妆品使用单位数量共186家。其中，商场超市类9家，美容美发（包括美甲）主体共72家，化妆品专卖店6家，使用客用装化妆品数量为36家，小型日用百货46家。对普查到的企业及店铺，拍摄店头照片，完成“化妆品经营主体摸底调查表”的登记，建立数据库。

（朱珠）

# 质量监管

### 概况

北京市质量技术监督局北京经济技术开发区分局（简称开发区质监分局），是大兴区质量技术监督局在开发区的办事机构。2014年，贯彻落实国务院《质量发展纲要》和《首都标准化战略》的实施，推动创新工作开展；促进企业转型升级，推进节能减排增效，加强对企业的业务培训和社会面法律法规的宣传工作；关注服务民生，服务区内企业标准化开展，加强计量管理和特种设备监察，为开发区企业做好服务保障。开发区质监分局2014年度共组织开展执法检查212家，出动人员424人次；办理质量证明8件；接待来电来访699余次；接到并处理投诉举报41起，挽回经济损失3.78万元；查办案件8件，罚没款总额6.36万元。

（王红军）

### 组织节前综合检查

开展计量器具使用单位加油站年检　　田艳军 摄

1月13日，开发区质监分局组织开展春节前综合执法检查。重点围绕与民生密切相关的领域、计量生产企业和使用单位；公开诚信计量自我承诺的单位；日常风险监测中发现的高风险企业计量投诉、特种设备投诉较多的单位等。范围包括商场超市、餐饮店、加油站、典当行、眼镜店、黄金首饰店和预包装商品的商品量是否符合国家计量允差规定等。共检查单位12家，其中计量器具47台，特种设备41台件。检查中对发现有违法违规问题，现场及时改正并跟踪处理。保障节日期间市场秩序稳定，营造安定祥和的节日气氛和诚信放心的消费环境。

（王红军）

## 组织召开产品质量宣传协调会

开发区质监分局召开产品质量宣传协调会　田艳军 摄

2月18日，开发区质监分局与《亦庄时讯》编辑部联合组织召开区内部分企业产品质量管理典型宣传报道协调会。会议主题是以宣传企业、服务经济、促进发展为主要目的，以打造宣传“质量品牌”“北京亦庄制造”为主线，用成果、经验、故事等形式，正面宣传报道企业抓质量创品牌工作。

（王红军）

## 开展两会期间特种设备安全检查

3月3日，开发区质监分局检查华润协鑫（北京）热电有限公司、北京新华印刷有限公司2家重点单位的特种设备。重点检查特种设备使用单位的设备使用情况、注册登记情况、依法检验情况和操作人员持证情况等。2个单位设备运行良好，未发现安全隐患。

（王红军）

## 召开检验检测机构服务平台工作座谈会

3月11日，开发区质监分局配合“3·15”活动，与《亦庄时讯》联合召开区内获得第三方检验检测许可资质的机构搭建服务平台工作座谈会。主题是“服务企业、服务民生”，实现宣传机构、促进发展的目的。各检验机构支持该活动，为创建亦庄品牌，共同发展献言献策。该平台搭建将有效起到区内检验机构与企业信息互动、资源共享、渠道畅通和桥梁纽带的作用。

（王红军）

## 召开电梯安全工作协调会

3月21日，开发区质监分局与开发区市政管理局共同组织北京新洁环卫公司、北京兴开盛林、北京华奥利电梯有限公司召开地铁过街天桥电梯安全运行保障工作协调会，以加强人员密集场所电梯安全保障工作。会上就电梯安全管理、使用、维护保养等情况进行沟通，对存在问题提出改进措施和解决方案。两部门要求使用单位和维保单位切实加强电梯安全管理工作，保障人员密集场所和地铁过街天桥电梯安全运行。

（苏智啟）

## 开展“五一”前检查并进行应急演练

4月，开发区质监分局执法人员深入超市及人员密集型写字楼开展节前安全大检查。重点检查电梯等特种设备安全运行状况，及超市计量器具的使用情况。检查两家超市的 8 台计量器具，7 家单位的特种设备安全，共计 56 台件，以保障“五一”劳动节期间群众的出行安全及消费合法权益。为进一步加强电梯安全，执法人员参加在朝林广场开展的乘梯事故应急演练。该单位安全部门负责人结合演练，向工作人员讲解遇到乘梯事故的应对常识。

（苏智啟）

## 召开年审工作总结及市级监督抽查通报会

5 月 29 日，开发区质监分局组织召开开发区工业产品生产许可证获证企业年审工作总结及市级产品监督抽查通报会。全区获证企业 33 家，需要参加年审的企业 31 家。会上讲评年审工作，通报产品抽查结果。经审核，年审材料符合相关要求，监督抽查的企业均属合格范围。同时根据计划安排，实地检查 3 家获证企业。

（王红军）

## 召开危险化学品重点单位安全管理工作会

6 月 10 日，开发区质监分局与安监局联合组织 40 家相关单位，召开危险化学品重点单位安全管理工作会，切实加强涉及危险化学品的使用、储存、加工、管道输送的安全管理工作，避免事故发生。开发区质监分局会上就危险化学品的使用、储存、管道输送等涉及特种设备的监察、管理、使用等问题提出具体要求，解析和说明特种设备相关法律法规的要求。

（王红军）

## 开展特种设备安全知识宣传咨询活动

6 月 25 日，开发区质监分局为做好“安全生产月”工作，在开发区新康家园、定海园住宅小区组织开展特种设备（电梯）安全使用常识的宣传咨询活动。宣传活动摆放展板 12 块，发放宣传资料 100 余份，并现场解答群众咨询。居委会和物业有关负责人参加活动。

（苏智啟 王红军）

## 做好电力迎峰度夏特种设备安全保障

7 月 3 日，开发区质监分局对华润协鑫（北京）热电有限公司在用的锅炉、压力容器、压力管道等设备安全情况，特别针对高温、暴雨等极端天气出现时，设备的防水、防高温、防潮、防雷击等防险加固措施和物资配备情况进行安全检查。检查包括：安全管理制度、设备使用证、人员作业证、检验报告、应急演练记录等内容。检查人员要求设备使用单位结合自身特点做好今年电力迎峰度假特种设备安全保障工作，切实落实文件通知要求定期开展自查。

（王红军）

## 落实工业产品生产许可证条例实施办法

7 月 18 日，开发区质监分局召集区内工业产品生产许可证获证企业，召开落实《工业产品生产许可证管理条例实施办法》工作会，会议宣讲将于 8 月 1 日起实施的新修订的《全国工业产品生产许可证管理条例实施办法》，区内 33 家获证企业参加了会议。

（王红军）

## 举办特种设备在线检验人员培训班

7 月 29 日，开发区质监分局与市特种设备行业协会联合举办在线检验人员培训班，旨在做好开发区特种设备安全工作，提高压力管道使用单位的管理水平和在线检验能力。考虑到有些单位缺少检验人员的实际，联系相关职业鉴定机构，培训后进行考试，合格后将取得作业人员资质。有33家单位59人参加培训。

（苏智啟）

## 召开煤改气项目协调工作座谈会

8月13日，开发区质监分局与建发局联合召开煤改气项目协调工作座谈会，组织涉及煤改气项目的总承包商、施工单位、锅炉生产等单位，就项目进展情况进行座谈。旨在使开发区重点工程项目顺利开展，实施清洁空气行动计划。会上，开发区质监分局说明相关法律法规和技术规范的要求，解答有关单位提出的问题。为确保锅炉改造项目在10月底完成，开发区质监分局按工程进度开展跟踪服务。

（王红军）

## 组织开展实验室开放日活动

中国家电研究院实验室开放　　田艳军 摄

9月17日、23日，开发区质监分局组织开发区国家家电检测中心和中国电子技术标准化研究院赛西实验室开展“实验室开放日”活动。家电中心组织社区居民到实验室参观，并由专家介绍相关家电知识；赛西实验室邀请部分驻区企业代表及中关村产业园和天津市有关企业代表走进实验室，零距离接触检测现场，同时由专业技术人员详细介绍检验全过程，并就一些共同关注的技术问题进行交流。

（王红军）

## 开展电子计价秤现场检验

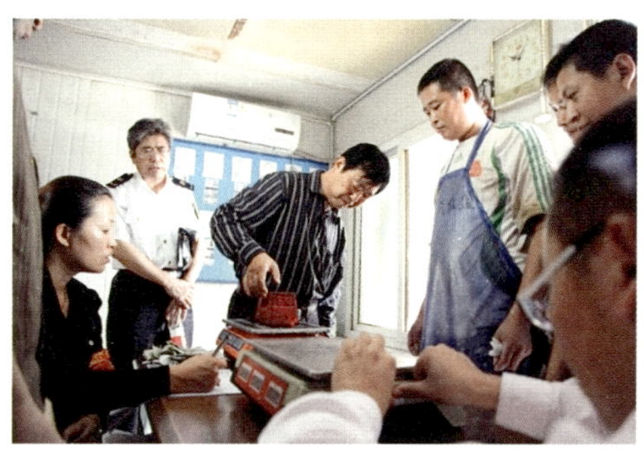

开发区质监分局农贸市场检查计量器具　　田艳军 摄

9月24日，开发区质监分局协调大兴计量所检验人员，组织开展X17早市菜市场和南海家园菜市场商户使用的电子计价秤情况进行现场检验。解决商户使用的电子计价秤在检验时跑远路的问题。当天共验260台电子计价秤。

（王红军）

## 组织公共信息标识标志培训班

9月25日，开发区质监分局配合“质量月”活动，进一步规范开发区内服务业企业公共信息标识标注，提高开发区服务业企业管理水平，树立开发区良好对外形象，邀请市质监局标准化处领导为开发区大中型宾馆、饭店和商场、超市等30余家服务业企业举办了一期以“公共信息图形符号标识标志”为内容的培训。

（王红军）

## 组织超高层电梯应急救援演练

9月26日，开发区质监分局组织亦城国际物业公司和北京奥意电梯有限公司在亦城国际中心开展电梯应急救援演练。演练力求真实，目的是提高使用单位和维保单位的快速反应和应急救援能力，两单位在应急救援演练中，分工明确，应对措施得当，取得预期效果。

（王红军）

## 开展冬季供暖前的锅炉安全检查

11月2日—3日，开发区质监分局提前做好2014年冬季供暖服务保障工作，对区内重点供暖单位开拓热力、南海家园、亦庄实验小学、贵园东里煤改气工程等6家单位的锅炉房进行安全检查，检查锅炉90台，压力管道4条。现场对各单位的锅炉定期检验、作业人员持证上岗、管理制度、应急预案等情况进行了查看，听取了各单位供暖准备工作情况汇报。

开发区质监分局检查冬季供暖设施　　田艳军　摄

（苏智啟）

## 完成锅炉能效测试工作

12月12日，根据市质监局《关于加强锅炉节能减排与清洁能源改造工作的实施意见》精神，开发区质监分局组织两家能效测试机构对区内的工业锅炉开展能效测试，顺利完成13台锅炉的数据采集。锅炉能效检测工作积累了经验，为下一步在全区全面开展锅炉能效测试及节能减排工作打下良好基础。

（王红军）

## 开展道路危化品运输专项检查

开发区质监分局检查危险化学品生产企业安全　　王红军　摄

12月30日，开发区质监分局按照北京市集中整治道路危化品运输违法行为专项行动工作的要求，对区内压缩气体充装和移动式压力容器的单位开展专项检查。主要检查移动式罐车罐体的定期检验和充装许可、司机档案及企业装载危化品制度的建立情况等，并要求企业认真落实安全生产主体责任；严格落实罐车罐体移动式压力容器的技术规范。共检查企业8家，移动式罐车8辆，移动式压力容器8个。

（苏智啟）

## 组织机构代码窗口业务量同比上升19%

年内，组织机构代码窗口业务在开发区质监分局、市组织机构代码中心的指导帮助下，共办理业务5416件，同比增加1615件，同比上升42%。发证4549套，发卡3813张。

（袁常林）

# 安全生产

## 概况

2014年，北京经济技术开发区安全生产监督管理局（简称开发区安监局）共检查各类生产经营单位812家次，查处各类安全隐患831项，开具执法文书306份，实施行政处罚20起，处罚金额24.3万元。开发区全年发生生产安全责任事故1起，死亡1人。

（刘茜紫）

## 在生物医药园试点危化品统一配送

2月27日，开发区安监局在生物医药园召集园区企业开展危险化学品统一配送动员会，旨在降低园区危化品的安全储存风险，创新安全服务模式，建立工业园区危化品统一配送体系。年内，北京亦庄生物医药园采用招投标方式，选定国药集团化学试剂北京有限公司和北京化工厂为园区危化品统一配送单位，截至年底，48家涉危单位全部参与危化品统一配送工作中。试点工作取得积极进展，园区危化品存储量明显下降，存储条件有所好转，供货质量更有保障，危化品运输环节更加规范，企业安全意识有较大提升。

（边蕾 薛小敏）

## 开展暗访夜查专项行动

2月，开发区安监局对区内生产经营单位进行暗访夜查行动。该暗访夜查行动从上年12月开始，共进行8期，出动执法人员32人次，出动执法车辆16车次，检查企业49家，涉及餐饮、超市、加油站、仓储物流、电子制造、医药制造、物业等14个行业，发现安全隐患问题62项，出具执法文书28份，对发现的安全隐患问题要求企业进行限时整改，其中部分问题要求企业立即整改。对于出具执法文书，要求企业限时整改的安全隐患，执法人员按期进行复查，整改率100%。

安监局夜查小企业小场所　　田艳军 摄

（蒋立涛）

## 召开安全生产工作会

3月，开发区安监局召开2014年安全生产工作会，会议部署区内企业隐患排查治理体系、安全大培训、安全条件普查、建立企业安全情况基础信息库等各项工作。区内240余家单位的安全负责人和安全管理人员参加会议。

（刘茜紫）

## 开展企业安全培训

3月，开发区安监局组织开展企业主要负责人、安全管理人员安全培训。区内85家企业160名新上岗安全管理人员参加培训。培训聘请多位专家讲解安全生产法律、法规，安全生产技术、企业职业健康管理等课程。通过集中学习，主要负责人及安全管理人员在安全理念、安全意识、风险防控等方面得到提升。

（刘国建）

## 开展涉氨制冷企业液氨使用专项整治

3月至5月，开发区安监局对区内3家涉氨制冷企业开展液氨使用专项整治工作。通过建立“每周上报进度，每月现场督查”工作机制，组织企业申请上报治理项目资金补助，实地走访，查看设计复核进展，了解整治改造情况，所有涉及专项整治的企业均基本完成改造工作。

（张润婕）

## 组织职业卫生管理员年度继续教育培训

5月13日—14日，开发区安监局分两期组织职业卫生管理员年度继续教育。177家企业的292名职业卫生管理人员参加。聘请专家围绕企业职业卫生基础建设和企业职业卫生档案建立等方面进行授课。培训要求企业做到申报、培训、检测、体检和告知5个100%，完善企业职业卫生档案，尤其是接触职业病危害因素员工的职业健康监护档案。

（王山）

## 召开科研单位安全标准化创建工作会

5月15日，开发区安监局召开科研单位安全标准化创建工作会，区内62家科研单位参加会议。会议传达国家有关部门及北京市人民政府安全生产标准化相关文件，总体布置下一阶段科研单位的安全生产标准化工作。

（孙鹏）

## 召开工业企业三级达标创建工作推进会

5月27日，开发区安监局召开工业企业三级安全生产标准化创建工作推进会，区内77家未开展标准化工作的企业参加会议。会议传达国家有关部门及北京市人民政府安全生产标准化相关文件，安排工业企业三级达标创建工作。

（孙鹏）

## 开展危险化学品安全管理专题培训

5月至6月，开发区安监局举办5期危险化学品安全管理专题培训，区内涉危企业800余人参加。培训围绕危险化学品应急救援专题，邀请北京化学工业协会专家，从危化品事故概念及特点、平时防范、事故现场处置、事后处置等方面进行授课。针对危化品使用和储存中的风险点，以及企业在日常管理中的薄弱环节，做详细讲解，并进行现场答疑。

（张润婕）

## 安全生产条件普查试点工作启动

5月至8月，开发区安监局启动安全生产条件普查试点工作。普查内容涉及安全生产和事故应急的各个方面。全区100余家试点企业完成网上填报工作，开发区安监局整合分析填报数据，针对试点企业进行入户抽查，对企业填报数据进行最后的确认审核。

（孙鹏）

## 开展“安全生产月”活动

开发区“安全生产月”活动启动　　田艳军 摄

6月5日，开发区安委会组织召开

2014 年“安全生产月”活动启动会，并举行开发区建筑工程安全培训体验基地揭牌仪式。会议强调，各企业各部门要加强“安全生产月”活动的自觉性和主动性，增强安全生产月的针对性和时效性。开发区建发局在全区建设工地开展为期 1 个月的“安全生产月”主题活动。内容涵盖安全生产意识宣传、安全技能培训、突发事故应急处置演练及建设工地食品安全等。6 月 18 日，组织 25 家在施工程项目经理、总监和建设单位负责人共 70 余人，参观学习博大建设承建的 E2M1 地块的数字电视产业园项目的安全标准化生产及环保措施。配合开发区环保局、食药监局等部门印发文件 6 批 1200 余份。开发区建发局印发涉及食品安全的文件 4 批 800 余份。截至 6 月底，发放各类宣传资料 6500 余份，送安全教育电影进工地 6 场。

（刘茜紫 门京春）

## 强化 6 类危化重点单位工艺系统安全管理

6 月 10 日，开发区安监局联合开发区质监局等部门召开 6 类危化重点单位工艺系统安全管理工作部署会。提出建立年度自检制度、开展设计复核工作、强化人员培训、严格承包商管理、完善应急体系建设等要求，要求企业加强涉及危化品使用、储存、加工、处理的工艺系统本质安全的管理工作，32 家涉及 6 类危化重点单位的安全管理人员参加会议。

（张润婕）

## 召开食品生产企业工作部署会

6 月 13 日，开发区安监局会同开发区食药监局组织召开食品生产企业工作部署会。区内 19 家食品生产企业参加会议。会议宣传贯彻《食品生产企业安全生产监督管理暂行规定》，要求各企业会后要落实主体责任，强化安全管理。

（刘国建）

## 组织开展“安全生产咨询日”活动

开发区安监局组织开展“安全生产咨询日”活动　安阳 摄

6 月 16 日，开发区安委会在博大公园开展以“坚守红线意识，促进安全发展”为主题的安全生产咨询日活动。开发区安监局、食药监局、质监分局、消防支队、供电公司、燃气公司等 17 个部门布展，为群众发放各类宣传资料 2 万余份，设立百余块宣传展板，宣传展示安全生产、交通安全、食品安全、消防安全等知识，1000 余人次参加。

（刘茜紫）

## 组织召开地下管线专题会议

6 月 19 日，开发区安委会组织开发区发改局、市政局和与地下管线相关的 10 家专业公司召开地下管线安全专题会议。会议要求各专业公司制定隐患排查治理方案，摸清地下管线长度、井口数量等基本信息，健全地下管线台账；针对不同区域、不同使用年限以及发生事故可能造成的社会危害性科学合理地细化隐患排查治理；依法依规对地下管线安全现状进行评估，对可能存在的安全风险进行分析预测；加强与其他专业公司之间信息联络，确保在发生突发应急事件时及时告知相关单位。

（林晓伟）

## 博世力士乐进行氨气泄漏应急演练

6月20日，博世力士乐（北京）液压有限公司联合达涅利冶金设备（北京）有限公司、大琛工业园进行Pk104气站氨气泄漏应急演练。演练过程模拟博世力士乐气站内氨气储罐输送管道发生泄漏，触发Pk107中控制室氨气报警器报警。中控员根据《紧急应变程序》通知相关人员组建紧急应变小组，同时疏散相关区域人员，救灾组进入现场进行救灾，启动喷淋以及消防系统；经过现场查看，事件升级，通知全厂员工及邻居疏散；经过救灾组和设施组现场努力，漏点被有效控制并处理，环境测定后，紧急状况解除。整个演习过程，博世力士乐（包括供应商）共计832人参加，达涅利共计200人参加，大琛共计54人，有效地提高了紧急情况下公司与邻居企业的应急响应能力。

（于红伟）

## 开展安全生产月消防安全宣传活动

开发区开展安全生产月咨询日活动　　田艳军　摄

6月23日，开发区消防支队联合区内相关部门在博大公园举行安全生产月系列宣传活动。开发区各相关职能部门负责人及辖区内各企业负责人、员工，社区居民等共计900余人参加。活动期间，共发放各类宣传材料1500余份，接待群众现场咨询100余人次，展出消防宣传展板30块。

（庞兆月）

## 开展隐患排查治理体系建设培训

6月25日，开发区安监局针对企业如何建立隐患排查体系对85家已分类分级企业进行集中培训。通过推动企业建立隐患排查治理体系，形成“职责明确、标准清晰、企业负责、全员参与”的隐患排查治理工作格局，使企业建立起有计划、有标准、有措施的隐患自查、整改、复查的闭环管理模式，落实企业主体责任。

（蒋立涛）

## 举办有限空间管理人员培训班

6月26日，开发区安监局举办有限空间管理人员培训班。区内近百家涉及有限空间的企业的150余名管理人员参加培训。培训聘请专家从事故案例、原因分析等入手，对有限空间作业安全管理常识、法律法规和标准规范等进行讲解。会议要求企业加强对有限空间作业的安全管理，规范有限空间作业行为，防范夏季炎热气候下有限空间作业事故发生。

（刘国建）

## 举办燃气使用专项业务培训

6月26日，开发区安监局与商务局联合举办针对区内使用罐装液化石油气的餐饮企业及工业企业的燃气专项培训，灌装液化石油气使用单位80余人参加培训。培训聘请专家从燃气事故案例入手，结合专项整治中发现的问题就相关法律法规、购买及使用灌装液化石油气应注意事项，以及事故应急处理等进行讲解。

（刘国建）

## 召开隐患排查自查自报系统应用会

7月3日，开发区安监局组织召开2014年度执法工作部署暨隐患排查自查自报系统应用会，229家企业参加。会议部署2014年执法工作重点，讲解隐患排查自查自报系统的应用。

（冯丽颖）

## 组织有限空间应急演练

7月3日，由开发区安监局、交通大队和总公司联合主办，北京博大网信科技发展有限公司承办的有限空间作业应急演练举行。整个演练过程围绕“预防”和“救援”主题，分阶段进行。“预防”演练，以作业现场开辟、现场安全会、救援设备自检、施工作业申报、气体检测和巡视单位检查等环节为主要内容；“救援”阶段，以救生员着装下井、拨打求救电话和事故报告、停止现场作业、启动单位应急机制、伤员升井、体外心肺复苏等为主要内容，验证各环节的时间，以期为减少伤亡和有效救护赢得时间。

（王山）

## 对人员密集型加工企业开展安全调研

7月7日，开发区安监局委托中介机构，对富智康精密组件（北京）有限公司、三洋能源（北京）有限公司、诺基亚通信有限公司等10家人员密集型加工企业开展安全生产培训专项调研，上述企业从业人员均在1000人以上。调研后，中介机构对人员密集型加工企业在安全培训方面存在的问题和亮点进行归纳、汇总，针对实际问题提出解决方案。

（赵伟）

## 新入驻企业安全生产评定工作启动

7月31日，开发区安监局召开区内新入驻企业安全生产分类分级评定工作启动会。对分类分级评定标准和管理办法进行说明，邀请评定专家对评定流程、人员安排、资料准备、注意事项等进行介绍。评定工作涉及专用设备、交通运输、医疗仪器、医药制造、仪器仪表、食品、通信设备等7个行业15家企业。

（蒋立涛）

## 开展企业粉尘作业专项检查与安全培训

8月，开发区安监局对区内涉及金属、食品、纸制品、制药、塑料、机械等行业23家涉及爆炸性粉尘企业进行专项检查。对粉尘产生的设备、除尘设备、车间电气防爆等逐一核查；对企业粉尘场所防爆安全的教育培训、粉尘检测、安全检查、动火作业等情况进行检查。所检查企业未出现粉尘浓度超标情况，对于部分存在粉尘防控措施稍显不足的企业，请专家到现场进行评估，指导整改，督促企业整改到位。8月底，开发区安监局组织区内300余名安全管理人员进行安全再培训，聘请专家讲解粉尘防爆、安全生产标准化、隐患排查治理、专项整治等内容。就昆山中荣金属制品有限公司发生特大粉尘爆炸事故进行通报，分析与讲解粉尘爆炸的成因、危害、预防与防护等。

（王山 刘国建）

## 开展“六打六治”打非治违专项行动

8月至12月，开发区开展“六打六治”打非治违专项行动。共检查生产经营单位1819家，发现事故隐患3576项，行政处罚94起，处罚金额32.1万元，关停企业

9 家，暂停施工项目 42 个，封停企业公务用车 1125 辆，治安拘留 39 人，刑事拘留 10 人。

（赵伟）

## 召开 APEC 会议期间安全生产保障会议

9 月 24 日—25 日，开发区安监局分区域组织召开国庆及 APEC 会议期间工业企业安全生产保障会议。会议要求涉及危险化学品的企业，对全体人员进行安全教育培训和日常安全检查；点检应急物资并确保其处于有效使用状态；进行一次危化品事故专项应急演练；节假日期间停止生产、实验的企业要保证危险化学品存储的安全。

（蒋立涛）

## 国务院安委会督察组督查安全生产工作

9 月 25 日，国家安监总局办公厅副主任王士杰率国务院安委会第一督察组，到开发区督查安全生产能力建设工作。开发区管委会副主任高言杰、宣传部部长赵雅娟参加。开发区安监局汇报安全生产能力建设工作，提供文件材料供督察组查阅。督察组对 SMC（中国）有限公司的粉尘作业现场和中航技易发投资有限公司研发办公楼项目施工现场进行督查。

（王山）

## 为企业定制安全管理“一对一”辅导

年内，开发区安监局根据企业安全管理的实际需要及需求，专门聘请安全生产技术服务机构为区内部分企业量身定制“一对一”辅导。一个专家组对一个企业，一个专家对一种隐患，对企业开展“面对面”“手把手”的培训，对企业改进情况进行包干式、跟踪式辅导，使执法检查与主动服务结合在一起，增强了企业加大安全投入的积极性。

（李浩）

## 160 家企业完成安全标准化达标创建

年内，开发区完成达标创建企业 160 家。其中，二级达标 54 家，三级达标 91 家，小微企业达标 15 家，均为开发区安监局直管工业企业及科研单位企业。行业主管部门完成物业三级达标 30 家；商业三级达标 27 家，小微 50 家；文化娱乐体育场所三级达标 3 家，小微 17 家。开发区共计达标企业数 287 家，其中二级、三级达标 205 家，小微达标 82 家。

（孙鹏）

# 规划·建设

# 综 述

2014年，开发区落实中央和北京市部署，积极应对人口资源环境问题，高起点、高标准建设国家生态工业示范园区。综合配套协作区建设取得了重大进展，城市管理服务不断完善，开发区城市功能和环境得到新的提升。

完善亦庄新城功能、推进城乡接合部改造，组建综合配套协作区办公室，统筹调度建设项目。按照重点新城标准，开展综合配套协作区空间、产业、生态等8个专项规划前期研究。实施南海子产业用地开发、旧宫镇集贤地区开发、瀛海镇腾退还绿等一批有战略意义的基础设施、环境整治项目，实现新的突破。

开发区继续推动以开发区起步区为重点的转型升级示范区研究，在《北京经济技术开发区起步区转型升级概念规划》基础上，通过空间规划及实施路径研究，引导和推动"起步区"逐步向"北京市产业转型升级示范区"和"规划动态实施机制创新示范区"过渡。出台《起步区转型升级土地再开发利用方案》。

完善开发区城市管理服务，优化交通路网体系，通行能力得到改善，完成东环北路、西环北路、荣京东街等主干路改造，试点荣华路潮汐车，优化调整10余条公交线路。

加大环境整治力度，完成德贤路沿线绿化美化、滨河森林公园河道治理与绿化、滞洪区景观提升工程。完成日上基地、旺兴湖周边、上海沙龙、科创九街等重点区域环境整治。

印发《新区环境保护资金管理暂行办法》，发挥亿元环保专项资金杠杆作用，扶持新区项目35个，支持资金共计3706.45万元，带动企业配套投资1.7亿元，实现挥发性有机物（VOCs）等主要污染物大幅削减；借助国家循环化改造试点契机，通过政策引导，推进一批企业实施循环化改造项目。落实清洁空气行动计划，实施区域"去煤化"治理工作，投入2.5亿元完成3座燃煤供热厂清洁能源改造，建成全市首个高污染燃料禁燃区。推进企业实施清洁生产、能源审计和能源管理体系认证，深入挖掘节能潜力。开发区内全面实施绿色施工管理制度，大力推广使用扬尘防治技术，有效降低施工扬尘的源头污染。

启动开发区公共地理空间基础数据库和共享服务平台建设，建成行政服务中心网上服务大厅、开发区英文版网站和开发区移动端云适配网站，推进"智慧亦庄"规划建设。

（王婧 魏建环 姚静）

# 规 划

## 概况

2014年，北京市规划委员会经济技术开发区分局（简称开发区规划分局）主要负责开发区规划编制、规划实施（管理）、监督执法等工作，下设北京经济技术开发区城市规划和环境设计研究中心（简称规划中心）1个事业单位。按照市政府提出的“亦庄和中关村要成为国家科技创新中心的两翼，成为科技创新的主阵地”的要求，在区域产业升级、开发区逐步向新城转型发展的背景下，以“转型”为核心，着力提高服务效能、强化队伍建设。年内，开发区规划分局完成行政审批事项567项，其中建设用地规划许可证15项，涉及用地面积70.02公顷；建设工程规划许可证114项，涉及建筑面积316.3万平方米。配合1200亿元国家集成电路产业发展基金（一期）空间落位，开展规划服务；配合开展集成电路重点研发企业的选址落地工作，包括中芯国际二期涉及的再生水厂和管网规划。

（马林涛 周波 周千钧）

## 建成博大临时停车场

10月，国家“十二五”水专项落地示范项目——博大临时停车场建成。该临时停车场约2万平方米，492个车位（含10个大车位），20个充电桩，由开发区总公司负责建设。博大临时停车场能有效减少雨水径流总量，降低径流污染，延缓洪峰，实现工程排水向生态排水转变，在美化景观、节省投资、控制洪涝、回用水资源等多方面效果显著。

博大临时停车场　　伏圣菊 摄

（王淇 郭光伟）

## 推进“起步区”转型升级研究

年内，开发区规划分局继续推动以开发区起步区为重点的转型升级示范区工作。在开发区管委会与市规划委2013年联合制定的《开发区起步区转型升级概念规划》基础上，开发区规划分局统筹开发区发改局、房地局、投促局、企业局等部门，通过空间规划和实施路径研究，引导和推动“起步区”逐步向“北京市产业转型升级示范区”“规划动态实施机制创新示范区”过渡。工作重点从前期研究型规划转向编制实施型规划，从增量扩张转向存量提质。

（张勇 孙雨）

## 开展综合配套协作区规划研究

年内，开发区规划分局组织开发区发改局、房地局、投促局等部门，并与大兴区规划分局、国土分局和“三镇一园一场”（旧宫镇、瀛海镇、亦庄镇、南海子公园、南郊农场）共同开展开发区与综配区发展战略、空间规划、南海子公园周边空间概念设计、生态景观设计等前期研究工作，从空间规划、土地供应、项目建设、环境改善、民生保障等方面探索多规协调、一体发展的新局面。综配区规划是新区一体化发展的工作重点和转型迈向“产城融合”的关键。

（张勇 张丹 杜春兰）

### 制定《开发区停车管理办法》

年内，开发区规划分局牵头组织开发区发改局、市政局、交通大队、工商分局、安监局、法制办等部门，编制完成《开发区停车管理办法》，并研究停车配建指标体系。停车管理办法细化了各部门职责，规定了在停车场规划、建设、验收环节中各部门的具体任务，明确了停车场备案、收费审核等管理事项与流程，加入了非经营性停车场应纳入备案程序，规定开发区停车场管理应建立停车信息系统，以及对停车场使用及运营过程中的违法查处等。

（权文哲 马文睿）

### 开展再生水和雨水利用研究

年内，开发区规划分局与北京建筑大学合作开展“开发区再生水现状评价与建设方案”研究。通过对开发区再生水源、场站、水质、用户、管网分析研究，提出开发区再生水建设方案。开展中关村亦庄园拟拓展区的雨水控制利用系统规划研究。将雨水综合利用理念运用到规划之中，使城市防洪、排水规划、河道规划、蓄滞洪区规划等统筹结合。

（王淇 郭光伟）

### 完成规划监督执法

年内，开发区规划分局共完成市规划委执法监察大队部署的3次卫星查违工作。核对 30 处图斑。巡查违法建设现场 200 多次，拆除过期临建约 1 万平方米。通过日间巡查及群众举报共发现并处理违法建设 168 件，联合开发区城管分局、物业公司对民宅、企业违法建设自拆情况进行认定，有 16 处违法建设自拆立案，处罚违法建设 2 起。

（张大鹏 姜波）

# 建设

## 扩区与征地拆迁

### 概况

2014 年，北京经济技术开发区征地拆迁办公室（即新区征地拆迁开发建设工作领导小组办公室）确定折子工程 1 项——启动“16 平方公里”拆迁工作，提前布局水电气热路等基础配套，同步做好招商引资工作，同时推动拆迁扫尾工作。全年固定资产投资计划 1.23 亿元，截至年底累计完成 1298 万元。

（靳冠英）

### 推进“46 平方公里”拆迁收尾工作

C14 地块安定营被强制拆除前的独栋住宅　　单位提供

5 月，开发区组织相关部门配合通州区法院对安定营居住区 C14 地块独栋住宅实施强制拆除，拆除面积约420平方米，保证了经海四路和科创十二街的用地需要。8月，启动安定营居住区C14地块上另一独栋住宅腾退工作。12月，完成科创街孟庄村隋东霞民宅拆迁补偿工作，保障了科创街市政道路建设。

（靳冠英）

### 推进“12平方公里”拆迁工作

截至年底，新区“12平方公里”拆迁扫尾工作，完成拆迁签约7户，未签约67户，其中地上物53户、非住宅13户（未拆7户，已拆6户）、住宅1户（已拆）。

（靳冠英）

## 土地与房屋管理

### 概况

2014年，北京经济技术开发区房屋和土地管理局（简称开发区房地局）提高土地集约利用水平，加强土地利用批后监管，完成土地管理、房屋管理和物业管理各项工作任务。全年出让土地18宗、66.88公顷，地价款收入101.21亿元，使用物业公共维修基金914万元。开发区9个工业用地项目通过市工业用地供应审核小组联审可以入市，其中4个项目于8月入市。

（王莹）

### 开展群租房专项整治

3月27日，开发区房地局召开房地产经纪机构和分支机构群租房专项整治工作会。区内40余家房地产经纪机构签署《抵制群租房违规行为承诺书》，在门店内明显位置张贴公示，并悬挂抵制群租房宣传标语。开发区房地局在各小区和中介公司的显著位置张贴有关合法合规租房的宣传海报，全年对重点小区巡检80次。房地产经纪机构共清理台账中的群租房166套、居住983人。

（王莹）

### 出台起步区土地开发利用方案

6月，在开发区房地局与市国土局联合开展开发区工业用地再开发利用研究基础上，开发区房地局出台《起步区转型升级土地再开发利用方案》。提出根据开发区起步区不同土地用途和用地主体，实施依法收回、政府收储、权益转换、就地改造等开发利用方案。起步区是区内最早开发的区域，东至东环北路、南至荣京东街、西至荣华北路、北至万源街。共涉及项目用地120宗，占地面积180.78公顷。

（王莹）

### 办理土地抵押登记160件

年内，开发区房地局办理土地抵押登记160件，面积854.39公顷，同比增长19.4%。抵押物价值（含房屋及在建工程）646亿元，同比增长47.8%；贷款金额202.69亿元，同比增长34.7%。房地产抵押融资成为开发区企业融资的主要手段。

（王莹）

### 新建工业厂房41.3万平方米

年内，开发区房地局通过新建、收购等方式，保持常备工业厂房20万平方米以上。新区空置厂房共有68.2万平方米（开发区范围内57.2万平方米，“六园”范围内11万平方米），开发区房地局与开发区总公司对接，制定标准厂房建设工作方案。开发区总公司取得 A18C-1、A18C-2 地块土地使用权，建筑面积 28.4 万平方米；E2F1 地块土地使用权，建筑面积 12.9 万平方米，用于建设标准厂房。

（王莹）

### 盘活低效用地 42.3 公顷

年内，开发区房地局强化土地供应的全流程监管，注重土地集约利用和二次开发，通过收储、整体转让、签订补充协议约定开工时间等方式盘活低效闲置用地约 42.3 公顷。11 月，开发区房地局根据审计署反馈的开发区闲置土地情况，集体约谈 21 家涉及土地闲置的企业，要求各企业加快清理现有闲置土地，尽快清账。截至年底，新开工项目 4 个，建设用地总面积 21 公顷。

（王莹）

### 梳理房源 1.9 万套

年内，开发区房地局梳理各种房源，包括单身公寓房源、公租房源、拆迁安置农民富余房源、定向销售的商品房等房源共计 1.9 万套，可解决开发区企业 6 万名职工的居住问题。有具备出让条件的未出让居住用地可建设住宅房源 140 万平方米。

（王莹）

## 政府投资建设项目

### 概况

2014 年，北京经济技术开发区建设发展局（简称开发区建发局）完成荣京东街改造、荣华路潮汐车道、亦庄镇锅炉房煤改气等一批重点工程建设，为 30 余家企业完成自来水冲洗、市政管网交底等“九通一平”服务工作。承担固定资产投资任务 47 项，共 25.3 亿元；承担开发区管委会 32 项折子工程，其中主责 11 件、协办 21 件，占 101 项折子工程的 31.7%。年内，开发区 30 个工地被评为“绿色安全工地”，其中 8 个工地被评为“北京市绿色安全样板工地”。

（魏建环）

### 实施南海子公园电力沟道工程

3 月，开发区基建办公室实施南海子公园电力沟道工程。该项目位于南海子公园南北环路，建设 2.0 米 ×2.3 米和 2.6 米 ×2.9 米电力沟道，总长约 12 千米，总投资约 4 亿元。工程于 9 月完工。

（魏建环）

### 建成市级党员教育基地

党员教育基地展室　　单位提供

6 月，开发区基建办公室在原有开发区党群活动中心的功能基础上升级并装修改造，总投资约 3500 万元，新增党史教育布展、廉政教育布展、非公党建布展、9 个主体活动室布展、雷锋精神展、首都党员志愿者服务平台、首都党员教育管理服务平台和体验式党课等，完成北京市市级党员教育基地的建设。

（魏建环）

## 实施东环北路道路改造工程

东环北路道路改造工程 田艳军 摄

8月4日，开发区基建办公室投资约1200万元，在东环北路西侧新增一条全长2.1千米、宽4.5米上下行非机动车道，东环北路改造工程于9月8日竣工。设计单位为北京国道通公路设计研究院股份有限公司，监理单位为北京方正建设工程管理有限公司，施工单位为北京市建华公路工程有限公司。

（魏建环）

## 实施荣京东街道路改造工程

开发区荣京东街改造后现状 钱鹏 摄

8月21日，开发区基建办公室实施荣京东街改造工程。荣京东街西起荣华中路，东至经海一路，全长约2.1千米，红线宽50米，路版宽44米。工程总投资约8000万元，工程于10月20日竣工。设计单位为北京市市政工程设计研究总院，监理单位为北京首建工程咨询监理有限公司，施工单位为中铁三局集团有限公司、北京万兴建筑集团有限公司。

（魏建环）

## 完成西环北路平面立交改造工程

8月30日，开发区基建办公室投资198万元进行西环北路平面立交改造，工程涉及三个主要路口的疏堵改造，于9月30日竣工。设计单位为北京市市政工程设计研究总院，监理单位为北京顺政通工程监理有限公司，施工单位为北京路安交通科技发展有限公司。改造后极大地缓解了早高峰京沪高速开发区出口车流量压力。

（魏建环）

## 完成德贤路沿线绿化工程

10月，开发区基建办公室完成德贤路沿线（丰双铁路—南五环）绿化美化工程。该工程于2012年9月开工，德贤路全长约5千米，总体绿地面积约为67公顷，建成后交由旧宫镇政府管理。该工程监理单位为北京东方华太监理有限公司，施工单位为北京世纪经典园林绿化有限公司等7家公司，设计单位为北京市城美绿化设计工程公司。

（魏建环）

## 完成博兴街道用房建设项目

12月，开发区基建办公室完成X22

号地块博兴街道管理和服务用房工程。该项目于 2013 年 8 月开工，总投资约 8380 万元，占地面积 7164 平方米，建筑面积 9525 平方米。建成后由博兴街道办事处使用。该工程监理单位为北京和平诚信工程建设监理有限公司，施工单位为中太建设集团股份有限公司，设计单位为北京市工业设计研究院。

（魏建环）

## 完成滨河森林公园河道治理和绿化

年内，开发区基建办公室完成亦庄新城滨河森林公园河道治理和绿化。河道全长约 13 千米，总面积 501 公顷，总投资约 5.8 亿元。拓宽新凤河、凉水河约 11 千米长度河道，并进行护底、护坡，修复巡河道路、雨水出入口等水工构筑物。栽植大乔木 5 万株，草坪、花卉等地被 50 万平方米，建设 2 万平方米园路、广场和配套管理用房、公厕等。

（魏建环）

## 完成荣华路潮汐车道建设工程

开发区完成荣华路潮汐车道建设工程　钱鹏 摄

年内，开发区基建办公室完成荣华路潮汐车道建设工程。车道全长 2.2 千米，总投资约 830 万元。将荣华路西半幅内侧车道改造为潮汐车道，缓解晚高峰出开发区通行能力。设计单位为北京市市政工程设计研究总院，监理单位为北京顺政通工程监理有限公司，施工单位为北京路安交通科技发展有限公司。

（魏建环）

## 滞洪区景观提升工程完工

开发区滞洪区景观提升工程完工　钱鹏 摄

年内，开发区基建办公室承担的滞洪区景观提升工程完工开放。该提升工程面积 27 万平方米，总投资为 1.6 亿元，栽植大乔木约 3500 株，东、西湖区建设“击楫问水”等 12 个景点。监理单位为北京方正建设工程管理有限公司，施工单位为北京同菁园林绿化工程有限公司等 5 家公司，设计单位为北京市城美绿化设计工程公司。

（魏建环）

# 建设市场管理

## 开展工程质量专项治理

截至 9 月，开发区建发局按照市住建委部署的“工程质量专项治理两年行动”，集中打击和遏制建筑工程施工中违法发包、转包、分包和挂靠等行为。该行动包括部署动员、自查自纠和综合执法大检查 3 个环节。先后召开“两年行动”专题工作会和座谈会，动员和部署专项治理工作；进行“两年行动”宣传贯彻培训 4 次，培训人数近 400 人。检查建设项目 112 项，其中在施工程 96 项、停工工程 16 项。对施工现场存在的施工质量措施、安全防护措施、文明施工要求和卫生要求等落实不到位、不符合要求的，提出整改要求，对拒不整改的进行处理，确保从源头上消除质量安全隐患。

（孙勇 徐存柱）

## 办理施工许可 74 项

年内，开发区办理施工许可 74 项，涉及项目 47 个。办理施工许可项目数量为 2013 年的 94.9%。其中，土建项目 63 项，为 2013 年的 92.6%，开工面积 454.34 万平方米，工程投资 121.72 亿余元；市政工程 6 项，为 2013 年的 66.7%，道路总长 5318.99 米，工程投资 20997.9 万元；装修工程 5 项，为 2013 年的 2 倍，装修面积 6.77 万平方米，工程投资 9509.2 万元。全部工程投资近 124.8 亿元。

（刘志群 孙勇）

## 办理招标 114 个投资项目

年内，开发区共办理总包、监理招标 144 项，合同金额 120.93 亿元，同比下降 25.86%。其中，政府及国有投资项目 62 项，合同额为 65.97 亿元，占总合同额的 54.55%，合同额同比下降 7.76%；非国有投资 82 项，合同额 54.96 亿元，占全部合同额的 45.45%，合同额同比下降 39.99%。

（刘志群 孙勇）

## 加强建筑业企业管理

年内，开发区建发局共管理 47 家房地产开发企业，其中一级资质 3 家、二级资质 5 家、三级资质 6 家、四级资质 14 家、暂定资质 19 家。开发区建发局管理的建筑业企业资质 117 家，其中施工总承包资质企业 21 家、专业承包资质企业 92 家、劳务分包资质企业 4 家。在 117 家建筑业企业中，具有特级资质企业 1 家，一级资质企业 22 家，二级资质企业 17 家，三级资质企业 69 家，其他 8 家。完成二级建造师注册报送 112 人、发证 112 人。

（刘志群 孙颖）

## 监管 329 个项目合同履约

年内，开发区共有 329 个在建项目纳入合同履约监管范围。全年共处理合同履约风险 305 项，其中涉及备案风险的 25 项、涉及价款支付风险的 268 项、涉及进度质量安全的 12 项。

（孙勇）

## 加强劳务市场管理

年内，开发区建发局对开发区建设工地进行劳务检查 532 次，约谈相关责任单位 92 家，受理各类纠纷 40 起，涉及人数 1964 人。全年办理预留账户 82 项，存入金额 65743 万元；办理账户托管 76 项，托管金额 5009.2 万元。

（刘毅）

## 完成 145 个建筑节能备案项目

年内，开发区建发局完成 145 个建筑节能备案项目。包括建筑节能设计备案项目 86 个、面积 170.48 万平方米，其中居住 32.56 万平方米、公建 137.92 万平方米；节能竣工验收备案项目 59 个、面积 87.34 万平方米，其中居住 24.25 万平方米、公建 63.09 万平方米。

（蔡猛）

### 征收专项资金 2641 万余元

年内，开发区建发局完成 2 项专项资金收缴，共计 2641 万余元。其中，新型墙体材料专项资金征收 65 笔、2487 万余元、248.72 万平方米；散装水泥专项资金征收 65 笔、154.17 万元、248.72 万平方米。

（蔡猛）

## 施工现场质量安全管理

### 概况

2014 年，开发区有在建房屋建筑工程 174 项，开复工面积 1073 万平方米，在建市政工程 92 项，工程造价 20.1 亿元。完成竣工验收 92 项，其中房屋建筑工程 75 项，总面积 198 万平方米；市政工程 17 项，形成固定资产 54 亿元。全年累计出动执法检查人员逾 1600 人次，发现质量隐患 3000 余条，对施工、监理企业的违法、违规行为实施行政处理 32 项次，行政处罚 2 起，累计罚款金额 3 万元。

开发区全年在施工程 92 个，停工工地 15 家，完工待验收工地 67 家。在施工程中续建工程 47 个，新开工程 45 个，其中房建 42 家、装修 3 家。总建筑面积 1072.6 万平方米，总造价约 387.5 亿元。现场检查建设工程施工工地 1472 次，发现安全隐患 5980 项，下发停工整改通知书 46 次，约谈单位 298 家，责令改正 159 次，简易处罚 138 次，立案 2 起，罚款总金额 15.8 万元。30 个工地被评为北京市“绿色安全工地”，其中 8 个工地被评为“北京市绿色安全样板工地”。

（徐存柱 门京春）

### 建筑工程安全培训体验基地挂牌运营

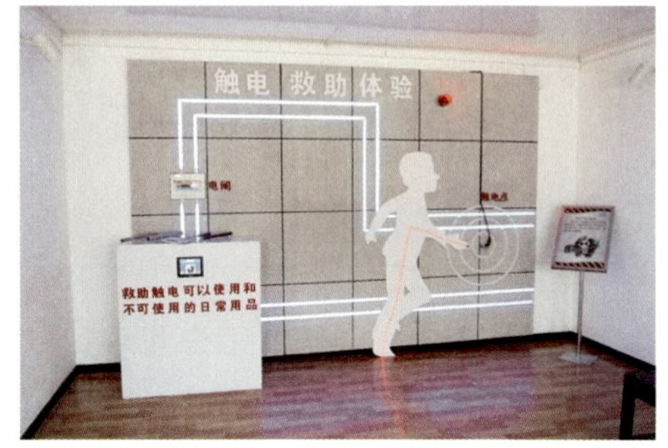


开发区建筑工程安全培训体验基地　　夏保 摄

6 月 23 日，开发区建筑工程安全培训体验基地正式运营，成为北京市第一家建筑工程综合性安全教育基地。该体验基地设有安全设施展示 14 项，室内体验项目 6 项，室外体验项目 21 项，由北京博大经开建设有限公司负责设计和建设，实现了施工人员经过培训、操作体验再上岗的要求，弥补了开发区培训体验空白。截至年底，65 家建筑工程施工单位的 10300 人次通过安全体验培训，取得合格证。接待包括政府、科研院校及公司总部等 13 个参观考察团近 404 人。北京市住房和城乡建设委员会官方网站、路透社、中新网等媒体对开发区建筑工程安全培训体验基地进行报道，并对基地的建设及运营情况予以肯定。

（门京春 伏社宏）

### 开展建设工程专项集中网格检查

7 月至 8 月，开发区建发局组织开展建设工程网格式大检查。检查涉及安全生产、文明施工状况两方面。检查工地 162 家，其中在施工地82家、停工工地16家、已完工待验收工地64家，发现并处理存在安全隐患的工地72个。

（门京春）

## 开展“混凝土专项治理两年行动”

9月，开发区建设工程安全质量技术中心根据《北京市预拌混凝土生产使用质量专项治理两年行动工作方案》要求，制订开发区混凝土专项检查方案，对混凝土的生产使用开展专项执法检查。累计发现问题31条，约谈相关责任单位6次，责令停工项目3个，对3个项目混凝土回弹抽测不合格进行检测。通过北京市建设工程质量检测监管信息系统排查住宅工程混凝土不合格信息，并进行处理。

（徐存柱）

## 保障APEC会议期间建设工程安全

APEC会议期间检查建设工程安全　王硕 摄

11月3日—12日，北京APEC期间，开发区建发局对所有在施工地进行巡查，并做好相应的应急管理工作，确保APEC会议期间施工工地停工及安全防护措施落实到位，并做好扬尘治理工作。APEC会议期间，开发区全部在施工地停工率达到100%，未发生建设工程安全事故。

（门京春）

## 抽查建筑起重机械设备

年内，开发区建发局委托国家建筑城建机械质量监督检验中心检测区内的起重机械。检测大族环球等32个项目共计78台塔吊、20部施工电梯。发现塔吊问题256项、电梯问题85项，主要问题为设备长时间使用但未进行很好的维护保养。执法人员向施工单位下发“责令（限期）改正通知书”并要求立即停止使用所有问题设备，整改完毕后方可使用。问题设备全部及时整改合格并投入使用。

（门京春）

## 进行在施项目质量检测

年内，开发区建设工程安全质量技术中心全面引入工程质量第三方专业检测机构，对开发区54个在施工程的施工质量进行抽查检测。检测内容主要涉及混凝土强度、钢筋保护层厚度等无法通过常规检查发现的问题的子项工程，以及钢筋、门窗、防水材料等涉及房屋使用性能的子项。

（徐存柱）

## 控制施工扬尘

年内，开发区全面推进在施工地的扬尘控制工作。在符合条件的85个工地安装扬尘视频监控摄像头133个。规定新开工工地要签订《开发区建设工程清洁空气行动责任书》和《建设工程土方运输三方协议》，并完成场地围挡、道路硬化、摄像头安装、出入口洗轮设施安装后，方可办理施工许可。加大对工地裸露地面覆盖、洒水降尘措施等督促工作，有效控制建筑施工扬尘。

（门京春）

# 民防工作开展

## 概况

2014 年 12 月，市编办批复开发区建设发展局加挂北京经济技术开发区民防局牌子，承担区域民防职能。开发区民防工程包括人防专业防护队工程、人员掩蔽工程、人防物资库工程，初步形成产业新区居住人口和城市防空防灾相适应的民防工程体系。2013 年年底，市民防局下放审批权限，开发区建发局开始承担部分民防工程建设审批职能。

（翟乾 邢亚）

## 实现民防工程远程监控管理

4 月，开发区建发局创新民防工程管理方式，实现科技创安。依托开发区智慧城市建设，在 4 处民防工程安装视频监控系统，并入开发区建发局施工工地安全监控平台，做到对工程的远程实时监控管理。

（翟乾 邢亚）

## 开展民防宣传进社区活动

开发区民防局开展防灾减灾日活动　　田艳军 摄

5 月，开发区民防局通过发放人民防空知识读本，开展人民防空公益讲座等形式，向居民普及人民防空和防灾减灾相关知识；8 月，组织居民、企业员工参加“平安生活讲师团”防空防灾公共安全教育巡讲活动。在国际防空日、防灾减灾日、人民防空创立日、国防教育日等，开展“民防宣传进社区”活动。

（翟乾 邢亚）

## 开展民防工程安全检查

开发区民防局开展节前人防安全联合检查　　田艳军 摄

6 月至 9 月，开发区民防局开展民防工程汛期安全大检查。与所有民防工程使用单位（共计 72 家）签订防汛责任书；组织开展防汛物资储备及制度落实检查。依托社会力量组织 30 人的专业防汛队伍，提升民防工程的应急抢险能力。汛期前组织防汛实战演练，完善民防工程防汛抢险应急预案的操作性，检验防汛抢险队的快速反应能力及人防使用单位抢险队伍的协同作战能力。年内，开发区建发局民防科、民防工程事务中心通过平时检查、联合执法、突击暗查等形式，重点打击违法违规侵占、使用人防地下空间行为。春节、两会、APEC 会议等重大节日和重要活动期间，开展人防安全大检查，要求民防工程使用单位签订《民防工程安全使用承诺书》，确保不发生安全事故。全年累计清理违规占用地下空间23处，消除火灾隐患12处，约谈企业19人次，责令使用者清理人防地下空间内的垃圾、杂物79处。

（翟乾 邢亚）

## 民防工程规划通过论证

9月，《北京经济技术开发区人民防空工程规划（2012—2020年）》（简称《规划》）通过专家论证。该《规划》是2012年9月开发区民防工程事务中心委托开发区规划设计中心和南京慧龙城市规划设计有限公司编制的。《规划》的范围为开发区和拓展区约60平方千米的区域；《规划》成果包括文本、图集、说明书三部分；《规划》中民防工程的规划布局、配套指标、实施措施等方面，总体上满足开发区人防建设发展的需要。通过编制规划，把民防工程融入经济建设、城市建设的应急管理之中。

（翟乾 邢亚）

## 探索民防工程开发利用新模式

年内，开发区民防工程事务中心探索单位民防工程开发利用的新模式。利用具备停车条件的单位地下民防工程52处，开发8024个车位，缓解开发区停车难问题；探索民防工程结合公益事业的新方式，利用产业园区内的民防工程建成工商分局服务小微企业窗口、消防支队义务消防队办公点等公益设施；鼓励企业合理利用单位民防工程，在章光101、悦康药业等单位开发避光制剂成品库和职工健身活动中心。

（翟乾 邢亚）

# 市容环境整治

## 概况

2014年，北京市城市管理综合行政执法局开发区分局（简称开发区城管分局）以落实清洁空气行动计划、生态文明和城乡环境建设工作为主线，全面推进环境秩序综合治理。全年参加执法的工作人员有15698人次、执法车辆8749车次，同比分别上升13%和8%；立案处罚390例，罚款100.65万元，暂扣和罚没非机动车175辆。接投诉举报1229件，同比下降20%，群众满意率同比上升13%；联合新闻中心开展执法宣传活动89次，新闻报道161条，报送政务信息136篇，被市城管局采用84篇，被市委、市政府采用8篇。获得北京市2013年度城管执法系统先进集体称号。

年内，开发区市政局制定《开发区空气重污染城市道路清扫保洁应急预案》，要求环卫养护单位制定应急措施，建立专人值守制度，完成全区园林绿化情况普查工作。

（韩开雷 杨静 蔡雳）

## 查处环境违法行为284件

1月至5月，开发区城管分局开展环境治理攻坚战。接举报无照经营119件、非法运营87件、露天烧烤65件，分别同比下降51%、19%、40%；立案处罚一般程序违法行为214件、违法建设70件，处罚金额45.49万元。

（韩开雷 杨静）

### 开展"五一"环境执法保障周活动

"五一"期间，开发区城管分局开展为期一周的执法保障工作，其间参加执法的工作人员达 55 人次、执法车辆 25 车次，查处各类违法行为 22 起，群众投诉举报 2 件，占全市举报量的 0.11%。

（韩开雷 杨静）

### 专项整治环境卫生

5 月，开发区市政局实施改造上海沙龙商业区 9 套公厕，7 月初完成。改造后的公厕日常保洁工作委托北京新洁环卫服务有限公司负责。年内，完成北京市政府服务热线中心周边环境整治工程，对企业文化园东园内原高尔夫练习场及周边裸露地面种植草坪，更换破损围挡。铺种草坪 15000 平方米，安装铁艺围网 362 米。恢复企业文化园 3 座公共卫生间功能设施，并增装取暖设备以保证冬季正常使用。更换文化园东路 3300 多平方米草坪。维修凉水河绿地一期绿地内 13 座花架。完成博大公园维修工程，更换喷泉设施、太阳能灯配件、人工湖铁艺栏杆、损坏防腐木坐凳面、损坏桥面和标牌。对京津塘开发区入口处、创意生活广场对面企业文化园绿化带、博大公园南广场、荣华路南环岛、迎宾广场及博大大厦南广场实施花卉栽植及摆放，栽植和摆放鲜花共计 6055 平方米，花卉品种以串红、矮牵牛、孔雀草、三角梅为主。在交通队办公楼周边市政绿地内安装隔离护网 305 米。完成新区"市花进我家"主题实践活动第七项工作任务，在博大公园及荣华路部分路段种植月季近 6000 平方米。

（蔡雳）

### 开展城管进学校活动

9 月，开发区城管分局开展"城管进学校"活动，以净化辖区校区周边环境。活动包括专项环境秩序整治及系列宣传活动。查处无照经营，劝离无照商贩 30 余起，罚没烤箱等经营工具 10 余个；加强餐车监管，查处并规范"煤气罐未放到指定位置、电动车随意停放、乱扔垃圾"等行为 15 起；开展"城管进学校"系列宣传活动，引导和动员师生自主自愿参与校园环境管理。

（韩开雷 杨静）

### 清退"马路集市"

9 月，开发区城管分局清退路东区科创九街"马路集市"，还原城市道路面积 2 万多平方米，劝离无照商贩 1100 余摊。科创九街"马路集市"形成多年，占用城市道路面积大，严重影响周边交通、环境、卫生、治安等，形成安全隐患。

（韩开雷 杨静）

### 开展冬季火灾防控专项行动

10 月至 12 月，开发区城管分局开展冬季火灾防控专项行动。共走访工业园区 23 个，检查商户企业 56 家，约谈物业管理单位 12 个，清理消防隐患死角 5 处，整改燃气使用安全隐患 3 起。

（韩开雷 杨静）

### 完成 APEC 会议期间环境保障

11 月 3 日—12 日，北京 APEC 会议期间，开发区市政局制定环境卫生保障方案，设置专人值守，加强管理巡查、增加作业频次、提高作业标准，高质量地完成 APEC 会议期间全区的环境卫生保障任务。开发区城管分局和环保局开展联合执法 10

余次，查处无照经营、露天烧烤等行为 80 余起，规范扬尘污染等行为 50 余起，处罚违规运输车辆 40 余起，拆除山寨指路牌 40 余块、条幅 70 余条。完成 APEC 第三次高官会议环境秩序服务保障工作。

（韩开雷 杨静 蔡雳）

## 治理上海沙龙商业区环境

年内，开发区城管分局开展专项治理，在上海沙龙商业区内建立无照商贩疏导区，集中规范经营。立案查处无照经营、露天烧烤 20 余起，罚没三轮车 13 辆，劝离无照商贩 270 余起，举报量同比下降 95%；联合公安、交通等部门，多次开展“黑车”专项整治行动，暂扣“黑车”10 余辆，劝离 284 起，举报量同比下降 81%。

（韩开雷 杨静）

## 专项整治露天烧烤和道路遗撒

开发区城管分局查处违规渣土车　　田艳军 摄

年内，开发区城管分局通过早行动、严盯守、强整治，开展露天烧烤专项整治 98 次，罚没烤箱等经营工具 80 余个。组织专项检查施工工地 2079 家次，规范施工扬尘、土方覆盖等问题 298 起；检查运输车辆 315 辆次，查扣违规车辆 53 辆，清理渣土遗撒 13200 余米。露天烧烤和道路遗撒举报量分别下降 23% 和 7%。

（韩开雷 杨静）

## 开展大气污染专项执法周行动

开发区城管分局严控工地施工扬尘　　田艳军 摄

年内，开发区城管分局会同开发区环保局每月第一周开展大气污染专项执法周行动。开发区城管分局每日参加执法的工作人员有 50 余人次，车辆 20 余车次，整治露天烧烤、施工扬尘、道路遗撒等违法行为。其间，市城管执法局影响大气环境类举报量环比上升 55%，开发区大气环境类举报量实现环比下降 39%。

（韩开雷 杨静）

## 非法运营立案 61 起

年内，开发区城管分局固化多部门捆绑执法模式，联合开发区公安、交通部门，多次开展“黑车”“黑摩的”整治行动。全年参加联合执法 225 次，查扣“黑车”52 辆，“黑摩的”164 辆，拘留 28 人，立案 61 起，罚款 41.5 万元，发放 1000 余份宣传材料。

（韩开雷 杨静）

## 拆除违规广告 122 块

年内，开发区城管分局整治违规广告牌，开展净化视觉环境行动。对荣华路、荣京街等重点道路，亦庄创意生活广场、上海沙龙商业区、国融国际等主要区域，查处“违规户外广告、违规牌匾标识、山寨指路牌、临窗广告、违规车身广告”5

类违法广告。规范商户 1373 户，拆除违规广告牌匾 122 块，各类条幅 761 条。

（韩开雷 杨静）

# 环境保护

## 概况

2014 年，北京经济技术开发区环境保护局（简称开发区环保局）推动国家级工业生态示范园区建设，以改善空气质量为重点目标、以推进污染物减排为重点工作，全面落实清洁空气行动计划。5 月，开发区环保局通过 ISO 14001 环境管理体系的年度审核。年内，开发区细颗粒物（$PM_{2.5}$）累计浓度为 104 微克每立方米，同比下降 1%。其他 3 项主要污染物浓度为二氧化硫 24.2 微克每立方米，同比下降 30%；二氧化氮 56.9 微克每立方米，同比下降 1%；可吸入颗粒物（$PM_{10}$）为 123.0 微克每立方米，同比下降 0.1%。开发区环保局服务窗口全年接收环保来函和来件共 479 件，处理企业咨询 700 余件，被开发区行政服务中心评为“红旗窗口”。开发区获得北京市污染减排奖励资金 14.24 万元，用于揖斐电电子（北京）有限公司燃气锅炉低氮改造项目。6 个 2013 年度北京市污染减排奖励资金支持项目完成验收和绩效评价工作，2 个项目处于实施阶段。12 月 31 日，华润协鑫（北京）热电有限公司成为开发区完成市控企业自行监测信息公开工作的首家企业。

（王猛 王君丽 姚静）

## 公开污染源环境监管信息

1 月 8 日，开发区环保局制定《开发区污染源环境监管信息公开工作方案》，规定公开重点污染源基本信息、污染源监测、总量控制、污染防治、排污费征收、监察执法、行政处罚、环境应急 8 个方面信息。2 月 19 日，污染源环境监管信息公开专栏正式在开发区环保局网站上线。全年公开信息 23 条。

（杜洁 姚静）

## 推进减排监测体系建设

1 月 15 日，开发区环保局制定《开发区 2014 年减排监测体系建设实施方案》，建设区域减排监测体系建设。截至年底，经环保部考核，二氧化硫、氮氧化物、化学需氧量和氨氮 4 项（二氧化硫和氮氧化物分别控制在 327 吨和 390 吨，化学需氧量和氮氧化物排放量分别控制在 1438 吨和 230 吨以内）污染物排放量与 2013 年持平，完成 2014 年主要污染物总量减排任务，减排监测体系建设得分 93.4 分，考核成绩为优。减排监测体系中企业自行监测结果公布率为 97%，监督性监测结果公布率为 100%，污染源自动监控数据传输有效率为 97%。

（杜洁 姚静）

## 公开国控企业监测信息

1 月 17 日，开发区环保局召开国控企业自行监测及信息公开工作部署会，7 家国控企业参加会议。7 月，实现国控企业全项（主要包括 pH 值、化学需氧量、悬浮物等）污染物指标自行监测信息公开。每季度在开发区环保局网站公开国控企业污染源监督性监测数据，开发区环保局全年审核国控企业自行监测有效数据 16518 个。截至年底，5 家废水国控企业的在用废气排口从 102 个减少至 90 个，国控、市控企业的废水排口从 50 个减少至 37 个。

（杜洁 姚静）

## 设立新区环境保护资金

2 月 24 日，按照《新区环境保护资金管理暂行办法》规定，新区设立新区环境保护资金，用于支持对保护和改善环境有促进作用的项目。资金额度为每年 1 亿元，资金来源为开发区财政拨款、国际组织援助和社会捐款等。2014 年度环保专项资金支持项目 35 项，支持资金 3706.45 万元（其中开发区 1966.71 万元，大兴区 1739.74 万元）。项目实施改造燃煤锅炉 262 蒸吨，压减燃煤 3.7 万吨，实现挥发性有机物减排 490 吨，氮氧化物减排 114 吨，二氧化硫减排 317 吨，化学需氧量减排 2410 吨，氨氮减排 274 吨。

（王君丽）

## 开展大气污染专项行动

从 3 月 1 日零时起，开发区环保局开展代号为“零点行动”的大气污染防治专项执法行动，检查大气污染物排放企业。检查重点挥发性有机物废气排放企业 6 家、餐饮企业 4 家、天然气锅炉 5 家，未发现违法行为。3 月至 12 月，每月第一周开展大气污染专项执法检查工作，累计有监察人员 514 人次参加执法。检查企业 809 家，其中废气排放企业 144 家、印刷企业 21 家、汽车制造企业 1 家、汽车维修企业 25 家、餐饮企业 422 家、天然气锅炉使用企业 51 家 150 台、施工工地 145 家。下达限期整改通知 17 家，处罚 18 家，罚款 25.5 万元。

（赵荦荦 姚静）

## 开展系列环保宣传工作

《北京市大气污染防治条例》开发区宣传日 田艳军 摄

3 月 1 日，《北京市大气污染防治条例》颁布实施，开发区环保局举行系列宣传活动。聘请 10 位环保志愿监督员。通过座谈会及定期信息沟通，搭建政府、企业、居民三方沟通桥梁。5 月至 6 月，组织开发区、大兴区的 30 余家企业参加环保知识竞赛。通过“亦庄时讯”微信公众平台开展“《北京市大气污染防治条例》环保知识有奖知识竞答”活动，16000 多人参与竞答。组织开发区 11 个社区居委会召开世界环境日环保宣传工作会，举办以“向污染宣战，共建美丽新区”为主题的宣传活动，发放宣传资料 3000 份。邀请专家到“双百双千”共建村——王各庄村宣讲大气污染防治工作。世界环境日宣传期间，《亦庄时讯》开设“六·五”世界环境日专版，开发区官网制作“六·五”世界环境日主题专栏。12 月底，在博大公园设立空气质量显示屏。全年在中央及市属重点媒体报道开发区环保新闻信息 50 余条。

（姚静）

## 实施清洁空气行动计划

3 月 25 日，开发区环保局印发实施《北京经济技术开发区 2014 年清洁空气行动计划》。包括压减燃煤、控车减油、治污减排、清洁降尘、综合保障 5 个方面 41

项 62 条措施。在全市考核中，开发区清洁空气行动计划任务完成得分为 97.7 分，空气质量改善得分为 13 分。年度总得分为 47 分。

（王猛 姚静）

## 开发区成为全市首个高污染燃料禁燃区

路东区新建成的燃气锅炉房　　钱鹏 摄

5 月 5 日，开发区投资 2.5 亿元实施亦庄镇北京贵园热力有限公司、北京亦庄物业管理中心、北京亦庄三羊供热有限公司 3 家燃煤供热厂清洁能源改造工程。拆除三羊小区锅炉房、东工业区两座锅炉房，在东工业区新建 1 座燃气锅炉房，安装 4 台 29 兆瓦气热水锅炉；锅炉房规划用地面积 9612 平方米，建筑面积 4022 平方米，总供暖面积 176.03 万平方米（其中东工业区 136.15 万平方米，三羊小区 39.88 万平方米），总热负荷为 99.78 兆瓦。在亦庄贵园小区锅炉房安装 3 台 29 兆瓦燃气热水锅炉，规划用地面积 6998 平方米，建筑面积 3398 平方米，供暖面积约 108 万平方米，总热负荷 60.95 兆瓦。工程于 10 月 30 日竣工。每年可减少燃煤 3.8 万余吨，减排二氧化硫 300 余吨，减排氮氧化物 70 余吨，开发区成为北京市首个高污染燃料禁燃区。

（魏建环 王猛 姚静）

## 发布环境质量公报

5 月 31 日，开发区环保局完成《开发区环境质量公报》（简称《公报》）编制工作，于 6 月 5 日在开发区官网和《亦庄时讯》向社会公布。《公报》按照最新的环境质量评价方法对水、气、噪声、土壤等环境要素进行全面系统的评价，开发区主要污染物排放量不高于 2010 年排放水平，大气环境质量、地表水环境质量、土壤环境质量和声环境质量平稳向好，辐射环境质量保持正常，环境安全得到有效保障。开发区环境质量状况总体保持平稳，但形势依然严峻。

（杜洁 姚静）

## 6 家企业被选为市排污许可证试点企业

8 月，市环保局启动排污许可证试点工作，开发区被列为 3 个试点区县之一。北京奔驰、中芯北京、京东方、博世力士乐、可口可乐、金源经开 6 家企业被选为试点企业。排污许可证是环保部门依法对企事业单位和个体排污者的排污行为提出具体要求，主要规定污染物的种类、允许排放总量、排放标准和日常管理要求，并以书面形式确定下来，作为排污单位守法和环境保护部门执法以及社会监督的凭据。

（王君丽 姚静）

## 超额完成挥发性有机物减排任务

年内，诺兰特移动通信配件（北京）有限公司升级废气处理设施，通过蓄热式燃烧替代原有活性炭的方式，减排挥发性有机物 214 吨。富智康精密组件（北京）有限公司实施生产调整，淘汰污染产能，拆除全部 8 条喷涂生产线，减排挥发性有机物 588 吨。捐斐电电子（北京）有限公司在印刷工序加装活性炭处理装置，减排挥发性有机物 3.7 吨。乐天包装（北京）有限公司对原有处理设施升级维护减排挥发性有机物 9.8 吨。开发区全年实现挥发性有机物减排 815.5 吨，超额完成市政府下达开发区 552 吨全年减排任务。

（王猛 姚静）

## 审批 277 个环保项目

年内，开发区环保局完成一般类审批项目 277 项，其中报告书项目 16 项、报告表项目 98 项、登记表项目 163 项；办结不受理项目 25 件；办结验收项目 73 项，试生产项目 49 项；办结辐射审批项目 17 件，辐射验收 2 件，辐射安全许可证 20 件；办结项目变更批复 16 件。组织召开项目专家评审 14 次，参加项目入区专题会议 20 次。整理并移交项目档案 80 件。

（刘凌 梁超 魏威）

## 加强区域环境监管工作

年内，开发区环保局通过日常工作及各专项工作加强区域的环境监管工作，有 1672 人次参加执法，检查污染企业 1405 家次。查处各类环境违法行为 62 起，其中限期整改 19 家，处罚 43 家 75.6 万元。排污申报登记企业 521 家，征收排污费 93 家 240.47 万元，处理信访 190 件。

（赵苹苹 姚静）

## 启动空气重污染应急管理

年内，开发区启动空气重污染应急预警 17 次。在 APEC 会议期间，开发区环保局采取空气重污染红色预警措施，按照《开发区空气重污染应急预案》，与各部门配合，落实土方工地停工、部分企业限产等应对措施，完成 APEC 会议期间的空气质量保障工作。APEC 会议期间，开发区细颗粒物（$PM_{2.5}$）平均浓度为 65 微克每立方米，比 2013 年同期降低 43%。其他 3 项污染物二氧化硫（$SO_2$）、二氧化氮（$NO_2$）、可吸入颗粒物（$PM_{10}$）浓度分别为 9 微克每立方米、46 微克每立方米、79 微克每立方米，同比分别降低 57.1%、17.9% 和 37.8%。

（王猛 姚静）

## 考评工地扬尘

开发区环保局检查工地扬尘　　田艳军 摄

年内，开发区环保局对开发区主要工地全面开展现场检查和考核评分。有 102 人次参与考核工作，量化考评施工工地 96 家。90 分以上 70 家，85 分以上 26 家。与开发区城管分局、建发局等部门联合检查 114 次，累计检查施工工地 163 家，移交扬尘污染控制工作不到位的工地 12 家。

（赵苹苹 姚静）

## 建立危险废弃物重点源台账

年内，开发区环保局对开发区内危险废弃物年产生量在 1 吨以上的企业，建立危险废物重点源台账。全区有危险废物年产生量 1 吨以上企业 96 家，年产危险废物 3.6 万吨。其中，国控重点源 19 家、市控重点源 26 家、区控重点源 51 家。对 4 家存在危险废物管理不规范的企业依法处罚，共计罚款 6 万元。

（赵苹苹 姚静）

### 对辐射放射源单位进行监管

年内，开发区环保局每季度对区内 10 家放射源单位、35 家射线装置单位进行检查。检查 40 家次。开展辐射反恐怖防范专项行动工作，提高企业防范意识。推动 6 家企业贯彻《工业射线探伤辐射安全和防护分级管理要求》。开展辐射应急演练 2 次。

（赵荦荦 姚静）

### 开展环境质量和污染源监测工作

年内，开发区环保局开展环境质量监测、污染源监督性监测工作，以及污染物减排专项监测、污染源调查监测、重金属专项监测、医药行业专项监测、餐饮油烟专项监测、总量减排专项监测等专项监测工作。在凉水河、新凤河、大羊坊沟、通惠北干渠设置 7 个监测断面，监测 4 次，24 个监测项目，获取有效数据 672 个。在开发区设置 4 个监测井位，全年监测 3 次，24 个监测项目，获取有效数据 288 个。在开发区设置 25 个噪声监测点位，监测昼间 1 次，每个点位监测 7 个噪声指标项，获取有效数据 175 个。在开发区选取 8 个土壤监测点，监测 1 次，每个点位监测 23 个土壤指标项，获取有效数据 184 个。对近 300 家企业的主要污染源进行监督性监测，上报市环保局污染源监督性监测数据 4034 个，上报率 100%。对 9 家涉及重金属污染企业按季度进行监测，均实现达标排放。

（杜洁 姚静）

### 进行挥发性有机物专项调研

年内，开发区环保局与华南理工大学开展开发区挥发性有机物排放与治理专项调研工作，形成《开发区挥发性有机物在线监测与管理探究》报告。根据开发区挥发性有机物（VOCs）专项调查统计，2012 年开发区工业企业和汽修行业 VOCs 排放总量为 4650 吨，经市环保局核定，开发区 2013 年和 2014 年分别减排 VOCs 360 吨和 815.5 吨，2014 年开发区 VOCs 排放总量为 3474.5 吨，其中半导体及电子行业和包装印刷行业是 VOCs 的主要来源。

（杜洁 姚静）

### 监管流动源加油站及非道路机械

年内，开发区环保局遥测路检车辆 224650 辆，完成全年任务的 126.9%。寄出告知书 963 份，开具处罚书 146 份。入户检查车辆 8400 辆，完成全年任务的 120%。处罚车辆 28 辆，夜查车辆 3000 辆，完成全年任务的 107%。遥测路检及入户检查违法车辆共处罚金 39400 元。检查加油站 217 家次，监督性抽测 25 家次，分别完成全年任务的 226% 和 104%。对 145 家施工工地的非道路机械登记入册，并抽检尾气排放。

（廖觅仰 姚静）

## 信息化

### 概况

2014 年，北京经济技术开发区管理委员会信息化工作办公室（简称开发区信息办）按照“智慧亦庄”规划建设的要求，以信息化基础设施、公共基础数据库和公共系统支撑平台规划建设为重点，提高信息化基础支撑能力和共享互通、业务协同能力，推动新区产业发展、区域建设、招商引资、城市管理、社会服务等方面信息化建设。

（陈晨 郑超）

## 建设空间地理信息公共服务平台

5月，开发区信息办启动开发区公共地理空间基础数据库和共享服务平台建设。截至年底，完成基础数据采集工作，包括行政区划、住宅、道路、轨道交通、桥梁、水系、绿化、信息点（POI）等8类基础图层的10448条数据，13类建筑物（餐饮服务、大厦服务、公司服务、购物服务、金融服务、加油站、科研教育、汽车服务、其他设施、休闲娱乐、医疗服务、政府机构、住宿服务）属性信息2221条数据，并形成开发区“46平方公里”航拍图。

（张澎涛）

## 制订通信基站专项规划

12月，开发区信息办完成《北京经济技术开发区通信基站专项规划（2015—2017年）》制定工作，确定了未来3年299处通信基站规划选址，并为基站规划、建设、协调、废止工作提供政策依据。

（高卿）

## 完成通信信号路测

年内，开发区信息办采取自测与第三方专业机构测试相结合的勘测方式，对开发区291条道路开展全通信制式的实地通话路测，并对勘测结果进行分析汇总，有效解决了移动通信信号质量差的问题。

（高卿）

## 建成62处4G通信基站

年内，开发区信息办协调中国移动、中国联通和中国电信三大通信运营商开展4G基站建设。召开4次协调会，发送16个协调函、督促函，完成62处4G基站建设工作。

（高卿）

## 完成政务无线网络升级

年内，开发区信息办将“无限亦庄”互联网出口带宽升级为200兆，开通隆盛大厦政务大厅“无限亦庄”网络，完成党群活动服务中心政务网络及“无限亦庄”光纤接入，提升开发区公共区域WiFi网络信号质量。截至年底，开发区实现政务服务大厅无线网络全覆盖。

（高卿）

## 建成行政服务中心网上服务大厅

年内，开发区信息办完成行政服务中心网上服务大厅建设。网上服务大厅用可视化方式，全面呈现实体大厅的行车到达路线及所有窗口的名称、部门、联系电话、办理事项，可实现200项办事事项信息的网上查询和54个办事表格的网上下载。

（杨扬）

## 建成开发区英文网站

年内，开发区信息办建成开发区英文版网站（www.bdainvest.org）。网站包括区域概况、新闻动态、投资服务、优势产业、名企汇聚、宜业宜居等板块，采用国际先进的CDN加速系统，在国外布设17处CDN节点服务器，确保全球各地访客获得流畅的网站访问体验。

（杨扬）

## 建成移动端云适配网站

年内，开发区信息办建成开发区移动端云适配网站（www.bda.gov.cn），并发布网站二维码，实现快速将开发区网站适配成各种手机访问的移动端网站，公众随时随地可访问开发区网站的目标。

开发区移动端云适配网站二维码　　单位提供

（刘沁沁）

## 建设城市公共监控体系

年内，开发区信息办开展重点公共区域及工地监控建设，在重点公共区域建设 29 个监控点位，接入工地视频监控 51 个，启动第六批 238 路城市公共监控建设，逐步实现公共区域监控无死角。

（张澎涛）

## 建设法人基础数据库

年内，开发区法人库更新法人数据 1776 条，获取区内纳税企业数据 9222 条、区内楼宇经济企业数据 1730 条，法人基础数据库已积累法人数据 9887 条。同时启动开发区法人库与地理信息系统 GIS 整合工作，丰富展现形式；加强法人库系统的数据扩展、比对功能，提供更多的数据处理服务；争取实现法人库与移动办公结合，方便用户查询。

（郑超）

# 区属国有资产经营

# 综 述

2014年，开发区总公司围绕新区赋予的定位和职责，充分发挥开发建设、园区经营、资本运作、资产管理、综合服务的重要主体作用，加大投入和建设力度，完成了新区各项任务。全年实现营业收入72亿元，实现利润9.99亿元，累计纳税3.02亿元，总资产规模679亿元，净资产规模205亿元，实现开复工面积284万平方米，完成固定资产投资111.2亿元，国有资产保值增值率为101.84%，继续保持了健康快速发展的良好态势。

开发区总公司发挥龙头带动作用，开发建设项目进一步推进。新机场征地拆迁准备工作就绪，启动了临空经济区起步区土地一级开发融资工作和临空经济区总体规划、起步区发展规划、临空经济区产业等方面的研究。“三镇一园”开发建设稳步推进，旧宫综配区项目启动征地、拆迁工作，项目已累计投资30亿元；启动瀛海镇腾退还绿项目拆迁；南海子公园项目实现融资43.1亿元。“12平方公里”项目继续收尾，促进一块工业用地和两块住宅用地上市；累计已有28项工程获得市级以上奖励。此外，开发区总公司还保证了“蓝鲸园”项目如期完工，奔驰二厂项目启动，联港嘉园项目配套小学、幼儿园移交等工作的开展。

发挥亦庄国投公司产业投资平台作用，服务高端产业发展。以国家集成电路产业投资基金、航天产业投资基金等10只子基金为支撑，初步构建起亦庄母基金体系。全年投资项目19个，投资额约38亿元，有力支持了新区集成电路、汽车、生物医药等“高精尖”产业发展。

以开发区总公司所属的各产业园区为主体，形成产业聚集平台。经开股份公司推行“四位一体”园区金融服务体系；生物医药园打造以技术、人才、金融和软环境为核心的生物医药创新服务体系；移动硅谷园引进法国中心和法国阿登之家项目，打造国际科技创新交流平台；数字显示产业园发起并参与组建了“中国智能云视听产业联盟”；博大世通公司完善了保税物流中心国检功能；成立了独资北京亦庄盛元投资开发公司，作为起步区转型升级的投融资平台和开发建设主体，“楼宇经济”平台建设逐步提速。

开发区总公司在开发区城市运行保障、城市功能配套设施、城市人居环境、综合服务能力等方面发挥服务保障作用，综合保障水平不断提升。

（何焱 孙辉 杨莹）

# 北京经济技术投资开发总公司

## 概况

2014年，开发区总公司研究、跟踪开发区现有土地资源情况，积极获取土地资源并完成相关土地手续，完成路东区A18C1、A18C2地块土地资源获取，其中A18C1宗地面积3.09万平方米，A18C2宗地面积5.46万平方米,共计8.55万平方米。继续加强系统财务管控，完善开发区总公司财务核算系统、资金管理系统及财务预算系统工作。完成开发区总公司绩效考核体系优化设计总体方案，进入数据验证阶段。完成开发区总公司系统产权评估事项8项，产权变动事项8项，产权登记事项25项。完成“12平方公里”开发、亦城财富中心、保华教育园等重点项目建设。完成再生水世行贷款项目还本付息工作。开发区总公司成为“北京市公司律师试点单位”。

（宋晓梅 霍晓蕊 李婧）

## 多举措确保总公司安全生产

1月，开发区总公司召开年度安全生产工作会，与下属20个单位签订了《安全生产责任书》；对2013年安全生产工作6个先进集体、27个先进基层单位和63名先进个人进行表彰。5月至10月，开发区总公司组织开展群众安全教育活动。总公司近2000名职工参加了学习和考试，20多位单位领导下基层讲安全课，组织开展了以“坚守红线、遵章守纪”为主题的“红线”意识大讨论。开发区总公司系统修订安全管理制度77个，新制定安全管理制度20个，并制定下发了《总公司关于进一步加强安全生产工作的意见》，发动群众组织开展了查摆整改安全隐患和问题，开发区总公司系统共查摆隐患和问题593项，整改562项，整改率达95%。12月19日，组织开展新《中华人民共和国安全生产法》培训，开发区总公司各部门，各单位领导、安全生产管理负责人和安全管理人员120多人参加。年内，开发区总公司安全生产办公室强化监督检查职能，促进安全生产主体责任的落实。全年进行综合及专项联合检查10次，安办驻施工现场，人员平均每周到现场巡回检查不少于3次，共检查50多个园区及施工项目，下发整改通知单32份，做到安全隐患的及时发现与排除。

（伏社宏）

## 开展重点危险因素分析

3月，开发区总公司对所属各单位进行危险因素辨识，作为防范事故的重要依据。据统计，开发区总公司系统有锅炉57台、热力管网153千米、电梯491部、通信管网222千米、再生水管网35千米；人员密集场所有青年公寓、永康公寓、京东方宿舍、酒店；施工现场危险源有机械、临电、深基坑、高空临边、工地宿舍等，依据危险源和危险因素，强化隐患排查治理。

（伏社宏）

## 成立2个全资子公司

4月2日，北京亦庄盛元投资开发有

限公司注册成立，注册资本金20亿元，为开发区总公司独资企业，主要承担A18地块土地购买及后续开发事宜。该公司作为起步区转型升级的投融资平台和开发建设主体，明确产业定位及培育对象，针对楼宇特色，强化招商选资；发挥总公司产业链优势，搭建发展平台，提供特色服务，推动优质星级物业管理、楼宇智能化施工、招商引资、金融服务等多业态协同发展，为打造楼宇经济奠定基础。7月18日，北京亦庄久筑工程管理有限公司注册成立，注册资本1000万元。

（宋晓梅 何焱 孙辉）

## “蓝鲸园”项目如期完工

蓝鲸军民融合创新园投入使用　　潘清泉 摄

4月，由开发区总公司负责建设的“蓝鲸园”项目顺利完成施工任务，南楼装修完毕并投入使用。周边三条道路、交通标线、绿化、路灯、热力工程均已完工。该项目是中国人民海军军民融合工作办公室与北京市军民融合发展战略的标志性工程，位于大兴区长子营镇国家级军民结合产业特色基地，项目总体规划占地约21.35万平方米。建成区建筑面积4.2万平方千米，总投资4.01亿元，新建包括信息发布、集成验证、项目管理、产品生产等功能在内的标准厂房等，重点发展总部经济、高端研发。4月29日，中国人民解放军海军与北京市军民融合深度发展探索实践成果展在军民结合产业基地“蓝鲸”军民融合创新平台项目现场举行。8月20日，大型高速三体客货滚装渡轮项目入园签约仪式在蓝鲸园举行。截至年底，已有航天长征火箭、中国航空科技工业等民参军企业入驻，初步形成了航空航天、新材料、新能源、高端装备制造等产业集群。

（张平 何焱 孙辉）

## 成功发行15亿元中期票据

5月，开发区总公司成功发行15亿元中期票据，期限为5年。中期票据等直接融资方式对于优化融资结构、降低融资成本起着重要的作用，已经成为开发区总公司较为成熟和稳定的融资方式。

（宋晓梅）

## 亦庄保华国际教育学校项目开工

8月30日，亦庄保华国际教育学校项目开工。截至年底，已完成耀中中学、耀华中学主体三层结构施工，耀中综合馆、耀华综合馆首层结构施工，实现了全年进度计划目标。保华国际教育学校用地面积11.9万平方米，建筑面积4.6万平方米。

（王翠）

## 开发区总公司召开2014年工作总结会

12月26日，开发区总公司召开2014年工作总结会。开发区总公司党委书记、总经理白文作2014全年工作报告，大兴区委副书记、副区长、开发区工委副书记、管委会主任梁胜出席会议并讲话。会议由开发区总公司副总经理罗伯明主持，公司领导班子成员出席会议。

开发区总公司召开年度总结会　　潘清泉 摄

（何焱 孙辉）

## 资产经营信息系统上线试运行

12 月，开发区总公司资产经营信息系统一期工程开发完毕，进入切换测试阶段。该系统建设投入 368 万元，项目参与人员 80 人，系统包括资产租赁、资产管理、物业管理三大模块，开发区总公司 12 个经营性项目、100 余万平方米资产均纳入信息化管理。

（颜敏）

## 达标创优成绩显著

年内，博大水务公司获得“北京市安全文化示范企业”称号。博大经开置业、博大建设、开拓热力公司 3 家公司获北京市及开发区安全生产月活动优秀组织奖。开拓热力公司 1 号热源厂和 7 号热源厂 2 个单位被评为北京市安全与节能标杆锅炉房。博大数文、博大科技公司 2 家单位被评为开发区交通安全先进单位。亦城财富中心、X84R2 项目、北臧村镇居住及配套用地项目 C 区 10 号住宅楼等 15 项、河西区博兴十路（新凤河路—黄亦路）新建道路工程、博大兴工业园 1 号研发试制车间工程、E8 和 E18 项目等 7 个项目成为北京市绿色安全文明工地，亦城财富中心项目成为文明安全样板工地。中芯国际二期、亦城财富中心等 2 个项目取得北京市钢结构金奖。

（伏社宏）

## 完成固定资产投资 111.2 亿元

年内，开发区总公司实际完成固定资产投资 111.2 亿元，实现开复工面积 284 万平方米。统筹调度并完成了路东区 E18R1、E18R2 开发区产业配套人才公租房项目、综配区三个半村还绿工程、南海子项目征地拆迁、“蓝鲸园”军民融合创新平台项目等重点项目的固投目标。加大了对开发区总公司系统各项目固定资产完成情况的跟踪、分析、汇总的力度，实现了统计方法的创新与多样化。

（刘彬）

## 新增融资 113 亿元

年内，开发区总公司与厦门国际银行、江苏银行、北京农商行、工商银行、北京银行、浦发银行、农业银行等多家金融机构开展业务接洽，为总公司存量债务及在建新建项目寻求融资支持，全年新增融资总计 113 亿元。其中，开发区总公司投融资部与相关机构设计启动了非公开定向债务融资工具的发行工作，共发行 15 亿元私募票据，期限为 3 年。私募票据的发行不受公司净资产的限制，发行方式灵活，是开发区总公司在资本市场的新尝试。通过委托贷款的方式共融入资金 20.62 亿元，为新区建设及开发区总公司发展提供了资金保障。

（宋健 宋晓梅）

## 打造“美丽工地”建设升级版

年内，为了逐步形成开发区总公司建设工程施工现场的标准化、制度化，开发区总公司把 E2 数字电视产业园配套项目作为 2014 年的“美丽工地”项目，启动了打造 2014 年“美丽工地”建设升级版活动。2014 版“美丽工地”建设，除了继续以“美丽工地”的“五美”（现场管理、工期制订、绿色施工、环境改善、节能降噪、劳务管理）为导向外，更突出了自身特点，许多“小创造、小心意”融入了整个施工现场。落实施工现场实名制的身份证刷卡管理；确保施工现场安全实时动态管理的电子巡更管理；增强分包节约用电意识，生活区用电采取 IC 卡预付费电表缴费系统；利用太阳能热水器给洗浴间提供热水，节约电能，降低成本；进出施工现场洗车处设置雨水回收再利用系统；为达到低碳节能，循环利用，临时施工现场道路采用可重复拆卸的混凝土预制路面。“美丽工地”理念和以人为本的管理理念正在逐步深入人心，使工地现场的每一个建设者从思想自觉逐渐转化成行为自觉。

（何焱 孙辉）

## “12 平方公里”项目收尾工作继续推进

年内，“12 平方公里”项目收尾工作顺利推进。“滞留户”拆迁接近完成；中学、医疗中心、道路等项目按计划推进；项目结算、安置房产权证办理、前期维保等工作顺利进行；成功促进一块工业用地和两块住宅用地上市；组织落实工程建设项目奖项申报。其中，X79 地块项目获得“中国土木工程詹天佑优秀住宅小区”金奖，7 项工程获得建筑（结构）“长城”杯、竣工“长城”杯、园林绿化优质工程、绿色安全工地等市级奖项，累计已有 28 项工程获得市级以上奖励。

（何焱 孙辉）

## 推进“三镇一园”综配区开发建设

年内，“三镇一园”（包括亦庄镇、旧宫镇、瀛海镇和南海子公园地区，2013 年年底启动拆迁）综合服务配套区开发建设稳步推进，旧宫综配区征地、拆迁工作已启动，基本完成 1 号地的非住宅拆迁，拆除面积 20 万平方米，项目已累计投资 30 亿元。南海子公园项目实现融资 43.1 亿元，满足了征地拆迁资金需求，同时瀛海镇腾退还绿项目准备就绪。

（何焱 孙辉）

## 初步构建母基金业务体系

年内，开发区总公司以北京亦庄国际投资发展有限公司为投融资主体、以战略新兴产业基金为母基金的基金业务体系初步构建，服务于集成电路产业、生物医药产业、现代服务业等开发区“高精尖”产业领域。该体系以航天产业投资基金、博泰方德生物医药产业基金、中关村现代服务业创投基金为重点，已发展成熟了 8 只基金。

（何焱 孙辉）

## 进一步深化产融结合

年内，开发区总公司推动中芯国际二期等集成电路产业链关键环节发展，支持北汽股份等汽车产业龙头企业通过资本运作做大做强，做好北京元心移动互联网产业中心等市级统筹项目投资，全年投资项目 22 个，投资额约 60 亿元，有力支持了新区集成电路、汽车、生物医药等“高精尖”产业发展。为加强金融服务对实体经济的助推作用，开发区总公司以亦庄国际投资发展有限公司为投融资主体，逐步构建完善“6+1+N” 金政园企产业金融服务体系

（“6”即债权融资、产业投资、融资担保、科技保险、企业信用、上市服务六大金融体系，“1”即产业金融服务体系，是通过政府的政策、服务和亦庄国投、兴展公司等区域金融服务实体的对接，为企业提供金融服务，“N”即北京·亦庄“一区六园”和区内众多的优质企业）。在“6+1+N”金政园企产业金融服务体系的构架下，通过股权投资、融资担保、银信合作、委托贷款等方式已获众多成功案例。并在高科技成果转化、战略性新兴产业扶持、产业链升级和新型高科技园区服务等方面进行了有效的产融结合探索。

（何焱 孙辉）

## 着力推进市场化投资

年内，开发区总公司通过“定增＋收购”方式，成功重组松辽汽车，亦庄国投持股市值突破 11 亿元，远超 4.87 亿元的投资额。探索开展二级市场定向增发、新股申购业务，完成投资额 6535 万元。

（何焱 孙辉）

## 子公司获得土地资源储备近 60 万平方米

年内，开发区总公司为子公司提供融资担保 67 亿元，进一步支持子公司开拓市场，获取资源。北京经开、博大盛元、博大坤元等单位共获取土地面积近60万平方米。

（何焱 孙辉）

## 参与京津冀协同发展建设

年内，开发区总公司各子公司积极参与京津冀协同发展建设。博大坤元大力推动天和城项目，按时完成了 200 公顷南湖公园建设，对武清承办全国绿博会提供了有力支持；生物医药管理公司与京津科技谷签署战略合作协议，为输出管理经验做出积极探索；亦庄国投公司联合新区知名投资主体，设立区域合作投资公司，推动产业转移，新区在京津冀协同发展中的辐射带动作用得到了增强。

（何焱 孙辉）

## 创新人才招聘和人才培养工作方法

开发区总公司校园招聘应届毕业生专业测试　　陈雪 摄

年内，开发区总公司人力资源部形成了以制度建设为基础，以流程管理为主线，以招聘团队为核心的“制度、流程、人”三位一体的招聘体系；构建了以问题解决能力、人际沟通能力、专业工作能力、学习能力等为核心素质要求的《北京经济技术投资开发总公司校园招聘胜任力素质模型》，为招聘决策、培训开发等提供依据，并围绕素质模型，开发针对性的测评方法，形成了《2014 年度应届毕业生个人发展报告》，推动了校园招聘转型升级；同时，与相关专业机构合作建立在线测评系统，探寻招聘新思路，创新招聘形式，提高了招聘工作效率。依照各层级人员培训需求，实施多层级人才培训计划，并形成具有区分度的培训品牌，中层以上领导干部的《国学大讲堂》品牌以及应届毕业生的内部参考《记录》，有针对性地提升了各层级价值内涵及凝聚力。同时加大领导干部行动学习力度，起草了《北京经济技术投资开发总公司领导干部商业行动学习方案》，推动了领导干部领导力发展。

（姜静）

## 深化工资总额预算管理

年内，开发区总公司人力资源部在完成 2013 年度工资总额清算、2014 年度工资总额预算等基础工作的同时，重新修订预算制系列报表并编写了《北京经济技术投资开发总公司工资总额预算制填写说明》，确保相关人员填写数据口径一致性、准确性；为实现工资总额预算管理与企业效益挂钩，有效控制人力成本，总公司实施预算填报校正制，各子公司可根据经营状况调整预算数据；并对下属子公司留存的历史数据重新进行梳理，建立了下属子公司人员、薪资、总额等相关台账，为下一步工作有效开展提供支撑。

（姜静）

## 变革绩效考核方法

年内，开发区总公司对子公司经营绩效考核中人力资源指标，从预算制基础、执行、发展和整改四个方面重新进行了修订，提取了十二个重要考核点，加强子公司管理提升和自我成长；通过宣传贯彻“四率”（劳动生产率、人工成本利润率、劳动分配率、人事费用率）的概念、重要意义及考核方式，强化“四率”成长性，实现对子公司自主控制人工成本、有效激励经营活动的引导作用，初步形成具有总公司特点的“四率”成长分析法，充分发挥其在经营管理中的重要作用；调整优化开发区总公司中层领导干部及全体员工的绩效考评方法，将中层领导干部集中述职改为网上述职，简化了考核流程，提高了考核工作实效。

（姜静）

## 建成人力资源信息化平台系统

年内，开发区总公司人力资源部建设完成人力资源信息化平台（e-HR 系统），该系统包括基础信息管理、人才开发、薪酬绩效、e-learning 等模块应用。建设完成了总公司应届毕业生接收测评系统和在线考试系统，大幅缩减了人力开发成本。

（姜静）

## 建立经济责任审计常态化长效审计机制

年内，开发区总公司将审计监督关口前移，经济责任审计工作建立了以任中审计为主，离任审计与任中审计、事后监督与事中监督相结合的常态化长效审计机制。先后组织开展了所属 5 家子公司经营负责人的任中或离任经济责任审计，对促进领导干部守法、守规、守纪、尽责起到了良好效果。

（张扬）

## 完成所属子公司风险内控体系建设工作

年内，开发区总公司组织完成各所属子公司全面风险管理与内部控制体系建设工作，制定了《风险内控管理手册》和《管理制度汇编》等成果文件，范围涵盖 15 家子公司，梳理流程 658 个，识别风险点 3511 个，新增制度 242 个，修订优化制度 106 个，以统一的技术标准和框架在开发区总公司系统建立起一套“以风险为导向、以流程为纽带、以控制为手段、以制度为保障”的风险内控管理体系。通过风险内控体系建设，进一步强化了企业风险意识，各项工作实现制度化、流程化、规范化，有利于推动开发区总公司转型升级，提升企业竞争力和风险防控能力，保障企业健康可持续发展，维护国有资产安全，促进国有资产保值增值。

（张扬）

### 妥善处理法律事务

年内，开发区总公司法律事务部共审查“12 平方公里”项目合同 114 份；妥善处理“12 平方公里”项目协助法院处理强制执行案件 9 件、非诉讼拆迁纠纷补偿纠纷案 3 件、催要电梯设备采购款事项 1 件。完成康宁一期厂房租赁事项、推进康宁二期土地分割、丽源公司股权分红事项；参与海淀商业项目法律论证、处理鸿禧公司管理用房法律问题；完成博大兴房地产公司股权无偿划转、京东方显示公司股权转让、北京亦庄博信体育公司清算事项、推进科锐国际收购人力资源公司股权项目；推进中芯国际二期在建工程转让项目。为联港置业公司房屋买卖纠纷问题提供法律意见；协助博大兴房地产公司开展海南项目法律尽职调查工作。由开发区总公司法律事务部负责的开发区总公司解除牛街项目借款案件中的担保责任案件、与中美国际工程有限公司关于康宁一期厂房工程款纠纷案件、与北京精瑞科迈净水技术有限公司关于 comag 水处理设备买卖诉讼纠纷案件，均得到妥善解决。

（霍晓蕊）

## 全资（控股）子公司

### 北京经开购入开发区两宗地块

4 月 24 日，北京经开投资开发股份有限公司首次在土地招拍挂市场中通过竞标以 17.82 亿元购入两宗开发区地块，土地储备增加 8 万余平方米。其中，路东区 G1R1 地块的土地面积为 3 万平方米，北京经开以 9.72 亿元、配建 3400 平方米公租房竞得该地。路东区 E2F1 地块的土地面积为 5.17 万平方米，北京经开以 8.1 亿元的价格中标。截至年底，北京经开在路东区拥有的土地总面积达 56.8 万平方米。

（姜昧茗）

### 博大科技公司转让英纳超导公司股权

4 月 28 日，北京博大科技投资开发有限公司总公司经理办公会决定，同意转让科技公司所持有的英纳超导公司股权。以 2013 年 8 月 31 日全部权益价值为基准日进行评估，以评估报告中的评估值 4553.99 万元为基础，公司股权转让价为 153.01 万元。在股权转让价的基础上，以货币出资的企业再给予 10% 的补偿，即 15.30 万元。此次英纳超导公司投资股权转让所得款共计 168.31 万元。北京经济技术投资总公司（2014 年 5 月 7 日第六期总经理办公会纪要）和开发区国有资产管理办公室（京开国资［2014］34 号）均批准同意转让其所持有股权，8 月 29 日到北交所挂牌正式交易，10 月 26 日交易完成。

（杨韫辉）

### 博大水务成立水处理研发中心

5 月 23 日，北京博大水务有限公司水处理技术研发中心正式成立。博大水务以研发中心为平台，加强与科研院所、研发型企业的合作，推动高品质再生水生产和应用企业的交流合作，配备反渗透膜清洗实验设备，全面开展膜应用检测、诊断、修复研究，提高膜的使用寿命，研究制定相应规范和标准。针对再生水生产和应用领域，与大专院校、科研院所合作，开展相关课题的研究。

（石晔）

## 博大网信加入中国智慧城市发展促进联盟

5月，北京博大网信科技发展有限公司加入“中国智慧城市发展促进工作联盟”，成为其理事单位和联盟专业委员会的“专家组成员”，并且是该联盟所属的“智慧园区工程中心”和“智慧社区工程中心”的牵头单位。博大网信通过积极参加行业新技术、新应用以及成功案例的推介活动，参与行业标准的制定与评选，市场知名度和行业影响力进一步提高。

（范洪波）

## 壹中心和智汇园项目开工

北京经开智汇园项目开工仪式　　胡新伟　摄

6月26日，北京经开投资开发股份有限公司壹中心项目（原D1F1项目）正式开工。壹中心位于开发区路东区D1地块，北临科创十二街，南至科创十三街，西临经海一路，东至经海三路。开发业态为花园办公楼和住宅楼，总建筑面积为15.9万平方米。9月2日，智汇园项目在通州经济技术开发区正式开工。该项目是北京经开在通州区继“北京经开·国际企业大道III”之后的又一重大落地项目。智汇园项目占地面积约12.7万平方米，总体建筑面积30万平方米。项目将分期进行开发建设，其中一期将开发2、3组团，建筑面积共计8万平方米，由18栋小体量1000~1200平方米低密度创意型独栋及9栋中大体量4500~7000平方米的阔景展示型商务独栋组成，满足不同类型企业的办公需求。

（姜昧茗）

## 北京经开搭建高端智慧园区云服务平台

北京经开搭建低碳高端智慧园区云服务平台　　姜昧茗　摄

6月，北京经开投资开发股份有限公司联合低碳智慧园区产业技术创新战略联盟的30余家合作单位共同搭建完成低碳高端智慧园区云服务平台展示厅。该厅设在国际企业大道Ⅲ光谷置业有限公司二层，平台以产业园区智慧化服务为最终导向，集中展示了如何打造标准化可复制的低碳智慧园区的硬件环境，以及园区如何依托该平台打造高端化服务和智慧化管理的软件环境，为开发区建设智慧园区奠定了基础。平台搭建后，全年接待团队30余次。

（孙玲）

## 联港置业公司2项目完成交付

6月，北京联港置业有限公司按期办理完成小学、幼儿园竣工备案，将联港嘉园小区配套小学、幼儿园移交大兴区教委，保证了学校9月1日的顺利开学。同月，联港置业公司将292套，面积2.73万平方米的回迁房交付回迁居民。

联港置业公司完成2.7万平方米回迁房交付　　刘福生 摄

（石磊 何谊 赵海燕）

## 博大数文拍摄百姓宣讲活动专题片

6月至12月，北京博大数文广告有限公司根据开发区宣传部“最美北京人·亦庄故事”百姓宣讲活动需求，采访拍摄开发区典型人物原型故事30个，配合拍摄报道、全程录制百姓宣讲活动10余次，制作完成开发区2014年百姓宣讲活动汇报片。

（靳洋）

## 亦庄保税物流中心获物流信息化案例奖

7月3日，北京亦庄保税物流中心综合信息平台获中国物流与采购联合会颁发的“2014年中国物流与采购信息化优秀案例奖”。北京亦庄保税物流中心综合信息平台应用于北京亦庄保税物流中心，该系统以中国电子口岸为基础平台，通过海关、物流中心、入驻企业之间信息的“三合一”，实现海关、物流中心、入驻企业（及其代理人）之间的数据交互，从而实现对物流过程的全方位、全过程监管。北京亦庄保税物流中心综合信息平台有利于对物流企业集中规范管理、提高口岸通关速度，对提高北京市物流业发展的整体水平、引进技术与管理经验、服务北京市高新技术产业发展都发挥着重要作用。

（王矗 赵慧娟）

## 开发建设公司成立第二家控股公司

7月24日，北京亦庄国际开发建设有限公司与北京京南农工商总公司共同出资组建北京亦星嘉置业有限公司，该公司主要从事土地一级开发、房地产开发与销售等房地产经营活动，负责对亦庄镇京南大市场及周边地区和X8X9地块及相邻地块进行土地一级开发。公司注册资本1亿元，开发建设有限公司认缴北京亦星嘉置业有限公司注册资金5100万元，占股51%。

（巨德慧）

## 开发建设公司获总公司增资5.2亿元

7月24日，北京亦庄国际开发建设有限公司召开股东会，同意股东方之一——开发区总公司向开发建设公司增资5.2亿元，增资后公司注册资本金达到16.2亿元，开发区总公司占股98.15%。8月，完成增资后的工商变更登记。

（巨德慧）

## 新元公司E14二期项目通过竣工验收

7月，北京博大新元房地产开发有限公司E14二期项目取得市住房建设委竣工验收备案表。该项目位于开发区路东区，由7栋住宅楼、1栋综合服务楼和地下车库组成，总建筑面积约15万平方米，其中公租房1508套。

（谷守宇 刘丹青）

## 博大置业获批工业物业标准化试点项目

8月21日，“生物医药园工业物业服务标准化试点项目启动会”召开。该项目是2013年12月31日由中国国家标准化管理委员会批复确定的国家级服务业标准化试点项目，执行时间为2014年1月1日至2015年12月31日。

（黄秀敏）

## 联港置业公司获市结构长城杯工程金质奖

联港置业公司公建楼工程获结构长城杯奖　　张立学 摄

8月，由北京联港置业有限公司开发建设的大兴区北臧村镇居住及配套用地项目B区公建楼、C区2号公建楼工程被北京市优质工程评审委员会评为2014年度结构长城杯金质奖工程。该工程作为联港嘉园项目的商业标杆建筑，在施工过程中，公司严抓安全管理与现场文明施工，及时排查、消除安全隐患，全年进行专项安全检查7次，提出隐患17处，整改完成17处，整改合格率100%。

（石磊 何谊）

## 博大网信调整优化企业发展战略

8月，北京博大网信科技发展有限公司在专业咨询公司的帮助下，结合公司主营业务发展态势、国家政策导向和行业市场的变化趋势，对公司已有的《博大网信发展战略与发展规划（2010—2020年）》进行了调整，将公司的发展战略确定为："以智慧城市产业为核心业务，集解决方案提供、系统集成、运营服务于一体的智慧城市综合服务商"。公司在开发区管委会和总公司的指导下，围绕"市场导向—体制创新"和"效率提升—机制创新"，从"产权结构、治理结构、组织结构、激励机制"四个方面探索创新思路，完成了《战略确认文件》《博大网信国企改革试点方案》等8项阶段性研究成果，目标是实现产权结构多元化、治理结构规范化、组织结构最优化、激励机制多样化，把博大网信打造成为混合所有制经济的现代股份制企业，提高企业的市场竞争力和持续快速发展的核心竞争力。

（王娜）

## "12平方公里"安置房产权登记10724套

9月3日，北京亦庄国际开发建设有限公司代开发区总公司开发管理"12平方公里"安置房产权登记及办理工作正式启动。年内，登记3468户10724套，产权登记套数完成率达到78.1%；为3776套房屋开具购房发票、3380套房屋完成契税减免。

（张会敏）

## 博大置业公司承接陆道培项目

11月18日，北京博大经开置业有限公司与陆道培干细胞医院签署了物业合同，主要负责其中控运行、配电运行及安保工作。陆道培干细胞医院由北京陆道培干细胞生物技术有限公司承租开设，占地面积5.44万平方米，建筑面积2.79万平方米。

（黄秀敏）

## 博大世通发起成立京远物流公司

11月19日，"北京京运物流股份有限公司成立仪式暨项目签约研讨会"在北京亦庄保税物流中心举行。该公司由博大世通国际物流（北京）有限公司与金泰集团、南郊农场三方共同发起成立，注册资本 500 万元，下设董事会，公开招聘总经理主持公司日常经营事务。会上，京远物流公司与具有保税需求的公司签订了为其提供进出口商品保税仓储及供应链服务、提供“基于 POD 业务模式的物流服务”的相关协议。

北京京远物流股份有限公司成立　　高鹏　摄

（王矗 赵慧娟）

## 博大置业公司通过 3 项管理体系再认证

11 月，北京博大经开置业有限公司经过兴源认证中心专家审核团的审查认证，通过了质量管理体系、环境管理体系和职业健康安全管理体系的再认证，并取得了认证证书，确保了公司体系认证工作的连续性和管理体系持续运行有效。

（黄秀敏）

## 北京经开举办低碳高端智慧园区研讨会

12 月 20 日—21 日，由北京经开投资开发股份有限公司与北京工业大学联合主办，中国低碳高端智慧园区联盟等协办的“2014 未来物联网与大数据技术与应用论坛暨低碳高端智慧园区发展研讨会”召开。来自北京工业大学、中科院等研究机构的 30 余名专家学者到会。会议围绕“智慧园区发展现状与存在的问题”展开讨论，与会专家也就北京经开云服务平台的建设提出宝贵意见。

（孙玲）

## 生物医药园 4 大中试生产线试运营

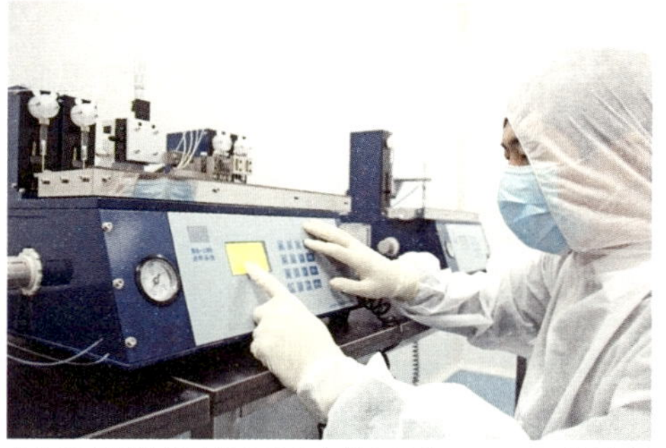
生物医药园诊断试剂中试平台投入运营　　田艳军　摄

12 月 30 日，北京亦庄生物医药园 4 条符合国家 GMP 标准的生产线（微生物表达重组蛋白中试生产线、生物大分子制剂中试生产线、诊断制剂中试生产线和病毒载体 / 疫苗中试生产线）建设全部竣工，并投入试运营。

（周敏）

## 博大网信中标 2 个区外施工项目

12 月，北京博大网信科技发展有限公司建筑智能化施工团队凭借在业内“规范运作、高质量施工与服务”的口碑，走出开发区、走向市场化，中标“石景山首钢总公司科教大厦”“望京文化娱乐中心奔驰利星行”两项大规模的区外建筑智能化建设项目，总合同额预计超过 2000 万元。

（王娜）

## 博大置业公司 E14 项目新增 5 家企业入驻

截至年底，北京天海工业有限公司等 5 家企业入驻位于开发区东区的经海路科创十街的北京博大经开置业有限公司 E14 项目。E14 项目部共与 31 家客户签订了物业管理合同及消防安全责任协议书。全年共接报修 1135 余次，配电室巡视 8760 余次，泵房巡视 730 余次，进行消防演练

2次，安全检查33次，查出安全隐患60项，发出整改通知30份，隐患整改率达到100%，12月份发出满意度调查表30份，满意度100%。

（黄秀敏）

## 博大世通公司参与新机场综保区建设

年内，博大世通国际物流（北京）有限公司积极与新航城公司沟通探讨，深入研究北京新机场综合保税物流园区规划建设项目，完成《北京新机场综合保税物流园区项目发展研究报告》。该研究报告主要结合国际国内众多特殊监管区域发展现状及国家相应政策优势，积极探寻博大世通公司参与建设北京新机场综保区的可行性及优势。

（王矗 赵慧娟）

## 北京亦庄保税物流中心征税达6.43亿元

年内，北京亦庄保税物流中心累计服务车辆7262车次，较2013年同期增长103.53%，海关实际征收税款6.43亿元，较2013年同期增长107.81%，位居全国同类保税物流中心第五名。

（王矗 赵慧娟）

## 为中小企业提供培训和融资服务

年内，中小企业服务中心组织12批次、42家企业申报国家、市级资金17487万元，涉及项目有：中小发展、服务平台补助、创新融资、蛋白类生物药和疫苗专项等，已获批18家企业，获批资金3876万元。举办了企业需求走访调研、企业创新融资座谈、上市融资对接交流、参观展示等多种形式的专题活动11场，311家企业580人次参加，拓展企业融资渠道，共计帮助11家企业成功融资1.7亿元。组织区内中小企业开展培训及各种交流展示活动共计18场次，581家企业共计967人次参加，其中培训7场，270家企业387人次参加，内容涉及金融服务、财税服务、上级资金申报政策宣讲等。

（马苏墨）

## 开发建设公司推进一级开发项目

年内，北京亦庄国际开发建设有限公司取得开发区管委会对北京奔驰二工厂项目、南海子郊野公园项目一级开发主体授权，征地工作按计划推进；启动瀛海镇搬迁腾退还绿项目选房工作，共计选房1129户3710套。医疗中心项目主体结构实现封顶、二次结构施工完成，中学项目主体结构施工基本完成；兴海路、兴海一街、博兴十一路南延、南区九路及“蓝鲸园”项目周边长营路、长恒路、企发路等市政道路工程陆续建成。

（宁猛）

## 开发建设公司建设工程获詹天佑奖

开发建设公司获中国土木工程詹天佑奖　　陈琳卓 摄

年内，北京亦庄国际开发建设有限公司代开发区总公司开发管理的X79地块安置房项目以良好的建筑规划、高品质的环境设计、高质量的施工技术，以及低碳、降噪、环保、节能技术等的综合运用，获2014年中国土木工程詹天佑奖全国优秀示范住宅小区金奖（保障房项目）。X83C1地块社区卫生服务中心获“北京市绿色安全工地”荣誉，X78地块中学工程项目获“北京市绿色安全样板工地”荣誉。

（周静）

## 博大兴公司实现青年公寓收入3150万元

青年公寓外景　丁堃翔 摄

年内，北京博大兴投资开发有限公司组织实施了青年公寓屋面防水改造施工及3号、4号楼装修改造施工，改善公寓硬件环境；探索构建“服务式公寓”雏形。进行活动招商、行业产业链招商，园区平均出租率保持90%以上，实现3150万元经营收入。

（周会丽）

## 开发建设公司自主融资48.3亿元

年内，北京亦庄国际开发建设有限公司首次作为一级开发项目主体进行自主融资，公司通过采用第三方担保等方式，全年实现融资48.3亿元，确保了南海子项目等一级开发工作开展。

（蒙占虎）

## 北京经开首笔人民币跨境贷款业务获批

年内，北京经开投资开发股份有限公司完成组织跨境贷款业务研究，制定了模式与方案，开展跨境贷款业务工作。经开租赁公司成立跨境贷款工作组，在深入进行政策剖析，完成调研、考察工作后，与工银亚洲针对合作框架及内容进行多次磋商，确定以北工大软件园园区管网售后回租项目（项目金额1亿元）开展跨境人民币贷款。9月，通过中国工商银行前海分行向中国人民银行深圳分行提请备案、并获得人民银行核准的“前海跨境人民币贷款备案表”，完成备案工作。11月，完成了地下管网资产评估并将资料递交工银亚洲审核，年底批准发放跨境人民币贷款。

（姜昧茗）

## 新元公司2个公租房项目主体结构封顶

年内，北京博大新元房地产开发有限公司负责承建的亦城文园（E8）项目位于开发区路东区，由6栋高层住宅、1栋配套公建、1栋临街商业楼和配建地下车库组成，总建筑面积约8万平方米，成套公租房820套。该项目于2013年10月开工，2014年9月完成主体结构封顶，年内完成外墙保温。项目于2014年7月通过了北京市安全文明工地验收，9月通过北京市结构长城杯验收。亦城景园（E18）项目位于开发区路东区，由7栋高层住宅、4栋商业楼和配建地下停车库组成，总建筑面积约22万平方米，成套公租房1926套。该项目于2013年11月开工，2014年7月通过北京市安全文明工地验收，11月通过北京市结构长城杯验收，12月完成高层住宅主体结构封顶。

（谷守宇 刘丹青）

## 博大置业公司楼宇分公司收入超 1 亿元

年内，北京博大经开置业有限公司所属楼宇物业管理分公司完成了包括物业服务、安全管理、项目分包等 2000 余份的合同换签工作。合同换签工作除了对相关人员的相关流程及注意事项进行培训外，针对换签过程中所出现的一系列问题，及时与律师进行咨询和深入探讨，确保不因合同换签影响全年收费工作，实现了楼宇分公司的平稳过渡。年内楼宇分公司实现经营收入 1.03 亿元，回款率 95.15%；完成了全年的经营任务。

（黄秀敏）

## 博大经开建设提高“美丽工地”建设水平

E2M1 数显工程美丽工地现场　　周利珩 摄

年内，北京博大经开建设有限公司在“美丽工地”建设中以施工现场为重点，作为绿色施工的“标配”，规范推广了 12 项实施细则。在 E2M1 数显工程中，充分吸收亦城财富中心经验，通过道路安装预制钢筋混凝土路面、现场安置无线监控系统、废弃物碎料利用、临电临水采用定时器控制、进出现场身份证刷卡系统等创新措施，提高了绿色低碳施工水平。

（刘欢）

## 博大经开建设承建工程进展顺利

年内，北京博大经开建设有限公司承建的 E18 产业配套工程结构全部实现封顶；中芯国际二期工程 B2 厂房和动力厂房移交甲方超过 65%；亦城财富中心工程幕墙工程完工；蓝鲸园工程优化施工组织，如期举办军民融合成果展；亦庄锅炉房煤改气工程通过人员两地调配等办法按时通气供暖；展虹宇产业园工程 7 个月时间内基本完工；朝林大厦 9 月 16 日完成竣工移交工作；永康公寓完成了近 800 个房间的维修翻新工作，确保租户按期入住。开发区安全培训体验基地用 29 天建成。

（刘欢）

## 生物医药园新增入驻企业 24 家

年内，北京未来实验技术研究应用中心等 24 家企业新入驻北京亦庄生物医药园，企业总数达到 107 家。整体出租率达 60%，集聚了药物研发、诊断试剂、医疗器械、临床诊断和技术服务五大特色产业，产业集群化发展态势已经形成。

（边蕾）

## 生物医药管理公司营造高层次人才环境

年内，北京亦庄国际生物医药投资管理有限公司协助企业开展高层次人才评定。北京亦庄生物医药园有“千人计划”2 人、“北京市海聚工程”9 人和开发区高层次人才 19 人（新增 5 人）；园区成功被认定为开发区博士后科研工作站分站，切实解决企业人才落户难的问题，有进站博士 1 人。北京亦庄生物医药园举办“生物医药产业创新与发展论坛”6 次，累计邀请专家学者 88 位，参会人数近 2000

人，共有687家企业和科研院所参加论坛，参展企业134家。3月25日，开发区海外学人中心工作人员参加2014年北京亦庄生物医药产业创新与发展论坛第一期活动，结合新区产业环境，从海外高层次人才创业扶持、创新支持、创业服务、生活服务、贡献奖励五个方面为广大参会人员介绍新区海外高层次人才相关政策。论坛邀请市科委、市经济信息化委及北京市高新技术成果转化服务中心解读各级政策信息及项目扶持办法，缓解科技型小微企业融资难题。

（边蕾 周敏 刘蕾）

## 亦庄人力新研发7项新业务

亦庄人力举办政策进企业大型活动　　周杨　摄

年内，北京亦庄国际人力资源有限责任公司策划举办了主题为“理解、应对、挑战、机遇与趋势，《劳务派遣暂行规定》解读”的送政策进企业大型活动，助力新区企业更好的理解和把握《劳动合同法修正案》《劳务派遣暂行规定》等相关法律，帮助企业平稳过渡，稳定新区劳动关系，减少劳动争议。活动有80多家企业近200人参加。公司以招聘难题作为企业需求的突破口，自主研发了“实习生供给计划”“专业人才推荐”“RPO招聘流程外包”等7项全新服务产品，通过试运行取得了较好的客户反馈。实习生业务收入29万元，专业招聘386人次，共计收入43万元，专业招聘业务实现了新突破。

（王巍）

## 博大网信专项资质进一步提升

年内，北京博大网信科技发展有限公司被评审认定为“北京市安全生产标准化二级企业”“北京安全防范行业诚信企业”，通过了ISO 9001:2008质量管理体系认证。通过中国电子信息行业联合会评审，取得了“计算机信息系统集成企业资质证书（三级）”。所属博大数通公司取得了互联网服务提供商（ISP）资质，其“三网融合”——北京市2013年度信息基础设施提升项目，通过北京市经信委组织的评审验收；所属博大网通公司积极申报了“北京市高新技术企业”和“增值电信业务许可证——因特网数据中心业务（IDC）许可证”并进入审核程序。

（范洪波）

## 生物医药科技公司实验室管理系统试运行

年内，北京亦庄国际生物医药科技有限公司将由北京百奥知信息科技有限公司开发的实验室信息管理系统投入试运行。实现了客户的远程登录、预约和自动计费等功能，极大地提升了客户体验和平台的运营效率。

（周敏）

## 生物医药园新增1万平方米孵化单元

年内，北京亦庄生物医药园为解决园区孵化器空间不足的问题，同时盘活资产、增加房屋使用效率，启动企业独栋改造。扩大孵化器工程，将E1和E3两栋独栋楼房，共计约 1 万平方米装修为孵化单元，并于年内完工并投入使用，为广大创新创业者提供了良好的发展空间。

（边蕾）

## 博大网信取得 4 项计算机软件著作权

年内，北京博大网信科技发展有限公司取得 4 项计算机软件著作权、3 项软件产品登记权、1 项科研成果认定。其中，通信管井无线监测系统软件 V1.0、企业信息管理系统软件 V1.0、运维管理平台软件 V1.0、通信资源管理系统软件 V1.0 获得国家版权局授予的计算机软件著作权；企业信息管理系统软件 V1.0、运维管理平台软件 V1.0、通信资源管理系统软件 V1.0 获得市经济信息化委授予的软件产品登记证书；公司作为项目应用单位参与合作研发的“CWSN 无线云传感网通讯系统平台”，获得了由中国高科技产业化研究会科技成果转化协作工作委员会颁发的科学技术成果评价证书，并在“第三届智慧北京大赛亦庄分赛——暨北京市企业国际化水平提升与对接交流大会”上，获得“优秀示范应用奖”；所属博大数通公司提出的“基于三网融合的智能家庭网关应用解决方案”，被评为“优秀方案”。“CWSN 无线云传感网通讯系统平台”提供了标准化、智能化、界面化的硬件产品及通讯管理和数据管理软件，用户使用该平台技术只需完成传感器选型和应用层应用界面软件设计，即可实现物联网应用项目的迅速落地实施。可广泛应用于智能工业、智能物流、智能交通、智能电网、智能医疗、智能农业和智能环保等物联网应用领域。此外，博大网信 OA 系统在致远软件举办的“指尖上的工作——百万用户话协同”第四届协同应用大赛北京赛区决赛活动中，获“优秀案例奖”。

（范洪波）

## 博大网信搭建通信管道综合管理系统

年内，北京博大网信科技发展有限公司创新通信管网的管理模式，结合“智慧城市”理念和自身技术优势，研发建成了通信管道资源“三合一”运维监管平台，系统覆盖“管孔链路资产管理”“管井环境动态监测”“巡查运维”各环节，取得了相关专利和知识产权，对开发区市政管井基础设施的信息化建设起到示范带动作用，处于国内领先水平。

（范洪波）

## 亦庄人力外包业务实现精细化管理

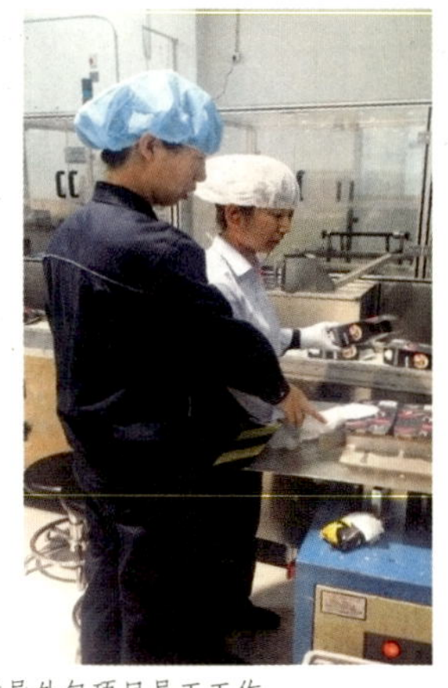

亦庄人力指导外包项目员工工作　　周杨 摄

年内，北京亦庄国际人力资源有限责任公司外包业务进一步推进实施精细化管理，通过采取合理排班、有效调配、灵活用工等方式有效解决用人问题，使人员满足生产订单的需求；通过多技能培训、优化作业流程、优化作业布局、提升员工设备操作能力、降低包材的人为浪费等方式，实现包装效率的提高，人均产能比 2013 年增长 5%；通过将质量与班长、员工的绩效考核相挂钩，每季度组织员工进行质量投诉回顾及质量要求的培训等方式，实现缺片不良的质量问题比2013年下降64%；通过实施精细化管理，从制度细化，到过程控制，实现了项目管理和盈利能力的新提升，于2014年一次性通过ISO 9001质量认证关于生产线外包服务的认证范围的增项。

（王巍）

### 博大网信布局建设“网信城域网”

年内，北京博大网信科技发展有限公司根据开发区信息化基础设施网络建设规划，利用自身资源优势，将地下通信设施与地上通信基站的规划选址统筹考虑，创建了“由北京博大网信科技发展有限公司投资建设无线通信基站，并向通信运营商出租、通过共享基站设备”的运营模式，完成首批58个通信基站的建设，实现对亦庄核心区无线网络信号的薄覆盖，与公司前期自主投资建设的“网信光缆环网”构建了“地下有线、地上无线”相结合的“网信城域网”。该项目被市经济信息化委甄选为“2014年基础设施提升计划”，获得152万元的资金支持。

（范洪波）

## 所属企业

### 北京经开投资开发股份有限公司

北京经开投资开发股份有限公司（简称北京经开）2014年紧抓市场行情，加快服务转型，在园区开发、资产运营和产业投资三轮驱动的战略下，朝着成为中国低碳高端智慧园区综合运营服务商的方向迈进。公司全年实现收入11.38亿元，利润0.23亿元。同时，公司成功竞得路东区G1R1和E2F1两块土地，累计实现开复工总面积70万平方米。在业务转型中，公司加快推进包含经彩卡、云服务平台、融资租赁公司、网络投融资业务在内的“四位一体”园区金融服务体系，注册成立电子商务公司，推动园区云服务平台体系的建设。3月3日，北京经开公共服务平台正式设立，作为园区服务的重要支撑，经彩卡同步发行，全年办卡量突破1万张，商户总消费金额360万余元，初显规模效应。通过O2O模式集中服务签约意向企业或商户，为商家提供持续的平台推广服务和业务拓展支持，签约商户达30家。新能源汽车租赁已完成汽车租赁备案手续并正式开展租赁业务。11月15日，北京经开投资开发股份有限公司工大公司在第八届中国产学研创新大会上获得由中国产学研合作促进会颁发的“产学研合作促进奖”。

（姜昧茗 孙玲）

北京经开投资开发股份有限公司

董事长 郭广庆

总经理 周世义

### 北京博大经开置业有限公司

北京博大经开置业有限公司（简称博大置业公司）2014年继续做好开发区总公司代管资产经营、物业管理工作。公司本部全年实现经营收入2.03亿元，比年初预计指标超出515万元，回款率为90%，同比增长46%；代管资产经营收入全年累计实现经营收入29099万元，同比增长33%，回款率为98%。公司整合发展效应进一步凸显。公司获得开发区交通安全“先进单位”，开发区安监局安全生产月活动“优秀组织奖”，开发区总公司“安全生产先进单位”。年内，博大置业公司亦城国际中心项目通过了北京市物业管理示范项目的初评，被市住房和建设委评为“北京市四星级物业管理示范项目”称号。3月18日，博大置业公司第二届董事会一次会议通过了选举第二届董事会董事长的议案，同时通过了资产工程部与安全管理部合并的机构调整议案。7月、11月，公司对所辖29个物业项目的客户服务、工程维修、秩序维护、环境管理等内容进行满意度调查，结果较上年年底调查结果提升了9个百分点。10月16日，公司新制订的《安全生产检查制度》（试行）、《安全生产应急事故报告及处置程序》（试行）、《安全生产应急事故报告及处置程序》（试行）下发执行。年内，博大置业公司完成消防维保、秩序维护服务、绿化养护服务、中央空调运行维护、风道清洗等8项工程招标。

（黄秀敏）

北京博大经开置业有限公司

董事长 郭广庆

总经理 张志祥

## 北京博大经开建设有限公司

北京博大经开建设有限公司（简称博大经开建设）2014年完成营业收入22.04亿元，同比增长20.9%；实现利润6123万元，同比增长12.97%；国有资产保值增值率113.59%。博大经开建设主要在建工程23项，竣工工程9项，全年实现开复工面积111万平方米，新开工程20余万平方米。新增了市政工程总承包一级、装饰设计施工一体化二级和体育场设施、防腐保温、建筑防水专业承包三级资质。公司获得“全国安全生产先进单位”“北京市优秀施工企业”“北京市市政行业诚信企业”“北京市安全生产月优秀组织奖”；当选开发区企业协会建筑业分会的秘书长单位。公司承建的亦城财富中心工程获得“北京市建筑结构长城杯”金质奖和“北京市文明安全样板工地”称号；北臧村配套工程获得“北京市建筑结构长城杯”金杯奖和“北京市文明安全工地”称号；中芯国际二期、展虹宇产业园获得“北京市建筑结构长城杯”金杯奖；南区一街获得“北京市市政基础设施长城杯”称号；北京市十一学校、博大兴工业园、博兴十路荣获“北京市绿色施工文明安全工地”称号；开发区安全体验基地和E2M1数显项目部获“国家贯彻实施建筑工程安全标准示范单位”称号。

（刘欢）

北京博大经开建设有限公司

董事长 芦永忠

## 北京博大数文广告有限公司

博大数文策划的生物医药产业论坛活动现场　　樊维 摄

北京博大数文广告有限公司（简称博大数文）2014年实际完成营业收入4200万元，营业利润率15.93%，净资产收益率25.66%，资本保值增值率129.44%，公司资产总计约5400万元，完成开发区总公司年初下达的各项经营指标。在广告发布、创意策划、影视制作、广告工程等业务板块均有明显进步，并开发微信客户端等新兴传媒平台， 承接各类活动策划及宣传发布工作，如利用公司微信平台进行布力布力餐饮集团的营销推广，以图文并茂的模式，用简短的语言突出最大的特点，突破了以往广告的模式，找到最快速的推广形式。年内，博大数文继续拓展户外广告资源，探索新媒体业务，影视拍摄项目逐步增加。增加公益宣传活动力度，利用公司相关资源宣传践行社会主义核心价值观，宣扬中国梦，发挥媒体传递正能量的责任。承接北京新航城控股有限公司企业形象设计全案。完成第一届北京亦庄生物医药产业发展大会暨2014年第六期北京亦庄生物医药产业创新与发展论坛活动策划、北京经开·国际企业大道三期园区导视施工制作等，启动了战略研究项目。

（靳洋）

北京博大数文广告有限公司

董事长兼总经理 罗伯明

## 北京博大坤元房地产开发有限公司

北京博大坤元房地产开发有限公司（简称博大坤元）是开发区总公司所属专业从事房地产开发业务的国有控股公司。2014年主要工作是博客雅居的销售工作，D2地块酒店别墅2015年10月份开盘销售，销售单价为3万元每平方米，销售总额约2.2亿元；D3地块云海产业园23栋已具备租售条件，2015年8月份开盘销售，单价为2.2万元每平方米，销售总额约5.2亿元；D4地块德国城采取自持与租售结合，首层为精品商业街，二层为特色餐饮，三楼为自持酒店同时拟引入业态为婚庆、儿童主题娱乐、餐饮、购物和酒店等商家，大力支持第三届全国绿化博览会的举行；C3项目住宅1期10栋9层～11层瞰景房的建设完成、指标证件的办理及对外销售等具体工作。

（杨晶）

北京博大坤元房地产开发有限公司

董事长 卢自锋

总经理 张洪东

## 北京博大新元房地产开发有限公司

北京博大新元房地产开发有限公司（简称新元公司）2014年资产总额为39.83亿元，营业收入8870万元，有员工82人。年初启动的博客雅苑（X31）项目8号、9号楼商业出租面积达1万多平方米，并陆续开业。年内，公司资产规模和管理范围进一步扩大，在建及运营管理的公租房项目达到8个，初步形成了“服务流程标准化、报修处理便捷化、投诉处理专业化、客户沟通常态化”的公租房运营管理模式，并通过完善公租房商业配套，为承租人提供便利的生活条件。由安置房转为公租房管理的鹿海园五里（X38）、定海园项目，实现了年内接收、确定装修标准、设计、招标及开工，并完成鹿海园五里项目6号～13号楼及定海园精装修施工。开发区总公司完成E14产业配套公租房项目立项变更、土地权属和房产变更，并移交至新元公司。

（谷守宇 刘丹青 蒙乐）

北京博大新元房地产开发有限公司

董事长兼总经理 卢自锋

## 北京博大兴投资开发有限公司

北京博大兴投资开发有限公司（简称博大兴公司）2014年全力拓展新项目，深挖青年公寓经营潜力，着力落实悦廷及LOFT剩余尾房的日常对接工作，完成年度各项工作任务和经营指标，全年经营收入实现 1.68 亿元，利润完成 1080 万元。

（周会丽）

北京博大兴投资开发有限公司

董事长 卢自锋

总经理 黄 强

## 北京博大酒店管理有限公司

北京博大酒店管理有限公司由酒店管理公司、博大永康商务酒店、博大万源公寓三部分组成。2014 年实现营业收入 1709 万元，超额完成营业指标 9%。公司利用互联网制定微博营销，扩大网络宣传及订房中心数量，新增订房中心 9 家，分别在《亦庄时讯》等报纸、杂志及店内闭路电视等传统媒介上发布广告，进一步提高博大酒店品牌的知名度。不断细化管理，在成本费用控制上同比节约 20%。

（张玉力）

北京博大酒店管理有限公司

总经理 常万龙

## 北京博大水务有限公司

北京博大水务有限公司（简称博大水务）2014 年控股、参股和运行的水务项目包括经开再生水厂、东区再生水厂、东区污水处理厂、金源经开污水处理厂、核心区和东区再生水管网，拥有每日 10 万吨的污水处理能力、每日 6 万吨的再生水生产能力和 10 万吨的输配能力。全年实现营业收入 8770 万元，同比增长 12%，利润总额 2054 万元，回款率 96%。公司职工总数 152 人，生产专业技术岗位人员占 65%。

（石晔）

北京博大水务有限公司

董事长 蒋玉明

## 北京博大科技投资开发有限公司

北京博大科技投资开发有限公司（简称博大科技公司）2014 年总资产 21.22 亿元，营业收入 449.68 万元，超额完成 12.4%。公司转变库房经营方式，由自营改为房屋出租，增加出租面积，减少人工成本，实际完成利润 88 万元。公司仓储占地面积 7494 平方米，仓储面积 4140 平方米。可出租楼房 2 栋，其中已出租 1 栋，建筑面积 1871.99 平方米，另外 1 栋年底前仍在招租中，建筑面积 1195.27 平方米。截至年底，公司员工 6 人，注册资本 1.4 亿元。

（杨韫辉）

北京博大科技投资开发有限公司

董事长兼总经理 郭广庆

## 北京亦庄国际人力资源有限责任公司

北京亦庄国际人力资源有限责任公司（简称亦庄人力）2014 年完成经营收入 5198 万元，利润总额 144 万元，收入回款率为 100%，营业利润率为 2.8%，净资产收益率为 8.3%，资本保值增值率为 78.7%。年内，亦庄人力把“服务新区企业用工、促进当地劳动力就业”作为工作重点之一，全年共计提供就业岗位约 3000 个，年内新招聘入职 335 名大兴籍人员，在职大兴籍人员为 846 人。亦庄人力提升服务质量、挖掘客户需求，促进市场开发。全年新增常规派遣客户 8 家，岗位外包客户 4 家，代理客户 5 家。

亦庄人力 2000 年注册成立，2008 年划归开发区总公司管理，成为旗下子公司。2007 年公司引入了国际通行的 ISO 9001 质量管理体系；2010 年注册资本金增至 1000 万元。公司服务客户横跨汽车、电子、通信、物流、制药、印刷、消费品等众多行业。

（王巍）

北京亦庄国际人力资源有限责任公司

总经理 郑洁

## 北京博大网信科技发展有限公司

北京博大网信科技发展有限公司（简称博大网信）2014 年将企业发展战略调整和优化为“以智慧城市产业为核心业务，集解决方案提供、系统集成、运营服务于一体的智慧城市综合服务商”，发挥“一信二通”（“博大网信”及旗下子公司——北京博大数通科技发展有限公司、北京博大网通科技发展有限公司）协同作战优势，坚持任务与市场双轮驱动，不断提高四大主营业态（开发区通信基础设施建设与运营、建筑智能化设计与施工、计算机信息系统集成服务、以“三网融合”为代表的综合电信增值业务）的发展水平，加快优势资源战略布局，打造智慧城市产业链条，启动企业“体制机制创新”研究，为公司真正走向市场化寻求突破。全年实现营业收入 1.1 亿元，完成年度计划的 118.49%，同比增长 63%；实现利润总额 1036 万元，完成年度计划的 124.82%，同比增长 53%；资产保值增值率达到 120%。截至年底，博大网信（含北京博大网通科技发展有限公司）的总资产规模为 1.09 亿元，净资产规模为 3223 万元。年内，公司凭借在高科技行业领域近三年（2011—2013 年）114% 的收入增长率及科技创新综合能力，被评为“德勤一亦庄 2014 高科技、高成长 20 强”企业，被认定为“新区‘小巨人’重点培育企业”。

（范洪波）

北京博大网信科技发展有限公司

董事长 罗伯明

党支部书记兼总经理 栾志海

## 北京亦庄国际开发建设有限公司

北京亦庄国际开发建设有限公司（简称开发建设公司）2014 年完成土地开发管理费（受托任务）9.44 亿元，公司实现营业收入 1.92 亿元，利润总额 1.24 亿元。截至年底，在岗员工总数 123 人，本科及以上学历人员所占比例与 2013 年持平，占总人数的 88%，其中具备研究生学历人员 22 人，比 2013 年增长 5 人，占总人数的 18%。年内，公司对维保中心组织架构和人员进行重新调整，创新开展“部门管理提升”活动、制度管理体系及重点流程建设。全年完成风控手册的全面审核及修订，形成了三级制度体系，共计 99 项制度。

（马兰兴 巨德慧）

北京亦庄国际开发建设有限公司

董事长 芦永忠

总经理 王晓军

## 北京亦庄国际生物医药投资管理有限公司

北京亦庄国际生物医药投资管理有限公司（简称生物医药管理公司）2014 年积极推进生物医药园招商和服务体系建设工作，全年营业收入 958 万元。年内，生物医药园举办“生物医药产业创新与发展论坛”6 次，累计邀请专家学者 88 位，参会人数近 2000 人，共有 687 家企业和科研院所参加论坛，参展企业 134 家。年内，北京亦庄生物医药园经人力资源和社会保障部、全国博士后管委会批准成为

“北京经济技术开发区博士后科研工作站分站”，经北京市科学技术委员会批准成为“2014—2016 年北京市国际科技合作基地”，经北京市教委批准成为“北京高校青年教师社会实践基地”，经北京市科学技术协会批准成为“院士专家工作站”。生物医药管理公司成立于 2010 年 6 月 18 日，注册资本 6300 万元。生物医药管理公司主要负责北京亦庄生物医药园的整体管理与运营工作，主营业务包括开展房屋租赁、政策咨询、投融资、专业咨询与培训等专业技术性服务。北京亦庄国际生物医药科技有限公司（简称生物医药科技公司）是生物医药管理公司全资子公司，注册资本金 500 万元，公司主要负责园区仪器测试、工艺开发、中试生产和小动物寄养等技术服务平台的运营管理，定位于专业技术服务，与生物医药管理公司业务上各有侧重又紧密互补。

（边蕾）

北京亦庄国际生物医药投资管理有限公司

董事长兼总经理 郭广庆

## 北京博大万泰国际投资咨询有限公司

北京博大万泰国际投资咨询有限公司（简称博大万泰）2014 年业务继续以政府咨询、调研为主，主要开展了开发区起步区企业基础情况调研、开发区大中型企业专业技术人员情况调研等。固定资产投资项目前期手续、工商注册登记代理等业务稳步推进，为入区企业顺利注册、开工、投产发挥了作用。在中小企业服务工作方面，结合开发区“三经普”调查情况，出台了《开发区中小微企业发展现状调查与发展思路研究》报告，首次对开发区中小微企业现状及发展环境进行了梳理，并勇于开拓、大胆尝试，通过培训、交流等多种形式的活动，在帮助企业了解政策、申请上级资金、多种方式融资贷款、开拓市场等方面取得了成绩。下半年，开发区管委会提出围绕成为京津冀地区中小微企业的加速器、放大器这一功能，建设京津冀中小企业公共服务平台，中小企业服务中心在管委会相关部门的指导下启动平台建设工作，线上线下平台正在搭建过程中。9 月 3 日，博大万泰被增选为开发区企业协会区域合作分会理事单位。中小企业服务中心继续成功承办了“2014 德勤—亦庄高科技、高成长企业 20 强”的评选组织工作。

（马苏墨）

北京博大万泰国际投资咨询有限公司

总经理 龚秋平

董事长 罗伯明

## 北京联港置业有限公司

北京联港置业有限公司（简称联港置业公司）2014 年强化风险内控管理及精细化管理工作，紧密围绕大兴区北臧村镇居住及配套用地项目（简称联港嘉园项目），大力开展工程建设、房屋销售交付、售后客服及前期物业管理等工作，实现全年安全生产零事故。获得 2013 年度全国“安康杯”竞赛活动优胜单位。联港嘉园项目全年实现 54997.5 平方米竣工备案，实现固定资产投资 2.59 亿元，实现经营收入 3.36 亿元。9 月 23 日，联港置业公司获批缓缴城市基础设施建设费 7218.7766 万元至 2015 年年末。截至年底，公司总资产 9.92 亿元，在岗职工 47 人。

（李庄 何谊）

北京联港置业有限公司

董事长 田德祥

总经理 禹　洋

### 博大世通国际物流（北京）有限公司

博大世通国际物流（北京）有限公司（简称博大世通公司）2014年不断优化7×24小时预约通关服务，提升中心通关效率。年初，博大世通公司完成办公楼一层大厅检验检疫办公区、海关录入人员及世通公司办公人员的办公区改造。3月24日，开发区检验检疫局正式入驻并正常开展工作。截至年底，中心已服务包括京东方、冠捷科技、康宁显示等开发区主要企业近200家，各项数据均位居全国保税物流中心前列，成为海关总署认可的保税物流中心样板。2014年，中心充分利用区位优势及保税政策，努力发展成为开发区保税物流服务平台，重点吸引贸易、电子商务、物流、金融等相关产业在此聚集。博大世通公司作为促进区域经济增长、产业升级的重要板块，在跨境电商、保税物流、贸易服务等方面平台服务优势明显，获得2014年中国物流社会责任贡献奖称号。年内，博大世通公司加入北京服贸协会，正式成为北京服务贸易协会常务理事单位。

（王矗 赵慧娟）

博大世通国际物流（北京）有限公司

董事长 黄建华

## 北京亦庄国际投资发展有限公司

### 概况

2014年，北京亦庄国际投资发展有限公司（简称亦庄国投）大力提升产业金融服务能力，全面加强管理提升，勇于承担各项投融资任务，积极推进新区转型升级、深化改革。全年投资项目19个，投资额38亿元；累计投资项目56个，累计投资额达130亿元，有力支持新区“高精尖”产业和园区建设发展。截至年底，亦庄国投总资产达到165.85亿元，净资产达到137.89亿元，直接或间接管理资产达180亿元；实现营业收入2.28亿元，同比增长30%；投资收益达4.03亿元；利润总额2.81亿元，同比增长27%；新增投资额38亿元，融资额57.6亿元，继续保持稳健发展的良好态势。年内，公司构建以投资例会为主体的投资工作平台，并将投资决策委员会级别提升至公司董事会下，使得投资决策更具效率；优化投资决策委员会委员结构，引入外部投资专家，加强投资决策委员会决策能力，通过对投资工作决策体系的优化，促进决策更加科学高效。

（武春雷 杨莹）

### 所属基金为博大芯提供委托贷款2亿元

1月，北京亦庄国际投资发展有限公司通过所属北京亦庄战略新兴产业基金向区内中芯国际（北京）二期项目博大芯公司提供2亿元委托贷款，有效解决了该重大项目资金问题，确保其建设工程顺利完成。

（武春雷 杨莹）

### 股权投资生物医药中试公共服务平台项目

2月，北京亦庄国际投资发展有限公司出资1650万元，入股公司首个市科委项目“生物医药中试公共服务平台”项目。该项目为中关村现代服务业试点项目支持范畴，采用“企业为主体 + 政府扶持 + 聚集于园区”的建设模式，是一个开放的公共服务平台，项目投入运营后，将助力新区完善生物医药产业链，提升新区乃至北京市生物医药创新和研发环境。

（武春雷 杨莹）

## 获航天产业基金分红 555 万元

2 月，北京亦庄国际投资发展有限公司于 2010 年投资的航天产业投资基金，完成所持微山湖稀土项目股权退出，回收投资本金 1162 万元，取得投资收益 1065 万元。根据合伙协议，北京亦庄国际投资发展有限公司以 24.92% 的出资比例，取得应分配金额 555 万元。

（武春雷 杨莹）

## 合资成立北京亦庄区域合作投资有限公司

6 月 13 日，在开发区企业协会主导下，北京亦庄国际投资发展有限公司联合北京嘉捷美锦科技发展有限公司、北京市工业设计研究院等 6 家机构，发起成立北京亦庄区域合作投资有限公司。该公司注册资本 1900 万元，负责推进开发区合作区域的规划、产业布局、项目对接、周边基础设施建设等工作，探索实践跨区域产业辐射带动发展模式，进一步发挥开发区示范引领和辐射带动作用，促进京津冀合作项目开展。

（武春雷 杨莹）

## 以抵押质押形式获得银行 8 亿元融资

6 月，北京亦庄国际投资发展有限公司以房产抵押及股票质押形式取得工商银行两年期 8 亿元融资，年融资成本 7.35%，一年后可提前偿还。该笔融资款中，5 亿元已偿还国有资产管理运营中心 5 月到期借款，余款用于公司后续经营业务开展时调取。年内为开发区总公司 10 亿元融资、亦庄国际建设开发公司 12.4 亿元融资提供担保，积极为新区企业提供融资服务；获得 40 亿元中票发行批文，为 2015 年融资工作开展奠定了良好基础。

（武春雷 杨莹）

## 亦庄国投微信平台上线

8 月，北京亦庄国际投资发展有限公司微信平台正式上线，微信号为“亦庄国投”或“etowncapital”。该微信平台承担公司新闻、投资动态、研究成果等信息的发布与共享功能，成为北京亦庄国际投资发展有限公司对外官方信息沟通交流平台之一。

（武春雷 杨莹）

## 申请获得市级统筹资金 5.7 亿元

9 月，北京亦庄国际投资发展有限公司申请并获得北京市重大科技成果产业化项目审批联席会议批复，获得 2014 年重大科技成果转化和产业统筹资金 5.7 亿元，其中北京元心移动互联网产业中心 3 亿元、亦庄战略新兴产业基金 1.7 亿元、中关村科技产业股权投资基金 1 亿元。

（武春雷 杨莹）

## 合资成立国家集成电路产业投资基金公司

10 月，北京亦庄国际投资发展有限公司联合国开金融有限责任公司、北京紫光通信科技集团有限公司等机构，发起成立国家集成电路产业投资基金股份有限公司。首期注册资本 58.318 亿元，一期计划规模为 1297.2 亿元，亦庄国投首期出资 6.5 亿元。

（武春雷 杨莹）

## 成功策划第十届金博会开发区展区

开发区参展第十届北京国际金融博览会　　于宗艳 摄

10 月，北京亦庄国际投资发展有限公司策划组织了第十届北京国际金融博览会开发区展区。展区内外面积共超过 500 平方米，以“产业基金 · 赢在亦庄”为主题，对北京 · 亦庄“4+4”高精尖产业发展及产业基金引导和培育成果进行了充分展示。管委会副主任高言杰在 2014 中国金融业创新峰会发表主题演讲。

（武春雷 杨莹）

## 举办节能环保引导基金设立情况说明会

11 月 26 日，北京亦庄国际投资发展有限公司举行“绿色北京 · 节能环保引导基金”设立情况说明会，甄选基金合作机构。该说明会吸引青云创投、首创投、英国环境投资集团等 20 多家创投机构前来洽谈合作。绿色北京 · 节能环保引导基金为中关村现代服务业创业投资引导基金子基金，将由亦庄国投与优质社会创投机构共同设立，推动节能环保产业加快发展。

（武春雷 杨莹）

## 股权投资航天易联公司

12 月，北京亦庄国际投资发展有限公司对北京航天易联科技发展有限公司进行股权投资。投资额为 2260 万元，持股比例为 20%，拟投资期原则不超过 5 年，每年以股权比例享受现金分红，并享有大股东回购请求权。

（武春雷 杨莹）

## 退出北方微电子公司股权

12 月，根据投资协议关于“投资期第四年即可按照本金加同期银行贷款利率总和退出”的约定，北京亦庄国际投资发展有限公司通过减资方式，完成对所持北方微电子基地设备工艺研究中心有限责任公司股权退出工作，退出金额为 1.49958 亿元，实现投资收益 2995.8 万元。

（武春雷 杨莹）

## 退出京东方显示公司股权

12 月，北京亦庄国际投资发展有限公司通过北京产权交易所挂牌方式转让所持北京京东方显示技术有限公司股权，受让方为京东方科技集团股份有限公司，转让金额为 1.754253 亿元（以 2014 年 5 月 31 日为基准日，经国资核准后的资产评估值）。

（武春雷 杨莹）

北京亦庄国际投资发展有限公司

董事长 芦永忠

总经理 王晓波

# 亦庄国投控股公司

## 亦庄国投香港公司退出超云项目股权

5 月，亦庄国际控股（香港）有限公司完成所持超云项目股权投资退出，收回本金及利息 91.76 万美元，取得投资收益 16.76 万美元。通过 2010 年投资并引入云计算服务器研发与制造项目，促进开发区云计算产业链不断完善。

（武春雷 杨莹）

## 移动硅谷项目获得市结构长城杯金质奖

8月28日，北京亦庄移动硅谷有限公司创新中心项目G9一期工程移动硅谷创新中心项目获得由北京市优质工程评审委员会颁发的“2014年结构长城杯金质奖”工程。G9地块一期工程地基基础坚固、稳定，主体结构安全、耐久，符合国家工程建设标准强制性条文和现行规范、标准及设计要求，并结合北京市质量管理和工程质量实际水平的发展，力求高于国家标准，严于规范、规程，做到质量高、成本低、经济效益好、内坚外美的精品工程。

（周磊）

## 举办第三届智慧北京大赛亦庄分赛

10月24日，“第三届智慧北京大赛亦庄分赛暨北京市企业国际化水平提升与对接交流大会”在开发区丰大国际酒店召开。开发区内包括博大光通与博大网信联合申报的智慧城市“感知数据”平台建设、泰豪智能工程的城市能源与环境综合监测管理平台等16个项目、17家企业参加大赛。北京亦庄移动硅谷有限公司物联网产业联盟企业博大光通与博大网信联合申报的智慧城市“感知数据”平台建设项目、北京亦庄移动硅谷有限公司申报的创新中心智慧园区创新示范项目分别获得大赛优秀解决方案奖和优秀示范应用奖。12月12日，北京经开低碳智慧园区云服务平台项目因其通过现代科技手段为园区企业提供全方位服务，获优秀示范应用奖，智慧园区一卡通OTO应用项目获得优秀解决方案奖，北京经开电子商务公司荣获优秀企业奖。

（周磊 孙玲）

## 移动硅谷建设“中芬北京生态创新园”

开发区与芬兰签署合作框架协议　　蔡连斌 摄

11月25日，在商务部与芬兰劳动与就业部的支持下，开发区管委会副主任绳立成代表开发区就共同建立中芬北京移动硅谷生态创新园，与芬兰贸易科技中心负责人Seppo签署了《合作框架协议》，正式启动了与芬兰合作共建中芬北京生态创新园的相关工作。该协议确定将以开发区为依托、以北京亦庄移动硅谷有限公司为基础，共同建设中芬北京生态创新园，致力将其打造成为中芬两国投资、科技、贸易双向交流合作平台和桥梁，在此基础上扩展成为中欧之间双向交流合作平台，成为世界前沿的高端生态创新园区。

（周磊）

## 移动硅谷举办互联网创新创业大赛

12月23日，由亦庄国投、北京亦庄移动硅谷有限公司、斗牛士传媒集团联合主办的“2014年TMT行业——MARS互联网创新创业大赛”在开发区兴基铂尔曼大酒店开幕。来自国内及韩国的500多家创业团队经过2个月的角逐，向众多投资人及BOSS联盟评委团展现了创造天赋与新商务模式。最终，创业项目智酷One

Board 团队获最佳团队大奖，怪物闹钟团队获最具创意奖，绘事后素团队获最具人气奖，3Glasses 团队获最具潜力奖，米谷科技 CEO 吴丹枫获年度创新杰出青年大奖。北京亦庄移动硅谷有限公司对入围 TOP30 的创业团队进行了具体的项目对接，以孵化空间 + 创业服务 + 创业培训的模式为入驻亦庄的创业项目提供全方位的创业扶持，打造移动硅谷创业氛围，促进亦庄国投与相关风投机构开展投资方面的合作。

移动硅谷举办 MARS 互联网创新创业大赛　　徐晨 摄

（周磊）

## 松辽汽车非公开发行股票募集资金

年内，中国证监会受理了松辽汽车股份有限公司非公开发行股票的申请。公司拟募集资金收购江苏耀莱影城管理有限公司及上海都玩网络科技有限公司各 100% 的股权。使松辽汽车实现经营战略转型，快速实现文化产业布局，进入盈利能力较强、发展前景广阔的影视游戏行业。

（姜浩）

## 亦庄担保新增担保户数 141 户

年内，北京亦庄国际融资担保有限公司融资担保项目 148 个，同比增长 40.95%。其中，融资担保金额 11.75 亿元，同比增长 44.06%；非融资性担保项目 6 个，担保金额 2.23 亿元，同比增长 70.91%。新增担保户数 141 户，同比增长63.95%。中小企业首次融资成功率较高。

（张赛）

## 亦庄担保提升小微企业服务比重

年内，北京亦庄国际融资担保有限公司依托政府专项资金扶持及与科技金融促进会的合作，重点支持小微企业。其中，高新技术产业小微企业担保 6 笔，金额 1310 万元；科技型小微企业担保 10 笔，金额 1954 万元；商贸流通业小微企业担保 19 笔，金额 9438 万元。服务小微企业数量同比增长 12.9%。300 万元以下的贷款担保项目 59 个，同比增长 9.26%，有效地帮助小微企业解决融资难问题。

（张赛）

## 亦庄担保创新金融产品研发

年内，北京亦庄国际融资担保有限公司与银行合作，拓展新业务品种，解决了中小企业反担保方式不足的困难，同时大幅度缩短审批时限，切实提高金融服务效率。如北京银行的“见贷即保”、建设银行的“保速通”、中国银行的“创业快捷贷”及“中银结算通宝”等。除此以外，公司还独立设计了“绿色通道”“融通仓”“供应链融资”“POS 贷”等特色产品。

（张赛）

## 亦庄担保获得政府补贴 1.8 亿元

年内，北京亦庄国际融资担保有限公司通过市经济信息化委申请“小型、微型企业贷款担保奖励”项目 50 笔，担保金额 1.38 亿元；通过市科委申请“科技型小微企业贷款担保业务补助资金”项目 9 笔，担保金额 4280 万元。为了贯彻落实北京市支持中小企业创新融资政策，通过北京国际信托有限公司和中信信托有限责任公司合作，开展中小企业集合信托业务 19 笔，金额 2.77 亿元。

（张赛）

### 亦庄担保加强项目风险评审

年内，北京亦庄国际融资担保有限公司共完成 189 户企业的尽职调查和评审工作，在项目前期准备、现场调查分析、后续报告撰写等方面统筹安排时间，提高评审效率，全年单户平均评审时间维持在 4 ~ 5 个工作日之间。同时公司启动了全面风控建设工作，取得了包括风险控制问题清单、管理制度优化建议、《北京亦庄国际融资担保有限公司风险控制手册》和《北京亦庄国际融资担保有限公司风险评价手册》4 项工作成果，搭建了公司的管理制度体系。

（张赛）

### 亦庄担保银行授信额度增至 74 亿

年内，北京亦庄国际融资担保有限公司与中国工商银行、中国农业银行、中国建设银行、中国交通银行、中国银行五大行保持良好的授信合作关系，合作银行从 2010 年的 14 家银行、总授信额度 39 亿元，增至 18 家银行 74 亿元总授信额度，基本包括北京市所有国有控股银行及地方城市银行、商业股份制银行，为公司业务发展提供了充足的授信额度保证。

（张赛）

## 所属企业

### 北京亦庄国际小额贷款有限公司

北京亦庄国际小额贷款有限公司（简称小贷公司）2014 年累计新发放贷款 9860 万元，累计回收贷款 1.08 亿元，公司存量贷款余额共计 1.12 亿元。累计利息收入 521 万元，各项税费 127 万元。

（付青）

北京亦庄国际小额贷款有限公司

董事长 张家伦（8 月免）

刘　峰（8 月任）

### 北京亦庄国际融资担保有限公司

北京亦庄国际融资担保有限公司（简称亦庄担保）2014 年批准融资性担保项目 168 个，同比增长 46.09%，批准融资性担保金额 14.39 亿元，同比增长 66.15%。截至年底，公司总担保收入 2551 万元。其中，中小企业融资性担保收入 2523 万元，非融资担保收入 28 万元。年度利润总计 4297 万元，净利润 3092 万元。

（张赛）

北京亦庄国际融资担保有限公司

董事长 王晓波

总经理 韩　冰（8 月免）

刘　峰（8 月任）

### 北京亦庄移动硅谷有限公司

北京亦庄移动硅谷有限公司（简称移动硅谷）2014 年注册资本增资至 9.6 亿元。创新中心项目全年累计完成产值 4.6 亿元，其中 G9 一期工程完成产值约 3.1 亿元，幕墙工程完成 90%，机电安装完成 80%；G9 二期工程完成产值约 1.5 亿元，地下室及 11 号楼完成主体结构，6 号、7 号、8 号、9 号楼主体结构施工至 11 层。全年无安全事故。

（周磊）

北京亦庄移动硅谷有限公司

董事长兼总经理 王晓波

## 亦庄国际控股（香港）有限公司

亦庄国际控股（香港）有限公司（简称亦庄国投香港公司）2014年注册资本为3621万美元，总资产约1.25亿美元。2014年，亦庄国投香港公司顺利完成超云项目投资退出，取得投资收益约16.76万美元；以基石投资者的身份出资1亿美元参与北汽股份香港上市，经营管理方面，亦庄国投香港公司2014年完成续牌手续，并更新商业登记证。

（彭森）

亦庄国际控股（香港）有限公司

董事长　芦永忠

## 松辽汽车股份有限公司

松辽汽车股份有限公司（简称松辽汽车）2014年收入1061.6万元，亏损4780.52万元，扣除非经常性损益后，年度亏损4982.38万元；净资产-3798.56万元。年内，松辽汽车全力推进非公开发行股票工作，非公开发行股票事项已获得股东大会通过，并报送至中国证监会审批。年内，公司对现有的厂房、设备等闲置资产以对外出租的方式进行盘活，同时，对历史遗留的债务、欠缴税金等相关问题进行妥善处理，此外，公司管理层采取有效措施，全力回收往年陈欠的应收款项，全年共计回收陈欠款项3530万元。亦庄国投仍持有松辽汽车（证券代码：600715）24.89%的股份，是松辽汽车股份有限公司的第一大股东。

（姜浩）

松辽汽车股份有限公司

董事长　李小平

总经理　张建勋

## 北京亦庄国际产业投资管理有限公司

北京亦庄国际产业投资管理有限公司（简称亦庄产投）2014年全力推动北京亦庄国际新兴产业母基金建设，初步构建了涵盖天使基金、VC基金、PE基金、并购基金、海外基金、债权基金的母基金体系。截至年底，亦庄国投及亦庄产投共参与设立基金10只，基金总规模近1600亿元，亦庄国投认缴总规模近150亿元。

（代贝）

北京亦庄国际产业投资管理有限公司

董事长兼总经理　王晓波

## 北京亦庄国际融资租赁有限公司

北京亦庄国际融资租赁有限公司（简称亦庄融资租赁公司）2014年5月正式开展业务，年内实现租赁资产总额累计人民币7942万元，总收入254万元，公司业务开展第一年即取得净利润。同时建立健全业务、财务、法务、风控、人事等管理制度共14项，以确保公司实现可持续发展。亦庄融资租赁公司于2013年7月24日成立，注册资本4000万美元，其中亦庄国投持股75%，亦庄国投香港公司持股25%。公司是开发区首家京港合资融资租赁公司，主要从事生产设备、通信设备、科研设备、检验检测设备、工程机械、交通运输工具及其附带技术的融资租赁、租赁业务。公司充分发挥融资租赁的业务特点和杠杆作用，为解决中小企业融资难题、推进新区高端制造业发展提供新方式和途径。12月，经开发区国有资产管理办公室批准，公司正式列入市财政局2014年国有资本经营预算支出绩效评价试点项目，并由国资办拨付国有资本经营预算资金 2934.06 万元，专项用于国资入股融资租赁公司。

（王慧）

北京亦庄国际融资租赁有限公司
董事长兼总经理 王晓波

# 北京新航城控股有限公司

## 概况

新航城公司开展全员培训　李晓辉 摄

2014 年，北京新航城控股有限公司（简称新航城公司）为推动机场项目开工开展各项工作。在新航城建设方面，年内征地拆迁前期工作基本完成；进一步修正民用机场征地拆迁成本，完成了军用机场征地拆迁的成本测算及新机场项目不同等值噪声影响范围搬迁、隔声降噪及敏感点搬迁的成本测算；新机场安置房项目已具备开工条件；融资方案编制完成。天堂河（北京段）新机场改线征地拆迁各项工作有序推进；推进新航城总体规划前期研究；探索区域协同发展新模式；构建顺畅融资渠道。在公司发展方面，年内完成了公司增资，公司注册资本金增至 15.8 亿元；筹建基金管理公司；健全公司管理体制，进一步明确了公司领导班子职责分工，完善了公司领导班子、组织架构、公司各类相关审批流程和规章；2 月、4 月、10 月公司召开了股东大会；3 月、10 月、12 月召开了第一届董事会第三次、第四次、第五次会议在公司范围内使用 OA 系统，有效规范了公司行政办公管理，提升了工作效率，为公司深化精细化管理奠定基础。创新人才管理，规范人才引进、评价、培养、退出机制，制定人才发展规划，有针对性地开展各类培训。截至年底，公司共有员工 55 人，其中本科学历占 60%，研究生以上学历占 33%，中级以上职称占 35%。年内，公司开展 33 次 273 课时的培训，有效提高了公司员工整体素质，增强了企业凝聚力；公司全年累计招聘员工 20 人。全面加强公司风险管理与内部控制体系的建设，建立公司内部审计监督检查制度；强化党组织在工作中的引领带动作用，通过党的群众路线教育实践活动等各项活动的开展、不断提升党建工作水平，提升公司整体凝聚力和战斗力。

（李新）

## 开展新航城临空经济区产业规划研究

1 月，北京新航城控股有限公司为完善新航城临空产业招商思路和产业链研究工作，启动临空经济区产业规划研究的筹备工作。3 月，通过公开招标和专家评审确定开锐管理咨询（厦门）股份有限公司为《大兴国际机场临空经济区临空产业规划》项目编制单位，并于 5 月启动临空经济区产业规划，明确新航城产业定位、招商目标、入区标准、产业布局和机制体制等。10 月，开锐公司编制完成《大兴国际机场临空经济区产业规划项目中期成果》报告，为临空经济区产业规划开发时序提供参考，为临空产业发展打好坚实的基础。

（李新）

## 完善公司体制机制建设

2月，大兴区委、区政府委派曹辉任公司总经理。7月，组建了审计管理部。11月中旬，负责投融资工作的副经理正式上任。当月，公司党办正式成立。一系列举措，有效完善了公司体制机制的建设，为公司健康、高效发展奠定了坚实基础。

（李新）

## 大兴区国资委对新航城公司增资15亿元

4月，大兴区国资委对北京新航城控股有限公司增资15亿元，北京新航城控股有限公司注册资本金由原来的8000万元，增至15.8亿元，有效提升了公司融资能力，为北京新机场红线内拆迁资金需求，实现资金筹措机制良性运行奠定了基础。

（李新）

## 完成临空经济区基础设施开发建设研究

5月，北京新航城控股有限公司开展为期半年的基础设施调研，旨在完善新航城规划、梳理新航城基础设施建设发展思路。通过实地走访碧水源、桑德环境、北燃、新奥燃气等多家基础设施运营企业，对基础设施行业发展规律以及国内外基础设施开发、建设和运营模式进行了深入研究。11月，完成了《新航城公共事业调研报告》及水处理、电信、燃气、户外广告、综合管廊的专项调研等，为新航城基础设施开发、建设和运营提供参考。

（李新）

## 开展公司企业形象识别系统设计

新航城的标识设计方案　　张延图 摄

8月，北京新航城控股有限公司启动企业形象识别系统研究。通过两个月的调研、调研成果分析与企业定位分析等设计研究，10月，博大数文完成新航城公司企业理念识别（MI）设计；11月，完成新航城公司视觉识别（VI）设计。

（李新）

## 申请获得兴业银行5亿元融资

9月，北京新航城控股有限公司成功申请了兴业银行5亿元融资，切实保障了北京新机场、空军南苑新机场主体工程征地拆迁相关前期项目的资金需求，为临空经济区一级开发相关前期项目做好资金投入准备。

（李新）

## 实施天堂河（北京段）新机场改线工程

9月，北京新航城控股有限公司取得天堂河改线工程的建设主体授权，天堂河改线工程报批、报建等相关手续办理工作同步启动。12月10日，天堂河（北京段）新机场改线(一期)工程项目立项正式批复。先后取得天堂河改线工程项目建议书、大兴区水务局关于天堂河（北京段）新机场改线工程水影响评价报告书的批复、市国土局大兴分局《建设项目用地预审意见》、大兴区发展改革委《关于天堂河（北京段）

新机场改线（一期）工程项目建议书（代可行性研究报告）的批复》等。12月31日，天堂河（北京段）新机场改线（一期）工程下穿京九铁路工程开工，标志着天堂河改线工程取得了突破性进展，为按要求实现2015年6月通水奠定了基础。

（李新）

### 筹建新航城基金管理公司

12月，北京新航城控股有限公司与亦庄国投共同成立新航城基金管理公司，公司的成立将大力吸引社会资本参与新机场临空经济区的开发建设，推动临空产业的快速发展。

（李新）

### 启动新航城城市发展质量指标体系研究

12月，为从顶层设计监管新航城规划、建设、运营全过程，北京新航城控股有限公司组建新航城城市发展质量综合指标体系课题组。同月，北京新机场建设大兴区筹备办公室与北京新航城控股有限公司签订技术咨询服务合同，正式开展新航城城市发展质量综合指标体系研究工作，从资源、环境、人文、产业、智慧等方面为建立一套全面、可监测、可比较的城市发展指标体系。

（李新）

### 安置房项目各项工作稳步推进

年内，北京新航城控股有限公司安置房项目各项工作陆续展开。4月29日，市规划委完成对安置房控规的技术审查并正式下发审查意见；5月7日，谈绪祥组织专题会，原则审议通过安置房设计方案；9月22日，北京新航城控股有限公司取得区政府安置房项目建设主体授权，安置房项目相关前期手续的报批、报建全面展开。依据市政府对安置房项目建设规模、供地方式和建设主体有关事宜的批示，按照“拆一还一”方式确定安置房规模，按照“三定三限三结合”政策取得土地。完成《机场安置房项目三定三限三结合方案（原则方案）》的编制。取得《关于机场安置房项目榆垡、礼贤组团（近期）设计方案审查意见的函复》，对公司加速推进安置房建设提供了保障。

（李新）

北京新航城控股有限公司
董事长 罗伯明
总经理 曹　辉（2月任）

# 金融

# 综 述

2014年，开发区加快推进“6+1+N”金政园企产业金融服务体系建设，与市金融局等部门共同做好企业上市服务工作，开展拟上市企业摸底工作。全年组织12批次42家区内企业申报国家、市级资金1.75万元，涉及中小企业发展、服务平台补助、创新融资、蛋白类生物药和疫苗专项等，18家企业获批，获批资金3876万元。与渣打银行、浦发银行等多家银行对接，研究支持开发区中小企业融资的特色金融服务。中信银行向区域中小企业提供10亿元授信贷款额度，拓宽了企业的融资渠道。截至年底，11家企业获得贷款1.7亿元。

完善投融资体系，引导成立电子信息、生物医药等产业基金105只，资金规模达3000亿元，成功争取国家集成电路产业投资基金和北京市集成电路产业基金入区，为新区高精尖产业培育发展注入强劲动力。首期规模1297亿元的国家集成电路产业基金落户亦庄。亦庄国投推进北京亦庄国际新兴产业母基金建设，以航天产业投资基金等8只子基金为支撑，初步构建了涵盖天使基金、VC基金、PE基金、并购基金、海外基金、债权基金的母基金体系，集中服务于集成电路、生物医药、现代服务业等开发区“高精尖”产业领域以及新区基础设施建设。亦庄国投公司推动新航城发展基金、领军人才创业发展基金等5只基金设立，进一步完善新区基金服务体系。推动中芯国际二期等集成电路产业链关键环节发展，支持北汽股份等汽车产业龙头企业通过资本运作做大做强，做好北京元心移动互联网产业中心等市级统筹项目投资，全年投资项目22个，投资额约60亿元，有力支持了新区集成电路、汽车、生物医药等产业发展。

北京·亦庄六大产业园区、八大产业集群所孕育的科技创新发展成果为产业投资者和基金管理机构带来投资机会。

（刘春赠 李楠 杨莹）

# 银行

## 中国工商银行开发区支行

### 概况

2014年，中国工商银行股份有限公司北京经济技术开发区支行（简称工商银行开发区支行）平稳运营，实现全行资产规模近150亿元。其中，信贷业务资产119亿元，比2013年增长13亿元；负债业务资产145亿元，比2013年增长6亿元；对公存款63亿元。马驹桥网点落成并正式营业，开发区支行营业网点达到10个。新增自助机具10台，累计达到137台，其中ATM 55台、存取款一体机41台、自助缴费机具41台（含转账汇款机及查询缴费机）。

（方园 朱静）

### 为某重点文化出口企业办理1亿元贷款

年内，工商银行开发区支行为某重点文化出口企业办理了1亿元流动资金贷款业务，同时为企业设计了包括全球现金管理、外汇资金集中、中非直连等一揽子金融服务方案，助力中国文化走出国门。该客户为国家文化出口重点企业，主要以非洲地区数字电视网络运营、电视节目传输及文娱节目译制为主营业务，在非洲12个国家开展了数字电视运营，转播及自办了300余套节目，非洲地区用户数量达到400万户，是中国文化、优秀节目向非洲地区传播的重要平台。

（方园 冯超 朱静）

### 实现跨境人民币结算230亿元

年内，工商银行开发区支行开展外汇资金集中运营及人民币双向跨境资金池业务。工商银行开发区抓住机遇，结合北京市外汇试点政策，为开发区内世界500强企业外资客户实现全国首笔人民币对外放款业务，并在区内大力推广跨国公司本外币资金归集业务，为跨境企业资金流动提供便利条件。截至年底，累计实现跨境人民币结算230亿元。

（方园 杨凯 朱静）

### 打造荣华中路支行服务示范网点

年内，工商银行开发区支行开展服务品质提升活动，选定荣华中路支行为服务示范网点，进一步提升该网点的硬件配置，从客户体验、文化创建等方面入手，完善制度保障，推动服务创新，打造精品服务网点，为其他网点树立服务标杆，为开发区居民提供更为方便快捷的金融服务体验。

（方园 殷晓彤 朱静）

### 堵截62件电信诈骗案

年内，工商银行开发区支行堵截电信诈骗案件62件，堵截金额122万元。电信诈骗防范工作受到开发区公安分局多次表扬。被诈骗对象多为年龄较大、孩子不在身边的老年人和风险意识较差的人群，通过电话、短信等途径，谎称客户亲人发生意外或法律纠纷等方式进行诈骗。

（方园 侯超 朱静）

中国工商银行股份有限公司北京经济技术开发区支行
党委书记兼支行行长 刘红星（5月免）
任小克（5月任）

## 中国银行开发区支行

### 概况

2014 年，中国银行股份有限公司北京经济技术开发区支行（简称中国银行开发区支行）本外币存款余额为 711804 万元，实现利润 21871 万元，实现中间业务收入 6274 万元，同比增长 24%。

（马晶）

### 为公司客户提供融资支持 26.07 亿元

年内，中国银行开发区支行为公司客户提供融资支持 26.07 亿元。为公司客户提供授信支持 11.57 亿元，其中为 20 户大型、中型客户提供授信支持发放贷款 8.89 亿元，为 55 户小微企业提供授信支持发放贷款 2.68 亿元。支行不断创新融资产品，为公司客户提供多样化的融资支持，为公司客户续作投融通 10 亿元、中银集富 4.5 亿元，有力支持了开发区企业发展。

（马晶）

### 跨境人民币结算同比增长 207%

年内，受人民币升值影响，部分公司客户利润出现下滑，中国银行开发区支行引导、协助公司客户将进出口业务逐步改为人民币进行结算，为客户规避汇率波动风险。支行全年跨境人民币结算量 24 亿元，同比增长 207%。

（马晶）

中国银行股份有限公司北京经济技术开发区支行

行长 杨青梅

## 中国农业银行开发区支行

### 概况

2014 年，中国农业银行股份有限公司北京经济技术开发区支行（简称农行开发区支行）本外币各项存款时点余额 140.4 亿元，本外币日均存款余额 147.4 亿元。各项贷款余额 137.1 亿元，比 2013 年增加 21.3 亿元，其中个人贷款余额 23.8 亿元，比 2013 年增加 5.3 亿元。完成国际业务结算量 37 亿美元，完成全年任务的 123%；跨境人民币结算量 34 亿元，完成全年任务的 310%。实现中间业务收入 1.08 亿元，完成全年任务的 101.9%，增幅 59.5%。

（朱燕群）

### 为保利集团放贷 17 亿元

3 月，农行开发区支行为保利集团子公司——北京润诚嘉信置业有限公司（简称润诚嘉信）发放首笔房地产开发贷款 3.5 亿元。润诚嘉信开发建设的昌平区沙河项目为农行 2013 年重点营销项目，总贷款额度 12 亿元，项目剩余的 8.5 亿元贷款额度在 2014 年全部发放。农行开发区支行全年为保利集团及其下属子公司累计投放贷款 17 亿元。

（朱燕群）

### 为戴姆勒公司授信 50 亿元

4 月 29 日，农行开发区支行给予戴姆勒公司在京企业整体授信 50 亿元，将奔驰金融、奔驰销售、零部件、奔驰租赁 4 家企业纳入授信范畴，给予企业包括同业借款、短期流资、贸易融资、银赁通保理、资金业务等多个用信品种。

（朱燕群）

## 组织北京奔驰银团贷款组团20亿元

4月30日，农行开发区支行牵头为北京奔驰汽车有限公司发动机二期项目组织银团贷款组团20亿元，农行开发区支行参贷15亿元，北汽财务公司参贷5亿元。

（朱燕群）

## 开展“普及金融知识万里行”活动

农行开发区支行“普及金融知识万里行”活动　郭宗祥 摄

6月5日，农行开发区支行启动2014年度“普及金融知识万里行”活动。6月至8月，以“金融知识伴您同行服务月”“电子银行多元服务宣传月”“珍视个人信用宣传服务月”为主题开展宣传。开展25场活动，受众达千余人。

（朱燕群）

## 与京东集团合作网银在线业务

7月9日，农行开发区支行与京东集团召开合作洽谈会，双方就全方位地开展支付结算合作进行探讨。农行北京分行与京东集团开展网银在线业务合作。10月25日，农行开发区支行将京东商城（网银在线）申请的5000台POS机全部安装完毕，12月初正式启用。

（朱燕群）

## 签署“新三板”服务协议

8月7日，农行开发区支行与西诺（北京）花卉种业有限公司签订“新三板”挂牌服务协议。该协议是北京分行范围内“新三板”挂牌服务的第一单，也是开发区支行对中小微企业金融服务形式的创新。农行开发区支行给予西诺（北京）花卉种业有限公司前期300万元小微企业综合授信，用于支持其季节性用款需求；在线上销售部分，双方签订B2B线上支付业务；为其安装POS机具2台，用于日常收款。

（朱燕群）

## 服务残障客户群体

10月至11月，农行开发区支行开展多方位服务，关心特殊群体。开发区支行工作人员利用晨会时间进行手语培训学习，为聋哑人提供金融服务；设置无障碍通道，专设爱心座椅和爱心窗口，配备残障人轮椅和婴儿车；准备方便盲人客户识别现金的助盲卡、不同度数的老花镜，以及跌打损伤等常备药品。

（朱燕群）

中国农业银行股份有限公司北京经济技术开发区支行

行长　余　萱

# 中国建设银行开发区支行

## 概况

2014年，中国建设银行股份有限公司北京经济技术开发区支行（简称建行开发区支行）区域内存款余额122亿元，其中对公存款81亿元、储蓄存款41亿元。建行开发区支行在职人员190人，下设5个部室。12月19日，建行开发区支行天宝北街支行开业，营业网点增至8个。年内，建行开发区支行通过创新产品、拓宽融资渠道，对新区采用多种融资形式在基础设施、产业发展等方面给予资金支持，审批项目金额约50亿元。

建行开发区支行天宝北街网点开业　　张帆 摄

（汪洋）

## 成立个人境外出入境金融服务中心

5月，建行开发区支行营业部“个人境外出入境金融服务中心”正式挂牌。中心为会员客户提供综合化、专业化、个性化、一站式的出入境个人金融服务，包括免费办理存款证明、汇款优惠政策和投资移民咨询服务，为客户带来更丰富的金融服务体验，让会员“省时、省钱、省心”。

（汪洋）

## 与城乡世纪公司签署战略合作协议

12月22日，作为主要合作银行，建行开发区支行与北京城乡世纪商厦有限公司签署战略合作协议。建行开发区支行为在东区建设的一座30万平方米的巨型商业综合体——北京城乡世纪财富广场提供综合金融服务方案，包括商厦MIS直联、开立基本结算账户、代发工资等业务。这是北京城乡贸易中心股份有限公司自成立近30年来，第一次与商业银行签订战略合作协议。

（汪洋）

## 开展“进展会、联电商、进市场”活动

年内，建行开发区支行开展“进展会、联电商、进市场”活动。支行商户团队走进北京双井地区的农贸市场、新世纪石材市场，为市场商户进行POS机及安居分期业务讲解，对提升存量客户的交易起到推动作用。

（汪洋）

## 首个NRA基本户落户支行

年内，建行开发区支行在体制、机制、产品、服务、流程等方面进行优化和创新，形成国际业务的高质、高效的服务特色和竞争优势。成功营销首个NRA（境外机构开立的境内外汇账户）基本户落户支行，并新增一个国际业务重要客户。

（汪洋）

## 施行“6S”管理标准

年内，建行开发区支行围绕“优质服务标杆网点”的建设工作，施行“6S”管理标准（即整理、整顿、清扫、清洁、素养、安全）。制作培训课件，在行内其他网点进行宣讲和推广，规范网点及各岗位服务流程及标准，实现支行客户服务水平的全面升级。

（汪洋）

中国建设银行股份有限公司北京经济技术开发区支行

行长　王　堃

# 交通银行开发区支行

## 概况

2014年，交通银行股份有限公司北京经济技术开发区支行（简称交行开发区

支行）坚持“创新驱动，转型发展”经营理念，加快“两化一行”（即走国际化、综合化道路，建设以财富管理为特色的一流公众持股银行）战略转型目标，着力提升对风险、案件的预判和把控能力。10月，开发区支行和大兴支行正式分拆。截至年底，支行总人数由140人降至92人。

（张敏）

### 举办“新三板”市场实务培训

8月15日，交通银行北京分行投行部、同业部、交行开发区支行联合大兴区金融办举办新区企业综合金融服务系列活动“新三板”专场实务培训，70家企事业单位的162人参加培训，交通银行总行投资银行业务中心权益融资部总经理陈左详细介绍了交通银行“新三板”集成式挂牌服务及相关产品。全国中小企业股份转让系统公司、申银万国证券股份有限公司的多位专家围绕“新三板”市场发展与企业挂牌操作实务等方面进行讲解。

（张敏）

交通银行股份有限公司北京经济技术开发区支行

行长 张 伟（5月任）

张 魄（5月免）

## 华夏银行亦庄支行

### 概况

2014年，华夏银行股份有限公司北京亦庄支行（简称华夏银行亦庄支行）储蓄存款余额5.15亿元，完成全年计划的100%；储蓄存款日均4.79亿元，完成全年计划的100%；对公有效户净增115户，完成计划的100%；净增个人有效户31500户；个人理财年销售量40亿元；信用卡新增1553张，完成计划的120%；速通卡新增8324张，完成计划的220%；新增个人网银15000户。

（崔宁宁）

### 华夏银行推出京津冀协同卡

8月，华夏银行响应京津冀三地协同发展战略，配合发行京津冀协同卡，并推出北京、天津、河北三地间柜台跨行汇款全免费活动，华夏银行亦庄支行年内发卡量实现5000余张。

（崔宁宁）

### 开发小企业授信客户9户

年内，华夏银行亦庄支行推进“两个80%”（“两个80%”指调动80%的员工服务80%没有得到银行很好服务的客户，加大对低效存量客户的挖潜力度，重点做好睡眠客户唤醒和低效客户转化工作；加强对20%重点客户的项目管理，落实专门团队和项目经理，制定针对性服务方案，提高服务深度和广度）工作，全面梳理存量客户，对客户重新分配，支行领导一对一指导营销方向和营销突破点。对于低效户，根据客户需求配套提供金融服务，如票据置换、公司理财、网上银行、代发工资、高端私人客户产品等，有效户得到有效提升。华夏银行亦庄支行同时联动营销中小企业授信、企业职员个人业务，开发小企业授信客户9户，带动金融资产总量增长超过6000万元。

（崔宁宁）

### 发行速通卡8324张

年内，华夏银行亦庄支行作为开发区首家“ETC一站式”服务网点，提出

"低碳出行·乐享生活"口号，为广大车主提供优质服务。新增速通卡（ETC 卡）8324 张，发卡量居开发区"一站式"服务行首位。经过二次营销，ETC 客户已经成为支行个人业务的重要支撑。6 月 18 日，北京速通科技有限公司 18 位营业网点领导到华夏银行亦庄支行进行工作交流。速通公司将协助支行解决速通卡安装、办理中存在的一些问题，同时促进了支行与首发集团进一步合作。

（崔宁宁）

华夏银行股份有限公司北京亦庄支行

行长 孙国威

## 中国邮政储蓄银行开发区支行

### 概况

2014 年，中国邮政储蓄银行股份有限公司北京经济技术开发区支行（简称邮储银行开发区支行）加快网点转型，推出"增信贷""互惠贷""工业用地法人按揭贷款"等信贷产品，为开发区部分企业解决"贷款难""用款不方便"等问题。截至年底，邮储银行开发区支行个人存款突破 4 亿元。支行共有员工 13 人，其中管理人员 2 人。

（王振）

### 与速通公司达成战略合作协议

10 月，邮储银行开发区支行与北京速通科技有限公司达成战略合作协议，ETC 卡在全国进行联网，北京 ETC 卡在各省消费的资金归集结算账户成功营销。截至年底，ETC 卡初步联网 7 个省，资金归集量在 3 亿元。

（王振）

### 业务差错验单率降到 0.09%

年内，邮储银行开发区支行开展风险内控学习行动——"合规大讨论"活动，落实风险防范，提高管理工作水平。通过"一把手"讲堂、班后组织学习相关制度、员工抄写合规笔记等方式提升员工合规意识。通过活动，让员工认识到工作中的不足，并对日常工作中的有风险、不合规的业务操作进行整改，业务差错验单率从年初的 0.25% 下降到年底的 0.09%。

（王振）

中国邮政储蓄银行股份有限公司

北京经济技术开发区支行

行长 付宏磊

## 北京银行开发区支行

### 概况

2014 年，北京银行股份有限公司经济技术开发区支行（简称北京银行开发区支行）开展"网点标准化流程"管理工程，细化服务管理流程，实现网点管理、营销和服务的标准化、流程化和规范化。力推中小微企业贷款业务，为城乡居民及企业提供优质金融服务。截至年底，北京银行开发区支行时点存款 29 亿元，贷款 16 亿元，其中中小微户数 93 户，贷款时点为 105044 万元；个贷时点为 78522 万元，短贷宝时点为 35396 万元。北京银行开发区支行实施"网点标准化流程"管理，实现网点管理、营销和服务的标准化、流程化和规范化，全面提高网点的服务水平和核心竞争力。

（张雯雯）

## 服务开发区中小微企业 93 户

年内，北京银行开发区支行发挥金融网络优势，强化内部控制，合规稳健经营，采取先行一步、上门服务、理财服务等方式为广大城乡居民及企业提供优质金融服务。力推中小微企业贷款业务发展，截至年底，中小微户数 93 户，贷款时点为 105044 万元，以中小微贷款业务为依托，重点支持开发区经济发展，大力支持中小企业的发展。

（张雯雯）

北京银行股份有限公司经济技术开发区支行

行长 贾 梅

# 北京农商银行开发区支行

## 概况

2014 年，北京农村商业银行股份有限公司经济技术开发区支行（简称农商银行开发区支行）强化全面风险管理，提升精细化管理水平，重新设计支行绩效考评体系，启动后备管理人员队伍建设工作，并逐步实行对支行客户经理的市场化管理。优化辖区内 10 个物理网点的布局，增设自助机具 5 台，升级自助机具 4 台，增设社区便利店 6 家。实现各项存款余额 91.85 亿元，各项贷款余额 37.41 亿元。

（冷月侨）

## 支持开发区重点项目建设

年内，农商银行开发区支行为开发区“12平方公里”扩区项目发放贷款9.3亿元，为北京奔驰二工厂用地项目提供 12.4 亿元的授信额度支持，加大对开发区重点项目的资金支持力度，加快融入开发区主流经济的步伐。

（冷月侨）

## 发放支农贷款 2.6 亿元

年内，农商银行开发区支行为开发区新农村建设提供资金支持，为区内涉农企业发放贷款 2.6 亿元；推出“福农卡”特色产品，凤凰福农信用卡是面向北京城乡地区涉农类客户及小微、个体工商户发放的借贷合一信用卡。具有一次审批、循环使用、存款计息、用信便捷、资金实时到账、按日计费、随借随还等特点，主要满足客户“短、频、快”的现金需求。全年累计发卡 56 张，用信发生额达 0.24 亿元。

（冷月侨）

## 开展“六进”活动 50 余场

年内，农商银行开发区支行开展“进机关、进企业、进社区、进园区、进超市、进市场”的“六进”活动。通过与机关、企业、商户、居民近距离接触，了解其对金融产品的需求，向群众普及金融理财知识，提高群众金融安全意识，全年累计举办相关活动 50 余场。

（冷月侨）

## 启动养老助残卡项目

年内，农商银行开发区支行启动养老助残卡项目。完成与开发区下辖的 3 个街道社保所的老龄委的对接，并完成前期筹备工作，成为园区发放养老助残卡的唯一一家银行，极大地便利了老年人、残疾人群体的日常生活。

（冷月侨）

### 发放“凤凰家园卡”4044 张

农商银行开发区支行推出凤凰速通信用卡　　田赫南 摄

年内，农商银行开发区支行推出针对开发区居民的“凤凰家园卡”产品。凤凰家园卡是面向社区银行周边居民发行的借记卡产品，除具备支付结算、电子现金等基础金融功能外，社区服务是凤凰家园卡的特色功能，主要包括身份识别和便民服务等功能，全年累计发卡 4044 张。

（冷月侨）

### 提供国际业务“一站式”服务

年内，农商银行开发区支行针对签证办理、行前准备、国外期间和回国等各个环节，为客户提供专业、迅捷的“一站式”出国金融服务；针对企业国际结算、项目担保、贸易融资需求，提供综合化、专业化、个性化的“一站式”金融服务。

（冷月侨）

北京农村商业银行股份有限公司
经济技术开发区支行
行长 刘 勇

## 上海浦东发展银行北京开发区支行

### 概况

2014 年，上海浦东发展银行股份有限公司北京经济技术开发区支行（简称浦发银行开发区支行）存款达 46.14 亿元；贷款余额 14.3 亿元；利润 2 亿元。销售各类理财产品 86 亿元，发放个人贷款 0.4 亿元，新增网上银行 3261 户，新增手机银行 4823 户，新增微信银行 2370 户，个人金融总资产 14.76 亿元。

（李华）

### 服务开发区内 50 家重点企业

年内，浦发银行开发区支行为区内 50 家企业提供包括上市财务顾问、理财、银关通、贸金产品转化等多元化的金融服务，解决企业资金问题，通过产品转化为企业节省财务成本。为香港某上市公司提供募集资金管理方案，使其获得超额收益；为开发区某大型国企制定启动基金方案；为某上市公司提供跨境资金池服务，打通其资金渠道，获得较高资金收益；为开发区某跨国公司提供票据管理系统，减少公司财务人员工作量，规范其系统管理程序，降低操作风险，提高工作效率。

（李华）

上海浦东发展银行股份有限公司
北京经济技术开发区支行
行长 王 宁

## 兴业银行开发区支行

### 概况

2014 年，兴业银行股份有限公司北京经济技术开发区支行（简称兴业银行开发区支行）个人存款余额 14.8 亿元，个人存款日均 15.9 亿元，含结构性存款 16.3 亿元。年内，兴业银行开发区支行与国家开发银行、中国建设银行组成银团，为南海子四片区项目获批银团贷款 34 亿元，兴业银行开发区支行放款 6.9 亿元；开发区总公司获批非标债权投资业务 30 亿元，年内落地 10 亿元。12 月，兴业银行开发区支行与大兴支行合作，完成新航程项目 5 亿元铺底流动资金非标债权投资业务的审批及落地。兴业银行开发区支行完成开发区总公司 15 亿元短期融资券，亦庄国投 10 亿元中期票据立项工作。

（张思思）

### 对 144 家中小企业进行融资贷后检查

9 月至 10 月，兴业银行开发区支行针对 144 家中小企业融资组织专项贷后检查，防范风险隐患。对于符合国家政策的坚决支持；对于经营管理欠缺、经营不善的企业坚决退出。

（张思思）

### 组织金融宣传活动

年内，兴业银行开发区支行组织多种形式的金融知识宣传活动。经常性地进行反洗钱、反假币、防金融诈骗等金融知识宣传；组织“小小银行家”暑期夏令营活动，让小朋友参观银行，学习掌握钱币的基础知识，树立正确的金钱及财富理念；在 4 家社区针对老年人开展“安愉人生”合唱比赛，提供老龄人交流机会，丰富老龄客户群的晚年生活；组织“法律知识进社区”活动，邀约知名专家就有关财富传承、食品安全、金融诈骗等法律问题，开展 1 期案例讲座，使广大居民学会用法律知识保护个人或家人的利益。

（张思思）

兴业银行股份有限公司北京经济技术开发区支行

行长　张春明

## 东亚银行开发区支行

### 概况

2014 年，东亚银行（中国）有限公司北京经济技术开发区支行（简称东亚银行开发区支行）总存款余额 8.55 亿元，总贷款余额 11.38 亿元。有公私账户 1066 个，其中 777 个账户开通网银功能。

（刘缺）

### 对公账户达到 83 个

年内，东亚银行开发区支行共有公司账户 83 个，其中人民币账户 71 个、外币账户 12 个；有 51 个公司账户开通网银。截至年底，东区银行开发区支行公司业务存款余额 6.23 亿元，日均存款余额 15.74 亿元。公司业务贷款余额 9.06 亿元，日均贷款余额 8.22 亿元。

（刘缺）

### 开展 1 笔同业业务

年内，东亚银行开发区支行开展同业业务 1 笔，同业贷款余额 9.02 亿元，日均贷款余额 7.93 亿元。该笔同业业务交易对手为民生金融租赁股份有限公司，截至年底，该公司在东亚银行开发区支行授信余额 3.7 亿元，8700 万美元。

（刘缺）

### 个人账户达到 983 个

年内，东亚银行开发区支行共有个人账户 983 个，其中人民币账户 976 个，外币账户 7 个；726 个账户开通网银。个人存款余额 2.32 亿元，个人贷款余额 2.32 亿元。继续推广“开心游”“留学通”“两地一本通”“移民通”“高端医疗”等金融产品。

（刘缺）

东亚银行（中国）有限公司北京经济技术开发区支行
行长 郑文鑫

# 证 券

## 国泰君安证券北京亦庄营业部

### 概况

2014 年，国泰君安证券股份有限公司北京亦庄宏达北路证券营业部（简称国泰君安北京亦庄营业部）促进客户财富管理向资产配置转型，开展中小企业“新三板”挂牌、发行债券和股权质押等投融资服务。出版电子杂志《亦境》4 期，累计出版 21 期。

（邢雷）

### 举办亦庄金融论坛

国泰君安专家解读新股发行新政　　邢雷 摄

1 月 17 日，国泰君安北京亦庄营业部与亦庄国投、工行开发区支行共同举办第一期“亦庄金融论坛”，主题为“聚焦 IPO 重启”（IPO：新股发行）。70 余家新区企业人员参加论坛。论坛就新区金融政策、新股发行规则、“新三板”挂牌制度等方面做主题演讲，为企业提供投融资平台、银行资产管理等专业服务。

（邢雷 武春雷 杨莹）

### 举办新区企业上市工作启动会

6 月 18 日，国泰君安北京亦庄营业部与大兴区金融办、亦庄国投共同举办“大兴新区中小企业上市融资系列服务活动”工作启动会。邀请国泰君安投资银行部专家对新股 IPO 上市及“新三板”挂牌规则进行全面解析。国泰君安北京亦庄营业部作为组长单位牵头负责走访并梳理新区 1000 余家中小型企业，征集企业基本信息，参与企业战略定位、融资设计和公司治理，为企业提供融资、挂牌、上市、咨询、培训等服务。

（邢雷）

### 开展 5 次君弘财富俱乐部活动

国泰君安邀请专家鉴赏名画　　邢雷 摄

年内，国泰君安北京亦庄营业部君弘财富俱乐部为营业部高端客户举办 5 次会员活动，内容有 DIY 烘焙饼干、赏鉴名家画展、插花艺术学习、品鉴茶道、轻松观影等，400 余人参加俱乐部的会员活动。

（邢雷）

国泰君安证券股份有限公司
北京亦庄宏达北路证券营业部
总经理 张国伟

# 社会保障与社会发展

# 综述

2014 年，开发区在经济增速放缓和结构深层次调整的不利因素下，积极完善就业政策、沟通供需对接渠道；发挥市场在人力资源配置中的作用，推进建立劳务派遣机构与产业工人动态调配对接机制；推进高质量培训工作，全面提升劳动力技能水平。落实征地拆迁、劳务派遣、班车、技能培训等政策，举办乡镇招聘会 32 场，吸纳 4743 名大兴劳动力在开发区就业。首次启动高校实习生招聘计划，全年共组织校园招聘 34 场。开发区围绕“人人享有社会保障”目标，全面推进社会保障工作法治化、科学化、信息化建设。继续做好《社会保险法》及相关配套政策的宣传与培训，推进北京市各项惠民措施在开发区的贯彻执行。加大扩面征缴力度，开展社保基金和其他重大专项资金使用情况专项检查，确保各项基金应收尽收。建立农民工工资保险保障制度。开发区全年五险基金收入 48.7 亿元，支付总额 7.58 亿元，为全市社保基金贡献结余 41.12 亿元。

开发区不断提升教育医疗水平，调整教育空间规划，启动十一学校实验中学、北京二中亦庄学校扩建和保华国际教育园建设，推进旧宫中学升级改造；北京市大兴区金色天使双语幼儿园顺利开园。开发区下发《关于实施〈北京经济技术开发区教育扶持奖励办法〉的补充通知》，进一步规范《北京经济技术开发区教育扶持奖励办法》中的资金使用部分，对资金使用做出了细化规定。2014 年教育扶持奖励项目 21 个，扶持资金 588.31 万元。同仁医院二期开工，社会资本投资的爱育华妇儿医院顺利开业，河西区 X83C1 地块医院主体结构封顶，与北京中医药大学东方医院合作办医，建设东方医院南院区。继续增强社区卫生基础医疗力量，在林肯社区卫生站首设中医门诊。开发区制定《开发区突发公共事件医疗卫生救援工作方案》，建立开发区公共事件医疗应急救援体系。增加 3 家老年餐桌定点经营单位，建成并开放 2 家社区老年“日间照料室”。首家高端综合商业体——力宝广场开业运营，新区特色农产品、旅游商品和餐饮服务通过对接活动和电商渠道，走进开发区企业和社区。成功举办开发区文化艺术节、全民阅读活动、首届开发区网络春晚等文体活动。

（王倩倩 齐亚丽 陈秋明）

# 社会保障

## 社会保险

### 概况

2014年，北京经济技术开发区人事劳动和社会保障局（简称开发区人劳局）制订《北京经济技术开发区社会保险基金管理中心改进作风专项行动实施方案》和《北京经济技术开发区社会保险基金管理中心服务规范和纪律要求汇编》。自7月始，开发区社保经办机构实行每月业务高峰期大厅值班制度、窗口工作人员考核制度、业务流程公示、员工亮牌上岗、设立意见箱和监督投诉记录单、设立医护急救箱等措施，配置社会保险权益查询打印一体机等便民设施，不断提升整体服务水平。截至年底，开发区共有参保单位4728家、缴费单位4583家，同比增长分别是8.12%和8.42%；参保人数36.6万人、缴费人数19.66万人，同比增长分别是11.2%和11.83%，五项社会保险基金征缴总额48.7亿元、支付总额7.58亿元、结余总额41.12亿元，同比增长分别是15.03%、6.58%和16.73%。各项惠民措施平稳落地，社会保障待遇提高10%左右，有力推动了开发区包容性增长和发展成果共享。

（王倩倩 李甜）

### 支付各个险种待遇7.58亿元

截至年底，开发区社保中心共支付五项社会保险及无保障养老保险待遇7.58亿元，同比增长6.6%；结合新形势，生存认证工作着重实现三个突出，即突出便民利民、突出认证质量确保基金安全、突出认证手段实现人性化，使开发区的认证率达到100%。

（李甜）

### 对77家单位进行社保日常稽核

截至年底，开发区社保中心日常稽核单位77家，涉及3.94万人，已落实补缴金额332.02万元，投诉立案22起，涉及24人，成功申请法院强制执行案件2起，落实补缴金额31.38万元。

（李甜）

**2014年社保基金收、支、余情况一览表**

单位：万元

| 险　种 | 收缴金额 | 同比增幅 | 支付金额 | 同比增幅 | 结余金额 | 同比增幅 |
|---|---|---|---|---|---|---|
| 养老保险 | 310623.3 | 15.10% | 23448.3 | −12.89% | 287175 | 18.20% |
| 失业保险 | 12463 | 12.53% | 758.1 | 103.17% | 11884.9 | 12.44% |
| 工伤保险 | 7765.6 | 12.02% | 2478 | 18.92% | 5287.6 | 9.05% |
| 生育保险 | 9622.6 | 15.55% | 11493.9 | 28.09% | −1871.3 | 189.96% |
| 医疗保险 | 146366.2 | 14.97% | 37601 | −88.52% | 108765.2 | 15.03% |
| 合　计 | 487020.7 | 15.03% | 75779.3 | 6.58% | 411241.4 | 16.73% |

### 2764 家参保单位开通银行缴费业务

年内，开发区社保中心通过派发宣传单和召开全区企业培训会等方式大力宣传北京市社保中心 2013 年年底推出的银行缴费业务。截至年底，开发区共有 2764 家参保单位开通银行缴费业务，占缴费单位数的 73.22%，完成市社保中心下达的缴费单位达到 50% 的年度考核指标。

（李甜）

### 完成对定点医疗机构开展总量控制工作

年内，开发区医保中心对开发区的三家定点医疗机构继续实行总量控制工作。7 月，发现北京振国中西医结合肿瘤医院全年指标额度已用完，严重超出当期指标额度，故对其进行全面检查，并决定从 8 月份开始给予其缓支费用的处理。11 月，进行每周驻院巡查，并邀请市医保中心大额部人员对该院医疗费用情况进行检查，指导其改进工作。

（李甜）

### 扩面征缴任务完成率达 100.6%

年内，开发区通过积极引入京东世纪等大型参保单位，规范参保单位缴费基数、提升平均缴费基数水平，加大专项审计及日常稽核工作力度等方法，不断提高基金征（补）缴额。全年 5 项基金收入总额 48.7 亿元，扩面任务完成率 100.6%。

（李甜）

### 受理工伤案件 517 起

年内，开发区社保中心共受理工伤案件 517 起，案件数量同比增长 26%。其中，因工死亡案件 10 起，包括突发疾病死亡 5 起、交通事故死亡 3 起、因工作原因死亡 2 起，未发生行政复议及行政诉讼。工伤康复 22 人，完成市人力社保局工伤康复指标的 109%。

（梅晓丹）

### 人均退休养老保险金达 3095.95 元

年内，开发区社保中心为 4593 名退休人员调整养老保险待遇。调整后，开发区退休养老保险金人均上涨 282.2 元，全区人均养老金 3095.95 元。

（梅晓丹）

## 劳动就业

### 概况

2014 年，开发区人劳局完善就业政策、加强就业服务、沟通供需对接渠道，实现吸纳新区劳动力就业 4743 人，通过公共就业服务机构推荐 852 名市其他区县劳动力、7527 名外省市劳动力进入开发区工作，近千家企业受益。共组织各类培训 5.58 万人次，5147 人取得了国家职业资格证。进一步加强劳动用工情况监控指导，健全劳动关系协调指导机制，加大劳动保障维权执法力度，全力防控矛盾纠纷。全年共处理各类劳资纠纷 2000 余件，实现了劳动监察法定时间结案率 100%，劳动争议仲裁案件结案率达到 90% 以上，妥善处置了部分企业中发生的欠薪等重大群体性突发事件，依法妥善指导区域重点企业实现了减员增效的战略调整，为新区实现各项经济社会发展目标营造了和谐稳定的劳动关系氛围。

（王倩倩）

### 承办“春风行动”主题日活动

2 月 27 日，北京市春风行动主题日活动首次走进开发区，2014年北京市春风行动主题日暨开发区专场招聘会在开发区人才交流服务中心、职业介绍服务中心举办。京东方、SMC、泰德制药等26家企业提供岗位2300余个，吸引1500余人现场求职。为应对节后用工高峰，中心春节前向区内2000余家企业进行了岗位需求调研。根据调查结果分析，开发区用工需求主要集中在制造、生物医药和生产服务等行业。其中，基础工人岗位约占70%，生物医药、服务业等相关岗位分别占10%，物流、客服岗位对需求有所增加；对技能型岗位的需求呈上升趋势，且对求职者的技能水平和工作经验也有明确要求。在就业援助活动中，开发区根据援助对象基本情况、技能水平、家庭因素等情况，分析判断就业困难程度，并确定帮扶人员，进行一对一就业帮助。帮助其确定求职方向，在此次春风行动活动期间至少提供3个符合其需求的岗位信息，并向有培训需求的援助对象推荐职位技能培训和创业培训，帮助其尽快实现稳定就业。

（周未）

## 开展清理整顿人力资源市场秩序专项检查

2月27日至3月25日，开发区人劳局开展清理整顿人力资源市场秩序专项执法大检查。检查以人力资源服务机构、从事职业中介活动的组织和个人、各类招工用人单位为对象，加大对职业介绍和招工行为的监管。逐一检查职业介绍资质、就业招聘信息、招工方式、扣押证件、收取财物、歧视规定等方面情况，面对面向企业宣传《中华人民共和国劳动合同法》《中华人民共和国就业促进法》和《劳务派遣暂行规定》。检查15家企业，涉及劳动者2万余人。

（张磊）

## 四项举措满足企业春节后用工需求

春节后，开发区就业市场迎来招聘求职高峰，节后半个月新增岗位6533个。招聘企业以制造、生物医药、服务类为主，岗位集中在一线操作工、客服等领域。开发区人劳局采取4项措施，满足企业用工需求，保证企业生产运行。以“春风行动”为契机，春节前对区内150家重点企业进行岗位需求调研，提前制定招聘方案。加强招聘宣传，通过印制求职手册，在开发区人流密集地区张贴招聘海报，播放大型公益广告，扩大影响力，吸引更多的求职者关注、参与招聘活动。正月十五前召开首场招聘会，并增加招聘会举办场次，节后半个月共组织各类招聘活动11场。为扩大企业招聘范围，组织区内企业赴大兴5个乡镇举办招聘活动，吸引更多新区劳动力来开发区就业，缓解企业用工需求。

（王宁）

## 组织校园招聘34场

6月，开发区人劳局首次启动高校实习生招聘计划。组织区内知名企业赴大连理工大学、大连海事大学、东北大学、沈阳药科学院开展实习招聘活动，为6家重点企业引进96名实习生。全年共组织校园招聘34场，参会企业358家次，参会高校毕业生1.3万人次，达成意向1866人次，创历年之最。积极搭建政府、学校、企业三方平台，对包括卓越联盟9所高校在内的学校走访调研，采取邀请企业参会座谈的形式，搭建校企平台。

（李大业）

### 开展劳动保障法律法规培训

6月，开发区人力社保部门针对企业在用工管理中存在的困难、问题，就北京市高级人民法院印发的《劳动争议案件适用问题研讨会会议纪要（二）》的实施进行培训，并现场进行咨询和指导。区内85家企业130余名人力资源工作人员参加。10月28日，开发区人劳局举办劳动保障法律法规系列培训会第二讲。区内规模较大、当年发生过投诉、举报及仲裁的企业共计50余家参加培训。培训分“劳动关系领域涉及的禁止性规定”及案例和企业在用工管理过程中遇到的难点问题进行现场答疑两个环节。免费向企业发放《劳动者维权手册》。

（汪佳音 张磊）

### 开展建国65周年排查调处

9月，开发区劳动监察大队展开以《北京市人力资源和社会保障局开展建国65周年期间排查调处工作的通知》为指导的专项排查工作。排查工作重点是曾多次发生讨薪事件的重点建筑施工企业、成规模的商务写字楼和住宅区内的各类物业管理服务企业和涉及重组、合并的企业。检查劳动保障部门共出动70人次，检查单位35家，涉及职工2321人，印发宣传材料103份，当场责令建议改正15份。

（张磊）

### 推行“一诉全查”制度

12月，劳动监察大队推行“一诉全查”制度。按照“有案必查、违法必究、执法必严”要求，对被诉企业实施全面“检查体检”。具体做法是：执法过程中不仅依法依规解决劳资矛盾，纠正企业违法行为，还对企业劳动保障用工管理进行检查，从根本上杜绝企业再次发生违法行为，达到“解决一案规范一户”目标。

（张磊）

### 整合各方资源加快开发区培训体系建设

年内，开发区人劳局通过落实《北京经济技术开发区职业技能培训补贴办法》、开展公开课培训、建立企业培训信息月报制度、开发多种培训项目、采取与职业院校合作等一系列措施开展培训工作，取得阶段性进展。据不完全统计，2660人获得职业资格证书，全年与北京市新媒体技师学院和北京市电子科技职业学院两家培训院校共开展职业技能培训13期，为区内企业培训7454人次，共拨付25.96万元培训补贴经费。

（李大业）

### 新增1家市级“首席技师工作室”

年内，开发区人劳局继续开展“开发区首席技师工作室”建设工作，提升区内技能人才培养，推动开发区技能人才队伍建设。新增一家北京市级“首席技师工作室”。对区内评选的“首席技师工作室”成员开展免费研修培训，第一期培训已经完成，邀请清华、北航等高校的知名教授授课，受到高技能人才欢迎。

（李大业）

### 吸纳4743名大兴区劳动力在开发区就业

年内，开发区人力社保部门加快落实政策，规范审核流程，加强各方沟通，推进大兴区劳动力在开发区就业。全年落实征地拆迁、劳务派遣、班车、技能培训等政策，涉及企业94家次，人员7343人次，涉及资金620万元，有力促进了大兴区劳动力在开发区就业；密切联系大兴镇街，加大乡镇招聘会举办力度，确保完成全年就业指标，一方面，组织19个镇街的就业专管员建立就业QQ群，及时传达岗位需求信息和招聘会信息。另一方面，加大乡镇招聘会举办力度，把招聘会直接开进村、社区，主动送岗位上门。全年共举办乡镇招聘会32场，140家次企业提供岗位5117个，参会人数近7920人。推荐4743人大兴劳动力在开发区就业，提前两个月完成全年4000人就业指标。

（李大业 王宁）

## 加强公共就业服务机构建设

年内，开发区人力社保部门采取多项举措，帮助企业解决人力资源发展难题。对于京东方、华联力宝等企业用工急、人员需求量大的订单，帮助企业自主招聘，联系派遣公司代理招聘，为企业举办专场招聘会，搜集31家企业的1700多个岗位给诺基亚被裁员工备选，召开专场招聘会安置被裁员工，并通过制定专门职业指导和培训计划，开通档案转递绿色通道等方式，帮助企业平稳过渡裁员难关。

（王宁）

## 召开中高级人才和技能人才招聘会

年内，开发区人才交流服务中心、职业介绍服务中心组织奔驰等25家企业参加中高级技能人才专场招聘会，为求职者提供中高级及专业技能岗位553个，吸引1200名求职者应聘，达成意向703人。

（王宁）

## 做好人事代理服务

年内，开发区人才交流服务中心、职业介绍服务中心为企业和个人提供档案管理、失业转接、退休审核、职称评审备案、外国专家证、流动党员、北京市户口生育服务证、集体户口等各项人事代理服务。中心档案管理部门针对企业人事普遍反映的业务办理过程中易出现的问题，认真研判工作实际，严格把握各项政策走向，在合法、合规、合理的基础上，解决历史遗留的、现实存在的档案疑难问题，提升人事代理服务能力和水平。档案部积极开展“疑难档案解答月”活动和人事干部培训讲座，避免企业人事部门员工因业务不熟练而影响工作效率。全年服务企业1239家，共计存档2.82万份，同比增长1.2%；开立集体户口分户278家，户内人员达到1174人，新增落户110人。

（杨晓燕）

## 为62家用人单位完成出证审查

年内，开发区人才交流服务中心、职业介绍服务中心共为62家用人单位完成上市、融资、评优或投标前的出证审查工作。出证单位数量同比增长148 %。根据出证单位需要，主动对用人单位遵守劳动法律、法规和规章情况进行审查，克服了因企业原因反复出证等困难。将出证办理期限由文件规定的10个工作日，缩短到平均5个工作日，加快了受理、审查、报批速度，为扶植企业发展提供了高效便捷服务。

（张磊）

## 发布工资指导价位及人工成本指导手册

年内，开发区人劳局发布2014年度《部分职位工资指导价位及企业人工成本状况指导手册》。指导手册延续科学实用特点，发布420个职位的薪酬信息，发布工资指导价位的职位总量较2013年增长12%，并对前三年工资指导价位及人工成本构成状况进行图表展示，所有信息来源于区内 2757 家不同经济类型、行业和规模的企业，共采集调研数据 18.11 万条。

（汪佳音）

### 受理劳动争议案件 1226 件

年内，开发区人力社保部门受理劳动争议案件 1226 件，同比减少 497 件，同比下降 28.8%。其中，集体争议案件 79 件，涉及 586 人。受理案件总量较上年虽有所降低，诉求项目多、复杂程度高、调解难度大成为开发区劳动争议案件新特点。全年结案率达到 90.46%，调解率达到 63.48%，完成了市人力社保局提出的结案率达到 90%、调解率达到 35% 的工作要求。妥善处置了诺基亚公司 4000 余名离职员工的分流安置，积极做好员工的再就业指导工作。依法妥善指导区内十余家公司近 5000 人转岗、裁员或因欠薪引发员工辞职情况。

（汪佳音）

### 做好劳动能力鉴定工作

年内，开发区劳动能力鉴定中心正式受理劳动能力鉴定申请 342 人，其中工伤鉴定申请 330 人，因病鉴定申请 12 人。开展劳动能力鉴定工作 30 场，其中日常鉴定 12 场、专场鉴定 18 场。按劳动能力鉴定类型划分：工伤评残 330 人、配置辅助器具 8 人、延长停工留薪期确认 1 人，护理依赖 7 人。因病鉴定指导性指标人数 50 人，已鉴定 12 人，指标结余 38 人。中心还建立了开发区劳动能力鉴定现场医学检查工作程序，将区内同仁医院作为开发区现场医学检查定点机构，完成现场医学检查 2 人。

（许大川）

# 社会发展

## 教 育

### 概况

2014 年，开发区入学工作平稳开展，基本满足各种入学、入园需求；北京亦庄实验中学、保华国际教育园如期开工；教育发展扶持工作顺利进行；北京市大兴区金色天使双语幼儿园顺利开园，为区内幼儿入园提供更多的选择，进一步改善了开发区投资环境。

（齐亚丽）

### 电科职院完成国家二级（技师）培训鉴定

1 月 23 日，北京电子科技职业学院完成北京奔驰汽车有限公司汽车 3 个工种职业资格鉴定工作。这是电科职院首次承接国家二级（技师）职业资格培训及鉴定工作。2013 年 5 月，该校与北京奔驰汽车有限公司签订合作培训协议，为该公司 60 名员工举办汽车冲压工、汽车涂装工和汽车焊装工三个工种国家二级（技师）职业资格培训班，并组织学员参加上述 3 个工种的国家二级（技师）资格鉴定。培训项目自 2013 年 7 月启动，完成理论培训、实操训练、理论考试、实操考试、论文答辩等各项工作，其中 48 名学员获得相应工种国家二级（技师）职业资格证，取证率达到 80%。

（王琴）

## 中芯学校举办首届创意大赛

中芯学校举办首届“校长杯”创意大赛　苗刚 摄

1 月至 4 月，北京市中芯学校举办首届“校长杯”创意大赛，旨在推动学生创新意识，给学生提供相互交流和提高的学习平台。全校一年级至九年级学生参加。比赛分为两类：一类是中芯学校校园设计，以绘画、实物模型呈现；另一类是采访“不平凡的人”，以微型影片呈现，所有参赛作品要求完全由学生自己原创。183 件学生作品参与比赛，经过学生和教师评委筛选，最终评选出一等奖 8 人、二等奖 12 人、三等奖 26 人、鼓励奖 28 人。获奖作品在学校进行展览，并制作成册，展示给全校学生观摩学习。

（王欢）

## 亦庄二小召开教育信息化课堂教学培训会

2 月 16 日，北京市大兴区亦庄镇第二中心小学召开教育信息化课堂教学应用理念及方法培训会。培训安排 3 场讲座，分别是由东北师大理想信息技术研究院研究员董双威讲“基于数字化资源的有效备课方法”；亦庄二小校长孙唯主讲“基于信息技术的学生学习方式转变的实验研究”；东北师大理想信息技术研究院博士、信息技术与课程整合专家、教授钟永江主讲“信息技术与教学深度融合的好课标准”。大兴区教委主管小学和信息化教学工作的主任，就“应培养什么样的孩子”“如何发挥信息技术的最大实效”“提高课堂质量”等亟待研究的问题与教师们做互动沟通。进校教研员和几所学校教师 80 余人参加。

（张广阔）

## 电科职院签署多项合作协议

电科职院与第二炮兵签署人才培养战略合作协议　王秀婷 摄

3 月 18 日，北京电子科技职业学院与中国劳动保障科学研究院签署《共建中国劳动保障科学研究院科研创新实践基地协议》。根据协议，双方将在农民工职业能力建设与就业、高职院校学生职业生涯规划、应用型高级技能人才培养模式研究与实践、科研手段共享等方面进行交流合作。5 月 13 日，电科职院与中国人民解放军第二炮兵部队签署高素质高技能型士官人才培养战略合作协议。根据协议，电科职院为部队定向培养军地通用士官，通过高考面向北京、山东、湖南、重庆、陕西、甘肃地区招收定向培养士官生 200 名，学制 3 年，毕业后取得大专学历，补充到士官岗位服役，拓宽部队专业技术士官来源。5 月 22 日，电科职院与台湾南开科技大学签署友好合作框架协议，就开展两岸师生交流培训达成一致意见。6 月 4 日，电科职院与成都环龙智能系统设备有限公司签署校企合作协议。根据协议，双方将在汽车产品研发、工业机器人使用培训、师资培训、人才储备等方面开展交流合作。10 月 29 日，电科职院与韩国朝鲜大学签订学生交流协议，两校互派交换学生，主要模式为“2.5+0.5+2”专接本项目，即电科职院生物工程学院学生在校内完成 2.5 年的专业课程学习后，赴韩国朝鲜大学进行为期半年的交换生学习项目，学习韩语并完成为期半年的毕业设计，语言测试合格后可直接插班到韩国朝鲜大学的本科班，完成两年本科学习，并获得本科毕业证书。10 月 30 日，电科职院与芬兰赫尔辛基职业学院签署第三期师生交流合作协议，继续开展师生互派交流学习。

（王琴）

## 电科职院成立物流职业院校校际联盟

3 月 29 日，北京电子科技职业学院与招商物流北京公司联合成立“北京电子科技职业学院—招商局物流集团经济管理类专业校企合作模式校际联盟”。双方共同承办物流职业院校校际联盟研讨会，会议讨论并通过校际联盟章程，并决定以教科研合作共建共享和校园商贸流通平台两个实体项目作为初期工作任务。该联盟旨在充分发挥参与各方资源优势，积极开发招商物流现有物流实体资源、管理及运营体系的教育及培训功能，建立全国范围内职业院校网点分布与招商局物流集团网点分布相匹配的集群式合作模式，即共同研讨联盟建设及教学方案，共同采取合适的合作形式进行人才培养体系的共建，共同使用以招商物流网络为载体的物流及相关经济管理类专业人才培养平台和教学教研成果，并在该平台基础上推动经济管理类职业教育产学研一体化进程。北京联合大学、北京城市学院、北京农业职业学院、河南交通职业技术学院、上海工会管理职业学院等 10 余所院校以及招商物流北京公司、上海公司、湖南公司等单位代表出席会议。

（王琴）

## 杂技学校四期工程投入使用

3 月 31 日，北京市杂技学校四期工程（学生公寓及食堂）通过由建设单位、施工单位、监理单位、设计单位、开发区建设工程安全质量技术中心等单位组织的竣工验收，4 月投入使用。该工程 2012 年 3 月 28 日开工建设，建筑面积 17096 平方米。

（刘晓霞）

## 开发区学校在艺术节获得佳绩

中芯学校参加大兴区合唱节　　苗刚 摄

3 月 31 日至 4 月 1 日，北京市第八中学亦庄分校合唱团演唱的《山童》《阿迪姆斯》两首曲目获大兴区第一届学生合唱节同声乙组第二名，北京市中芯学校 57 名小学生组成的合唱团演唱的曲目《我们和你们》《自由飞翔》获得同声甲组第二名，同时获得北京市第十七届学生艺术节合唱比赛二等奖。教师李丽明、白桦获优秀辅导奖。5 月 17 日，由方琳清等 5 名学生表演的舞蹈《小小邦德女郎》参加“大兴区第一届学生舞蹈节”比赛，获得三等奖。

（张文芮 李丽明）

## 电科职院课程入选国家优质数字教育资源

3月，北京电子科技职业学院《机械制图与CAD-2网络课程》与《S7-300控制系统集成》两门网络课程入选2013年国家优质数字教育资源，并分别获得7万元和5万元上线资源资助。2013年9月，教育部办公厅下发关于开展2013年度优质数字教育资源征集活动的通知，其中职业教育类资源包括职业教育网络课程100门、数字教材100种、虚拟仿真教学软件50套。

（王琴）

## 二中亦庄学校小学部推行新教学模式

3月，北京市第二中学亦庄学校在小学部推行“问题导向+引导自学”教学模式。该教学模式包括问题导向、明确自学重点、围绕重点自学、交流自学情况、点拨自学得失、巩固自学成果等6个学习环节，充分发挥教师主导、学生主体两个方面作用。截至年底，该校在小学部先后开展理论学习、教师讨论、教师引领课的学习，并以全面开展公开课方式，让教师们展示学习的成果。语文、英语学科分别结合学科特点、新课程标准以及学生年龄认知规律，进行实验探索，逐步探索出自主识字教学模式、自主导学阅读教学模式、两课两改习作教学模式、小学英语新授课“三化五步”教学模式（“三化”即课堂教学活动化、教学活动任务化、任务教学主体化；“五步”即教学过程的五步，包括热身复习、新知呈现、趣味操练、巩固练习、总结拓展）。该校小学部教师110人参加。

（侯萱）

## 亦庄五幼开展市花进我家系列活动

亦庄五幼“幼儿画月季”活动成果展示　　闫炎 摄

3月至4月，北京市大兴区亦庄第五幼儿园开展“市花进我家”系列活动。活动分为宣讲、发放材料、幼儿画月季、教师制作月季手抄报、教师和幼儿种植月季花等几大部分。加强幼儿园德育工作，促进教育内涵发展，丰富校园文化，提高育人质量。

（闫炎）

## 电科职院开展开发区文化服务

电科职院举办科举匾额拓片展　　常海燕 摄

3月至12月，北京电子科技职业学院开展多种向开发区开放的文化服务活动。该校图书馆举办创新创业教育、加工制造业发展动态、历史文化、经济资讯等专题大讲堂9场。5月27日和12月23日，分别启动南海家园七里社区图书室和京东方茶谷电子有限公司企业图书室。双方签署合作协议，该校图书馆资源向社区和企业开放，图书馆为社区和企业图书室分别配置纸本资源1200余册并定期更换，社区居民与企业员工可免费借阅图书，并在图书室通过网络使用图书馆数字资源。12月15日，图书馆举办“中国古代科举匾额拓片展”，展览为期10天，展出了北京励志堂科举匾额博物馆提供的真品匾额3块，匾额拓片37块。匾额博物馆向图书馆赠送匾额拓片“兰台首选”。

（王琴）

## 电科职院学生参加职业技能竞赛获奖

电科职院学生参加中国大学生方程式赛车比赛　张华磊 摄

3月至12月，北京电子科技职业学院学生参加各类职业技能竞赛获奖。3月22日，在“第五届蓝桥杯全国软件和信息技术专业人才大赛个人赛省赛（软件类）”中获C/C++程序设计高职高专组一等奖4个、二等奖2个、三等奖2个、优胜奖3个。3月27日，获得第二届“工美杯”——“北京礼物”创意设计大赛一等奖2个。3月27日—29日，获得“尖峰时刻”（Peak Time）全球商业模拟大赛中国赛区决赛二等奖。5月24日—25日，在北京市大学生电子设计竞赛中获得本科组一等奖3个，高职高专组一等奖4个，二等奖16个及优秀组织奖。6月22日，获全国高等职业院校银行综合业务技能大赛个人二等奖2个、三等奖1个及团体三等奖。6月27日，获全国职业技能竞赛中一等奖3个、二等奖6个、三等奖4个。6月30日，获第五届“外研杯”全国高职高专英语写作大赛二等奖。7月25日，获首届“挑战杯——彩虹人生”全国职业学校创新创效创业大赛一等奖2个、二等奖1个。9月10日，获第十一届“北京礼物”旅游商品大赛文化创意主题银奖1个、铜奖1个、优秀奖20个。9月18日—19日，在“全国医药行业特有职业技能竞赛”中参加学生组“医药商品购销员”“中药调剂员”和“医药商品储运员”三个项目的全国决赛，获个人三等奖2个及团体三等奖。9月27日，获第43届世界技能大赛平面设计技术项目北京赛区团体第三名及北京赛区优秀组织奖。10月14日—18日，该院F1大学生方程式车队在中国大学生方程式赛车比赛中获最佳风尚奖，全国高校共81支车队和德国、印度的3支境外车队参赛。10月17日，该院学生“实验室六价铬废水自动处理装置”项目获第九届全国高职高专“发明杯”大学生创新创业大赛一等奖。10月18日—19日，学校获第八届本田节能竞技大赛大学高校组第六名，北京地区高校第一名，全国共74个高校150多支队伍参加比赛。11月22日—23日，学校获“亚龙杯”全国职业院校机电类专业教师教学能力大赛学生实操比赛一等奖。12月1日—2日，获2014年捷豹路虎中国精英学徒大赛决赛个人一等奖和个人三等奖，该校代表队获得唯一的团队一等奖。12月3日，获第六届北京市大学生人文知识大赛（高职组）

一等奖。12 月 6 日，学校获第七届全国职业院校创业技能大赛电子商务企业经营技能全国总决赛二等奖。12 月 6 日—7 日，获“恒天财富杯”全国职业院校投资理财规划大赛二等奖。

（王琴）

## 亦庄一小承办全国少儿乒乓球比赛

亦庄一小承办的“四环杯”全国少儿乒乓球比赛　孙飞 摄

4 月 1 日—5 日，由中国乒乓球协会主办，北京市大兴区亦庄镇第一中心小学承办的 2014 年“红双喜 · 四环杯”全国少儿乒乓球比赛在亦庄一小体育馆举行。亦庄一小名誉校长、乒乓球世界冠军邬娜参加开幕式。经过角逐，亦庄一小乒乓球代表队分获男女儿童甲组第一名。

（曹春宁）

## 进行教育发展扶持奖励项目验收与审计

4 月 11 日—12 日，开发区社会发展局联合开发区财政局、审计局和相关专家对各园、各校 2012—2013 年获批的 27 个教育发展扶持奖励项目进行验收。25 个项目验收合格；1 个项目延期验收；1 个项目验收不合格，要求其限期整改。11 月，开发区社会发展局聘请专业审计机构对亦庄地区各校、园 2012—2014 年通过评审的 27 个教育扶持专项资金使用情况进行审计，共发现各类问题 12 项，并将问题反馈至各园、各校，要求各教育单位如期按要求整改。

（齐亚丽）

## 亦庄一小举行学生课后活动课开班仪式

4 月 14 日，北京市大兴区亦庄镇第一中心小学举行学生课后活动课开班仪式。校长孙旭与亦庄宣传文体中心教师签订《学生课外活动课教师聘用协议书》，现场为教师代表颁发聘书。课后活动课一直由学校自筹资金，组织学生开展文体、科技社团活动。自 2014 年起，由北京市教委在全市义务教育阶段学校负责推行中小学生课外活动计划，通过“政府购买社会服务”的形式，推动学校开展体育、文艺、科普等形式多样的社团活动，每周不少于 3 天，每天不低于 1 小时，具体时间安排由各区县与学校自行制定。课后活动的辅导老师可以是符合学校开展活动需求的高等学校、具有资质的民办教育机构的教师，可以是体育俱乐部、少年宫、科技馆等校外机构的教练员及教师，也可以是具有专业特长的运动员、教练员、艺术家、科学家等各领域的专业人才，还可以是符合条件的志愿者。

（张文雪）

## 亦庄中学校本课程实现选修走班教学

亦庄中学校本课程实现选修走班教学　王超 摄

从 4 月 14 日起，北京市大兴区亦庄中学校本课程实现选修走班教学。学校针对学生的兴趣和需要，结合学校的传统和优势，开发了“亦慧足迹”五大类校本课程，以“读万卷书，行万里路，师万人长，书万般情”为特色课程引领，以体育、美育为核心，研发了包含中国传统文化讲座与书法课程在内的系列特色课程。每周三至周五下午，是学校学生校本课程选修时间，开设 20 余门课程，最大限度地满足学生动手实践能力，为学生综合素质与能力的提升提供平台。学生根据个人特长和兴趣，初步确定选课意向并填写《选课清单》，实行网上选课。

（王宁）

## 中芯幼儿园监控系统升级

4 月 20 日—28 日，北京中芯幼儿园的监控系统从模拟系统升级到数字系统。通过升级改造，由原来的 22 个布点增设到 32 个布点，实现幼儿园监控全覆盖。

（张乾坤）

## 亦庄中学举办首届读书节

4 月 23 日，北京市大兴区亦庄中学举办主题为“提升文化素养 书香伴我成长”校园首届读书节。读书节在“读书 · 筑梦，升华人生”为主题的校园图书跳蚤市场举办。活动以班级为单位设立摊位，学生们把收藏的故事、科普、教学辅导等图书拿出来相互交换阅读。全校 270 余名学生参与。

（王宁）

## 开发区小学新生 739 人、初中新生 217 人

4 月 30 日，开发区社会发展局发布《亦庄地区 2014 年义务教育阶段入学工作方案》。方案规定了 2014 年亦庄地区小学和初中划片范围、入学方式、入学时间以及外地来京务工人员子女借读证明办理方式。至 8 月 31 日，区域内 739 名适龄儿童入读小学，其中北京二中亦庄学校接收新生 385 人，北京亦庄实验小学接收新生 180 人，北京市中芯学校接收新生 174 人；初中入学新生 217 人，其中北京二中亦庄学校新生 170 人，北京市中芯学校新生 47 人。

（齐亚丽）

## 八中亦庄分校参加全国科技展示活动

八中亦庄分校参加全国科技展示活动　张文芮 摄

5 月 17 日，北京市第八中学亦庄分校受邀参加“2014 年全国科技周暨北京科技周”活动。学校展示的主题为“农庄的故事”，学生结合主题精心设计与生活息息相关的展示实验，其中包括 Vc 含量测定、色彩大爆炸、酵母吹气球、自制酸碱指示剂、蔬菜农药残留测定等丰富而有趣的实验。展示活动中，学校科技小使者们在教师的指导下以严谨而又规范的实验操作、专业而又生动的实验讲解，赢得了观众的好评。

（张文芮）

## 二中亦庄学校教研活动获得多项奖

5 月 18 日—23 日，北京市第二中学亦庄学校参加第八届全国小学英语教师教学基本功大赛暨教学观摩研讨会。教师张思敏作为北京市唯一现场说课代表，获课

堂教学优秀课展评一等奖和“最佳语音语调奖”；教师曲悦和耿继峰的录像课分获优秀课展评一等奖、二等奖；张思敏、耿继峰、耿新倩三位教师撰写的论文获一等奖，曲悦获二等奖。5月20日，教师冯晋婧在北京市第二届中小学班主任基本功培训与展示活动中获市级一等奖及最佳智慧奖；二中亦庄学校获优秀组织奖。10月17日，四名教师在“第四届全国传统文化进课堂教学研讨会暨课题2014年度经验交流会”上分获一、二等奖。

（侯萱）

## 杂技学校承办全国研讨会

5月22日—23日，北京市杂技学校承办全国杂技与魔术表演专业顶岗实习标准研讨会。全国文化艺术职业教育教学指导委员会（简称行指委）领导和来自北京、上海、吴桥、大连、山东等地11所开设杂技与魔术表演专业的学校校长或主管校长参加。会议研讨学校杂技与魔术表演专业招生情况、人才培养特点、课程建设、顶岗实习现状、专业建设中的困惑等问题，并对顶岗实习项目的实施目标、主要思路、主要内容和杂技专业顶岗实习的目标与任务、内容与要求、考核与评价等达成初步共识。

（朱筱杨）

## 电科职院组织多项市级以上师资培训

5月25日—30日，北京电子科技职业学院举办首期“全国职业院校先进制造技术——3D打印技术及专业课程开发师资培训班”，来自11个省市的14所院校28名教师参加培训。6月6日—9日，与英国Del cam（中国）有限公司联合开展“基于ArtCAM软件的工艺品设计与制作培训”，开展ArtCAM软件应用、激光切割、雕铣加工等教学环节，8个职业院校40名教师参加。11月28日—29日，面向北京市加工制造类教师培训基地汽车组教师举办“汽车应用新技术与教学实训中的安全管理”讲座，邀请企业专家讲解汽车主流电子技术的发展趋势及5S现代企业管理模式（即整理、整顿、清扫、清洁、素养），12个院校130多名教师参加。12月7日，电科职院加工制造类教师培训基地举办“微课”理论和“微课程制作流程”理论培训，全市23所中高职业院校共计205名专业教师参加培训，学习微课理论、分镜头脚本、翻转课堂、拍摄制作等内容。

电科职院举办全国职业院校师资培训活动　　张红亮 摄

（王琴）

## 美格幼儿园建构完整的双语课程体系

5月，北京市大兴区美格双语幼儿园建构完整的双语课程体系。主题双语课程以幼儿整合性地学习家庭、自然、社会和人类为主；中英文两种语言为交流背景，提供全语言下的整合课程。该园双语课程的基本原理包括宗旨、目标、分期目标、组织、主题、延伸、资源、评估等8个方面。课程体系包括学期计划、主题计划、周计划、活动计划。活动计划形式包括计划、准备、介绍、过程、复习巩固、总结、评估，《快乐与发展》为中文教材。

（杨健美）

## 开发区 2 个教育项目开工建设

6 月 12 日，北京亦庄实验学校正式开工建设，建设用地位于 X78R2 地块，建设用地面积约 9.8 万平方米，建设规模 12 万平方米，包含初中 36 班，高中 48 班，项目投资预算 95266 万元，预计 2016 年 6 月竣工，2016 年 9 月开学。7 月 31 日，保华国际教育园项目开工。一期建设规模 46300 平方米，预计 2016 年 9 月 1 日投入使用。

（齐亚丽）

## 二中亦庄学校建成 3D 打印创新实验室

二中亦庄学校建成 3D 打印创新实验室　　陶景琳 摄

6 月 16 日，北京市第二中学亦庄学校接受北京紫熙科技发展有限公司捐赠的 10 台 DM Cube 桌面式 3D 打印机，建成 3D 打印创新实验室。捐赠活动是由原航空航天部部长林宗棠提议，国务院及相关部门批准立项的“3D 创新教育播种”计划的一部分。该校将“3D 打印”作为科技特色发展的龙头项目，组织科技教师进行培训，3D 打印课程纳入中学通用技术课堂，培养学生的创新意识和应用技能。

（侯萱）

## 21 个项目获年度教育发展扶持奖励

6 月 28 日和 7 月 5 日，开发区社会发展局分两次组织开展 2014 年度教育扶持奖励项目申报评审工作。共有来自 9 所校、园的 28 个项目参加申报，申报扶持资金 960.17 万元。经专家评审，21 个项目通过评审，专家组同意拨付资金 588.31 万元，其中 2014 年度需拨付 463.41 万元。

（齐亚丽）

## 电科职院教师获全国多项大奖

6 月至 12 月，北京电子科技职业学院教师在各领域竞赛、展览中获多项大奖。6 月中旬，教师张婷婷的蜡染绘画作品《水云间》《墨绪》获首届“中国现代蜡染绘画邀请展”学术奖（学术奖为该邀请展最高奖项），《墨绪》被组委会收藏。11 月 1 日—3 日，教师李双石在“凤凰创壹杯”全国职业院校信息化教学大赛中获信息化教学设计赛项一等奖。11 月 1 日—8 日，教师陈明辉在全国第六届数控技能大赛中获数控车工项目教师组第一名，被授予“全国技术能手”称号。11 月 22 日—23 日，教师李金义、马峻在“亚龙杯”全国职业院校机电类专业教师教学能力大赛高职组“工业传动与控制”赛项中分别获得一等奖、二等奖，被授予“全国职业院校实践教学能手”称号。11 月 23 日—25 日，教师于海霞在全国第五届“外教社杯”高校外语教学大赛（职业院校组）总决赛中获大赛特等奖（授课和说课两项），全国各分赛区 26 位冠军选手参加比赛。12 月 6 日，教师杨雯、林梦圆分别获得全国首届楼宇智能化工程技术专业说专业、说课竞赛说专业（楼宇智能化工程技术专业）与说课（《建筑设备监控系统工程》）三等奖。

（王琴）

## 金色天使双语幼儿园开园

7 月 2 日，北京市大兴区金色天使双语幼儿园正式开园。该园位于大兴区亦庄镇泰河园一里三区 1 号楼，占地面积 5500 平方米，建筑面积 4824 平方米，所设计班制 15 班，可容纳幼儿 450 人入园。

（齐亚丽）

## 二中亦庄学校获环球自然日决赛银奖

7 月 23 日，北京市第二中学亦庄学校 2 名学生参加“环球自然日”2014 年全球总决赛获得国际组银奖。比赛由 Global Health & Education Foundation（环球健康与教育基金会）举办，重庆市科技馆和重庆自然博物馆联合承办。“环球自然日”比赛分为初赛和决赛，初赛吸引了来自美国、法国和中国香港、台湾等学校 3308 支队伍参与，经过激烈角逐，最终 210 支队伍进入总决赛。该校作为北京市代表队之一，进入全球总决赛，该校初中部学生刘仲毅和付子瑜自编自演的节目“Bryophyllum”（落地生根）获得国际组银牌。“环球自然日”是由慈善家肯尼斯·贝林及环球健康与教育基金会发起，用来激发中小学生对自然科学兴趣，提高其研究、分析和交往能力的一项课外教育活动。

（侯萱）

## 二中亦庄学校创中高考佳绩

7 月，北京市第二中学亦庄学校 2014 届中高考开创学校建校以来最佳成绩。高考本科上线率 94%，为大兴区第一名。文科本科上线率 100%，为大兴区第一名。文科数学平均分 128 分，为大兴区第一名。中考在大兴区 35 所学校中总成绩综合排名全区第二名，最高分为 561 分，70% 的学生达到 500 分以上，平均成绩为 507 分。英语平均分 108 分；2014 届翔班（是学校拔尖创新人才培养工程的班级的简称）平均分 531 分，全区第一名。7 人次单科成绩取得全区第一名。

（侯萱）

## 二中亦庄学校加入北京二中教育集团

8 月 31 日，北京市第二中学亦庄学校正式加入北京二中教育集团。该日，北京二中教育集团筹备座谈会召开，北京二中教育集团总校长钮小桦部署两校进行一体化发展、深层次合作工作。北京二中教育集团由北京二中、北京二中分校、北京二中亦庄学校、北京二中通州分校及北京二中朝阳学校组成。二中亦庄学校正式加入北京二中教育集团，能进一步提高办学质量，加快向北京市名校迈进的步伐。年内，该校实现一体化发展的四项突破：一是在高一年级推进自主排课、自主会考实验，实现与北京二中在课程、教材、作业、考试和评价方面“五个一致”；二是开启了校际间师资流动，2 名北京二中优秀青年教师到该校高中任教；三是真正实现优质资源共享，开启“走进二中”系列活动及二中名师系列讲座活动；四是校际交流纳入统一考核与管理。2011 年 12 月，二中亦庄学校与北京二中合作办学，历经 3 年时间，两校通过领导干部挂职锻炼、教师听评课、师徒结对、专题座谈、学生艺术科技活动交流等多种方式，围绕教学改革、课程建设、文化建设、特色建设、拔尖创新人才培养等多个方面进行探讨学习，取得显著成果。

（侯萱）

## 亦庄实验小学被列为全国课程改革基地

9 月 2 日，北京亦庄实验小学由于在

全国首倡“全课程”教育实验，被教育部基础教育课程教材中心列为“全国课程改革骨干教师研修基地”。10 月 13 日，来自广东南沙的五名校领导，作为教育部课程中心派出的第一批研修学员来到北京亦庄实验小学，进行 10 天集中研修。从 2014 年起，学校每年都要完成 2 ~ 3 次研修任务。

（边淑清）

## 电科职院与开发区签署信息资源合作协议

9 月 29 日，北京电子科技职业学院与开发区人力资源中心、北京海外学人中心开发区分中心签署《信息资源共享共建战略合作协议》。根据协议，双方共建平台共享资源，学校图书馆向开发区企业提供海量信息资源和多种信息服务，海外学人中心开发区分中心组织开发区 30 家具有影响力的企业向学校图书馆提供第一手行业资讯，发挥双方优势，推动企业与学校产学研结合。

（王琴）

## 二中亦庄学校启动课程建设行动计划

9 月，北京市第二中学亦庄学校启动课程建设行动计划，建设并完善学校三级课程体系。利用学校 12 年一贯制的特点，重视三级课程在小学、初中、高中三学段的衔接，实现课程的连续性和整体性，理清学校 12 年一贯制课程一体化设计思路，挖掘契合学校办学理念及育人目标的 12 年一贯特色课程并开发实施。整合和构建“1427”结构的“幸福教育课程体系”。“1”代表一个核心，即“为师生终身发展和幸福生活奠基”幸福教育理念。“4”代表围绕核心价值取向具体化后的“中国情怀、世界眼光、科学精神、人文素养”的四个培养目标。“2”是指国家基础类课程和个性拓展类课程。“7”代表基于两大类课程而具体设置的为实现核心培养价值取向和具体培养目标的七大领域课程。七大领域课程分别为：科学素养类课程、语言阅读及人文学科类课程、艺术修养类课程、身心健康类课程、生活技能类课程、文化活动与专题教育类课程、综合实践类课程。

（侯萱）

## 举行开发区人才储备调剂中心启动仪式

开发区与电科职院签署合作协议中心　　田艳军 摄

10 月 9 日，“北京经济技术开发区人才储备调剂中心”启动式暨 2015 届北京市职业院校毕业生信息发布活动在北京电子科技职业学院举行。开发区与电科职院在启动式上签署“人才储备调剂中心”合作协议。建设“人才储备调剂中心”是该校发挥社会服务功能的具体举措之一，旨在与大兴区、开发区共同建立长效就业信息服务机制，为开发区的企业提供人力资源服务。北京高校毕业生就业指导中心、开发区管委会等部门领导，北京电子科技职业学院校领导、师生代表，以及北京 12 所高职院校代表、开发区 13 家企业代表参加启动式。之后，该校举行 2015 届北京市职业院校毕业生信息发布活动，共发布 19 所北京市高职院校加工制造类、电子信息类、金融会计类、艺术设计类和社会服务类专业约 2.1 万名毕业生信息。

（王琴）

## 电科职院成为国家数字化学习资源分中心

举行国家数字化学习资源中心分中心启动仪式　王秀婷 摄

10 月 23 日，北京电子科技职业学院举行“国家数字化学习资源中心北京电子科技职业学院分中心启动仪式暨微课程开发与应用高级研修班开班活动”。北京电子科技职业学院与国家数字化学习资源中心签署合作协议，该校师生可享用中心提供的 1410 门课程资源（含 310 门实体编目课程及 1100 门 URL 编目课程）、450 个教育视频资源及 65 个多媒体获奖课件及协议期内每年不低于 100 门的新增课程数字化学习资源，还可在协议期免费使用中心教学空间、备课平台和学习平台等。来自国家数字化学习资源中心、开发区、北京市教委、北京建筑大学等高校及北京电子科技职业学院领导等 90 余人参加启动仪式。之后，来自全国各地 70 余名学员参加“微课程开发与应用高级研修班”课程学习。

（王琴）

## 电科职院建立科研服务平台

10 月 28 日，北京电子科技职业学院召开“首都科技条件平台开发区工作站北京电子科技职业学院分平台暨科技创新与成果转化服务中心成立大会”。开发区管委会副主任与电科职院校长为活动揭牌。学校与开发区嘉捷集团、北京中航智科技有限公司、北京汇科众惠医药科技有限公司、北京莱比德模具科技股份有限公司 4 家企业签署科研合作协议。科技创新与成果转化服务中心是学校所承担的高等职业教育的综合改革试验区项目的一项建设成果，将通过分平台和中心建设搭建学校教科研团队和企业科技研发工作人员沟通交流的桥梁，为进一步落实校企合作、为企业科研创新提供服务。中心依托于电科职院 7 个二级学院下设 7 个分中心，实验室面积 8000 余平方米，拥有先进的科研仪器和中试设备，种类齐全，有主要科研人员 82 人。北京科学技术委员会、北京市教委科研处、开发区管委会、开发区科技局、首都科技条件平台开发区工作站等部门相关领导及企业代表、电科职院校领导、教师 110 多人参加大会。

（王琴 崔春雷）

## 电科职院学生通过国际化职业资格认证

10 月至 11 月，北京电子科技职业学院网络技术专业学生参加思科国际职业资格认证（Cisco Certified Network Associate）考试，15 人全部通过，45% 获得满分。思科认证由美国思科（CISCO）公司推出，是互联网领域的国际权威认证。该校计算机网络技术专业搭建了基于国际化认证的“双证融通”课程体系，将思科考试中的路由和交换（CCNA）、存储网络（CCNP）认证内容融入专业课程教学中。

（王琴）

## 二中亦庄学校建成新区首家课程研发基地

11 月 17 日，北京市第二中学亦庄学校建成新区首家几何机器人 MSEA 课程（数学、科学、工程、艺术）研发基地。该基地是由二中亦庄学校与北京交通大学联合打造，将创建 MSEA 课程研发基地创新实验室和启动定点定向的师资队伍培养方案。北京交通大学将安排教师与研究生到二中亦庄学校进行教学指导；二中亦庄学校的教师亦可到交大实验室，参照交大研究生的培养方式，参加到机器人团队的科学研究中。几何机器人是指在外形上呈现多边形、多面体等典型几何形体特征，具有可变外形能力和折叠、缩放功能，并可实现滚动、步行、滑行等多种移动方式的机器人。

（侯萱）

### 电科职院启动开发区首席技师研修项目

11 月 29 日，北京电子科技职业学院正式启动开发区首席技师研修项目，并组织第一次集中研修。来自 SMC（中国）有限公司、北京奔驰汽车有限公司、北京中安特科技有限公司、航天长征火箭技术有限公司、北京金辰西维科安全印务有限公司的 50 余名首席技师工作室团队成员参加集中研修。该校聘请清华大学机械系教授授课，内容为 3D 打印技术的产生、发展和应用等。开发区人劳局为贯彻落实《北京市人民政府关于进一步加强职业培训工作意见》和《北京市首席技师工作室管理办法》，推动开发区首席技师工作室建设，为开发区首席技师开展技术攻关和创新服务，落实名师带徒制度，委托北京电子科技职业学院承担该项目。研修时间为期一年，研修内容包括基础理论、工程基础和专业技术三个模块。

（王琴）

### 中芯学校慈善义卖 9 万余元全部捐赠

中芯学校组织慈善义卖活动　　苗刚 摄

12 月 5 日—6 日，北京市中芯学校举办第四届“感恩绽放 · 爱传四方”慈善义卖活动。活动期间中学生以班级为单位到 8 家企业（北京嘉捷美锦公司、城外诚家居市场公司、可口可乐公司、中芯国际公司、TATA 木门公司、金风科创公司、微软移动公司、北京奔驰公司）定点义卖。12 月 5 日晚和 6 日全天在力宝广场开展义卖活动。全校幼儿和中小学生均参与艺术品制作，幼儿园教职工参与筹备和支持，参与总人数达 1700 人；活动进行 12 场次才艺表演，共售出学生自制的各类艺术作品 4000 多份；参与义卖活动的家长和观众约 4000 人，共募善款 90857.6 元。6 日晚的捐赠仪式上，经荣誉会计师认证后，学校当场将所有善款以 1:1 的比例捐赠给北京光爱学校和北京奇妙爱之家。

（马苗苗）

## 部分教育单位

### 北京市大兴区亦庄镇中心幼儿园

北京市大兴区亦庄镇中心幼儿园（简称亦庄中心幼儿园）为一级一类日托制公办幼儿园。2014 年，幼儿园占地面积 7600 平方米、校舍建筑面积 5495 平方米，固定资产 349.48 万元，全年教育经费投入 973.47 万元，全部为国家拨款。拥有舞蹈室、美术室和多媒体室等专用教室 4 个，普通教室 12 个。教室内设有钢琴、电脑和一体机等教学设施。教职工 70 人，其中教师 49 人，专科以上学历 49 人，中级以上职称 4 人；保健员 2 人，均为专科以上学历。开设 12 个教学班，其中小班 4 个、中班 4 个、大班 4 个。幼儿入园 121 人、离园 110 人、在园 417 人。幼儿园开设了传统节日活动、植物生长活动、生命成长活动等园本课程，利用传统的中秋节、重阳节、元宵节等进行传统文化教育，培养孩子生活技能，加深孩子对传统文化的了解和学习。

亦庄中心幼儿园小班亲子运动会　　李潮 摄

（王玲玲）

北京市大兴区亦庄镇中心幼儿园

园长 李艳秋

## 北京市大兴区亦庄镇第二中心幼儿园

北京市大兴区亦庄镇第二中心幼儿园（简称亦庄二幼）是一级一类全日制幼儿园。2014 年，幼儿园固定资产 375.17 万元，全年教育经费投入 793.97 万元，均为国家拨款。教职工 62 人，其中教师 35 人，专科以上 35 人，小学高级 5 人，中学高级 1 人，区级学科带头人 2 人；保育员 9 人，均为专科以上学历；保健医 2 人，均为大专学历，主治医生（中级职称）1 人。开设 9 个教学班，其中小班 3 个、中班 3 个、大班 3 个。幼儿入园 108 人、离园 116 人、在园 304 人。获 2013 年北京市幼儿园“最优环境建设奖”。在 2013 年大兴区幼儿园园所文化展评活动中获二等奖，被评为“新区教育系统 2013 年度党政信息宣传工作先进单位”，多位教师在市、区级竞赛中获得荣誉。

（赵新）

北京市大兴区亦庄镇第二中心幼儿园

园长 王丽

## 北京市大兴区亦庄第三幼儿园

北京市大兴区亦庄第三幼儿园（简称亦庄三幼）为一级二类日托制幼儿园。2014 年，幼儿园固定资产 226.79 万元，全年教育经费投入 416.28 万元。教职工 42 人，其中教师 16 人，保健医 2 人。开设 8 个教学班，其中小班 3 个、中班 3 个、大班 2 个。幼儿在园人数 238 人。

（高建国）

北京市大兴区亦庄第三幼儿园

园长 王洪靖

## 北京市大兴区亦庄第四幼儿园

北京市大兴区亦庄第四幼儿园（简称亦庄四幼）是一级二类全日制幼儿园。2014 年，幼儿园固定资产 74.22 万元，全年教育经费投入 59.77 万元，全部为国家拨款。拥有大会议室 1 个，美工、舞蹈专用教室各 1 个，普通教室 8 个，共配有

11 套多媒体设备，每个教室内配有钢琴等教学设施。教职工 36 人，其中教师 23 人，专科以上 22 人；保健医 1 人。开设 7 个教学班，其中小班 3 个、中班 2 个、大班 2 个；幼儿入园 81 人、离园 11 人、在园 189 人。幼儿园获北京市“园所环境创意奖”，获大兴区教育系统“青年文明号教研组”。

（李娇）

北京市大兴区亦庄第四幼儿园

园长 谭亚静

## 北京市大兴区亦庄第五幼儿园

北京市大兴区亦庄第五幼儿园（简称亦庄五幼）为日托制公立幼儿园。2014 年，幼儿园校舍建筑面积 7229.61 平方米，固定资产 468.11 万元，全年教育经费投入 440.82 万元，全部为国家拨款。拥有美工坊、博弈室、绘本馆、舞蹈教室、多功能厅等专用教室 5 个，普通教室 24 个。教室内设有液晶电视、钢琴等教学设施。教职工 49 人，其中教师 29 人，专科学历 13 人，小学高级教师 2 人；保健员 1 人，为专科学历。开设 10 个教学班，其中小班 5 个、中班 3 个、大班 2 个。幼儿新生入园 336 人、离园 2 人、在园 334 人。幼儿园将绘本阅读作为特色教学，创设与绘本图书有效整合的符合幼儿年龄特点的教育环境，提供绘本舞台和绘本借阅平台，促进幼儿全面发展。

（闫炎）

北京市大兴区亦庄第五幼儿园

园长 何学清

## 北京市大兴区二十一世纪实验幼儿园

北京市大兴区二十一世纪实验幼儿园（简称二十一世纪幼儿园）为日托制民办幼儿园。2014 年，幼儿园固定资产 268 万元，自筹教育经费投入 100 万元。教职工 194 人，其中教师 93 人、保健员 5 人。开设 50 个教学班，其中国际班 5 个、国内班 45 个。国内班开设托班 7 个、小班 13 个、中班 14 个、大班 11 个。幼儿入园 284 人、毕业 246 人、在园 893 人。幼儿园网址：www.bjkid.com。10 月 19 日至 12 月 25 日，幼儿园共开展 8 次免费社区亲子开放活动，120 个家庭参加。11 月 13 日，幼儿园作为市级早教基地幼儿园，在亦庄和旧宫地区开展早教知识宣传服务工作。幼儿园 15 名幼儿参加中央电视台 2014 年度“希望之星”英语风采大赛，3 名幼儿获二等奖、4 名幼儿获优秀奖，幼儿园获最佳组织奖。年内，幼儿园获“幼儿园园所文化展评活动”二等奖，大兴区民办园年度考核优秀单位，亦庄园园所文化建设获 2013 年北京市幼儿园环境创设评优活动“最优环境建设奖”。园长崔立新获幼儿园园所文化展评“先进个人”和 2013 年北京市幼儿园环境创设评优活动“优秀个人”奖。

二十一世纪幼儿园开展食品花样品尝活动　　王琳 摄

（王琳）

北京市大兴区二十一世纪实验幼儿园

园长 崔立新

## 北京市大兴区美格双语幼儿园

北京市大兴区美格双语幼儿园（简称美格幼儿园）为日托制民办幼儿园，实行中英文课程各占 50% 的双语教育。2014 年，固定资产 260 万元，自筹教育经费投入 12 万元。开设班级 5 个，其中托班 2 个、小班 1 个、中班 1 个、大班 1 个。教职工 31 名，其中教师 18 人、保健员 1 人。

（杨健美）

北京市大兴区美格双语幼儿园

园长 贾晓歌

## 北京市大兴区大地双语幼儿园

大地幼儿园举办 2014 年大班幼儿毕业典礼　单位提供

北京市大兴区大地双语幼儿园（简称大地幼儿园）为民办幼儿园。2014 年，大地幼儿园固定资产 60.86 万元，自筹教育经费投入 25.79 万元。幼儿园秉承“以国际视野培养完整儿童”的教学宗旨，以北京市《快乐与发展课程》教学为主，融入体智能课程、大地咪迪美术、大地美语、大地全脑数学、大地财商宝贝等丰富的特色课程，努力促进幼儿健康、快乐发展。年内共开设 10 个教学班，托班 2 个、小班 3 个、中班 3 个、大班 2 个，幼儿在园 280 名，教职工 50 余人。9 月，新设立 2 个国际班，融入美国 ABC mouse 课程和大地美语课程，通过户外美语游戏、日常生活浸入式美语交流等活动，引领幼儿从兴趣出发自主的感受多元文化、拓宽视野。11 月，在区级年度考评中荣获“优秀民办幼儿园”称号。大地幼儿园建于 2002 年 9 月。

（孙继东）

北京市大兴区大地双语幼儿园

园长 刘桂玲

## 北京市大兴区春蕾幼儿园

北京市大兴区春蕾幼儿园（简称春蕾幼儿园）是春蕾幼儿园第八分园，属于民办幼儿园，服务对象为 2.5~6 岁幼儿，设有托班、小班、中班、大班 4 个年龄段的教学班级，有幼儿 300 名，教职工 60 余人。教师均为专业幼师毕业，其中大专及以上学历教师 80%。幼儿园将安全工作放在首位，实行“安全工作人人有责”“谁主管谁负责”的责任倒查制度。建立健全各类安全管理制度、各类应急预案以及岗位职责。严格落实《校园保安一日工作常规》，执行来访登记制度和幼儿接送制度。实施“一卡一人”和两个“亲自”的接送制度，以及“既认卡，又认人”的双重原则。同时，还成立了园内“护校队”，在早晚高峰期进行巡逻。定期带领全园师生进行演习做到“临场不乱，报警不慌”，提高全体教职工对突发事故的应急能力。

（张婉君）

北京市大兴区春蕾幼儿园

园长 霍艳方

## 北京中芯幼儿园

北京中芯幼儿园（简称中芯幼儿园）为全日制民办幼儿园。2014 年，幼儿园固定资产总值 173.66 万元，全年教育经费投入 985.98 万元，其中国家拨款 15 万元、自筹经费 970.98 万元。开设 17 个教学班，包括 15 个混龄双语班、2 个国际班；入园 206 人，离园 150 人，在园 465 人；教职工 83 人，专任教师 55 人，其中本科及以上学历 41 人，专科学历 14 人。幼儿园拥有普通教室 17 个，专用教室 5 个，图书馆藏书 1.2 万册。

（庞露露）

北京中芯幼儿园

园长 李雅荣

## 北京市大兴区慧才苑林肯公园社区实验幼儿园

慧才苑林肯公园社区实验幼儿园外景　　刘岩 摄

北京市大兴区慧才苑林肯公园社区实验幼儿园（简称慧才苑幼儿园）为民办幼儿园。2014 年，额定班级 11 个，幼儿 210 名，教职工 57 名，其中主管园长 1 名、教学主任 1 名、后勤主任 1 名，保健医 1 名，管理岗位均有大专以上学历。教师中专 10 名，大专 11 名，本科 10 名，硕士 2 名。保育员 10 人。英文外教 3 名。

（汪雪岩）

北京市大兴区慧才苑林肯公园社区实验幼儿园

园长 汪雪岩

## 北京市大兴区亦庄镇第一中心小学

北京市大兴区亦庄镇第一中心小学（简称亦庄一小）2014 年占地面积 3.5 万平方米，建筑面积 3.09 万平方米，体育场（馆）面积 7210 平方米。图书馆（室）藏书 13.03 万册，订阅杂志、报刊 26 种。固定资产总值 6016.06 万元。全年教育经费投入 656.77 万元，全部为国家拨款。学校信息化经费投入 77.26 万元，拥有计算机 361 台，多媒体教室座位 2855 个，校园网出口总带宽 20GB，数字资源量 2070GB。普通教室 50 个、专用教室 17 个。教职工 115 人，其中中级职称 58 人；专任教师 111 人，本科以上学历 101 人。开设教学班 44 个。毕业 216 人、招生 226 人、在校生 1502 人。

（王德友）

北京市大兴区亦庄镇第一中心小学

校长 孙 旭

## 北京市大兴区亦庄镇第二中心小学

北京市大兴区亦庄镇第二中心小学（简称亦庄二小）2014 年图书室藏书 6.1 万册，订阅杂志、报刊 19 种。固定资产总值 1184.8 万元，全年教育经费投入 1615.5 万元，全部为国家拨款。学校信息化经费投入 39.4 万元，拥有计算机 213 台，多媒体教室座位 860 个，校园网出口总带宽 100Mbps，数字资源 500GB。教职工 65 人，其中中级职称 41 人；专任教师 60 人，本科以上学历 42 人。开设教学班 23 个。毕业 87 人、招生 98 人、在校 703 人。

（张广阔）

北京市大兴区亦庄镇第二中心小学

校长 桂宗连

## 北京亦庄实验小学

北京亦庄实验小学（简称亦庄实验小学）2014 年从全国各地引进名师 15 名，

其中特级教师10名、名师5名；在校学生738名。市教委在学校召开城乡教育一体化现场新闻发布会。光明日报、北京电视台、北京晨报、现代教育报等媒体先后报道学校课程改革工作。1月16日，召开一届一次教代会全体会，修改、补充并下发八个方面的学校规章制度。9月2日，学校微信公众平台开通，全年推送信息近60条，单篇文章最高浏览量达4600次。11月24日，学校室外轮滑场正式启用，学生接受国家轮滑球队的专业轮滑指导。全年接待全国各地学习者180余批次。

亦庄实验小学外景　　杨伟林 摄

（边淑清）

北京亦庄实验小学

校长 李振村

## 北京市大兴区亦庄中学

北京市大兴区亦庄中学（简称亦庄中学）2014年图书馆（室）藏书5.9万册，订阅杂志、报刊40种，固定资产总值4562.70万元。全年教育经费投入962.89万元，全部为国家拨款。学校信息化经费投入94.65万元，拥有计算机204台，多媒体教室座位32个，校园网出口总宽带100Mbps，数字资源量100GB。普通教室18个、专用教室9个、实验室7个。教职工90人，其中高级职称19人、中级职称36人。专任教师85人，北京市骨干教师1人，本科以上学历87人。开设教学班13个。毕业97人、招生171人、在校生371人。亦庄中学在育人模式构建中，实现了德育、体育、艺术、人文、科技、学科拓展六大领域校本课程特色化，其中以五大类校本德育课程（班团队活动课程、校园文化课程、实践体验类课程、学科德育课程、生活类课程）、“四大节”（艺术节、读书节、体育节、戏剧节）、“八大社团”（视觉艺术社团、戏剧社团、合唱社团、舞蹈社团、摄影社团、足球社团、跳绳社团、特色管乐社团）、“二十余门校本课程”为实施途径，构建了兴趣信心体验课程模式。“以学生发展为本，引领教师专业化发展”，创建“亦慧”品牌，打造“亦慧”文化，为学生和教师的发展广建平台。年内，学校获新区教育系统2013年度党政信息宣传工作先进单位。

亦庄中学举办第二届校园文化艺术节　　王超 摄

（王宁）

北京市大兴区亦庄中学

校长 王春彦

## 北京市中芯学校

北京市中芯学校（简称中芯学校）2014年建筑面积2万平方米。图书馆750平方米，藏书2.97万册，订阅杂志、报刊117种。固定资产总值632.95万元，全年教育经费投入2714.26万元。学校信息化经费投入213.66万元，拥有教学、办公计算机191台，多媒体教室3个、座位1000个，校园网出口总带宽74Mbps。标准化教室67个，物化生、科学、音美体、多媒体等专用教室13个，572平方米阶梯教室1个。教职工157人，专任教师126人，其中本科学历占61%、硕士以上学历占29%。一年级至九年级共开设教学班44个，在校生1062人，面向社会招生317人。六年级毕业生72人，九年级毕业生38人。6月16日，学校组织90名小学生参加“全国第七届规范汉字书写大赛”，获得三等奖8名，优秀奖32名，入围奖50名。

中芯学校外景　苗刚 摄

（李雅荣）

北京市中芯学校

校长　李雅荣

## 北京市第二中学亦庄学校

北京市第二中学亦庄学校（简称二中亦庄学校）2014年学校占地6.86万平方米，体育场占地面积1.28万平方米，图书馆藏书7.59万册，固定资产总值2746万元，全年教育经费投入4002.1万元，全部由国家拨款。学校信息化经费投入125.66万元，拥有计算机531台，多媒体教室103个，信息化设备资产125.66万元，网络信息点数800个，校园网出口总带宽1GB，数字资源量300GB。有普通教室108个、专用教室11个、实验室7个。教职工309人，其中副高级职称28人、中级职称88人。专任教师253人，包括特级教师4人，北京市骨干教师1人，大兴区骨干教师24人，大兴区学科带头人2人；本科以上学历237人。开设教学班89个，其中小学班50个、初中班18个、高中班10个、国际高中11个。毕业357人，其中小学158人、初中120人、高中51人、国际高中28人；招生700人，其中小学385人、初中170人、高中76人、国际高中69人；在校生2736人，其中小学1793人、初中528人、高中228人、国际高中187人，包括寄宿生384人。高中录取分数线479分，应届高考本科上线率94%。8月25日—28日，北京市第二中亦庄学校承办2014中国中学生跆拳道锦标赛和2014年中国青少年跆拳道锦标赛乙组比赛。11月2日，二中亦庄学校开通微信订阅号。12月16日，学校成为中国中学生体育协会跆拳道分会主席单位挂靠学校。年内，学校获北京市“五四红旗团委”、北京市少先队“星星火炬奖”、北京市“红通社优秀记者站”、大兴区艺术教育先进校、大兴区科技教育先进校、大兴区教育系统党政信息宣传工作先进单位、大兴区小学教育教学工作二等奖和中学教育教学一等奖；6 个项目分获第 34 届北京青少年科技创新大赛二、三等奖；6 名学生夺得阳光体育 2014 年北京市学生体育舞蹈比赛集体舞小学铜牌 B 组一等奖军。

（侯萱）

北京市第二中学亦庄学校

校长 王群会（12 月免）

钮小桦（12 月兼任）

## 北京市第八中学亦庄分校

北京市第八中学亦庄分校（简称八中亦庄分校）图书馆藏书 1.35 万册，订阅杂志 33 种、报刊 17 种。固定资产总值 1227.46 万元。全年教育经费投入 1232.63 万元，全部为国家拨款。校信息化经费投入 425.84 万元，拥有计算机 137 台，多媒体教室座位 300 个，校园网出口总宽带 400Mbps，数字资源量 300GB。教职工 74 人，其中大兴区编制 55 人，高级职称 4 人、中级职称 13 人。专任教师 55 人；研究生学历 22 人；本科以上学历 55 人；北京八中本部特聘教师 20 人。招生 125 人，初中在校生 371 人，其中寄宿生 56 人。11 月 22 日，八中亦庄分校健美操队在大运会比赛中获北京市中小学生大众健美操比赛团体三等奖。年内，学校被评为大兴区中小学科技教育示范校、青少年科技实践与科研能力培养基地。

（张文芮）

北京市第八中学亦庄分校

校长 梁亿川

## 北京市杂技学校（北京市国际艺术学校）

北京市杂技学校又称北京市国际艺术学校（简称杂技学校）2014 年在校生近 700 人，其中包括 30 多个国家的留学生。学校为北京市重点中等职业学校、北京市职业教育先进单位、全国教育科研先进单位及杂技紧缺人才培训基地、北京市非物质文化遗产传承教学基地。学校设有杂技与魔术表演专业（滑稽表演方向）、美术绘画专业（舞台美术设计）、戏剧表演专业、舞蹈表演专业、运动训练（武术）五大专业，杂技与魔术表演专业为北京市中等职业学校示范专业。设有九个管理部门，分别为招生就业处、综合管理办公室、教务处、学生处、艺教办、科研督导处、留学生办、人事处、财务处。学校具有面向全国和国际招生的资格，并可以按政策为外地非农户口学生办理北京市临时城市集体户口，学生毕业时可作为北京生源参加高考。学校为全日制住宿学校，对学生实行 24 小时管理。6 月，学校获第 14 届 PHE 国际中小学生书画大赛集体二等奖，教师王康平获辅导员二等奖，1 名学生获一等奖，7 名学生获二等奖。7 月 15 日，学校选送的女子群舞《锦上三月》获第七届华北五省市舞蹈大赛专业少年组表演和创作两个一等奖。12 月，学校舞蹈表演专业原创男子群舞《俳优舞俑》在“青春北京，青年盛汇”2014（第四届）北京青年艺术节舞蹈专场赛场上获北京青年艺术节金奖。

（刘晓霞）

北京市杂技学校

校长 张 红

## 北京电子科技职业学院

北京电子科技职业学院（简称电科职院）2014 年教育经费投入 6.53 亿元，其中国家拨款 5.91 亿元、自筹经费 0.62 亿元。固定资产总值 12.31 亿元。校信息化经费投入 890 万元。设有大兴亦庄、朝阳芍药居、金台路等 6 个校区，25 个系部，生物技术及应用、数控技术、多媒体设计与制作、计算机网络技术、金融保险等 48 个专业。教职工 1008 人，其中专任教师 579 人，包括教授及教授级高级工程师 25 人，副教授及高级工程师以上 233 人；博士 32 人；硕士 114 人；"双师型"教师 377 人。聘请校外教师 161 人。毕业生 3551 人，其中高职生 2224 人、中职生 1252 人、成人教育专科生 75 人。毕业生一次就业率 96.81%，一次签约率 87.23%。招生 3573 人，其中高职生 2576 人、中职生 920 人、成人教育专科生 77 人。高考北京地区提档线文科 189 分，理科 152 分，单考单招 151 分。在校生 9781 人，其中高职生 6121 人、中职生 3452 人、成人教育专科生 208 人。5 月 24 日，电科职院在亦庄校区召开第一次学生代表大会。11 月 22 日，在第六届全国职业院校物流专业教学研讨会 2014 年度物流职业教育优秀教学成果评选中，电科职院《企业环境下物流人才培养基地的建设和运行》获一等奖、《物流远程交互式可视化学习平台》获二等奖、《物流职业教育"融岗式"课程开发与实施》及《第三方物流公路运营模式推演沙盘》分获三等奖，该校被授予"全国物流职业教育人才培养基地"资质。年内，电科职院完成 2014 年北京市高等职业院校技能大赛各类赛项组织工作；承办"晨晓阳杯"服装设计与制作专业技能比赛（中职）、"广达杯"汽车检测与维修赛、"数控机床装调、维修与升级改造"赛、"嵌入式应用开发"赛、"水环境监测与治理技术"赛、2014 年"博导前程杯"全国电子商务运营技能竞赛北京区复赛。

电科职院召开第一次学生代表大会　　王秀婷 摄

（王琴）

北京电子科技职业学院

党委书记　赵　文（8 月免）

张雅君（8 月任）

院　　长　王海平

# 卫 生

## 概况

2014 年，开发区卫生以完善区域医疗资源布局为工作重点，同仁医院二期工程立项批复并奠基；新增设爱育华妇儿医院以满足多层次就医需求；河西区新建医疗项目变更为北京中医药大学东方医院南院区。建立开发区突发公共事件医疗应急救援体系。继续增强社区卫生基础医疗力量，在林肯社区卫生站首设中医门诊。加强企业公共卫生网络建设，提升公共卫生管理和服务质量。

（陈秋明）

## 国家康复医院通过口腔科增项评审

3 月 21 日，北京市医学会评审专家组现场审核国家康复辅具研究中心附属康复医院口腔科增项工作。医院汇报口腔科的申请理由、人员组成、场地设施、专科设备、科室制度和开诊项目等。专家组听取汇报并现场提问，同时对口腔科进行实地审验，一致同意医院增设口腔科。

（高峰）

## 国家康复医院专家编著书籍出版

《临床神经训导康复治疗学》出版　　赵晓明 摄

3月，国家康复辅具研究中心附属康复医院名誉院长、康复科专家、教授赵文汝编著的《临床神经训导康复治疗学》由人民卫生出版社出版发行。该书以临床应用为目的，主要介绍神经训导康复技术的基本机制、具体方法和发展过程，重点介绍临床适应证、禁忌证、注意事项，以及神经训导康复专用设备。全书从中西医结合角度，对神经训导康复治疗技术进行全面剖析，具有较强的实用性，适用于大医院的康复医师、治疗师、社区和乡村医生，以及医学院校师生和临床其他各科医师。该书71万余字，各地新华书店有售。

（高峰）

## 开展卫生防疫工作

4月1日—30日，开发区组织为在各企事业单位（含建设单位）的外来务工人员中进行免费麻疹、流脑疫苗的集中预防接种。预防和控制麻疹、流脑两种传染病。4月23日—30日，开发区在全区范围内开展春季统一灭鼠活动。10月16日至12月15日，开发区社会发展局组织开展冬季入户灭蟑活动。居民在社区居委会或通过微信、网站等进行登记后，由居委会专人负责引领，专业防治人员上门进行免费灭蟑服务。开发区完成灭蟑作业3775户。

（崔容芳）

## 同仁医院南区扩大外科诊区

4月21日，首都医科大学附属北京同仁医院经济技术开发区院区启动外科诊室诊区扩容和配置方案，以解决南区门诊量增多问题，缓解二楼综合门诊的外科就诊患者拥挤状况。12月18日，新外科诊区投入运行，扩大了门诊区域，增加30%外科门诊服务量。

（月梅兰）

## 振国集团开展肿瘤患者康复游活动

4月至12月，北京振国集团先后在北京、通化、上海、珠海组织25批2236人次参加的康复游活动。其中，北京春秋两季397人；通化夏季1123人；上海春秋两季177人；珠海秋冬两季539人。北京、天津、沈阳、大连、鞍山、长春、邯郸、烟台、成都、重庆、长沙、南昌、杭州、无锡、宁波、呼和浩特等地抗癌组织和彩丝带工作站，先后组织100名以上会员和志愿者参加康复游活动。2014年是集团组织康复游活动第八年，是参加人数和参加地区最多的一年。通过康复讲座、交流经验、联欢演出等活动，极大地增强了患者战胜癌症的信心，丰富了患者的康复生活，康复游公益品牌初步建立，赢得业界广泛的关注和良好的社会影响。

（邓玉生）

## 举办公共卫生管理培训班

5月15日—16日，开发区社会发展局举办第五届开发区公共卫生培训班。该培训以急救知识与技能为主题，结合突发公共事件发生频率增加的形势而展开。开发区百人以上规模企业的公共卫生管理员、安监员，开发区各学校及社区的安全管理人员等百余家企业的近200人参加培训。

（崔容芳）

## 社区卫生服务站首设中医门诊

6月3日，开发区社会发展局联合大兴区卫生局、北京市大兴区亦庄医院在林肯社区卫生服务站开设中医门诊，并正式开诊。主要包括中医诊疗针灸、拔罐、理疗等多种服务项目。社区党委和社发局相关工作人员及各社区党支部和居委会工作人员到现场考察观摩。

（崔容芳 陈小青）

## 开发区医院义诊、巡诊到警营

医疗小分队为坚守一线的民警巡诊　　吴建平 摄

7月2日，北京市大兴区亦庄医院与北京市公安局经济技术开发区分局签署警医共建功能社区服务协议，医院在重大活动安保工作期间，为民警开展战时巡诊服务工作。年内，同仁医院、亦庄医院医务人员到开发区公安分局为民警战时义诊、巡诊5次，共140余人次。

（陈小青 王海英）

## 亦庄医院启动全科诊疗预约就诊工作

患者在亦庄医院体验健康自测　　何霞 摄

7月，北京市大兴区亦庄医院全面启动全科诊疗预约就诊工作。对于需要复诊的患者，医生根据复诊时间、患者就诊习惯及病程规律，分时段安排患者复诊时间。患者复诊时无需排队挂号，可持预约凭条自助取号，并享受优先就诊，减少了等候的时间。

（陈小青）

## 国家康复医院开展义诊活动

9月9日，国家康复医院与开发区天华园三里社区举行“和谐社区共建单位”挂牌仪式。医院门诊科室医务人员为开发区天华园三里退休教师进行免费口腔检查和骨密度测量，并组织退休教师参观医院，看望 “明天计划”病区的孤残小患者。9月24日，医院针对亦庄社区老年人口多、服务群体医疗需求面广的特点，以重阳节为契机，在林肯公园社区开展健康义诊服务活动。来自医院各科室的17名医务人员为社区居民们免费测量血压、测量空腹血糖、检查口腔、现场咨询、健康答疑等，现场发放宣传资料300余份，受惠居民达百余人次。

（高峰）

## 与北京中医药大学东方医院合作办南院区

9月，开发区社会发展局会同大兴区

卫计委，将 X83C1 号地结构封顶的社区卫生服务中心委托北京中医药大学东方医院合作办医，建设东方医院南院区。建成后的院区为三级甲等公立非营利性中医医院，提供基本的综合性医疗服务和特需医疗服务，整体提升新区医疗服务水平。该中心用地面积 10705.8 平方米，建设规模约 26181.74 平方米。X83C1 地块河西区社区卫生服务中心建设工程项目于 2013 年 9 月开工建设，2014 年 9 月结构封顶。预计于2015年年底投入运营。

（崔容芳）

## 亦庄医院成为首都医科大学实践教学基地

9 月，北京市大兴区亦庄医院挂牌成为首都医科大学社区实践教学基地。社区实践教学基地是首都医科大学三级教学基地体系的重要组成部分，承担首医本科生、长学制及继续教育等多层次的社区实践教学工作。

（陈小青）

## 振国杯全国彩丝带志愿者演讲大赛举行

10 月 30 日，由中国妇女报社、北京抗癌乐园、上海癌症康复俱乐部、振国医疗集团等单位联合举办的“振国杯全国彩丝带志愿者生命之歌演讲大赛”在北京举行。该公益活动是通过患者战胜病魔的亲身经历，赞美生命的春天，歌颂生活的美好，激励更多的人勇于面对磨难和挫折，珍爱生命，回报社会。辽宁鞍山 77 岁的胃癌患者王永利，癌龄 14 年，战胜癌症后，用一颗感恩的心加入到彩丝带志愿者队伍中来。黑龙江农村妇女孙玉晶 1998 年患上肺癌，院长王振国为她免费治疗。康复后，她自愿捐献眼角膜，并在家里开通了“爱心热线”，与病友交流 1 万多人次，帮助众多患者战胜了癌症。活动由全国 200 多个相关单位和抗癌组织推荐候选人，在 2 万多名肿瘤彩丝带志愿者中选拔出 26 名参加决赛，评出一等奖 1 名、二等奖 2 名、三等奖 3 名、优秀奖 20 名。

（陈绍学）

## 振国集团主办群体抗癌研讨会

抗癌组织向北京振国医院赠送《善爱》牌匾　　陈绍学 摄

10 月 30 日—31 日，北京振国集团与北京抗癌乐园、上海癌症康复俱乐部共同主办的首届全国“科学防治，群体抗癌”研讨会在北京振国中西结合肿瘤医院召开。来自全国 33 个省市的抗癌组织负责人，振国医疗集团专家组 100 余人参加会议。北京振国医院院长王振国就医患携手、科学防治、全程治疗做主旨报告；北京抗癌乐园、上海癌症康复俱乐部及各地抗癌组织代表围绕新形势下的群体抗癌工作交流经验；中国民营医院管理协会会长于宗河到会并讲话。会议认为，面对肿瘤发病率逐年上升的严峻形势和肿瘤的复发转移给肿瘤患者带来的严重伤害，群体抗癌工作面临新的机遇和挑战。深化群体抗癌意识，创新群体抗癌机制，实现医患携手，构建群体抗癌协作网十分必要。北京抗癌乐园、上海癌症康复俱乐部、四川省癌症康复会等33个抗癌组织向北京振国医院赠送“善爱”牌匾。

（邓玉生）

### 建立开发区公共事件医疗应急救援体系

10月，开发区社会发展局制定《开发区突发公共事件医疗卫生救援工作方案》。方案按照发生较大突发事件处置标准，为同仁医院进行应急救援设备采购，陆续完成突发事件的救援队伍建设、培训、演练及物资储备，以最大限度地减少突发事件造成的人员伤亡和健康危害，维护社会稳定，保障公众健康与生命安全。

（崔容芳）

### 国家康复医院成为开发区首家“平安医院”

11月19日，开发区开展2014年首都“平安医院”创建工作。由大兴区卫生局，开发区社会发展局、公安分局、工商分局、消防支队、城管大队组成的联合考核组，对国家康复辅具研究中心附属康复医院申报创建大兴区“平安医院”进行考核、认定。考核组从卫生、治安、消防、交通、纪检、重点部位等方面对医院进行检查，同意认定国家康复医院成为大兴区“平安医院”。

（崔容芳 高峰）

### 北京爱育华妇儿医院投入运行

12月26日，开发区新增设的民办妇儿医院——北京爱育华妇儿医院正式运行。该医院是一所国有资本主导投资，集医疗、教学、科研、预防为一体的三级妇儿专科医院。医院建筑面积73000平方米，床位300张，一期开放床位200张。医院设有儿内科、儿外科、儿童保健科、妇科、产科等23个临床学科含43个专业。全年24小时急诊，较好地满足区内高端化医疗需求。

北京爱育华妇儿医院外景　　单位提供

（崔容芳）

### 同仁医院二期工程举行奠基仪式

12月，首都医科大学附属北京同仁堂经济技术开发区院区二期工程举行奠基仪式。二期工程项目含新建医疗综合楼、动物实验楼、感染楼，迁建液氧站，扩建污水处理站，总建筑面积15.2万平方米，总投资11.72亿元。建成后开发区院区将达到1400张床位。该项目于2014年6月17日取得市发改委建设工程可行性研究报告的批复。

（崔容芳 月梅兰）

### 开展无偿献血活动

年内，开发区社会发展局在献血淡季的夏、冬季节组织区内企业开展团体无偿献血活动，安排采血车到各企业为有意愿献血者采血，并发放食品补助，应对北京市季节性血荒，保证北京市血液供应。富智康、中铁十九局、汇龙森、京珠盛世、揖斐电5家区内企业累计采血540人次。

（崔容芳）

### 同仁医院南区开展质量安全年活动

年内，首都医科大学附属北京同仁医院经济技术开发区院区开展“医疗质量安全年”活动。医院设计了临床病历大讨论、院领导督导查房、医疗大组长制度等活动。首次病例大讨论有约60个临床医技和行政科室参加，医院拿出有关医疗实践病历集中讨论，明确问题出处，决定相关责任人的处理原则和方法。活动打破科室各自为政现状，用制度和活动将大家链接起来，通过持续不断地讨论，形成医务人员自觉行动，最终形成北京同仁医院的治疗安全文化传承下去。

（月梅兰）

### 同仁医院南区创新门急诊服务

年内，首都医科大学附属北京同仁医院经济技术开发区院区创新门急诊服务。全面推进门诊电子叫号系统的使用，科学设计屏幕数量、叫号顺序，创新门诊服务流程，改善门诊服务环境。增设微信预约挂号服务，有效提高号源分配的及时性和合理性，压制了号贩子的倒号空间，随着系统的升级和两次大型现场宣传活动，医院官方微信公众账号关注人数5.5万人，1.7万名患者通过身份信息审核，约2000人次成功就诊，患者满意度达到80%以上。

（月梅兰）

### 同仁医院南区承担埃博拉防控工作

年内，首都医科大学附属北京同仁医院经济技术开发区院区承担埃博拉防控工作。根据上级要求制定《北京同仁医院埃博拉出血热防控预案》和《北京同仁医院埃博拉出血热医院感染防控技术指南》，不断修订方案和流程，进行全员和重点科室培训、考核、督查、演练等，在APEC会议期间在院值守，多次接受卫计委、医管局、疾控中心等部门的督导检查，获得检查专家认可。

（月梅兰）

## 部分卫生单位

### 首都医科大学附属北京同仁医院经济技术开发区院区

首都医科大学附属北京同仁医院经济技术开发区院区（简称同仁医院南区）2014年完成各项工作。医疗指标方面，接待门急诊达到63.34万人次，其中门诊48.83万人次，急诊14.51万人次，急诊抢救3950人次，抢救成功率95.24%，入院2.25万人次、出院2.25万人次，病床周转次数43.20，病床使用率91.81%，手术1.38万人次，平均住院日7.84天。科教工作方面，1名青年护理教师获首都医科大学护理学院组织的比赛三等奖；1名护理教师获首都医科大学2013年度教育学术年会优秀论文奖；获批2014年首都医科大学校长基金（教育）2项；首都医科大学护理学院护理学院院级课题项目基金1项；2014年首都医科大学第二课堂2项。参加北京市自然科学基金、首医基础临床合作基金、院内基金、优秀人才资助项目、首医校长基金的申报，获得院内科研骨干基金1项，院内科研种子基金1项，首都医科大学校长基金1项。社会活动方面，开展“知晓你的血压”2014世界高血压日义诊咨询和开发区公安局警民共建义诊活动。

（月梅兰）

## 国家康复辅具研究中心附属康复医院

国家康复医院总体规划图　　赵晓明 摄

国家康复辅具研究中心附属康复医院（简称国家康复医院）是一所专门为残障人提供康复服务的新型医疗康复机构，承担着周边社区的基本医疗服务和全国重大疑难残疾的医疗保障，同时承担康复辅具临床应用、民政对象服务保障、老年养护研究及公益项目实施等多项职能，是北京市卫生局 2012 年 10 月核定的二级康复医院。主要诊疗项目为运动功能障碍康复、四肢及骨关节畸形矫治，服务对象主要为运动功能障碍者。2014 年，接待门诊患者 5459 人次，收治住院患者 1828 人次，完成手术 1618 例次。4 月 25 日，医院举办纪念“5·12”国际护士节活动，评选大兴区区级优秀护士 1 名。

（高峰）

国家康复辅具研究中心附属康复医院

院长 樊瑜波

## 北京振国集团

北京振国集团（简称振国集团）2014 年坚持“以医疗为中心，医院为重点”的发展战略，及时调整北京、上海、珠海、通化振国医院服务项目，补充部分医疗设备，完善了从肿瘤筛查、预防、治疗、防复发转移和康复疗养全程医疗服务体系。集团注重企业文化建设和医疗人才培养，各医院医疗服务团队建设和医疗服务水平有较大提升；集团加大新疗法临床应用推广和大型会诊活动宣传投入，细胞治疗等综合治疗手段广泛应用临床实践，治疗效果显著；集团加大市场奖励投入，调动了市场一线员工的积极性，年度各地市场销售持续增长，圆满完成年度目标任务；通化振国药业基地、江苏振国药业基地，加强企业生产流程和质量管理，产品质量稳步提升；通化振国长白山养生谷拓展服务项目，积极开展文化旅游、中医养生、绿色疗养等生态养生服务，首次实现经营创收 380 万元。北京振国集团继续与中国妇女报社、国际健康健美长寿学研究会、中国医促会中老年保健专业委员会、北京抗癌乐园、上海癌症俱乐部等单位联合组织彩丝带爱心传递社会大型公益活动，开展肿瘤患者康复游活动，充分发挥群体抗癌作用，最大限度地满足了患者的康复需求，取得了良好的社会效益。5 月至 12 月，北京振国中西医结合肿瘤医院积极开展“三基三严”继续教育业务培训，“三基”即从基础理论、基本知识、基本技术抓起，“三严”即严格要求、严谨态度、严肃作风，旨在加强医疗队伍建设，提高医院整体素质。全年共组织培训 28 次，参加北京市卫计委及大兴区卫生系统培训 28 人次，参加培训医护人员考试两次，合格率 100%。两名护士参加大兴区卫生局组织的护理理论考试获得优秀奖。7 月 15 日至 26 日，由中国妇女报社、国际癌病康复协会、通化县政府、北京振国集团联合主办的“生命之歌——振国彩丝带艺术团走进山城通化慰问演出”举行。8月，北京振国中西医结合医院当选由人民网主办的中国民营医院网络口碑榜“2013—2014年度中国百家好口碑”民营医院。年内，集团总部、北京振国中西医结合肿瘤医院、珠海振国肿瘤康复医院的21名员工，在抢救患者生命的关键时刻，舍身献血，救患者于危难。

振国集团彩丝带艺术团演出　　陈绍学 摄

（邓玉生 孟凡辉 阿支子罗）

北京振国集团

董事长 王振国

### 北京市大兴区亦庄医院

北京市大兴区亦庄医院（简称亦庄医院）是大兴区卫生计生委下属的非营利性的一级综合性医院。2014年，亦庄医院以教育实践活动为契机，秉承“仁德、敬业、严谨、进取”的院训精神，立足于服务百姓健康，不断提升服务群众能力，积极探索新时期社区医院的发展道路。全年共计接待门急诊患者47.12万人次（含体检），同比增长3.65%；出院1287人次，同比增长4.46 %；免疫接种7.26万人次，深入开发区企业处置疫情48次；埃博拉疫情防控期间，监测各类疫区归国人员15人；妇幼保健免费儿童体检1.56万人次，同比增长36%。截至年底，累计为辖区居民建立健康档案10.98万人。

5月9日，亦庄医院参加大兴区卫生系统护理“三基三严”技能竞赛取得全区第一名。6月，根据居民需求，在林肯社区卫生服务站增设中医服务项目。7月2日，与开发区公安分局签署警医共建功能社区服务协议，为开发区民警进行健康指导和战时巡诊服务。7月，全面启动全科诊疗预约就诊工作，截至年底，共计预约患者4773人次。9月，成为首都医科大学社区卫生实践教学基地。年内，启动辖区内户籍重性精神障碍患者门诊免费给药治疗项目。

（陈小青）

北京市大兴区亦庄医院

院长 陈宝军

## 体 育

### 概况

2014年，开发区群众体育工作全面贯彻落实《北京市全民健身条例》和《北京市全民健身实施计划（2011—2015年）》，以人为本、创新方式、突出重点、贴近群众，着力推进全民健身活动的开展，实现《北京经济技术开发区全民健身实施计划（2011—2015年）》各项目标任务。

（李哲晖）

### 举办开发区体育赛事

3月15日，北京市拔河比赛亦庄赛区暨开发区职工第三届拔河比赛在金风大学体育馆开赛。SMC（中国）有限公司等24家企业40支代表队500余名一线职工参赛。5月17日，开发区第八届“和谐杯”乒乓球比赛在金风大学体育馆举行，区内

67 家单位 339 名选手参与，其中年龄最大的 70 岁，年龄最小的 12 岁。该赛事设置永康公寓、汇龙森等两个基层选拔赛分赛区，亦庄国投获精神文明奖。9 月 9 日—13 日，开发区党群工作部与总工会、社发局主办，开发区团工委共同承办的开发区第七届羽毛球比赛暨 2014 年北京市市民羽毛球挑战赛选拔赛在金风大学体育馆举办。来自施耐德、资生堂等企业和社区的 48 支代表队参加，采用五场三胜制混合团体赛，比赛项目包括男女混合双打、男子双打、女子双打。最终开发区总公司代表队获得企业组冠军，郁金香社区获得社区组冠军。9 月 28 日，北京市市民篮球联赛开发区分赛区“博大杯”第九届职工篮球赛在金风大学体育馆举办。39 支代表队参加。“博大杯”成为开发区职工体育活动品牌。

开发区第三届拔河比赛举行　　田艳军 摄

（李哲晖 张文海 臧华）

## 7 家单位获批高危险性经营许可证

4 月 30 日，开发区社会发展局根据国家体育总局颁布的《经营高危险性体育项目许可管理办法》规定，完成区内 7 家已取得营业执照经营单位的行政审批，并颁发高危险性经营许可证。年内，开发区共受理审批高危险性经营许可 11 家。

（李哲晖）

## 举办第十一届全民健身体育节

开发区第十一届全民健身体育节　　田艳军 摄

5 月 24 日，2014 北京市体育公益活动社区行暨开发区第十一届全民健身体育节“六一”亲子趣味嘉年华活动在金风大学体育馆举办。该活动由开发区党群工作部、总工会和社会发展局主办，开发区团工委承办。活动设有充气攀岩、宝宝爱绘画、亲子投篮等 20 个项目，共有来自区内企事业单位的 500 余个青年家庭参加。8 月 7 日—8 日，以“新区梦、创新魂、祖国颂”为主题的 2014 开发区第十一届全民健身体育节“全民健身日”暨全国百城健身气功展示活动在开发区体育中心举行。来自社区、公园、体育场地等 31 支健身队伍近 600 人展示健身气功、健身操舞和太极拳等项目。

（李哲晖 臧华）

## 举办国民体质监测和科学健身大讲堂

6 月 10 日—30 日，开发区社会发展局在金风大学、亦城茗苑社区工作站、永康公寓社区工作站、数电园社区工作站进行国民体质测试。该体质监测涉及 3 个社区服务站 20 余家企业的 1000 余名职工以及 9 个社区的 900 余名居民，总体达标率较上年提升 9 个百分点。年内，开发区社会发展局结合体质测试，重点开展科学健身大讲堂活动 15 次，3 万人次接受全民健身宣传、体育知识和科学锻炼的普及。

（李哲晖）

## 举办第二届“学人杯”体育比赛

6月18日，开发区海外学人中心创办企业联合工会举办第二届“学人杯”乒乓球、台球比赛。旨在推动联合工会健身活动的广泛开展，调动全体会员的运动热情，进一步丰富会员的业余文体生活，增进友谊，增强体质。40多位联合工会会员参加比赛。

（郝健强）

## 3000余人参加首都职工健步走活动

开发区职工健步走活动　　田艳军 摄

6月27日，首都职工健步走系列活动第2站（北京亦庄站）“享健康绿色生活”开发区职工健步走活动在南海子公园举行。来自开发区各单位、市直机关、各区县工会代表3000多人参加。活动还设太极拳、健美操、健身舞等职工体育展示项目。

（李哲晖）

## 获评“一区一品”群众体育品牌活动

7月10日，开发区管委会主办的北京市外企职工运动会成功获批市级“一区一品”群众体育品牌活动。“一区一品”活动，指多年来充分利用地区资源优势，在广泛开展群众体育活动基础上所形成的传统活动，是市民参与率较高，在全市发挥引领和示范作用，具有一定的规模和影响力，能够代表区县形象、特色，提升区县知名度的品牌活动。

（李哲晖）

## 开发区内体育场地达到148个

截至7月15日，开发区社会发展局完成开发区内体育项目经营单位、“北京·亦庄”文化体育活动基地、社区、学校、医院、企业园区、产业园区、公园等各类体育场地等相关单位体育场地统计工作，并按要求上报市人力社保局。根据普查结果，开发区内体育场地148个，其中室内体育场地47个，室外体育场地101个。

（李哲晖）

## 8支队伍参加开发区青年足球邀请赛

7月27日，由开发区团工委与区青联共同主办，开发区社区青年汇承办的开发区青年足球邀请赛圆满落幕。比赛共有京东方显示、国泰君安、三洋能源等8支队伍参加。经过3个周末的角逐，最终隆盛工业园青年汇南皇足球队和京东方显示技术有限公司足球队分获冠亚军。

（臧华）

## 实施《国家体育锻炼标准》测试活动

11月14日，开发区社会发展局在金风大学体育馆举办开发区实施《国家体育锻炼标准》测试活动。区内17个企事业单位100余人参加测试，测试项目涵盖人体力量、速度、耐力、灵敏和柔韧5类素质。测试结果表明，达到优秀的人数占总人数的25%，及格以上人群占91.7%，不及格率为8.3%。

（李哲晖）

## 组织开发区青年多项体育赛事

11月22日，由24支代表队参赛的“区域化团建杯”青年三对三篮球赛在金风大学开赛。为增加活动的趣味性和参与性，大赛同时设有“三分球大赛”和“技巧大赛”。最终航天工程代表队和三箭和众鼎代表队分获男、女组冠军。11月29日，青年趣味攀岩挑战赛举行，吸引20多支代表队共100余人参赛。最终富士康精密组件有限公司代表队获得团体赛冠军；东港嘉华的闫晶亮获得男子组冠军；社区青年汇的曹杨获得女子组冠军，比赛还评选出优秀组织奖和道德风尚奖各3个代表队。

（臧华）

## 发展社体指导员179人

年内，开发区社会发展局发展三级社体指导员103人，二级社会体育指导员76人，参加市一级社体指导员培训32人。社体指导员全部完成网上注册工作，并按活动站点及团队予以登记备案。

（李哲晖）

## 组织开发区居民参与全国及市级赛事

年内，开发区社会发展局组织区内居民参加市民篮球赛，获中老年组亚军、青年组第七名；参加市“和谐杯”乒乓球赛，获1个二等奖、2个三等奖和“优秀组织奖”；参加2014年全国拔河新星系列赛北京站暨北京第三届拔河比赛，获600千克混合组亚军、男子组分别获得第五、六、七名，开发区社会发展局获优秀组织奖；参加北京市鸿坤杯广场舞大赛，获总决赛冠军；参加北京市健身操舞大赛获2个优胜奖、1个优秀奖；参加“智美杯”2014年北京市优秀健身团队交流展示大会，获二等奖；参加2014年北京市柔力球大赛，获老年组集体规定套路二等奖、自选套路三等奖；参加北京第十七届中老年优秀健身项目展示，获优秀健身奖；参加北京第九届公园节柔力球大赛，获优胜奖；参加北京市第十四届柔力球交流大会，获三等奖。还参加了健身秧歌、健身腰鼓大赛、龙舟赛等市级比赛。

（李哲晖）

## 开发区体育中心承办千人以上运动会9场

年内，开发区体育中心承办中冶京诚、可口可乐、首发集团、金隅集团、北京怡海小学等千人以上运动会9场，参赛人数达2万余人，活动惠及区内10万余人。

（张文海）

# 文化

## 概况

电影送进工地　　田艳军 摄

2014年，开发区进一步繁荣区域文化，以文化服务区域发展，打造“文化亦庄”品牌，全年开展交响音乐会、文化艺术节、曲艺大赛、消夏广场演出等各类活动14项；落实送电影、送讲座、送演出进工地、进企业、进社区、进校园、进部队“三送五进”文化工程392场。其中，送电影290场、周末演出12场，开展健康、心理、礼仪等系列讲座90场，累计服务群众7万人次。

（李哲晖）

## 开发区首届网络春晚网上发布

1月5日，开发区首届网络春晚在电子科技职业学院礼堂录制。有来自企业和社区的15个节目参加录制。经过相关编辑和上线工作，网络春晚的节目及选手拜年视频和企业年会花絮，春节前在开发区官网上发布。

（李哲晖）

## 举办开发区第七届文化艺术节

开发区举办第七届文化艺术节　　田艳军 摄

4月至12月，开发区工委宣传部、总工会、党群工作部、社会发展局、机关党委共同主办第七届文化艺术节暨庆祝新中国成立65周年系列活动。艺术节以“新区梦、创新魂、祖国颂”为主题，以弘扬社会主义核心价值观、助力新区改革发展为目标，开展“2014北京亦庄交响音乐会”、文化广场系列活动、新年音乐会、文化“三送五进”工程、文化艺术节闭幕式等5项系列活动，累计参与20余万人次。4月23日，开发区第七届文化艺术节开幕式暨全民阅读启动仪式在北京电子科学职业技术学院图书馆举行。电视节目主持人白岩松做题为“读书与人生”主题讲座。北京市新闻出版广电局副巡视员董明，开发区工委委员、宣传部部长赵雅娟，工委委员、管委会副主任张伟，总工会主席张凤民，电科院院长王海平、副院长李丽萍与特邀嘉宾为公共阅读平台启幕。5月18日，开发区社会发展局举办2014年北京亦庄交响音乐会。邀请波兰波罗的海爱乐乐团在中芯国际礼堂演出，著名指挥家爱恩斯特·凡·滞尔参演。音乐会演奏了《卡门组曲》《自新大陆》《苗岭的早晨》等曲目。该音乐会是开发区20多年来首次举办的交响音乐会。7月7日，开发区社会发展局组织的文化广场系列活动在博大公园举行。活动包括6场演出，从7月持续到8月，用民乐演奏、西洋乐演奏、综艺演出等形式，丰富居民们的业余文化生活。活动现场设置100个座位供居民观看演出。9月29日，在荣华天地云剧场举办“祖国颂·新区情”开发区庆祝中华人民共和国成立65年文艺演出暨第七届文化艺术节闭幕式。演出以综艺节目为主，演员主要由驻区企业、学校、文化团体，合唱协会，社区文化团队、居民代表，职工艺术团、最美北京人代表组成，表演诗朗诵、歌曲、舞蹈（群舞、原创舞）、歌伴舞、京剧、原创小品、器乐、合唱、杂技等15个精品节目。

（李哲晖 黄自稳）

## 开展“创意让生活更美好”软陶趣味赛

10月12日，由开发区团工委主办，开发区社区青年汇承办的“创意让生活更美好”软陶趣味赛在党群活动服务中心开展。活动分为专业指导教师讲解和个人现场制作两个环节，共有来自区内企事业单位的 40 余名青年软陶爱好者参加。

（臧华）

### 开展开发区岁末单身联谊活动

12 月 14 日，开发区团工委在荣华天地云剧场举办“岁末邂逅，爱情冲刺”岁末单身联谊活动，来自 30 多家企事业单位的 120 余名单身青年参加。青年们增进了解，活动中互相交流，默契配合，6 对单身青年在表白环节中成功牵手。

（臧华）

### 建设 269 人文体联络员队伍

年内，开发区社会发展局在区内百人以上规模的企业设置文体联络员（由企业员工兼任），加强对企业文体骨干的培养、对企业内文化活动予以指导。年内，区 140 余家重点企业全部配备文体联络员，并向 269 名专兼职文体联络员颁发聘书。

（李哲晖）

## 社 区

### 概况

2014 年，开发区社区建设按照创新发展、持续优化、注重实效的工作要求，进一步健全社区管理机制、完善社区服务功能、提高社区服务水平，全面修订和实施《北京经济技术开发区 2014 年度和谐社区创建工作方案》等文件，开办“老年之家”，建成并开放 2 家社区老年“日间照料室”，全面促进社区和谐健康地发展，社区各项事业上了一个新台阶。开发区全面修订和实施《北京经济技术开发区 2014 年度和谐社区创建工作方案》等文件，进一步健全社区管理机制、完善社区服务功能、提高社区服务水平。

（王小会）

### 召开开发区社区工作大会

3 月 28 日，开发区社会发展局召开 2014 年度社区建设工作会。会议总结 2013 年社区建设工作；部署 2014 年社区建设工作任务；表彰 2013 年社区先进个人和单位。社会发展局从以群众路线为契机加强服务型基层党组织建设、推进社区为老服务体系化建设、以扩大社区参与为目标探索社区治理新模式、加强社工队伍建设和为 2015 年全市社区党组织和社区居民委员会换届选举做好准备等几个方面提出要求。和谐社区创建领导小组各成员单位代表、社区共建单位代表、小区业委会成员代表及全体专兼职社区工作者 120 余人参加会议。

（王小会）

### 天华园一里社区获多项荣誉

3 月，开发区天华园一里社区经开发区社会发展局申报推荐，被首都文明委授予“首都学雷锋志愿服务示范站”荣誉称号。自 2012 年以来，开发区社会发展局指导扶持一里社区成立爱心志愿服务站，联合各驻区单位，践行“奉献、友爱、互助、进步”的志愿服务精神，通过开展志愿服务活动，弘扬雷锋精神，为社区中 100 多位老人提供了各种志愿服务。年内，天华园一里社区爱心志愿服务队被评为“首都学雷锋爱心志愿服务岗”，卡尔百丽社区爱心门铃志愿服务队被评为“首都学雷锋爱心门铃志愿服务岗”。

（王小会）

## 开展残疾人联谊和慰问活动

5月18日，开发区社会发展局在社区活动中心组织开展残疾人联谊和慰问活动，并邀请专家为残疾人开展夏季养生讲座。12月3日，走访和慰问社区残疾人。

（王小会）

## 公开招考录用社区工作者

9月初，开发区社会发展局配合北京市民政局做好面向社会公开招考社区工作者工作。11月27日，开发区社会发展局组织社区工作者队伍建设领导小组成员单位，对符合面试资格的24名考生进行面试。按照笔试和面试总成绩排名，对前7名应试者进行考察、入职体检和公示等程序，录用7名社区工作者。

（王小会）

## 开放社区老年“日间照料”室

开发区老年之家建立　　田艳军　摄

10月24日，开发区社会发展局分别在天华园一里新康家园社区和天华园二里大雄城市花园社区建成并正式开放“老年日间照料室”，这是开发区为老人服务工作的新举措。根据开发区老人多、活动空间少的情况，开发区社会发展局在老人比较集中的一里社区和二里社区分别装修改造了“老年日间照料室”，并购买了书籍、棋牌等文娱用品，为退休老人提供活动、交流的场所。

（王小会）

## 获得月季花“进我家”主题创新奖

11月，开发区社会发展局获得大兴区月季办颁发的月季花“进我家”主题实践活动创新奖。自4月以来，开发区社会发展局为做好“市花进我家”主题实践活动，为2016年将在新区落户的世界月季洲际大会营造氛围，结合开发区社区实际情况开展了系列主题实践活动。其中，指导三里社区居委会联合小区居民和驻区单位，在一品亦庄小区50米的隔离墙旁种上了400多株月季花，建起了美丽的“月季墙”，成为小区一道独特的风景线。

（王小会）

## 开发区新增3家“老年餐桌”

年内，开发区社区服务中心按照社区居委会推荐、实地考察、试营业、征求就餐居民意见的工作流程，增加了李先生餐厅（亦庄店）、庆丰包子铺（亦庄店）、三香居3家餐厅作为新一批老年餐桌定点经营单位。截至年底，共有老家肉饼（卡尔店）、李先生餐厅（亦庄店）、庆丰包子铺（亦庄店）、食立方食悦餐厅（亦庄店）、三香居等5家老年餐桌定点经营单位，累计就餐2.39万人次，进一步解决了开发区老年人就餐问题。

（王明刚）

## 评选出9家和谐社区

年内，开发区社会发展局以创建干净、规范、服务、安全、健康、文化的“六型”社区作为推动基层社会管理创新的重要内容，纳入开发区社区建设总体计划。3月初，修订和实施《北京经济技术开发区2014

年度和谐社区创建工作方案》等文件，并正式启动2014年和谐社区创建活动。12月，和谐社区创建工作领导小组创新工作机制，在原有区级和谐社区创建工作评估验收小组和社区级评估验收小组基础上，成立由社区党委、房地局物业办、社会发展局社区办、各社区居委会主任等共同组成的现场联查交流小组，并邀请荣华街道和博兴街道有关负责人参与，形成承上启下、上下联动的三级评估体系。各社区以评选结果为参照，认真总结经验教训，不断加强和改进“六型”社区建设，保证创建工作良性循环。年底，开发区社区评选出五星级和谐社区6家，四星级和谐社区3家。

（王小会）

# 公用事业

# 综 述

2014年，开发区各公用事业专业公司坚持创新服务，在推进节能减排、绿色低碳经济发展模式和产业转型升级、提质增效中做出贡献，高起点、高标准建设国家生态工业示范园区。

燃气第四分公司在开发区全面启动智能管网示范工程试点建设，实现了管网“全景监控”“智能调控”。北燃港华实现对区域内次高压管网系统的实时工况监控，增加对新用户“煤改气供热厂项目”的数据监控，并推广代管服务和“一站式”服务。开拓热力公司优化供热能耗管控，改造烟气循环系统，氮氧化物排放浓度下降30%～50%，推动环保措施提档升级，服务新区实现绿色低碳发展。

开发区提升治污能力，完成金源经开、路东区两个污水厂提级改造，在全市率先将区域污水处理提高到地表Ⅳ类水体标准。全年挥发性有机物（VOCs）减排815.5吨，二氧化硫、氮氧化物、化学需氧量、氨氮等四项污染物排放量不高于2010年水平。全年新建污水管线40千米，再生水管线15千米，推进新建2项增扩污泥深化处理设施建设。完成污水处理4077.8万吨，污水处理率100%，生产再生水1126.6万吨，再生水利用1803.08万吨。

开发区建立全国首家电动汽车分时租赁示范区，集中建设一批充电桩，为区域电动汽车普及运行提供基础保障。采取市场化手段，引导富士康产业转型，为区内企业和居民提供新能源汽车租赁服务。鼓励北工大软件园等专业园区开展电动车接驳服务试点。引进新能源环卫车辆，实现区域环卫机械作业零排放。年内，开发区优化调整10条公交线路，开通3条微循环公交接驳临线，累计投入16辆新能源车。

亦庄供电公司试点配电网建设改造暨营配调数据深化应用，亦庄电话局新增50Mbps/100Mbps光纤接入宽带上网，博大网信公司通过打造智慧城市市政管井示范项目，参与开发区无线通信基站的规划和建设，进一步提升智慧城市综合服务能力。

开发区邮电支局由原北京市南区邮政局划转到北京市大兴区邮政局，新开办天宝园邮政所的邮政业务办理区、旧宫投递部两个服务网点。

（石晔 蔡雳 董凤荣）

# 天然气

## 北京市燃气集团有限责任公司第四分公司

### 概况

2014年，北京市燃气集团有限责任公司第四分公司（简称燃气第四分公司）管辖范围860平方千米，设有14个职能部门、10个下属机构，有职工1040人，其中具有中高级职称的32人。截至年底，辖区内共有天然气管线4735.65千米，调压站181座，调压箱4370座，闸井4278座，家庭用户158.61万户，公服用户6863户，采暖制冷用户1873户，生产用户151户。7月31日，燃气第四分公司完成区域内管网分区计量分界阀门关断工作，实现用气单独计量。9月12日，燃气第四分公司建立"北京燃气四分公司培训中心"微信平台。燃气第四分公司《应用"六率"指标提升燃气巡检工作质量》获第二十八届北京市现代化企业管理创新成果二等奖。

（董凤荣）

### 启动智能管网示范点建设

3月13日，燃气第四分公司在开发区全面启动智能管网示范工程试点建设。该项工程集北斗星定位、智能调压、调压自诊断、终端监控、设备自动控制等多项技术，在开发区实现管网"全景监控""智能调控"，使北京燃气在智能管网建设中保持行业领先地位。

（董凤荣）

### 建立服务质量分析机制

4月16日，燃气第四分公司建立服务质量季度分析机制，并召开第一季度服务质量工作会。通过深度分析巡检"六率"指标（巡检工作量的周期比重率、巡检到访入户率比重率、发放告知单比重率、现场维修比重率、更换胶管（灶具胶管）比重率以及追回无人户比重率）、户内爆燃案例、服务满意度、服务单据回复等内容，并运用服务质量闭环管理机制，查找管理短板，完善制度流程，提出改进措施，追踪执行情况，落实绩效考核，改进服务质量，有效促进了服务管理质量和服务满意度的提升。

（董凤荣）

北京市燃气集团有限责任公司第四分公司
总经理　宋景祥

## 北京华油联合燃气开发有限公司

### 概况

华油联合CNG加气站　　单位提供

2014年，北京华油联合燃气开发有限公司（简称华油联合）有员工380人，燃气管网总长800余千米，承担着北京经济技术开发区、门头沟区和辽宁绥中开发区等区域的天然气供应，累计通气用户11

万户。年内，华油联合供气区域内第三方交互施工达到 11600 余起，实施现场旁站监护 4800 余次，有效预防了第三方破损事件的发生。华油联合探索的定制化巡检作为管理经验在中石油昆仑燃气有限公司安全生产工作会上向全系统推广。

（张中阳）

北京华油联合燃气开发有限公司

总经理 房 伟

## 北京北燃港华燃气有限公司

### 概况

2014 年，北京北燃港华燃气有限公司（简称北燃港华）实现天然气销售 3549 万立方米，利润总额 1479 万元，同比增长 30.4%。6 月，北燃港华参加开发区安全生产月活动，获“2014 年北京经济技术开发区安全生产月活动最佳宣传奖”。

（王英健）

### 开展燃气管网事故应急演练

北燃港华开展应急抢修抢险应急演练　　王英健 摄

6 月 26 日，北燃港华组织开展 2014 年应急抢修抢险应急演练。演练模拟燃气管线破裂，造成天然气泄漏而引发管网事故，启动五级事故应急抢险预案，开启应急联动机制。开发区应急办、消防支队、交通大队等部门参加演练。

（王英健）

### 管网运行监测和泄漏检测覆盖率 100%

年内，北燃港华坚持安全管理人员一月多查、公司领导每月检查的安全生产管理工作规定，全年发出隐患整改通知书 13 张，提出安全建议和问题 16 项，全部完成整改。组织安全培训 25 次，平均每人参加安全培训 22.22 小时。实行预警制度，发布预警信息 24 次。优化 QEO（质量、职业健康、环境）体系，5 月 14 日完成 QEO 外审工作，通过体系认证。管网运行监测和泄漏检测覆盖率 100%，报修、维修、抢险及时率为 100%。

（王英健）

### 对燃气工程实行监理审核评分管理

年内，北燃港华对燃气工程实行监理审核评分及日常检查制度。每个工程从开工到结束，每周检查不少于 5 次；凡是承建北燃港华燃气工程的施工单位及人员，均要求参加北燃港华组织的安全培训，并经考试合格后方可允许施工；从运营、质量、价格、服务等方面对供应商进行评价。

（王英健）

### 实现燃气次高压管网实时监控

年内，北燃港华优化调整管网运行结构，完成生产运营工况与生产调度监控系统接轨，实现对区域内全部次高压管网系统的实时工况监控，增加对新用户“煤改气供热厂项目”数据监控，确保管网运行工况平稳运行。推广应用智能互动计量系统，该系统通过表台控制器和后台账户管理系统的双向、实时数据交换，实现遥距读表、无卡预付、实时调价、阶梯收费等功能。

（王英健）

### 推广代管服务和“一站式”服务

北燃港华为客户提供专业、高效的服务　　王英健 摄

年内，北燃港华推广代管服务（即协助燃气用户对其红线内燃气设施和用气设备进行维护、管理的工作）和“一站式”服务（即客户仅需办理报装手续，北燃港华代理完成工程规划、设计、采购、施工及配合工程的委托和实施，直至最后验收、通气的服务模式），有效简化客户办事流程，提高了服务质量和效率。开展民用户安全宣传活动5次，覆盖全部民用小区；对40家工商客户进行“安全宣传进企业”的安全知识培训。综合客户满意度为99.91%。

（王英健）

北京北燃港华燃气有限公司

总经理 刘晓刚

## 电 力

### 概况

2014年，国网北京市电力公司亦庄供电公司（简称亦庄供电公司）下设10个职能部门、2个业务支撑与实施机构、13个班组，有职工109人。亦庄供电公司全年负责110千伏变电站10座，主变25台，容量1256兆伏安；10千伏架空线路15条，长度89.87千米；10千伏电缆线路494条，长度769.97千米。实现全年安全生产无事故目标。供电可靠率达99.99%，电压合格率为100%。最大负荷70.8万千瓦。截至年底，亦庄供电公司管理营业客户79912户，其中抄表收费客户950户、智能表客户7.90万户；110千伏客户5户、10千伏客户832户、低压客户7.99万户。重要客户有37户，其中一级客户5户、二级客户32户。年内，亦庄供电公司被评为首都文明单位、北京市电力公司优质服务先进单位、北京市电力公司物资专业先进单位、北京市电力公司安全保卫先进单位、北京市电力公司厂务公开先进单位，成为国家电网公司首批会计基础管理规范化评估达标单位。

（宋伟 孙特 田净）

### 进行配电网建设改造

亦庄供电公司进行配电网改造　　孙特 摄

8月，亦庄供电公司被北京市电力公司确定为配电网建设改造暨营配调数据深

化应用唯一试点单位。11 月 25 日，完成营配贯通基础数据采录工作，总结出流水作业法、一站作业法、分期作业法等标准化作业流程。截至年底，完成 81 个试点项目可行性研究、立项、设计招标等前期工作。开展架空光缆示范段建设，编写《配电网改造工程手册》和营销采集对接项目典型设计、宽带载波汇聚设备相关技术标准和现场安装作业指导书。

（付义兵 罗辉）

## 深化“网格化”配电网规划管理

庆羊 110KV 变电站　　田艳军 摄

年内，亦庄供电公司完成“网格化”配电网规划滚动修编及专家论证评审，启动地区“十三五”规划编制工作，将变电站、开闭站、电力管道等重要资源内容纳入地区控规。截至 10 月底，庆羊 110 千伏输变电工程、华康二电源切改工程相继投产，景园街综自改造工程有序推进；完成瑞新 110 千伏输变电工程可行性研究报告编制及立项的前期手续准备。

（杜佳）

## 累计安全生产 3806 天

年内，亦庄供电公司未发生各类人身事故及电网、设备、交通、火灾等责任考核事故，实现全年无事故目标，累计安全生产长周期 3806 天。强化三级安全体系建设，建立健全安全激励与约束机制，全面落实安全生产责任制。现场作业检查共查处安全隐患 364 项，有限空间作业现场检查实现 100% 全覆盖。开展架空线路检修、春检、度夏、秋检、安全审计、安全月等专项行动。全年供电可靠率 99.99%，综合电压合格率为 100%。执行停电检修计划票 352 张，同比增长 45.7%。发现并处理变电站缺陷隐患 223 处，完成 41 千米架空线路停电综合检修，完成 75 条电缆 OWTS 检测。全口径配网故障同比下降 8 次，降幅 25.8%；架空永久性故障同比下降 4 次，降幅 44.4%。完成 CVW 产业互联网大会、刚果（布）总统到访、APEC 会议等 11 项保电任务。完成 3 个百日安全长周期，安全生产平稳。

（王立）

## 提升优质服务品质

年内，亦庄供电公司累计报装 131 户，容量 65.39 万千伏安，完成 10 千伏客户接电 90 户，接电容量 31.69 万千伏安。受理光伏 16 户，全级为并网部客户，发电 3939 万千瓦时。完成 288 户 10 千伏用户的表计新装更换工作；完成 12 个小区配电室关口表安装工作;完成 3022 户居民、442 户非居民卡表安装工作；更换问题表计 1813 块；完成新装调试采集器 172 具，集中器 79 具；为 322 户居民电表进行校验。亦庄供电公司提前 2 年完成智能表计更换工作。深化用电采集信息系统建设，实现居民用电信息采集全覆盖；完成台区采集建设工作 237 个，台区采集覆盖率达到 100 %；完成 789 个高压用户、242

个低压台区、7.9万个低压用户的营配贯通数据采录工作，高压、低压用户贯通率均达到100%。

（梁勇）

## 建设党员社区服务站15个

年内，亦庄供电公司开展共产党员服务队活动，建设党员社区服务站15个，推广国家电网公司客户增值服务、掌上电力、电力微信等工作，深入社区活动6次，受益居民2506户。推动客户经理制实现差异化服务，减少管理层级，提倡“特区速度”，为北京奔驰、京东方等客户现场办公，快速解决北京奔驰配套工厂供电方案等问题。汇龙森二厂及北工大软件园内电动乘用车充电站项目建设完成，共计安装4台直流桩和8台交流桩。

（王京晶 姚志璋）

国网北京市电力公司亦庄供电公司

经理 李继东（3月任）

阎 澍（3月免）

# 热 力

## 概况

2014年，北京博大开拓热力有限公司（简称开拓热力）拥有员工435人，具有初、中、高级职称人数41人，其中高级工程师5人，注册安全工程师5人，中级职称20人。组织40余项业务培训，2060人次参加。开拓热力供热规模1168.11万平方米、新增供热面积63.24万平方米，企业用户263户，其中新增用户11户；小区29个，居民用户30421户；民用收费率完成当期的90%，工业收费率完成当期的98%；营业收入48613万元，同比增长35.66%，利润总额1162.17万元，实现减亏5712.17万元；蒸汽总产量101.2万吨，高温热水产热量74.16万吉焦；蒸汽热源厂综合生产能耗为103千克标准煤每吨汽；高温热水热源厂综合生产能耗43千克标准煤每吉焦；蒸汽管网凝结水回收率为70%；市政蒸汽管网热损失率为22%。全年未发生安全生产事故。年内，开拓热力获得供热管理系统的计算机软件著作权1项；获得“2012—2014年度首都文明单位”称号；获得开发区安全生产月优秀服务奖、安全生产月最佳实践活动奖；被开发区总工会评为“职工之家”；被开发区总公司评为2013年度安全生产工作先进集体。

（董迪）

## 妥善处置青年公寓天然气泄漏突发事件

1月13日20时，开拓热力青年公寓锅炉房运行班组接到青年公寓保安报告小区内有煤气味的消息后，立即赴现场查勘，发现位于小区调压站的天然气泄漏点后，妥善处理，及时上报，并告知华油联合，协助华油联合进行应急处理，及时、有效地防止事故发生。

（王宁）

## 通过市城镇供热系统评价考核

1月13日，开拓热力通过北京市城镇供热系统评价考核。北京市供热协会组织的行业专家按照GB/T 50627-2010城镇供热系统评价标准，对开拓热力供热介质为热水的供热系统的设施、管理、能效、环保安全消防四方面进行综合检查、评定。

（董迪）

## 冬运供气节约燃气 627 万元

3 月 16 日 14 时，2013—2014 年冬季运行正式结束。冬运供气期间，开拓热力按照 PDCA 管理模式（即持续改进模式，策划—实施—检查—改进），循环式进行水、电、气的能耗综合分析，参照《供暖气象等级指标》，创新性在供暖行业首次引入自产热概念，实现能耗管理从热源到用户的全方位全过程覆盖，吨蒸汽电耗指标由 4 千瓦时降至 3 千瓦时，同比节约燃气 627 万元，进一步优化能耗指标体系。

（董迪）

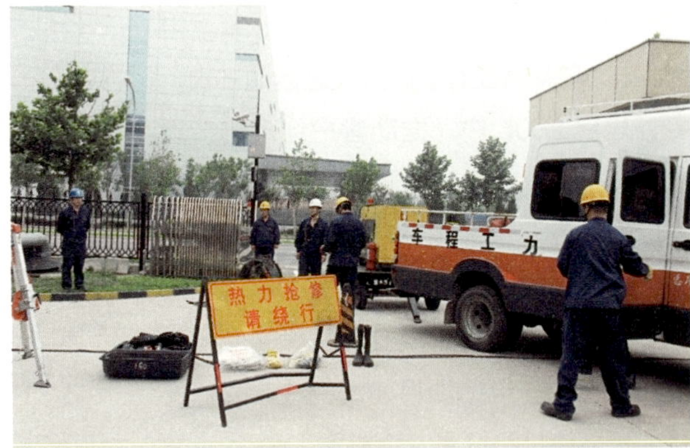

开拓热力举行安全生产事故救援应急预案演练　　王宁 摄

## 建成工程图纸电子库

4 月初，开拓热力搭建工程图纸信息化共享平台，完成 5 个热源厂、路东区、核心区工程图纸的扫描，共计 5900 张，核增面积 5.34 万平方米，初步建成工程图纸电子库。

（董迪）

## 更换居民生活热水计量表

5 月 1 日，开拓热力正式启动所辖部分小区热水计量表的更换工作。截至年底，共更换 1873 户用户的 2451 块生活热水表和近百个水表前端阀门。

（王宁）

## 举行安全生产事故救援综合应急预案演练

6 月 25 日，开拓热力在七号热源厂举行生产安全事故救援综合应急预案演练。演练模拟在冬季运行时，供热管网突发阀门破裂故障，造成路东区大面积停热，高温热水一次管线大面积失水，严重威胁锅炉安全运行，同时大量的热水涌入路面，可能对行人、社会车辆造成衍生事故。七号热源厂采取紧急停炉措施防止锅炉汽化及爆炸事故，开拓热力派出应急抢险队实施抢险抢修、控制事态发展。

（王宁）

## 进行烟气再循环试验

8 月，开拓热力在不改造设备的条件下进行烟气再循环试验。在确保安全燃烧前提下控制氮氧化物生成，烟气氮氧化物（NOx）浓度由 85 毫克每立方米降至 42 毫克每立方米，NOx 排放降低 50.5%。

（董迪）

## 取得专业承包三级资质

10 月，开拓热力取得机电设备安装工程专业承包三级资质，可承揽投资额 800 万元以下的一般工业和公共、民用建设项目的设备、线路、管道的安装，非标准钢构件的制作、安装工程，供热专业技术服务可延伸到开发区用户的热力工程承包，扩宽了业务范围。

（董迪）

### 建成能耗监测数据库

10月，开拓热力被市发展改革委列入北京市能耗在线检测试点单位，组织建设公司能耗在线监测平台，形成能耗监测数据库，统计公司热力产出，热力外供，天然气购进、电力购进，供热标准能耗率，综合能耗，企业总产值等数据。

（董迪）

### 蒸汽价格调整为不低于450元每吨

11月，开拓热力工业蒸汽价格由313元每吨上调至政府指导价不低于450元每吨，销售方式采用市场议价，完成热价市场化改革。

（王宁）

### 供热计量改造1.5万余户

开拓热力改造居民小区供热计量　　王宁　摄

年内，开拓热力居民小区供热计量改造总面积191.36万平方米、改造用户1.5万余户。截至年底，完成供热计量改造总户数的85%，完成改造的小区均已投入试运行。

（王宁）

北京博大开拓热力有限公司

董事长　卢自锋

总经理　李树栋

## 热　电

### 概况

2014年，华润协鑫（北京）热电有限公司（简称华润协鑫）完成发电量6.7亿千瓦时，供蒸汽37.90万吨，供热水14.32万吉焦，供冷水2.58万吉焦。截至年底，有员工68人，具有初、中、高级职称的14人，注册安全工程师1人。1月13日，华润协鑫举办天然气管道泄漏应急处置桌面演练。9月9日24时，华润协鑫实现安全无事故生产3000天，是继2011年12月13日实现安全生产2000天后又一个千日安全记录。年内，华润协鑫获得华润电力控股有限公司颁发的“2014年度最佳安全运行奖”。

（蔡红健）

### 开展“质量月”活动

9月1日—30日，华润协鑫以“恪守质量诚信、践行社会责任”为主题，开展“质量月”活动。该活动包括“两票三制”专项检查、检修和技术改造项目现场大检查、环保专项检查和合理化建议征集等内容。其中“两票三制”专项检查共检查工作票、操作票95份，合格率100%，共抽查交接班、巡回检查、设备定期切换制度执行情况12人次，合格率100%；检修技改项目、外委工程、环保工程专项检查共查出包括2A号燃机F607切换手柄处渗油、2号充电机排风扇有异音等58项安全隐患；合理化建议征集活动共收到运行、检修质量合理化建议 54 条。

（张幸福）

华润协鑫（北京）热电有限公司

总经理 王 东

# 水 务

## 开发区建发局组织雨季深基坑专项检查

6 月至 9 月，开发区建发局加大对深基坑项目的监督力度。一旦收到气象预报、市住房城乡建设委应急信息，立即通知施工单位做好防汛应急措施并将深基坑工程作为汛期安全检查重点。保证对区内 22 家深基坑工程在施项目每周巡视 1 ~ 2 次，在大雨前后增加巡逻检查频次，及时掌握在施项目防汛安全情况。全区建设系统平安度汛。

（门京春）

## 开发区做好防汛工作

6 月至 9 月，开发区做好防汛工作。7 月 1 日，瀛海镇、开发区降水量分别为 126 毫米、112 毫米，南部降水偏多 2 ~ 3 成，易形成局部特大降雨情况，降水增多造成污水处理能力饱和。由于开发区污水处理厂接纳污水能力有限，有些地区如旧宫地区未采用雨污分流，遇有大雨，雨水造成的雨污合流进入开发区污水管网，为避免造成提高污水处理厂的水位，造成开发区污水厂附近的低洼区域污水顶托风险。针对上述情况，北京经济技术开发区市政管理局（简称开发区市政局）落实完善各项防汛制度，汛前排查养护范围内各项雨污水设施，对荣京街泵站、凉水河、新凤河、通惠排干等重点部位开展防汛检查，加大对雨水管线的巡查，并对雨水口、井盖等进行清淘和更换；实行汛期值班制度，值班人员手机必须全天开机，确保通讯顺畅；敦促各养护单位制定防汛抢险措施，提前清理雨污水管道、储备防汛物资，建立应急预警机制。防汛养护单位 24 小时待命，降雨天气必须对易造成积水点位置进行巡查，强降雨天气要增派力量巡查，发现险情及时通报、及时抢险。集中整治南海家园区域内部分雨污水井内私装电缆的情况，在汛前对雨污水管道进行全面的排查清理。汛期共疏通雨污水管道 328 千米，清理检查井 7812 座，清掏雨水口 10107 座，更换、补装井盖 1565 个，更换雨水箅子 1376 块，油刷、更换检查井踏步 73 个，整修雨水边沟 3007.74 米。为新接收道路的雨水井，居住区、工业区周边及主要路段污水检查井共计 2293 座安装防坠网，确保安全度汛。开发区房地局实行汛期 24 小时值班制度，由主管局长带班，对开发区所有居住小区逐一巡查防汛工作。通过短信平台向各物业服务企业发出汛情信息 5858 条，雨中、雨后巡查重点小区 30 次，汛期检查 90 人次。汛期全区未出现险情。

（孙晶艳 王莹）

# 自来水

## 概况

2014 年，北京市自来水集团禹通市

政工程有限公司亦庄管理所（简称自来水公司亦庄管理所）负责应对开发区范围内自来水管网突发事故及供水管网维修抢修，确保供水管网的安全稳定运行，有在册职工 25 人。完成节假日供水保障任务，出勤人员 260 人次、车辆 208 车次。

（张然）

### 安装 52 处 DMA 设备

8 月 5 日至 9 月 11 日，自来水公司亦庄管理所逐步建立漏损控制的精细化管理模式，有效控制和降低管网漏损。集团全面推进 DMA（供水管网独立计量区）试点建设工作。自来水公司亦庄管理所承担亦庄地区 52 处 DMA 设备的安装任务。组织施工人员制定水质保障应急方案与施工方案，施工期间，每天出勤 60 余人次，施工车辆 20 余辆。确保安装任务如期完成，为实现管网漏点的“快速发现、快速定位、快速修复”奠定基础。

（张然）

### 实施南水北调进京水质监测

11 月，为应对南水北调水源进京，自来水公司亦庄管理所依据集团提出的工作要求，做好应急保障任务。同时落实水质监测任务，安排两人一组共四组，每组每日 4 时、15 时两次对南水北调进京水质进行监测，使数据能够及时准确反馈到集团监测中心。经过 15 天的监测，监测结果水质达标。

（张然）

### 报装自来水用户 22 户

年内，自来水公司亦庄管理所接受入区企业用水咨询服务 28 户，代用户报装 22 户，完成安装 30 户，管线完成长度为：DN40×84 米、DN75×129 米、DN100×4800 米、DN150×373 米、DN200×2504 米、DN300×2046 米。

（张然）

### 完成维修业务 987 处

年内，自来水公司亦庄管理所零活修理完成 280 处；更换 DN100 以下阀门 236 座；换消火栓 29 座；保养维修消火栓 423 座；更换水表 8 只；修漏 4 处，其中 1 处 DN100 阀门、1 处 DN150 阀门、2 处 DN200 阀门；更换井圈井盖 20 套，井盖 14 个；长砌井 4 座；处理无水、水微、水质等用水问题 205 起，共出勤 615 人次，车辆 205 车次。

（张然）

北京市自来水集团禹通市政工程有限公司
亦庄管理所 负责人 李 巍

## 污水处理和回用

### 开工建设路南区污水处理厂

4 月 27 日，开发区路南区污水处理厂开工建设。工程位于路南区 N41U1 地块，总占地面积 6.42 公顷，其中近期占地 3.49 公顷，建设规模为每天 2 万吨，远期总体建设规模为每天 5 万吨。工程采用 MBR 工艺，设计出水达到地表水 IV 类标准。计划 2015 年投入试运行。

（石晔）

### 监测污水再生水

5 月底，开发区市政局委托北京市排水监测总站开展污水监测项目，主要包含对全区污水管网、水环境、污水处理厂、再生水厂及重点企业的监测，巡查大羊坊沟入区的上游情况，以及进入开发区暗渠前的明渠现状。旧宫方向污水过量排入开发区的问题得到基本解决，缓解了污水处理厂的压力。

（孙晶艳）

### 完成 2 个污水厂提级改造

核心区污水处理厂　田艳军 摄

12 月 3 日和 24 日，北京博大水务有限公司东区污水处理厂 1 期、2 期和北京金源经开污水处理有限责任公司金源经开污水处理厂提级改造 2 个项目完成环评验收，获得开发区环保局批复，年底前均投入商业运行。2 座污水处理厂的退水主要指标基本满足北京市新的一级 B 环保标准（地表水Ⅳ类）。

（康立庚）

### 超额完成再生水利用年度任务

截至年底，开发区完成再生水利用 1803.08 万吨，完成年度任务的 128.79%。其中，工业用 1098.80 万吨，市政杂用 12.26 万吨，河道补水 692.02 万吨。

（康立庚）

### 生产再生水 1126.6 万吨

年内，北京博大水务有限公司运营的两座再生水厂采用双膜法（微滤 + 反渗透）工艺，对污水进行深度处理，生产高品质工业用再生水。全年共产再生水 1126.6 万吨，同比增长 3.2%。其中经开再生水厂产水 321.1 万吨，日均产水 0.9 万吨；东区再生水厂产水 805.5 万吨，日均产水 2.2 万吨。全年再生水总用量占开发区总用水量的 30%。

（石晔）

### 处理污水 4077.8 万吨

年内，开发区水务局利用抽查和报表核查的方式，严格督促和管理污水处理企业。特别在 6 月至 9 月污水量增长集中时间段，每天与污水处理企业保持沟通，确保污水处理设施的正常运行。北京博大水务有限公司直接运营的东区污水处理厂，负责处理开发区东区的全部工业废水、生活污水以及河西区部分污水，全年共处理污水 1989.4 万吨。博大水务参股运营的经开污水处理厂，负责处理核心区全部工业废水、生活污水和河西区部分污水，全年共处理污水 2088.4 万吨。两座污水处理厂共处理污水 4077.8 万吨，完成年度任务的 105.42%，开发区污水处理率达到 100%。

（康立庚 石晔）

## 市政交通建设

### 概况

2014 年，开发区市政局承办开发区折子工程 5 件，完成开发区“绿化、美化、亮化”工程；系统研究制定适应开发区现状的停车政策，出台区域停车管理办法；完成成龙世界公园总体规划方案编制工作，并启动一期建设工程；加快“12平方公里”内4处垃圾坑的整治工作；推进防洪排水和雨洪利用设施建设，加快路东区污水处理厂三期、路南区污水处理厂建设。拟办实事3件，推广电动出租车，配建电动充电站；开展公租自行车二期项目，新建35个站点，增加1000辆公租自行车；开通和优化调整8条公共交通线路。办理人大代表议案5件、政协委员提案2件。负责开发区城市次干路和支路及其附属桥梁、公共交通、雨污管道等市政基础设施的管理工作；负责开发区园林绿化、市容环境卫生的管理工作；负责开发区排水、节水、污水处理等水务管理工作；依法征收绿化补偿费；负责开发区户外广告设置和监督管理工作。

（蔡雳 左燕）

## 优化8条公交线路

年内，开发区市政局采取增运力、增发车次、延长高峰时段运营时间等方式，提高公交能力，为开发区内企业、居民创造良好的乘车环境。优化调整6路、542路、5路、1路、599路、523路、723路和运通202路8条公交线路。开通兴16路区间和专96路车2条线路。开通荣京东街地铁站—北工大软件园、经海路地铁站—数显园区、旧宫地铁站—清和园3条微循环公交接驳临线，累计投入16辆新能源车，每天客流1000余人次，有效缓解了人员密集地区早晚高峰点对点交通需求旺盛但供给不足的问题；有效缩短了就业人员点对点通勤时间，提高了区域交通效率。在开发区开展电动汽车分时租赁业务，截至年底，有1310辆运营车辆。

（宋萍）

## 机动车公共停车场备案52个

年内，开发区市政局完成区域停车管理前期调研工作。对改变停车场使用性质停放4S店车辆，停车场内设立修车间、洗车间的不予备案。对美廉美超市地下停车场、永康公寓周边停车场发出整改通知书。轻轨沿线P+R停车场管理全年存放机动车辆19.3万辆，存车费收入6万元，处理停车场投诉7件。52个机动车公共停车场完成备案，停车位共计3.97个，检查停车场83场次，处理停车场投诉11件。

（高新伟）

## 市政道路养护665万平方米

年内，开发区市政局共修补沥青路面8097平方米、裂缝13017米、人行步道（含盲道）23246平方米、路缘石427米、树池边牙816米，完成市政道路养护665万平方米。对天华北街、同济北路两处因污水支线管道老化破裂导致的路面塌陷进行应急抢修，对五环路荣华桥下路口路面进行铣刨维修，对天华东路的盲道进行调整和优化，恢复荣京道门前人行步道，在大雄郁金香舍小区对面博大公园入口处增设一处无障碍通道，将天华西路松动、变形和发出异响的旧款雨水井盖更换为较厚、较稳的球墨铸铁五防井盖，并联合供电局对西环路电力检查井圈周边进行专项整治。在77号支路与永昌南路交汇处开设右进右出路口，在三海子东路两侧设置公交港湾。

对中和街、天华北街进行道路检测，提供道路维修技术依据；推进博大路机非隔离带恢复工程、三海子东路人行步道建设工程等一系列前期基础工作。试行管理信息网络公开化，将重大节日期间的道路施工事宜通过市政局网站、亦庄生活网等网络平台及时向公众发布，确保各项道路改造工程的顺利进行，减少给区内企业、居民生产生活和出行带来的不便。

（蔡雳）

# 邮 政

## 概况

2014 年，中国邮政集团公司北京市大兴区分公司（简称开发区邮电支局）实现收入 1939 万余元。4 月，开发区邮电支局由原北京市南区邮政局划转到北京市大兴区邮政局。年内，新开办天宝园邮政所的邮政业务办理区、旧宫投递部两个服务网点，并将亦庄支局投递部由投递局管理调整为亦庄支局管理范围。新开办智能电表充值电卡销售业务，为开发区居民缴纳电费提供便利。

（郭超）

## 进行邮政宣传

年内，开发区邮电支局与开发区单位、社区开展多项合作项目进行邮政宣传。与天宝园社区合作开展集邮知识进社区，集邮邮票到家门的展销活动；与亦庄镇宣传部合作，为辖区内 10 余个居委会居民进行健康知识大讲堂专题讲座；与金宝贝幼儿教育机构合作，为小朋友开展两次课外实践教育活动；与经开工业园区合作，举办邮政珍藏邮品的专题知识讲座；参与经开工业园组织的年会大集展销活动，为园区职工提供用邮方便。

经开工业园邮政珍品会　　郭超 摄

（郭超）

中国邮政集团公司北京市大兴区分公司
支局长 刘东霞

# 电 信

## 概况

2014 年，中国联合网络通信有限公司北京市七区分公司亦庄分局（简称亦庄电话局）新增 50Mbps/100Mbps 光纤接入宽带上网、4G 移动高速上网、4G 行业应用、增加语音、短信及流量账详单实时查询功能。

（张鹏青）

## 启用“沃 4G”商用

3 月 26 日，亦庄电话局启用“沃 4G”商用，采取 FDD-LTE/TDD-LTE 双 4G 混合组网的形式，为用户提供下行速率 100 ~ 150Mbps，上行速率

20 ~ 40Mbps 的移动端网络体验。

（张鹏青）

### 推出 4G 专享套餐

5月17日，亦庄电话局推出包含流量、语音、短/彩信及增值业务四项内容的“自由组合”套餐，语音和流量双重优惠。采取“用户自主定制、可随时换套餐、随时可办理”服务模式，可满足用户不同层面的通信需求。

（张鹏青）

### 完成核心网络升级

6月至12月，亦庄电话局对核心侧网络设备进行全面的改造和升级。核心网的功能主要是提供用户连接、对用户的管理以及对业务完成承载，作为承载网络提供到外部网络的接口。改造后的网络可为用户提供10 ~ 100Mbps的宽带接入产品，并在主要的街道和地区全面覆盖4G网络，为客户提供高速的综合通信服务。

（张鹏青）

中国联合网络通信有限公司北京市七区分公司

亦庄分局 局长 刘 杨

## 有线电视

### 概况

2014年，北京华开有线电视网有限公司（简称华开有线）负责开发区范围内建设、运营有线电视传输网络，为开发区居民户免费发放高清、标清机顶盒1200余台；传输11套高清电视节目，并提供40套电视节目的时移互动服务。截至年底，已累计向开发区居民、企业用户发放标清、高清数字电视机顶盒2.4万余台，同时在网传输100多套电视节目信号。

2014年，北京歌华有线电视网络股份有限公司大兴分公司（简称歌华有线大兴分公司）负责推进开发区有线电视用户数字化、高清化，全面实施“一网两平台”（以有线电视网络为基础的“首都公共文化服务网络”，和以高清交互数字电视平台为核心的“首都新媒体信息综合服务平台”、以上市公司资本平台为核心的“首都文化产业发展投融资平台”）战略规划，加快“由单一有线电视传输商向全业务综合服务提供商、由传统媒介向新型媒体”战略转型。截至年底，歌华有线大兴分公司在新区有线电视注册户数3.28万户，其中开发区注册户数9258户，覆盖14个居民小区、3个工业园区，全网建网铺设里程约20千米。歌华有线大兴分公司完成网内传输模拟电视节目61套，1套广播；平移网中的模拟节目32套，数字节目179套，广播18套，服务5套；高清交互数字节目179套，广播18套，服务5套。年内，歌华有线大兴分公司完成亦庄中信新城小区1173户高清交互推广工作。

（席志斌 王超 李倩）

### 歌华导视频道试播

7月7日，歌华有线大兴分公司“歌华导视”频道试播。导视频道致力于高清交互数字电视的推广宣传及平台节目内容和交互服务的推介，为用户提供更多元化、更丰富的视频节目服务。

（李倩）

### 华开有线推广有线宽带

年内，华开有线继续在林肯公园、林

肯公寓、和裕广场、君安国际、经开尚亭、好景国际、兴盛国际、亦城名苑、博客雅苑等居民小区开展CABLE宽带上网业务，为居民提供 2M、4M、10M 和 10M 以上速率的宽带接入服务，维持、发展个人宽带用户 3000 余户，降低开发区居民使用宽带的资费价格。在开展有线宽带服务的 9 个居民小区采用 CABLE 方式上网的接入率达到 20%。

（席志斌 王超）

### 华开有线参加公益事业

年内，华开有线为开发区驻区企业、政府部门、学校、幼儿园等减免有线电视收视费用超过 20 万元。为开发区工委宣传部、公安分局、消防支队等单位全年持续播放“机顶盒开机宣传广告”，推送宣传内容覆盖全区。

（席志斌 王超）

### 华开有线进行三网融合试点工作

年内，华开有线与北京博大网信科技发展有限公司、北京博大网通科技发展有限公司、中国联合网络通信有限公司北京市七区分公司亦庄分局等单位合作，在开发区有线电视传输覆盖区域内开展 HFC 网络传输承载实验。与区外互联网企业开展公网 OTT 平台承载直播 IP 电视信号的试验，重点进行“IP 电视编码实时转换”“FTTH 光纤内网承载 IP 编码高清电视信号”等涉及三网融合业务的新技术实验。

（席志斌 王超）

北京华开有线电视网有限公司
董事长 罗伯明
总经理 蒋振伟
北京歌华有线电视网络股份有限公司
董事长 郭章鹏
总经理 卢东涛

# 党建事务

# 综述

2014 年，开发区工委团结和带领广大干部群众，深入学习贯彻党的十八大、十八届三中、四中全会和总书记习近平系列重要讲话精神，坚决落实市委、市政府各项决策部署，紧紧围绕新区发展大局，坚持稳中求快进、创新大发展。

在全区深入开展以为民务实清廉为主题的党的群众路线教育实践活动，集中整治“四风”问题。开发区成立活动领导小组及下设机构，成立 5 个督导组。开发区工委、管委会领导班子，5 个基层党委，31 个处级单位，277 个基层党组织，4300 余名党员干部全部参与活动。加大反腐倡廉力度，着力解决群众反映强烈的突出问题，征求到 611 条意见建议，制定制度 33 项，建立完善联系服务群众、改进作风的长效机制。

不断强化理论中心组学习，严格执行民主集中制，完善党的领导制度和民主决策机制。围绕一体发展，不断完善新区主要领导议事会、AB 角制度，深化“九个一体”，全区上下思想高度统一、步调高度一致，形成强大合力。

围绕打造“首都科技创新中心主阵地、京津冀协同发展桥头堡、转型升级绿色发展示范区、宜业宜居和谐新城”产业发展定位，围绕新区“十二五”时期人才发展规划，开发区人才工作不断转变工作思路、创新服务方式、优化人才环境，狠抓基础，突出重点，整体推进。全年新增中央“千人计划”5 人、北京市“海聚工程”12 人，新认定新区海外高层次人才 36 人，新设博士后科研工作站 3 家，4 人获第六届“博大贡献奖”。制定实施《关于开发区建设高端产业领军人才发展示范区的实施意见》等一批人才政策，推动人才创新创业。

成立北京市党员教育示范基地，搭建党群组织和党员群众学习、教育、交流平台。建立健全工会管理服务体系，维护和谐稳定的劳动关系。成立开发区职工艺术团。开展区域化团建工作，培育书法、摄影、骑行等各类青年社团组织和公益组织。

加强政法维稳工作，圆满完成国庆 65 周年和 APEC 会议重大活动安保任务，深入推进劳资纠纷和社会矛盾排查调处，妥善处理了诺基亚公司裁员问题，全面掌控一批存在不稳定因素企业的动态，确保区域社会和谐稳定。

（孙立峰）

# 综合事务

## 概况

2014 年，开发区工委办公室以开展党的群众路线教育实践活动为契机，围绕新区中心工作，充分发挥统筹协调和参谋助手作用。管理机要文件 958 份，制发稿件 78 件，编撰《领导参阅资料》12 期，在《北京信息》刊发信息 40 余条。

（温晋平）

## 管理机要文件 958 份

年内，开发区工委办公室完成机要文件的管理和阅办工作，接收传达中发、中办发、中办通报、厅字（县团级）、京发、京办发、京办通报等机要文件 958 份，确保中央、市委政令畅通。

（葛佳）

## 组织会议及大型活动 70 余次

群众路线教育活动第二阶段部署会　田艳军 摄

年内，开发区工委办公室共组织工委会 13 次，讨论 48 个议题，主要涉及经济社会发展、全面深化改革、重大项目建设、区域协同发展、重要人事任免、党风廉政建设和党的建设等重大决策事项，形成工委会议纪要 13 期。与大兴区委办公室共同组织新区主要领导议事会 3 次，主要研究了新区全面深化改革、“十三五”规划、区域协同发展、重大项目建设、起步区规划等相关事宜，形成新区主要领导议事会议纪要 3 期。共组织专题会 28 次，重点研究了开发区社会建设、安全稳定、工会工作、基层组织建设、思想文化宣传、党风廉政建设等工作，形成专题会议纪要 13 期。牵头或参与筹备新区深入开展党的群众路线教育实践活动动员大会和总结大会、新区巡视工作动员会、开发区年度工作会、党群工作汇报会，新区党风廉政建设和生态文明城乡环境建设动员大会、2015 年工作务虚会、经济形势分析会等重要会议 22 次。参与组织北京市党员教育示范基地揭牌仪式、新区与廊坊市《区域合作战略框架协议》签约仪式等 5 次活动。

（孙立峰）

## 做好领导调研组织服务工作

年内，开发区工委办公室牵头或配合接待了中央巡回督导组，新加坡常秘访华团，河北省党政代表团，北京市委、市政府、市政协和市相关部门领导，并先后 13 次到北京奔驰、中芯国际、京东方、党群活动中心等重点企业和单位调研。组织新区领导先后 30 余次到开发区工委、管委会有关部门、驻区职能局、专业公司、社区等单位进行调研，重点解决经济发展、社会建设、基层组织建设以及人民群众密切关注的热点难点问题。统筹安排了开发区工委、管委会、总公司领导联系拆迁滞留户活动，共走访拆迁住宅和非住宅滞留户 36 户。

（孙立峰）

## 制发稿件 78 件

年内，开发区工委办公室围绕新区中心工作和党的群众路线教育实践活动，编制各类文稿件 78 件。其中，制发京开党文号文件 26 件，涉及重要工作安排、工委会工作规则、表彰奖励、请示报告等方面；制发京开干文号文件 14 件，涉及干部人事变动等内容；制发京开党办发和京开党办通文号文件 38 件，涉及领导讲话、相关规定、任务部署、活动开展等内容。

（葛佳）

## 做好开发区工委督查工作

年内，开发区工委办公室督查落实中央制定的方针、政策，落实市委、区委重大决策部署事项 2 件，跟进督查落实重点工作、重大项目 28 项，专项督查工委各部门承担的 2014 年度党群工作任务共计 33 项，确保政令畅通，维护工委权威。

（刘红美）

## 《北京信息》刊登新区信息 40 余条

年内，开发区工委办公室与大兴区委办公室共同拓展信息渠道，优化信息资源共享机制，紧密围绕新区发展，突出新成果、新亮点，同时注重加强问题型、建议型、调研型信息报送力度。全年共向《北京信息》报送信息 50 余条，采纳刊发 40 余条。

（沈佳）

## 编撰《领导参阅资料》12 期

年内，开发区工委办公室每月组织编辑一期《领导参阅资料》，共编撰 12 期。充分发挥围绕中心、服务大局的职能作用，打造热点词汇的新版块，在资料信息的选择上更加关注对新区具有显著借鉴意义，利于新区做大做强的新闻点和深度研究，帮助领导更好决策。

（沈佳）

# 一体发展

## 新区开展党的群众路线教育实践活动

2 月至 10 月，新区开展党的群众路线教育实践活动。活动以“为民务实清廉”为主题，围绕“照镜子、正衣冠、洗洗澡、治治病”的总要求，着力聚焦“四风”问题，扎实有序开展。开发区提前统一部署，成立活动领导小组及下设机构，明确责任分工和督导工作；成立 5 个督导组，负责 31 家处级单位、277 个基层党组织的活动进行督导工作。活动倾听各方批评意见和建议，共计征求到 611 条意见建议。为解决服务群众“最后一公里”问题，特别研究建立领导干部联系企业和在职党员到社区报到制度。为扎实推进整改落实和作风改进长效化，积极推进制度建设工作，活动中完成制定的制度 33 项。通过活动，开发区各级党员领导干部理想信念进一步坚定，指导发展的思想更加科学务实，服务型政府建设进一步加强，作风得到切实转变，践行群众路线更加主动自觉。

（陈琦龙）

## 召开生物医药投融资推介会

3 月 19 日，开发区海外学人中心召开新区海外学人项目生物医药专场投融资推介会。来自强生风险投资、富煜亚洲、广发银行3家投融资机构及北京富龙康泰生物技术有限公司、北京罗诺强施医药技术研发中心有限公司等5家新区海外学人创办企业的负责人参加推介会。

（孙宁）

## 开展干部教育培训工作

3月，开发区工委组织部举办新区新任副处级干部任职培训班。培训新区新任职副处级干部211人，其中开发区机关事业单位副处级干部与开发区总公司中层副职管理人员70人参加培训。年内，举办领导干部大讲堂14期，7000余人次参加学习培训。培训紧紧围绕学习贯彻总书记习近平系列重要讲话和十八届三中、四中全会精神、深入开展党的群众路线教育实践活动，采取群众性报告会形式，邀请中央党校、国务院研究中心等部门知名专家学者前来授课。开发区工委、管委机关和事业单位全体干部，以及部分社区、企业、青年团员代表多人次参加培训。

（张学才）

## 新区召开高层次人才座谈会

7月25日，新区召开海外高层次人才座谈会，进一步听取海外高层次人才对新区经济社会发展的意见和建议。座谈会听取新区海外高层次人才所在行业、所在企业发展状况与计划、发展中遇到的困难、人才队伍建设中遇到的问题与建议，以及关于京津冀一体化发展、首都功能定位、对新区发展的意见和建议。人劳局、海外学人中心走访部分海外高层次人才所在企业，进一步了解和调研部分海外高层次人才在会上提出的问题。

（刘蕾）

## 为新区高层次人才提供专项服务

9月4日，开发区海外学人中心组织40位新区高层次人才赴九华山庄体检。邀请北京二十一世纪医院院长徐玉华作“运动、饮食与健康”专题讲座，新区60余位高层次人才及所在企业参加，现场咨询健康状况及体检相关问题。10月9日—13日，新区组织近30位高层次人才赴宁夏休假。落实《北京市大兴区、北京经济技术开发区关于为高层次人才提供专项服务工作的意见》。

（周伟）

## 新区侨联成立

9月26日，开发区工委组织部组织召开新区侨联成立大会。经选举产生大兴区归国华侨联合会第一届委员会以及主席、副主席、秘书长。致公党大兴区支部主委、北京财经专修学院董事长许小杰当选为第一届区侨联主席。开发区12人当选委员，其中副主席2名、常委2名。

（卢科）

## 完善新区主要领导议事会制度

年内，新区不断完善主要领导议事会、AB角制度（根据工作需要和特点，大兴区和开发区主管相同工作的领导和部门各有侧重，有的以开发区为主责，大兴区配合；有的以大兴区为主责，开发区配合。同时，根据不同时期、不同工作的情况变化，AB角随之转换），深化“九个一体”（决策一体、政策一体、规划一体、布局一体、招商一体、建设一体、管理一体、服务一体、用人一体），全区上下思想高度统一、步调高度一致。

（孙立峰）

# 组织人事

## 概况

2014 年，开发区工委组织部强化党员干部教育管理，推进干部人事管理体制创新，建设具有开发区特色的人事人才管理体制，推进国家海外高层次人才基地建设，建设人才高地，取得了成效。3 月，工委组织部完成开发区港人核实统计工作，在开发区居住和工作的内地港人 64 名。5 月 20 日，开发区实施领导干部联系企业制度，确定 18 名局级领导干部和 29 个部门联系 146 家企业，扩大活动联系点的覆盖面。6 月 28 日，开发区党群活动服务中心升级改造为“北京市党员教育示范基地”，市委常委、组织部部长姜志刚为基地揭牌。7 月，工委组织部开展亦庄党员故事征集展示活动，活动按照《亦庄党员故事征集展示活动方案》，联合 5 个基层党委、工委宣传部、纪工委评选出 15 名优秀共产党员事迹，并陆续进行展示。8 月 20 日，工委组织部推荐神舟细胞工程有限公司总经理谢良志为第四届全国非公有制经济人士优秀中国特色社会主义事业建设者。11 月初，经工委组织部考察，开发区推荐 19 名代表为大兴区妇联第三届执委候选人和代表人选，其中王晖等 4 人当选执委。11 月 18 日，开发区机关选区作为大兴区第 111 选区补选大兴区第四届人大代表 1 名，开发区工委副书记、管委会主任梁胜当选。年内，开发区工委组织部做好干部队伍建设工作。先后调整处级干部 3 批 21 人；为 5 个科级事业单位选配 7 名领导班子成员。开发区调入干部 8 人（公务员 7 人，事业单位 1 人）；调出干部 16 人（公务员 12 人，事业单位 4 人）；公开招考公务员 12 人；办理退休 12 人。

（田培利 张晓立）

## 开发区领导人事任免

1 月 24 日，北京市人民政府第 28 次常务会议决定：免去程京的北京经济技术开发区管理委员会副主任职务(结束挂职)。2 月 12 日，北京市委决定，免去张伯旭的中共北京市委经济技术开发区工作委员会副书记职务。2 月 13 日，北京市人民政府第 31 次常务会议决定：免去张伯旭的北京经济技术开发区管理委员会主任职务。3 月 19 日，北京市委决定，梁胜任中共北京市委经济技术开发区工作委员会副书记。3 月 25 日，北京市人民政府第 35 次常务会议决定：梁胜任北京经济技术开发区管理委员会主任。6 月 24 日，北京市人民政府第 46 次常务会议决定：免去杜新安的北京经济技术开发区管理委员会巡视员职务。7 月 7 日，北京市委决定，免去张伟的中共北京市委经济技术开发区工作委员会委员职务。7 月 16 日，北京市人民政府第 49 次常务会议决定：免去张伟的北京经济技术开发区管理委员会副主任职务(结束挂职）。10 月 17 日，免去王宗刚的中共北京市委经济技术开发区工作委员会组织部部长职务。11 月 5 日，北京市委决定，王清旺任中共北京市委经济技术开发区工作委员会委员，免去王宗刚的中共北京市委经济技术开发区工作委员会委员职务。

11月20日，王清旺任中共北京市委经济技术开发区工作委员会组织部部长。

（刘洋）

### 实施在职党员进社区工作

5月11日，开发区工委组织部下发并实施《关于进一步深化在职党员进社区的工作意见》。截至6月底，218个党组织的5365名党员完成社区报到登记。该工作教育对引导广大党员牢固树立宗旨意识和群众观点；进一步加强服务型党组织建设，拓宽党组织、党员联系服务群众渠道；促进机关、企事业单位党建和社区党建的相互联动，构建共同参与、共同服务、共同建设的区域化党建工作格局等具有积极意义。

（卢科）

## 人才工作

### 概况

2014年，开发区海外学人中心引进开发区产业发展所需的高层次人才，努力打造独具特色的首都产业化人才高地，推动和引领南部高技术制造业和战略性新兴产业聚集区“超常规、高水平、跨越式”发展提供优质服务，推动新区以高精尖经济结构为导向的转型升级。全年新增中央“千人计划”入选者5人，累计达到50人；新增 “海聚工程”入选者12人，累计达到90人；新增新区海外高层次人才36人，累计达到247人。博士后科研工作站企业分站达到25家，新招博士后8人，已累计培养50名博士后；博士后（青年英才）创新实践基地工作站达到6家，新招收博士后（青年英才）2人，已累计培养28名博士后（青年英才）。3名博士后获北京市博士后科研活动经费资助11万元。年内，开发区人劳局开展第四批中关村高端领军人才职称试点推荐工作，共推荐27人参与“职称直通车”评审，其中10人获得教授级高级工程师；开展高级工程师（副高级职称）破格推荐工作。

（郝健强 李大业 杨琦）

### 开发区博士后科研工作站企业分站达25家

2月14日，北京大陆太极电池有限公司经营不善倒闭，经全国博士后管理委员会批准，撤销其博士后科研工作站企业分站设站资格。4月3日，经全国博士后管理委员会批准，在北京亦庄国际生物医药投资管理有限公司、易美芯光（北京）科技有限公司、北京安邦世纪国际咨询有限公司3家企业设立博士后科研工作站分站。年内，开发区博士后科研工作站企业分站达到25家，新招博士后8人，已累计培养50名博士后。

（杨琦）

### 举办知识产权讲座

3月20日，开发区海外学人中心举办以“从中国企业的角度了解美国专利保护”为主题的知识产权培训。来自开发区50余家企业负责国内外知识产权保护和产品研发策略的高级管理人员60余人参加。来自美国信跃平洋智询服务公司的资深专利律师李朋详细讲解“专利战略布局和专利资产管理”“企业内部知识产权/专利管理”“海外并购和技术转让中的知识产

权 / 专利评估尽职调查”等内容，使参训人员充分认识到知识产权在企业发展中的重要性。

（刘蕾）

## 举办“才聚亦庄”招聘会

第三届“才聚亦庄”中高级人才招聘会　　田艳军 摄

3 月 29 日，开发区海外学人中心与开发区人劳局合作举办第三届“才聚亦庄”中高级人才招聘会，59 家企业参加。应聘者突破 2000 人次，其中本科及以上学历占 90%。招聘会特别设置了“留创企业展示区”（“留创企业”即留学人员创办的企业），对亚宝药业、博大光通等 5 家留创企业进行单独展示，加深了留创企业在求职者心中的印象，取得良好效果。

（郝健强）

## 新增 1 家博士后创新实践基地工作站

4 月 16 日，经市人力社保局批准，北京五加和分子医学研究所有限公司设立博士后（青年英才）创新实践基地工作站。截至年底，开发区博士后（青年英才）创新实践基地工作站达到 6 家，新招收博士后（青年英才）2 人，已累计培养 28 名博士后（青年英才）。

（杨琦）

## 3 个项目获北京市博士后科研资助

4 月 22 日，北京赛升药业股份有限公司博士后张玫承担的“基因工程技术选育高产菌株及 5’－磷酸二酯酶抗体可变区亲和纯化技术的研究”项目经市人力社保局批准，获科研资助 4 万元；百泰生物药业有限公司博士后徐淑萍承担的“尼妥珠单抗靶向治疗复发转移三阴性乳腺癌的临床试验及转化性研究”项目获科研资助 3 万元；北京汽车研究总院有限公司博士后赵海龙承担的“铝合金车身的焊 / 连接”项目获科研资助 4 万元，3 个项目共计获得北京市博士后科研资助 11 万元。

（杨琦）

## 组织参加高层次人才健康日活动

4 月 26 日，开发区海外学人中心组织开发区海外学人参加奥林匹克森林公园健康日活动。旨在进一步联系、团结和凝聚首都海外优秀人才，增强其主人翁意识和使命感，展现海外学人昂扬向上的精神风貌。来自 15 家企业的 34 位人才及家属参加活动。

（周伟）

## 开展职称推荐工作

5 月，开发区人劳局开展第四批中关村高端领军人才职称试点推荐工作。推荐 27 人参与“职称直通车”评审，其中 10 人获得教授级高级工程师。年内，开展高级工程师（副高级职称）破格推荐工作。第一批共推荐区内 4 家企业 24 名专业技术人才骨干，其中 13 人参加评审，10 人被评为高级工程师，解决区内企业多数专业技术人才骨干多年来因各种原因未能取得相应职称的问题。区县集中破格推荐副高职称尚属首次。

（李大业 杨琦）

## 举办生物医药专题座谈会

6月4日，开发区海外学人中心与安泰吉（北京）生物技术有限公司共同主办的“生物医药专题技术交流和推广座谈会”在开发区举办。旨在促进开发区的生物医药企业之间的技术交流和合作，整体提升开发区的生物医药产业水平。多家新区生物制药企业的技术专家和高管参加该高端生物医药技术交流座谈会。

（刘蕾）

## 4人获第六届“博大贡献奖”

4人获第六届“博大贡献奖” 田艳军 摄

7月18日，中共北京市委经济技术开发区工委、北京经济技术开发区管委会批准北京奔驰汽车有限公司郎家伟、中芯国际集成电路制造（北京）有限公司赵海军、蓝星（北京）化工机械有限公司康建忠、大兴区第一中学吕小英4人获第六届“博大贡献奖”。

（杨琦）

## 海外学人中心与人才市场报合作招聘

7月28日，开发区人劳局、海外学人中心借助“才聚亦庄”的影响力，加大宣传力度，本着“宣传企业、高端匹配、打造品牌”的原则，将结合区内企业实际需求、发展方向，与人才市场报通力合作，通过报纸、网站、微信等多元化方式，帮助企业宣传、引才。该网络、报纸招聘形式免费试运行一年，以满足区内企业对中、高级人才的需求，进一步加强人才服务工作。

（郝健强）

## 2人获全国科技人才荣誉称号

9月，市人力社保局推荐，中央组织部、中央宣传部、人力资源社会保障部、科技部授予中芯国际集成电路制造（北京）有限公司吴汉明第五届“全国杰出专业技术人才”荣誉称号。全国共有99名专业技术人才获得该奖项。12月15日，中国科学技术协会授予吴汉明和北京百奥赛图基因生物技术有限公司沈月雷第六届“全国优秀科技工作者”荣誉称号，962名专家获此称号。吴汉明当选“十佳全国优秀科技工作者”。

（杨琦 马焱）

## 举办开发区创新创业政策介绍交流会

12月12日，海外学人中心“开发区创新创业政策介绍交流会”在开发区举行，北京海外学人中心副主任王禹致辞，表示北京将大力引进海外高层次人才，充分发挥人才的作用；北京海外学人中心主任人才服务部部长娜琳对“北京‘海聚工程’实施情况”做重点讲解；开发区投促局、人劳局、科技局、海外学人中心等部门从开发区的产业发展环境，吸引海外高层次人才的政策，海外高层次人才在开发区创新创业发展情况三个方面作介绍，并重点就人才关心的涉及创业扶持、创业服务、创新支持、生活服务、贡献奖励的人才和科技政策进行详细说明。访问团参观北京耐威时代科技有限公司、北京京东方光电显示有限公司，与企业代表进行有针对性的项目对接和洽谈、全面了解开发区的创业创新环境，增强来开发区创业工作的决心。来自英国的 18 位海外高层次人才，随北京海外学人中心组织的全英中国创业发展协会的海外人才访问团参加了会议。

（孙宁）

### 举办高层次人才交流联谊会

12 月 18 日，开发区海外学人中心举办高层次人才联谊会。高层次人才代表张兴民、冯平仓、赵彤介绍 2013 年在创业工作中取得的成绩，介绍新一年的发展规划，并交流回国创业的心路历程。中心领导结合即将出台的“新创工程”政策与与会者交流，详细解答与会者困惑的问题。20 余位新区高层次人才参加交流联谊。

（刘蕾）

### 开展海外高层次人才认定工作

年内，开发区海外学人中心开展第九批新区海外高层次人才认定，以政策聚集产业精英。认定北京亚宝生物药业有限公司的王鹏等 36 名海外学人为第九批“北京经济技术开发区海外高层次人才”；认定北京安泰全科技有限公司等 8 家企业为“北京经济技术开发区海外高层次人才创办企业”；9 个海外高层次人才承担项目获得资助。海外高层次人才认定工作旨在建设国家海外高层次人才创新创业基地，在南部新区打造高技术制造业和战略性新兴产业领军人才聚集区，坚持实施人才强区战略，进一步扩大新区海外高层次人才引进规模，加大引才力度。

（孙宁）

# 宣传思想和精神文明建设

### 概况

2014 年，开发区宣传思想工作以深入学习贯彻党的十八大、十八届三中、四中全会精神为主题，以党的群众路线教育实践活动为主线，按照全面深化改革的总要求，围绕中心、服务大局，在融入、引领、整合上下功夫，着力推动社会主义核心价值观在全区特别是非公企业培育和践行，进一步凝聚实现“中国梦·亦庄梦·创新梦”的强大正能量，坚定当好“首都科学发展排头兵”、打造“首都科技创新主阵地”的高度自信心，实施品牌引领、活动引领、典型引领，构建全方位、立体化宣传格局，弘扬主旋律，传递正能量，营造了转型、改革、提升的良好软环境。

（王磊 黄自稳）

### 搞好党的群众路线教育实践活动宣传工作

2 月至 10 月，开发区工委宣传部做好党的群众路线教育实践活动学习宣传相关工作。组织党政领导班子党的群众路线教育实践活动集中学习 19 次，包括 13 次集中学习、2 次学习交流会、2 次集中学习参观、1 次主题党课，集中观看教育影片 1 次。向各处级单位下发《关于进一步把学习贯彻习近平总书记系列重要讲话精神引向深入的通知》等 4 个指导性学习文件；发放中央规定的必读书目和材料 1.8 万册；刻录并下发《郭金龙同志党课报告》《把群众放在心上》和《为民爱民的好医生——贾立群》等视频光盘。参与编写新区教育实践活动简报38期；在《亦庄时讯》《亦庄新闻》开设学习专栏、《贯彻群众路线扎实改进作风》动态专栏、《干部在基层群众在心中》专题专栏等多个栏目，报道150多篇；开设“党的群众路线教育实践活动”专题网页，北京亦庄微博、“亦庄时讯”公共微信平台同步发布消息，大力宣传各单位开展党的群众路线教育实践活动的亮点做法。

（黄自稳）

## 开展百姓宣讲活动

“最美北京人·亦庄故事”宣讲团巡讲　　田艳军 摄

5月至9月，开发区工委宣传部开展“最美北京人·亦庄故事”网上讲堂暨百姓宣讲活动。网上讲堂展播60多部微视频，4000多人观看，1700多人点赞。组织机关、开发区总公司、企业、开发区公安分局、社区5个特色宣讲团，深入企业、机关和社区开展现场宣讲50余场，受众达3000多人。23万多人关注百姓宣讲微博、微信，2万多人转发或评论，掀起全面传播核心价值观、践行核心价值观的热潮。

（黄自稳）

## 提升品牌宣传国际影响力

9月，《北京·亦庄投资报告》利用世界银行年会契机，在顶级财经媒体、世界银行年会合作媒体《欧洲货币》杂志上刊登。10月底11月初，利用APEC会议契机，在《中国日报》出版四版彩色专题报道，同时在《中国日报》承办的《中国国家形象专刊》上刊登彩色整版专题报道，以图文并茂的形式全面介绍开发区的发展思路和取得的成就，该专题报道全球发行90万份，并随《华盛顿邮报》进入欧美主流人群。11月至12月，北京·亦庄品牌形象宣传广告登陆《经济学人》和《福布斯》杂志最具影响力的刊次，包括:《经济学人》中国峰会特刊、经济学人集团《2014全球展望》《福布斯投资指南专刊》。年内，北京·亦庄形象宣传片在美国纽约时报广场户外大屏幕继续进行全年展示，每天播出90次，合计2700秒。针对招商引资目标客户群不同的文化背景和认知心理，制作完成的北京·亦庄品牌形象广告，继续在北京首都机场T3航站楼国际出发通廊投放，在T2航站楼国际到达行李提取处投放巨幅迎客奇幻灯箱，全年有效覆盖旅客超过1000万人。

（成小红）

## 启动领导干部宣讲活动

12月10日，开发区领导干部宣讲工作启动仪式暨首场宣讲报告会在亦庄生物医药园举办。首场宣讲会由开发区科技局和国税局局长主讲，宣讲企业关心的新区科技政策和税收政策等。该活动是开发区进一步贯彻群众路线、持续改进作风的重要举措，也是推进政府信息公开、回应社会关切的重要载体和推进政府工作创新，打造服务型政府的重要内容。

（黄自稳）

### 推荐先进单位和先进个人工作

年内，组织第四届全国文明单位和2012—2014年度首都文明单位创建工作。推荐北京可口可乐饮料有限公司、资生堂丽源化妆品有限公司、开发区工商分局为全国文明单位；推荐资生堂丽源化妆品有限公司等6家单位为首都文明单位标兵；推荐航天长征火箭技术有限公司等19家单位为首都文明单位。组织开展北京市第十二届思想政治工作优秀单位、优秀思想政治工作者评选活动。推荐开发区公安分局党委为市第十二届思想政治工作优秀单位；推荐中芯国际集成电路制造（北京）有限公司人力资源总监兼党总支书记赵蓓为市第十二届优秀思想政治工作者。组织开展北京市新兴产业工人队伍风采系列展示活动。推荐SMC(中国)有限公司的苏剑、百泰生物药业有限公司的梁爽、北京金风科创风电设备有限公司的陈秋华和北京京东方光电科技有限公司的许轶等4人为个人先进典型；SMC的SPI专项事务局、百泰生物的质量控制部、金风科创的国内营销中心和京东方光电的Array分厂产能提升项目组等4个团队为集体先进典型。

（王磊 黄自稳）

### 开展送讲座进基层活动

年内，开发区工委宣传部开展践行社会主义核心价值观送讲座进基层活动。通过“理论家走基层”“道德讲堂”等形式，为全区广大企业、社区群众送去形势政策、文明道德、职场礼仪、心理咨询、法律法规等各类讲座30余场。

（黄自稳）

### 组织学雷锋志愿服务岗（站）推选工作

年内，开发区工委宣传部组织开展首届学雷锋志愿服务岗（站）推选命名活动。10家单位或团体被推荐为首届学雷锋志愿服务岗（站），其中天华园一里社区爱心志愿服务站被命名为首都学雷锋志愿服务示范站。

（黄自稳）

### 开展新区道德模范评选活动

年内，开发区工委宣传部组织开展新区首届道德模范评选活动。北京奔驰汽车有限公司的赵郁、中芯国际集成电路制造（北京）有限公司隋振超被评为新区首届道德模范，卡尔百丽社区的戚克学、北京赛升药业股份有限公司的马骉、北京耐威时代科技有限公司的杨云春获新区首届道德模范提名奖。

（黄自稳）

### 举办“市花进我家”主题实践活动

年内，开发区工委宣传部组织开展新区“市花进我家”主题实践活动。通过电视、报纸、宣传栏、网络等多种宣传形式和载体进行大会和市花知识的宣传介绍，举办月季知识讲座、月季知识大讲堂、月季知识竞赛等活动，对新区广大干部群众进行市花知识普及。开展市花进单位、进企业、进校园、进社区、进家庭活动，鼓励大家在绿化美化上增加月季元素；开展“最美月季家庭、最美月季社区、最美月季企业、最美月季学校”等评选活动，鼓励人们参与月季种植，通过不同的月季品种丰富园艺造景、造型，美化环境、装点生活；积极推进企业认养市花、企业与村庄结对子的形式，吸引社会力量参与月季种植。鼓励人们从喜欢月季、欣赏月季到种植月季，自觉参与到家园绿化美化、环境建设等活动中来，实现开发区绿化处处可见月季元素的目标，营造了良好生态环境和市花氛围。在“最美系列”评比中，北京华联印刷有限公司、北京东港安全印刷有限公司、中国家用电器研究院、北京利德曼生化股份有限公司等4家开发区企业被评为最美月季企业。

（黄自稳 王磊）

## 投入107万元扶持基层文化建设

年内，开发区工委宣传部投入专项资金107万元，加大对基层文化建设的扶持力度，扶持金风大学体育馆等8家文化体育基地；扶持北京泰德制药股份有限公司凯馨合唱团等36支群众性文化团队。

（黄自稳）

## 完善双微新媒体宣传格局

年内，开发区工委宣传部围绕打造“具有全球影响力的国际创新中心”，统筹国内国际两类资源、打通传统媒体与新媒体两个阵地，加强新闻宣传和舆论引导，为新区中心工作做好服务，促进双微新媒体宣传格局的进一步完善。开发区政务微博“@北京亦庄”共设置话题22个，内容发布2.03万次；采编内容字数增长至240万字，粉丝量超过110万个；与28家重点企业官方微博形成微博矩阵，并通过长微博、微博PPT和微视频等多种发布形式，提高微博的传播力；进行“65年国庆专题”和“2015年春节专题”2次实时线上专题宣传。政务微博对“2014北京微电子国际研讨会”“2014CVW产业互联网大会”和“第九届中国北京国际文化创意产业博览会动漫游戏产业发展国际论坛”进行微直播，联动北京发布、千龙网·中国首都网、市经济信息化委、CVW产业互联网大会等微博大号和区内部分企业官方微博进行话题讨论和集体发布，总阅读量超过32万次，总转载量超过6400次。联合北京发布组织微博线下活动1次，联动北京发布、市经济信息化委、文明北京、首都园林绿化在内的16家微博大号发布和转发相关微博，扩大北京亦庄政务微博的影响力。“亦庄时讯”公众微信号订阅数近5万个，单条阅读量近2万次，传播新区正能量。

（隋国勇）

## 形成舆论引导工作新常态

年内，开发区工委宣传部以《每日舆情》的日报告机制为基础，建立针对紧急敏感信息的舆情快报、专题舆情项目分析的舆情专报；阶段性总结舆情的舆情月报、季报和年报等形式完备的舆情报告体系，逐步完善开发区舆情监测预警体系；将易发生突发舆情事件的重点企业等分类别、按等级进行全天候监测。全年共编制《每日舆情》201期，得到领导舆情工作批示89次，会同相关部门成功应对处置敏感舆情事件20余次。进一步扩大舆情日报发放覆盖面，将《每日舆情》普刊的每日报送范围扩大至开发区工委、管委会、总公司各部门，以及驻区职能局等单位主要负责人，搭建起覆盖全区的舆情信息共享平台，即时共享区内企业动态、社情民意等信息，实现舆情工作服务全区发展的良好局面。充分发挥舆情“防疫站”作用，加强服务区域中心工作能力。

（隋国勇）

## 夯实境内境外新闻宣传主阵地

年内，开发区工委宣传部对内围绕开

发区打造科技创新中心主阵地，发展“高精尖”产业，组织各种形式新闻发布活动30场，发布中文稿件800多篇，一批重点稿件在新华社、《经济日报》《北京日报》、北京电视台、《北京》等中央及市属重点媒体的重要时段（版面）播发，引起广泛社会反响。对外，夯实与新华社、中盛（新加坡）等全球知名媒体集团或传媒机构的常态交流机制，实现开发区相关新闻信息在境外知名媒体的有效落地，在彭博社、路透社等近20家境外媒体发布英文稿件930余篇。世界最大的资产经营者之一巴克莱资本、全球最大金融集团之一瑞穗银行、全球著名投行高盛等成为阅读北京亦庄新闻报道最多的公司。

（隋国勇）

### 内部宣传工作稳步提升

年内，《亦庄时讯》由8个版扩充为16个版，全年出刊47期，采写稿件5450篇，完成专题专版105个，刊登图片1063幅，推出《贯彻群众路线、扎实改进作风》《转型升级看亦庄》《品牌亦庄》等32个新专栏，完成“制造业智能升级”“科技创新打通最后一公里”“产业互联网”等50余个专题策划，《小亦跑腿》栏目曝光近80个区内社会矛盾及热点问题，促进解决48个，回应31个，媒体监督及预警职能受到认可。《亦庄新闻》实现稳定日播，全年制作播出239期，发布新闻2033条，总时长3318分钟，网络新闻视频最高点击量31.35万次，总点击量1122万次，保障区内各项重要活动全程拍摄318场次，制作全程录像79场，推出“践行群众路线扎实改进作风”“创新亦庄”等十余个专题，并在博大食堂播出。与开发区政务微博“@北京亦庄”对接，发布视频新闻300余条。网络新闻部门拍摄新闻图片2200张，上传新闻9700条，出库图片552张，归档2700张，上线“清洁空气我们在行动”“开发区群众路线教育实践活动专题”“市花进我家”“国庆65周年”等5个网络专题，开展“你好，北京亦庄”摄影作品征集活动。“亦庄时讯”公众微信号年内粉丝达4万余人，推出开发区网络春晚、环保知识有奖竞猜、七夕传情、小题大做等节目和活动，其中为期3天的线上环保知识竞答活动，发布《北京市大气污染防治条例》相关试题，吸引16000余人次参与。

（赵玉凯）

# 企业党建

### 概况

2014年，中共北京经济技术开发区企业委员会（简称开发区企业党委）以开展党的群众路线教育实践活动为主线，以深入贯彻落实中央和市委关于加强和改进非公有制企业党的建设为重点，以推动创先争优常态化、长效化工作为推手，不断加强学习型、服务型、创新型党组织建设，坚持党群工作一体化，实践新方法，解决新问题，为推动新区经济社会一体化发展提供坚强的组织保障。

（焦晓云）

### 组织企业开展党的群众路线教育实践活动

3月1日，开发区企业党委召开党的

群众路线教育实践活动动员大会。会议通报企业党委开展党的群众路线教育实践活动总体部署；总结 2013 年各项重点工作；提出 2014 年加强非公有制企业党团组织建设的主要工作任务。按照开发区工委的要求，企业党委将紧紧围绕中心工作，着力强化思想、组织、作风、廉政和制度建设，充分发挥基层党组织的战斗堡垒作用和党员的先锋模范作用，进一步解放思想、真抓实干、凝聚力量、攻坚克难，不断提升非公党建工作的科学发展水平。3 月 19 日，开发区企业党委举办题为“信仰的力量”群众路线教育实践活动专题讲座。4 月 23 日，开发区企业党委为企业基层党组织书记做题为“与时俱进讲党章”专题培训。10 月 23 日，开发区企业党委召开党的群众路线教育实践活动总结大会。

企业党委党的群众路线教育实践活动动员会召开 李惠欣 摄

（焦晓云）

## 开展“厉行节约、反对浪费”活动

5 月 27 日，开发区企业党委在企业基层党组织和广大党员中开展“厉行节约反对浪费”活动，以引导开发区企业员工形成珍惜粮食、节俭养德、践行节约的良好习惯。7 月 15 日，开展“节俭养德、全民节约”系列行动，包括“光盘见美德”行动、“全民节电”行动、“节约生命之源”行动和“节能利民、绿色出行”行动。行动倡导广大党员从自身做起、从身边小事做起，形成崇尚节约的良好风气。活动期间，开发区企业党委发放了 1000 余份宣传画，悬挂在各单位餐厅、办公区的醒目位置，使“节俭养德”观念深入人心。

（焦晓云）

## 开展纪念建党 93 周年“七个一”系列活动

6 月 25 日，开发区企业党委在企业基层党组织和党员中开展主题为“为民、务实、清廉”的“七个一”系列活动（即开展一次主题党日活动、开好一次专题组织生活会、开展一次“献计献策”活动、开展一次“共产党员献爱心”活动、组织一次“走访慰问困难党员”活动、开展一次入党宣誓活动、组织一次身边党组织和优秀共产党员的典型宣传活动）。开发区 21 家单位的新党员在党群活动服务中心宣誓室完成了入党宣誓仪式；在“七一”前后一周内，党群活动服务中心共接待 30 多家单位，500 多人次前来参观；企业党委为 4 名困难党员送去了慰问金；“共产党员献爱心”活动共收到来自党员群众的捐款 4.02 万元。

（焦晓云）

## 举办北京市党员教育示范基地揭牌仪式

开发区“北京市党员教育示范基地”揭牌 田艳军 摄

6 月 28 日，开发区工委举办党群活动服务中心“北京市党员教育示范基地”揭牌仪式。市委常委、市委组织部部长姜志刚，大兴区委书记、开发区工委书记李长友共同为基地揭牌并讲话。市、区相关领导、驻区企业党组织负责人共 200 余人参加。经过近半年的设计施工，党群活动服务中心升级改造工作全面完成。改造后的党群活动服务中心由共产党人主题展览、非公企业党建展览、党员电教室等 10 多个主题展厅和活动室组成，形成内容丰富、特色鲜明、功能完备的党员教育示范基地。

（焦晓云）

### 开展党的群众路线教育实践活动知识竞答

党的群众路线教育实践活动知识竞赛　田艳军 摄

9 月 1 日，开发区企业党委在基层党组织和党员中开展以“践行群众路线、深化非公党建”为主题的党的群众路线教育实践活动专题知识竞答。活动历时 1 个多月，分 4 个赛区进行，共有 117 家企业参加。北京佳宸弘生物技术有限公司党支部获一等奖，北京东港嘉华安全信息技术有限公司党支部、北京兴开盛林投资有限公司党总支获二等奖，嘉捷企业汇党总支、施耐德（北京）中低压电器有限公司党支部、北京泰德制药股份有限公司党支部获三等奖。活动旨在深入推进党的群众路线教育实践活动，进一步丰富学习教育形式，拓宽学习教育渠道，检验学习教育成效。

（焦晓云）

### 召开处置不合格党员工作部署会

11 月 20 日，开发区企业党委召开处置不合格党员工作部署会。工作部署充分结合第二批教育实践活动中基层党组织召开专题组织生活会并开展民主评议党员的工作实际，以党章为根本遵循，坚持客观公正原则、立足教育、区别对待，严格执行规定，严格审核把关，严格落实责任，真正使丧失党员条件的党员得到严肃处置，使不积极履行党员义务的党员得到教育转化，使广大党员自觉检身正己，主动发挥先锋模范带头作用。

（焦晓云）

## 总公司党建

### 开发区总公司开展群众路线教育实践活动

开发区总公司党的群众路线教育实践活动动员会召开　潘清泉 摄

2 月 26 日，开发区总公司召开深入开展党的群众路线教育实践活动动员会。开发区总公司党委副书记、纪委书记韩洪英主持会议，副总经理罗伯明、芦永忠、郭广庆、卢自锋和督导组成员出席会议。总公司近3年退出领导岗位的老同志，各部门、各单位副经理以上人员和党员群众代表参加会议。活动中，坚持领导带头，指导联系点开展活动，发挥了示范带头作用，推进了活动深入开展；坚持开门搞活动，征求意见和建议2574条，解决了一批群众反映强烈的突出问题；坚持问题导向，做到“六个结合，六个突破”（党的群众路线教育实践活动开展与实施集团化战略相结合，与全面参与新区建设相结合，与完成全年经济指标相结合，与提升经营管理水平相结合，与党员领导干部队伍建设相结合，与部门作风建设相结合，实现集团化管理取得新突破，全面参与新区建设取得新突破，打造升级版总公司取得新突破，领导班子建设取得新突破，领导班子和党员领导干部作风建设取得新突破，部门作风建设取得新突破），积极破解改革发展难题，为改革发展奠定了基础；坚持严格党内生活，突出整风精神，进一步加强了自身建设；坚持破立并举，治标和治本结合，制定和完善各类制度424项，巩固了教育实践活动成果。通过教育实践活动开展，总公司系统600多名党员干部受到了一次深刻的马克思主义群众观点和群众路线教育，进一步改进了作风，激发了干劲，树立了形象，凝聚了力量，推动了发展。4月16日，开发区总公司党委书记、总经理白文为全体党员干部讲题为“坚持为民务实清廉践行党的群众路线——为全面参与新区建设、打造升级版总公司凝聚强大力量”党课。7月28日，开发区总公司领导班子召开党的群众路线教育实践活动专题民主生活会。10月24日，开发区总公司召开党的群众路线教育实践活动总结大会。

（何焱 孙辉）

## 召开理论中心组（扩大）学习会

3月18日，开发区总公司召开了理论中心组（扩大）学习会。总公司领导白文、韩洪英、芦永忠、郭广庆、卢自锋出席会议。会上，国务院发展研究中心资源与环境政策所副所长、研究员、博士生导师李佐军作了题为“关于学习宣传贯彻2015年全国两会精神”的辅导报告。报告对2015年国务院政府工作报告相关内容进行了梳理和解读，特别是对国家扶持的重点产业，发展的热点区域进行了深入分析；对未来宏观经济形势和走向进行了预测；对新常态下国有企业如何把握机遇，加快发展提出了对策和建议。开发区总公司各部门、各单位副经理以上人员，总部相关部门工作人员近130人参加了会议。

（何焱 孙辉）

## 制定加强党风廉政建设的意见

12月，开发区总公司党委制定了《总公司党委关于进一步加强党风建设和反腐倡廉工作的实施意见（试行）》（简称《意见》），持续推进党的作风建设和反腐倡廉工作的制度化、长效化。《意见》中通过关口前移，加强对中层管理人员任中和离任经济责任审计；继续开展“六个一”系列警示教育活动（即组织一次“一把手”讲廉政党课、观看一部警示教育片、开展一次廉政谈心活动、召开一次专题民主生活会、组织一次廉政警句征集活动和一次廉政法规知识学习测试），制定了重点工作督查和问责办法；积极推进廉政文化建设，加强工作效能监察，营造了风清气正、干事创业的良好氛围。

（何焱 孙辉）

# 机关党建

## 概况

2014 年，开发区机关党委有党总支 2 个，党支部 39 个。党员总数 720 人，其中女党员 331 人，占党员总数的 46%；少数民族 39 人，占党员总数的 5.4%；本科及以上学历 643 人，占党员总数的 89.3%；35 岁及以下的党员 387 人，占党员总数的 53.8%。年内，发展党员 18 人，共有申请入党人员 84 人。开发区机关党委以深入开展党的群众路线教育实践活动为主线，以围绕中心、服务大局为宗旨，认真学习宣传贯彻党的十八大精神，在党员干部和群众中开展多种形式的学习教育和文化活动。在建设学习型机关和学习型党组织活动中，要求机关 700 余名党员每人每年在线学习 40 小时，内容包括总书记习近平系列重要讲话、中央和市委最新精神、反腐倡廉教育、党的政策理论知识等。通过主动参加各支部的党日活动、党课、组织生活会和党员发展大会，推进支部党建工作。通过组织机关近三年来新发展的 65 名党员举行入党宣誓仪式，进行革命传统教育。通过机关合唱团、机关书屋和观看红色电影展播等活动，丰富机关文化。在春节和“七一”开展的慰问活动中，慰问 21 名困难党员，发放补助金 5.4 万元。在“共产党员献爱心”捐款活动中，机关党员、积极分子、群众和民主党派 756 人捐款 95739 元。

（郭佳丽）

## 举办入党积极分子培训班

4 月 28 日—30 日，开发区机关 65 名入党积极分子参加为期两天的集中培训。培训形式包括集中授课、参观学习、互动交流和开卷测试，邀请大兴区委党校教师对入党积极分子进行入党培训辅导，组织集中学习“四个全面”重大战略布局、反腐败案例、国防报告等。近半数入党积极分子是首次参加培训。

（郭佳丽）

## 做好大兴区人大代表补选工作

大兴区人大代表补选　　李惠欣 摄

9 月 25 日至 11 月 19 日，开发区机关党委按照相关法规，做好大兴区人大代表补选工作。由于大兴区第四届人大代表张伯旭调离大兴区工作，其代表资格自行终止，大兴区人大常委会决定第 111 选区补选代表 1 名。补选共涉及 38 家单位 3866 名选民。11 月 18 日为选举日，当天参加投票的选民 3489 人，发出选票 3489 张，有效选票 3471 张。经大兴区选举委员会依法确定，正式候选人梁胜以 97.3% 的得票率补选为大兴区第四届人大代表。

（郭佳丽）

# 纪检监察

## 概况

2014年，北京经济技术开发区纪工委（简称开发区纪工委）、监察局聚焦开发区中心任务，强化监督执纪问责，深入开展党风廉政建设和反腐败工作。有行政编制6人，设纪工委书记1名、正处级纪检监察员1名、副处级纪检监察员2名、科员2名。

（王莹艳）

## 进行新任职和调整干部集体廉政谈话

举行新任职和调整干部廉政谈话会　　新闻中心提供

1月10日，开发区工委委员、纪工委书记王敬东与43名2013年下半年以来新提拔和新调整的干部进行集体廉政谈话，旨在进一步加强新提拔和新调整岗位干部的廉政意识，提高其履职能力。

（王莹艳）

## 区委书记为新区党员干部讲党课

3月24日，新区召开党员干部千人大会。大兴区委副书记、区长、开发区工委副书记谈绪祥主持会议。大兴区委书记、开发区工委书记李长友以“恪守为民务实清廉 再创新区发展辉煌”为题，为新区党员干部讲党课。李长友、谈绪祥分别与新区有关部门、单位代表签订党风廉政建设责任书。会议传达中纪委、市纪委有关会议精神，部署2014年党风廉政建设和反腐败工作。张晓林、王新、贲勇、白文、王有国等新区领导以及市委党的群众路线教育实践活动第十二督导组领导出席会议。会后，开发区组织全体处级党员领导干部参观位于北京市监狱的反腐倡廉警示教育基地。

（王莹艳）

## 纪工委聘任新一届13名特邀督查员

5月22日，开发区纪工委召开聘13名特邀督查员（工作）会，公布北京经济技术开发区特邀督查员管理办法。开发区工委委员、纪工委书记王敬东为聘任的新一届特邀督查员颁发聘书并讲话。开发区特邀督查员管理办法规定特邀督查员的主要职责为参加开发区召开的相关工作会议和活动，了解监督检查工作的安排和部署，听取关于督查工作情况的汇报，对开发区督查工作提出意见和建议；密切联系各界人士认真听取人民群众的意见和要求，及时反馈开发区企业、居民对行政机关的作风、效率、服务质量和态度以及廉政建设、行政监督决策的意见；根据工作需要、参与接待来访、执法监察、案件调查、纠正行业不正之风，监督理论及重大政策的调研等工作。办法规定特邀督查员每两年聘请一次，聘请范围为入区企事业单位代表、驻区人大代表、政协委员、退休老干部和社区居民代表。

（王莹艳）

### 召开党风廉政建设专题汇报会

11 月 17 日至 12 月 15 日，开发区连续召开四场党风廉政建设情况专题汇报会，听取 33 个部门和单位党风廉政建设情况汇报，特别是对落实党的十八届三中全会提出的“两个责任”情况进行专项检查。检查显示，各部门聚焦中心任务，突出主责主业，创新体制机制，加大工作力度，在党风廉政建设和反腐败斗争中均取得新进展。

（王莹艳）

## 工 会

### 概况

2014 年，开发区总工会以深入开展党的群众路线教育实践活动为契机，以“发展为先、稳定为重、基层为主、职工为本、创新为魂”为指导思想，以“维权要到位，服务要做实，发展要全面”为工作要求，立足新起点，谋划新思路，体现新作风，展示新形象，工会工作取得了丰硕成果。工会工作机制和工作模式不断创新，调整设置了办公室、财务部、基层组织部、教育培训部、社会工作部、职工服务部、女工部、工会经费审查办公室等 8 个部门和电子信息、生物医药、装备制造产、综合产业等 4 个产业工作部，初步形成了具有开发区特色的“区总工会—产业工作部—基层工会”三级组织管理体系。评选出“爱企业的好职工”563 名、“爱职工的好经理”17 名。获得上级授予的“首都劳动奖状”单位 1 个、“首都劳动奖章”个人 4 名、“北京市工人先锋号”单位 2 个、北京市模范职工之家 2 个、北京市模范职工小家 1 个。年内，职工服务中心在维权维稳工作中总结出“三个提早”（提早发现、提早介入、提早处置）、“三个公心”（公心对企业、公心对员工、公心对自己）和“三个依靠”（依靠法律法规、依靠企业工会、依靠党政力量）“三三三”工作法，累计受理劳动争议调解申请 604 件，结案 552 件、结案率 86.42%，调解成功案件 274 件、调解成功率 52.49 %，履行金额 313.77 万元。其中，调解集体争议案件 30 件，涉及 1160 人，金额 124.77 万元。为区域稳定做出了积极贡献。《加强机制建设，创新方法路径，有效提升新形势下劳动争议调解水平》获中国新区开发区工会工作研究论文二等奖。

（李怀亭 陈京生）

### 召开开发区工会第三次代表大会

1 月 18 日，开发区工会召开第三次代表大会。开发区总工会主席张凤民代表开发区工会二届委员会作题为“围绕中心体现特色奋发有为开拓创新，为加快新区建设步伐而努力奋斗”工作报告。大会审议并通过开发区总工会第二届委员会工作报告、财务工作报告、经审委工作报告。选举产生了开发区总工会第三届工会委员会，张凤民当选为开发区总工会主席，李怀亭、李静当选为开发区总工会副主席。选举产生了开发区总工会第三届经费审查委员会，李静当选为经审委员会主任，王卓当选为副主任。开发区工委副书记贲勇、市总工会副主席陆晓光、开发区管委会副主任高言杰作重要讲话。开发区 243 名工会代表参加大会。2月27日，召开区总工会三届二次会议，审议通过了区总工会2013年经费决算及2014年经费预算。选举张凤民、李静、周义兵、吴粤、韩洪英、刘莹、郑文成、徐娜等8名同志为北京市工会第十三次代表大会代表。9月12日，召开区总工会三届三次会议，学习贯彻落实北京市工会十三大会议精神和《中共北京市委关于进一步做好工会工作的意见》。听取审议《开发区工委关于进一步做好工会工作的意见（讨论稿）》，开发区工委副书记赉勇、工会主席张凤民出席并讲话。

开发区工会第三次代表大会召开　　孔跃进 摄

（李怀亭 陈京生）

## 开展女职工工作

3月7日，开发区总工会举办法律维权、女性健康知识、女性形象礼仪、子女教育等内容的女职工流动课堂讲座。乐金化学显示器材料（北京）有限公司等3家企业的360名女职工参加学习。3月12日—13日，为500多名女农民工和劳务派遣女员工进行妇科专项体检，260名女工会主席、女工委员做了心脑血管疾病和肿瘤早期筛查的免费体检。9月19日，举办第四届“我们在一起”单身青年联谊会，40家企业的180名男女青年参加。年内，开发区被市妇联、市总工会和市人力社保局联合授予北京市“三八”红旗集体荣誉称号1个、北京市“三八”红旗奖章1个，被中华全国总工会授予全国五一巾帼标兵岗荣誉称号4个、全国五一巾帼标兵荣誉称号8个。10家百人以上企业创建“爱心妈咪小屋”。

（李怀亭 陈京生）

## 举办劳动争议调解培训班

3月26日—28日、10月23日—24日，开发区总工会举办两期劳动争议调解培训班。来自区内262家企业487名人事部经理、工会主席、企业高管等人员参加培训。北京市总工会副主席曾繁新作关于《新形势下做好工会工作的深刻思考》专题讲座。北京市劳动和社会保障法学会专家讲师团讲师、教授高大慧，北京政法职业学院（北京政法干部管理学院）经贸法律系经济法教研室主任赵江、北京市“十佳”律师刘正赫分别讲授“开展集体协商、构建和谐劳动关系”“劳动关系热点法律问题解析”“劳动合同解除争议常见法律问题分析”“医疗期的法律规定与员工病休管理”等政策规定。北京市二中院庭长刘海东、开发区法庭法官毛希彤分别讲解了劳动合同法实操、开发区劳动争议的发生情况以及法院工作开展的措施，并进行现场答疑。

（李怀亭 陈京生）

## 职工服务（帮扶）中心搬迁新址

4月30日，开发区总工会举行职工服务（帮扶）中心搬迁新址启用仪式。开发区管委会副主任王合生为中心新址揭牌，开发区总工会主席张凤民讲话。新地址位于万源街4号，办公面积由原来的300平方米，扩展到700平方米，服务窗口由原来的5个增加到10个，可以为职工提供“12351”职工热线、困难职工帮扶、劳动争议调解、劳动法规咨询、法律服务、京卡办理、互助保障、就业信息，以及新增加的双月沟通会、心理健康咨询、志愿者服务和票务服务等近20个项目，最大限度地满足职工群众多层次、多元化的需求。

职工服务（帮扶）中心搬迁新址　　孔跃进 摄

（李怀亭 陈京生）

## 召开先进模范表彰座谈会

5月14日，开发区总工会召开先进模范表彰座谈会，表彰开发区内获得市级荣誉的先进集体、先进个人，动员组织广大职工争做时代先锋、劳动模范。开发区总工会主席张凤民主持会议。开发区管委会主任梁胜出席并讲话。开发区工委副书记贲勇宣读《关于授予2014年首都劳动奖状、首都劳动奖章和北京市工人先锋号的决定》，3名先进模范代表作大会发言。开发区党政领导、相关部门负责人、职工代表及受表彰的先进集体和先进工作者参加座谈会。

（李怀亭 陈京生）

## 成立开发区职工艺术团

开发区职工艺术团成立　　田艳军 摄

6月26日，开发区职工艺术团正式成立。市总工会副主席赵郁，开发区工委委员、宣传部部长赵雅娟，开发区总工会主席张凤民等领导出席。区内35家企业的350名职工经过专业考核，成为职工艺术团首批成员，著名影视演员寇正海和朱琳获邀为艺术团顾问。10月27日，市总工会批准成立的北京市职工书画协会开发区分会、北京市职工文化协会开发区分会、北京市体育协会开发区分会以及开发区职工艺术团即“三会一团”，在青年公寓工会服务站举行揭牌仪式。

（李怀亭 陈京生）

## 成功处理裁减员工群体劳动争议事件

7月18日，开发区总工会迅速启动群体性事件及各种突发事件的七方联动应急处理机制，处理美国微软公司收购诺基亚公司后，北京诺基亚中国投资有限公司和诺基亚通信有限公司裁减6000名员工引发的群体劳动争议事件。开发区总工会深入企业了解情况，分析问题，研究对策，制定《化解劳资矛盾，维护职工稳定预案》；成立相应工作小组，确保职工合法权益、确保区域稳定、确保协商解决；搭建劳资双方协商解决解除劳动合同补偿方案平台，明晰员工享有的权利；为员工提供法律咨询服务，举办下岗职工专场招聘会，解决裁减员工再就业问题。区总工会采取的一系列举措，维护了职工权益，顾及了企业利益，有效避免了一场裁员规模大、影响面广的职工群体性事件的发生，维护了职工队伍和社会的稳定。

（李怀亭 陈京生）

## 98 名裁员职工实现再就业

9 月 22 日—25 日，开发区总工会职工服务中心在一层大厅为诺基亚（中国）投资有限公司与诺基亚通信有限公司两家企业裁减员工举办专场招聘会。中芯国际、诺兰特等 35 家区内企业现场为裁员职工提供 366 个岗位、483 个职位，设立咨询台解答员工提出的各种问题。三天内共有 98 名职工被录用，384 名职工填写简历，有效地解决了职工再就业的困难。

（李怀亭 陈京生）

## 13 家京卡商户为职工挂牌服务

9 月 25 日，开发区总工会整合区内商业资源，以购买服务的方式，与北京永瀚星港生物科技有限公司、北京 DOLE 食品有限公司等 13 家服务商签订“工会天天关怀会员特约指定商家”协议，正式挂牌服务。开发区职工可持“京卡·互助服务卡”享受互助保障、教育培训、文化体育、医疗体检、美容美发、餐饮、生活用品等六大打折项目。举办大中电器专场职工购物活动，职工持卡购买电器产品总额为 127 万元，让利职工 30.3 万元。京卡搭载项目不断扩大，刷卡收益职工 18600 人次。

（李怀亭 陈京生）

## 博大置业公司建立“妈咪小屋”

9 月，为了对备孕期、怀孕期和哺乳期的女职工给予呵护和关心，北京博大经开置业有限公司建立了“妈咪小屋”。该设施为特殊生理阶段的女职工提供一个相对独立的空间，并设有特殊标识，确保舒适、隐蔽、卫生和安全，并根据需要配置卫生消毒器材、冰箱、床、孕产妇保健和哺乳资料等。“妈咪小屋”由公司党群办公室及工会组织负责管理。

（黄秀敏）

## 115 家企业成立劳动争议调解组织

10 月 23 日，开发区首批 115 家企业率先成立基层劳动争议调解委员会并挂牌运行。北京市总工会党组书记、副主席曾繁新为重点企业调解委员会授牌。基层劳动争议调解组织的建立，进一步完善“预测、预报、预审、预控”劳动关系预防预警机制，使劳动争议尽可能多地解决在基层，化解在萌芽状态，变“事后调处”为“事前预防”，逐步形成劳动争议社会化“大调解”的格局，并在维护职工队伍稳定、企业稳定、区域稳定中发挥重要的作用。

（李怀亭 陈京生）

## 成立生物医药产业工会联合会

11 月 5 日，开发区总工会召开生物医药产业工会联合会成立大会。大会审议通过了工会联合会筹备组工作报告和《大会选举办法》等，以无记名投票方式选举产生了生物医药产业工会联合会第一届委员会，29 名常务委员会委员、委员单位 92 家。生物医药产业是开发区的主导产业之一，也是“北京国家生物产业基地”“国家生物医药创新孵化基地”“北京市 G20 工程生物医药成果转化基地”，共有企业360多家，非公企业占90%以上，其销售收入占北京市生物医药产业的60%以上，发挥着国家和北京市重大生物医药成果产业化主阵地的重要作用。

（李怀亭 陈京生）

## 50家企业评为规范化“职工之家”

11月28日，开发区总工会研究决定授予施耐德、富智康、三箭和众鼎、乐天中国食品等50家企业工会为规范化“职工之家”称号。按照北京市总工会关于建设规范性“职工之家”的要求，通过基层工会申报、初审、实地抽查等程序，评选出具备标准活动场所、设施和规章制度，开展帮扶困难职工、维护职工合法权益、调解劳动争议、组织经济技术创新、提供心理咨询、提升职工素质、丰富职工文化体育活动等工作，为促进职工全面发展，创建温暖和谐的“职工之家”。

（李怀亭 陈京生）

## 开展职工文体活动

开发区总公司举行羽毛球比赛　　潘清泉 摄

年内，开发区总工会承办首都职工健步走系列活动第二站（北京·亦庄）暨“赏新区建设美景，享健康绿色生活”开发区职工健步走竞赛。来自开发区100多个机关和企事业单位的1700多名职工参加；组织北京市拔河比赛亦庄赛区暨北京经济技术开发区职工第三届拔河比赛，参与职工达5000余人。博大建设600千克混合队、华联印刷600千克男子队分获全国新星系列赛北京分赛区冠军和亚军。设立开发区职工体育“博大杯”——乒乓球、广播操、篮球赛、足球赛、羽毛球等系列体育联赛70多场次，累计参加职工1.5万人次。

（李怀亭 陈京生）

## 加强工会组织建设

年内，开发区总工会建立生物医药、电子信息、装备制造、综合产业等开发区四大主导产业中企业和职工基础数据库和联系方式，发放建会宣传材料1500余份，新建工会组织101家，覆盖145个法人单位，新增会员7795名。制定下发《关于加强工会组织工作的决定》，40家基层工会完成换届选举、增补委员、增选工会主席工作，84家办理法人资格证书及其变更“工会法人资格证书”审核办理登记，工会组织制度化、规范化建设进一步加强。

（李怀亭 陈京生）

## 实施职工素质建设工程

年内，开发区总工会建立“一个中心、两个基地”（即职工教育服务中心，中航技工业园职业教育基地、北京电子科技职业院技能实训基地），为广大职工提供学历教育、技术等级、职业技能、职业资格认定等多层次、多内容、多形式的教育培训。培训高级工49人、中级工48

人，80名职工取得资格证书。举办一线班组长、安全生产、心理减压等各类培训83期，累计参加1.14万人次。制定《学历晋升及职业助推奖励办法》，66人享受助推计划，36名工会会员免费读大学。组织“安康杯”知识竞赛，2.5万名职工参与公共安全健康知识普及竞赛活动，发放宣传材料2000多份。

（李怀亭 陈京生）

## 帮扶困难职工

年内，开发区总工会完善帮扶工作机制，健全困难职工档案，送温暖活动实现长效化。共慰问45家企业381名困难职工，发放慰问金38.1万元；棉被381床、米面油等慰问品10万元；发放温暖专项基金36.95万元，救助21名特困职工，累计89.05万元。积极开展“亦仁·亦心”公益活动，向贫困山区捐赠御寒衣物5000余件、各类图书800余本。免费发放理发券5000张、电影票6200张、购书券2500张、图书1.6万余册。累计会员信息采集7.58万人，京卡办理1.18万张。

（李怀亭 陈京生）

## 推进职工互助保险工作

年内，开发区总工会职工互助保险累计会员1.73万人，理赔金额7.4万元。参与职工互助保障计划企业22家，职工7100人，保额60余万元。职工保险二次报销250家、6298人次，报销金额146.07万元，提前完成市总北京办事处规定的指标，职工互助保险计划覆盖率和受益面不断扩大。

（李怀亭 陈京生）

## 加强工会宣传报道工作

年内，开发区总工会与新闻媒体合作，在《北京晚报》《工会博览》《劳动午报》《亦庄时讯》等报刊登载开发区总工会新闻报道194篇、图片50余幅。设置“劳动美丽、出彩人生”专题栏目，开展“为劳动者点赞”活动，集中宣传普通劳动者的先进事迹。建立“BDA工会事务通”QQ群和公共微信，以及职工“快快通”短信平台，累计访问29.48万人次。制作《前进中的帮扶中心》《京卡系列——京京卡卡的幸福生活》等宣传片，有效提升了工会的影响力和知名度。

（李怀亭 陈京生）

# 青年工作

## 概况

2014年，共青团北京市委经济技术开发区工作委员会（简称开发区团工委）在团市委和开发区工委的领导下，大力加强基层组织建设，切实加强思想引领、有效服务青年需求，不断提高共青团组织的凝聚力和影响力，扩大共青团工作的有效覆盖面，条块结合、资源共享、共同参与的区域化青年工作格局初步确立。深入开展“奋斗青春最美丽”青春励志教育活动，挖掘开发区各行各业优秀青年的典型事迹65个。推进适应开发区特点的区域化团建工作，全年新建两新基层团组织30个。大力推进社区青年汇建设工作。以“BDA青年单身俱乐部”和“新青年圆梦加油站”

项目为试点，探索购买社会组织服务。命名表彰开发区首批首都学雷锋志愿服务站（岗）。广泛开展“邻里守望”主题志愿服务活动；指导应急志愿服务团队开展应急培训演练；对接爱心企业募集20万元善款改善学校教学设施。

（臧华）

### 党的群众路线教育实践活动部署会召开

3月1日，开发区团工委在党群活动服务中心召开基层党团组织党的群众路线教育实践活动部署会，部署深入开展党的群众路线教育实践活动。发放“开发区团工委领导民主评议表”，就形式主义、官僚主义、享乐主义、奢靡之风四风问题和共青团工作广泛争取与会人员意见。各企业基层团组织书记、属地联系单位团组织负责人和团员代表80余人参会。

（臧华）

### 企业团干部“1+1”结对子活动启动

开发区团干部“1+1”结对子交流活动　　臧华 摄

3月26日，开发区团工委主办的企业团干部“1+1”结对子首次活动正式启动。参加活动的近20家企业的团组织负责人走进富智康精密组件（北京）有限公司，观摩富智康（北京）科技园团委开展的BDC职工自助超市项目，并就志愿服务工作和企业共青团工作进行广泛交流。活动中，企业团干部两两结成互帮互学伙伴，相互交流工作经验，资源共享，实现“1+1 > 2”，推进非公企业团建工作取得新成果。

（臧华）

### 青联委员走进庞各庄

4月18日，开发区青年联合会开展“青年委员活动日”活动，组织20名青联委员走进庞各庄调研。青联委员们参观蔬菜大棚和养殖基地，体验农村环境，了解庞各庄农业、农民、农村发展情况，并与当地村官座谈交流，对农业发展提出建议。

（臧华）

### 开发区共青团2013年度表彰会召开

5月4日，开发区共青团纪念五四运动95周年暨2013年度表彰大会召开。大会回顾2013年开发区共青团工作；宣读达标创优活动和青年文明号、青年岗位能手争创活动表彰决定。表彰五四红旗团组织7个，优秀共青团干部37人，优秀共青团员38人，“青年文明号”单位24个，“青年岗位能手”63个；启动“新青年圆梦加油站”项目、“为民务实 走进一线”调研工作项目、青年创新创业工作项目。来自区内基层团组织的110余名团干部参会。

（臧华）

### “新青年圆梦加油站”项目启动

5月10日，开发区团工委和知金教育

合作的“新青年圆梦加油站”项目启动，项目旨在为区内产业青年提供继续教育服务，让青年在企业工作的同时获得素质、学历和知识的提升。该项目分为知识更新大课堂、学历提升助学金和素质提升大讲堂3个内容。

（臧华）

## 举办首届新区青年手机摄影大赛

8月10日至9月29日，开发区团工委举办“美丽新区，美好生活”首届新区青年手机摄影大赛，全区各界青年摄影爱好者参与。该大赛分为话新区、忆旅途、品生活、观自然4个主题，经过初赛、复赛和决赛，从参赛的430余幅作品中评选出70余幅获奖作品，大赛结束之后，青年摄影爱好者俱乐部成立。

（臧华）

## 开发区团干部走进焦庄户遗址

开发区团干部走进焦庄户　臧华 摄

11月27日，开发区团工委组织110名企事业单位基层团组织负责人集体参观北京顺义焦庄户地道战遗址纪念馆，缅怀革命先烈的英雄事迹，接受爱国主义教育。团干部们集体参观纪念馆内珍贵的历史文物，学习焦庄户人民在党的领导下同侵略者进行英勇斗争的历史事迹。活动区内近20家属地联系单位团组织也参与其中，对进一步增强基层团组织的凝聚力，推进区域化团建工作具有重要意义。

（臧华）

## 开展“温暖衣冬”公益活动

开发区团工委“温暖衣冬”张家口捐赠　臧华 摄

12月9日—19日，开发区团工委继续在全区开展“温暖衣冬”公益活动。活动得到北京奔驰汽车有限公司、北京京东方显示技术有限公司等区内各企事业单位和社会各界爱心人士的大力支持，共募集冬衣外套870余件、文具20箱，经过消毒清理后分批捐赠到首都贫困地区、西藏拉萨和张家口怀安地区。

（臧华）

## 推进社区青年汇建设工作

年内，开发区团工委指导社区青年汇充分发挥青年身边的综合服务平台作用，先后开展了幸福人生大讲堂、国标舞培训、书法交流沙龙、爱车讲堂、骑行培训、职业英语、计算机软件操作等文化学习活动120多次，举办歌手大赛、手机摄影大赛、书画大赛、软陶大赛、汽车尾箱市场、单身交友活动等休闲娱乐活动30余次，承办全区羽毛球赛、拔河比赛、足球比赛、三人制篮球比赛、攀岩挑战赛等健身活动10余次，直接参与青年累计超过1万人，影响和覆盖青年3万余人，得到了青年的普遍欢迎和充分认可。

（臧华）

## 开展区域化团建工作

年内，开发区团工委根据区域化团建工作要求和开发区实际情况，将近300个基层团组织划分为核心区、河西区和路东区等3个工作区域，并通过大带小、强带弱、国有带非公、机关带企业等方式将34个团组织进行结对子，建立信息共联、资源共享、活动共办的工作机制。截至年底，全区直属基层团组织163个，工作联系覆盖驻区各类团组织81家。培育书法、摄影、骑行等各类青年社团组织和公益组织10余个。

（臧华）

# 综合行政事务

北京经济技术开发区年鉴 2015

BEIJING ECONOMIC-TECHNOLOGICAL DEVELOPMENT AREA YEARBOOK

# 综 述

2014年，开发区主动应对复杂多变的国内外经济和环境形势，调整功能定位，促进各项工作取得新的成绩。成立稳增长领导小组及常设办公室，紧扣经济运行提质增效这条主线，统筹调度各部门重点工作。以打造科技创新中心主阵地为着力点，坚持深化产业研究，明确产业方向，引导企业加大科技创新投入力度，严把新增项目质量关，提高落地项目效益。积极参与区域合作，不断探索合作路径，成立市场化运作平台，积极推动“亦庄·永清”园区建设，充分利用合作区比较优势，推进跨区域全产业链布局，服务京津冀协同发展。

开发区依法行政迈出新步伐。按照国家和北京市有关文件精神，完成土地、税收等相关政策清理工作。完善开发区管委会集体决策程序，重点对“三重一大”事项、项目入区流程作进一步明确。系统梳理已有产业政策，加强政策创新和集成，初步形成新区统一的产业政策体系方案。健全和完善非住宅项目建设管理规定，有效地遏制了“工改住”和“商改住”现象蔓延。

巩固党的群众路线教育实践活动成果，改进政府自身建设，认真落实“决策留痕、结果查究”监督机制，加大跟踪审计力度，实现对财政资金、国有资产的审计监督全覆盖。

依法妥善处理企业兼并、收购过程中职工分流及再就业问题。设立督查机构，健全工作机制，全力抓好“折子工程”、拟办实事、重点工作、重大决策的督促落实，切实做到每月有进度、每季有成效。丰富督查手段，采取实地检查、应用督查绩效管理系统等方式，确保各项工作落到实处。

（孙沐琳 李婕）

# 重要会议

## 新区召开领导干部大会

1月28日，新区召开领导干部工作大会。李长友出席并讲话，谈绪祥、贲勇、白文、王有国等新区领导出席，张伯旭主持。开发区、各镇、街道、党政机关等职能部门负责人参加。会议听取全区政法维稳工作汇报及新区拆违控违相关工作的部署安排。新区在矛盾化解、创新完善工作机制等方面取得成效，完成安全稳定工作，全区保持了政治大局稳定、治安形势平稳、社会秩序良好、队伍建设发展的局面。会议要求，党员干部要始终紧绷管控这根弦，将管控违法建设作为头等大事抓紧、抓实、抓好。要查找工作中存在的被动、迟疑、缺位等深层次问题。通过建立健全机制、严格追究责任等措施，综合施策，确保违法建设实现零增长。

（孙沐琳）

## 新区召开重点工作汇报会

10月10日，新区召开重点工作汇报会。李长友主持会议并讲话，谈绪祥传达市委APEC会议筹备工作动员大会精神。梁胜、张晓林、王新、贲勇、白文、王有国等新区领导参加会议。会议听取北京大兴国际机场建设、“十三五”规划前期准备、城乡接合部改造、综配区规划建设、开发区起步区规划建设、重大项目招商、加强节能降耗厉行节约相关工作情况的汇报。会议强调，要加快推进机场、综配区和起步区建设、城乡接合部改造等重点工作。做好APEC会议外围服务保障工作和安全维稳工作。要加大安全生产隐患排查和整改力度，确保“四个不发生”。要加强应急预案演练，落实部门和属地职责，加强巡视检查。要与市有关部门密切联系，加强信息反馈和沟通。

（孙沐琳）

## 新区召开2015年务虚会

11月21日，新区2015年务虚会召开，总结2014年全区各项重点工作实施推进情况，研究分析经济社会发展和总体形势，梳理完善2015年重点工作思路和任务。谈绪祥、梁胜、张晓林、王新等新区区级领导班子成员参加会议。谈绪祥要求，要把握“新常态、新动力、新挑战”特点，坚持稳中求快进、创新发展，紧抓历史机遇，聚焦机场建设，科学规划蓝图，加快转型发展，推动改革创新，全面落实从严治党、依法治国要求，巩固和扩大教育实践活动成果，在推动一体化、高端化、国际化发展，建设宜居宜业和谐新区上取得更大成效。要打好“机场拆迁建设、产业转型升级、人口资源环境”攻坚战，推进“一体发展、文化建设、改革创新、依法建设”四项重点工作，确保社会和谐平稳有序发展。

（孙沐琳）

## 开发区召开2014年党风廉政建设汇报会

12月15日，开发区召开两场党风廉政建设汇报会，工委管委会领导带队听取16个部门和单位的党风廉政建设情况。谈绪祥、贲勇分别对下一阶段工作进行研究部署，王敬东、高言杰、袁立洪出席。谈绪祥强调，党风廉政建设要体现在思想认识上、制度建设上和狠抓落实上。各部门要围绕为民、务实、清廉的工作作风，把思想统一到工委工作部署上，推动党风廉政建设责任制和惩防体系建设取得新成效。要围绕干事创业、两区融合、改革创新等方面寻找突破点和发力点。坚持敢于碰硬、敢于担当、敢于创新、甘于奉献的精神，把开发区发展推向更高的水平，更高的阶段。贲勇指出，党风廉政建设重在提高认识、落实责任、风险控制、抓好典型。要在制度建设上下功夫，严格按程序办事，杜绝腐败行为认识上的惰性，推动反腐倡廉工作取得新成效，同心协力营造风清气正氛围，促进开发区经济社会又好又快地发展。

（孙沐琳）

# 政务信息

## 概况

2014 年，《北京经济技术开发区政务信息》共出刊 31 期，编发信息 286 条。全年向市政府报送信息 99 条，被采用 71 条，采用率 72%。围绕全市中心工作和市领导的关注点，开发区提供大量有价值的信息，发挥参谋助手作用。被《昨日市情》采用的普刊信息主要集中在科技创新、高精尖企业服务、招商引资、京津冀一体化发展、人才引进等方面。

（刘淑娜）

# 政策研究

## 概况

2014 年，开发区研究室继续开展课题调研活动，参与完成街道管理机制、新区政策梳理等 5 项课题调查研究，为推动相关工作提供依据和参考；继续开展志鉴编纂工作，完成开发区年鉴（2014 卷）编纂工作，成书 78.9 万字，完成《开发区口述历史资料汇编》，成书 64.8 万字。

（宁知盈）

## 完成开发区年鉴（2014 卷）编纂工作

4 月 22 日，开发区召开 2014 年年鉴工作会，启动开发区年鉴（2014 卷）编纂工作，确定参编单位 255 家，同比增加 8 家。全书收到各单位一稿总字数 58 万余字，同比增加 8 万字；收到照片 1071 张，同比增加 14 张。全书出版字数 78.9 万字，图片 254 幅。直接参与供稿、撰写、组稿人员达到 781 人。

（王新美）

# 法治建设

## 概况

2014 年，开发区法制办继续推进法治建设工作，组织“四查四纠”活动、行政执法调研活动、法治宣传培训，全年审核修改规范性文件 5 件、审查重要文件 8 件、审核重大合同协议 31 份、处理行政复议和行政诉讼 18 起。

（宁知盈）

## 审核修改行政规范性文件草案 5 件

2 月 4 日，开发区管委会发布《新区环境保护资金管理暂行办法》。年内，开发区法制办审核修改行政规范性文件草案

5件。

（张哲明）

### 开展行政执法专项调研活动

5月至6月上旬，开发区法制办通过座谈、问卷等形式，对开发区管委会一线执法部门工作情况进行调研，摸清执法情况底数，分析存在问题，完成《北京经济技术开发区管理委员会行政执法专项调研报告》。

（宁知盈）

### 发生行政复议和行政诉讼案件18起

年内，以开发区管委会为被申请人的行政复议案件12件，均由市法制办作出“维持原具体行政行为”或“驳回申请人复议请求”的决定。6起行政诉讼，5起由大兴法院全部判决驳回原告诉讼请求，1起年底前未开庭审理。

（宁知盈）

## 档　案

### 概况

2014年，档案室共接收各门类档案1.41万卷（件），完成2014年年度文书、会计、审批等约1万卷（件）档案的加工整理工作，共接待利用档案人员342人次，借阅、利用各类档案共计1.53万卷（件），复印资料8130页。对文书、会计、审批、执法、合同、工程、企业七大类纸质档案进行了数字化扫描；全年共接收2013年数码照片1685张，促进档案管理向信息化、数字化方式转变。

（田春香）

## 对口支援与经济合作

### 开发区总公司向和田援赠2000万元

1月，开发区总公司与北京市援疆和田指挥部、和田市京和投资开发有限公司共同签署了《关于援建和田市北京工业园区标准厂房合作协议》，总公司代表开发区援赠2000万元，用于和田市北京工业园区进行工业厂房建设，吸引北京市优质企业落户和田。8月，根据《北京市贯彻落实第二次中央新疆工作座谈会精神实施方案》，开发区总公司按照市援疆和田指挥部要求，援建资金已落实到位，按时保质完成援建任务。

（何焱 孙辉 姚翊）

## 调研考察

### 市总工会领导到开发区考察调研

3月21日，市总工会工业（国防）工会主席顾庆、周岐来开发区考察调研。听取开发区总工会关于成立装备制造、电子信息、生物医药及综合产业部四个工作部，建立适应开发区特点的工会组织体系的汇报，充分肯定区总工会的创新之举，并提出意见和建议。6月10日，市总工会党组书记、副主席曾繁新，副主席高小强到开发区调研工会工作，了解开发区创建服务型工会工作进展情况。曾繁新特别关心企业发展与职工权益面临的突出问题，对开发区总工会进一步加强自身建设、不断拓宽服务企业职工的渠道和途径提出了明确要求，鼓励开发区总工会做实企业服务、不断提高服务保障。开发区领导梁胜、王敬东、张凤民参加座谈并陪同调研。9月18日，市总工会副主席张青山等领导到开发区职工服务中心调研。听取职工服务中心、工会服务站规范化建设，以及“职工之家”实体化、信息采集、京卡办理等工作情况。参观服务大厅职工普法赠书台、档案室、调解室和外来务工人员票务中心。张青山强调，进一步扩大京卡·互助服务卡搭载项目，以刷卡次数作为职工参加服务项目的原始凭证，让职工享受更多的优惠服务。

（李怀亭 陈京生 孙沐琳）

### 市领导多次到北方微电子调研

市委书记郭金龙到北方微电子调研　　杨帆 摄

4月2日，北京市副市长、市国资委党委书记张工到北京北方微电子基地设备工艺研究中心有限责任公司调研指导工作。张工一行参观北方微电子洁净厂房，听取北京电子控股集团董事长王岩的全面汇报，并就北方微电子技术创新、市场营销和生产经营情况进行座谈交流。张工就北京电子控股集团提出的具体支持事项发表意见和建议，并表示全力支持电控重点产业项目建设。市经济信息化委主任张伯旭、开发区管委会主任梁胜、市国资委副主任钱凯、电控董事长王岩等领导陪同调研。6月26日下午，北京市委副书记、市长王安顺到北方微电子调研指导工作。王安顺一行首先参观北方微电子多功能展厅，实地参观了集成电路设备生产组装及产品研发洁净厂房，王安顺对北方微电子装备制造水平和实力给予充分肯定，指出集成电路高端装备及技术是国家产业发展战略重点领域，支持集成电路制造业发展是北京市科技发展的重要举措。随着国务院《国家集成电路产业发展推进纲要》印发，市有关部门将进一步加大、加深对集成电路产业等新兴战略产业发展关注和支持。副市长张工、市经信委主任张伯旭、市政府办公厅副秘书长朱炎，北京电子控股集团董事长王岩、副总裁谢小明，开发区梁胜、绳立成等陪同调研。8月16日上午，北京市委书记郭金龙一行到北方微电子调研。郭金龙一行首先参观北方微电子多功能展厅、北方微电子生产组装及产品研发洁净厂房。郭金龙充分肯定北方微电子为全市打造“高精尖”经济结构、完成国家重大科技专项做出的贡献。他强调，建设科技创新中心，靠的是创新驱动，北方微电子不断加大科技创新投入，现有科研平台、人才和管理机制都成为科技创新基础，推动了国有资本向重要行业和关键领域流动，打通了科技与经济社会发展通道。郭金龙表示，北方微电子作为市属高新技术企业，要在北京市科技创新中发挥领军作用，凭借“中国创造”占领市场。副市长张工，市委副秘书长、市委政策研究室主任王力丁，市委副秘书长、市委办公厅常务副主任崔述强，市委副秘书长、市委宣传部副部长严力强，市发展改革委主任张建东、市国资委主任林抚生和市经济信息化委主任张伯旭等领导陪同调研。

（杨帆）

## 国际劳工组织到开发区调研

4月4日，中华全国总工会国际部副部长徐璐带领由国际劳工组织工人活动局局长玛利亚·赫莲娜、国际劳工组织专家拉赫万组成的专家组到开发区调研。听取施耐德中低压电器有限公司工会负责人相关工作汇报，并就国际劳工组织关心的各项问题作详细解答。赫莲娜充分肯定开发区在开展行业工资协商上取得的成效，希望进一步加强交流协作，共同构建和谐劳动关系。

（李怀亭 陈京生）

## 市领导到开发区调研产业升级情况

副市长张工到开发区调研　杨帆　摄

4月11日，北京市副市长张工到开发区调研。就开发区产业升级、区域合作、产城融合、节能减排等工作，听取开发区情况汇报，并实地考察调研了南海子公园和周边综合配套区规划的建设情况。

（孙沐琳）

## 市高级人民法院院长到开发区法庭调研

市高级人民法院院长慕平到开发区法庭调研　肖利民　摄

6月18日，市高级人民法院党组书记、院长慕平到开发区法庭调研指导工作。市高级人民法院司法行政装备管理处处长谭宝民、办公室主任王玉良、组宣处处长刘玉民、民一庭庭长朱春涛等随同调研。慕平对大兴法院人民法庭的工作开展以及开发区法庭的工作特色给予充分肯定，特别赞扬了开发区法庭为国家级开发区发挥了强有力的司法服务和保障作用。慕平强调，法庭要把办好各类案件放在首位，人民法庭要始终把化解社会矛盾作为自己的主要职能，要把切实抓好法庭的队伍建设放在重要位置，高级人民法院和各级法院要加强对法庭基建的保障。

（乔晗）

## 市经济信息化委领导到开发区调研

6月20日，市经信委党组副书记、主任张伯旭率队到开发区调研产业发展情况。座谈会上，张伯旭听取开发区1至5月份经济运行情况和重点项目进展、建设情况以及遇到的问题，并就未来开发区发展提出建议。他指出，2014 年，开发区保持良好的发展态势，项目多、势头好、经济增长迅速。下一步，要按照功能定位， 一手抓发展，一手抓调整，坚定不移地发展集成电路、生物医药、高端制造等重点产业，抓好典型产业，做强做大优势产业。开发区领导梁胜、王敬东、王合生、袁立洪、张伟、陈小男参加交流座谈。

（孙沐琳）

### 团市委领导到开发区调研

7 月 8 日，团市委副书记郭文杰一行就社区青年汇建设情况和区域化团建工作来开发区进行调研。开发区团工委书记闫英汇报开发区区域化团建的整体工作情况。郭文杰一行参观党群活动服务中心和开发区社区青年汇站点，在生物医药产业园与社区青年汇专职社工、基层团组织代表座谈。中铁十九局、京东方显示、龙源冷却公司、开发区总公司、富士康、嘉捷集团团组织负责人参加座谈，并就区域化团建和企业共青团工作开展情况进行交流。郭文杰充分肯定开发区共青团工作，希望开发区团工委大胆尝试，勇于创新，为全市区域化团建工作提供更多经验。

（臧华）

### 市科协领导到开发区调研企业创新情况

8 月 20 日，市科协领导干部一行在党组书记、常务副主席夏强的带领下来到开发区，就中国科协专利数据库对企业创新产生的效果进行调研。市科协领导干部一行先后到蓝星化工、中冶京诚及北京京诚凤凰工业炉工程技术有限公司等企业进行调研。开发区管委会副主任袁立洪陪同。

（孙沐琳）

### 市相关部门领导到新航城公司调研

10 月 25 日，机场建设集团、市机场办相关领导就推进机场项目建设相关事宜来公司调研。北京新航城控股有限公司介绍临空经济区相关情况及北京新航城控股有限公司情况。10 月 27 日，北京市水务局局长金树东就天堂河改线工程来公司调研，并对天堂河改线工程建设标准、时序提出了要求。区委常委、副区长戴明超陪同。

（李新）

## 对台事务

### 概况

2014 年，开发区台办根据北京市对台工作的有关指示精神，调整工作方向，从加强对台基础调研、加强对台服务和加强对台宣传三个方面入手，开展了惠台、利台服务，达到增进与驻区企业联系、增进与台胞的感情、增强对台工作在台胞中的影响的目的。通过了解台企动态、台企员工思想状况随时掌握台企的运营情况、人员变动、思想动态等多方位的综合情况，通过为企业办实事拉近政府与企业、台办与员工距离。

（朱红兵）

### 举办涉台教育讲座

7 月 25 日，开发区台办举办涉台教育讲座。邀请中国社会科学院台湾研究所副所长张冠华进行专题宣讲，开发区处级以上干部及总公司部门经理以上干部 500 余人参加。

（桑倩）

### 举办仲秋台胞联谊会

9月3日，开发区台办举办“2014年北京经济技术开发区仲秋台胞联谊会”。北京市台湾事务办公室副主任于凤英、开发区工委委员宣传部部长赵雅娟出席联谊会并致辞。开发区10余家台资企业80余名台胞代表及相关人员参加联谊会。

（桑倩）

## 外　事

### 概况

2014年，开发区外事办公室围绕服务于中央外交，服务于北京市“四个中心”核心定位，在因公出访、涉外管理、对外接待、会议服务等方面开展工作。开发区实际出访15批41人次。开发区外事办公室全年为区内企业办理来华邀请函74人次，为驻区企业发放APEC商务旅行卡14张，完成全年195批5359人次的接待任务。

（张晓明）

### 开发区实际出访15批41人次

年内，开发区实际出访15批41人次。其中，党政干部实际出访11批20人次，人次同比下降61%。开发区外事办公室全年受理咨询团组累计26批72人次，初审阶段取消各种无必要的出访共计9批14人次。因公证照收缴率保持100%。

（张晓明）

### 为区内企业办理来华邀请函74人次

年内，开发区外事办公室为区内企业办理来华邀请函74人次，为区内企业办理90天以内一次或两次来华邀请函申请56人次，初审90天以上多次来华及工作类邀请函申请18人次。为驻区企业成功办理APEC商务旅行卡共14张，占2010年启动办卡以来全部发卡量的53%。

（张晓明）

### 完成全年195批5359人次的接待任务

年内，开发区完成政务接待任务195批5359人次。其中，围绕构建高精尖经济结构的战略要求，完成内宾接待任务178批、4866人次；围绕服务中央外事工作，完成外宾接待任务17批493人次。开发区外事办公室指导协助区内企业完成高规格的外事接待，配合北京四达时代通讯网络技术有限公司完成刚果（布）总统到访的外围保障工作，保证了来访的顺利进行。全年外事接待取得良好效果，收到了巴西使馆、四达时代等单位发来的感谢信。

（张晓明）

## 信　访

### 概况

2014年，开发区信访办完善信访制度，畅通信访渠道，预防化解矛盾纠纷，推动疑难案件解决，维护群众合法权益。开发区信访办全年共接待、受理群众来访319批3714人次，同比增长分别是58.71%和29.32%，其中集体访79批3048人次，同比分别减少 37.8% 和增长 26.16%；信件 149 封，同比增长 46.08%。从反映问题形式来看：一是信访形式多样化、频率加快；二是重复投诉、缠访反映问题处理难度大、呈周期性波动趋势；三是自发组织的集体访问题突出；四是部分上访人员行为激烈，个别上访人员甚至采用极端行为来表达诉求。从反映问题内容来看：一是城市管理问题占比大幅增多，最为突出的是涉及“工改住、商改住”的项目涉嫌变更规划性质，违规销售、租赁问题；二是由于企业经营不善导致的劳动关系问题依然突出；三是社会管理问题占比基本持平，但小区业委会的管理、公共维修基金的使用等方面的问题突出；四是征地拆迁问题占比有所增加，主要是特定的群体就历史遗留问题重复缠访；五是合同争议问题占比大幅增加，主要是信访人相较于司法途径更愿意走无成本的上访途径。

（王空颖）

# 应 急

## 概况

2014 年，开发区应急系统强化风险管控和应急能力建设，打造新区公共安全文化，妥善应对空气重污染、防汛等极端天气，做好马航失联家属安抚服务工作，处置各类群体性事件和地泽西街危化品运输泄漏等事故，完成两会、国庆和 APEC 期间安保任务，开发区城市运行服务保障和应急管理工作水平不断提升。开发区全年共处理突发情况 126 起。履行好便民服务和非紧急求助热线职责，共受理便民服务电话 2561 个，市政府 12345 非紧急救助服务电话 883 个。开发区社会安全和城市运行总体和谐稳定，未发生重大突发事件。

（吴振坤）

## 组织开展防灾减灾宣传教育

开发区开展防灾减灾日活动　　田艳军 摄

5 月 12 日，防灾减灾日期间，开发区应急办会同应急委各单位在社区中心开展集中宣传活动，邀请红十字会讲师向社区群众培训医疗急救技能，组织群众参观体验消防、环保等器材设备。开展宣传周活动，各专业公司排查各类安全风险隐患，完善应急预案，落实防控措施，组织开展应急演练。应急办组织机关干部职工、应急志愿者到朝阳区公共安全馆进行互动培训，体验防震防空、火灾逃生、医疗急救、应急疏散等内容，利用网站、报纸、视频、广告牌、显示屏等媒体进行报道宣传，营造全社会关心、支持、参与防灾减灾和应急管理工作的良好氛围。

（吴振坤）

### 处置危险化学品泄漏突发应急事故

开发区消防支队成功处置盐酸罐车泄漏事故　　黎军　摄

7月3日7时35分，位于开发区地泽西街京东方企业西门口一辆满载23吨盐酸罐车发生泄漏事故，泄漏盐酸0.5吨。警情发生后，由开发区应急办牵头，成立临时应急突发事件处置领导小组，联合启动《突发事件应急处置总体工作预案》，开发区消防支队、公安分局、交通大队、安监局、环保局、总公司工程抢险大队等相关单位立即调派处置力量赶赴现场，成功处置险情。安全转移盐酸22.5吨，未造成人员伤亡，未对环境造成影响，避免了事故危害的扩大化，保障了周边群众生命财产安全。7月4日，京东方代表向开发区相关处置单位赠送了锦旗。

（闫盼娜　庞兆月　王海英）

### 完成开发区应急委员会成员调整补充

年内，开发区突发事件应急委员会进行了调整补充。应急委领导由8名增加到10名，分别由管委会主任、工委副书记以及各分管副主任和开发区总公司经理担任。应急委成员单位优化了管理层级，并将开发区总工会纳入应急体系，由39家调整到35家，涵盖工委、管委主要部门、驻区职能局、专业公司和医疗机构，开发区“集中领导、统一指挥、结构完整、功能全面”的应急体系得到完善。

（吴振坤）

### 加强应急力量建设

年内，开发区不断强化公安、消防、总公司以及水电气热、医疗等应急险抢救援队伍建设。加大对开发区应急志愿者服务队培训力度，发挥青年志愿者在突发事件预防和应对工作中的作用。重点就驻区企业危化品事故、空气重污染应对、破坏性地震应急响应救援等开展专项应急演练。

（吴振坤）

## 信息公开

### 概况

2014年，开发区依法申请公开信息工作力度持续加大，对企业、居民生活的服务作用得到提升。主动公开信息25条，累计862条，接待公众咨询查阅344人次，受理信息公开申请150件，年内答复155项。

（王海凤）

### 主动公开信息25条

年内，开发区主动公开信息25条。其中，主动公开法规文件类信息4条，占总体的16%；规划计划类信息1条，占总体的比例为4%；业务动态类信息20条，占总体的80%。

（王海凤）

### 受理信息公开申请150件

年内，开发区受理信息公开150件。其中，当面申请124件，占总数的

82.66%；通过互联网申请 1 件，占 0.67%；通过传真方式申请 1 件，占 0.67%；以信函形式申请 24 件，占总数的 16%。年内，答复依申请信息 155 项。其中，“同意公开”94 项，占总数的 60.65%；“同意部分公开”1 项，占总数的 0.65%；“信息不存在”36 项，占总数的 23.23%；“非本机关掌握”13 项，占总数的 8.37%；“非政府信息”1 项，占总数的 0.65%；“已主动公开”10 项，占总数的 6.45%。

（王海凤）

# 政 法

## 概况

2014 年，开发区政法工作部贯彻落实中央及市委关于维护社会稳定和社会治安综合治理的方针、政策，并完成相关的工作任务；分析研究社会治安综合治理的形势并提出对策；协调、指导开发区社会治安综合治理工作；督促社会治安综合治理各项措施的落实；支持和监督开发区驻区政法部门依法行使职权。加强社会治安综合治理基层工作、建立健全维稳会商机制，全力化解社会矛盾和不稳定因素，确保辖区稳定。

（李婕）

## 组织召开开发区维稳会商会

4 月至 12 月，开发区政法工作部牵头组织开发区维稳领导小组成员单位各部门多次召开开发区维稳会商会。对维稳工作形势进行通报，对不稳定因素进行分析和研讨，采取多种有效措施，维护地区稳定。

（李婕）

## 完成国庆 65 周年、APEC 会议安保工作

年内，开发区政法工作部在新区国庆筹备工作安全稳定指挥部的统一领导下，牵头成立维稳应急处置分指挥部，下设综合协调组、情报信息组、现场处置组、宣传信息组、医疗救助组、后勤保障组。明确分工，制定《开发区国庆 65 周年和 APEC 会议安保工作方案》和《开发区庆祝建国 65 周年活动和 APEC 会议期间维稳工作处置预案》等，对任务进行分解，确定了牵头部门和配合部门。组织召开全区安保动员工作部署大会，动员发动开发区各部门、企业和社区群众，形成全区共保国庆 65 周年和 APEC 会议绝对安全的良好局面，完成各项重大安保工作任务。

（李婕）

## 整改群租房 168 户

开发区多部门联合摸排检查群租房　　付森森 摄

年内，结合“两排一清”专项工作，开发区政法工作部牵头，开发区房地局、社发局、公安分局、消防支队等多部门密切配合，对开发区内群租房联合开展专项整治工作。对区内 3775 户出租房情况进行摸排，其中群租房有 271 户、涉及人员 1885 人。整改群租房 168 户，社区环境

得到改善。

（李婕）

# 公 安

## 概况

开发区公安分局在十八届四中全会期间携犬巡逻　刘佳 摄

2014年，北京市公安局经济技术开发区分局（简称开发区公安分局）紧密结合市公安局深化“平安北京”建设和推进“两最”建设（建设最安全城市、打造最廉洁警队）的总体要求，充分发挥各业务部门职能作用，完成“6·4”“7·5”维稳、十八届四中全会、APEC会议等专项安保任务，成功破获“6·30”故意伤害致死案、团伙系列抢劫案等一批重特大案件，有力维护了辖区政治稳定和社会安定。年内，强化社会面巡控，加大对辖区政府机关、重点部位、繁华街道、公交场站、地铁沿线、进出区要道等部位周边的巡控力度，强化地上地下一体化勤务、校园高峰勤务，组织开展堵卡行动95次，会同相关单位开展“交通、治安、环境”三大秩序整治工作14次，处置突发事件171起，查获各类违禁品116件，组织处突演练3次，处置群体性事件83起、涉及人数2155人。加强金融单位管理，指导银行堵截电信诈骗20余起，挽回群众经济损失近200万元。加强行业场所检查，查处违规旅店18家、机动车辆修理业1家，累计罚款8.5万元。完成各种警卫任务10次，抽调警力180余人次完成全国两会、“十一”、APEC会议等安保支援任务。完成全国中小学生锦标赛、“北京·亦庄2014CVW产业互联网大会”、第八届动漫游戏产业发展国际论坛会议等重大赛事、会议现场安保工作。年内，开展大讲堂活动3次，开展“110”、养犬、防范电信诈骗等各类主题宣传活动6次，组织各种文体比赛活动5次；强化政治理论学习，召开第一党支部党员大会11次，党小组会议110余次，开办微信微型党课20余次。年内，1个集体荣立集体二等功，3个集体荣立集体三等功，2人荣立个人二等功，20人荣立个人三等功，53人被授予个人嘉奖。

（王海英）

## 破获一批重特大案件

开发区公安分局协助破获传销案获赠锦旗　李宁 摄

1月16日，开发区公安分局破获“1·8”重大盗窃案，抓获犯罪嫌疑人尚某某，其盗窃区内某公司库房滚子轴承、接地铜线等物品，价值24万余元。1月20日，破获一起重大公安部督办贩卖婴儿案，抓获犯罪嫌疑人龚某，其2013年3月22日贩卖亲生女婴。2月22日，破获“1·7”重大强奸案，抓获犯罪嫌疑人艾某某，其1月7日在开发区文化园强奸一女环卫工。2月24日，破获一起挪用资金案，在深圳抓获犯罪嫌疑人邝某某，其2010年至2011年间，多次将某通信公司资金（共计12600万元）转至其他公司账户。4月24日—25日，破获一团伙系列抢劫案，抓获高某某等7名犯罪嫌疑人，其多次组织、介绍卖淫女卖淫，并多次持刀对嫖客实施抢劫。6月10日，出警协助湖北省潜江市公安局破获特大网络传销案，在开发区抓获14名涉案人员。7月3日，在市局相关部门的配合下，破获了“6·30”故意伤害致死案，抓获犯罪嫌疑人运某某、李某某，其于6月30日故意伤害致1人死亡、3人受伤。9月28日，组织警力到廊坊市成功解救“9·10”被传销组织非法拘禁人员侯某，查获犯罪嫌疑人12人，交当地公安机关审查。11月4日，破获一起非法购买增值税专用发票案，抓获犯罪嫌疑人边某某，其非法购买增值税发票向开发区国税局抵扣税款89010.25元。11月7日，破获某公司手机配件被盗案，抓获犯罪嫌疑人王某某和徐某，追回全部赃物，同时破获刑事案件10余起。该二人利用工作之便盗窃公司手机配件600余个，价值30余万元。

（王海英）

## 完成两会、APEC会议等安保支援任务

3月3日—15日，开发区公安分局按照市局整体部署，抽调20名警力支援公交总队进行两会安保执勤，查获上访人员1人。10月1日—3日，抽调警力130人参加建国65周年天安门广场升旗现场安保。10月24日至11月11日，抽调32名警力到中国科学院大学雁栖湖校区支援文保总队执行APEC会议安保勤务，负责封闭区及山体巡控等勤务工作，其间，11月10日，10名支援警力到水立方中心区演出后台执行安保勤务。

开发区公安分局APEC支援警力进行山体巡逻　吴建平 摄

（王海英）

## 妥善处置一起群体聚集事件

4月15日13时50分，开发区交通大队指挥室值班民警张军通过监控视频发现管委会门前有30余人打着“兴盛国际业主维权，求政府给办理房本”的横幅聚集。民警张军部署执勤民警赶赴现场，并将情况上报至大队路面指挥领导，同时与开发区公安分局民警取得联系。5分钟后，执勤民警到达现场，了解到聚集人员为区内兴盛国际业主，到管委会聚集讨要产权证明。经与开发区公安分局民警共同开展工作，妥善处置了该起群体聚集事件。

（闫盼娜）

## 赴青海培训考核爆破业务

5月12日—17日，鉴于中国华冶科工集团地处青海锡铁山二矿因注册民爆作业许可证到期废止，不能再进行爆破作业，开发区公安分局组织相关人员赴青海为华

冶铁山二矿爆破作业人员培训考核爆破业务，现场考核爆破员 93 名、安全员 8 名、保管员 19 名，赢得了企业的好评。

（王海英）

## 完成外宾到访开发区警卫任务

6 月 13 日和 12 月 14 日，开发区公安分局出动警力圆满完成刚果（布）总统萨苏到开发区参观北京四达时代通讯网络技术有限公司和泰国公主朱拉蓬一行 40 人到中国杂技团参观的现场警卫任务。

（王海英）

## 妥善化解某公司经济纠纷

10 月底至 12 月初，40 余名运输司机因经济问题与区内某投资有限公司发生纠纷，部分司机采取极端行为严重影响了公司正常秩序，开发区公安分局出警，会同区内相关部门妥善处置，化解了纠纷。

（王海英）

## 开展民生警务大走访工作

12 月 19 日，开发区公安分局全面部署民警大走访工作，年内，深入辖区重点企业、居民户、出租房、治安场所召开座谈会和宣传发动会 4 次，发放宣传材料 1680 份，走访居民 61 户，走访企业 5 家，走访重点群体 9 人，登记 3 类信息共计 1153 件。搜集意见建议 10 条，发现并解决安全隐患 6 件。

（王海英）

## 开发区成立禁毒委员会

12 月 30 日，开发区召开“禁毒委员会成立暨 2015 年禁毒工作大会”。部署开发区禁毒工作，与会领导为开发区禁毒委员会揭牌。开发区禁毒委员会下设禁毒办，开发区禁毒办设在开发区公安分局刑侦大队，负责日常工作。

（王海英）

## 开展安全宣传活动

年内，开发区公安分局开展安全宣传活动 6 次。1 月 10 日，开发区公安分局开展以“110，守护您的平安”为主题的宣传活动。在区内设立 4 个宣传点，共发放宣传材料 8000 余份，解答群众咨询 800 余人次。1 月 23 日，在中芯花园小区、上海沙龙、富士康公司三个宣传点举办主题为“依法燃放烟花爆竹，共创幸福和谐家园”的宣传活动，共悬挂横幅 30 余条，发放各类宣传材料、宣传品 1 万余份，受教育群众 2000 余人。4 月 17 日，在京东方 5 代线召开防范电信诈骗宣传进企业现场会，接受 70 余家企业现场咨询，发放宣传材料 7000 余份。7 月 18 日，在区内鹿海园早市、沃尔玛创意文化广场、大雄生活广场三个点位开展缉枪治爆管刀主题宣传活动，发放宣传材料 3000 余份，张贴海报 20 余张，悬挂横幅 3 条，受教育群众 4000 余人。11 月 8 日，在区内工地和繁华场所设两个宣传点开展预防煤气中毒主题宣传活动，向工地民工和社区群众讲解预防煤气中毒知识，发放宣传材料 3000 余份，受教育群众 1500 余人。12 月 30 日，分局烟花办在大雄花园、中芯花园、沃尔玛商圈三个点位开展 2015 年烟花爆竹安全管理主题宣传活动，发放各类宣传材料、宣传品 1 万余份，受教育群众 3000 余人。

（王海英）

## 强化社会面整治

年内，开发区公安分局会同交通、城

管等部门开展日常联合执法430余次；在全国两会及敏感期重大专项安保期间，组织开展波次行动等专项执法40余次；特别对地铁沿线、公交场站的“黑摩的”进行重点清理，每日上下午两次开展联合执法，累计查扣“黑摩的”77辆，查处“黑车”434辆，清理游商150余家，刑事拘留1人，治安拘留1人、警告434人、罚款28人、批评教育56人，对街面违法扰序行为形成有力震慑。

（王海英）

## 加强出入境管理

年内，开发区公安分局开展涉外酒店外籍人员住宿登记、72小时入境免签政策等相关培训6次。检查涉外酒店90余家次，检查出问题酒店19家，开具当场处罚决定书112份。检查涉外企业32家，检查外籍人员170余人。

（王海英）

## 强化区内单位内部安全管理

年内，开发区公安分局召开区内单位各项安保部署会40余场，组织学校、金融系统及企业单位开展应急演练10余场，检查区内单位300余家次，填写检查记录180份，查处隐患300余处。

（王海英）

## 开展处置突发事件培训和演练

年内，开发区公安分局开展反恐防暴和极端行为处置警务实战专项培训2次，应急处突实战演练3次，有效提升民警反恐防暴和极端行为处置的能力和水平，妥善处置突发事件171起。7月3日，为辖区学校、幼儿园、医院配发了防护叉、长警棍、伸缩警棍等处突装备，并对处突装备使用方法进行培训。9月27日，组织承租公租房人员开展维稳处突演练，局属各单位值班领导和分局承租公租房人员40余人参与，演练达到了预期效果。9月29日，召开开发区重点特殊敏感行业反恐防范工作培训会，对反恐防范基础知识及防恐防范器械使用进行培训，区内党政机关、基础设施单位、物流寄递单位、商场、市场、金融及生产、使用、储存易制爆、剧毒、放射等重点特殊敏感行业单位内保干部100余人参加培训。

开发区公安分局为学校医院配发处突装备　　林靖惟 摄

（王海英）

# 检　察

## 概况

2014年，北京市大兴区人民检察院经济技术开发区检察处（简称开发区检察处）有工作人员10人，其中检察官6人。年内，开发区检察处以强化控申接待、严格规范司法、加强沟通协调、注重自身建设为着力点，发挥派驻检察职能，服务开发区发展大局。

（孙长宝）

### 开展举报宣传周活动

自6月23日起，开发区检察处开展以“依靠群众惩治职务犯罪，公开检务强化自身监督”为主题的举报宣传活动。向开发区社区企业、干部群众宣传党和国家关于惩治和预防腐败的方针政策和法律法规、查办和预防职务犯罪的工作重点、推进检务公开的制度举措、检察机关强化自身监督的制度措施、举报工作制度与举报的方式方法等内容。活动中，检察处重视和尊重人民群众的举报权利，调动和保护人民群众的举报积极性，发挥人民群众在检察机关查办预防职务犯罪和加强自身建设中的作用，鼓励群众实名举报。引导群众正确行使举报权利，依法依程序表达诉求，提高举报线索质量。

（孙长宝）

### 接待控告申诉100余件次

年内，开发区检察处控告申诉接待室实行轮流排班制度，安排7名检察人员轮流接访，落实岗位职责。累计接待群众来访、来电、咨询、举报100余件次，做到反映问题有记录、处理情况有回馈、咨询问题有答复，努力提高控告申诉接待水平。全年严格规范执法行为，注重服务细节，利用接待大厅显示屏、受理电话咨询等，宣传举报中心职责、举报电话、行贿档案查询流程等内容，方便企业、群众依法表达诉求，有效化解社会矛盾。

（孙长宝）

# 审 判

### 概况

2014年，北京市大兴区人民法院经济技术开发区人民法庭（简称开发区法庭）负责审理开发区及亦庄镇下辖的标的金额1亿元以下的民事、商事、劳动争议案件。截至年底，开发区法庭有干警20人，有民事审判组5个，派驻开发区的商事组、劳动争议组各1个，派驻法警4人，内勤1人。年内，开发区法庭共受理各类案件1691件，审结各类案件1657件，其中审结建设工程、房屋买卖租赁、交通肇事等民事案件1201件，经济合同类商事纠纷216件、劳资纠纷240件，被市高级人民法院、市人力社保局授予北京市法院先进集体称号，被大兴区人民法院评为大兴法院2013年度先进集体。单祖果被评为全国法院人民法庭工作先进个人。

（乔晗）

### 构建涉开发区劳资纠纷化解联动机制

6月3日，开发区法庭、大兴法院民事三庭与开发区总工会召开联席会议，共同商讨建立涉开发区劳资纠纷化解联动机制。三方就涉开发区重点企业的群体性劳资纠纷调解工作的开展，以及劳动仲裁和劳动争议审判的衔接、沟通展开探讨。三方共同构建涉开发区劳资纠纷化解联动机制，并形成常态化联席会议制度，定期举行会议互通信息，以期能够更好地衔接劳动纠纷调解、劳动仲裁以及劳动争议审判，更加有效的化解劳资纠纷。

（乔晗）

## 参加国际投资贸易法律风险及对策研讨会

9月17日—18日，由中国法学会主办、外交部指导、中国法学学术交流中心承办的“国际投资贸易法律风险及对策——以非洲为视角”研讨会在北京会议中心召开，开发区法庭法官贺维应邀参加研讨会并在论坛作主题发言。贺维以“北京经济技术开发区人民法庭对助推开发区及驻区外资企业良性发展的实践做法”为题，向参会的非方代表反向介绍了中国在法律实务上对开发区外资企业的一些具体的规定和做法。

（乔晗）

## 做好重点企业的法律跟踪服务

开发区法庭送法到企业　　梁晓 摄

年内，开发区法庭对涉世界500强和重点工程的案件、对涉外企业和国内特大型企业的案件进行专项分析，确保审理规范，法律适用准确，赢得国际企业对中国司法的信任。积极走访京东方、可口可乐、同仁堂、宝健公司等重点企业，为企业规范用工、合同管理、加强纠纷预防举办专场法治讲座；开发区法庭每月都能接到企业要求举办法治讲座的邀请。要求法官每月对1个企业发出1篇司法建议，助推企业健康经营。

（乔晗）

## 建立纠纷预判机制

年内，开发区法庭通过案件审理，以及网络等其他公开渠道，由庭长和内勤收集数据，对涉开发区纠纷的发展态势进行研判，对有潜在隐患纠纷的案件及时报开发区政法工作部，为党委提供决策参考。如在审理的87名业主起诉北京维京宏强投资公司房屋买卖合同87起案件中，就工业土地上的房屋买卖问题的处理尺度，由开发区法庭牵头，开发区房地局、规划局、建发局、投促局、发改局、政法工作部、法制办、信访办，以及市住建委相关处参加，组织纠纷研判分析会，对工业土地上的房屋买卖从法律适用、政策把握都有了明确口径，对该起群体性纠纷及早研判，妥善处理了APEC会议期间的上访以及聚众冲击管委会的过激行为。

（乔晗）

## 推行诚信诉讼告知制度

年内，开发区法庭为规范诉讼秩序，预警、惩戒当事人恶意诉讼，伪造毁灭证据，虚假陈述等不诚信行为，设计了诚信诉讼告知书，内容包括处罚对象、处罚依据、处罚措施、救济程序等，随诉讼材料一并送达当事人，引导当事人诚信诉讼，正当维权。截至年底，对1起不诚信的当事人做出罚款2万元的决定，维护了司法尊严。

（乔晗）

## 搭建法制共建平台

年内，开发区法庭实行“庭企互动”，与重点企业建立电子网络联络渠道，通过邮件沟通矛盾隐患的化解，助推企业顺畅运转。推行“法行对接”，与行政管理部门及时对接重大纠纷的沟通和化解，提供法律参考意见；2014年举办法治讲座2期。开发区法庭在对工商联（商会）领导机构及政协委员中拟选任非公有制经济代表人士时，对其遵纪守法、诚信经营等方面的情况进行客观统计评分，为组织部门相关评选活动提供重要法治参考指标。

（乔晗）

### 使用电子信息系统提升审判效能

年内，开发区法庭利用诉讼文书印制系统，实现裁判文书当庭发放；安装了案件查询借阅系统，当事人借阅电子卷宗可以在法庭实现“一站式”服务；数字法庭建设工作全部完成，对审判人员和当事人的诉讼行为实现了动态化监督；同时，法庭还利用新闻发布会、微博直播等新媒体功能发布审判信息及典型案例，延伸审判职能，提高司法公信。

（乔晗）

## 交通管理

### 概况

市交管局领导到开发区指导检查工作　蒋昊 摄

2014年，北京市公安局公安交通管理局开发区交通大队（简称开发区交通大队）围绕市公安局“建设最安全城市、打造最廉洁警队”目标和市交管局“事故少、秩序好、道路畅通、群众满意”的总体目标，全力做好外围卡控、秩序整治、事故预防、勤务维护等方面工作。全年共纠正各类交通违法行为5.03万起。车管站共办理驾驶证业务2.48万笔、临时号牌业务5.56万笔。完成开发区荣华路潮汐车道和荣京东街、西环北路、东环北路道路改造，博兴六路凉水河一街路口加装红绿灯。队内共有7人荣立市交管局个人三等功，19人受到市交管局嘉奖。

（闫盼娜）

### 组织开展“黑摩的”集中销毁工作

开发区交通大队开展“黑摩的”集中销毁　王振 摄

10月15日上午，开发区交通大队组织开展“净化行动”——“黑摩的”集中销毁仪式，现场集中销毁250辆违法车辆，全年共集中销毁520辆违法车辆。

（闫盼娜）

### 荣华路潮汐车道投入使用

12月，荣华路潮汐车道投入使用，车流车速均有大幅提升，晚高峰提前20分钟结束。荣华路潮汐车道自7月施工，11月13日组织开展潮汐车道试运行演练。

（闫盼娜）

### “122”接处警 1.65 万起

年内，开发区交通大队“122”接处警共接各类警情 1.65 万起，比 2013 年增长 3%，其中交通事故报警 8052 起、拥堵报警 161 起、群众反映 8264 起，共出动警力 1.5 万余人次，为群众提供帮助 5000 余次，接受群众咨询 1.4 万余次。2 月 27 日，开发区交通大队民警刘思远帮助走失女童寻得家人。4 月 9 日，开发区交通大队执勤民警带道，并报至市交管局指挥中心统一指挥调度，帮助 6 个月婴儿从开发区同仁医院转往儿童医院就医。

（闫盼娜）

### 受理道路开设道口 23 个

年内，开发区交通大队加强占路施工管理，采取施工前严格审批、施工期加强现场维护、施工后认真检查验收、严格落实安全责任制、严肃查处违规行为等措施，有效规范了施工行为。全年共受理道路开设道口 23 个，审批占道施工 35 个，临时施工 31 个。以大货车、企业班车、危化品运输车、校车和七座以上小客车为重点，对 422 起严重交通违法行为涉及的 217 家单位，713 家交通违法超标单位涉及的 4351 辆机动车，严格执行停运、停驶、消减通行证办理数量等管理措施。

（闫盼娜）

### 开展文明交通宣教活动 146 场

年内，开发区交通大队针对“大排查、大教育、大整治”货车违法行为，开展专项整治行动，以推进文明交通行动为载体，提高驻区群众交通安全意识，预防和减少道路交通事故，为辖区营造有序、安全、畅通的道路交通环境奠定基础。全年深入 239 家涉及危化品单位、149 家班车企业、8 家专业运输单位，依托流动宣传车，以举办交通安全讲座、座谈会、签订安全责任书等形式，开展主题宣教活动 146 场，受教育人员累计达 20 万人，发放各类宣传材料 18 万余份。

（闫盼娜）

## 消　防

### 概况

2014 年，北京经济技术开发区公安消防支队暨中国人民武装警察部队北京经济技术开发区消防支队（简称开发区消防支队）机构规格为正团级，下设亦庄消防中队、经海路消防中队和博兴路消防中队 3 个消防中队，现有执勤备战车辆 16 部，主要承担开发区各种灾害事故的处置及辖区消防勤务保障，管辖面积为 46.8 平方公里。2014 年，全区共发生火灾 13 起，同比上升 14.29 %。从起火场所来看，机动车火灾及生产企业火灾均为 4 起，居首位，分别占火灾总数的 30.77%；“六小场所”（小歌厅、小餐饮、小网吧、小洗浴、小旅馆、小市场）火灾及施工工地火灾均为 2 起，分别占火灾总数的 15.38%；居民住宅区 1 起，占火灾总数的 7.7%。从火灾原因来看，电气火灾仍居首位，为 7 起，占火灾总数的 53.85%；烟道火灾 3 起，占火灾总数的 23.08%；用火不慎 2 起，占火灾总数的 15.38%；其他 1 起，占火灾总数的 7.69%。全年开发区消防支队共计接警422起，同比下降13.2%；出动车辆993辆、警力6951人，抢救被困人员37人，疏散被困人员38人。其中，火警257起，同比下降5.9%；录入50起，同比增长4.2%；抢险救援123起（辖区内66起、区外57起），同比增长6%；社会救助42起，同比下降56.7%。2014年，开发区消防支队先后被公安部消防局、北京市消防总队授予公安现役部队“先进基层党组织”“市局先进党支部”“首都公安青年文明号”称号，14人荣立个人三等功。

（董浩）

## 开展消防安全专项治理及检查

1月9日，开发区消防支队联合相关职能部门对辖区餐饮场所开展安全专项整治行动，重点对各餐饮场所是否具备合法经营条件、使用设施是否达标、防火巡查制度是否落实到位及员工岗前培训情况等方面进行检查。1月16日，组织执法检查组对区内施工现场落实消防安全工作、应对处置突发事件的能力等方面进行实地抽查。2月18日，联合多部门开展消防安全检查，主要针对各宾馆、酒店等人员聚集场所的消防安全制度落实情况、消防设施完好情况及消防指示标志、通道畅通情况进行检查。6月3日，联合相关职能部门对辖区部分企业单位消防安全工作进行联合检查。检查单位8家，发现火灾隐患16处，当场整改11处。6月11日，对辖区内超市等人员密集场所进行打通“生命通道”专项突击检查。重点检查了安全出口、应急疏散通道、楼梯间等地，并发放了消防安全宣传材料。6月26日，对辖区内林肯公园商圈的餐饮、游艺娱乐场所等进行联合突击检查。7月1日，对文化园西路部分地下空间消防安全开展联合检查。7月14日，对中国石油天然气股份有限公司北京市通安加油站等多家易燃易爆单位进行检查。7月29日，开发区工委领导带队组成联合检查组，对辖区施工现场消防安全进行突击检查。检查施工现场4家，下发《责令改正通知书》2份、《行政处罚决定书》2份，罚款5万元。8月27日—29日，组成多支联合检查组对辖区内北京二中亦庄学校等12家幼儿园及学校进行检查，发现并督促整改火灾隐患23处。11月8日，对辖区内社会单位进行突击夜查，检查单位23家，发现火灾隐患20处，现场督促整改火灾隐患12处，下发责令改正通知书8份，罚款5万元。12月24日晚，开发区消防支队联合有关职能部门组成6支检查组，对辖区内的多家娱乐场所进行“零点”夜查。了解圣诞节期间消防安全制度及消防安全措施落实情况，重点对消防安全疏散通道是否畅通，单位消防设施、器材、消防中控室、泵房等设备装备运行是否正常，以及节日用装饰装修材料的使用情况、应急疏散预案、员工的消防安全培训教育等方面进行检查。“零点”夜查行动，检查单位25家，发现火灾隐患23处，督促整改18处，下发责令改正通知书7份，罚款5万元。

（庞兆月）

## 开展消防安全培训和演练

6月3日，开发区消防支队组织全区医疗机构部分业务骨干及负责人在北京振国肿瘤医院开展消防安全培训。7月8日，开发区消防支队联合相关职能部门及辖区内KTV、网吧、游戏厅等游艺娱乐场所负责人、消防安全管理人 70 余人在开心果KTV 开展消防应急演练。7 月 28 日，消防支队组织全区部分工业园区 200 余名最小防灭火作战单元队员在北工大软件园开展消防安全培训演练。8 月 4 日，开发区消防支队轻型地震救援队开展模拟地震演练。开发区支队轻型地震救援队由经过层层选拔出来的 30 名铁军攻坚队员组成，主要承担辖区地震灾害抢险救援。配备队个人防护装备、通信设备、携行装备器材等基本装备，同时还装备有音频、视频、雷达生命探测仪、激光位移检测仪等特种器材装备。8 月 14 日，联合相关部门组织 7 家涉危企业管理人，在辖区内中芯国际开展危化企业最小防灭火作战单元演练活动。通过演练，检验企业最小防灭火作战单元处置危化品泄露灾害事故的初期处置能力。8 月，为提高应对 APEC 会议和青奥会期间辖区消防主要危险源火灾的灭火救援实战能力，开发区消防支队联合辖区内东进世美肯、新邦达等化工企业开展消防演练。10 月 13 日，在辖区内联华林德气体公司所属氢气站氢气泄漏事故应现场应急救援演练活动。应急救援分警戒、侦检、稀释、堵漏 4 个小组，出动救援车辆 7 辆，参与演练人员共 52 人。

开发区消防支队开展消防安全演练　　黎军 摄

（庞兆月）

## 联合媒体制作消防安全专题节目

7 月 2 日，开发区消防支队联合区电视台走进北京二中亦庄分校录制暑期消防安全专题节目。节目旨在提升学校消防安全管理水平和消防安全教育能力，让师生掌握必备的消防常识和逃生自救技能。8 月 4 日，联合中国教育电视台及开发区华开有线电视、新区视频制作暑期消防安全专题节目。10 月 29 日，开发区消防支队联合亦庄电视台摄制组在亦庄同仁医院拍摄了消防救援专题片。12 月 3 日，联合区电视台制作冬季火灾防控专题节目。

（庞兆月）

## 利用媒体曝光社会单位火灾隐患

7 月 17 日，开发区消防支队组织多家新闻媒体记者，深入辖区北京金网络物业管理有限公司一栋洋房小区等社会单位检查曝光火灾隐患及消防违法行为。针对检查中发现的问题，支队监督员当场填写相应法律文书，并责令单位立即着手整改；随行记者将现场火灾隐患和消防违法行为全程拍摄、记录，经过后期制作在相应媒体上集中曝光。

（庞兆月）

## 部署社会单位消防标识标准化管理工作

7 月 22 日，开发区消防支队组织辖区重点单位召开社会单位消防标识标准化管理工作部署会。会上，宣读“关于加强社会单位消防标识标准化管理工作的通知”，发放 5 万份《社会单位消防标识标准化设置指导意见手册》，并就如何做好此项工作提出具体要求。

（庞兆月）

## 经海路消防中队投入执勤备防

8 月 1 日，经海路消防中队正式成立

并投入执勤备防。经海路消防中队为普通二类队，副营级建制单位，经海路消防中队主要承担经海路及周边地区的灭火和抢险救援任务。至此，消防支队所属的备防中队增至3个，进一步提高辖区抵御火灾的能力。

（庞兆月）

## 确定消防实战化训练基地建设位置

9月3日，开发区领导主持召开开发区支队消防实战化训练基地建设专题研讨会。会议原则同意在经海路消防中队南侧市政用地中划出3500平方米地块，依托经海路消防中队训练塔，建立一个包含真烟真火设施、化工危险品装置、高空救援等一体的实战化训练基地。

（庞兆月）

## 百名消防志愿者查火患启动仪式举行

11月3日，消防支队、区物业办、天华路派出所联合在新康家园社区举行百名社区、企业消防志愿者“找火灾隐患、保亦庄平安暨APEC安保巡逻”活动启动仪式。仪式后，志愿者分30批次入企业、进社区，检查单位269家，发现火灾隐患129处，当场整改107处。

（庞兆月）

## 第二十四届119消防宣传周活动启动

举行第二十四届119消防宣传周活动启动仪式　黎军 摄

11月5日，开发区举行第二十四届119消防宣传周活动启动仪式。市消防总队、开发区工委政法工作部、公安分局、消防支队相关领导出席，全区各社区负责人、楼门长、消防志愿者约、居民代表800余人参加启动仪式。仪式上，林肯公园社区楼门长消防志愿者代表宣读《开发区社区消防志愿服务队倡议书》；向全区各社区消防志愿者及人民群众发出争当“找火灾隐患、保家庭平安”活动的参与者、宣传者、实践者的倡议。与会领导向社区消防志愿者代表发放“家庭火灾隐患自查表”、社区消防安全手册、家庭防火常识等宣传材料；为社区消防志愿者服务队授旗。活动共计发放各类宣传材料、奖品3000余份，现场对社区门楼长、消防志愿者、社区居民等200余人进行培训，解答群众消防咨询50余件。

（庞兆月）

## 召开国融国际海鲜美食城火灾现场会

召开国融国际海鲜美食城火灾现场会　黎军 摄

11月18日，开发区组织召开国融国际海鲜美食城火灾现场会。开发区工委、公安分局、消防支队有关领导及各派出所主管所长，物业公司、餐饮场所、公共聚集场所、施工现场负责人500余人参加会议。会议通报了国融国际海鲜美食城地下一层火灾事故基本情况及对相关责任人、责任单位行政拘留、行政处罚情况，并组织参会单位参观火灾事故现场。

（庞兆月）

## 为公安派出所配发消防监督检查装备包

消防支队为公安派出所配发消防监督检查装备包　黎军　摄

12月15日，开发区消防支队举行消防监督检查装备包配发仪式。仪式上，支队领导向天华路、博兴路派出所相关人员发放消防监督检查装备包，并介绍装备包中测距仪、风速计、照度计、烟感检测装置等10件装备基本性能、使用方法。

（庞兆月）

## 开展劳动密集型企业消防安全专项治理

12月17日，开发区组织召开劳动密集型企业消防安全专项治理动员部署会。开发区消防支队与区职能部门代表签订了《开发区劳动密集型企业消防安全专项治理责任状》，与会企业负责人签订《劳动密集型企业消防安全承诺书》。12月22日，开发区有关领导带领区公安、安监、建设、工商、市政、城管等职能部门负责人对诺基亚移动通讯有限公司、富士康精密组件有限公司开展消防安全大检查。针对劳动密集场所专项治理的9项工作进行逐一检查，对消防安全制度落实情况、消防设施完好情况以及消防指示标志、通道畅通情况进行检查，特别对消防控制室、用火用电量大的重点要害部位进行重点检查。

（庞兆月）

# 统计资料

北京经济技术开发区年鉴 2015

BEIJING ECONOMIC-TECHNOLOGICAL DEVELOPMENT AREA YEARBOOK

# 综　合

## 北京经济技术开发区主要经济综合指标一览表

| 项目 | 单位 | 2014 年 | 2013 年 | 增减（%） |
|---|---|---|---|---|
| 开发区生产总值 | 亿元 | 997.4 | 913.5 | 9.2 |
| 第二产业 | 亿元 | 639.7 | 595.5 | 7.4 |
| 第三产业 | 亿元 | 357.8 | 318.0 | 12.5 |
| 工业总产值现价 | 亿元 | 2421.0 | 2292.9 | 5.6 |
| # 高新技术企业 | 亿元 | 2201.7 | 2163.2 | 1.8 |
| 营业收入 | 亿元 | 5589.9 | 4786.2 | 16.8 |
| 第二产业 | 亿元 | 2799.9 | 2712.4 | 3.2 |
| 工业 | 亿元 | 2521.8 | 2427.6 | 3.9 |
| 建筑业 | 亿元 | 278.0 | 284.8 | −2.4 |
| 第三产业 | 亿元 | 2790.0 | 2073.8 | 34.5 |
| 利润总额 | 亿元 | 249.2 | 276.6 | −9.9 |
| 第二产业 | 亿元 | 185.9 | 190.9 | −2.6 |
| 工业 | 亿元 | 177.2 | 181.2 | −2.2 |
| 建筑业 | 亿元 | 8.7 | 9.7 | −11.0 |
| 第三产业 | 亿元 | 63.3 | 85.7 | −26.1 |
| 进出口总值 | 亿美元 | 190.0 | 210.8 | −9.9 |
| # 出口 | 亿美元 | 88.6 | 109.4 | −19.0 |
| 公共财政预算收入 | 亿元 | 120.0 | 100.3 | 19.7 |
| 公共财政预算支出 | 亿元 | 112.1 | 102.0 | 9.9 |
| 新批企业个数 | 个 | 2736 | 1414 | 93.5 |
| 新批企业投资总额 | 亿美元 | 119.5 | 93.8 | 27.4 |
| 合同外资金额 | 亿美元 | 5.0 | 8.0 | −37.4 |
| 外商实际投资 | 亿美元 | 6.4 | 6.3 | 1.5 |
| 全社会固定资产投资 | 亿元 | 391.0 | 375.2 | 4.2 |
| 全部从业人员年末人数 | 人 | 286133 | 279462 | 2.4 |
| 全部从业人员年平均工资 | 元 | 101655 | 91127 | 11.6 |

说明：为保持数据可比性，本表 2013 年数据根据 2014 年报表同期数填列，部分数据有所调整，请以此为准

## 北京经济技术开发区地区生产总值一览表

单位：亿元

| 项目 | 2014 年 | 2013 年 | 增减（%） |
|---|---|---|---|
| 地区生产总值 | 997.4 | 913.5 | 9.2 |
| 按产业分 | | | |
| 第二产业 | 639.7 | 595.5 | 7.4 |
| 第二产业 | 357.8 | 318.0 | 12.5 |
| 按行业分 | | | |
| 工业 | 612.4 | 568.6 | 7.7 |
| 建筑业 | 28.4 | 28.0 | 1.5 |
| 批发和零售业 | 192.1 | 169.9 | 13.0 |
| 交通运输、仓储和邮政业 | 26.0 | 23.6 | 10.4 |
| 住宿和餐饮业 | 16.0 | 14.8 | 8.5 |
| 信息运输、计算机服务和软件业 | 35.6 | 31.9 | 11.6 |
| 金融业 | 22.3 | 20.1 | 10.9 |
| 房地产业 | 6.9 | 6.7 | 3.0 |
| 租赁与商务服务业 | 12.9 | 11.9 | 8.9 |
| 科学研究和技术服务业 | 39.4 | 33.6 | 17.2 |
| 水利、环境和公共设施管理业 | 1.0 | 1.1 | -7.3 |
| 居民服务、修理和其他服务业 | 2.1 | 1.8 | 15.0 |
| 教育 | 1.2 | 0.6 | 98.2 |
| 卫生和社会工作 | 0.7 | 0.6 | 12.8 |
| 文化、体育和娱乐业 | 0.1 | 0.1 | 4.4 |
| 公共管理、社会保障和社会组织 | 0.3 | 0.3 | 2.9 |

## 北京经济技术开发区规划土地面积一览表

单位：公顷

| 项目 | 面积 | 比重（%） |
|---|---|---|
| 规划用地面积 | 4680.0 | 100.0 |
| 居住用地 | 476.7 | 10.2 |
| 公用设施用地 | 350.6 | 7.5 |
| 工业用地 | 1485.5 | 31.7 |
| 多功能用地 | 451.8 | 9.7 |
| 道路广场用地 | 926.7 | 19.8 |
| 市政公用设施用地 | 83.8 | 1.8 |
| 绿地 | 802.6 | 17.1 |
| 特殊用地 | 0.4 | 0.0 |
| 其他用地 | 101.9 | 2.2 |

## 北京经济技术开发区进出口总值一览表

单位：万美元

| 项目 | 2014 年 | 2013 年 | 增减（%） |
| --- | --- | --- | --- |
| 进出口总值 | 1900229 | 2107970 | -9.9 |
| 进口总值 | 1014218 | 1014244 | 0.0 |
| # 外商及港澳台企业 | 877540 | 858157 | 2.3 |
| # 高新技术企业 | 370591 | 418607 | -11.5 |
| # 机电产品进口 | 750771 | 759768 | -1.2 |
| 出口总值 | 886011 | 1093726 | -19.0 |
| # 机电产品出口 | 760942 | 970541 | -21.6 |
| # 外商及港澳台企业 | 672289 | 881312 | -23.7 |
| # 高新技术企业 | 851035 | 1058991 | -19.6 |

说明：为保持数据可比性，本表 2013 年数据根据 2014 年报表同期数填列，部分数据有所调整，请以此为准

## 北京经济技术开发区公共财政预算收支情况一览表

单位：万元

| 项目 | 2014 年 | 2013 年 | 增减（%） |
| --- | --- | --- | --- |
| 公共财政预算收入 | 1200137 | 1002885 | 19.7 |
| 税收收入 | 1187828 | 982505 | 20.9 |
| # 增值税 | 271579 | 241883 | 12.3 |
| # 营业税 | 153694 | 157493 | -2.4 |
| # 个人所得税 | 116855 | 102009 | 14.6 |
| # 企业所得税 | 374968 | 261154 | 43.6 |
| # 城市维护建设税 | 95989 | 64022 | 49.9 |
| 非税收入 | 12309 | 20380 | -39.6 |
| 公共预算支出 | 1121304 | 1019863 | 9.9 |
| # 基本建设 | 284349 | 155448 | 82.9 |

说明：为保持数据可比性，本表 2013 年数据根据 2014 年报表同期数填列，部分数据有所调整，请以此为准

## 北京经济技术开发区土地出让一览表

| 项目 | 单位 | 2014 年 | 2013 年 |
| --- | --- | --- | --- |
| 签订土地合同个数 | 个 | 18 | 21 |
| 外商及港澳台企业 | 个 | 2 | 9 |
| 签订土地合同面积 | 公顷 | 66.9 | 107.0 |
| 外商及港澳台企业 | 公顷 | 5.5 | 52.9 |
| 签订土地合同金额 | 亿元 | 97.5 | 57.7 |

# 招商引资

## 北京经济技术开发区招商引资情况一览表

| 项目 | 单位 | 2014年 | 2013年 | 增减（%） |
|---|---|---|---|---|
| 批准企业个数 | 个 | 2736 | 1414 | 93.5 |
| 外商及港澳台企业 | 个 | 44 | 35 | 25.7 |
| 内资企业 | 个 | 2692 | 1379 | 95.2 |
| 批准企业投资总额 | 万美元 | 1195014 | 938140 | 27.4 |
| 外商及港澳台企业 | 万美元 | 66365 | 405083 | -83.6 |
| 内资企业 | 万元 | 2319447 | 668998 | 246.7 |
| 增资企业 | 万美元 | 748219 | 426621 | 75.4 |
| 合同外资金额 | 万美元 | 49982 | 79791 | -37.4 |
| 外商实际投资 | 万美元 | 63619 | 62695 | 1.5 |
| 批准企业注册资本 | 万美元 | 1135196 | 559558 | 102.9 |
| 外商及港澳台企业 | 万美元 | 44701 | 142892 | -68.7 |
| 内资企业 | 万元 | 2319447 | 668998 | 246.7 |
| 增资企业 | 万美元 | 710065 | 310231 | 128.9 |

## 北京经济技术开发区外商及港澳台投资企业主要国别或地区一览表

单位：个，万美元

| 国别（地区） | 企业个数 | 投资总额 | 注册资本 | 合同外资金额 |
|---|---|---|---|---|
| 中国（香港） | 19 | 23329 | 16602 | 14291 |
| 英属维尔京群岛 | 5 | 8120 | 4709 | 4255 |
| 美国 | 7 | 545 | 521 | 358 |
| 荷兰 | 1 | 275 | 192 | 192 |
| 日本 | 1 | 200 | 200 | 98 |
| 瑞典 | 1 | 115 | 81 | 81 |
| 美国、中国台湾 | 1 | 16 | 16 | 16 |
| 爱尔兰 | 1 | 12 | 12 | 12 |
| 新加坡 | 1 | 23 | 16 | 8 |
| 德国 | 1 | 14 | 10 | 5 |
| 法国 | 1 | 7 | 5 | 5 |
| 韩国 | 1 | 8 | 8 | 4 |
| 其他 | 4 | 33701 | 22326 | 4885 |

说明：“其他”表示投资性公司和创投等

# 能源消费

## 北京经济技术开发区能源消费总量及万元地区生产总值能耗

| 项目 | 单位 | 2014年 | 2013年 | 增减（%） |
|---|---|---|---|---|
| 能源消费总量 | 万吨标准煤 | 160.8 | 156.3 | 2.9 |
| 万元地区生产总值能耗 | 吨标准煤 | 0.161 | 0.171 | −5.7 |
| 万元地区生产总值能耗下降率 | % | 7.01 | 5.01 | 39.9 |

说明：本表中能源消费总量为等价值，取自北京市统计局反馈的年度最终核算数据

## 北京经济技术开发区按三次产业分能源消费总量及万元地区生产总值能耗

| 项目 | 单位 | 2014年 | 2013年 | 增减（%） |
|---|---|---|---|---|
| 能源消费总量 | 万吨标准煤 | 160.8 | 156.3 | 2.9 |
| 第二产业 | | 129.9 | 129.3 | 0.5 |
| #工业 | | 116.2 | 116.8 | −0.5 |
| 第三产业 | | 26.0 | 23.0 | 13.2 |
| 生活消费 | | 4.9 | 4.0 | 22.9 |
| 万元地区生产总值能耗 | 吨标准煤 | 0.161 | 0.171 | −5.7 |
| 第二产业 | | 0.203 | 0.217 | −6.5 |
| #工业 | | 0.190 | 0.205 | −7.6 |
| 第三产业 | | 0.073 | 0.072 | 0.6 |
| 万元地区生产总值能耗下降率 | % | 7.01 | 5.01 | 39.9 |
| 第二产业 | | 8.47 | 8.26 | 2.6 |
| #工业 | | 9.66 | 6.59 | 46.7 |
| 第三产业 | | −0.75 | −6.23 | −88.0 |

说明：本表中能源消费量相关数据为等价值，取自北京市统计局反馈的年度最终核算数据

## 北京经济技术开发区规模（限额）以上二、三产业能源消费量（当量值）

（按行业门类分）　　单位：万吨标准煤

| 项目 | 2014年 | 2013年 | 增减（%） |
|---|---|---|---|
| 合计 | 88.68 | 81.51 | 8.8 |
| 第二产业 | 76.11 | 70.92 | 7.3 |
| 采矿业 | 2.63 | 3.17 | -16.9 |
| 制造业 | 55.17 | 49.55 | 11.3 |
| 电力、燃气及水的生产和供应业 | 8.86 | 9.90 | -10.6 |
| 建筑业 | 9.45 | 8.30 | 13.8 |
| 第三产业 | 12.57 | 10.59 | 18.7 |
| 交通运输、仓储和邮政业 | 1.73 | 1.63 | 5.9 |
| 信息传输、软件和信息技术服务业 | 1.86 | 1.60 | 16.3 |
| 批发和零售业 | 1.89 | 1.74 | 8.6 |
| 住宿和餐饮业 | 1.79 | 1.62 | 10.5 |
| 金融业 | 0.01 | 0.02 | -18.5 |
| 房地产业 | 2.53 | 1.70 | 48.9 |
| 租赁和商务服务业 | 0.38 | 0.29 | 29.6 |
| 科学研究、技术服务业 | 1.46 | 1.47 | -1.0 |
| 水利、环境和公共设施管理业 | 0.28 | 0.13 | 109.7 |
| 居民服务、修理和其他服务业 | 0.08 | 0.10 | -13.3 |
| 教育 | 0.10 | 0.09 | 7.7 |
| 卫生和社会工作 | 0.10 | 0.08 | 22.4 |
| 文化、体育和娱乐业 | 0.12 | 0.08 | 45.4 |
| 公共管理、社会保障和社会组织 | 0.23 | 0.02 | 859.7 |

说明：1. 门类“公共管理和社会组织”不等同于“公共机构”，公共机构目前暂无明确划分标准；
2. 当量值：亦称理论热值，是指某种能源一个度量单位本身所含热量；
3. 为保持数据可比性，本表2013年数据根据2014年报表同期数填列，部分数据有所调整，请以此为准

## 北京经济技术开发区规模以上工业企业综合能源消费量（当量值）

（按行业大类分）　　单位：万吨标准煤

| 项目 | 2014 年 | 2013 年 | 增减（%） |
|---|---|---|---|
| 合计 | 66.66 | 63.40 | 5.2 |
| 采矿业 | 2.63 | 3.17 | −16.9 |
| 开采辅助活动 | 2.63 | 3.17 | −16.9 |
| 制造业 | 55.17 | 49.55 | 11.3 |
| 农副食品加工业 | 0.02 | 0.03 | −34.5 |
| 食品制造业 | 1.83 | 2.02 | −9.5 |
| 酒、饮料和精制茶制造业 | 0.77 | 0.87 | −11.6 |
| 纺织服装、服饰业 | 0.06 | 0.08 | −28.9 |
| 造纸和纸制品业 | 0.80 | 0.78 | 2.6 |
| 印刷和记录媒介复制业 | 1.67 | 1.93 | −13.8 |
| 文教、工美、体育和娱乐用品制造业 | 0.01 | 0.01 | −8.0 |
| 化学原料和化学制品制造业 | 4.09 | 3.76 | 8.6 |
| 医药制造业 | 3.45 | 3.07 | 12.3 |
| 化学纤维制造业 | 0.77 | 0.65 | 18.2 |
| 橡胶和塑料制品业 | 0.42 | 0.49 | −14.3 |
| 非金属矿物制品业 | 0.06 | 0.12 | −53.2 |
| 有色金属冶炼和压延加工业 | … | … | … |
| 金属制品业 | 0.18 | 0.17 | 4.6 |
| 通用设备制造业 | 2.32 | 2.28 | 1.8 |
| 专用设备制造业 | 1.74 | 1.80 | −3.2 |
| 汽车制造业 | 6.38 | 5.05 | 26.4 |
| 铁路、船舶、航空航天和其他运输设备制造业 | 0.13 | 0.13 | −2.8 |
| 电气机械和器材制造业 | 1.83 | 2.00 | −8.4 |
| 计算机、通信和其他电子设备制造业 | 28.25 | 27.97 | 1.0 |
| 仪器仪表制造业 | 0.39 | 0.31 | 27.3 |
| 其他制造业 | 0.03 | 0.07 | −61.8 |
| 金属制品、机械和设备修理业 | … | … | … |
| 电力、燃气及水的生产和供应业 | 8.86 | 9.90 | −10.6 |
| 电力、热力的生产和供应业 | 8.85 | 9.25 | −4.4 |
| 燃气生产和供应业 | 0.01 | 0.01 | 0.0 |

说明　1.“…”表示数据不足该表最小单位数；

2. 为保持数据可比性，本表 2013 年数据根据 2014 年报表同期数填列，部分数据有所调整，请以此为准

## 北京经济技术开发区规模（限额）以上二、三产业水消费量

单位：万立方米

| 项目 | 2014年 | 2013年 | 增减（%） |
| --- | --- | --- | --- |
| 合计 | 3414.87 | 3338.31 | 2.3 |
| 第二产业 | 2914.82 | 2853.17 | 2.2 |
| 采矿业 | 16.04 | 20.80 | -22.9 |
| 制造业 | 2682.97 | 2580.65 | 4.0 |
| 电力、燃气及水的生产和供应业 | 77.37 | 80.79 | -4.2 |
| 建筑业 | 138.44 | 170.94 | -19.0 |
| 第三产业 | 500.05 | 485.13 | 3.1 |
| 交通运输、仓储和邮政业 | 30.68 | 30.22 | 1.5 |
| 信息传输、软件和信息技术服务业 | 30.09 | 32.55 | -7.6 |
| 批发和零售业 | 61.41 | 68.86 | -10.8 |
| 住宿和餐饮业 | 114.32 | 118.93 | -3.9 |
| 金融业 | 0.16 | 0.27 | -42.3 |
| 房地产业 | 151.68 | 154.43 | -1.8 |
| 租赁和商务服务业 | 21.06 | 13.92 | 51.3 |
| 科学研究、技术服务业 | 37.77 | 35.18 | 7.4 |
| 水利、环境和公共设施管理业 | 25.95 | 10.52 | 146.6 |
| 居民服务、修理和其他服务业 | 4.04 | 3.16 | 28.0 |
| 教育 | 10.33 | 7.69 | 34.2 |
| 卫生和社会工作 | 5.62 | 5.56 | 1.1 |
| 文化、体育和娱乐业 | 6.94 | 2.86 | 142.4 |
| 公共管理、社会保障和社会组织 | 0.00 | 0.96 | -100.0 |

说明：为保持数据可比性，本表2013年数据根据2014年报表同期数填列，部分数据有所调整，请以此为准

## 北京经济技术开发区供电一览表

| 项目 | 单位 | 2014年 | 2013年 | 增减（%） |
| --- | --- | --- | --- | --- |
| 报装户数 | 户 | 3257 | 15405 | -78.9 |
| 报装设备容量 | 千伏安 | 824924 | 625121 | 32.0 |
| 接电户数 | 户 | 29 | 68 | -57.4 |
| 接电设备容量 | 千伏安 | 653917 | 186850 | 250.0 |
| 期末供电线路长度 | 千米 | 881 | 846 | 4.1 |
| #电缆 | 千米 | 794 | 755 | 5.2 |
| 期末用电户数 | 户 | 79912 | 76457 | 4.5 |
| #工业户 | 户 | 295 | 278 | 6.1 |
| 用电量 | 万千瓦时 | 417252 | 394904 | 5.7 |
| #工业用电 | 万千瓦时 | 306716 | 290927 | 5.4 |

## 北京经济技术开发区供气一览表

单位：户

| | 项目 | 2014 年 | 2013 年 | 增减（%） |
|---|---|---|---|---|
| 北京市燃气集团有限责任公司第四分公司 | 已接通户数 | 3107 | 5945 | -47.7 |
| | 工业 | 4 | 3 | 33.3 |
| | 公服 | 73 | 88 | -17.0 |
| | 民用 | 3030 | 5854 | -48.2 |
| 北京华油联合燃气开发有限公司 | 已接通户数 | 110412 | 90849 | 21.5 |
| | 工业 | 147 | 118 | 24.6 |
| | 公服 | 205 | 171 | 19.9 |
| | 民用 | 110060 | 90560 | 21.5 |

## 北京经济技术开发区供热一览表

| 项目 | 单位 | 2014 年 | 2013 年 | 增减（%） |
|---|---|---|---|---|
| 供应能力 | | | | |
| 蒸汽供应能力 | 吨 / 小时 | 915 | 915 | 0.0 |
| 高温热水供应能力 | 兆瓦 | 448 | 448 | 0.0 |
| 期末用热户数 | 户 | 296 | 291 | 1.7 |
| 蒸汽户数 | 户 | 234 | 238 | -1.7 |
| 高温热水户数 | 户 | 36 | 29 | 24.1 |
| 其他 | 户 | 26 | 24 | 8.3 |
| 期末管线长度 | 千米 | 360.2 | 341.9 | 5.3 |
| 蒸汽管线长度 | 千米 | 191.9 | 191.9 | 0.0 |
| 高温热水管线长度 | 千米 | 168.3 | 150.1 | 12.1 |
| 其他 | 千米 | 0 | 0 | |
| 采暖面积 | 万平方米 | 1170.5 | 1130.5 | 3.5 |
| 蒸汽采暖面积 | 万平方米 | 809.8 | 803.5 | 0.8 |
| 高温热水采暖面积 | 万平方米 | 345.6 | 313.7 | 10.2 |
| 其他 | 万平方米 | 15.1 | 13.3 | 13.5 |

说明：为保持数据可比性，本表 2013 年数据根据 2014 年报表同期数填列，部分数据有所调整，请以此为准

# 全社会固定资产投资

## 北京经济技术开发区全社会固定资产投资完成情况一览表

单位：亿元

| 项目 | 2014 年 | 2013 年 | 增减（%） |
| --- | --- | --- | --- |
| 全社会固定资产投资 | 391.0 | 375.2 | 4.2 |
| # 基础设施投资 | 68.6 | 27.3 | 151.7 |
| # 建安投资 | 196.7 | 204.2 | −3.7 |
| 按产业分 | | | |
| 第一产业 | | | |
| 第二产业 | 145.5 | 164.2 | −11.4 |
| # 工业 | 145.5 | 164.2 | −11.4 |
| 第三产业 | 245.5 | 210.9 | 16.4 |
| # 房地产开发 | 152.7 | 141.9 | 7.6 |
| 按登记类型分 | | | |
| # 国 有 | 61.3 | 51.6 | 18.7 |
| 集 体 | | | |
| 股份制 | 203.8 | 199.3 | 2.3 |
| 港澳台商 | 7.3 | 10.2 | −28.3 |
| 外 商 | 106.3 | 106.7 | −0.4 |
| 私营个体 | 9.6 | 7.4 | |
| 其他 | 2.8 | | |

说明：1. 国有包括登记注册类型为国有、国有联营及国有独资公司的单位；
2. 集体包括登记注册类型为集体和集体联营的单位

## 北京经济技术开发区房地产开发面积一览表

单位：万平方米

| 项目 | 2014 年 | 2013 年 | 增减（%） |
| --- | --- | --- | --- |
| 房屋施工面积 | 534.4 | 803.1 | -33.5 |
| # 本年新开工面积 | 97.1 | 192.2 | -49.5 |
| # 商业营业用房 | 52.2 | 66.3 | -21.3 |
| 办公楼（写字楼） | 229.7 | 258.3 | -11.1 |
| 住宅 | 127.5 | 270.8 | -52.9 |
| # 公寓别墅 | | | |
| 房屋竣工面积 | 74.6 | 150.4 | -50.4 |
| # 商业营业用房 | 4.1 | 21.2 | -80.6 |
| 办公楼（写字楼） | 52.8 | 59.9 | -11.8 |
| 住宅 | | 20.2 | -100.0 |
| # 公寓别墅 | | | |
| 商品房销售面积 | 39.3 | 41.7 | -5.8 |
| # 商业营业用房 | 1.8 | 3.3 | -46.8 |
| 办公楼（写字楼） | 21.6 | 37.0 | -41.6 |
| 住宅 | 11.6 | 0.3 | 3490.2 |
| # 公寓别墅 | | | |
| 商品房待售面积 | 53.0 | 17.9 | 195.7 |
| # 住宅 | | | |
| #1-3 年（含 1 年） | 40.3 | 11.2 | 258.6 |
| #3 年以上（含 3 年） | | | |

## 北京经济技术开发区全社会固定资产投资及新增固定资产一览表

（按行业分）

单位：万元

| 行业 | 投资额 | | | 新增固定资产 | | |
|---|---|---|---|---|---|---|
| | 2014年 | 2013年 | 增减(%) | 2014年 | 2013年 | 增减(%) |
| 合计 | 3910369 | 3751544 | 4.2 | 4766883 | 4018295 | 18.6 |
| 农、林、牧、渔业 | 288 | 4447 | -93.5 | 12006 | | -100.0 |
| 采矿业 | | | | | | |
| 制造业 | 1442405 | 1631165 | -11.6 | 3192651 | 2955678 | 8.0 |
| 电力、燃气及水的供应业 | 12975 | 11132 | 16.6 | 25500 | | -100.0 |
| 建筑业 | | | | | | |
| 批发与零售业 | 89988 | 72207 | 24.6 | | | |
| 交通运输、仓储和邮政业 | 11754 | 11375 | 3.3 | | | |
| 住宿和餐饮业 | | | | | | |
| 信息传输、信息技术服务业、软件业 | 66429 | 171925 | -61.4 | 25412 | 20456 | 24.2 |
| 金融业 | | 2320 | -100.0 | | 4900 | -100.0 |
| 房地产业 | 1550059 | 1497572 | 3.5 | 982871 | 816686 | 20.3 |
| 租赁和商务服务业 | 14122 | 12306 | 14.8 | | 733 | -100.0 |
| 科学研究和技术服务业 | 52264 | 29224 | 78.8 | 28836 | 36203 | -20.3 |
| 水利、环境和公共设施管理业 | 611847 | 239774 | 155.2 | 386256 | 183639 | 110.3 |
| 居民服务、修理和其他服务业 | | | | | | |
| 教育 | 12351 | 15069 | -18.0 | | | |
| 卫生和社会工作 | 34890 | 33283 | 4.8 | 95651 | | |
| 文化、体育和娱乐业 | 5297 | 10745 | -50.7 | 3000 | | |
| 公共管理、社会保障和社会组织 | 5700 | 9000 | -36.7 | 14700 | | |

说明：为保持数据可比性，本表2013年数据根据2014年报表同期数填列，部分数据有所调整，请以此为准

# 社会消费品零售额

北京经济技术开发区社会消费品零售额一览表

单位：亿元

| 项目 | 2014 年 | 2013 年 | 增减（%） |
| --- | --- | --- | --- |
| 社会消费品零售额 | 325.1 | 286.8 | 13.4 |
| 按规模分 | | | |
| 规模以上 | 307.1 | 271.6 | 13.1 |
| 规模以下及个体 | 18.0 | 15.2 | 18.4 |
| 商品交易市场 | | | |
| 按行业分 | | | |
| 批发业 | 11.0 | 11.8 | −6.8 |
| 零售业 | 302.9 | 264.6 | 14.5 |
| 住宿业 | 1.3 | 1.3 | 0 |
| 餐饮业 | 9.9 | 9.1 | 8.8 |

说明：为保持数据可比性，本表 2013 年数据根据 2014 年报表同期数填列，部分数据有所调整，请以此为准

# 第二产业

北京经济技术开发区规模以上工业企业主要指标一览表

| 项目 | 单位 | 2014 年 | 2013 年 | 增减（%） |
| --- | --- | --- | --- | --- |
| 企业单位个数 | 个 | 278 | 259 | 7.3 |
| 从业人员平均人数 | 万人 | 15.2 | 15.1 | 0.7 |
| 资产总计 | 万元 | 29376558 | 25633613 | 14.6 |
| 负债合计 | 万元 | 15009363 | 13163786 | 14.0 |
| 固定资产原价 | 万元 | 13101328 | 11500580 | 13.9 |
| 工业总产值 | 万元 | 24209903 | 22929388 | 5.6 |
| 主营业务收入 | 万元 | 24793077 | 23769881 | 4.3 |
| 利润总额 | 万元 | 1772185 | 1811651 | −2.2 |
| 应缴税金合计 | 万元 | 1725103 | 1687467 | 2.2 |

说明：1. 规模以上指：年主营业务收入 2000 万元及以上的全部法人工业企业；

2. 应缴税金合计包括应交增值税、应交所得税、营业税金及附加和管理费用中的税金

| 北京经济技术开发区规模以上电子信息产业主要经济指标一览表 | | | |
|---|---|---|---|
| 项目 | 单位 | 2014年 | 2013年 |
| 企业单位个数 | 个 | 54 | 48 |
| #亏损企业 | 个 | 18 | 14 |
| 工业总产值（当年价格） | 万元 | 7984492 | 8652480 |
| 工业销售产值（当年价格） | 万元 | 7759872 | 8633402 |
| #出口交货值 | 万元 | 5425704 | 5982701 |
| 从业人员平均人数 | 人 | 45075 | 48854 |
| 资产负债 | | | |
| 资产总计 | 万元 | 9328727 | 8670418 |
| 流动资产合计 | 万元 | 5027809 | 4299648 |
| #存货 | 万元 | 752174 | 606011 |
| #产成品 | 万元 | 282270 | 186052 |
| #应收账款（净额） | 万元 | 1544937 | 1386479 |
| 固定资产合计 | 万元 | 3426572 | 3534007 |
| 固定资产原价 | 万元 | 6907351 | 6710776 |
| 负债合计 | 万元 | 4349083 | 3970935 |
| #流动负债合计 | 万元 | 2623971 | 1977925 |
| #应付账款 | 万元 | 1334553 | 1139179 |
| 所有者权益合计 | 万元 | 4979644 | 4699483 |
| #实收资本 | 万元 | 4025654 | 3994908 |
| 损益 | | | |
| 营业收入 | 万元 | 8062395 | 8922265 |
| #主营业务收入 | 万元 | 7987810 | 8833423 |
| 营业成本 | 万元 | 7272385 | 7979562 |
| #主营业务成本 | 万元 | 7185455 | 7918322 |
| 营业税金及附加 | 万元 | 17160 | 18429 |
| #主营业务税金及附加 | 万元 | 17045 | 18428 |
| 销售费用 | 万元 | 104013 | 99636 |
| 管理费用 | 万元 | 392764 | 372038 |
| 财务费用 | 万元 | 24285 | 51757 |
| 利润总额 | 万元 | 312399 | 436063 |
| 应缴增值税 | 万元 | 100900 | 88240 |

## 北京经济技术开发区规模以上装备制造产业主要经济指标一览表

| 项目 | 单位 | 2014 年 | 2013 年 |
| --- | --- | --- | --- |
| 企业单位个数 | 个 | 121 | 114 |
| #亏损企业 | 个 | 27 | 24 |
| 工业总产值（当年价格） | 万元 | 4581147 | 4666992 |
| 工业销售产值（当年价格） | 万元 | 4526113 | 4627095 |
| #出口交货值 | 万元 | 870748 | 969735 |
| 从业人员平均人数 | 人 | 40080 | 40081 |
| 资产负债 | | | |
| 资产总计 | 万元 | 7213098 | 6746004 |
| 流动资产合计 | 万元 | 5166419 | 4939651 |
| #存货 | 万元 | 1060980 | 1028270 |
| #产成品 | 万元 | 342646 | 345245 |
| #应收账款（净额） | 万元 | 1734704 | 1702345 |
| 固定资产合计 | 万元 | 801410 | 815720 |
| 固定资产原价 | 万元 | 1565123 | 1511609 |
| 负债合计 | 万元 | 4022368 | 3772331 |
| #流动负债合计 | 万元 | 3541010 | 3447935 |
| #应付账款 | 万元 | 1391476 | 1520671 |
| 所有者权益合计 | 万元 | 3190730 | 2973673 |
| #实收资本 | 万元 | 1413739 | 1357309 |
| 损益 | | | |
| 营业收入 | 万元 | 5373036 | 5481059 |
| #主营业务收入 | 万元 | 5202675 | 5277584 |
| 营业成本 | 万元 | 4212224 | 4339975 |
| #主营业务成本 | 万元 | 4124830 | 4218472 |
| 营业税金及附加 | 万元 | 22571 | 22456 |
| #主营业务税金及附加 | 万元 | 22494 | 22313 |
| 销售费用 | 万元 | 245096 | 261924 |
| 管理费用 | 万元 | 447224 | 423269 |
| 财务费用 | 万元 | 34588 | 611 |
| 利润总额 | 万元 | 435796 | 439189 |
| 应缴增值税 | 万元 | 170806 | 172802 |

## 北京经济技术开发区规模以上生物与医药产业主要经济指标一览表

| 项目 | 单位 | 2014年 | 2013年 |
|---|---|---|---|
| 企业单位个数 | 个 | 24 | 25 |
| #亏损企业 | 个 | 5 | 5 |
| 工业总产值（当年价格） | 万元 | 2826229 | 2345747 |
| 工业销售产值（当年价格） | 万元 | 2687234 | 2489235 |
| #出口交货值 | 万元 | 26008 | 3361 |
| 从业人员平均人数 | 人 | 21100 | 20115 |
| 资产负债 | | | |
| 资产总计 | 万元 | 3550902 | 3096745 |
| 流动资产合计 | 万元 | 2365649 | 2292823 |
| #存货 | 万元 | 665962 | 525720 |
| #产成品 | 万元 | 266994 | 226935 |
| #应收账款（净额） | 万元 | 539732 | 503774 |
| 固定资产合计 | 万元 | 357703 | 332794 |
| 固定资产原价 | 万元 | 594839 | 517955 |
| 负债合计 | 万元 | 1414820 | 1243166 |
| #流动负债合计 | 万元 | 1243467 | 1145829 |
| #应付账款 | 万元 | 466573 | 434569 |
| 所有者权益合计 | 万元 | 2136082 | 1853579 |
| #实收资本 | 万元 | 693658 | 606312 |
| 损益 | | | |
| 营业收入 | 万元 | 2926619 | 2703432 |
| #主营业务收入 | 万元 | 2833266 | 2609526 |
| 营业成本 | 万元 | 1267689 | 1178740 |
| #主营业务成本 | 万元 | 1190944 | 1109703 |
| 营业税金及附加 | 万元 | 30960 | 29575 |
| #主营业务税金及附加 | 万元 | 30960 | 29568 |
| 销售费用 | 万元 | 988062 | 860735 |
| 管理费用 | 万元 | 191364 | 198543 |
| 财务费用 | 万元 | 63263 | 57294 |
| 利润总额 | 万元 | 371074 | 397940 |
| 应缴增值税 | 万元 | 247455 | 237408 |

## 北京经济技术开发区规模以上汽车与交通设备产业主要经济指标一览表

| 项目 | 单位 | 2014 年 | 2013 年 |
|---|---|---|---|
| 企业单位个数 | 个 | 16 | 12 |
| #亏损企业 | 个 | 1 | 2 |
| 工业总产值（当年价格） | 万元 | 6084329 | 4927106 |
| 工业销售产值（当年价格） | 万元 | 6055557 | 4787175 |
| #出口交货值 | 万元 | 20447 | 9262 |
| 从业人员平均人数 | 人 | 14716 | 10846 |
| 资产负债 | | | |
| 资产总计 | 万元 | 5420153 | 4346035 |
| 流动资产合计 | 万元 | 2729785 | 2473698 |
| #存货 | 万元 | 870339 | 711491 |
| #产成品 | 万元 | 256631 | 251005 |
| #应收账款（净额） | 万元 | 576774 | 585753 |
| 固定资产合计 | 万元 | 1351546 | 908525 |
| 固定资产原价 | 万元 | 1825412 | 1335724 |
| 负债合计 | 万元 | 3721682 | 2924365 |
| #流动负债合计 | 万元 | 3251949 | 2684169 |
| #应付账款 | 万元 | 1271317 | 971876 |
| 所有者权益合计 | 万元 | 1698471 | 1421670 |
| #实收资本 | 万元 | 907555 | 900182 |
| 损益 | | | |
| 营业收入 | 万元 | 5661767 | 4447028 |
| #主营业务收入 | 万元 | 5612746 | 4363623 |
| 营业成本 | 万元 | 4266746 | 3302922 |
| #主营业务成本 | 万元 | 4227334 | 3271587 |
| 营业税金及附加 | 万元 | 384494 | 362603 |
| #主营业务税金及附加 | 万元 | 384472 | 362603 |
| 销售费用 | 万元 | 416120 | 330584 |
| 管理费用 | 万元 | 215641 | 160092 |
| 财务费用 | 万元 | −68522 | 6300 |
| 利润总额 | 万元 | 433931 | 282997 |
| 应缴增值税 | 万元 | 142003 | 141971 |

## 北京经济技术开发区规模以上都市工业主要经济指标一览表

| 项目 | 单位 | 2014年 | 2013年 |
|---|---|---|---|
| 企业单位个数 | 个 | 41 | 42 |
| #亏损企业 | 个 | 13 | 8 |
| 工业总产值（当年价格） | 万元 | 1779086 | 1726538 |
| 工业销售产值（当年价格） | 万元 | 1776283 | 1663091 |
| #出口交货值 | 万元 | 60150 | 84275 |
| 从业人员平均人数 | 人 | 21330 | 20648 |
| 资产负债 | | | |
| 资产总计 | 万元 | 1984640 | 1934136 |
| 流动资产合计 | 万元 | 1214097 | 1220640 |
| #存货 | 万元 | 252248 | 281070 |
| #产成品 | 万元 | 122880 | 139158 |
| #应收账款（净额） | 万元 | 312491 | 303046 |
| 固定资产合计 | 万元 | 498179 | 506235 |
| 固定资产原价 | 万元 | 1036505 | 1040305 |
| 负债合计 | 万元 | 1006379 | 949900 |
| #流动负债合计 | 万元 | 982634 | 922028 |
| #应付账款 | 万元 | 376477 | 376321 |
| 所有者权益合计 | 万元 | 968058 | 984236 |
| #实收资本 | 万元 | 716681 | 685616 |
| 损益 | | | |
| 营业收入 | 万元 | 2251412 | 2122503 |
| #主营业务收入 | 万元 | 2226524 | 2096961 |
| 营业成本 | 万元 | 1386691 | 1328026 |
| #主营业务成本 | 万元 | 1370245 | 1310556 |
| 营业税金及附加 | 万元 | 16632 | 16481 |
| #主营业务税金及附加 | 万元 | 16620 | 16471 |
| 销售费用 | 万元 | 585444 | 481618 |
| 管理费用 | 万元 | 153281 | 143876 |
| 财务费用 | 万元 | -17 | 464 |
| 利润总额 | 万元 | 120493 | 182173 |
| 应缴增值税 | 万元 | 132661 | 134199 |

## 北京经济技术开发区规模以上现代制造业主要经济指标一览表

| 项目 | 单位 | 2014 年 | 2013 年 |
|---|---|---|---|
| 企业单位个数 | 个 | 147 | 137 |
| # 亏损企业 | 个 | 33 | 32 |
| 工业总产值（当年价格） | 万元 | 19004061 | 18526525 |
| 工业销售产值（当年价格） | 万元 | 18661778 | 18363232 |
| # 出口交货值 | 万元 | 6039962 | 6705160 |
| 从业人员平均人数 | 人 | 97048 | 96715 |
| 资产负债 | | | |
| 资产总计 | 万元 | 20657088 | 18466640 |
| 流动资产合计 | 万元 | 11958946 | 10994143 |
| # 存货 | 万元 | 2563474 | 2164832 |
| # 产成品 | 万元 | 864997 | 750125 |
| # 应收账款（净额） | 万元 | 3482887 | 3329320 |
| 固定资产合计 | 万元 | 5382658 | 5033105 |
| 固定资产原价 | 万元 | 9842636 | 9052340 |
| 负债合计 | 万元 | 11063952 | 9723170 |
| # 流动负债合计 | 万元 | 8624170 | 7352852 |
| # 应付账款 | 万元 | 3750765 | 3343524 |
| 所有者权益合计 | 万元 | 9593136 | 8743470 |
| # 实收资本 | 万元 | 6179656 | 6059210 |
| 损益 | | | |
| 营业收入 | 万元 | 18996511 | 18727828 |
| # 主营业务收入 | 万元 | 18712854 | 18395398 |
| 营业成本 | 万元 | 14605886 | 14591450 |
| # 主营业务成本 | 万元 | 14390142 | 14411935 |
| 营业税金及附加 | 万元 | 439667 | 417944 |
| # 主营业务税金及附加 | 万元 | 439572 | 417818 |
| 销售费用 | 万元 | 1599806 | 1398687 |
| 管理费用 | 万元 | 969202 | 894816 |
| 财务费用 | 万元 | 23284 | 117995 |
| 利润总额 | 万元 | 1353013 | 1328378 |
| 应缴增值税 | 万元 | 556056 | 520981 |

## 北京经济技术开发区规模以上高技术制造业主要经济指标一览表

| 项目 | 单位 | 2014年 | 2013年 |
|---|---|---|---|
| 企业单位个数 | 个 | 121 | 116 |
| # 亏损企业 | 个 | 35 | 29 |
| 工业总产值（当年价格） | 万元 | 11997145 | 12348579 |
| 工业销售产值（当年价格） | 万元 | 11656912 | 12461856 |
| # 出口交货值 | 万元 | 5965353 | 6608636 |
| 从业人员平均人数 | 人 | 79843 | 81246 |
| 资产负债 | | | |
| 资产总计 | 万元 | 14635246 | 13409709 |
| 流动资产合计 | 万元 | 8721727 | 7861348 |
| # 存货 | 万元 | 1739399 | 1465051 |
| # 产成品 | 万元 | 621453 | 477302 |
| # 应收账款（净额） | 万元 | 2633898 | 2357248 |
| 固定资产合计 | 万元 | 4035437 | 4118140 |
| 固定资产原价 | 万元 | 8003324 | 7700120 |
| 负债合计 | 万元 | 6846772 | 6178696 |
| # 流动负债合计 | 万元 | 4885560 | 4046475 |
| # 应付账款 | 万元 | 2094149 | 1965938 |
| 所有者权益合计 | 万元 | 7788474 | 7231013 |
| # 实收资本 | 万元 | 5180137 | 5038933 |
| 损益 | | | |
| 营业收入 | 万元 | 12316467 | 13086702 |
| # 主营业务收入 | 万元 | 12085250 | 12837119 |
| 营业成本 | 万元 | 9632920 | 10334265 |
| # 主营业务成本 | 万元 | 9461866 | 10187479 |
| 营业税金及附加 | 万元 | 50701 | 50740 |
| # 主营业务税金及附加 | 万元 | 50586 | 50684 |
| 销售费用 | 万元 | 1127549 | 1003657 |
| 管理费用 | 万元 | 730393 | 713513 |
| 财务费用 | 万元 | 94339 | 110814 |
| 利润总额 | 万元 | 713295 | 926025 |
| 应缴增值税 | 万元 | 365577 | 347871 |

| 北京经济技术开发区建筑业企业基本情况一览表 | | | | |
|---|---|---|---|---|
| 项目 | 单位 | 2014 年 | 2013 年 | 增减（%） |
| 建筑施工企业单位数 | 个 | 30 | 28 | 7.1 |
| 建筑施工企业总产值 | 亿元 | 240.8 | 234.0 | 2.9 |
| 主营业务收入 | 亿元 | 275.8 | 283.0 | -2.5 |
| 建筑施工企业利润总额 | 亿元 | 8.7 | 9.7 | -11.0 |
| 建筑施工企业房屋建筑面积 | | | | |
| 施工面积 | 万平方米 | 697.5 | 586.4 | 18.9 |
| 竣工面积 | 万平方米 | 171.3 | 87.5 | 95.9 |

说明：建筑施工企业房屋建筑面积包括在本市和外省完成的施工、竣工面积

# 第三产业

北京经济技术开发区规模（限额）以上第三产业主要指标一览表

（按行业、按登记注册类型分）　　单位：个，万人，亿元

| 项目 | 单位数 | 从业人员平均人数 | 资产总计 | 收入合计 | 税收合计 | 利润总额 |
|---|---|---|---|---|---|---|
| 第三产业合计 | 459 | 9.9 | 2985.3 | 2790.0 | 60.1 | 63.3 |
| 按行业分 | | | | | | |
| 批发与零售业 | 143 | 2.8 | 744.4 | 2315.2 | 27.2 | 5.4 |
| 交通运输、仓储和邮政业 | 12 | 1.0 | 98.8 | 128.0 | 7.5 | 24.0 |
| 住宿和餐饮业 | 27 | 0.9 | 16.0 | 24.5 | 1.9 | 1.8 |
| 信息传输、软件和信息技术服务业 | 53 | 1.7 | 173.9 | 79.0 | 4.7 | 7.0 |
| 金融业 | 21 | … | 60.4 | 2.0 | 0.2 | -1.8 |
| 房地产业 | 73 | 0.5 | 1336.4 | 65.1 | 11.3 | 14.2 |
| 租赁和商务服务业 | 29 | 1.4 | 218.3 | 31.9 | 1.4 | 3.9 |
| 科学研究与技术服务业 | 70 | 1.0 | 315.8 | 129.9 | 5.0 | 8.7 |
| 水利、环境和公共设施管理业 | 4 | *** | *** | *** | *** | *** |
| 居民服务、修理和其他服务业 | 5 | 0.1 | 5.3 | 3.5 | 0.5 | 0.7 |
| 教育 | 9 | 0.1 | 1.8 | 1.8 | … | … |
| 卫生与社会工作 | 6 | 0.1 | 2.3 | 4.4 | … | -0.2 |
| 文化、体育与娱乐业 | 6 | 0.1 | 6.4 | 1.6 | 0.1 | -0.2 |
| 公共管理、社会保障和社会组织 | 1 | *** | *** | *** | *** | *** |
| 按登记注册类型分 | | | | | | |
| 内资 | 383 | 5.3 | 2362.2 | 1647.6 | 35.0 | 37.3 |
| 国有 | 9 | 0.1 | 490.6 | 29.8 | 3.4 | 12.0 |
| 集体 | 1 | *** | *** | *** | *** | *** |
| 联营 | | | | | | |

（续表）

| 项目 | 单位数 | 从业人员平均人数 | 资产总计 | 收入合计 | 税收合计 | 利润总额 |
|---|---|---|---|---|---|---|
| 股份有限公司 | 9 | 0.3 | 161.6 | 31.1 | 1.7 | 3.2 |
| 有限责任公司 | 216 | 3.8 | 1536.6 | 1445.1 | 26.0 | 23.9 |
| 股份合作 | 2 | *** | *** | *** | *** | *** |
| 私营 | 140 | 1.0 | 172.0 | 139.7 | 4.0 | −1.4 |
| 其他 | 6 | … | 0.5 | 0.6 | … | |
| 外商投资 | 47 | 2.2 | 497.1 | 995.5 | 18.5 | 22.3 |
| 港、澳、台商投资 | 29 | 2.4 | 126.0 | 146.9 | 6.5 | 3.7 |

说明：1.“***”表示为使个别机构单位所提供的资料得以保密，该数据不予公布；
2.“…”表示数据不足该表的最小单位数。北京经济技术开发区文化创意产业企业财务状况一览表

## 北京经济技术开发区文化创意产业企业财务状况一览表

单位：个，人，万元

| 行业 | 单位个数 | 从业人员平均人数 | 营业收入 | 税金合计 | 营业利润 | 利润总额 | 资产总计 |
|---|---|---|---|---|---|---|---|
| 合计 | 102 | 30653 | 5958195 | 91630 | 77876 | 85713 | 3451373 |
| 文化艺术 | 3 | *** | *** | *** | *** | *** | *** |
| 新闻出版 | 15 | 4448 | 164664 | 8223 | 14223 | 16141 | 266761 |
| 广播、电视、电影 | 4 | 295 | 13249 | 977 | 1331 | 1182 | 52029 |
| 软件、网络及计算机服务 | 48 | 16117 | 749765 | 43646 | 60943 | 63370 | 1616560 |
| 广告会展 | 8 | 432 | 74821 | 1538 | 817 | 856 | 18008 |
| 艺术品交易 | 1 | *** | *** | *** | *** | *** | *** |
| 设计服务 | 8 | 1007 | 67015 | 2282 | −1477 | −827 | 293679 |
| 旅游、休闲娱乐 | 6 | 1296 | 14519 | 1007 | −2628 | −2599 | 29155 |
| 其他辅助服务 | 9 | 6377 | 2361420 | 26852 | 6569 | 6486 | 863442 |

说明：“***”表示为使个别机构单位所提供的资料得以保密，该数据不予公布

## 北京经济技术开发区生产性服务业企业财务状况一览表

单位：个，万元

| 行业 | 企业单位个数 | 资产总计 | 营业收入 | 利润总额 | 应交所得税 |
|---|---|---|---|---|---|
| 合计 | 287 | 14300085 | 17824220 | 420529 | 112832 |
| 流通服务 | 111 | 6615493 | 15419117 | 241875 | 77212 |
| 信息服务 | 53 | 1739498 | 771268 | 70021 | 11462 |
| 金融服务 | 24 | 603880 | 19516 | | 1290 |
| 商务服务 | 29 | 2182794 | 319236 | 38954 | 2838 |
| 科技服务 | 70 | 3158420 | 1295082 | 87203 | 20029 |

# 劳动工资

**北京经济技术开发区从业人员及劳动工资一览表**

单位：人，万元，元

| 项目 | 年末人数 | 工资总额 | 平均工资 |
|---|---|---|---|
| 合计 | 255366 | 2710277 | 106539 |
| 农、林、牧、渔业 | 94 | 1499 | 159500 |
| 采矿业 | 170 | 1403 | 86098 |
| 制造业 | 145376 | 1553018 | 107437 |
| 电力、热力、燃气及水生产和供应业 | 1102 | 11407 | 100772 |
| 建筑业 | 9240 | 73569 | 78565 |
| 批发和零售业 | 26767 | 431276 | 161660 |
| 交通运输、仓储和邮政业 | 10409 | 110956 | 106853 |
| 住宿和餐饮业 | 8992 | 53352 | 59764 |
| 信息传输、软件和信息技术服务业 | 15813 | 167316 | 106939 |
| 金融业 | 89 | 1097 | 126080 |
| 房地产业 | 5337 | 45404 | 93927 |
| 租赁和商务服务业 | 13467 | 73682 | 51443 |
| 科学研究和技术服务业 | 12315 | 144338 | 118846 |
| 水利、环境和公共设施管理业 | 1698 | 9544 | 58842 |
| 居民服务、修理和其他服务业 | 665 | 5005 | 64660 |
| 教育 | 967 | 5684 | 61057 |
| 卫生和社会工作 | 1141 | 8514 | 83060 |
| 文化、体育和娱乐业 | 899 | 5113 | 58233 |
| 公共管理、社会保障和社会组织 | 825 | 8100 | 97116 |

说明：2014年数据为北京市统计局反馈非私营法人单位数据

# 高新技术企业情况

**北京经济技术开发区高新技术企业情况一览表**

| 项目 | 单位 | 2014年 | 2013年 | 增减（%） |
|---|---|---|---|---|
| 投产（开业）企业个数 | 个 | 720 | 556 | 29.5 |
| 工业总产值（现价） | 万元 | 22016633 | 21631743 | 1.8 |
| 总收入 | 万元 | 37222959 | 35878281 | 3.7 |
| # 产品销售收入 | 万元 | 22732282 | 22914391 | -0.8 |
| 利润总额 | 万元 | 2334553 | 2343902 | -0.4 |
| 实缴税费总额 | 万元 | 2477790 | 2323320 | 6.6 |

资料来源：统计资料中的所有表格均由开发区统计局、调查队提供

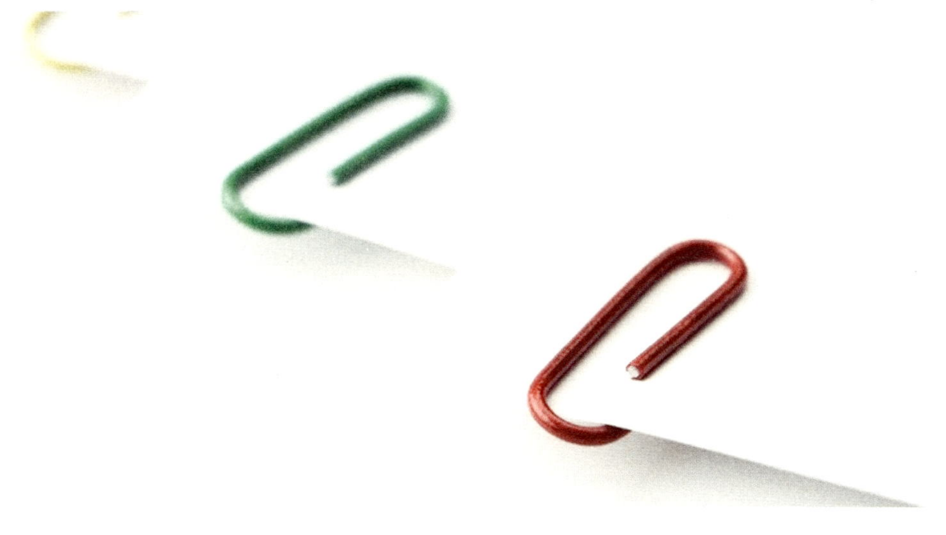

# 附录

北京经济技术开发区年鉴 2015

BEIJING ECONOMIC-TECHNOLOGICAL DEVELOPMENT AREA YEARBOOK

| 2014 年北京经济技术开发区内世界 500 强企业一览表 | | |
|---|---|---|
| 序号 | 企业名称 | 区内投资项目名称 |
| 1 | 通用电气（美国） | 航卫通用电气医疗系统有限公司 |
| 2 | | 北京通用电气华伦医疗设备有限公司 |
| 3 | | 通用电气运输系统（中国）有限公司 |
| 4 | | 北京通用电气（中国）融资租赁有限责任公司 |
| 5 | 通用汽车（美国） | 北京奥多特汽车技术服务有限公司 |
| 6 | 德尔福（美国） | 北京德尔福汽车系统有限公司 |
| 7 | | 北京德尔福技术开发有限公司 |
| 8 | IBM（美国） | 北京艾科泰国际电子有限公司 |
| 9 | 康宁（美国） | 康宁显示科技（中国）有限公司 |
| 10 | | 北京康宁科技光缆有限公司 |
| 11 | 可口可乐（美国） | 北京可口可乐饮料有限公司 |
| 12 | 金佰利（美国） | 北京金佰利个人卫生用品有限公司 |
| 13 | 摩根士丹利（美国） | 第一联合资产管理有限责任公司 |
| 14 | | 华摩通资产管理有限公司 |
| 15 | | 第二联合资产管理有限公司 |
| 16 | JP 摩根（美国） | 通合资产管理有限责任公司 |
| 17 | | 通源资产管理有限责任公司 |
| 18 | | 北京怡斯宝特面包工业有限公司 |
| 19 | 高盛（美国） | 融盛资产管理有限责任公司 |
| 20 | 联合技术（美国） | 北京蓝天协鑫燃气热电有限公司 |
| 21 | 霍尼韦尔（美国） | 北京霍尼韦尔节能设备有限公司 |
| 22 | TYCO（美国） | 北京基士敦阀门有限公司 |
| 23 | AP（美国） | 爱而普空气产品高科技气体（北京）公司 |
| 24 | 施耐德（法国） | 施耐德（北京）中压电器有限公司 |
| 25 | | 施耐德（北京）低压电器有限公司 |
| 26 | | 施耐德电气销售（北京）有限公司 |
| 27 | 联合利华（荷兰、英国） | 和路雪（中国）有限公司 |
| 28 | 微软（收购诺基亚通信，美国） | 诺基亚通信有限公司 |
| 29 | 诺基亚（芬兰） | 诺基亚西门子通信网络科技服务有限公司 |
| 30 | | 诺基亚（中国）投资有限公司 |
| 31 | | 诺基亚联新互联网络服务有限公司 |
| 32 | | 诺基亚（北京）通信技术服务有限公司 |
| 33 | | 纬图通信贸易（中国）有限公司 |
| 34 | 拜耳（德国） | 拜耳医药保健有限公司 |
| 35 | | 拜耳光翌板材有限责任公司 |
| 36 | | 纽内姆（北京）种子有限公司 |
| 37 | 安万特（法国） | 北京安万特制药有限公司 |
| 38 | 赫斯特（德国） | 梅塞尔北方工业气体有限公司（北京） |
| 39 | 欧倍德（英国翠丰集团） | 欧倍德时尚家居购物中心 |

（续表 1）

| | 企业名称 | 区内投资项目名称 |
|---|---|---|
| 40 | 松下（日本） | 北京松下电工有限公司 |
| 41 | | 北京松下照明光源有限公司 |
| 42 | 乐天，三井物产（韩国、日本） | 乐天（中国）食品有限公司 |
| 43 | 三井物产（日本） | 北京住力电通光电技术有限公司 |
| 44 | | 北京三井联通通信技术有限公司 |
| 45 | 伊藤忠（日本） | 北京伊藤忠华堂综合加工有限公司 |
| 46 | 飞利浦（荷兰） | 北京中视联条件接收系统有限公司 |
| 47 | 三洋（日本） | 三洋能源（北京）有限公司 |
| 48 | 东芝（日本） | 拓普康（北京）科技有限公司 |
| 49 | | 北京三广医疗器械有限公司 |
| 50 | 现代（韩国） | 北京京东方光电科技有限公司 |
| 51 | 好利获得（意大利） | 北京万高宝信息系统工程有限公司 |
| 52 | 日立（日本） | 北京日立北工大信息系统有限公司 |
| 53 | 戴姆勒－克莱斯勒（德国） | 北京奔驰－戴姆勒·克莱斯勒汽车有限公司 |
| 54 | 三菱汽车（日本） | 三菱吉普公司 |
| 55 | 欧姆龙（日本） | 欧姆龙分公司 |
| 56 | 美国应用材料（美国） | 美国应用材料公司 |
| 57 | 百胜餐饮集团（美国） | 肯德基配送中心 |
| 58 | DOVER（美国） | 奥科电子（北京）有限公司 |
| 59 | | 楼氏电子（北京）有限公司 |
| 60 | 汤姆逊（泰雷兹集团）（法国） | 北京汤姆逊中信数字技术有限公司 |
| 61 | ITW（美国） | 北京米勒电器制造有限公司 |
| 62 | 百事（美国） | 北京 DOLE 食品有限公司 |
| 63 | 普利司通（日本） | 北京凡士通空气弹簧有限公司 |
| 64 | ABB（瑞典、瑞士） | ABB 高压电器有限公司 |
| 65 | | ABB 低压电器有限公司 |
| 66 | 日本凸版（日本） | 北京日邦印刷有限公司 |
| 67 | 博世（德国） | 博世汽车检测设备（北京）有限公司 |
| 68 | | 博世热力技术（北京）有限公司 |
| 69 | | 博世力士乐（北京）液压有限公司 |
| 70 | 铃木（日本） | 铃木（中国）投资有限公司 |
| 71 | 乐金电子（韩国） | 乐金化学显示器材料有限公司 |
| 72 | UBS（瑞士） | 融瑞资产管理有限公司 |
| 73 | 德意志银行（德国） | 德恒资产管理有限责任公司 |
| 74 | 英国航空（英国） | 金鹰国际货运代理有限公司 |
| 75 | TPG（TNT）（荷兰） | 北京天地达快运有限责任公司 |
| 76 | SK（韩国） | SK（北京）公路科技有限公司 |
| 77 | | 爱思开（北京）咨询有限公司 |
| 78 | | 爱思开（中国）文化创意产业发展有限公司 |

（续表 2）

| | 企业名称 | 区内投资项目名称 |
|---|---|---|
| 79 | SK（韩国） | 北京电控爱思开科技有限公司 |
| 80 | 卡夫（美国） | 卡夫食品（北京）有限公司 |
| 81 | 中国石油（中国） | 中石油海洋工程技术有限公司 |
| 82 | 敦豪（德国邮政） | 敦豪（中国）总部 |
| 83 | 三菱重工（日本） | 北京首旅普兰德洗涤有限公司 |
| 84 | | 北京三菱重工北人印刷机械有限公司 |
| 85 | 美国国际集团、德意志银行（美国、德国） | 融德资产管理有限公司 |
| 86 | 3M（美国） | 3M 北京技术中心（分公司） |
| 87 | 李尔（美国） | 北京北汽李尔汽车系统有限公司 |
| 88 | 皇家壳牌石油（英国、荷兰） | 壳牌北京研发中心 |
| 89 | 法国里昂证券（法国农业信贷银行） | 北京泰德制药股份有限公司 |
| 90 | 鸿海集团（中国台湾） | 富士康精密组件（北京）有限公司 |
| 91 | | 富泰京精密电子（北京）有限公司 |
| 92 | 伟创力（新加坡） | 伟创力电源系统（北京）有限公司 |
| 93 | 强生（美国） | 大宝化妆品有限公司 |
| 94 | 中冶集团（中国） | 中冶京诚工程技术有限公司 |
| 95 | 英特尔（美国） | 英特尔移动通信技术（北京）有限公司 |
| 96 | | 北京望海康信科技有限公司 |
| 97 | 住友化学（日本） | 住化华北电子材料科技（北京）有限公司 |
| 98 | 国家电网公司（中国） | 国网信息通信有限公司 |
| 99 | | 北京中电飞华通信股份有限公司 |
| 100 | 中航工业集团（中国） | 中航技进出口有限公司 |
| 101 | | 中航国际北京公司 |
| 102 | | 中航凯新（北京）船舶有限公司 |
| 103 | 中信集团（中国） | 北京中信新城房地产有限公司 |
| 104 | 沃尔玛（美国） | 沃尔玛山姆会员店（亦庄店） |
| 105 | 中国铝业集团公司（中国） | 中铝物资供销有限公司 |
| 106 | 中电信息产业集团（中国） | 瑞得盛科技开发有限责任公司 |
| 107 | 联想控股（中国） | 网通宽带网络有限责任公司 |
| 108 | 中国机械工业集团（中国） | 中国国机重工集团有限公司 |
| 109 | 首钢集团（中国） | 安川首钢机器人有限公司 |
| 110 | 华润集团（中国香港） | 华润医药控股有限公司 |
| 111 | | 华润电力燃料（中国）有限公司 |
| 112 | KDDI 株式会社（日本） | 北京亚太中立信息技术有限公司 |

（续表 3）

| | 企业名称 | 区内投资项目名称 |
|---|---|---|
| 113 | 采埃孚（德国） | 采埃孚汽车底盘系统（北京）有限公司 |
| 114 | 中国石化（中国） | 中国石化长城能源化工有限公司 |
| 115 | 中化集团公司（中国） | 纽内姆（北京）种子公司（已计入拜耳） |
| 116 | 旭化成化学株式会社（日本） | 蓝星旭化成（北京）节能电解技术有限公司 |
| 117 | 国家开发银行（中国） | 华芯投资管理有限责任公司 |
| 118 | | 国家集成电路产业投资基金股份有限公司 |
| 119 | | 国开新能源科技有限公司 |
| 120 | | 国开新城镇（北京）管理咨询有限公司 |

（开发区投促局提供）

| 2014 年北京经济技术开发区引进中央企业项目一览表 | |
|---|---|
| 序号 | 企业名称 |
| 1 | 中国船舶工业集团 |
| 2 | 中国五矿集团公司 |

（开发区投促局提供）

## 2014 年北京经济技术开发区竣工建设项目一览表

| 序号 | 竣工备案日期 | 项目 | 建设单位 |
|---|---|---|---|
| 1 | 1月3日 | 路南区南区三街（南区西路—博兴南路）再生水管线工程 | 北京经济技术开发总公司 |
| 2 | 1月3日 | 6# 研发办公楼、1# 原材料楼、门卫及综合泵房 | 北京世纪浩然动力科技有限公司 |
| 3 | 1月14日 | 3# 人防出入口、B-13# 办公楼、B-14# 办公楼、2# 人防出入口、1# 人防出入口 | 北京和裕房地产开发有限公司 |
| 4 | 1月15日 | 机动车中心综合楼改造食堂 | 北京市机动车排放管理中心 |
| 5 | 1月21日 | 机动车排放管理中心改建技术交流室 | 北京市机动车排放管理中心 |
| 6 | 1月22日 | 门卫室、联合厂房 | 北京常春汽车零部件有限公司 |
| 7 | 1月22日 | 综合厂房、综合楼 | 北京泰德制药股份有限公司 |
| 8 | 1月23日 | 东尚泰和 B-2 部件装备车间等 12 项 | 北京东尚泰和科技有限公司 |
| 9 | 1月23日 | 游泳馆、体育馆 | 北京电子科技职业学院 |
| 10 | 1月23日 | 河西区博兴西路（黄亦路—兴海路）给水管线工程 | 北京经济技术开发总公司 |
| 11 | 1月23日 | 河西区博兴西路（黄亦路—兴海路）再生水管线工程 | 北京经济技术开发总公司 |
| 12 | 1月26日 | 联合厂房 | 北京三盈联合石油技术有限公司 |
| 13 | 1月27日 | A-1# 办公楼及商业裙房等 11 项 | 北京和裕房地产开发有限公司 |
| 14 | 1月28日 | 3# 厂房（硅晶材料产业园一、二期）项目 | 北京京运通科技股份有限公司 |
| 15 | 1月28日 | 西侧围墙、3# 教学楼、门卫室、南侧围墙、1# 综合教学楼（河西区 X84R2 地块小学项目）东侧围墙、北侧围墙、2# 综合教学楼 | 北京经济技术开发总公司 |
| 16 | 1月28日 | X77R2 地块幼儿园锅炉房 | 北京经济技术开发总公司 |
| 17 | 1月28日 | X82R2 地块幼儿园锅炉房 | 北京经济技术开发总公司 |
| 18 | 1月28日 | X84R2 地块幼儿园锅炉房及设备用房 | 北京经济技术开发总公司 |
| 19 | 1月28日 | X75R2 地块幼儿园 2# 锅炉房 | 北京经济技术开发总公司 |
| 20 | 1月28日 | N5U2 临时供热厂 | 北京经济技术开发总公司 |
| 21 | 1月28日 | X38 搬迁房 4 标段锅炉房和 4# 配电室 | 北京经济技术开发区基建办 |
| 22 | 2月13日 | 科研办公楼、临床楼 | 国家康复辅具研究中心 |
| 23 | 2月25日 | X75R2 地块幼儿园园舍（含教室、活动室、教师办公、食堂） | 北京经济技术开发总公司 |
| 24 | 3月14日 | 工业厂房 2# 楼、工业厂房 3# 楼、工业厂房 4# 楼、工业厂房 5# 楼 | 北京世纪浩然动力科技有限公司 |
| 25 | 3月24日 | 生产楼、门卫及电缆分界室 | 北京浩邈汇丰医药科技有限公司 |

（续表 1）

| 序号 | 竣工备案日期 | 项目 | 建设单位 |
| --- | --- | --- | --- |
| 26 | 3 月 28 日 | 6# 先进复合材料厂房等 12 项（除 17# 配套设备用房） | 北京北坡嘉美科技发展有限公司 |
| 27 | 3 月 28 日 | 3# 生产楼、4# 生产楼，2# 生产楼、人防出口、电缆分界室、地下室、门卫室、1# 生产楼、5# 生产楼 | 北京中通泰科技发展有限公司 |
| 28 | 3 月 28 日 | 4# 电子厂房、1# 电子厂房、5# 电子厂房、6# 电子厂房、围墙、1# 连廊、1# 门卫室、科研办公楼、2# 门卫室、2# 电子厂房、3# 电子厂房、2# 连廊 | 德为显示科技股份有限公司 |
| 29 | 3 月 28 日 | 1# 生产研发楼、2# 生产楼、围墙 | 北京杰富瑞科技有限公司 |
| 30 | 4 月 4 日 | 3# 生产研发楼等 13 项 | 北京星岛置业有限公司 |
| 31 | 4 月 10 日 | 学生宿舍、食堂 | 北京市杂技学校 |
| 32 | 4 月 11 日 | 研发中心、1# 厂房 | 北京皓海嘉业机械科技有限公司 |
| 33 | 4 月 11 日 | 天安 A-1 研发试制楼等 21 项、地下设备用房 | 北京天安科创置业有限公司 |
| 34 | 4 月 11 日 | 幼儿园园舍 | 北京经济技术投资开发总公司 |
| 35 | 4 月 11 日 | 厂房 | 北京万盛程辉商贸有限公司 |
| 36 | 4 月 17 日 | 1# 研发试制车间、2# 研发试制车间、3# 研发试制车间、4# 研发试制车间、5# 研发试制车间、6# 研发试制车间、7# 研发试制车间 | 北京博大兴房地产开发有限公司 |
| 37 | 4 月 24 日 | 河西区黄亦路（博兴西路—博兴十路）再生水管线工程 | 北京经济技术开发总公司 |
| 38 | 4 月 21 日 | 河西区博兴十一路（兴海路—黄亦路）再生水管线工程 | 北京经济技术开发总公司 |
| 39 | 4 月 24 日 | 河西区博兴十一路（兴海路—黄亦路）给水管线工程 | 北京经济技术开发总公司 |
| 40 | 4 月 21 日 | 河西区黄亦路（博兴西路—博兴十路）给水管线工程 | 北京经济技术开发总公司 |
| 41 | 4 月 24 日 | 研发中心 A、研发中心 B | 北京向往科技商务网络有限公司 |
| 42 | 4 月 30 日 | 综合楼四层屋顶加建休闲活动用房、综合楼四层加建库房、综合楼首层加建商业用房 | 北京博大兴房地产开发有限公司 |
| 43 | 4 月 30 日 | 实验楼（三期） | 北京欣联恒业投资有限责任公司 |
| 44 | 6 月 3 日 | 4# 栋加工组装车间 | SMC（中国）有限公司 |
| 45 | 6 月 5 日 | 附属楼一层扩建、附属楼顶层加建 | 天宇通信集团有限公司 |
| 46 | 6 月 5 日 | 4# 工人宿舍及配套服务楼、6# 生产厂房 | 悦康药业集团有限公司 |

（续表 2）

| 序号 | 竣工备案日期 | 项目 | 建设单位 |
|---|---|---|---|
| 47 | 6 月 5 日 | $5^{\#}$ 生产厂房 | 悦康药业集团有限公司 |
| 48 | 6 月 5 日 | 中科宏圣大厦装修改造工程 | 北京中科宏圣科贸有限公司 |
| 49 | 6 月 11 日 | 舒迪安细胞治疗技术车间装修工程 | 舒迪安医药研发（北京）有限公司 |
| 50 | 6 月 20 日 | $7^{\#}$ 污水处理站、$3^{\#}$ 实验楼、$4^{\#}$ 研发办公楼、地下车库及附属用房、$1^{\#}$ 厂房、$2^{\#}$ 厂房、$6^{\#}$ 液氧站 | 北京国通鑫泰投资管理有限公司 |
| 51 | 6 月 23 日 | C-$3^{\#}$ 办公楼及商业裙房、$2^{\#}$ 人防出入口、地下车库及设备用房、$3^{\#}$ 人防出入口、C-$7^{\#}$ 办公楼、C-$5^{\#}$ 办公楼、$1^{\#}$ 人防出入口、C-$8^{\#}$ 办公楼、C-$6^{\#}$ 办公楼、C-$2^{\#}$ 办公楼、C-$4^{\#}$ 办公楼及商业裙房 | 北京和裕房地产开发有限公司 |
| 52 | 7 月 4 日 | $11^{\#}$ 宿舍楼等 12 项 | 北京博大新元房地产开发有限公司 |
| 53 | 7 月 11 日 | 学生浴室、学二食堂 | 北京电子科技职业学院 |
| 54 | 7 月 11 日 | 河西区泰河二街（博兴西路—博兴八路）再生水管线工程 | 北京经济技术开发总公司 |
| 55 | 7 月 11 日 | 河西区泰河二街（博兴西路—博兴八路）给水管线工程 | 北京经济技术投资开发总公司 |
| 56 | 7 月 11 日 | 河西区泰河三街（博兴西路—博兴八路）再生水管线工程 | 北京经济技术投资开发总公司 |
| 57 | 7 月 11 日 | 河西区泰河三街（博兴西路—博兴八路）给水管线工程 | 北京经济技术投资开发总公司 |
| 58 | 7 月 11 日 | $11^{\#}$ 生产楼 D 座、9A 门卫室、$10^{\#}$ 生产楼 C 座 | 北京和利时系统工程有限公司 |
| 59 | 7 月 25 日 | A 座职业装创意研发楼等 3 项 | 北京赛斯特新世纪服装有限公司 |
| 60 | 7 月 25 日 | 河西区兴海路（博兴西路—博兴十路）给水管线工程 | 北京经济技术投资开发总公司 |
| 61 | 7 月 25 日 | 河西区兴海路（博兴西路—博兴十路）再生水管线工程 | 北京经济技术开发总公司 |
| 62 | 8 月 1 日 | $1^{\#}$ 厂房西扩厂房等 3 项 | 北京奔驰汽车有限公司 |
| 63 | 8 月 8 日 | 二期办公楼、二期厂房、门卫室 | 比泽尔制冷技术（中国）有限公司 |
| 64 | 8 月 12 日 | C-$1^{\#}$ 办公楼及商业裙房 | 北京和裕房地产开发有限公司 |
| 65 | 8 月 12 日 | $5^{\#}$ 锅炉房 | 北京国通鑫泰投资管理有限公司 |
| 66 | 8 月 15 日 | 开发区路东区搬迁用房工程 6 标段 E4R1 地块幼儿园 | 北京经济技术开发区基建办公室 |
| 67 | 8 月 28 日 | 研发厂房等 5 项 | 正元联合包装技术（北京）有限公司 |
| 68 | 8 月 28 日 | 锅炉房 | 北京经济技术投资开发总公司 |
| 69 | 9 月 1 日 | 202 厂房 | 博世力士乐（北京）液压有限公司 |

（续表 3）

| 序号 | 竣工备案日期 | 项目 | 建设单位 |
| --- | --- | --- | --- |
| 70 | 9 月 1 日 | 化学品及垃圾存放库、动力房扩建、门房 | 博世力士乐（北京）液压有限公司 |
| 71 | 9 月 3 日 | 科研办公楼 | 北京海吉星医疗科技有限公司 |
| 72 | 9 月 3 日 | B 座生产厂房 | 北京海吉星医疗科技有限公司 |
| 73 | 9 月 24 日 | 5# 商业楼 | 北京国锐房地产开发有限公司 |
| 74 | 9 月 24 日 | 7# 综合楼（含办公、商业） | 北京国锐房地产开发有限公司 |
| 75 | 9 月 26 日 | 蒙太因亦庄工厂装修工程 | 北京蒙太因医疗器械有限公司 |
| 76 | 10 月 11 日 | 16# 化学实验楼、15# 化学实验楼 | 北京康泰博科技发展有限公司 |
| 77 | 10 月 22 日 | 锋创科技园研发办公楼等 10 项 | 锋创科技发展（北京）有限公司 |
| 78 | 10 月 22 日 | 地下餐厅 | 锋创科技发展（北京）有限公司 |
| 79 | 10 月 22 日 | 扩建库房 A 区、扩建厂房 C2 区、扩建库房 B 区、扩建厂房 C1 区 | 北京京城机电控股有限责任公司 |
| 80 | 10 月 22 日 | 天安科创 B-1 研发试制楼等 18 项 | 北京天安科创置业有限公司 |
| 81 | 10 月 22 日 | 天安科创 D-1 研发试制楼等 15 项 | 北京天安科创置业有限公司 |
| 82 | 11 月 4 日 | X82 地块开闭站 | 北京经济技术投资开发总公司 |
| 83 | 11 月 4 日 | 8# 综合楼（含办公、商业） | 北京国锐房地产开发有限公司 |
| 84 | 11 月 25 日 | 5# 宿舍楼 | 北京越海全球物流有限公司 |
| 85 | 12 月 1 日 | 河西区兴海路（博兴西路—博兴八路）道路、雨污水、电力工程 | 北京经济技术投资开发总公司 |
| 86 | 12 月 1 日 | 河西区博兴西路（黄亦路—兴海路）道路、雨污水、电力工程 | 北京经济技术投资开发总公司 |
| 87 | 12 月 1 日 | 路南区南区北路（博兴南路—亦柏路）热力管线工程 | 北京经济技术投资开发总公司 |
| 88 | 12 月 3 日 | 康明斯厂房扩建等 4 项（厂房扩建项目）（厂房扩建、配电房、污水处理室、消防泵房） | 康明斯发动机（北京）有限公司 |
| 89 | 12 月 4 日 | 通用电气新扩建厂房（增建包装出货库房项目）（新扩建厂房） | 北京通用电气华伦医疗设备有限公司 |
| 90 | 12 月 18 日 | 微电子装备楼（D1 区工艺试验室净化改造项目） | 北京北方微电子基地设备工艺研究中心有限责任公司 |
| 91 | 12 月 24 日 | 开发区路南区新建道路博兴南路（南区北路南区三街）热力管线工程 | 北京经济技术投资开发总公司 |
| 92 | 12 月 29 日 | 库房 A、库房 D | 北京金日吉通科贸有限公司 |

（开发区建发局提供）

| 2014年北京经济技术开发区新开工建设项目一览表 | | | |
|---|---|---|---|
| 序号 | 批开工日期 | 项目 | 建设单位 |
| 1 | 1月16日 | 总装车间等2项（增建焊装车间、总装车间项目）（总装车间）（奔驰汽车） | 北京奔驰汽车有限公司 |
| 2 | 1月23日 | X85-4# 住宅楼等2项（河西区 X85R1 地块二类居住（配建公共租赁住房）项目）（方兴亦城） | 北京方兴亦城置业有限公司 |
| 3 | 1月23日 | X85-14# 住宅楼等3项（河西 X85R1 地块二类居住（配建公共租赁住房）项目） | 北京方兴亦城置业有限公司 |
| 4 | 1月24日 | 总装车间等2项(焊装车间)(奔驰汽车) | 北京奔驰汽车有限公司 |
| 5 | 2月20日 | 印刷车间等9项（联机自动化柔性版印刷线高档防伪印刷品生产基地）（特殊票印刷车间、社会防伪产品印刷车间、数据中心、水泵房、门卫室1、门卫室2）、围墙（联机自动化柔性版印刷线高档防伪印刷品生产基地项目） | 北京科信盛彩置业有限公司 |
| 6 | 2月24日 | 微电子装备楼（D1区工艺实验室净化改造项目）（北方微电子）（二次招标） | 北京北方微电子基地设备工艺研究中心有限责任公司 |
| 7 | 3月12日 | 总装车间（新建 MFA（奔驰前驱动车型）项目）（奔驰汽车） | 北京奔驰汽车有限公司 |
| 8 | 3月12日 | A座生产研发中试楼等6项（北京建荣创业投资管理有限公司生产及研发中试项目） | 北京建荣创业投资管理有限公司 |
| 9 | 3月12日 | 开发区2012年二期市政工程1标段 | 北京经济技术开发区基建办公室 |
| 10 | 3月12日 | 开发区2012年二期市政工程4标段 | 北京经济技术开发区基建办公室 |
| 11 | 3月12日 | 试制研发楼、厂房（北京赛斯特服装基地项目） | 北京世纪秀服装有限公司 |
| 12 | 3月17日 | X85-3# 住宅楼等25项（河西 X85R1 地块二类居住（配建公共租赁住房）项目）（3# 住宅楼、5# 住宅楼、7# 住宅楼、8# 住宅楼、9# 住宅楼、2# 地下车库、2# 地库出入口、4# 人防出入口、5# 人防出入口、6# 人防出入口、垃圾房） | 北京方兴亦城置业有限公司 |
| 13 | 3月17日 | X85-3# 住宅楼等25项（河西区 X85R1 地块二类居住（配建公共租赁住房）项目）(11# 住宅楼、12# 住宅楼、13# 住宅楼、15# 住宅楼、16# 住宅楼、17# 住宅楼、18# 住宅楼、3# 地下车库、1# 地库出入口、1# 人防出入口、2# 人防出入口、3# 人防出入口、独立商业、接待门厅） | 北京方兴亦城置业有限公司 |
| 14 | 3月19日 | 北京蒙太因亦庄工厂装修工程 | 北京蒙太因医疗器械有限公司 |
| 15 | 3月21日 | 综合楼（含食堂、集体宿舍、展厅、研发试验、研发办公等）等5项（新型材料生产基地建设、迁建项目） | 森特士兴集团股份有限公司 |

（续表 1）

| 序号 | 批开工日期 | 项目 | 建设单位 |
|---|---|---|---|
| 16 | 4月1日 | 1#研发楼（综合楼）等5项（惯性技术研发中心项目、惯性导航与测控产品产业化项目）（星网卫通） | 北京星网卫通科技开发有限公司 |
| 17 | 4月3日 | 焊装车间一等5项（新建MFA（奔驰前驱动车型）项目）（奔驰汽车） | 北京奔驰汽车有限公司 |
| 18 | 4月3日 | 开发区2012年二期市政工程2标段 | 北京经济技术开发区基建办公室 |
| 19 | 4月3日 | 开发区2012年二期市政工程3标段 | 北京经济技术开发区基建办公室 |
| 20 | 4月8日 | 1#生产车间等7项（抗体、疫苗、诊断试剂产业化基地项目） | 北京义翘神州生物技术有限公司 |
| 21 | 4月11日 | 凯工C座中试厂房 | 北京凯工科技集团有限公司 |
| 22 | 4月15日 | 数据中心（综合楼）等4项（亦庄云计算中心项目） | 中国电信股份有限公司北京分公司 |
| 23 | 4月17日 | B座办公楼（综合商务设施项目（国锐广场）） | 北京国锐房地产开发有限公司 |
| 24 | 4月17日 | A座办公楼（综合商务设施项目（国锐广场）） | 北京国锐房地产开发有限公司 |
| 25 | 4月25日 | 1#住宅楼等6项（河西区X83R1地块二类居住(配建公共租赁住房)项目)(5#住宅楼、6#住宅楼)、7#住宅楼等9项(北京经济技术开发区河西区X83R1地块二类居住（配建公共租赁住房）项目）（11#住宅楼、12#住宅楼、1#门卫室）、9#住宅楼等20项（河西区X83R1地块二类居住（配建公共租赁住房）项目）（1#地下车库（地下车库VIA段及地下车库IV段）、7#人防出入口、8#人防出入口工程） | 北京城建兴华地产有限公司 |
| 26 | 4月25日 | 7#住宅楼等9项（北京经济技术开发区河西区X83R1地块二类居住（配建公共租赁住房）项目）（7#住宅楼、8#住宅楼）、9#住宅楼等20项（河西区X83R1地块二类居住（配建公共租赁住房）项目）（9#住宅楼、10#住宅楼、2#地下车库（地下车库VIB段及地下车库IIV段）、1#人防出入口工程） | 北京城建兴华地产有限公司 |
| 27 | 4月25日 | 7#住宅楼等9项（北京经济技术开发区河西区X83R1地块二类居住（配建公共租赁住房）项目）（17#住宅楼、18#住宅楼）、9#住宅楼等20项（河西区X83R1地块二类居住（配建公共租赁住房）项目)(4#地下车库(地下车库III段)、5#人防出入口、6#人防出入口工程） | 北京城建兴华地产有限公司 |

（续表 2）

| 序号 | 批开工日期 | 项目 | 建设单位 |
| --- | --- | --- | --- |
| 28 | 4 月 25 日 | 7# 住宅楼等 9 项（北京经济技术开发区河西区 X83R1 地块二类居住（配建公共租赁住房）项目）（19# 住宅楼、3# 门卫室）、9# 住宅楼等 20 项（河西区 X83R1 地块二类居住（配建公共租赁住房）项目）（20# 住宅楼、21# 住宅楼、23# 配套商业楼、3# 地下车库（地下车库 IIB 段及地下车库 I 段）、2# 人防出入口工程、3# 人防出入口工程、4# 人防出入口工程、10# 人防出入口工程、人防管理用房、2# 门卫室工程） | 北京城建兴华地产有限公司 |
| 29 | 5 月 13 日 | 3# 研发生产楼等 2 项（北京觅考电子有限公司二期项目）（北京觅考） | 北京觅考电子有限公司 |
| 30 | 5 月 15 日 | 研发试产运营楼（综合楼）等 4 项（通用电气医疗中国研发试产运营科技园项目） | 坤鼎（北京）投资发展有限公司 |
| 31 | 5 月 19 日 | 11# 宿舍楼等 12 项 | 北京博大新元房地产开发有限公司 |
| 32 | 5 月 22 日 | 精诚博桑亦庄办公楼厂房内装修工程 | 北京精诚博桑科技有限公司 |
| 33 | 5 月 22 日 | 特气供给站（特气供给站改建项目） | 北京京东方光电科技有限公司 |
| 34 | 5 月 30 日 | 8# 住宅楼等 6 项（路东区 E18R1、E18R2 开发区产业配套人才公租房项目） | 北京博大新元房地产开发有限公司 |
| 35 | 5 月 30 日 | 1# 住宅楼等 13 项（路东区 E8R2 开发区产业配套人才公租房项目） | 北京博大新元房地产开发有限公司 |
| 36 | 5 月 30 日 | 5# 住宅楼等 22 项（路东区 E18R1、E18R2 开发区产业配套人才公租房项目） | 北京博大新元房地产开发有限公司 |
| 37 | 6 月 5 日 | 奔驰 MRA- 污水处理站等 6 项（MRA- 污水处理站、MRA- 泵房、MRA- 涂装车间至总装车间通廊）、MRA- 油库及油泵房等 2 项（MRA- 油库及油泵房）、MRA- 冲压车间扩建等 9 项（MRA- 涂装车间 DI 纯水间）及室外工程 | 北京奔驰汽车有限公司 |
| 38 | 6 月 5 日 | 车身存储中心等 4 项（增建生产辅助用房及配套设施项目） | 北京奔驰汽车有限公司 |
| 39 | 6 月 5 日 | 3-2# 住宅楼等 6 项（中芯国际配套生活区项目） | 中芯国际集成电路制造（北京）有限公司 |
| 40 | 6 月 12 日 | 1# 教学楼等 20 项、13# 锅炉房及制冷站（河西区 X78 地块中学工程项目） | 北京经济技术投资开发总公司 |
| 41 | 6 月 16 日 | 福美宝科技园工业厂房及配套办公用房项目（16# 生产研发楼、19# 后勤办公楼） | 福美宝（北京）白樟芝科技有限公司 |

（续表 3）

| 序号 | 批开工日期 | 项目 | 建设单位 |
|---|---|---|---|
| 42 | 6 月 20 日 | 综合厂房等 6 项（保健食品及化妆品生产项目）（葆婴） | 葆婴有限公司 |
| 43 | 6 月 24 日 | 冷库等 5 项（拜耳医药保健有限公司北京工厂综合扩建项目） | 拜耳医药保健有限公司 |
| 44 | 6 月 24 日 | 1# 住宅楼等 11 项（天实和华置业（北京）有限公司数码办公及配套设施项目） | 天实和华置业（北京）有限公司 |
| 45 | 7 月 2 日 | 营养补充剂及乳业制品生产楼（关于营养补充剂生产厂房增建项目的备案通知） | 小洋人生物乳业集团有限公司 |
| 46 | 7 月 2 日 | 12# 地下车库等 5 项（综合服务设施项目（国锐广场）） | 北京国锐房地产开发有限公司 |
| 47 | 7 月 7 日 | 北京经济技术开发区科创 14 街 99 号 1 栋楼室内改造工程（农业干部培训中心） | 北京市农业干部培训中心 |
| 48 | 7 月 16 日 | A1 住宅楼（含底商）等 11 项（数码科技园） | 北京经开工大投资管理有限公司 |
| 49 | 7 月 16 日 | B1 办公楼等 15 项（数码科技园）、C0 商业楼（数码科技园） | 北京经开工大投资管理有限公司 |
| 50 | 7 月 28 日 | 特种高强度链条研发生产基地项目（华海基业） | 北京华海基业机械设备有限公司 |
| 51 | 8 月 4 日 | MRA- 废料中心等 3 项、MRA- 涂装车间雨棚、1# 厂房增建雨棚（一）等 4 项、工艺试验车间等 5 项（MRA 物流门卫室 3、MRA 公司公务车管理办公室）（北京奔驰） | 北京奔驰汽车有限公司 |
| 52 | 8 月 18 日 | 综合楼等 8 项（奔驰配套零部件产业园项目） | 北京海纳川汽车部件股份有限公司 |
| 53 | 8 月 18 日 | 阀门加工车间等 2 项（航天煤气化装备产业化基地二期项目） | 航天长征化学工程股份有限公司 |
| 54 | 8 月 26 日 | 1-A 化、中药楼等 21 项（悦康医药科工贸产业基地项目）（除 5# 生产厂房） | 北京悦康创展科技有限公司 |
| 55 | 8 月 29 日 | 中学综合教学楼（耀中国际学校）等 8 项（北京亦庄保华国际教育园校舍项目） | 北京经济技术投资开发总公司 |
| 56 | 9 月 15 日 | 1# 研发办公楼等 25 项（天安数码城项目）（1# 研发办公楼、2# 研发办公楼、一期地下室） | 北京天安科创置业有限公司 |
| 57 | 9 月 15 日 | 1# 研发办公楼等 25 项（天安数码城项目）（除 1# 研发办公楼、2# 研发办公楼、一期地下室） | 北京天安科创置业有限公司 |

（续表 4）

| 序号 | 批开工日期 | 项目 | 建设单位 |
|---|---|---|---|
| 58 | 9 月 17 日 | 再生水处理厂房等 2 项（京东方 5 代线高品质再生水项目）（德威华泰） | 德威华泰（北京）水循环技术服务中心有限公司 |
| 59 | 9 月 17 日 | 厂房（数字化装备产业化基地项目） | 北京泰诚信数字化技术有限公司 |
| 60 | 9 月 19 日 | 中国汽车信息发展中心（综合楼）（中国汽车信息发展中心项目） | 北京信驰置业有限公司 |
| 61 | 9 月 22 日 | 荣京东街道路改造工程 1 标段 | 北京经济技术开发区基建办公室 |
| 62 | 9 月 22 日 | 荣京东街道路改造工程 2 标段 | 北京经济技术开发区基建办公室 |
| 63 | 9 月 28 日 | 4# 工业厂房等 1 项（国盛高新科技工业园） | 北京博大国盛投资有限公司 |
| 64 | 10 月 11 日 | X38 项目 1# 楼等 13 项装修工程（博大新元） | 北京博大新元房地产开发有限公司 |
| 65 | 10 月 13 日 | 1# 中试实验车间等 6 项（抗体药物研发及产业化（一期）项目）（3# 综合生产厂房、门房、围墙）（东方百泰） | 北京东方百泰生物科技有限公司 |
| 66 | 10 月 16 日 | A 座研发生产楼等 5 项（凯工集团研发生产基地项目） | 北京凯工科技集团有限公司 |
| 67 | 10 月 16 日 | 生产厂房等 6 项（静电容量式触摸屏生产项目）（易拓普） | 北京易拓普科技有限公司 |
| 68 | 10 月 21 日 | 空调机房（厂房空调系统节能改造项目）（安迅） | 安迅（北京）金融设备系统有限公司 |
| 69 | 10 月 24 日 | 实验厂房等 2 项（“绿色”开关设备产业基地项目） | 北京华东电气股份有限公司 |
| 70 | 10 月 28 日 | 定海园项目 1 里、2 里、3 里（2# 楼等 20 项）装修工程（博大新元） | 北京博大新元房地产开发有限公司 |
| 71 | 10 月 30 日 | D1D2 机房楼 /G1 柴发楼（百度亦庄新一代搜索数据中心项目） | 百度云计算技术（北京）有限公司 |
| 72 | 11 月 3 日 | 北京经济技术开发区东区污水处理厂（三期）工程 | 北京碧水源博大水务科技有限公司 |
| 73 | 11 月 6 日 | 厂房内加层（汽车内饰生产项目）（常春汽车）（二次） | 北京常春汽车零部件有限公司 |
| 74 | 11 月 27 日 | 进口大众维修车间（汽车维修车间翻建项目） | 中冀贸易有限责任公司 |
| 75 | 11 月 28 日 | 开发区综配区亦庄东工业区锅炉房改造工程 | 北京经济技术开发区基建办公室 |
| 76 | 11 月 28 日 | 消防中队主楼等 2 项（北京经济技术开发区南部新区消防站项目）（北京市公安局消防局） | 北京市公安局消防局 |
| 77 | 12 月 3 日 | 开发区综配区亦庄贵园小区锅炉房改造工程 | 北京经济技术开发区基建办公室 |

（续表 5）

| 序号 | 批开工日期 | 项目 | 建设单位 |
|---|---|---|---|
| 78 | 12 月 15 日 | G9-6# 研发办公楼等 7 项（移动硅谷创新中心项目） | 北京亦庄移动硅谷有限公司 |
| 79 | 12 月 18 日 | 6E# 办公楼（综合服务设施项目（国锐广场）） | 北京国锐房地产开发有限公司 |
| 80 | 12 月 23 日 | 1# 研发实验楼等 15 项（九城电子商务产业网链聚集园区及配套项目）（F2F1 地块） | 北京九城进出口电子商务软件有限公司 |
| 81 | 12 月 23 日 | 1# 研发实验楼等 15 项（九城电子商务产业网链聚集园区及配套项目）（F2M1 地块） | 北京九城软件有限公司 |
| 82 | 12 月 24 日 | 4# 厂房（钣金生产加工基地）（皓海嘉业） | 北京皓海嘉业机械科技有限公司 |
| 83 | 12 月 24 日 | 消防中队主楼等 2 项（北京经济技术开发区路东区消防站项目）（北京市公安局消防局） | 北京市公安局消防局 |
| 84 | 12 月 30 日 | B1 研发办公楼及商业配套综合楼等 5 项（建设无线宽带物联网产业项目） | 北京中电华通信息科技有限公司 |
| 85 | 12 月 30 日 | 通惠排干渠桥梁工程 3 标段（科创十四街桥梁） | 北京经济技术开发区基建办公室 |
| 86 | 12 月 30 日 | 通惠排干渠桥梁工程 1 标段（科创十一街桥梁） | 北京经济技术开发区基建办公室 |
| 87 | 12 月 30 日 | 通惠排干渠桥梁工程 2 标段（科创十三街桥梁） | 北京经济技术开发区基建办公室 |
| 88 | 12 月 31 日 | 2# 建筑（通信与信息安全及 C4TSR 实验检测楼）等 12 项（瑞得盛科技开发有限责任公司产研基地项目） | 瑞得盛科技开发有限责任公司 |

（开发区建发局提供）

## 2014 年新区认定产业技术（知识产权）创新战略联盟一览表

| 序号 | 名称 | 申请单位 |
|---|---|---|
| 1 | 北京智能电力产学研联盟 | 北京嘉捷企业汇科技有限公司 |
| 2 | 北京经济技术开发区文化创新产业联盟 | 中线创艺（北京）文化传媒有限公司 |
| 3 | 商用车车联网产业联盟 | 北京中交兴路信息科技有限公司 |
| 4 | 北京大兴科技创新服务联盟 | 北京庞各庄乐平农产品产销有限公司 |
| 5 | 大兴区节能环保技术成果推广联盟 | 北京合创三众能源科技股份有限公司 |

（开发区科技局提供）

## 2014 年新区认定公共技术服务平台一览表

| 序号 | 平台名称 | 承担单位 |
|---|---|---|
| 1 | 先进陶瓷材料公共技术服务平台 | 汇龙森欧洲科技（北京）有限公司 |
| 2 | 电子证书安全认证云服务平台 | 北京国富安电子商务安全认证有限公司 |
| 3 | 北京华测检测公共服务平台项目 | 北京华测北方检测技术有限公司 |
| 4 | 国家生物医药产业基地汇龙森中小企业公共实验中心 | 汇龙森欧洲科技（北京）有限公司 |
| 5 | 国际生物试剂物流中心公共技术服务平台 | 北京亦庄国际生物试剂物流中心有限公司 |
| 6 | 北京经济技术开发区诊断试剂公共服务平台 | 北京亦庄国际诊断试剂技术有限公司 |
| 7 | 北京艾迪康区域性医学检验及信息服务平台 | 北京艾迪康医学检验所有限公司 |
| 8 | 医药质量标准化研究服务平台 | 北京恩成康泰生物科技有限公司 |
| 9 | 北京市医学检验与病理诊断公共服务技术平台 | 北京迪安临床检验所有限公司 |

（开发区科技局提供）

## 2014 年新区认定（重点）科技服务机构一览表

| 序号 | 企业名称 | 认定类型 |
|---|---|---|
| 1 | 北京汇智泰康医药技术有限公司 | 科技服务机构 |
| 2 | 北京德康莱安全卫生技术发展有限公司 | |
| 3 | 北京思创达知识产权咨询服务有限公司 | |
| 1 | 北京悦康科创医药科技有限公司 | 重点科技服务机构 |
| 2 | 北京昭衍新药研究中心股份有限公司 | |
| 3 | 北京嘉捷企业汇科技有限公司 | |
| 4 | 北京博大网通科技发展有限公司 | |
| 5 | 汇龙森欧洲科技（北京）有限公司 | |
| 6 | 中线创艺（北京）文化传媒有限公司 | |
| 7 | 北京迪安临床检验所有限公司 | |
| 8 | 北京中会仁和投资咨询有限公司 | |

（开发区科技局提供）

## 2014 年新区认定科技企业孵化器一览表

| 序号 | 企业名称 |
|---|---|
| 1 | 北京亦庄数字显示产业管理有限公司（数字电视产业园） |
| 2 | 北京天安科创置业有限公司（天骥智谷产业园） |
| 4 | 北京兴丰东成投资有限公司（药谷一号） |
| 5 | 北京群英汇德科技孵化器有限公司（群英汇德孵化器） |

（开发区科技局提供）

## 2014 年新区认定企业研发机构一览表

| 序号 | 企业名称 |
|---|---|
| 1 | 北京秦武田制药有限公司 |
| 2 | 北京东联捷能能源技术有限公司 |
| 3 | 掌握主动科技（北京）有限公司 |
| 4 | 中线创艺（北京）文化传媒有限公司 |
| 5 | 北京海思特临床检验所有限公司 |
| 6 | 北京万源工业有限公司 |
| 7 | 北京博奥晶典生物技术有限公司 |
| 8 | 中奥汇成科技有限公司 |
| 9 | 北京亦庄国际诊断试剂技术有限公司 |
| 10 | 北京嘉捷恒信能源技术有限责任公司 |
| 11 | 北京华非瑞克科技有限公司 |
| 12 | 北京天广实生物技术股份有限公司 |
| 13 | 中科晶电信息材料（北京）有限公司 |
| 14 | 北京宝都钢结构工程有限公司 |
| 15 | 北京麦邦光电仪器有限公司 |
| 16 | 北京中铁长龙新型复合材料有限公司 |
| 17 | 北京永捷发科技有限公司 |
| 18 | 北京博得交通设备有限公司 |
| 19 | 天普新能源科技有限公司 |
| 20 | 北京市城南橡塑技术研究所 |
| 21 | 北京京冶轴承股份有限公司 |
| 22 | 北京华融塑胶有限公司 |
| 23 | 北京东方泰洋装饰工程有限公司 |
| 24 | 北京世纪洪雨科技有限公司 |
| 25 | 北京市星光凯明动感仿真模拟器中心 |

（开发区科技局提供）

**2014 年新区认定“小巨人”重点培育企业一览表**

| 序号 | 企业名称 |
| --- | --- |
| 1 | 北京中电科电子装备有限公司 |
| 2 | 北京先瑞达医疗科技有限公司 |
| 3 | 北京盈电电气有限公司 |
| 4 | 中线创艺（北京）文化传媒有限公司 |
| 5 | 北京海思特临床检验所有限公司 |
| 6 | 安诺优达基因科技（北京）有限公司 |
| 7 | 精碳伟业（北京）科技有限公司 |
| 8 | 北京鑫诺美迪基因检测技术有限公司 |
| 9 | 大全工程技术有限公司 |
| 10 | 北京国富安电子商务安全认证有限公司 |
| 11 | 北京博奥晶典生物技术有限公司 |
| 12 | 北京京东方能源科技有限公司 |
| 13 | 北京天云融创软件技术有限公司 |
| 14 | 北京博大网信科技发展有限公司 |
| 15 | 北京易康盛世科技有限公司 |
| 16 | 北京华远高科电缆有限公司 |
| 17 | 北京金日恒升科技有限公司 |
| 18 | 北京北高阀门有限公司 |
| 19 | 天普新能源科技有限公司 |
| 20 | 北京今谷神箭测控技术研究所 |
| 21 | 华鼎鸿基采油技术服务（北京）有限公司 |
| 22 | 北京吉利客科技股份有限公司 |
| 23 | 北京瑞拓江南自控设备有限公司 |
| 24 | 北京迪安临床检验所有限公司 |

（开发区科技局提供）

## 2014年北京经济技术开发区领导一览表

| 姓名 | 单位名称 | 职务 | 备注 |
|---|---|---|---|
| 李长友 | 中共北京市大兴区委 | 书　记 | |
| | 中共北京市委经济技术开发区工委 | 书　记 | |
| 谈绪祥 | 中共北京市大兴区委 | 副书记 | |
| | 北京市大兴区人民政府 | 区　长 | |
| | 中共北京市委经济技术开发区工委 | 副书记 | |
| 梁　胜 | 中共北京市大兴区委 | 副书记 | 3月任 |
| | 北京市大兴区人民政府 | 副区长 | 5月任 |
| | 中共北京市委经济技术开发区工委 | 副书记 | 3月任 |
| | 北京经济技术开发区管委会 | 主　任 | 3月任 |
| 贲　勇 | 中共北京市委经济技术开发区工委 | 副书记（正局级） | |
| 张　文 | 中共北京市委经济技术开发区工委 | 委　员（正局级） | 1月免 |
| 王敬东 | 中共北京市委经济技术开发区工委 | 委　员 | |
| | 中共北京经济技术开发区纪工委 | 书　记 | |
| 高言杰 | 中共北京市大兴区委 | 常　委 | |
| | 中共北京市委经济技术开发区工委 | 委　员 | |
| | 北京经济技术开发区管委会 | 副主任 | |
| 王合生 | 中共北京市委经济技术开发区工委 | 委　员 | |
| | 北京经济技术开发区管委会 | 副主任 | |
| 绳立成 | 中共北京市委经济技术开发区工委 | 委　员 | |
| | 北京经济技术开发区管委会 | 副主任 | |
| 王宗刚 | 中共北京市委经济技术开发区工委 | 委　员 | 11月免 |
| | 中共北京市委经济技术开发区工委组织部 | 部　长 | 10月免 |
| 袁立洪 | 中共北京市委经济技术开发区工委 | 委　员 | |
| | 北京经济技术开发区管委会 | 副主任 | |
| 赵雅娟 | 中共北京市委经济技术开发区工委 | 委　员 | |
| | 中共北京市委经济技术开发区工委宣传部 | 部　长 | |
| 程　京 | 北京经济技术开发区管委会 | 副主任（挂职） | 1月免 |
| 张　伟 | 中共北京市委经济技术开发区工委 | 委　员（挂职） | 7月免 |
| | 北京经济技术开发区管委会 | 副主任（挂职） | 7月免 |
| 陈小男 | 中共北京市委经济技术开发区工委 | 委　员 | |
| | 北京经济技术开发区管委会 | 副主任 | |
| 杜新安 | 北京经济技术开发区管委会 | 巡视员 | 6月免 |
| 张凤民 | 北京经济技术开发区总工会 | 主　席 | |

（开发区组织部提供）

## 2014 年北京经济技术投资开发总公司领导一览表

| 姓名 | 单位名称 | 职务 | 备注 |
|---|---|---|---|
| 白　文 | 中共北京经济技术投资开发总公司委员会 | 书　记 | |
| | 北京经济技术投资开发总公司 | 经　理 | |
| 罗伯明 | 北京经济技术投资开发总公司 | 副经理 | |
| 韩洪英 | 中共北京经济技术投资开发总公司委员会 | 副书记、纪委书记 | |
| 芦永忠 | 北京经济技术投资开发总公司 | 副经理 | |
| | 北京亦庄国际投资发展有限公司 | 董事长（兼） | |
| 郭广庆 | 北京经济技术投资开发总公司 | 副经理 | |
| 卢自锋 | 北京经济技术投资开发总公司 | 副经理 | |

（开发区组织部提供）

## 2014 年驻北京经济技术开发区职能局负责人一览表

| 单位名称 | 姓名 | 职务 | 备注 |
|---|---|---|---|
| 北京市工商行政管理局经济技术开发区分局 | 赵　敏 | 局　长 | |
| 北京经济技术开发区国家税务局 | 蒙玉英 | 局　长 | |
| 北京市地方税务局开发区分局 | 武立煌 | 党组书记、局长 | |
| 中华人民共和国北京经济技术开发区海关 | 蔡　滨 | 关　长 | |
| 北京经济技术开发区出入境检验检疫局 | 张瑞宏 | 党组书记、局长 | |
| 北京市公安局经济技术开发区分局 | 邹燕平 | 局　长 | |
| 北京市公安局公安交通管理局开发区交通大队 | 王万荣 | 大队长 | |
| 北京经济技术开发区公安消防支队 | 文　俊 | 支队长 | 10 月免 |
| | 徐　群 | 支队长 | 10 月任 |
| 北京市食品药品监督管理局经济技术开发区分局 | 阮培军 | 局　长 | 6 月免 |
| | 唐庆军 | 局　长 | 6 月任 |
| 北京市质量技术监督局北京经济技术开发区分局 | 董梦铎 | 局　长 | |
| 北京经济技术开发区经济社会调查队 | 任　斌 | 队　长 | |
| 北京市大兴区人民检察院经济技术开发区检察处 | 齐宝成 | 处　长 | |
| 北京市大兴区人民法院经济技术开发区人民法庭 | 单祖果 | 庭　长 | |

| 国家部分机构全称简称对照表 | | |
|---|---|---|
| 序号 | 全称 | 简称 |
| 1 | 中华人民共和国国务院办公厅 | 国务院办公厅 |
| 2 | 中华人民共和国国防部 | 国防部 |
| 3 | 中华人民共和国国家发展和改革委员会 | 发展改革委 |
| 4 | 中华人民共和国教育部 | 教育部 |
| 5 | 中华人民共和国科学技术部 | 科技部 |
| 6 | 中华人民共和国工业和信息化部 | 工业和信息化部 |
| 7 | 中华人民共和国民政部 | 民政部 |
| 8 | 中华人民共和国司法部 | 司法部 |
| 9 | 中华人民共和国财政部 | 财政部 |
| 10 | 中华人民共和国人力资源和社会保障部 | 人力资源社会保障部 |
| 11 | 中华人民共和国国土资源部 | 国土资源部 |
| 12 | 中华人民共和国环境保护部 | 环境保护部 |
| 13 | 中华人民共和国住房和城乡建设部 | 住房城乡建设部 |
| 14 | 中华人民共和国交通运输部 | 交通运输部 |
| 15 | 中华人民共和国水利部 | 水利部 |
| 16 | 中华人民共和国农业部 | 农业部 |
| 17 | 中华人民共和国商务部 | 商务部 |
| 18 | 中华人民共和国文化部 | 文化部 |
| 19 | 中华人民共和国卫生和计划生育委员会 | 卫生计生委 |
| 20 | 中国人民银行 | 人民银行 |
| 21 | 中华人民共和国审计署 | 审计署 |
| 22 | 国务院国有资产监督管理委员会 | 国资委 |
| 23 | 中华人民共和国海关总署 | 海关总署 |
| 24 | 国家税务总局 | 税务总局 |
| 25 | 国家工商行政管理总局 | 工商总局 |
| 26 | 国家质量监督检验检疫总局 | 质检总局 |
| 27 | 国家新闻出版广电总局 | 新闻出版广电总局 |
| 28 | 国家统计局 | 统计局 |
| 29 | 国家林业局 | 林业局 |
| 30 | 国家知识产权局 | 知识产权局 |
| 31 | 国务院法制办公室 | 法制办 |
| 32 | 新华通讯社 | 新华社 |

（续表）

| 序号 | 全称 | 简称 |
|---|---|---|
| 33 | 中国科学院 | 中科院 |
| 34 | 中国社会科学院 | 社科院 |
| 35 | 中国工程院 | 工程院 |
| 36 | 国家行政学院 | 行政学院 |
| 37 | 中国地震局 | 地震局 |
| 38 | 中国气象局 | 气象局 |
| 39 | 中国银行业监督管理委员会 | 银监会 |
| 40 | 中国证券监督管理委员会 | 证监会 |
| 41 | 中国保险监督管理委员会 | 保监会 |
| 42 | 国家自然科学基金委员会 | 自然科学基金会 |
| 43 | 国家能源局 | 能源局 |
| 44 | 国家国防科技工业局 | 国防科工局 |
| 45 | 国家海洋局 | 海洋局 |
| 46 | 国家测绘地理信息局 | 测绘地信局 |
| 47 | 中国民用航空局 | 民航局 |
| 48 | 国家邮政局 | 邮政局 |
| 49 | 国家食品药品监督管理总局 | 食品药品监管总局 |
| 50 | 国家中医药管理局 | 中医药局 |
| 51 | 国务院台湾事务办公室 | 台　办 |
| 52 | 国务院新闻办公室 | 新闻办 |
| 53 | 国家航天局 | 航天局 |

| 北京市部分政府机构全称简称对照表 | | |
|---|---|---|
| 序号 | 全称 | 简称 |
| 1 | 北京市人民代表大会常务委员会 | 市人大常委会 |
| 2 | 中共北京市委组织部 | 市委组织部 |
| 3 | 北京市委政法委员会 | 市委政法委 |
| 4 | 北京市机构编制委员会办公室 | 市编办 |
| 5 | 首都精神文明建设委员会办公室 | 首都文明办 |
| 6 | 中国人民政治协商会议北京市委员会 | 市政协 |
| 7 | 北京市政府新闻办公室（北京市委宣传部） | 市政府新闻办公室（市委宣传部） |
| 8 | 中共北京市委研究室 | 中共北京市委研究室 |
| 9 | 北京市人民政府办公厅 | 市政府办公厅 |
| 10 | 北京市发展和改革委员会 | 市发展改革委 |
| 11 | 北京市教育委员会 | 市教委 |
| 12 | 北京市科学技术委员会 | 市科委 |
| 13 | 北京市经济和信息化委员会 | 市经济信息化委（市国防科工办） |
| 14 | 北京市公安局 | 市公安局 |
| 15 | 北京市监察局（中共北京市纪律检查委员会） | 市监察局（市纪委） |
| 16 | 北京市民政局 | 市民政局 |
| 17 | 北京市司法局 | 市司法局 |
| 18 | 北京市财政局 | 市财政局 |
| 19 | 北京市人力资源和社会保障局 | 市人力社保局 |
| 20 | 北京市国土资源局 | 市国土局 |
| 21 | 北京市环境保护局 | 市环保局 |
| 22 | 北京市规划委员会 | 市规划委（首规委办） |
| 23 | 北京市住房和城乡建设委员会 | 市住房城乡建设委（市政府房改办） |
| 24 | 北京市交通委员会 | 市交通委 |
| 25 | 北京市农村工作委员会 | 市农委（市委农工委） |
| 26 | 北京市水务局 | 市水务局 |
| 27 | 北京市商务委员会 | 市商务委（市政府口岸办） |
| 28 | 北京市文化局 | 市文化局 |
| 29 | 北京市卫生和计划生育委员会 | 市卫生计生委 |
| 30 | 北京市审计局 | 市审计局 |
| 31 | 北京市人民政府外事办公室（北京市人民政府港澳事务办公室） | 市政府外办（市政府港澳办） |
| 32 | 北京市社会建设工作办公室 | 市社会办 |
| 33 | 北京市人民政府国有资产监督管理委员会 | 市国资委 |
| 34 | 北京市地方税务局 | 市地税局 |

（续表）

| 序号 | 全称 | 简称 |
|---|---|---|
| 35 | 北京市工商行政管理局 | 市工商局 |
| 36 | 北京市质量技术监督局 | 市质监局 |
| 37 | 北京市新闻出版广电局 | 北京市版权局 |
| 38 | 北京市统计局（国家统计局北京调查总队） | 市统计局（国家统计局北京调查总队） |
| 39 | 北京市园林绿化局（首都绿化委员会办公室） | 市园林绿化局（首都绿化办） |
| 40 | 北京市金融工作局 | 市金融局 |
| 41 | 北京市知识产权局 | 市知识产权局 |
| 42 | 北京市人民政府法制办公室 | 市政府法制办 |
| 43 | 北京市人民政府研究室 | 市政府研究室 |
| 44 | 中关村科技园区管理委员会 | 中关村管委会 |
| 45 | 北京市农业局 | 市农业局 |
| 46 | 北京市粮食局 | 市粮食局 |
| 47 | 北京市食品药品监督管理局 | 市食品药品监管局 |
| 48 | 北京市中医管理局 | 市中医局 |
| 49 | 北京市重大项目建设指挥部办公室 | 市重大项目办 |
| 50 | 北京市南水北调工程建设委员会办公室 | 市南水北调办 |
| 51 | 北京市档案局 | 市档案局 |
| 52 | 北京市公园管理中心 | 市公园管理中心 |
| 53 | 北京市投资促进局 | 市投资促进局 |
| 54 | 北京市地方志编纂委员会办公室 | 市地方志办公室 |
| 55 | 北京市政府采购中心 | 市政府采购中心 |
| 56 | 北京市国家税务局 | 市国税局 |
| 57 | 北京市气象局 | 市气象局 |
| 58 | 北京市人民政府台湾事务办公室 | 市台办（市委台湾工作办公室） |
| 59 | 中华人民共和国北京海关 | 北京海关 |
| 60 | 北京市人民检察院 | 市人民检察院 |
| 61 | 北京市高级人民法院 | 市高级人民法院 |
| 62 | 北京市总工会 | 市总工会 |
| 63 | 共青团北京市委员会 | 团市委 |
| 64 | 北京市妇女联合会 | 市妇联 |
| 65 | 北京市科学技术协会 | 市科协 |
| 66 | 北京市社会科学界联合会 | 市社科联 |
| 67 | 北京市爱国卫生运动委员会 | 市爱卫会 |
| 68 | 北京出入境检验检疫局 | 北京检验检疫局 |

# 主题词索引

北京经济技术开发区年鉴 2015
BEIJING ECONOMIC-TECHNOLOGICAL DEVELOPMENT AREA YEARBOOK

# 索引说明

本索引采取主题索引也称内容分析索引法编纂。主题词以《北京经济技术开发区年鉴（2015）》正文中出现的专业名词、名词词组为主。

本索引按汉语拼音音序排列，汉字打头的标目按首字母的音序音调依次排列，首字相同时，则以第二字排序，依此类推；以英文字母打头的主题词，列于其前；以阿拉伯数字打头的主题词，排在最前面。

索引词条后的阿拉伯数字表示内容所在的页码，数字后的英文字母（a、b）表示正文中的栏别（从左至右）。

同一主题的内容在文中多处出现的，在索引中按页码顺序依次列出。

本刊的特载、文件选载、大事记、统计资料、附录栏目内容不在索引范围内。

## 0～9



## A

## C

D

## G

K

## M



## N

R

## Z

**北京经济技术开发区年鉴编辑部**


电　　话　(010)67887287　67887137　67880343

传　　真　(010)67881315

电子邮箱　bdaqzb@163.com

网　　址　www.bda.gov.cn

通讯地址　北京经济技术开发区荣华中路15号

邮　　编　100176

bdayearbook

（微信）

图书在版编目（CIP）数据

北京经济技术开发区年鉴 . 2015 /《北京经济技术开发区年鉴》编纂委员会编 . ——北京 : 方志出版社，2015.12
ISBN 978-7-5144-1817-0

Ⅰ. ①北… Ⅱ. ①北… Ⅲ . ①技术开发区—北京市—2015—年鉴
Ⅳ . ① F127.1

中国版本图书馆 CIP 数据核字（2015）第 292652 号

## 北京经济技术开发区年鉴（2015）

**编　　者：**《北京经济技术开发区年鉴》编纂委员会
**责任编辑：**齐笑

**出 版 人：**冀祥德
**出 版 者：**方志出版社
地址　北京市朝阳区潘家园东里 9 号（国家方志馆 4 层）
邮编　100021
网址　http://www.fzph.org
**发　　行：**方志出版社发行中心
电话　（010）67110500
**经　　销：**各地新华书店
**印　　刷：**北京华联印刷有限公司

**开　　本：**889 × 1194　　1/16
**印　　张：**34.75
**字　　数：**728 千字
**版　　次：**2015 年 12 月第 1 版　　2015 年 12 月第 1 次印刷
**印　　数：**0001~1200 册

**ISBN** 978-7-5144-1817-0　　定价：480.00 元